# El Psicólogo
## en casa

# El Psicólogo
## en casa

SUSANA PAZ ENRÍQUEZ

**LIBSA**

© 2005, Editorial LIBSA
C/ San Rafael, 4
28108. Alcobendas. Madrid
Tel. (34) 91 657 25 80
Fax (34) 91 657 25 83
e-mail: libsa@libsa.es
www.libsa.es

Textos: Susana Enríquez
Edición: Equipo Editorial LIBSA


ISBN: 84-662-0596-9
Depósito legal: CO-1161-2004.

Impreso en España/*Printed in Spain*

# Contenido

TRASTORNOS MÁS COMUNES EN EL ENVEJECIMIENTO

TRATAMIENTOS Y TERAPIAS

*adversos* • Psicocirugía: *procedimiento, indicaciones, tipos de cirugía*

Psicoanálisis clásico • Introducción histórica • Conceptos claves del psicoanálisis: *conceptos teóricos* • Ámbito del psicoanálisis y objetivos: *conceptos técnicos* • Nuevos desarrollos del psicoanálisis: *Carl Gustav Jung, Sandor Ferenczi, Melanie Klein, Jacques Lacan*

Introducción histórica • Teorías de aprendizaje: *condicionamiento clásico, condicionamiento operante (o instrumental), el neoconductismo, aprendizaje social* • Evaluación del conductismo: *cualidades del conductismo, limitaciones, el conductismo en la actualidad* • Técnicas de modificación de la conducta: *contracondicionamiento, desensibilización sistemática, relajación, exposición, terapias adversivas* • Técnicas operantes (o modificación de la conducta): *técnicas para incrementar las conductas, técnicas para reducir conductas, aprendizaje de observación, autocontrol, entrenamiento en asertividad, retroalimentación* (fedback)

Puntos clave • Un autoexperimento • Terapias cognitivas • Terapias de reestructuración cognitiva: *teoría de los constructos personales, teoría racional-emotiva, terapia cognitiva de Beck, terapia centrada en esquemas* • Terapias cognitivos-conductuales: *inoculación del estrés, entrenamiento en autoinstrucciones, detención del pensamiento, entrenamiento en habilidades sociales, entrenamiento en resolución de problemas, terapia multimodal*

Diferencia entre el existencialismo y el humanismo • Psicoterapia existencial: *jerarquía de las necesidades, terapia* • Terapia centrada en el cliente: *concepto del sí mismo, proceso de autorrealización*

(self-actualization) • Necesidad de consideración positiva •
Psicopatología: *terapia* • Terapia *gestalt: conceptos básicos, tera-pia, técnicas* • El psicodrama: *conceptos básicos, terapia* • Análisis
transaccional: *análisis estructural, análisis transaccional, análisis
de los juegos, análisis del guión, terapia*

Introducción histórica • Concepto de sistema • Orígenes de los
modelos sistémicos • La familia como sistema • Características
de los sistemas • Conceptos de la comunicación • Teoría del
doble vínculo • Puntos en común de las terapias sistémicas •
Escuelas terapéuticas sistémicas: *enfoque estratégico, enfoque
estructural* • Otras terapias familiares: *enfoques cognitivos y
conductuales*

Introducción • Grupos: *características de los grupos* • El proceso de
la terapia: *selección de pacientes, preparación de los pacientes,
fases del proceso grupal* • Factores terapéuticos del grupo • Tipos
de terapia de grupo: *grupos de orientación psicoanalítica, grupos
de orientación no psicoanalítica*

Sistema nervioso: *el cerebro, la corteza, sistema límbico, ganglios
basales, la neurona, sinapsis, neurotransmisores*

# Introducción

Uno de los objetivos más bonitos y difíciles de la psicología es entender el comportamiento humano. Qué causa que, ante una misma situación, dos personas reaccionen de manera distinta, o parecida, cómo afectan las emociones a nuestro vivir diario, qué motivaciones nos mueven y hasta qué extremos llegamos por ellas, cuánto es heredado y cuánto aprendido. En general, se puede decir que la vida afecta a nuestra conducta y nuestra conducta afecta también a nuestra vida, por ello, cuando algo va mal, cuando nuestra tristeza es más fuerte de lo que debería, o la ansiedad o el miedo nos debilitan demasiado, e incluso cuando sentimos cosas raras, que no son normales, dentro de la idea de normalidad que nos da la sociedad, debemos ponernos en guardia porque, si bien es necesario y saludable tener estas sensaciones de vez en cuando, éstas no deben (no tienen porqué) ser debilitantes, ni duraderas, ni impedirnos llevar una vida normal o la que nosotros queramos.

Muy a menudo los problemas psicológicos son respuestas de nuestro cuerpo a situaciones insoportables que no sabemos cómo resolver, otras veces heredamos cierta predisposición a padecerlos o heredamos cierta vulnerabilidad a soportar más o menos el estrés cotidiano. El tipo de vida que hayamos tenido, lo que hemos aprendido de nuestros mayores y de nuestro entorno, nuestro estilo cognitivo, esto es, nuestra manera de ver las cosas, los recursos que cada uno tenga para afrontar las diversas situaciones con las que nos encontramos, y nuestras características de personalidad, todos ellos son aspectos que de alguna manera u otra influyen en nuestra manera de enfrentarnos al mundo y a nosotros mismos.

Este libro presenta todos los desórdenes mentales oficiales (reconocidos como tales por diversas instituciones como la Organización Mundial de la Salud), su descripción, sus síntomas más definitorios y las complicaciones secundarias que pueden originar a la persona que los padece, y muchas veces también a los que le rodean. Asimismo, se ofrecen algunos datos sobre la frecuencia de los trastornos en la población, las edades típicas a las que parece que pueden empezar, su predominio en varones o mujeres, y algún que otro dato curioso sobre los mismos. Al final de cada capítulo se examinan las posibles causas de estos desórdenes ofrecidas por las distintas corrientes psicológicas, y los tratamientos más eficaces. Los datos sobre las características de los trastornos están basados en el manual estadístico y diagnóstico de los trastornos mentales, conocido por sus siglas en inglés como DSM-IV, de la asociación americana de psiquiatría.

Esta parte del libro se puede dividir en tres secciones fundamentales. La primera trata de los trastornos infantiles y de aquellos que se originan antes de llegar a la vida adulta. La segunda recoge los trastornos más frecuentes en las personas adultas (que se suelen originar a partir de los dieciocho años). Y la tercera, de los trastornos más característicos de la vejez.

He de hacer una advertencia, muchas personas que leen textos sobre psicología, y los primeros los estudiantes, descubren cosas que les han pasado a ellos también, o sienten que tienen muchos de los síntomas, y cuanto más leen, más síntomas perciben en sí mismos o en los demás. Y es verdad, la mayoría de los síntomas que aquí se explican son sensaciones normales y necesarias para la vida. Un poco de ansiedad ante ciertas circunstancias hace que nuestro cuerpo esté más alerta y preparado para lo que pueda venir; bastante ansiedad antes de un examen, es una respuesta lógica y normal, de miedos aprendidos e inseguridades sobre si lo que hemos estudiado lo hemos aprendido bien o no. El problema sería que demasiada ansiedad estuviera presente de manera constante en nosotros y nos impidiera llevar una vida normal.

En general, para diagnosticar unos síntomas como trastorno, se suele exigir que éstos estén presentes durante un tiempo en concreto (lo habitual es que sean seis meses mínimo), que alteren de manera significativa, o que deterioren, varios aspectos de la vida del paciente, como por ejemplo, su vida familiar, social y laboral, y descartar que hayan podido ser producidos por un trastorno de origen orgánico (físico). No obstante, si algún lector tiene dudas, o conoce algún caso que se ajuste a alguna descripción, es fundamental que siempre consulte con un profesional de la salud e incluso con su médico de cabecera, pues estas personas sabrán aconsejarle y le indicarán dónde acudir o dónde conseguir más información específica sobre el tema que le pueda preocupar.

En la segunda parte de este libro se revisan de manera general las corrientes psicológicas y terapéuticas, sus principios teóricos básicos, su manera de entender la psicopatología y sus conceptos técnicos, es decir, el tipo de terapia que cada corriente y sus diversos autores han desarrollado para tratar los desórdenes mentales. También se incluyen tres tipos de terapias que se pueden considerar como físicas, pues, al contrario que las psicoterapias, no se basan en la palabra y en la relación directa con el paciente para obtener su curación. Éstas son la terapia farmacológica, la terapia electrocon-vulsiva y la psicocirugía. En la última parte se presenta un listado de los términos más usuales que facilitarán la lectura, pues se ofrecen breves descripciones para una consulta rápida.

El propósito de este libro ha sido intentar dar a conocer de una manera amena y sencilla los muchos problemas mentales que se conocen hoy en día, las teorías sobre éstos más aceptadas, las corrientes psicológicas en que se basan y los tratamientos y terapias que más se emplean. Es mi deseo como autora, que este texto sirva a todos sus lectores como iniciación y toma de contacto con el apasionante mundo de la psicología, como manual útil capaz de ofrecer nuevos conocimientos a aquellos con inquietudes de saber, y para intentar comprender, un poco más, la gran variedad de conductas existentes, y entre ellas, las alteradas, que en el fondo no reflejan más que los múltiples problemas de la condición humana.

Por último, quisiera agradecer de manera especial a mi madre y a mi madrina toda la ayuda que me han dado, no sólo afectiva y moral, sino técnica y profesional. Muchas gracias también a mi padre, a Marian, a Margarita, a Eva, a mis hermanos y a los de Nacho, a todas las personas de mi familia y a todos mis amigos y amigas, por su ayuda, por su apoyo y por su cariño.

# Retraso mental

El término de retraso mental engloba a todas aquellas personas que presentan un funcionamiento intelectual por debajo de la media. Su definición, así como la forma de entenderlo y de tratarlo por la sociedad, ha variado mucho a lo largo de la historia. En la época griega y romana eran niños con deficiencias y por tanto se les dejaba morir. Hacia la Edad Media se consideraba demoníaco, o debido a un castigo divino, cualquier deficiencia psíquica o física. Y no es hasta el siglo XIX cuando se distingue de la demencia y se realizan los primeros intentos de tratar y educar a estas personas.

Este desorden ha recibido múltiples nombres como idiocia, oligofrenia, debilidad, insuficiencia o deficiencia mentales, y ya por fin, retraso mental. Los nombres tienen mucha importancia pues en ellos se incluye una definición de los problemas que se presentan. Por ejemplo, el término retraso implica un enlentecimiento, y en verdad esto es lo que pasa. Hay retraso en el desarrollo o maduración de las funciones intelectuales, y retraso de las funciones en sí mismas, esto es, tardan más

en realizar una tarea cognitiva. Sin embargo, estas personas no consiguen llegar a un funcionamiento completo y normal, con lo cual no es una cuestión de enlentecimiento sino de deficiencia.

Así pues, el término correcto sería el de deficiencia mental, pero presenta un gran problema y éste es la connotación negativa que ha llegado a adquirir. Lo mismo pasa con otros también más precisos como subnormal (que literalmente significa por debajo de normal), anormal (siendo a- falta de, o pérdida de ), etc., por ello, el más aceptado en la actualidad es el de retraso mental.

## PROBLEMAS DIAGNÓSTICOS

A PRINCIPIOS del siglo XX se desarrollaron los test de inteligencia con la intención de medir el coeficiente intelectual de las personas (se crearon básicamente como instrumentos de ayuda para la mejora de la educación identificando aquellos niños que necesitaban más ayuda, y en la selección de personal para las empresas) y rápidamente se utilizaron para diagnosticar la deficiencia mental y su gravedad.

Estos test han sido muy polémicos. Originalmente, contenían un material que se correspondía con el exigido en los centros escolares, con lo cual, cualquier niño que no estuviera escolarizado o que por su cultura o situación económica y familiar (como ser inmigrante, de un país no occidental, con dificultades con el idioma, etc.), tenía muchas posibilidades de ser clasificado como retrasado.

Hoy en día estos defectos se han corregido lo más posible y se tienen en cuenta todas las características del niño. El material se ha ampliado y los test suelen medir varias funciones como la habilidad lingüística, pensamiento abstracto, razonamiento no verbal, habilidades viso-espaciales, atención, concentración, etc.

## ASOCIACIÓN AMERICANA DEL RETRASO MENTAL

EL AVANCE más importante en la manera de concebir, evaluar y tratar el retraso mental, tanto científica como socialmente, ha sido logrado gracias a la presión ejercida por la asociación americana de padres y familiares de los pacientes (*AAMR,* son las siglas en inglés de *American Association of Mental Retardation*). Sus propuestas han sido asumidas por la Organización Mundial de la Salud, y por la Asociación Americana de Psiquiatría.

Uno de los cambios más significativos que propusieron es que el funcionamiento intelectual no es la única clave ni lo más fundamental para definir el retraso, también es muy importante la capacidad para adaptarse al medio y el funcionamiento social de los pacientes, aunque los proble-

mas de adaptación sean consecuencia de un déficit intelectual.

Desde este punto de vista, es el ambiente el que se tiene que ajustar a las capacidades de la persona para facilitar un mejor funcionamiento. Se anima a los profesionales a identificar los puntos fuertes y débiles (psicológicos, físicos y ambientales) de cada persona, para determinar los apoyos adecuados que mejorarán su adaptación.

Esta asociación clasificaría a las personas con retraso según la cantidad de apoyo necesario. Éste varía en función de su intensidad, pudiendo ser: **intermitente**, o poco frecuente; **limitado**, que es un apoyo continuado en algunas áreas; **extensivo**, apoyo frecuente e intenso; e **impregnante**, muy constante e intenso, necesario para el mantenimiento de la vida.

## CRITERIOS ACTUALES

HOY EN día, los criterios de definición de retraso mental se amplían a tres:

1. La capacidad intelectual es inferior a la media: la población general obtiene unas puntuaciones en los test de inteligencia de entre 85 y 115. Las personas con retraso obtienen puntuaciones de 70 o menos.
2. Existe un déficit en las habilidades adaptativas, es decir, en la eficacia de la persona para satisfacer las exigencias que la sociedad en la que vive determina para ella. Por ejemplo, habilidades de cuidado personal como vestirse y asearse, entender los conceptos de tiempo y dinero, poder usar objetos, tener autocontrol, etc., (se tienen en cuenta los ambientes donde

los niños deben funcionar, si un niño vive en un pequeño pueblo aislado en la montaña no presentará las mismas habilidades adaptativas de un niño que vive en una gran ciudad, y viceversa).

3. El retraso mental se manifiesta antes de los 18 años. Aunque por lo general se suele detectar en la infancia, los problemas o signos de muchos niños sólo se hacen aparentes cuando van al colegio por primera vez.

## CLASIFICACIÓN DEL RETRASO MENTAL

El retraso mental se suele clasificar en función de los niveles de gravedad y el baremo utilizado es el coeficiente intelectual (CI). Como acabamos de ver, éste no es el único criterio, algunas personas con un CI de 70 que no presentan déficit en las habilidades adaptativas, pueden no ser consideradas como retrasadas. En general, este criterio (el CI) se aplica sólo cuando se han identificado problemas adaptativos. Así, se considera el retraso como:

■ **Leve-ligero (CI entre 50-55 y 70).** Afecta a alrededor del 85% de las personas que son diagnosticadas con retraso. A menudo, no presentan diferencias con niños sin retraso antes de empezar el colegio. Suelen adquirir habilidades académicas, sociales y de comunicación, suelen ser capaces de realizar trabajos profesionales no especializados y pueden tener autonomía en sus vidas. Generalmente necesitan supervisión y orientación con problemas económicos y sociales.

■ **Medio-moderado (CI entre 35-40 y 50-55).** Afecta a alrededor del 10% de las personas con retraso. Son frecuentes los daños cerebrales y otras patologías. Pueden adquirir habilidades de comunicación, autonomía en el cuidado personal, en los desplazamientos por áreas familiares, realizar trabajos no cualificados y se adaptan a la vida en la comunidad. Por lo general, necesitan supervisión y cierta atención en el desarrollo de estas actividades.

■ **Grave (CI entre 20-25 y 35-40).** Afecta a alrededor del 3-4% de las personas con retraso. Estas personas suelen tener problemas físicos congénitos y un control sensoriomotor limitado. Pueden aprender a hablar y algunas habilidades básicas del cuidado personal. Se adaptan a la vida en comunidad y pueden realizar alguna tarea sencilla bajo constante supervisión.

■ **Profundo (CI inferior a 20-25).** Afecta a alrededor del 1-2% de las personas con retraso. Requieren total supervisión y a menudo cuidados profesionales toda su vida. Tienen muy pocas posibilidades de adquirir habilidades de comunicación o cuidado personal y suelen tener severos daños neurológicos. Durante la infancia, la tasa de mortalidad de estos niños es muy alta.

## DÉFICIT EN HABILIDADES ADAPTATIVAS

AL IGUAL que con la inteligencia, existen muchos test que miden la capacidad de adaptación. Para diagnosticar el retraso, tienen que estar presentes dificultades en dos o más de las siguientes áreas:

- **Comunicación:** en general, suelen necesitar ayuda para adquirir una comunicación eficaz. Dependiendo de la gravedad del retraso, necesitarán más o menos tiempo, apoyo y entrenamiento.
- **Cuidado personal:** excepto los más graves, la mayoría de estos niños adquieren las habilidades necesarias de auto cuidado. Se incluye ir al baño, asearse, vestirse, comer, etc.
- **Vida doméstica:** muchos adultos logran desarrollar habilidades domésticas como mantener ordenada y limpia la casa, ir a la compra, preparar la comida y ajustarse al *planning* diario. Algunos adultos graves pueden también desenvolverse en esta área, aunque la mayoría necesitan ayuda.
- **Habilidades sociales:** el problema más habitual de los niños con retraso ligero es el de hacer y mantener amigos. Los niños más graves pueden mostrarse muy cariñosos con todo el mundo, desde conocidos hasta desconocidos, sin distinguir la relación social; o pueden no expresar ningún comportamiento hacia las personas (esto a menudo no implica falta de respuesta sino incapacidad de mostrar toda la emoción que sienten).
- **Uso de los recursos de la comunidad:** muchas personas pueden aprender a utilizar el transporte público (aunque no a conducir), hacer gestiones sencillas, hacer compras, ir al cine, etc. Otras lo pueden hacer pero acompañados de un supervisor.
- **Autocontrol:** este área se refiere a las habilidades de iniciar actividades, a la capacidad de pedir ayuda, seguir una planificación, resolver problemas cotidianos, etc. La gran mayoría de las personas con retraso ligero adquieren estas habilidades sin mucha dificultad.
- **Habilidades académicas:** para las personas con gravedad ligera, lo más difícil de dominar es la lectura, la escritura y el cálculo, aunque suelen ser capaces de aprender lo básico. En general, logran leer bien cosas sencillas, por ejemplo, instrucciones sobre cómo hacer algo, cuentos, recetas, etc., y adquieren las habilidades matemáticas necesarias para comprar cosas, saber cuánto cuesta y cuánto tienen, ahorrar, etc. Las personas más graves pueden aprender a identificar los signos, señales y códigos visuales que se encuentran en el día a día.
- **Salud y seguridad:** a la hora de lograr una mejor adaptación, integración y autonomía son muy importantes las nociones de salud y seguridad. Las personas con gravedad leve suelen ser capaces de saber qué hacer o a quién acudir en caso de que se resfríen, o sufran alguna pequeña herida, utilizar el cinturón de seguridad en los vehículos, saber cómo relacionarse con personas desconocidas, etc.
- **Trabajo:** hemos visto que muchos pacientes pueden llegar a trabajar en empleos no cualificados o semicualificados. Muchas personas con discapacidades ligeras muy aparentes en la escuela pueden no serlo tanto en el

desarrollo de una profesión. Sus déficit intelectuales en el área académica no interfieren con trabajos manuales como los trabajos en tiendas, almacenes, fábricas, domésticos, jardinería, etc.

## DÉFICIT COGNITIVOS

EN GENERAL, las deficiencias intelectuales son las que producen, o se manifiestan como los déficit de la conducta adaptativa. Las funciones cognitivas que habitualmente presentan más déficit son:

- **Velocidad de procesamiento de la información:** es más lento que el de las personas sin retraso. Les cuesta mucho más tiempo responder a las preguntas, comprender una situación, etc.
- **Memoria:** el déficit principal se encuentra en la memoria a corto plazo. Ésta es la memoria para la información que ha sido muy poco procesada, o es reciente, y tiene una capacidad limitada a unos pocos elementos. Sin embargo, la información que se encuentra en esta memoria, si es convenientemente repetida y procesada, pasa a formar parte de la memoria a largo plazo, que es lo que llamaríamos el almacén de información general que cada persona posee. Así pues, el problema en el retraso mental es una memoria a corto plazo más deficitaria. Se cree que es un fallo a la hora de repetir mentalmente la información para aprenderla, y que esta habilidad puede mejorarse con entrenamiento pero de manera limitada.
- **Atención a los estímulos:** parece que estas personas atienden más a algunas dimensiones de los estímulos que a otras, como por ejemplo a la posición de un objeto o a su textura en vez de a su forma. Esta característica implica dificultades en otros aspectos del funcionamiento que requieran flexibilidad en el punto de vista (un estímulo puede ser cualquier cosa, desde un objeto hasta una sensación).
- **Lenguaje:** los problemas en este área varían dependiendo de la gravedad del retraso. Las dificultades más comunes son la adquisición y la comprensión, sobre todo de conceptos abstractos.

## ÁREA EMOCIONAL

LAS EMOCIONES, los sentimientos, los lazos afectivos... son muy importantes para el desarrollo y fomento de la adaptación social, del funcionamiento cognitivo y de la personalidad.

El déficit en el desarrollo general afecta también al desarrollo emocional y de su personalidad. Son más vulnerables a las exigencias del ambiente y a los estresores, presentan baja autoestima y es frecuente que sientan angustia o ansiedad, y que presenten poca tolerancia a la frustración. A menudo, las respuestas que presentan ante las dificultades son la inhibición o la hostilidad. También suelen presentar admiración e identificación hacia las personas que les enseñan, supervisan o cuidan.

## OTRAS COMPLICACIONES

SU ALTA vulnerabilidad a los estresores, su personalidad, sus dificultades en la comunicación, etc. son factores predisponentes a que los niños con retraso padezcan otros trastornos mentales. Los más frecuentes son las psicosis, los trastornos de ansiedad, la depresión y trastornos de conducta.

De la misma manera, existen muchos problemas físicos que suelen ser debidos a las causas del retraso. Por ejemplo, los niños con síndrome de Down o con retraso por un tipo de esclerosis pueden tener afectado el corazón, los riñones o la espina dorsal.

## DIFERENCIAS CON OTROS TRASTORNOS

- **Trastorno generalizado del desarrollo:** como por ejemplo el autismo. Es muy frecuente que se den los dos problemas a la vez, pero, al contrario que en el retraso mental, en un trastorno del desarrollo los niños no tienen capacidad para relacionarse con el mundo y de comunicarse con él. No tienen limitadas todas sus capacidades intelectuales, algunas pueden estar muy desarrolladas, como las matemáticas, y no suelen tener alteraciones en el desarrollo físico (*véase* capítulo correspondiente).
- **Trastorno del aprendizaje:** en este caso, el problema se encuentra en un área específica mientras las demás se desarrollan con normalidad (*véase* capítulo «Trastorno de aprendizaje»).

## CAUSAS, TIPOS Y TRATAMIENTOS

## CAUSAS Y TIPOS

Se sabe que el retraso mental es el resultado de numerosas causas y enfermedades, y con frecuencia es por una combinación de varias de éstas. Sin embargo, en más de la mitad de los casos las causas son todavía desconocidas, especialmente cuando presentan una gravedad ligera (es decir, es más fácil saber la causa de un retraso profundo que de uno leve).

Entre los factores conocidos que se sabe que pueden producir retraso se encuentran las causas genéticas, que modifican el desarrollo antes y durante la concepción; y las causas ambientales, que alteran el desarrollo después de la concepción. Entre estas últimas se encuentran los problemas prenatales (antes del parto), que suelen ser problemas en la madre; problemas perinatales (durante del parto), que pueden ser en la madre o en el bebe; y problemas postnatales (después del parto), que son problemas del bebé. También se incluyen los factores sociales y ambientales como trastornos mentales o privaciones en la infancia.

### Factores genéticos

ENTRE LOS factores genéticos se encuentran las anomalías cromosómicas, y las enfer-

---

## DATOS DE INTERÉS SOBRE RETRASO MENTAL

- Se estima que alrededor de un 2% de la población sufre retraso mental.
- El inicio, curso y gravedad dependen de la causa del retraso. Como veremos más adelante, entre éstas se encuentran causas genéticas, perturbaciones en distintas fases del desarrollo (prenatales, perinatales –en el parto– y postnatales), influencias ambientales y trastornos mentales.

medades causadas por la transmisión de anomalías en genes dominantes o recesivos específicos. Para entender bien las alteraciones que a menudo producen retraso, conviene que repasemos un poco de biología.

Un óvulo fertilizado contiene 23 pares de cromosomas (o lo que es lo mismo, 46 cromosomas, siendo 23 de cada padre), que es donde se encuentran los genes. De estos 23 pares sólo **1 par** es **sexual**, es decir, el que transmite las características vinculadas al sexo. Así, el par sexual de los niños se compone de un cromosoma X y un cromosoma Y (XY), y el de las niñas de dos cromosomas X (XX). Los demás pares de cromosomas reciben el nombre de **autosomas**.

Los genes de la madre y del padre se emparejan y dan como resultado pares de genes llamados **alelos**. Cuando uno de los genes de un alelo suprime la expresión del otro, esto es, impide que las características que conlleva se produzcan, hablamos de un **gen dominante**. El gen que no se expresa es llamado **recesivo**. Ambos tipos de genes se heredan igualmente.

**Anomalías de los cromosomas**

SE PUEDEN producir tanto en los cromosomas sexuales como en los autosomas. En general, los embarazos con estas irregularidades suelen terminar en abortos espontáneos. De las aberraciones en los cromosomas autosómicos, uno de los problemas más frecuentes son las **trisomias**, que es la inclusión de un cromosoma de más en alguno de los pares. La trisomia se puede producir por una división errónea o la no división celular; o por la unión de una parte, o todo un cromosoma a otro. Cuando hay un cromosoma de menos (excepto que

el faltante sea un cromosoma sexual), no se puede producir un embrión viable, pero cuando hay uno de más (una trisomia), a veces lo produce y el resultado es un individuo con un cromosoma extra en todas las células de su cuerpo.

Los síndromes más conocidos por trisomias son:

*Síndrome de Down*

ES UNA trisomia en el par 21 y es uno de los síndromes más comunes y frecuentes. Se estima que ocurre en uno de cada 700 nacimientos. El retraso mental que presentan estas personas puede variar desde moderado a grave, y va acompañado de características físicas como estatura baja y fuerte, pliegues hacia arriba de los bordes internos de los ojos, nariz ancha, alteraciones en la lengua, boca abierta, orejas cuadradas, y manos cortas y anchas. La mayoría de estos niños suele padecer enfermedades cardiacas congénitas, y en menor proporción, problemas de obstrucción intestinal. Aproximadamente uno de cada seis niños muere durante el primer año, y la tasa de mortalidad es muy alta después de los 40. Cuando se les practica la autopsia, gran parte del tejido cerebral presenta un deterioro parecido al de la enfermedad de Alzheimer. La probabilidad de tener un niño con síndrome de Down aumenta con la edad de la madre.

*Síndrome de Edwards*

ES UNA trisomia del par 18. Las características de estos niños son retraso mental y varias anomalías físicas como orejas bajas y deformes, dedos flexionados, mandíbula pequeña y problemas del corazón. La muerte se produce, por lo general, antes del primer año.

## Síndrome de Patau

LA TRISOMIA es en el par 13. Los niños son pequeños, con microcefalia (la cabeza muy pequeña en comparación con el cuerpo) y se mueren antes de completar el primer año de vida.

Otras anomalías cromosómicas afectan al par sexual, y entre los síndromes más conocidos están:

## Síndrome de X frágil

EN ALGUNAS personas el cromosoma X se puede romper en dos pues uno de sus brazos es muy frágil. En muchos casos, no en todos, se produce un retraso mental que puede variar de leve a moderado. En los casos en los que no hay retraso se presentan dificultades en el aprendizaje y en el lenguaje, aunque en algunas personas, estos problemas no son muy acentuados, pero sí los problemas sociales como excesiva timidez o poco contacto visual. Los síntomas físicos son caras alargadas, orejas grandes y poco desarrolladas, nariz ancha y, en los varones, testículos agrandados. Se cree que algunos casos de autismo son causados por una forma distinta de X frágil. Después del síndrome de Down, ésta es la segunda causa más frecuente de retraso mental por anomalías cromosómicas. Afecta más a varones que a mujeres.

## Síndrome de Klinefelter

SE PRODUCE cuando hay cromosomas X de más. La forma más habitual es XXY, es decir, con 47 cromosomas, pero puede haber muchas más X (por ejemplo, XXXY). Al tener el cromosoma Y, ocurre en varones, y estos pueden tener características de ambos sexos como pechos y testículos, aunque de pequeño tamaño. No siempre produce retraso mental, pero si lo produce, en la forma XXY es moderado, y más severo cuantos más cromosomas X tenga. Suelen ser de talla muy alta y parece que afecta a 1 de cada 1.000 niños.

## Síndrome de triple X

COMO SU nombre indica, es un cromosoma X de más, y al no haber Y ocurre sólo en mujeres (XXX). Produce retraso mental grave. Estas mujeres son sexualmente normales y fértiles, aunque con problemas menstruales y menopausia temprana.

## Síndrome XYY

Otra combinación puede ser en varones con un cromosoma Y extra. Son varones muy altos, con un desarrollo genital normal, aunque pueden tener problemas de fertilidad. Muchos, pero no todos, presentan algún grado de deficiencia mental. Durante años se ha creído que esta anomalía cromosómica estaba relacionada con la agresividad y el comportamiento criminal violento, sin embargo, los resultados de los estudios realizados no son concluyentes.

*Síndrome de Turner*

EN ESTE caso es un cromosoma menos (o sea, 45, XO). Al no haber cromosoma Y, la mujer físicamente y raramente desarrolla ovarios funcionales, por ello suelen ser estériles. Si se administran hormonas femeninas en la pubertad, se pueden desarrollar los genitales secundarios, aunque no es posible corregir la esterilidad. Son mujeres de pequeña estatura, y puede presentarse, aunque no siempre, retraso mental. Sí se ha observado en todos los casos deficiencias intelectuales leves, pero suelen ser específicas, esto es, se presentan ligeras dificultades en aritmética y organización espacial. Parece que afecta a una de cada 10.000 niñas.

**Anomalías en genes dominantes**

NO SON muy frecuentes los trastornos por gen dominante, en estos casos, es el gen anómalo el que se transmite directamente. Entre los más conocidos están:

- *Neurofibromasosis:* en la que se puede presentar retraso mental que varía en cuanto a gravedad, y tumores en los órganos vitales, entre ellos en el cerebro.
- *Esclerosis tuberosa:* al igual que en el caso anterior, puede haber retraso que varía de ligero a grave. También son frecuentes las convulsiones y los tumores en cerebro, riñones y corazón.

**Anomalías en genes recesivos**

EXISTEN MÁS de 500 enfermedades producidas por alteraciones metabólicas cuya causa son mutaciones genéticas, y muchas de ellas producen retraso mental. Los trastornos de los genes recesivos provienen de padres portadores pero que no presentan la enfermedad, esto es, son normales. Estos trastornos, en los que está afectada la formación de una enzima, pueden clasificarse como alteraciones de los procesos metabólicos. Este problema puede afectar el desarrollo del embrión en el útero o cobrar importancia mucho más tarde en la vida. Algunas de estas enfermedades tienen posibilidad de tratamiento precoz exitoso. Las más comunes son:

*Galactosemia*

SE PRODUCE por una alteración en el metabolismo de la galactosa derivada del azúcar de la leche. Puede provocar un mal desarrollo y muerte rápida, o un cuadro de retraso mental, insuficiencias hepáticas y renales, cataratas, hipoglucemia y convulsiones. Una dieta libre de leche puede eliminar el síndrome pero es importante identificar este trastorno cuanto antes, pues cuanto más tiempo pase, más aumenta la posibilidad de retraso mental.

*Fenilcetonuria*

ESTE TRASTORNO se produce por la carencia de una enzima del hígado llamada fenilalanina hidroxilasa, que es la que metaboliza (o convierte) el aminoácido fenilalanina en tirosina (que es un aminoácido esencial para el desarrollo de sustancias como la adrenalina). Como la fenilalanina se encuentra en las proteínas que contienen muchos alimentos (por ejemplo, en huevos, pescados, algunas verduras y carnes, y como un edulcorante artificial llamado aspartamo que se encuentra en muchos productos de supermercado) y el organismo no la degrada, se produce una acumulación que resulta tóxica, afectando al cerebro y produciendo retraso mental profundo. Si los padres tienen razón para sospechar que son portadores del gen, existen varios test que pueden hacerse. También se puede comprobar en los recién nacidos, que suelen parecer normales al nacer. Si se detecta a tiempo se puede controlar con la dieta tomando alimentos bajos en fenilalanina (sin proteínas, por ejemplo, a base de hidratos de carbono) y de esta manera eliminar muchos síntomas como hiperactividad, convulsiones, pigmentación y el déficit en control motor. Si se detecta tarde, los niños presentan además de retraso profundo, incapacidad de habla, de movimiento e incontinencia tanto de orina como de heces. Hoy en día estas pruebas son obligatorias, pues aunque se estima que se da en uno de cada 14.000 nacimientos, también se cree que una persona de cada 70 es portadora del gen.

## Síndrome de Tay Sachs

Este síndrome se debe a la carencia de una enzima que interviene en el metabolismo de los lípidos (grasas), sin ella, se acumulan depósitos grasos nocivos en las células encefálicas o cerebrales. Es una enfermedad degenerativa del sistema nervioso. Al igual que en la fenilcetonuria, los niños parecen normales al nacer y durante los primeros meses de vida. Al cabo de los 8 meses más o menos, aparecen síntomas de degeneración del sistema nervioso central, que son progresivos, y suele producirse

ceguera, deterioro motor (movimiento) y retraso mental. Es raro que estos niños vivan más de 5 años. Se estima que afecta a uno de cada 3.000 nacimientos y es particularmente frecuente entre los judíos de origen europeo oriental y central. Entre ellos, uno de cada 28 es portador. No existe ningún remedio en la actualidad, sólo algunas pruebas para saber si los padres son portadores.

## Síndrome de Lesch-Nyhan

Este desorden metabólico se caracteriza por la acumulación anormal de ácido úrico, cuya consecuencia es un retraso mental grave. Se asocia con un gen del cromosoma X de una madre portadora. Por ello, si lo hereda una hija, no pasa nada pues su otro cromosoma X (las mujeres son XX), compensa por este defecto, sin embargo, como los varones sólo poseen un cromosoma X (los varones son XY), si heredan el defectuoso, su cromosoma Y no puede compensarlo, y por tanto presentarán la enfermedad. Las mujeres no desarrollan la enfermedad pero sí la transmiten. La característica de este síndrome, aparte del retraso, es una conducta de automutilaciones graves, que incluyen el morderse los labios y los dedos hasta el extremo de causarse deformidades serias. Los niños mueren muy pronto.

## Factores ambientales

Los FACTORES ambientales son muy importantes también en el desarrollo del retraso mental. Entre éstos se incluyen los que pueden ocurrir antes del nacimiento o **prenatales,** durante el nacimiento o **peri-**

**natales** y los que ocurren después del parto o **postnatales.** Sin embargo, las causas prenatales son las que con más probabilidad originen el retraso. Éstas pueden afectar tanto a la madre como al bebé.

**Factores prenatales**

MIENTRAS EL feto está en el útero, el riesgo de desarrollar retraso mental debido a enfermedades infecciosas adquiridas por la madre es muy alto. Igualmente peligrosos en este periodo son el consumo de drogas y de alcohol, la malnutrición, la exposición a agentes tóxicos (como radiaciones), etc. Un problema añadido es que la madre suele no saber que está embarazada hasta el segundo mes y no tomar las precauciones necesarias, como evitar medicamentos o mejorar su alimentación.

*Infecciones maternas*

EN EL primer trimestre del embarazo, el bebé todavía no ha desarrollado su sistema inmunológico y exponerse a los agentes infecciosos (como virus o bacterias) puede causarle graves malformaciones aparte del retraso. El periodo más crítico de la formación del sistema nervioso es entre las semanas tercera y quinta, y si hay una infección en ese momento y ataca el sistema nervioso, la posibilidad de que se produzca retraso es muy elevada. En general, la madre suele presentar síntomas leves o no presentar ninguno. Las infecciones más comunes que entrañan peligro son:

- **Rubéola:** puede producir retraso mental, sordera (con mucha frecuencia), ceguera y cardiopatías.

- **Sífilis:** puede producir retraso mental, sordera, alteraciones cardiacas y renales, deformidades óseas, abortos y nacimientos de niños muertos.
- **Toxoplasmosis:** es una infección que se contrae por consumir carne cruda o por estar en contacto con las heces de algunos animales. La madre no suele sentir apenas síntomas pero la mayoría de los fetos se ven afectados con retraso de moderado a grave.
- Otras infecciones habituales son los herpes y citomegalovirus.

*Drogas*

EN ESTE grupo se incluyen también los medicamentos, y el problema que presentan es que estas sustancias atraviesan libremente la placenta hacia el feto, y pueden producir asfixia o falta de oxigeno en distintos tejidos del cuerpo. Aparte de haberse observado un aumento del riesgo de retraso mental y malformaciones físicas en los hijos de madres consumidoras, los niños también pueden nacer adictos. El tabaco no está directamente relacionado con daños concretos en el feto, sin embargo, sí se asocia con el bajo peso de los bebés al nacer.

*Malnutrición*

EN ESTE caso, no sólo es un problema la malnutrición durante el embarazo, sino la que haya podido tener la madre en años anteriores. Varios estudios han relacionado ésta con un retraso en el desarrollo cerebral del bebé, así como del resto de los órganos. Otra de las consecuencias de una mala nutrición es el bajo peso de los niños, y según los resultados de algunas investigaciones, esto aumenta el riesgo de alteración intelectual y les hace más vulnerables a padecer despúes del nacimiento infecciones o problemas respiratorios.

### Edad de la madre

ENTRE LAS madres muy jóvenes (15 años o menos) o muy mayores (40 años o más) se ha observado un mayor número de nacimientos de niños con bajo peso. Otros factores de riesgo de bajo peso al nacer y de retraso en el desarrollo mental son el estrés de la madre, los partos múltiples o los últimos niños nacidos en familias numerosas.

### Incompatibilidad del Rh

EL RH son sustancias que se encuentran en los glóbulos rojos de la sangre y son antígenos: que estimulan la producción de anticuerpos en el organismo. Si una madre con Rh– tiene un hijo con Rh+, producirá anticuerpos para combatir la sustancia extraña (el Rh+) y persistirán en su sangre. Si tiene más hijos con el Rh+, estos anticuerpos ya producidos pueden pasar al feto destruyendo sus glóbulos rojos, lo que puede ser fatal para la capacidad neurológica del bebé antes o después de nacer. En la actualidad, las madres son inmunizadas inyectándoles los anticuerpos contra las células Rh+ fetales, pues así se destruyen los glóbulos rojos fetales y se evita que desencadenen la producción de anticuerpos.

### Factores perinatales

SON AFECCIONES en el parto, a menudo causadas por problemas prenatales. Se incluyen lesiones durante el parto, traumatismos cerebrales, anoxia y prematuridad.

• *Traumatismos y lesiones:* una de las causas más comunes de traumatismo cerebral y lesiones son los partos donde el niño nace con posiciones incorrectas como por ejemplo los nacimientos de nalgas o de pies. En general, se pueden evitar por el procedimiento de la cesárea.
• *Anoxia:* es lo que se conoce como asfixia. Se puede producir por diversas causas, por nacimientos en posiciones anormales, problemas con el cordón umbilical (desde la separación de éste con el feto hasta que se enrolle en el cuerpo o cuello del bebé), partos demasiado largos, desprendimiento de la placenta, etc. Suele ser una causa habitual de muerte de niños recién nacidos, pero si sobreviven, puede producirse (no en todos los casos) retraso mental debido a la privación de oxígeno en el cerebro.

### Factores postnatales

EXISTEN NUMEROSOS factores ambientales que pueden afectar las funciones intelectuales del bebé después de su nacimiento. Los factores más importantes y que más riesgo representan son:

• *Malnutrición:* responsable de carencias en vitaminas y minerales fundamentales para un correcto desarrollo mental. Por ejemplo, la falta de vitamina B12 puede producir retraso mental, el déficit de proteínas altera el desarrollo cerebral, y la carencia de yodo puede causar cretinismo.

- *Infecciones:* las infecciones más peligrosas son la meningitis, que puede ser contraída también antes de nacer, y la encefalitis, o inflamación del encéfalo o cerebro, que puede ser producida por una complicación de otras enfermedades comunes de los niños como sarampión o varicela.
- *Otros factores:* se incluyen traumatismos y lesiones ocurridos por accidentes; envenenamiento por sustancias tóxicas como plomo y mercurio (que desgraciadamente se encuentran en muchos objetos como en las minas de los lápices, en las tintas de ciertas revistas y en la polución de los coches, que contienen plomo; y en muchos pescados que contienen mercurio por numerosos vertidos en ríos y lagos); poca estimulación ambiental que fomente el desarrollo intelectual, aislamiento del niño, problemas sociales y familiares serios, trastornos y retraso mentales en otros miembros de la familia, etc.

## TRATAMIENTOS

EL RETRASO mental es una situación que acompañará a la persona que lo padezca durante toda su vida. Como en otros trastornos, es muy importante detectarlo pronto para poder proveer a la persona (en este caso al niño) de los apoyos necesarios y de los ambientes adecuados para fomentar su mejor integración y adaptación, y de esta manera poderle dotar de mejor calidad de vida.

La prevención está directamente relacionada con el conocimiento de las causas, y hemos visto que sólo se conocen las causas de aproximadamente el 50% de los casos, y de éstos, la mayoría son retrasos graves. El conocimiento de la genética todavía no es tan avanzado como para prevenir (o corregir) las anomalías genéticas, pero avanza rápido y quizás en un futuro no muy lejano esta situación cambie. También hemos visto que existen varias pruebas para determinar la probabilidad de heredar las alteraciones metabólicas que se transmiten por los genes recesivos (por ejemplo, la amniocentesis), y que muchos factores ambientales que aumentan el riesgo son relativamente solucionables.

Cuando la prevención no es posible, existen varios procedimientos terapéuticos cuyo objetivo es, ante todo, mejorar la calidad de vida del paciente.

## Tratamiento pedagógico

SE INCLUYEN las intervenciones de enriquecimiento en estimulación ambiental especialmente en niños pequeños, planificación educativa según sea la gravedad del retraso, la integración en las escuelas normales con apoyos extras, etc. Muchos de los niños con retrasos leves o moderados pueden beneficiarse con estas medidas pues se cree que, con mucha frecuencia, estas carencias estimulares, sociales y ambientales son las que les causan el retraso.

Las personas indicadas para realizar estos programas son los psicólogos, los trabajadores sociales, los profesores especializados y los logopedas para fomentar la adquisición de las habilidades de comunicación y lenguaje tan necesarias para la socialización, y por tanto para la integración.

## Tratamiento psicológico

ES IMPORTANTE para tratar otros problemas que puedan estar asociados al retraso mental como la baja autoestima, la hiperactividad, la depresión, los trastornos psicóticos o la ansiedad. De la misma manera, la terapia psicológica es bastante eficaz a la hora de mejorar el nivel de funcionamiento de las personas con retrasos más serios. En general, los programas incluyen la instrucción en habilidades lingüísticas, motoras (movimiento de todo tipo, tanto fino; esto es, manipular objetos pequeños, etc., como grueso; caminar, saltar, etc.) y sociales, y rutinas de autocuidado como asearse, comer o vestirse.

Las técnicas más empleadas son las de la modificación de la conducta a través del condicionamiento operante, donde los niños son enseñados por pasos pequeños, reforzando y premiando las conductas positivas y adaptativas. Por ejemplo, enseñándoles a comer trozos pequeños, a coger éstos con los cubiertos, llevárselos a la boca, a masticar y finalmente a tragar. Por otro lado, también han de reducirse las conductas inapropiadas que presentan muchos de estos niños, como el hacerse daño a sí mismos o a los demás, o los comportamientos estereotipados a los que tienden cuando se encuentran solos, como balanceos del cuerpo o de la cabeza. A menudo se pueden evitar reforzando conductas alternativas que sustituyan las desadaptativas.

La importancia de aprender estas habilidades cambia mucho la situación del niño. El que sepa ir al baño solo, vestirse y comer, y sepa también no autoagredirse, facilita mucho la vida a sus cuidadores, implica que puede no necesitar vivir en una residencia y, lo que es más importante, aumenta de gran manera su autoestima.

También es efectivo el tratamiento psicológico a las familias, pues la convivencia con pacientes retrasados suele alterar de alguna manera su funcionamiento habitual. Se ofrece información, estrategias de afrontamiento, se amplia la comunicación entre los miembros, etc.

En los últimos 30 años la sociedad ha cambiado mucho su actitud y sus ideas sobre las personas con retraso. Ha habido mejoras sustanciales en todas las áreas, desde jurídicas y políticas hasta sanitarias, educativas y psicológicas. No obstante, todavía queda mucho por hacer para lograr la plena integración y normalización de estas personas, sobre todo a la hora de acceder a una educación completa y al mercado laboral.

# Trastornos generalizados del desarrollo

Por desarrollo se entienden los cambios en cualidad y cantidad de los aspectos fisiológicos, cognitivos y comportamentales por los que pasa una persona desde que nace hasta que alcanza la madurez. Muchos de estos cambios son producidos por maduración biológica (el niño crece, su cuerpo se desarrolla, entran en funcionamiento sustancias importantes como las hormonas, etc.), otros son debidos al aprendizaje, y aún otros son debidos a la interacción de ambos procesos de cambio.

Los trastornos generalizados del desarrollo ocurren en la infancia y pueden presentarse en forma de distintos desórdenes. Éstos se caracterizan por una seria alteración en el funcionamiento psicológico básico, esto es, se encuentran alteradas las áreas social, cognitiva, motora, lingüística o de la comunicación (tanto verbal como no verbal), de la atención y de la percepción.

Los trastornos mencionados anteriormente comparten alteraciones comunes en tres áreas del funcionamiento, y algunas otras características:

1. Las relaciones sociales con los demás, así como la comunicación para relacionarse, están gravemente afectadas. Presentan poca respuesta al entorno, problemas para desarrollar vínculos afectivos, para interactuar recíprocamente con los demás o con el mundo.
2. Sus conductas son extrañas, inadecuadas, estereotipadas o repetitivas.
3. La mayoría de los niños muestra déficits variados en la inteligencia, aunque en estos casos, no es la característica fundamental.
4. Los trastornos ocurren muy pronto en la vida, es raro que empiecen después de los cinco años.
5. No son muy frecuentes.
6. Excepto el trastorno de Rett, que sólo se da en mujeres, los demás son más comunes en los varones.

Las distintas formas clínicas de los trastornos generalizados del desarrollo son: el autismo, el síndrome de Asperger, el trastorno de Rett y el trastorno desintegrativo infantil.

Debido a que el autismo comparte varios síntomas con otras enfermedades infantiles, tanto físicas como mentales, y a la gran variedad de ellos que presentan los niños autistas, el diagnóstico es a menudo difícil. Para diferenciarlo de la esquizofrenia y otros trastornos psicóticos, los sistemas de clasificación (de las enfermedades mentales) establecieron la categoría de trastorno generalizado del desarrollo, para distinguirlo de los desórdenes mentales que se inician en la edad adulta.

Lo mismo pasó con los demás trastornos (el de Rett, el de Asperger y el desintegrativo) según se fueron conociendo más, y se pudo establecer su pertenencia a la categoría, dada su característica esencial de problema generalizado del desarrollo. Sin embargo, se han estudiado menos que el autismo, quizá por haber sido descritos más tarde y por ser muy infrecuentes.

No obstante, existe considerable controversia sobre los límites de cada desorden. El autismo es considerado por algunos autores como la forma más severa y prototípica de estos trastornos, y el síndrome de Asperger es considerado por otros como una forma suave de autismo.

## AUTISMO

SEGÚN EL diccionario de la Real Academia Española de la Lengua, el autismo se describe como la concentración habitual de la atención de una persona en su propia intimidad, con el consiguiente desinterés por el mundo exterior. Ésta fue la característica que sirvió, hace ya sesenta años, para identificar (y denominar) este trastorno en niños diagnosticados como esquizofrénicos o retrasados, pero que no cumplían o no poseían los comportamientos típicos de esas enfermedades.

Las primeras descripciones de estos niños indicaban, como síntoma fundamental, que éstos presentaban desde muy pequeños:

* Una soledad autista extrema de manera que ignoraban, desatendían y se cerraban a cualquier cosa que proviniera del exterior del niño.
* La imposibilidad desde muy temprano en la vida a relacionarse con otras personas de manera ordinaria,
* limitaciones serias en la adquisición y desarrollo del lenguaje,
* conductas estereotipadas, ritualistas y compulsivas,
* y una obsesión de que el entorno no cambiara (por ejemplo, ningún objeto de posición, de lugar y mucho menos por otro nuevo; el orden de las palabras rituales como saludos, etc.).

Hoy en día existe cierta polémica respecto a cuáles de los síntomas son más característicos, cuáles son primarios (es decir, característicos del autismo) y cuáles secundarios (consecuencia de los problemas primarios), qué cantidad de síntomas o cuáles debe presentar un niño para ser diagnosticado como autista. No obstante, se ha observado que el autismo es muy heterogéneo, esto es, no todos los niños presentan todas las características y existe mucha variación en cuanto a su gravedad.

## CRITERIOS DIAGNÓSTICOS ACTUALES

ACTUALMENTE SE consideran definitorios del autismo el trastorno de la comunicación y del lenguaje, y el fracaso en la interacción social. Así pues, los criterios necesarios para diagnosticar este desorden son:

- Alteración en la integración social. Deben estar presentes al menos dos de las siguientes características:

  - Déficit en la comunicación no verbal.
  - Fracaso en las relaciones con los demás.
  - Ausencia de espontaneidad en las relaciones
  - Falta de reciprocidad social y emocional.

- Problemas en la comunicación. Son necesarias al menos dos de las siguientes características:

  - Ausencia o retraso en el desarrollo del lenguaje.
  - Problemas a la hora de iniciar o mantener conversaciones
  - Lenguaje idiosincrásico, lleno de repeticiones y estereotipias.
  - Ausencia de juego social imitativo o simulado.

- Comportamientos, intereses y actividades limitadas, que son a su vez repetitivas y estereotipadas. Al menos una de las siguientes características debe estar presente:

  - Dedicación absorbente e intensa a uno o más comportamientos estereotipados cuyo contenido resulta anormal (por ejemplo, se dedica a coleccionar y alinear objetos de similar textura, en filas interminables).
  - Realización de rutinas o rituales de manera inflexible, sin objetivo concreto.
  - Manierismos motores estereotipados y repetitivos (esto es, sacudir las manos o retorcer los dedos, movimientos complejos).
  - Preocupación por partes de objetos o por aspectos que no tienen nada que ver con el objeto (solo le gustan los botones de una chaqueta, y de éstos, su olor o tacto).

Para diagnosticar autismo, éste ha de presentarse (es decir, debe haber alteraciones en el desarrollo) antes de los tres años de edad y los síntomas no han de poder explicarse mejor por la presencia de otro trastorno generalizado del desarrollo.

## CARACTERÍSTICAS DEL AUTISMO

### Conducta social

LOS PROBLEMAS que tienen los niños autistas relacionándose con los demás, la soledad del autista, es quizá el rasgo más conocido de este trastorno. No es que rehuyan el contacto social, es que nunca lo han tenido.

Las características más habituales son: la no vinculación con sus padres y el no buscar su afecto. No sonríen, no miran (no mantienen la mirada, o no hacen contacto visual) y no intentan agarrar a sus madres cuando éstas les alimentan. Es frecuente que eviten ser tocados, besados o acariciados, y que no se amolden al cuerpo de sus padres cuando les cogen en brazos, quedándose muy rígidos o completamente flácidos. No buscan contacto afectivo como ternura o consuelo, no hacen nada para contactar o llamar la atención de los padres cuando necesitan algo (excepto quizá para comer o cuando hay que cambiarlos).

En general, su conducta es muy quieta, como si estuvieran ausentes, no importándoles lo que hagan los demás. Responden tan poco a lo que pase en el entorno que muy a menudo los padres piensan que son ciegos o sordos, aunque su audición y visión están intactas.

Cuando son algo más mayores, pueden haber desarrollado cierto apego emocional por sus padres o cuidadores, pero sigue siendo muy débil en comparación con los niños normales. Sus interacciones con los demás suelen ser manipulativas, es decir, tendrán contacto social pero para conseguir alguna cosa. El ejemplo típico es el del niño que se sube al regazo de su madre para así alcanzar el bote de las galletas, sin ningún tipo de emoción. Esta conducta se describe como si consideraran a las personas como objetos.

Suelen mostrar incapacidad para hacer amigos o jugar con los compañeros o familiares, no actúan espontáneamente, y no muestran reciprocidad social o emocional. No recurren a sus padres o cuidadores cuando les pasa algo o tienen algún problema, y prefieren estar solos. A veces, si otra persona empieza un juego, pueden participar durante un tiempo. Pero su juego es muy diferente del de los demás niños. El juego con objetos no es simbólico (por ejemplo, jugar con algún muñeco como si este fuera una persona, o con un bloque de madera como si fuera un coche), y suele ser inadecuado, esto es, pueden jugar a lanzar al aire un bloque de madera de manera repetitiva durante horas y horas, y el acto puede ser ritualizado.

Hay muchas diferencias en el comportamiento social de los niños autistas. Algunos evitan de forma activa el contacto con los demás, otros lo hacen de forma pasiva (no lo buscan pero no hacen nada por evitarlo), otros pese a no hacerlo de forma espontánea, aceptan de buen grado el acercamiento de otras personas, y aun otros hacen ellos el contacto pero de forma extravagante o extraña.

Como veremos más adelante, en la sección de causas, el problema básico de los autistas es la incapacidad de percibir al otro como sujeto, saber que tienen emociones y cuáles son éstas, es decir, les es difícil atribuir estados mentales en los demás e interactuar de acuerdo con lo percibido.

## Alteraciones de la comunicación

BÁSICAMENTE SE presentan dos problemas fundamentales en la comunicación verbal: la ausencia de lenguaje, que ocurre aproximadamente en el 50% de los casos, o el retraso en la adquisición y el desarrollo del mismo. No existe ningún problema físico para que se produzcan estas limitaciones.

Los que sí aprenden a hablar, lo hacen después de una terapia muy larga e intensiva. Aun así, suelen presentar dificultades en iniciar y mantener una conversación. Su lenguaje tiene varias peculiaridades y no suele ser comunicativo. Las características más peculiares de su habla son:

### Ecolalias

SON REPETICIONES exactas de lo que el niño oye, a veces incluso imitando el tono y el acento del que ha hablado. Las ecolalias pueden ser inmediatas, esto es, repiten justo lo que se acaba de decir, o diferidas, repitiendo algo que el niño oyó días atrás o en algún momento del pasado. Los niños autistas mudos, que más tarde en la vida aprenden cierto lenguaje funcional, suelen pasar primero por una fase de ecolalia.

Éstas parece que están relacionadas con la falta de comprensión del significado de lo que oyen. Por ejemplo, es más probable que los niños autistas repitan literalmente una pregunta para la cual no tienen respuesta (por ejemplo, ¿quién es el rey de España?), que aquellas para las que sí la tienen (por ejemplo, ¿quieres una galleta?), así como que sucedan en ambientes o ante personas, poco conocidos y no familiares. Sin embargo, también se piensa que pueden ser un intento de comunicación. Cuando un niño no sabe responder que sí a la pregunta, ¿quieres una galleta?, o cuando quiere una, tiempo después sin que nadie se lo haya preguntado, puede, en ambos casos, repetir la pregunta. El niño no conoce el significado de cada palabra, pero sí ha aprendido que la frase está relacionada con conseguir galletas.

Los niños normales suelen pasar también por una fase de repetir lo que oyen, aunque suele durar poco tiempo. Por ello se considera que la repetición es una de las formas de adquirir el habla, y puede ser utilizada como método para enseñar a los niños autistas.

### Inversión pronominal

SUELE SER muy común en el habla de los autistas. Los niños se refieren a sí mismos como «él» o «tú», aunque es frecuente que empleen su nombre propio así como que llamen a los demás también por su nombre. Esta manera de hablar está relacionada con la ecolalia. Como suelen repetir lo que oyen, es comprensible que se refieran a sí mismos como han oído a los demás hacer, y por tanto cambiar los pronombres. Por ejemplo, pueden decir «él quiere una galleta» o «Juanito quiere una galleta» para referirse a ellos.

Si el lenguaje continúa desarrollándose, la inversión pronominal tiende a desaparecer. No obstante, suele ser muy difícil cambiarlo y a menudo, los niños necesitan mucho entrenamiento.

### Neologismos

SON PALABRAS inventadas para designar objetos comunes, o palabras usadas con otro significado distinto al que poseen. Un ejemplo sería el usar la palabra «sela» para decir silla.

Otras alteraciones del habla pueden estar en la entonación (suele ser monótona), en el ritmo, intensidad, y en su manera de articular (o pronunciar) las palabras y las frases. Muchas veces los niños son extremadamente literales en el uso del lenguaje, por ejemplo, si un padre premia a su hijo autista con una golosina cuando ha aprendido a decir la palabra «sí», entonces el niño puede decir «sí» cada vez que quiera la golosina. En general, la comprensión suele estar muy afectada, y sus mayores dificultades parecen estar en entender cosas abstractas (como «alegría» o «mañana»). Pueden pasar años hasta que aprenden el significado de muchas palabras.

Estos déficit en la comunicación pueden ser una de las causas del retraso social de estos niños. Prueba de ello es que se ha observado con cierta frecuencia la aparición espontánea de un comportamiento afectivo y dependiente (es decir, de necesitar a los demás) en niños que después de un tiempo aprendieron a hablar, no obstante, no es la regla general ni mucho menos.

Respecto a la comunicación no verbal, hemos visto sus carencias en la sección anterior, la de la conducta social. Sus problemas principales son los déficit en mantener o iniciar contacto ocular (mantener la mirada, mirar cara a cara), en la expresión facial, en la postura, gestos, etc.

## Alteraciones de la conducta

Una característica muy común es que los niños autistas se alteran o perturban tremendamente con los cambios en su rutina habitual o con los cambios en su entorno. Reaccionan con rabietas, agitación e incluso pueden trastornarse si se va a un sitio conocido (como la escuela) por otro camino, si se les da su leche en un vaso distinto o si se ha cambiado un mueble de sitio. También reaccionan así si su madre les dice una mañana «buenos días hermoso» en vez del habitual «buenos días cariño».

Su conducta suele ser obsesiva, estereotipada y repetitiva. Por ejemplo, no suelen jugar con las cosas de manera habitual sino de manera fija. Pueden pasarse las horas muertas alineando objetos, o las piezas de un juego de construcción o de un puzzle, organizar filas según colores o según texturas, buscar objetos con los que continuar su secuencia, y cuando son más mayores, esta obsesión se puede trasladar a coleccionar o aprenderse horarios de trenes, rutas de autobuses o secuencias de números. (Sin embargo, las obsesiones autistas no son como las obsesiones del trastorno obsesivo-compulsivo, pues no parece que los niños autistas las vivan como intrusas a sí mismos, incontrolables o sin sentido. De la misma manera no producen malestar cuando se tienen, más bien el malestar aparece si no se pueden llevar a cabo, o si algo ha cambiado a como ellos lo dejaron.)

Es muy frecuente que sientan fuerte atracción, vinculación o preocupación por los objetos inanimados. Entre los apegos más comunes están las llaves, las gomas elásticas, un determinado programa de televisión, una cesta de hilos, un color determinado, una manta en concreto y los objetos eléctricos como las neveras o las aspiradoras. Los niños desearán estar con el objeto a todas horas, coleccionarlo, hablar de él o con él, etc.

Otras alteraciones incluyen los comportamientos estereotipados y repetitivos que realizan en forma de rituales que siguen al pie de la letra, y sin objetivo concreto. Algunos ejemplos son movimientos rítmicos de las manos u otras partes del cuerpo, pasos medidos, balanceo sin fin del cuerpo, rotación de la cabeza y andar de puntillas. Ejemplos de movilidad más fina son hacer rodar lápices, bolígrafos y cuerdas, mover los dedos a la altura de sus ojos y quedarse mirando anonadado las cosas que giran como los ventiladores. Ésta es una fascinación como la que tienen a un objeto, sólo que esta vez es un movimiento.

Estas conductas son descritas como autoestimulantes, pues se considera que proveen al niño con retroalimentación sensorial, y parece que son favoritas de los niños. Pueden pasarse horas y horas realizándolas y suelen enfadarse mucho si se les interrumpe. Mientras están inmersos en ellas, se olvidan de todo lo que les rodea.

Otras conductas anómalas de los autistas son las autolesiones o la autoagresividad, las más habituales son morderse las manos, golpearse la cara, arrancarse los cabellos, etc., y a veces pueden ser peligrosas para ellos. Los autistas suelen responder de manera no normal al entorno físico. A menudo parece que no oyen nada en absoluto aunque haya un ruido muy intenso y momentos más tarde oír un ruidito tenue. Con respecto al sentido del tacto pueden no sentir dolor pero ser muy sensibles a las cosquillas.

### Funcionamiento intelectual

HACE TIEMPO se consideraba que la inteligencia de los niños autistas era normal. Su aspecto físico no se suele diferenciar del de los niños normales, suelen ser muy hábiles manualmente y muchos presentan un excelente rendimiento en tareas que implican memoria a largo plazo.

Sin embargo, hay un número significativo de niños que además tienen retraso mental. Aproximadamente el 80% presentan puntuaciones por debajo de 70 en los test de inteligencia, y sólo el 20% tienen puntuaciones superiores.

A menudo, la coocurrencia de los dos trastornos hace que sean muy difíciles de distinguir, aunque existen diferencias. En general, los autistas hacen peor que los retrasados las tareas que requieren pensamiento abstracto, simbolismo o secuencias lógicas, lo cual puede estar relacionado con sus problemas de habilidades verbales. Por otro lado, suelen rendir mejor en las tareas que requieren habilidades visoespaciales (como ordenar objetos desarmados), y memoria inmediata.

Otra diferencia es el desarrollo motor o del movimiento. Los autistas desarrollan más rápido y mejor que los niños retrasados los movimientos gruesos como aprender a caminar, saltar y utilizar bien los brazos, y los movimientos finos, como manejar cosas pequeñas o delicadas. Igualmente, su salud es mucho mejor.

Algunos autistas suelen tener ciertas habilidades aisladas que reflejan un gran talento o que están desarrolladas de manera superior, sobre todo en música, matemáticas o mecánica. Ha habido muchos casos de niños que son capaces de montar y desmontar aparatos mecánicos muy complicados, o con la capacidad de multiplicar mentalmente números de varias cifras de manera muy rápida, calcular fechas futuras y pasadas, esto es, calcular qué día de la semana será o fue una fecha concreta, o ser capaces de pensar números primos de varios dígitos.

Se cree que el autismo desalienta o impide, a las personas que lo padecen, a utilizar sus habilidades intelectuales que se encuentran intactas para propósitos normales. Por ello, canalizan su atención, habilidad y esfuerzo en usarlas como entretenimiento y como autoestimulación mental. Estas personas pueden recibir el nombre de autistas sabios (paralelo al síndrome de *idiot savant*, palabra francesa que significa «idiota sabio», y que se refiere a una persona retrasada mental pero que tiene un funcionamiento superior en una pequeña y concreta parcela intelectual).

### Otras características

EL AFECTO de los niños autistas suele ser inadecuado a la situación en la que se encuentran. Algunos cambian de humor fácilmente y otros suelen mostrar un afecto aplanado. Muchos no son conscientes del peligro de algunas situaciones y otros sienten miedo y fobia a cosas completamente inocuas. Por ejemplo, se han dado casos de niños que muestran un gran miedo a una planta, a dibujos con un número concreto (y no otro), a ciertos animales, a un alimento, etc.

Otros problemas frecuentes son los trastornos en el sueño, como el insomnio producido por frecuentes despertares y movimientos nocturnos; trastornos de la conducta alimentaria por querer comer sólo determinados alimentos o «picotear» continuamente; hiperactividad, rabietas, y alteraciones de la percepción y de la atención. Son comunes también los ataques de epilepsia en muchos de los casos.

## DIFERENCIAS CON OTROS TRASTORNOS

- **Esquizofrenia:** tiempo atrás, los niños con trastornos del desarrollo eran diagnosticados como esquizofrénicos o psicóticos. Muchos de los síntomas son parecidos, entre ellos, la falta de interacción social, las anomalías en el habla y las alteraciones del afecto. Sin embargo, en la esquizofrenia se dan alucinaciones y delirios, suele empezar más tarde (entre los cinco y quince años), presentan inteligencia y desarrollo normales antes de padecer la enfermedad, responden al tratamiento farmacológico y tienen periodos en remisión (sin síntomas).
- **Retraso mental:** en el apartado del funcionamiento intelectual hemos visto muchas diferencias entre los dos desórdenes. Básicamente, los niños retrasados tienen capacidad de interacción social y de comunicación con los demás, y ésta es motivada e intencionada. Presentan también alteraciones en el desarrollo físico, tienen peor salud, y sus limitaciones intelectuales afectan a todas las habilidades.

- Otros trastornos generalizados del desarrollo: *véase* posteriormente.
- **Disfasia evolutiva:** (también llamada afasia del desarrollo). En este trastorno se produce un retraso en la adquisición y desarrollo del lenguaje, tanto receptivo como expresivo. Estos niños pueden presentar las características del lenguaje autista (inversión pronominal, ecolalias, problemas en la comprensión, etc.) pero no de manera tan pronunciada, y no presentan alteraciones en las relaciones sociales. Si las hubiera, éstas serían una consecuencia secundaria a los problemas de la comunicación, es decir, sus relaciones se pueden ver afectadas pues les cuesta o les es imposible co-

---

DATOS DE INTERÉS SOBRE AUTISMO

- No es un trastorno frecuente en la población. Se estima que alrededor del 0,05% de los niños es autista, es decir aproximadamente 5 niños de cada 10.000.
- Se inicia antes de los tres años, aunque a veces puede ser evidente incluso en las primeras semanas de vida.
- Puede iniciarse de manera repentina o de manera insidiosa (lentamente).
- Es cuatro veces más frecuente en los niños que en las niñas.

municarse. No obstante, logran relacionarse a través de la comunicación no verbal (gestos, etc.).

## SÍNDROME DE ASPERGER

LA CLASIFICACIÓN de este síndrome como tal es difícil incluso hoy en día, ya que no se sabe a ciencia cierta si es una variedad del autismo o es un trastorno generalizado del desarrollo distinto de éste.

El trastorno se caracteriza por una gran alteración en las relaciones sociales (esto es, en la interacción o contacto social con los demás), comportamientos, intereses y actividades estereotipados, repetitivos y restringidos, pero no se presenta retraso o dificultades en el lenguaje. La inteligencia es normal y con frecuencia superior a la media. Es el trastorno del desarrollo más moderado y con mayor funcionamiento normal.

Los problemas de interacción social se manifiestan por al menos dos de los siguientes síntomas:

- Importantes déficit en la comunicación no verbal (como el contacto ocular, gestos, expresión facial, posturas del cuerpo, etc).
- Falta de reciprocidad emocional o social. También hay ausencia de imitación social.
- Incapacidad para relacionarse con los demás de manera adecuada, así como una falta de deseo por hacerlo.
- La persona no comparte ni participa de manera natural de intereses, objetivos o entretenimientos con otros. No busca consuelo ni cariño cuando lo necesita, y tampoco muestra sensibilidad o empatía por los demás.

Las alteraciones en los comportamientos, intereses y actividades muestran al menos una de las siguientes características:

- Excesiva preocupación por uno o más intereses, a los que se entregan de manera intensa y que a menudo carecen de objetivo (por ejemplo, fascinación por los horarios de los trenes). Estos intereses suelen tener más «mecánica» que significado.
- Realización de rituales o rutinas específicos, de manera repetitiva y estereotipada, que no tienen objetivo aparente (por ejemplo, alinear en columnas sin fin objetos de unas determinadas características).
- Manierismos repetitivos y estereotipados como movimientos giratorios de manos o dedos, posturas complejas, etc.
- Fijación por partes concretas de objetos.

No obstante, y a diferencia del autismo, no existen retrasos significativos en el lenguaje: a los dos años, el niño utiliza palabras sencillas y a los tres se comunica ya con frases (como los demás niños); y su inteligencia es con frecuencia normal (aunque puede ser superior a la media o haber retraso mental leve) así como su comportamiento adaptativo.

Este trastorno suele iniciarse algo más tarde que el autista, a menudo se empieza a detectar en la etapa escolar. Aunque es de por vida, el síndrome presenta un curso estable (es decir, no suele ir a más) pero también un pronóstico de regular a bueno. Muchos de los pacientes pueden llevar una vida relativamente normal, de hecho, numerosos niños con Asperger no son diagnosticados pues sólo son considerados como «raros», «especiales» o «diferentes» por sus padres o cuidadores. Durante la vida adulta, los problemas más acusados suelen ser los de las relaciones sociales.

## CARACTERÍSTICAS DEL ASPERGER

### Intereses limitados

Es UNA de las características más obvias de este desorden. A diferencia del autismo, donde los intereses suelen ser a objetos o a partes de objetos, los de los niños Asperger suelen ser diversas áreas intelectuales. Son comunes el interés por las matemáticas, las ciencias, la historia, la geografía, etc. Les apasiona leer y muchos presentan hiperlexia, que es una lectura rápida y mecánica a edades muy tempranas. Otros temas frecuentes son los mapas, la astronomía, la maquinaria compleja, los vehículos, el tiempo, los horarios de diversos transportes públicos, etc.

A menudo, los intereses son los normales en niños de su edad, pero los presentan de manera muy intensa y exagerada. Por ejemplo, les resulta extremadamente fascinante Pokemon, o los dinosaurios, algún juguete de moda, etc. Estas pasiones pueden cambiar con el tiempo o pueden mantenerse intactas. Muchos niños Asperger han resultado sabios en su interés, como algunos doctores universitarios en ciencias o ingenierías.

### Socialización

AQUÍ SE ve otra diferencia con los autistas. Los Asperger suelen estar menos aislados del mundo y muestran deseos de socializar y tener amigos. A veces les interesan mucho las personas adultas. Sin embargo, su mayor problema es su incapacidad de actuar con eficacia para interactuar con los demás. Se considera que el problema es (como en el autismo) una falta de habilidad para atribuir estados mentales en los demás que no son los propios e interactuar de acuerdo con lo percibido, es decir, poder leer o captar las perspectivas o necesidades de los otros. Esto les suele causar frustración y desmotivación. Su conducta suele ser rígida en cuanto a cambios en las rutinas o en los ambientes. Prefieren los entornos estructurados, el orden y lo rutinario, por ello, las situaciones menos organizadas (como en la escuela el tiempo de recreo, ir a la cafetería) les pueden alterar y hacer que se comporten de manera perturbadora.

### Lenguaje

AUNQUE SU lenguaje es normal, sí presentan ciertas características como una prosodia extraña (esto es, los aspectos del lenguaje hablado como la entonación, el ritmo, el volumen, etc.). Su vocabulario suele ser muy formal y pedante, y no usan o no saben usar el argot o los modismos. Suelen tener problemas de conversación, pues centran ésta en sus temas de interés, interrumpen al otro, no guardan el turno, y muchos son hiperverbales (hablan en exceso), lo que hace que los demás se aparten. Igualmente, interpretan las cosas con demasiada literalidad, tienen dificultades con el sentido del humor, con los juegos de palabras, no entienden los chistes o se ríen a destiempo, etc.

Algunos niños presentan retrasos en el desarrollo del lenguaje (que se actualiza pronto, generalmente en la escuela) mientras que en otros éste es normal e incluso precoz. Las ecolalias pueden asimismo presentarse.

Como hemos indicado más arriba, muchos de estos niños suelen empezar la escuela sin haber sido diagnosticados. Con frecuencia se les considera «diferentes», presentan conductas problemáticas como rabietas, agresiones, falta de atención, etc. Por otro lado pueden aprender muy rápido a leer y a hacer cálculos matemáticos, y mostrar intereses obsesivos en algunas materias (y por ello entorpecer las clases). En general, su rendimiento dependerá de su nivel intelectual, de si recibe tratamiento adecuado, tanto en casa como en la escuela, y de si presenta algún otro trastorno como hiperactividad, o del aprendizaje, ansiedad, etc.

## DIFERENCIAS CON OTROS TRASTORNOS

- **Trastorno obsesivo-compulsivo:** en los dos trastornos se manifiestan unos comportamientos estereotipados y ritualísticos. Sin embargo, se diferencian en que los afectados por el síndrome de Asperger presentan importantes alteraciones en las relaciones sociales con una cantidad de intereses y una participación en otras actividades mucho más reducidas que los obsesivos.
- Otros trastornos generalizados del desarrollo: *véase* posteriormente.

## TRASTORNO DE RETT

ESTE TRASTORNO se describió por primera vez en los años 60, y se caracteriza por un deterioro progresivo del desarrollo neuronal, con múltiples alteraciones, después de haber tenido un funcionamiento normal.

Parece que es un trastorno exclusivo del sexo femenino, pues sólo se ha diagnosticado en niñas, y que está relacionado con un defecto en un gen que se encuentra en uno de los brazos del cromosoma X. Los varones no padecen este trastorno, pues como tienen un único cromosoma X, si se presenta una mutación en éste, los embriones masculinos difícilmente logran sobrevivir. Los síntomas más importantes de este desorden son:

- Durante el embarazo, el parto y los primeros meses de vida, el desarrollo mental y motor de las niñas es aparentemente normal, así como su cuerpo y su crecimiento.
- Entre los 5 y 18 meses de edad, suele empezar a manifestarse el trastorno, con un estancamiento del desarrollo motor. La adquisición de movimientos gruesos (como andar, mover y usar las extremidades, etc.) se retrasa de manera importante. Se pierden habilidades como el balanceo, surgen problemas de corrección de la postura, de la marcha (como andar a trompicones), mala coordinación al caminar o de los movimientos del tronco y las extremidades.
- Entre el año y año y medio, se pierden los movimientos finos como las habilidades manuales intencionales (esto es, del uso intencional de las manos), que antes sí tenían, y aparecen movimientos manuales estereotipados que son muy característicos de este trastorno, como gestos que se parecen a la acción de escribir o lavarse las manos, que suelen realizar con los brazos flexionados y a la altura de la barbilla o del pecho. También se pierden las habilidades verbales: el lenguaje

expresivo y receptivo se altera, produciéndose a menudo la pérdida total de éste; la capacidad intelectual: se produce un grave o profundo retraso mental; y de la comunicación: se pierde la interacción social con los demás.

- El crecimiento de la cabeza se desacelera.
- Son muy frecuentes las crisis epilépticas hacia los tres o cinco años.

Otros síntomas característicos que suelen acompañar este desorden incluyen el bruxismo, que es el rechinar de dientes, aunque en este caso también suele ser especial, el ruido es como el que resulta de descorchar una botella; hiperventilación con o sin apneas; apnea, que suele desaparecer durante el sueño por lo que se considera una conducta estereotipada; mal control de los esfínteres; mala masticación de la comida; aerofagia, que es como si comieran aire y es bastante frecuente en este desorden; babeos; insensibilidad al dolor; y son también muy habituales las crisis de risa por las noches y de llanto por el día, y una especie de sonrisa permanente, pero sin ninguna intención social. A diferencia del autismo, sí mantienen contacto ocular y éste a veces puede ser muy intenso.

Todos estos síntomas suelen manifestarse en los primeros cinco años de vida. Aunque el trastorno permanece a lo largo de la vida de la niña, la pérdida de habilidades se puede quedar estanca en un punto, o continuar el deterioro. Durante la fase estacionaria, no se suele producir empeoramiento de los síntomas, e incluso puede haber una leve mejoría en algunas habilidades de comunicación y de movi-

miento, si las habían adquirido antes de empezar el trastorno. El interés por las relaciones sociales se puede recuperar o desarrollarse posteriormente (por lo general, al principio de la pubertad). Esta fase puede durar desde meses a años. Al final, las pacientes suelen acabar en silla de ruedas, con escoliosis severa (esto es, curvatura de la columna), debilidad muscular y rigidez. Hay muy pocas posibilidades de recuperación.

## TRASTORNO DESINTEGRATIVO INFANTIL

ESTE TRASTORNO también es conocido como «psicosis simbiótica», pues se consideraba que era consecuencia de una desintegración de la personalidad en sus primeras fases de desarrollo. Las características más importantes son:

- Un desarrollo aparentemente normal entre los primeros dos o cuatro años de vida del niño, es decir, éstos presentan comunicación verbal y no verbal, interacción social y comportamiento adaptativo normales.
- A partir de los dos años (entre los dos y los diez años), se manifiesta una

DATOS SOBRE EL TRASTORNO DE RETT

- Es un trastorno muy poco frecuente, se estima que lo padecen alrededor del 0,005% de las niñas.
- La esperanza de vida varía entre los 11 y los 35 años.
- Hoy en día se ha observado algún caso aislado en varones, que se relacionaría con una nueva mutación.

pérdida o deterioro de habilidades, que habían sido aprendidas antes, por lo menos en dos de las siguientes áreas:

- Lenguaje expresivo o receptivo (esto es, en la comprensión).
- Habilidades sociales o conducta adaptativa.
- Control de los esfínteres.
- Juego o actividades lúdicas.
- Habilidades motoras (de movimiento).

- Se presentan déficit en la interacción social, como problemas en la comunicación no verbal, incapacidad de relacionarse con los demás, ausencia de reciprocidad emocional, etc.
- Aparecen problemas en el lenguaje como dificultades en iniciar o mantener una conversación, uso repetitivo y estereotipado del mismo, etc.
- Se establecen conductas, intereses y actividades limitadas y repetitivas (se incluyen los manierismos y otras conductas típicas del autismo).

Con frecuencia se presentan síntomas prodrómicos de la enfermedad, es decir, síntomas que preceden el inicio del trastorno, como ansiedad, irritabilidad, inquietud e hiperactividad.

Puede empezar de manera brusca e insidiosa (esto es, poco a poco) por lo general entre los tres y los cuatro años de edad. El curso del trastorno declina con el tiempo pero las deficiencias acompañan a la persona a lo largo de toda su vida.

Se asocia al retraso mental grave y a alteraciones neurológicas progresivas que pueden ser congénitas o adquiridas.

## DIFERENCIAS DE LOS DISTINTOS TRASTORNOS GENERALIZADOS DEL DESARROLLO CON EL AUTISMO.

- **Trastorno de Asperger:** no se manifiesta retraso o déficit en el desarrollo del lenguaje, la inteligencia suele ser normal en muchos de los casos, y se inicia mucho más tarde que el autismo.
- **Trastorno de Rett:** aparece por lo general en mujeres, se produce una desaceleración del crecimiento de la cabeza, se pierden habilidades manuales y de la marcha que habían sido adquiridas previamente con normalidad, aparecen movimientos característicos de las manos, se presenta retraso mental grave, irregularidades respiratorias y convulsiones y se da contacto ocular intenso.
- **Trastorno desintegrativo infantil:** se inicia más tarde que el autismo y después de un desarrollo aparentemente normal, se presenta una marcada pérdida o deterioro en varias áreas de actividad que se habían adquirido previamente, de manera muy rápida, con frecuencia en el transcurso de seis a nueve meses.

## CAUSAS Y TRATAMIENTOS

### CAUSAS

Las causas de los trastornos generalizados del desarrollo son, por el momento, desconocidas, aunque las tesis actuales apuntan a que están implicados múltiples factores tanto biológicos y genéticos como psicológicos. Las distintas teorías no son incompatibles entre sí, todo lo contrario, entre ellas se complementan y nos ofrecen una visión más amplia de la complejidad de estos trastornos. El acuerdo general es que son síndromes conductuales con orígenes biológicos.

Como veíamos al principio del capítulo, estos trastornos presentas varias formas clínicas de las cuales la más estudiada e investigada ha sido el autismo. Exceptuando el trastorno de Rett, cuyas causas parecen ser debidas a un defecto genético que sólo afecta a las niñas, por el momento se sabe poco de lo que causa los demás desórdenes. Quizá variaciones de muchas de las alteraciones encontradas en el autismo sean las responsables de que éstos se desencadenen. Hay que recordar que para muchos autores el síndrome de Asperger es un autismo menos severo, así pues las teorías explicativas del autismo se pueden aplicar a este trastorno. El trastorno desintegrativo infantil se asocia a enfermedad médica como trastornos convulsivos y esclerosis tuberosa.

## Teorías psicoanalíticas

Las primeras teorías sobre el autismo planteaban que sus causas eran psicológicas, haciendo hincapié en la importancia de las influencias familiares de forma muy temprana en su vida. Varias observaciones de padres de niños autistas los describían como fríos, meticulosos, insensibles, distantes e introvertidos, con lo cual se supuso que esta actitud de los padres jugaba un papel clave en el autismo. Se les llegó a llamar «padres nevera» y se consideró sus relaciones con los niños como causa suficiente para el desarrollo del autismo.

El ambiente en el que un niño vive es fundamental para su desarrollo personal. La falta de relaciones sociales y con los objetos externos, y el interés por los estímulos internos (tan característicos del autismo) se asemejan al primer estadio del desarrollo normal de los niños. El paso siguiente sería el desarrollo de las relaciones objetales que es el incorporar al «yo» los objetos (personas, partes de una persona o algo simbólico que representa ambas cosas), hacia los cuales se orientan las conductas, pensamientos y deseos. En otras palabras, identificarse con la gente hacia la que se sienten emocionalmente unidos. La teoría postula que las personas reaccionan a su mundo a través de las perspectivas de otros, que son las personas importantes como sus padres o cuidadores, y, a menudo, estas perspectivas entran en conflicto con los intereses y deseos de la propia persona.

El paso a las relaciones de objeto se considera que se produce a través de la crianza materna, un fallo en la función materna es lo que impide el progreso adecuado a los siguientes estadios del desarrollo.

El niño se da cuenta de los sentimientos negativos, los conflictos y el rechazo de sus padres, y descubre que sus propias acciones no logran modificar sus actitudes ni el mundo. El niño reacciona con ira interna y sintiendo impotencia ante un mundo que es interpretado como hostil, y se encierra en sí mismo.

Repetidas investigaciones no han podido encontrar confirmación a estos supuestos. Por ejemplo, varios estudios no han podido encontrar diferencias entre los padres de autistas y los padres de niños normales o con otros trastornos. Muchos de los llamados padres nevera no tienen hijos autistas. Muchos padres de niños autistas tienen otros hijos normales. La idea de los padres fríos y distantes se basa en casos muy concretos o anécdotas y no en estudios empíricos. Y finalmente añadir que, a menudo, los comportamientos negativos de los padres pueden ser una reacción al comportamiento anómalo del niño y no al revés, y que esta perspectiva no explica todos los síntomas y problemas del autismo, como el déficit cognitivo o la alteración en el lenguaje.

## Teorías cognitivas

ESTA PERSPECTIVA considera que las anomalías en el funcionamiento cognitivo influyen en el desarrollo del trastorno, o que son subyacentes a él, aunque por el momento no está muy claro si éstas son causa o consecuencia del trastorno.

- *Percepción y atención:* una característica de estos niños es su «hiperselectividad estimular», esto es, no responden a todas las señales del ambiente o lo hacen sólo a una parte de un estímulo (por ejemplo al color de las letras y no a la letra en sí). De la misma manera, sus respuestas a los estímulos no son constantes (por ejemplo, a veces parece que no oyen o que no ven y otras veces oyen y ven cosas muy sutiles). Esta manera de percibir y atender interfiere con el desarrollo normal del niño, pues son habilidades necesarias para aprender y relacionarse.
- *Funcionamiento intelectual:* otro dato que apoya la idea de un problema cognitivo en el autismo es que los déficit intelectuales que presentan la mayoría de estos niños no son secundarios a (o causados por) las alteraciones de la interacción social, prueba de ello es, por ejemplo, que si fuera una consecuencia de estas alteraciones sociales, todos los autistas deberían presentar similares

puntuaciones en los test de inteligencia y esto no es así. Sin embargo, este hecho (y otros) contradice la idea de un problema cognitivo como causa del autismo (si fuera así, todos los niños deberían presentar el déficit intelectual).

- *Problemas de lenguaje:* estudios realizados comparando niños autistas con niños con disfasia (esto es, niños que padecían serias alteraciones del lenguaje) corroboraron la idea de que los problemas del habla no son suficientes para producir autismo, pues los niños con disfasia presentaban menos problemas de conducta y mejores relaciones sociales. Las características del lenguaje de los autistas (inversión pronominal, ecolalias, neologismos...) y sus problemas en la abstracción del significado del lenguaje, comprensión, etc., también apoyan la hipótesis de un defecto cognitivo importante en el autismo.

Las hipótesis siguientes intentan explicar los problemas en la comunicación y relación social que ocurren en el autismo, enfatizando otros aspectos psicológicos, aparte de la cognición, como la motivación y la afectividad.

## *Teoría socio-afectiva*

LA TEORÍA se basa en el hecho de que el ser humano es fundamentalmente social, y son sus relaciones sociales lo que le dan la capacidad de comprender las emociones de los demás, tan necesarias para configurar el mundo (tanto el propio como el común). Las emociones se perciben a través de la comunicación no verbal; esta percepción es un proceso innato establecido biológicamente para comprenderlas, y es donde fallan los niños autistas. Esto produce un déficit en la vinculación afectiva en las primeras etapas del desarrollo, y hace que no puedan interactuar emocionalmente con los demás. Las consecuencias son un fallo a la hora de reconocer que el resto de las personas tienen sus propios pensamientos, sentimientos, deseos e intenciones, y una incapacidad para abstraer y pensar simbólicamente. La alteración en el desarrollo afectivo y social está muy relacionada con el resto de las alteraciones autistas.

### Teoría metarrepresentacional

DE ACUERDO con esta teoría, el déficit cognitivo subyacente al autismo (a los problemas sociales y de comunicación) es una alteración en la capacidad de atribuir creencias y estados mentales a otras personas diferentes de los propios, y de este modo explicar y predecir las conductas de los demás. Estas atribuciones se hacen por medio de metarrepresentaciones.

### Teoría cognitivo-afectiva

ESTA PERSPECTIVA intenta aunar las anteriores. Se considera que el problema es una alteración afectiva que impide la comprensión y desarrollo de la comunicación no verbal, y una alteración cognitiva en la capacidad de formar abstracciones y símbolos. Ambas alteraciones producen el fracaso en reconocer los estados mentales y emocionales de los demás, los problemas de atención, otros déficit cognitivos, etc.

La idea de un déficit cognitivo básico que podría estar tras el autismo sigue siendo y será en el futuro objeto de investigación. Existen muchas dudas todavía, como

por ejemplo, la causa (o causas) de este déficit, el saber por qué no afecta por igual a todas las personas autistas, si se nace con él o no, etc.

### Teorías biológicas

EL INICIO tan temprano del autismo junto con la acumulación de evidencias neurológicas, bioquímicas y genéticas, refuerzan la hipótesis de una base biológica en estos trastornos. Sin embargo, se sigue pensando que es muy improbable encontrar una causa única, y que casi con toda seguridad son varios los factores implicados (se incluyen también los psicológicos).

### Factores genéticos

VARIOS ESTUDIOS evidencian el papel significativo de los genes entre las causas del autismo. Por ejemplo, se ha observado que el riesgo (o la probabilidad) de autismo en los hermanos de los niños con el trastorno es 75 veces mayor que en la población general. En los estudios con gemelos monocigóticos (genéticamente iguales) en los que uno era autista, la concordancia (esto es, el extremo hasta el cual los gemelos comparten rasgos o enfermedades) en autismo era muy elevada en comparación con gemelos dicigóticos (que no son genéticamente iguales). De la misma manera, otros estudios han encontrado una alta proporción de gemelos y otros familiares de autistas con déficit en áreas sociales y de comunicación.

Sin embargo, todavía no está claro qué es lo que se hereda. Algunas investigaciones han relacionado ciertos casos de autismo con un defecto en el cromosoma X (síndrome de X frágil), aunque los resultados no son concluyentes. Otros sugieren la transmisión de un defecto metabólico por genes recesivos, que podría ser la causa de las anomalías cerebrales encontradas en muchos autistas, o de las alteraciones en el sistema inmunológico.

### Factores neurológicos

EXISTEN VARIOS signos que indican la existencia de problemas neurológicos, por ejemplo, la falta de coordinación, la mayor incidencia de crisis epilépticas en los niños autistas, electroencefalogramas alterados en muchos de los casos, etc. Las modernas técnicas de estudio cerebral, como la resonancia magnética, encontraron partes del cerebelo menos desarrolladas o inmaduras, en los autistas en comparación con normales (el cerebelo está implicado en el control del movimiento voluntario, tanto en la planificación del acto como en su corrección durante su realización).

Otros estudios han observado un agrandamiento en el cerebro autista, y en un caso, un agrandamiento del hemisferio derecho comparado con el izquierdo. Esto abre una línea de investigación interesante debido a lo que se sabe del funcionamiento de cada hemisferio. En concreto, el izquierdo domina las funciones lingüísticas y de formación de abstracciones, mientras que el derecho se encarga de las habilidades matemáticas y visoespaciales. Como hemos visto a lo largo del capítulo, los autistas tienen más afectadas las habilidades del hemisferio izquierdo que las del derecho.

Otros hallazgos son alteraciones en los ganglios basales, menor metabolismo de glucosa en la zona frontal del cerebro, y menor riego cerebral en áreas frontales y temporales.

- *Factores bioquímicos:* se han encontrado alteraciones en los niveles de serotonina. Este neurotransmisor se encuentra en niveles muy altos en los primeros años de vida, para luego ir disminuyendo a lo largo de la niñez. Sin embargo, muchos autistas mayores siguen presentando niveles altos durante toda su vida, lo que se ha interpretado como muestra de inmadurez neurológica. La serotonina está implicada en el aumento de conductas agresivas, cambios de humor e insensibilidad al dolor. La reducción mediante fármacos de los niveles de serotonina produce algunos cambios positivos en las conductas de algunos niños autistas.

### Factores prenatales

MUCHOS FACTORES pueden alterar el desarrollo del cerebro del niño mientras se encuentra en el útero materno. Se ha observado una frecuencia de autismo, aproximadamente diez veces mayor, en niños cuyas madres tuvieron rubéola durante el embarazo que en niños de madres que no la tuvieron. Otras complicaciones del embarazo halladas con mayor frecuencia en los niños autistas que en la población general son los partos difíciles (con posibilidad de asfixia), incompatibilidad del Rh y otras enfermedades víricas.

Podemos observar que no hay una causa única bien identificada sino más bien varias causas que producen autismo. Se considera que varios factores biológicos producirían anomalías cerebrales, y éstas a su vez producirían anomalías cognitivas (por ejemplo, las alteraciones en atención o en el procesamiento de la información) que desembocarían en los síntomas autistas como los trastornos de la comunicación o de relaciones sociales.

Dada la gran variabilidad del trastorno, en cuanto a síntomas presentados por los distintos pacientes, y en la gravedad de éstos, se están investigando posibles subgrupos de autistas, por lo que, de esta manera, se podrían especificar mejor las causas concretas de cada subtipo.

### Causas del trastorno de Rett

SE ASOCIA con una mutación de un gen (el MECP2) que se encuentra en el brazo largo del cromosoma X. Este gen codifica una proteína que se une al ADN y su función consiste en regular otros genes silenciándolos. Al producirse la mutación, se pierde la proteína que ayuda a desactivar los otros genes, y éstos, que normalmente están inactivos, son ahora capaces de activarse.

Otros estudios han observado alteraciones neuroquímicas, sobre todo disminución en los niveles de noradrenalina y serotonina, e hiperfunción de las beta-endorfinas. También se encuentran cambios neuroanatómicos como pérdida neuronal, disminución del espesor de la corteza y de otras estructuras cerebrales, y anomalías en los electroencefalogramas.

### TRATAMIENTOS

EL OBJETIVO básico en el tratamiento de los niños autistas es mejorar en lo posible sus problemas de comunicación y de relación social, y ayudarles a integrarse en el mundo. Para ello, deben incluirse los métodos terapéuticos necesarios, tanto pedagógicos y psicológicos como farmacológicos.

### Tratamiento pedagógico

AL IGUAL que con el retraso mental, se considera muy importante para la mejora en la calidad de vida del niño, su integración y normalización dentro del sistema educativo, con ayudas de personal especializado. Sin embargo, la enseñanza de estos niños suele ser muy difícil y desalentadora.

Los problemas más habituales son: 1) que estos niños suelen perturbarse mucho ante los cambios en la rutina o en el ambiente, y la naturaleza misma del tratamiento y del aprendizaje implica cambios. 2) Sus conductas autoestimuladoras (repetitivas y estereotipadas) y su aislamiento suelen interferir con una enseñanza efectiva. Recordemos que realizar estas conductas absorbe toda su atención e interés, y que se pueden pasar horas y horas realizándolas. 3) La hiperselectividad estimular, esto es, su atención a algunos estímulos o a algunas características de éstos, hace que otras propiedades más relevantes de los mismos, o de la tarea en sí, no sean siquiera advertidas (por ejemplo, el niño puede haber aprendido palabras a base de leer los labios de su instructor pero no comprenderlas cuando las dice otra persona que mueve menos los labios).

Los métodos más empleados para motivar a los niños autistas a aprender, a que acepten mejor el cambio y lograr su atención, son los reforzadores de la conducta. Éstos tienen que ser muy explícitos, concretos y llamativos. Uno de los más usados es el unir reforzadores sociales, como una alabanza de lo que han hecho, con otros más primarios, como darles su golosina favorita. También ha resultado muy efectivo utilizar sus conductas autoestimuladoras como reforzadores, es decir, dejarles practicarlas más tiempo como premio a sus avances.

## Tratamiento psicológico

MUCHOS DE los métodos pedagógicos se basan en los procedimientos psicológicos de modificación de la conducta. Con las técnicas de imitación de modelos y de condicionamiento operante (técnica de aprendizaje por la cual se adquieren o se eliminan respuestas en función de las consecuencias positivas o negativas de éstas), se han logrado mejoras en muchos de estos niños. El objetivo es enseñarles a hablar, o mejorar su comunicación; mejorar las relaciones sociales, fomentando entre otras cosas el juego con otros niños y responder más a las interacciones sociales por parte de otros.

Por otro lado, otro de los objetivos es eliminar conductas desadaptativas, agresivas o hiperactivas. Entre las técnicas más empleadas para lograr este objetivo se hallan el reforzamiento de conductas alternativas, el reforzamiento negativo (esto es, retirar un refuerzo positivo cuando se hace una conducta no deseada), etc.

Una de las terapias de condicionamiento operante más efectiva fue diseñada por un doctor llamado Ivar Loovas. Su terapia se aplicaba a niños menores de cuatro años, y consistía en un programa muy intenso de técnicas operantes que englobaba todos los aspectos de la vida de estos niños durante más de 40 horas a la semana durante más de dos años. Los padres fueron entrenados también para que pudieran continuar con el tratamiento en casa, en las horas en las que los niños no podían acudir a la clínica donde se desarrollaba el tratamiento. Los niños eran premiados por ser más sociales y obedientes, por sus progresos y por la reducción de las conductas negativas.

Muchos de los niños mejoraron sus puntuaciones en los test de inteligencia (pero no porque mejorara su inteligencia sino porque mejoró su aprendizaje de otras cosas, su atención, sus habilidades en otras áreas, etc.), y algunos lograron avanzar en sus estudios. Años más tarde, muchos mantenían las mejorías logradas.

No obstante, no todos los niños mejoraron y el estudio presentaba problemas metodológicos y en las medidas de los resultados. Otros estudios observaron que la educación por los padres y en casa ofrecía resultados similares con muchas menos horas semanales de tratamiento, concluyendo que ésta era mucho mejor pues los padres están presentes en muchas más situaciones diferentes en las que se incluyen las de ocio y las afectivas.

Estos resultados, a pesar de no ser concluyentes, implican la importancia de tratar intensamente a los niños, tanto por los padres como por los profesionales, para manejar, y, en lo posible, mejorar el trastorno **autista**. Desgraciadamente, muchos niños no mejoran y otros están severamente afectados y, a menudo, sólo pueden ser cuidados o tratados en hospitales.

## Tratamiento familiar

SUELE SER muy importante el tratamiento de la familia para darles la información necesaria sobre el trastorno y sus posibilidades de integración: para el entrenamiento en las tareas de intervención que ellos puedan realizar, o para ayudarles en la convivencia, muchas veces difícil y angustiosa, con pacientes autistas. Se les puede ofrecer terapias de apoyo, entrenamiento en el manejo del estrés, en habilidades de afrontamiento, relajación, etc. Suele ser beneficioso para los autistas vivir en ambientes afectuosos y cálidos. El evitar y resolver conflictos en la familia, problemas en la comunicación entre sus miembros, o cualquier otro tipo de problemas personales siempre será positivo para la convivencia familiar y para la integración del autista en el mundo.

### Tratamiento farmacológico

Los MEDICAMENTOS más investigados y empleados en el trastorno autista han sido los antipsicóticos. Algunos de estos fármacos se han sido útiles reduciendo conductas autoestimuladoras repetitivas y estereotipadas, aislamiento social y conductas autoagresivas. No obstante, muchos pacientes no responden a la medicación y parece que no producen ningún efecto en otros problemas del autismo como en sus relaciones sociales o en su déficit de lenguaje. Un problema añadido son los efectos secundarios de algunas de estas sustancias, que pueden ser muy serios.

El hecho de que los autistas presenten niveles elevados de serotonina facilitó el uso de medicamentos que reducían este neurotransmisor. Los resultados más prometedores llegaron con la prescripción de fenfluramina (agente anoréxico que se sabe que reduce la serotonina), pues producía cambios, positivos en la conducta positivos como mejor rendimiento intelectual, más conciencia social, mayor contacto ocular, y reducía las conductas negativas como la hiperactividad o los comportamientos repetitivos. Sin embargo, estos cambios no se mantenían una vez retirada la medicación, no los producían en todos los niños, y estudios posteriores obtuvieron resultados mucho más modestos.

Igualmente, se desconocen otras formas de acción de este medicamento aparte de reducir los niveles de serotonina.

Al igual que con otros trastornos mentales, se puede considerar que una intervención efectiva de estos trastornos depende de varios métodos y que éstos deben incluir los aspectos psicológicos y biológicos de la enfermedad.

# Trastornos del aprendizaje

Se consideran parte de los trastornos del desarrollo normal de una persona. A diferencia de los trastornos generalizados del desarrollo, caracterizados por un deterioro en varias áreas vitales para el funcionamiento natural del individuo como la interacción social, la comunicación, y la presencia de conductas estereotipadas y repetitivas, este grupo de desórdenes se refieren al desarrollo inadecuado de habilidades específicas relacionadas con el lenguaje (comunicación) y el aprendizaje.

Existe cierta polémica respecto a la diferenciación entre los trastornos del lenguaje y los del aprendizaje. Para muchos autores ambos desórdenes son problemas de la comprensión del lenguaje o de su uso, que se manifiestan de diversas formas, por ejemplo: alteraciones en el lenguaje hablado receptivo (comprensión) o expresivo (habla); en el lenguaje escrito receptivo (lectura) o expresivo (escritura); y en el lenguaje numérico. No obstante, los problemas de comunicación suelen aparecer pronto en la etapa preescolar, mientras que los del aprendizaje suelen ser detectados cuando el niño empieza a ir al colegio y afectan a habilidades académicas como la lectura, la escritura y las matemáticas. Se considera arbitrario diferenciar el lenguaje hablado del escrito.

Las características comunes a los trastornos del aprendizaje son:

- Desarrollo inadecuado de estas habilidades específicas (lectura, escritura o cálculo), mostrando un rendimiento significativamente inferior a lo esperado dada su edad, nivel de escolarización y capacidad intelectual.
- La inteligencia es normal, pero, hay gran discrepancia entre su capacidad y su rendimiento.
- No se encuentra causa física obvia que los origine, es decir, no son una consecuencia de enfermedades como el retraso mental, lesiones cerebrales, privación ambiental o educativa severa, o por trastorno de déficit de atención con hiperactividad, etc. Si así fuera, se denominarían trastornos adquiridos y no se considerarían parte de la psicopatología infantil, dado que las causas son conocidas.

- En el caso de que existiera algún problema de los antes mencionados, para considerar las alteraciones en el aprendizaje como trastornos, deben exceder a las que normalmente se esperan como consecuencia de esas enfermedades o situaciones.
- Se asocian a anomalías en el procesamiento cognitivo, esto es, en la percepción visual, procesos lingüísticos, memoria, etc., o con el retraso madurativo del cerebro, que suele ser de origen constitucional.
- Comienzan en la infancia.
- Estos problemas interfieren en el rendimiento escolar general (por ejemplo, si tienen dificultades al leer, tendrán dificultades para aprender leyendo), y con las actividades cotidianas que requieren el uso de alguna de estas habilidades.

---

### DATOS SOBRE TRASTORNOS DEL APRENDIZAJE

- Se estima que lo padecen alrededor del 2 al 8% de los niños en edad escolar.
- Aunque se puede dar por igual en varones y en mujeres, parece que es algo más común en los primeros.
- Es bastante frecuente que los trastornos se presenten juntos, sobre todo los problemas de lectura y escritura. Aunque quizá es más preciso lo contrario, que es muy raro encontrar estos trastornos por separado.
- Pueden producir baja autoestima, déficit en habilidades sociales y abandono escolar en las personas que los padecen.
- Por lo general, son identificados y tratados con más eficacia dentro del sistema educativo que en el ámbito clínico.

---

- El tipo y la gravedad de los déficit es muy variable.

## TRASTORNO DE LA LECTURA

MÁS CONOCIDO como **dislexia**, se trata básicamente de un fallo en el aprendizaje y en la capacidad de lectura. Los niños que lo padecen presentan un rendimiento en la comprensión, precisión o velocidad de la lectura, sustancialmente inferior a lo esperado por su edad, nivel de escolarización e inteligencia. Esta alteración interfiere significativamente en su rendimiento académico general y en las actividades diarias que precisan habilidades de lectura (por ejemplo, leer el nombre de las calles, instrucciones de algún aparato, etc.). Debemos recordar que la inteligencia de estos niños es normal (a veces superior a la media).

El término dislexia puede ser utilizado para describir un síntoma o un síndrome. Como síntoma, sería una alteración más de las que se presentan en otro trastorno (por ejemplo, en el trastorno de atención con hiperactividad. Éste puede ser uno de sus síntomas), y como síndrome, sería la dificultad específica para la lectura.

La dislexia no es una enfermedad propiamente dicha, sino un síndrome o conjunto de síntomas que reflejan disfunción cerebral, esto es, el deterioro de las funciones o procesos de la lectura.

También se debe distinguir entre **dislexia adquirida o traumática**, cuyas causas son conocidas, por ejemplo, lesiones cerebrales, operaciones, tumores, embolias, otros trastornos psiquiátricos, envejecimiento, etc., en las que se asume que el paciente ya no puede utilizar habilidades que antes funcionaban con normalidad; y **dislexia evolutiva o madurativa**, cuyas causas son desconocidas, no hay signos obvios de trauma cerebral pero hay interrupciones en los procesos mentales encargados de estas funciones, como el control ocular, la abstracción, el análisis semántico (de significado), de percepción visoespacial y auditiva, etc. Estas interrupciones pueden ser debidas a disfunciones o alteraciones, o a algún retraso madurativo neuronal. Tampoco se debe a problemas emocionales, aprendizaje inadecuado, falta de motivación o por ambientes estimulantes culturales o sociales, empobrecidos. Esta última es la que trataremos en este capítulo.

Las alteraciones más frecuentes en la lectura son:

* **Las sustituciones:** se pueden confundir fonemas con otros parecidos como [d] por [t], [l] por [m], etc., en el caso de las letras; o sustituir sílabas o palabras enteras como papá en vez de padre, o casa por hogar.
* **Inversiones de las letras** como b/d, m/w, p/q, u/n, etc.; o de las palabras como sol por los, casa por saca, etc.
* **Rotaciones de letras** como b/p, q/d, etc.
* **Omisiones,** como leer nevea por nevera, omisión de los signos de puntuación, de sílabas que están al final de las palabras, de palabras cortas (por ejemplo, como, pero, a, es, etc.).
* **Adiciones,** como ordenadora en vez de ordenador; afoto en vez de foto; palabara por palabra, etc.
* **Lectura lenta** con vacilaciones y repeticiones.
* **Dificultades en la comprensión** de palabras y frases, especialmente las de contenido abstracto, recordar datos, resumir, encontrar la idea principal, evaluar el contenido, etc.
* A menudo presentan **dificultad en la orientación** derecha-izquierda.

Estos errores se presentan tanto en la lectura oral como en la silenciosa. Y se producen en todas las circunstancias, esto es, no son específicos de una situación determinada (como podrían ser los momentos de estrés, leer en público, etc.).

OTROS PROBLEMAS

Es MUY frecuente que la dislexia se acompañe de otras dificultades académicas como trastornos en la escritura y en el cálculo aritmético (*véase* posteriormente), por lo que es raro encontrar estos desórdenes en ausencia de la dislexia. Asimismo, son comunes los problemas en el habla, especialmente en la pronunciación de palabras desconocidas, muy largas, o las que contienen las letras que más dificultades le producen (como las reversibles p, q, d, b, los, sol, al, la, etc.).

Estas dificultades suelen producir otros problemas como:

* **Falta de atención,** que puede acompañarse de impulsividad, por el cansancio que les produce el mayor esfuerzo intelectual que deben realizar, y por desmoralización.
* **Desinterés por el estudio,** al costarles más aprender se desmotivan. Como otras asignaturas escolares han de aprenderse leyendo, si no se corrigen o trabajan estos problemas a tiempo, el niño se irá retrasando en

las materias, sacará malas notas, y pueden ser considerados por sí mismos o por los demás como torpes, vagos o poco inteligentes. El resultado suele ser desmotivación, desinterés y frustración.

- **Inadaptación,** a consecuencia de sus dificultades. A menudo, el niño puede reaccionar a sus malas notas o a las regañinas de padres y profesores (que pueden creer que no se aplica lo suficiente) con baja autoestima y pesimismo, o con conductas disruptivas e impulsivas para llamar la atención.

## TIPOS DE DISLEXIA

POR EL momento existen varias discrepancias en cuanto a la categorización de los distintos tipos de dislexia. En general, se distinguen los subtipos según sea el modelo explicativo, es decir, cada modelo explicativo de la dislexia asume o considera diferentes funciones neuropsicológicas o procesos cognitivos implicados y relacionan las alteraciones en éstos con las posibles causas. Dos modelos son los principales, el neuropsicológico y el cognitivo.

### Modelo neuropsicológico

EN LA sección de causas y tratamientos veremos con más detalle las hipótesis que se plantean desde esta perspectiva, por el momento, veamos los subtipos propuestos:

### Dislexia perceptivo-visual

SE CARACTERIZA por la dificultad en seguir y retener secuencias visuales y por el fracaso a la hora de integrar en un «todo» los estímulos visuales (es decir, fracasan al analizar e integrar los grafemas –letras– con sus fonemas –sonidos– correspondientes, la secuencia de letras que forman la palabra, integrar y analizar ésta como tal, su reconocimiento y su significado simbólico). No se presenta ningún problema en la visión, sólo una incapacidad de captar lo que se ve. Esto produce un reconocimiento lento de las palabras, confusión tanto en la lectura como en la escritura de letras, sílabas, palabras, números, etc., de grafía similar (letras parecidas como b/d, u/n, el/le, 6/9), y dificultades en la comprensión lectora. Es más frecuente en niños de siete u ocho años, pues se considera que, en sus primeras fases, la lectura depende de procesos visuales y perceptivos. Por otro lado es la más fácil de corregir con ejercicios adecuados, aunque persistirá la lentitud. También se la conoce por **dislexia diseidética** pues se asume un déficit en la memoria visual inmediata, además del déficit en las destrezas perceptivo-visuales.

### Dislexia auditivo-lingüística

TAMBIÉN LLAMADA **dislexia disfonética**, se considera que existe una dificultad para discriminar los sonidos y déficit en la memoria auditiva inmediata, lo que produce alteraciones en el procesamiento auditivo-lingüístico. Es decir, a la hora de relacionar los sonidos (fonemas) con los símbolos del lenguaje (grafemas) correspondientes, fallan diferenciando sonidos de letras, las pautas de sonido, el procesamiento de estos estímulos verbales de forma secuencial, etc. Esto da lugar a la confusión en la lectura y la escritura de letras, sílabas o palabras de sonido similar (como b/p, l/m, etc.), dificultad en la comprensión, y otros errores como omisiones, adiciones o sustituciones en la escritura y lectura, y errores sintácticos. Otras dificultades son repetir palabras que riman, interpretar signos ortográficos diacríticos (por ejemplo, la diéresis), pronunciar palabras con exactitud, etc. Parece que es más frecuente en los niños de nueve y doce años, cuando la lectura se va complicando más y entran en juego aspectos lingüísticos. Es bastante difícil de corregir.

## *Dislexia mixta*

ES UNA mezcla de las dos anteriores. Se producen fallos tanto en las destrezas perceptivo-visuales como en las auditivo-lingüísticas, es decir, las dificultades están en el proceso visual, auditivo y verbal. Se manifiesta una nula comprensión lectora, una confusión entre letras, sílabas y palabras muy variable, y una dificultad general en la escritura. También se la conoce como **dislexia aléxica** (donde a- denota privación), por la imposibilidad de leer.

## Modelo cognitivo

AL IGUAL que con el modelo neuropsicológico, en la sección de causas y tratamientos veremos con más detalle las hipótesis planteadas por este modelo, sin embargo, es preciso que comentemos una de las teorías sobre el procesamiento cognitivo de la lectura para entender mejor los subtipos de dislexia propuestos. Esta teoría se llama de **la doble vía**, y asume que la lectura se lleva a cabo de forma in-

dependiente bien por la vía léxica o directa, bien por la vía fonológica o indirecta.

1. Por medio de la vía léxica la persona relaciona directamente la representación gráfica (letra, palabra, etc.) con su significado. El proceso de lectura por esta vía es más perceptivo-visual, y es básicamente simultáneo.
2. A través de la vía fonológica, la persona relaciona primero la representación gráfica (la letra o palabra escrita) con su sonido, y éste es el que se asocia con el significado (por ello se llama vía indirecta). El proceso implica la descodificación fonológica (correspondencia grafema-fonema), esto es, se apoyan en los aspectos auditivo-lingüísticos, y es un proceso secuencial.

En principio, las personas usamos las dos vías cuando leemos, pues ninguna de estas vías por separado puede explicar por sí misma el proceso de lectura. Cuando vemos una palabra, las dos se activan, aunque la vía léxica suele ser mucho más rápida ya que solemos conocer muchas de las palabras que leemos. Cuando nos encontramos con una palabra poco frecuente, irregular o no palabra, o cuando tenemos que hacer una decisión léxica, ambas vías producirán diferentes pronunciaciones hasta que nos decidimos por una, por ello serán algo más difíciles de leer. Se proponen también tres tipos básicos de dislexia:

## *Dislexia superficial (o semántica)*

SE CARACTERIZA por un impedimento en la habilidad de leer palabras irregulares. Este síntoma se considera necesario y suficiente para el diagnóstico de este tipo de dislexia. Las palabras regulares, las no palabras como «txpza», y las pseudopalabras como «bormir», aunque sean desconocidas se leen mejor. Las palabras irregulares son las que se pronuncian de manera diferente a como se escriben, o sea a su grafía. Debemos precisar que la mayoría de los estudios e investigaciones se hacen en países anglosajones cuyo idioma es el inglés, y esta lengua tiene un gran número de estas pronunciaciones. Por ejemplo, *steak* (filete) se pronuncia [steik], pero no sigue la regla general de pronunciación de palabras que se escriben de manera parecida, como sería *speak* (hablar) que se pronuncia [spik]. En idiomas como el español o el italiano, donde cada grafema se corresponde con un solo fonema, este tipo de dislexia no se da (si nos basamos sólo en el criterio de la pronunciación de palabras irregulares), sin embargo, se pueden encontrar otros síntomas que pueden ocurrir con éste, como la confusión de palabras homófonas (que suenan igual) u homónimas (se escriben igual), por ejemplo, hacia (dirección) y hacía (del verbo hacer).

En términos de la teoría de la doble vía, la explicación es que se trata de una alteración de la vía léxica o directa, de manera que sólo leen a través de la indirecta o fonológica. Por esta razón, al leer son capaces de precisar el sonido pero no el significado. Los errores en las palabras irregulares suelen ser «ajustes» a las reglas de conversión grafema-fonema, omisiones, sustituciones y adiciones (por ejemplo, *steak* «filete» pronunciado por la regla general sería [stik] que significa palo, luego esta persona puede realizar una sustitución y decir carne). La comprensión del significado de la palabra cuando la oyen está intacto, aunque no puedan leerla correctamente.

En la actualidad se plantea dividir este tipo de dislexia en dos categorías por algunas diferencias encontradas en distintos pacientes. Ambos grupos presentan mejor lectura de palabras regulares y palabras sin sentido, y peor de palabras irregulares. En el llamado tipo I son más puros en estos déficit (leen mejor palabras regulares y pseudopalabras y peor las irregulares), mientras que en el tipo II muestran también alguna dificultad con las regulares y pseudopalabras (parece que tienen también algo alterada la vía indirecta o fonológica). La lectura en estos últimos pacientes está más afectada por variables léxicas pues leen mejor las palabras que son muy frecuentes, leen mejor los sustantivos que los adjetivos, y éstos mejor que los verbos, mejor las palabras cortas que las largas.

### Dislexia fonológica

La dificultad característica está en la lectura de palabras sin sentido (no-palabras) aunque éstas sean pronunciables, como «ensloc», y de pseudopalabras como «bormir», mientras que las palabras regulares y las irregulares se leen mejor. Los síntomas sugieren que estas personas leen utilizando la vía léxica o directa y que hay una alteración en la vía fonológica o indirecta. Si las no-palabras son parecidas a una palabra (por ejemplo, «bormir» por «dormir»), se pueden leer mejor que si son completamente no-palabras (como «ensloc»). Estos pacientes también muestran dificultad leyendo algunas palabras regulares, sobre todo las palabras «función» que no tienen mucho significado o contenido por sí mismas (preposiciones, artículos, conjunciones, etc.), palabras poco frecuentes, las que son difíciles de visualizar su significado, y las que son morfológicamente complejas como los tiempos verbales. En este sentido, los errores típicos que realizan son errores derivativos como leer una palabra relacionada gramaticalmente con la escrita (leer «aplauso» en vez de «aplaudir»), y errores visuales en los que una palabra visualmente parecida es leída en vez de la que está escrita (leer «relevar» por «revelar»).

### Dislexia profunda

LAS PERSONAS que presentan este tipo de dislexia tienen grandes dificultades leyendo no-palabras y bastante dificultad leyendo palabras «función», esto es, sin mucho significado por sí mismas pero con funciones gramaticales. Al igual que los disléxicos fonológicos, cometen errores visuales y derivativos, así como neologismos (invención de palabras). Sin embargo, la característica esencial de este tipo de dislexia es la presencia de errores semánticos, también llamados **paralexias**, que es la sustitución de una palabra por otra relacionada semánticamente (de igual o similar significado, por ejemplo, casa por hogar). En este caso, la visualización del significado de las palabras es muy importante para leer, cuanto más fácil sea realizar una imagen mental de una palabra más fácil será leerla. Como en la dislexia fonológica, estas personas presentan dificultades en obtener el significado por medio de la asociación grafema «letra» fonema «sonido», por ello les es más fácil comprender las palabras leyéndolas en silencio que en voz alta. Como muestran problemas en el sistema semántico (deterioro de la vía léxica o directa),

suelen depender del contexto, esto es, encuentran una palabra más fácilmente en un contexto que de forma aislada, leen mejor los sustantivos que los adjetivos y éstos mejor que los verbos.

Existen varias enfermedades o condiciones médicas que pueden ocurrir junto con la dislexia (déficit sensoriales, problemas neurológicos evidentes, etc.); en estas situaciones las dificultades en la lectura son más severas que las que cabría esperar de tales enfermedades, es decir, la dislexia no sería secundaria o consecuencia de la enfermedad, sino primaria. En estos casos se haría un diagnóstico aparte.

## TRASTORNO DE LA ESCRITURA

ESTE TRASTORNO se caracteriza por una habilidad para la escritura que se sitúa sustancialmente por debajo de la esperada dado la edad, nivel intelectual y escolarización del niño. Esta alteración interfiere significativamente en su rendimiento académico general y en las actividades diarias que precisan habilidades de escritura (por ejemplo, escribir trabajos escolares, exámenes, cartas, etc.). Debemos recordar que la inteligencia de estos niños es normal.

Dependiendo del problema predominante puede recibir diversos nombres como:

- **Disortografía:** el prefijo griego dis- significa dificultad o anomalía, y ortografía es la forma correcta (orto-) de escribir respetando las normas. Así pues, la disortografía se entiende como la dificultad para estructurar gramaticalmente y de usar correctamente las normas de la ortografía en el lenguaje escrito. También puede llamarse cacografía, significan lo mismo.

- **Disgrafía:** se refiere a las dificultades o anomalías en la realización motora de la escritura. Es un problema del movimiento, de la coordinación o control de la mano y el lápiz.
- **Agrafía:** el prefijo a- implica privación o negación, por tanto, la agrafía se entiende como la imposibilidad o la incapacidad para la escritura. Este caso es debido a una lesión cerebral.

Se suele observar una serie de deficiencias en los escritos de estas personas, como errores ortográficos, gramaticales, en la construcción de frases y párrafos, una pobre estructura organizacional y en la puntuación. También es normal una grafía deficitaria (muy mala letra) y puede haber, aunque no necesariamente, limitaciones en la abstracción y en el contenido ideacional. Las características más habituales de este trastorno son:

- Fallos en el trazado de las letras, con letras ilegibles. Suelen acortar los trazos superiores e inferiores de las letras (por ejemplo, de la h, p, q, b, d,), sustituir trazos curvos por rectos, etc.
- Rotaciones de letras (por ejemplo, b/p, d/q).
- Escritura en espejo, esto es, escribir algunas letras al revés.
- Errores sintácticos.
- Borrones y rectificaciones abundantes.
- Errores de espacios entre letras, palabras, renglones y márgenes.
- Dificultad para escribir recto, siguiendo un renglón.
- Errores de puntuación y de ortografía.
- Lentitud.

- Alteraciones en el tamaño y firmeza del trazo.

Los problemas en la escritura suelen acompañarse de un bajo rendimiento en las tareas, rechazo a completar o a realizar los trabajos, baja autoestima y desmotivación. El trastorno es bastante estigmatizador socialmente.

Por otro lado, no se diagnostica si sólo se presentan faltas de ortografía o mala caligrafía, y ninguna otra anomalía de la expresión escrita.

Este desorden está relativamente poco estudiado y no hay muchos datos firmes. Sin embargo, es muy raro encontrarlo en su forma pura (esto es, que sólo haya trastorno de la escritura), y parece que siempre va acompañado de dislexia.

## TRASTORNO DEL APRENDIZAJE DEL CÁLCULO

ESTE TRASTORNO es más conocido como **discalculia**, y se refiere a dificultades en las matemáticas básicas, no a destrezas de nivel superior. Los niños con este problema presentan una capacidad para el cálculo sustancialmente inferior a la esperada, dado su edad, nivel intelectual y escolaridad. Esta alteración interfiere significativamente en su rendimiento académico general y en las actividades diarias que precisan habilidades de cálculo (por ejemplo, hacer compras, cálculos de medidas, contar cosas, etc.). Debemos recordar que la inteligencia de estos niños es normal.

Otro nombre por el que también es conocido es el de **síndrome de Gerstmann**, en el que se presenta discalculia y una marcada dificultad en la distinción espacial de derecha e izquierda.

Se consideran habilidades básicas la aritmética simple (sumar, restar, multiplicar y dividir), los cálculos (fracciones, porcentajes, decimales), las medidas (espacio, tiempo, peso) y el razonamiento lógico. Los problemas más frecuentes son:

- Dificultades en el reconocimiento de los números y de los signos aritméticos, así como problemas en la asociación auditiva-visual y en aprender el valor de los números (decir u oír siete, escribir 7 y saber que «vale» 7).
- Suelen confundir algunos números en la lectura como el 6 y el 9, e invertirlos en la escritura, esto es, los escriben al revés.
- Dificultades en aprender a contar, así como hacer cálculos simples (sumar, restar, multiplicar y dividir).
- Problemas definiendo grupos o conjuntos (de ahí que les cueste asociar el «nombre» del número con su valor, y realizar operaciones básicas).
- Problemas con las «reglas» matemáticas. Por ejemplo a muchos niños les es difícil entender que el valor de una cantidad no cambia aunque cambie su forma (5 = 2 + 3 = 4 + 1), o que el valor cambia según la posición del número (52 ó 25).
- Dificultades en el pensamiento espacial (derecha-izquierda, arriba-abajo).
- Problemas en la comprensión de términos y conceptos matemáticos (como qué es una fracción, un decimal, etc.).
- Dificultades para descodificar problemas escritos con símbolos matemáticos (por ejemplo, 10/2 = ?).
- Dificultades para seguir secuencias de los pasos matemáticos (como sumar una columna de números y lo que sobra «llevárselo» y sumarlo a la siguiente columna de números, etc.)
- Problemas leyendo la hora y con el valor de las monedas.

Parece que las dificultades aumentan con el paso del tiempo; no obstante, esto suele ser debido a que conforme se avanza en la escuela, las matemáticas parecen más difíciles pues su aprendizaje se basa en la superación de pasos previos.

Algunos niños no presentan grandes dificultades en las matemáticas básicas pero sí en las más avanzadas, que requieren pensamiento espacial y abstracto como la geometría y la trigonometría. Por otro lado, esto puede no afectar en gran manera a la persona. Las necesidades aritméticas básicas requeridas para desenvolverse en nuestra sociedad suelen ser las que se aprenden hasta los 12 años, y las personas con este desorden logran desenvolverse bien en la vida. Igualmente, múltiples profesiones y estudios no las requieren, y por desgracia hay un sentimiento generalizado de «manía» hacia las matemáticas, de manera que está mejor visto «no tener ni idea de matemáticas» que «escribir con muchas faltas de ortografía, o leer mal». Aun así, los déficit espaciales, de razonamiento lógico y de abstracción, sí pueden ser más significativos.

## CAUSAS Y TRATAMIENTOS

### CAUSAS

LA MAYOR parte de la investigación de los problemas del aprendizaje se ha realizado sobre la dislexia, quizá porque es el desorden más frecuente e incapacitante de este grupo, y quizá porque los déficit supuestos pueden ser prácticamente los mismos para la escritura y análogos a los del cálculo. Sin embargo, las causas que impiden la adquisición normal o el aprendizaje de estas habilidades siguen siendo poco conocidas.

**Dislexia**

DIVERSOS ESTUDIOS realizados a familiares o a gemelos de pacientes disléxicos confirman que existe un componente hereditario. Es decir, es más frecuente encontrar problemas similares en los familiares de estas personas que en la población general.

*Modelo neuropsicológico*

EL USO de técnicas modernas para el estudio neurofisiológico, como la resonancia magnética nuclear, o la tomografía por emisión de positrones (aparatos que permiten obtener imágenes y datos del cerebro vivo y de las áreas en funcionamiento cuando se realizan tareas específicas) han revelado diferencias entre los niños normales y los disléxicos. Entre los hallazgos se encuentran diferencias en la activación de la corteza cerebral del hemisferio izquierdo en el área temporoparietal activa en los niños normales, y no en los disléxicos, cuando realizaban una tarea de detectar rimas. La discriminación fonológica (de los sonidos) se considera un factor crítico en el desarrollo de la lectura. También se ha observado actividad eléctrica anómala en otras zonas del lóbulo frontal.

El tipo de disfunciones neurológicas encontradas en las personas con dislexia evolutiva son con frecuencia similares a las encontradas en personas con dislexia adquirida, es decir, al conocer los problemas en estas últimas y las zonas que tienen dañadas, se puede inferir las áreas que son deficitarias o disfuncionales en las primeras. Se observan anomalías neuroanatómicas en zonas que estarían implicadas en el desarrollo de la corteza, especialmente en el hemisferio izquierdo (que es el dominante para el lenguaje). La región cerebral, llamada «de Broca», que es

---

DATOS SOBRE EL TRASTORNO DEL APRENDIZAJE DEL CÁLCULO

- Se estima que lo presentan alrededor del 6% de la población.
- Parece que afecta por igual a los varones y a las mujeres, aunque este dato está por determinar.
- Suele identificarse en el segundo curso escolar. Al igual que con la lectura y la escritura, es en esta etapa cuando se aprende aritmética.
- Puede notarse en el parvulario con síntomas como incapacidad para aprender a contar (a estas edades aprenden a contar hasta diez), o confusión significativa de los números, aunque no es frecuente detectarlo a estas edades.
- La mayoría de los niños acaba mejorando.
- Es habitual que se presente junto con dislexia y el trastorno de la escritura.

específica del dominio del lenguaje, también en la parte izquierda, no está desarrollada con normalidad. Tampoco se observa la asimetría normal de esta parte del cerebro (respecto a la derecha). Estas anomalías pueden suponer un deterioro en la capacidad lingüística del hemisferio izquierdo, o una mayor demanda del lenguaje al hemisferio derecho (dominante para la percepción espacial, abstracción, cálculo, etc.).

Existen dos hipótesis principales para explicar estos problemas. Éstas son:

- Hipótesis del retraso madurativo en la corteza cerebral, especialmente del hemisferio izquierdo, lo que provoca un retraso en la adquisición de las destrezas implicadas en la lectura.
- Hipótesis de disfunción cerebral, que da lugar a déficit neuropsicológicos que afectan a las zonas cerebrales implicadas en el proceso de la lectura. Estas disfunciones pueden originarse por alteraciones en la integración de las funciones de los hemisferios, o alteraciones en la especialización de éstos, o de la relación entre ellos.

Estas anomalías podrían tener varias causas. Parece que la susceptibilidad a padecerlas puede transmitirse genéticamente; adquirirse en el periodo de gestación causadas por algún agente externo al feto (en el momento de la emigración de las neuronas para formar la corteza) o por otras alteraciones en la formación del feto como bajo peso al nacer, afectaciones perinatales...etc. Cuando estos problemas ocurren en etapas tempranas del desarrollo fetal, la estructuración de la corteza, las funciones de las que se deberían encargar las zonas afectadas y las interconexiones neuronales, pueden reorganizarse en otros puntos del cerebro y funcionar a la perfección en algunos casos pero en otros no.

No obstante, ninguna de estas anomalías puede causar el trastorno de la lectura por sí misma, los aspectos educacionales y ambientales interactúan también en la expresión de estos déficits. Entre estos se encuentran la calidad y cantidad de la enseñanza, el apoyo familiar, factores de personalidad y la capacidad y motivación para superarse de cada individuo.

*Modelo cognitivo*

EN LA sección de subtipos de dislexia, hemos visto una de las teorías más establecidas del proceso cognitivo en la lectura, la teoría de la doble vía, y las consecuencias de las alteraciones en cualquiera de éstas. De manera parecida al modelo neuropsicológico, se asume que hay un fallo en la adquisición o desarrollo de estas vías mentales de acceso al significado de las palabras percibidas. El fallo puede ser debido tanto a retraso madurativo como a disfunción neuropsicológica.

El modelo de la doble vía trata de explicar qué elementos del proceso de lectura se hallan alterados y qué tipo de errores o dificultades surgen dependiendo del problema. Sin embargo, presenta un sistema de lectura (y por extensión de escritura) ya desarrollado, y no dice mucho sobre cómo se adquiere o se establece éste, ni considera los problemas que puedan surgir en ese momento.

Al contrario que aprender a hablar o escuchar, aprender a leer y escribir no son tareas fáciles. Observando cómo los niños aprenden en las escuelas, se puede asumir que pasan a través de una serie de fases, y cada fase refleja el uso de habilidades y estrategias que se van sofisticando y son cada vez más complejas (por ejemplo, de aprender a trazar y reconocer letras, a unirlas formando una palabra, luego unir éstas en frases, y ser capaz de crear frases nuevas, o saber leer o escribir palabras sin haberlas oído o visto nunca antes).

Este *modelo de adquisición de la lectura* propone que el aprendizaje pasa por tres fases, cada una caracterizada por una estrategia distinta. El niño normal pasa por las tres sin ningún problema. Si por alguna razón (madurativa o de déficit) un niño no logra pasar a la fase siguiente, se presenta una lectura anómala. Las fases son las siguientes:

- **Fase logográfica:** el niño aprende a reconocer palabras familiares por sus rasgos visuales (por las características más prominentes de las letras que componen la palabra). Una vez reconocida la palabra, se dice fonéticamente; pero el niño no está leyendo, simplemente relaciona una agrupación de letras que reconoce, con la palabra que le corresponde.
- **Fase alfabética:** en esta fase el niño ya aprende los sonidos de las letras (y viceversa) y a utilizar esta información descodificando de manera secuencial las palabras letra por letra, es decir, a dividir las palabras en los sonidos que las forman y unirlos de nuevo para formar la palabra. Esta fase suele comenzar hacia los cinco o seis años, y acabar hacia los siete.
- **Fase ortográfica:** suele desarrollarse en torno a los siete u ocho años, y ya el niño lee de manera adulta. La lectura ya no se basa en características visua-

les ni en la conversión de los grafemas (letras) a fonemas (sonidos). Las palabras se analizan en función de sus características sintácticas y semánticas.

Dependiendo de la habilidad de los lectores, los niños pasan más o menos tiempo en las fases. De acuerdo con este modelo:

- El bloqueo en la fase logográfica producirá un rendimiento lector bajo, de principiantes. Las palabras sin sentido (pseudopalabras y no palabras), las poco frecuentes, las palabras función (sin contenido), etc., serán difíciles de leer. Se correspondería con la dislexia profunda, donde hay una incapacidad en usar la vía fonológica o indirecta acompañada de cierto deterioro en la vía léxica o directa, y al igual que ésta, son bastante raras en la población.
- Cuando la persona se bloquea en la fase alfabética, es capaz de precisar el sonido de una palabra pero no su significado. Pueden leer mejor las palabras regulares y las sin sentido que las irregulares. Se correspondería con la dislexia superficial donde está alterada la vía léxica o directa.
- Finalmente, algunos niños pueden pasar de la fase logográfica a la ortográfica, es decir, tienen problemas en la adquisición de la fase alfabética. En este caso, la vía fonológica o indirecta estaría alterada, así pues, se corresponde con la dislexia fonológica.

En general, ambos modelos explicativos de la dislexia (neuropsicológico y cognitivo) no son muy diferentes uno de otro. Los fallos propuestos por cada uno son equiparables hasta cierto punto. Por ejemplo, la dislexia audio-lingüística del modelo neuropsicológico está relacionada con la fonológica del modelo cognitivo, pues expresan básicamente el mismo problema en la forma de acceder al significado de la palabra escrita (por los sonidos) y en la estrategia de procesamiento empleada (secuencial).

## Trastorno de la escritura

A PESAR de la poca investigación existente sobre este desorden, se considera muy relacionado con la dislexia. El hecho de que sea tan raro encontrarlo sin problemas de lectura, hace pensar que los déficit subyacentes sean los mismos. Otras alteraciones posibles que también se plantean son las de la función grafomotora (control de la mano y el lápiz), problemas en el lenguaje expresivo, atención, memoria, etc.

## Trastorno del cálculo

SUS CAUSAS tampoco están bien definidas, aunque algunos problemas frecuentes se asociarían a los problemas en la lectura y escritura (por ejemplo, déficit en la asociación auditivo-visual de los números). En el caso de la discalculia, no se observan alteraciones significativas en el hemisferio derecho (dominante para el razonamiento matemático, percepción espacial, etc.), aunque los fallos en estas habilidades indican déficit neuropsicológicos. Este déficit puede ser de memoria, de habilidades verbales (secuenciales) o en el procesamiento visoespacial, lo que indicaría una disfunción hemisférica bilateral.

## TRATAMIENTOS

DEPENDIENDO DEL modelo explicativo empleado para entender la dislexia, se han usado diferentes métodos en el intento de tratarla. Por ejemplo, con la esperanza de reorganizar las conexiones neuronales cerebrales, se han empleado desde el uso de fármacos tranquilizantes y estimulantes hasta técnicas de entrenamiento de habilidades motoras (consideradas como adquiridas de manera inadecuada e insuficiente).

En general, los tratamientos más habituales son los de educación especial, de apoyo, evaluando cuidadosamente al paciente para observar sus dificultades específicas, diseñar la estrategia adecuada y mantener un control periódico de los progresos.

La mayoría de los métodos se centran en las habilidades lingüísticas de escuchar, hablar, escribir y leer, de una manera lógica, secuencial y multisensorial (esto es, las técnicas presentan ejercicios en varias modalidades sensoriales como visuales, auditivas, motoras, etc.).

Por ejemplo, para ejercitar el hemisferio izquierdo (dominante para el lenguaje), que se refuercen las áreas encargadas del procesamiento lingüístico y evitar interferencias del otro hemisferio son útiles los ejercicios de escucha dividida (también llamada escucha dicótica). Éstos consisten en escuchar por el oído derecho ejercicios de deletreo, de fonética de las letras, pronunciación de sílabas, etc., mientras por el izquierdo se escucha información irrelevante para el lenguaje, como música. La información se recibe contralateralmente, esto es, lo que llega al oído derecho se procesa en el hemisferio izquierdo y viceversa, de esta manera, cada hemisferio estará en lo suyo y no interferirán el uno en las actividades del otro. Lo mismo se puede hacer con la visión, tapando el ojo izquierdo para reducir las interferencias interhemisféricas.

Los pacientes disléxicos suelen realizar una gran cantidad de ejercicios en los que se trabaja la discriminación de fonemas, de grafemas, la relación figura-palabra, refuerzo de memoria, ejercicios de deletreo, formatos alternativos de lectura y escritura (por ejemplo, utilizar tamaños, colores, texturas para trabajar las diferencias), y un sin fin de tareas similares. Estos ejercicios suelen tener buenos resultados, sobre todo si se identifica a tiempo el problema y se empieza pronto el tratamiento.

La terapia debe tener en cuenta otros factores que pueden estar interfiriendo con el aprendizaje como desmotivación, pérdida de la atención y del interés, conductas perturbadoras, baja autoestima, etc. Es importante que el niño tenga oportunidades de experimentar sentimientos de eficacia y de su progreso dominando la habilidad. Para ello, las tareas deben adecuarse a su ritmo, las instrucciones deben ser claras y fáciles y repetirlas las veces que haga falta (pues recordemos que suelen prestar poca atención por su frustración en la tarea). Igualmente, se pueden beneficiar de ayudas como grabar las clases o que alguien (como los padres o hermanos) le lean en voz alta el material a estudiar, tener tiempo extra en los exámenes y en los trabajos, etc.

Es importante tener paciencia, mostrarles apoyo, animarles y, sobre todo, conseguir que su autoestima no decaiga.

# Trastornos de la comunicación

La función del lenguaje, de todo tipo de lenguaje no sólo el hablado, es muy importante a la hora de comunicar o conceptuar nuestros sentimientos, pensamientos, ideas y experiencias, para relacionarnos con los demás, adquirir el significado de las cosas que nos rodean, aprender, etc.

Como vimos en el capítulo de los trastornos del aprendizaje, ambos grupos de desórdenes están muy relacionados. Para muchos autores la separación entre ellos es arbitraria, argumentando que se trata del mismo problema básico, esto es, problemas de la comprensión del lenguaje o de su uso, pudiéndose manifestar de diversas formas, tanto en el lenguaje hablado como en el escrito, y tanto en la recepción (por ejemplo, escuchar, leer) como en su expresión (por ejemplo, hablar, escribir). Así pues, los déficit lingüísticos pueden causar una gran variedad de desajustes psicológicos debidos a las dificultades de comunicación y relación del niño con los demás y con su entorno.

Los trastornos del lenguaje se caracterizan por una importante perturbación en el desarrollo, o un desarrollo insuficiente, de las habilidades de la **comunicación** durante la infancia. Es decir, las habilidades que se alteran son las de la expresión o uso del lenguaje o las de su comprensión. Estas alteraciones pueden manifestarse en la producción de los sonidos, así como en cualquiera de los elementos de los que se compone el lenguaje. Por ejemplo, la morfología (formas de las palabras), sintaxis (reglas y estructura del lenguaje), semántica (significado) y la pragmática (relación entre los usuarios y las circunstancias de la comunicación).

Los distintos trastornos del lenguaje comparten unas características comunes, que también son propias de los del aprendizaje:

- Desarrollo inadecuado de habilidades específicas del lenguaje (expresión, pronunciación, comprensión).
- No se encuentra causa física obvia que los provoque, es decir, no son una consecuencia de enfermedades como el retraso mental, lesiones cerebrales, problemas en alguno de los órganos

que intervienen (por ejemplo, órganos de la fonación, respiratorios, etc.), privación ambiental o educativa severa, trastorno de atención con hiperactividad, etc. Si así fuera, se denominarían trastornos adquiridos y no se considerarían parte de la psicopatología infantil, dado que las causas son conocidas.

- En el caso de que existiera algún problema de los antes mencionados, para considerar las alteraciones del lenguaje como trastornos, deben exceder a las que normalmente se esperan como consecuencia de esas enfermedades o situaciones.
- Los problemas aparecen en todo tipo de circunstancias y no sólo en situaciones determinadas.
- La inteligencia es normal.
- Comienzan en la infancia.
- Estos problemas interfieren en la vida del niño, en su rendimiento escolar general, relaciones sociales y con las actividades cotidianas.
- El tipo y la gravedad de los déficit es muy variable.
- Se asocian a anomalías perceptivas, como problemas en la discriminación de sonidos, atención, memoria auditiva, etc.; con retraso madurativo o disfunciones cerebrales, de origen constitucional, en el hemisferio izquierdo o en el proceso de lateralización.

Dentro de esta categoría se incluyen los siguientes trastornos: **trastorno del lenguaje expresivo; trastorno mixto del lenguaje expresivo-receptivo; trastorno fonológico**, y **tartamudeo**.

Al igual que con los trastornos del aprendizaje, es importante hacer la distinción entre los trastornos del lenguaje adquiridos (donde se conoce la causa), y los evolutivos (no se conoce la causa). En general, se considera que la aparición de un problema de la comunicación antes de los tres años será probablemente evolutivo.

## TRASTORNO DEL LENGUAJE EXPRESIVO

TAMBIÉN DENOMINADO **disfasia**, que significa inhabilidad para el lenguaje, su característica principal es una deficiencia en el desarrollo del lenguaje expresivo (verbal o de signos), estando muy por debajo de lo esperado para su nivel intelectual no verbal y de su comprensión del lenguaje. Los problemas más habituales son:

- **Vocabulario:** suele ser muy reducido y limitado. Son frecuentes las dificultades a la hora de recordar o elegir palabras adecuadas para lo que quieren describir, nombrar o decir. Parece que olvidan las palabras antiguas según van aprendiendo otras nuevas y el número de ellas que emplean en las frases es limitado. Suelen generalizar (usar una palabra para denominar muchas cosas por ejemplo, «eso»), sustituir una palabra por otra (por ejemplo, «luz» queriendo decir «lámpara»), o describir su función en vez de nombrar el objeto (por ejemplo, «cosa que da luz»). Su lenguaje es vacilante, sin fluidez, con errores y lleno de palabras comodín. En algunos niños estos problemas se limitan a un tipo de palabras como las que hacen referencia a términos temporales, espaciales o entidades abstractas.
- **Gramática:** al igual que con el vocabulario, es habitual que simplifiquen la estructura gramatical y que omitan

partes importantes de la misma como preposiciones, artículos, verbos auxiliares, etc. (por ejemplo, «coche papá»). Cometen errores gramaticales como en el orden de las palabras, o en los tiempos verbales (como no usar correctamente los pretéritos o hablar sólo en presente, por ejemplo, «mi come ayer»). En general, las construcciones gramaticales son pobres.

- **Pragmática:** o uso del lenguaje en relación a los usuarios y circunstancias. Suelen presentar dificultades para iniciar, mantener o variar los temas en las conversaciones y dan respuestas inadecuadas o que tienen poco que ver con la pregunta. Muestran incapacidad para adaptar el lenguaje a la situación, es decir, usar lenguaje educado y cortés cuando sea requerido, y jerga o el lenguaje de los amigos cuando sea preciso. Las historias que cuentan están a menudo llenas de pausas y vacilaciones, poco estructuradas o cohesionadas, y a veces, sin detalles relevantes a la intención de por qué se cuenta.

A pesar de estos problemas, el funcionamiento no lingüístico, la comprensión, el lenguaje no verbal (gestos, contacto ocular y expresiones faciales) y el lenguaje interior (es decir, la imaginación y las fantasías), son considerados normales. También se observa que estos niños sí tratan de comunicarse aunque pueden sentirse frustrados por su incapacidad de hacerlo correctamente, o de comunicar lo que ellos realmente quieren.

Este trastorno puede manifestarse de manera muy variable. Por lo general se suele identificar antes de los tres años, aunque algunas formas leves pueden pasar desapercibidas hasta que los niños no son más mayores (a veces en la adolescencia). Una razón puede ser que el déficit puede limitarse a vocabulario o construcciones gramaticales complejas, que se aprenden en la infancia más tardía y pueden no usarse tanto en el lenguaje diario. Algunos ejemplos serían la voz pasiva, las palabras técnicas, etc. Si el desorden es grave, puede identificarse alrededor del año o año y medio de la vida del niño, pues no consigue hablar de manera espontánea, repetir palabras o producir algunos sonidos. Sus intentos de comunicación son buenos, los realiza a través de gestos, mímica y sonidos sin contenido lingüístico.

La evolución es asimismo variable. El ritmo de desarrollo puede ser muy desigual, mientras algunos niños siguen un curso normal, aunque muy retrasado, de las fases de adquisición del lenguaje, otros presentan mayor retraso en algunos aspectos del lenguaje que en otros.

## PROBLEMAS ASOCIADOS

Este trastorno suele asociarse a otros problemas. Las dificultades en el habla pueden afectar en gran medida al rendimiento escolar, y pueden llegar a producir trastornos del aprendizaje, baja autoestima, frustración y depresión. Asimismo, es frecuente que se acompañe del trastorno de déficit de atención con hiperactividad, dislexia, aislamiento social, enuresis nocturna (hacerse pis en la cama), retrasos en el desarrollo de la coordinación, problemas de conducta y trastornos fonológicos.

## EVOLUCIÓN

El pronóstico suele ser favorable, pues aproximadamente la mitad de los niños se recupera espontáneamente. Al final de la adolescencia, la mayoría de los niños han logrado adquirir unas habilidades de expresión verbal relativamente normales, algunos pueden mantener determinados déficit pero suelen ser muy sutiles. La recuperación mejor o peor, más pronta o más tardía, depende de la gravedad del trastorno, de la presencia de otros problemas y de la motivación de cada niño.

---

DATOS SOBRE EL TRASTORNO DEL LENGUAJE EXPRESIVO

■ Se estima que alrededor del 3 y el 5% de los niños en edad escolar pueden estar afectados.

■ Es más frecuente en los varones que en las mujeres.

---

## TRASTORNO MIXTO DEL LENGUAJE RECEPTIVO-EXPRESIVO

TAMBIÉN ES conocido como **disfasia** y como **sordera verbal**. Su característica principal es una capacidad de comprensión del lenguaje (verbal, de signos, etc.) sustancialmente inferior a lo esperado, dado su nivel intelectual no verbal. El desarrollo del lenguaje expresivo depende de la comprensión lingüística, y al existir problemas en ésta los niños presentarán también un notable deterioro en el lenguaje expresivo. Asimismo, estas dificultades interfieren de manera significativa en el rendimiento académico y en otras áreas de la vida del niño.

Los síntomas que suelen presentar son los característicos del trastorno del lenguaje expresivo (*véase* anteriormente), así como dificultades en la comprensión de palabras, de frases, de tipos específicos de palabras y en otros aspectos gramaticales del lenguaje. Los problemas más frecuentes son:

* **Vocabulario:** la dificultad más común es que el significado de las palabras no se comprenda o se confunda. Puede haber confusiones en todas las categorías gramaticales, como sustantivos, verbos, preposiciones, adjetivos, adverbios, etc. (por ejemplo, pueden confundir «mano y pie», «subir y bajar», «arriba y abajo», «grande y pequeño», etc.). Entre los sustantivos, los que más dificultad producen son los poco comunes, los abstractos (por ejemplo, libertad, multiplicación, altura, etc.) y los que tienen más de un significado como rosa (flor y color).

* **Gramática:** suelen presentar confusión y dificultades en la comprensión de los morfemas, que son aquellos elementos que modifican el significado de las palabras, por ejemplo, tienen problemas para diferenciar los tiempos verbales (presente, pretérito y futuro), el singular y el plural, el género (toro-vaca, rayo-raya), la persona (como-comes), los adjetivos posesivos (mi-tu), etc. De la misma manera, les cuesta distinguir las frases interrogativas de las enunciativas («¿esto es tuyo?» de «esto es tuyo»); las peticiones de las órdenes («¿puedes venir?» de «ven»), pasivas de activas («América fue descubierta por Colón» de «Colón descubrió América»), e impersonales («mañana nevará en la sierra»), la comprensión del significado cuando éste depende del orden de las palabras (por ejemplo, «viejo amigo» versus «amigo viejo»), etc.

* **Pragmática:** también les es difícil mantener el discurso, reconocer el

tema del que se habla, usar el lenguaje apropiado a distintas situaciones y personas, comprender los giros y modismos coloquiales, el humor, los distintos sentidos de una frase o distinguir ciertos aspectos del lenguaje como el tono de la voz, los gestos y expresiones faciales.

Otro déficit que suelen presentar son dificultades para procesar y recordar símbolos visuales y auditivos, como por ejemplo entender el significado de un dibujo, o las señales acústicas. Cuando hablan, se observan omisiones, distorsiones y sustituciones de fonemas.

La presencia de estos síntomas es muy variable. Los niños pueden padecer una, varias o todas estas dificultades, y cada una de ellas, de manera global o parcial. En las formas leves del desorden las dificultades pueden estar en la comprensión de clases particulares de palabras. En las formas más graves, puede haber dificultad comprendiendo varios aspectos del lenguaje, incluyendo el vocabulario más sencillo. Si un niño presenta todos los problemas, su manera de funcionar es como la de un niño mucho más pequeño. Recordemos que su inteligencia global (medida por su funcionamiento en las áreas no verbales), la interacción social, el lenguaje interior (la imaginación y las fantasías) y la audición son considerados normales.

Por regla general, el trastorno se detecta antes de los cuatro años. Las formas más graves del trastorno pueden hacerse evidentes antes de los dos años, y las más leves, pasar desapercibidas hasta que el niño empieza el primer curso del colegio, y a veces incluso algo más tarde. Se suele sospechar que existe tras-

torno cuando el niño no es capaz de responder a nombres familiares, imitar las palabras de otras personas, reconocer los nombres de los objetos más comunes y usados, o de atender y responder a instrucciones simples, entre el año y los dos años de edad.

## PROBLEMAS ASOCIADOS

DEBIDO A estas dificultades, el aprendizaje en general, el rendimiento escolar y la socialización se ven muy afectados. Es frecuente que estos problemas añadidos produzcan baja autoestima, frustración, sentimientos de inferioridad, aislamiento social y depresión. Asimismo, el trastorno suele coocurrir con otros desórdenes como el trastorno por déficit de atención con hiperactividad, trastornos de ansiedad, del aprendizaje (con dislexia, discalculia, y disortografía o disgrafía), de conducta, del estado de ánimo y de adaptación. Sus problemas emocionales suelen ser más numerosos que los de los niños con disfasia expresiva.

## EVOLUCIÓN

LA MAYORÍA de los niños acaban adquiriendo una comprensión normal, aunque el pronóstico en los niños más graves suele ser peor que el de los niños con dificultades más leves. A menudo, no logran alcanzar por completo todos los aspectos más complejos del lenguaje. Por otro lado, suelen presentar más problemas añadidos y su vida cotidiana está más afectada. Los niños con dificultades más leves, pueden desarrollar estrategias para suplir este déficit y así estos pasan desapercibidos.

Algunas veces estas dificultades son consecuencia de una lesión cerebral (generalmente en el hemisferio izquierdo que es el dominante para el lenguaje) o por enfermedad médica como la encefalitis. En estos casos el trastorno se denominaría **disfasia adquirida**, y produciría una pérdida en la comprensión o expresión del lenguaje que previamente era normal. Si estos problemas surgen antes de los diez años (aproximadamente), la recuperación lingüística puede ser completa, pues el hemisferio derecho suele ser capaz de asumir las funciones del izquierdo, o repartírselas entre ambos. Después de esta edad, la recuperación es algo más difícil pues los hemisferios están cada vez más especializados y pierden plasticidad o capacidad para adaptarse y reorganizarse. La recuperación de las disfasias adquiridas depende de la gravedad y del lugar de las áreas afectadas, la edad y el nivel de lenguaje que habían adquirido antes de la lesión o enfermedad.

Un tipo de disfasia adquirida es el **síndrome de Landau-Kleffner**, por el que se pierde, generalmente de forma súbita, la capacidad de comprensión y expresión del lenguaje, y se acompaña de crisis epilépticas. La aparición, desarrollo y recuperación de este trastorno son muy variables.

## TRASTORNO FONOLÓGICO

ESTE DESORDEN también recibe otros nombres como **trastorno de la pronunciación**, **dislalia**, que significa dificultad de articular palabras; **disfonía,** dificultad para emitir palabras; o **disartria**, con el mismo significado, aunque esta denominación se suele aplicar cuando el problema es orgánico. Su característica principal es la incapacidad del niño para utilizar los sonidos del habla de la manera que sería esperable dadas su edad, nivel intelectual y funcionamiento en otros aspectos del lenguaje, es decir, pronuncia los fonemas de forma inadecuada, aunque su lenguaje expresivo y receptivo (vocabulario, gramática, semántica y pragmática), y su inteligencia no verbal son normales. Estas deficiencias en el habla interfieren de manera significativa en el rendimiento escolar y en el área social de la vida del niño. Las dificultades más comunes son:

- Errores en la producción de los sonidos de las palabras, es decir, no pronuncian bien.
- Sustitución: es el error más frecuente. Consiste en la sustitución de un sonido consonante por otro que es incorrecto. Por ejemplo, decir [gopa] por [ropa], el

---

DATOS SOBRE EL TRASTORNO MIXTO DEL LENGUAJE RECEPTIVO-EXPRESIVO

■ Se estima que alrededor del 3 y el 5% de los niños en edad escolar pueden estar afectados, aunque parece algo menos frecuente que el trastorno del lenguaje expresivo.

■ Es más frecuente en los varones que en las mujeres.

■ Suele haber historia familiar del trastorno.

■ También parece que se da con más frecuencia en las personas zurdas y ambidiestras.

■ Aproximadamente el 70% de estos niños presentan trastorno de hiperactividad, y el 50% del aprendizaje.

ceceo [zeñora] o seseo [senisa] por ceniza (sin vivir en las zonas que tienen este tipo de pronunciación).

- Omisión: un sonido de la palabra no se pronuncia, pueden decir [ato] por gato.
- Inclusión: se añaden sonidos a las palabras que nada tienen que ver con ellas, como [comere], [panatalón], etc.
- Distorsión: son errores en la utilización o selección de los sonidos, por lo general, debidos a descuidos o falta de claridad. Una distorsión típica es la de pronunciar la «s» dejando pasar el aire a través de la lengua y produciendo una especie de silbido.

Existe una serie de fonemas (de sonidos de letras) que son los que más problemas presentan a estos niños. Curiosamente, son los últimos que se adquieren en el desarrollo del lenguaje. Éstos son: [r] tanto doble como simple, [l], [s], [d], [b], [z] y [ch]. De todos estos fonemas, la dificultad en la pronunciación de la [r] y el ceceo son los más frecuentes.

Este tipo de problemas son normales en la infancia, los suelen presentar la gran mayoría de los niños pequeños que están aprendiendo a hablar. Se considera que alrededor de los seis u ocho años, los niños deben saber pronunciar casi todos los fonemas así como saber las palabras, es decir, no cometer los errores de omisión, inclusión, etc. Hacia los once años, el dominio debe ser completo.

Al igual que con los demás trastornos, dependiendo de su gravedad se identificará más tarde o más temprano, y su curso será mejor o peor. En los casos más graves, puede ser detectado a los tres años, sin embargo, es más frecuente darse cuenta cuando el niño empieza el colegio, sobre los seis o siete años. Es en el colegio donde mejor se suele observar el desorden pues es el lugar donde aprenderá palabras nuevas (y las dirá), tendrá que hablar de los temas que le pregunten y relacionarse con personas distintas a su familia.

Para hacer un diagnóstico correcto de trastorno evolutivo o del desarrollo, se deben excluir posibles problemas físicos en los órganos encargados de la producción del habla, como el aparato respiratorio, cuerdas vocales, paladar, lengua, labios, etc. De la misma manera, los problemas de pronunciación deben ser claramente anormales o exceder los límites normales, esto es, las alteraciones no son propias de la edad.

La gravedad del trastorno puede variar desde unos pocos errores en el habla hasta un discurso completamente ininteligible.

## PROBLEMAS ASOCIADOS

LAS DIFICULTADES en el habla pueden causar al niño problemas a la hora de relacionarse socialmente con los demás. En los casos graves, donde casi no se les entiende, puede haber rechazo por parte de los demás compañeros, o que se aíslen ellos mismos por la frustración de no poder hacerse entender. En los casos leves, al hablar como los niños más pequeños, pueden ser blanco de burlas. Las dificultades en las relaciones suelen originar problemas emocionales como la baja autoestima, frustración, sentimientos de inferioridad y depresión.

Asimismo, son frecuentes los problemas de conducta (quizá como reacción a los problemas que conlleva su trastorno) y el bajo rendimiento escolar. Aproximadamente el 30% de estos niños padecen además un trastorno por déficit de atención con hiperactividad. Otros trastornos que frecuentemente se asocian con el desorden fonológico son trastornos de ansiedad por separación, trastornos adaptativos y depresivos, dislexia, otros trastornos del lenguaje como el expresivo o el mixto expresivo-receptivo, enuresis (hacerse pis en la cama).

## EVOLUCIÓN

Por lo general, la recuperación suele ser espontánea, sobre todo en los casos leves y antes de los ocho años. Si el problema persiste, puede que exista un déficit en la percepción auditiva.

---

DATOS DEL TRASTORNO FONOLÓGICO

■ Se estima que puede afectar al 2 - 3 % de los niños.
■ Es más frecuente en los varones que en las mujeres.
■ Suele haber historia familiar del trastorno.

---

## TARTAMUDEO

También conocido como **disfemia** o **espasmofemia**, se trata de una alteración en la fluidez y la estructuración temporal del habla, que se caracteriza por la aparición frecuente de uno o más de los siguientes problemas:

- Repetición o prolongación de fonemas, sílabas o palabras.
- Interjecciones.

- Pausas, titubeos o dudas dentro de la pronunciación de una palabra.
- Bloqueos en el discurso tanto silenciosos como audibles.
- Circunloquios, esto es, sustituir una palabra por otra, cuya pronunciación es conflictiva, y de esta manera evitarla.
- Tensión física a la hora de pronunciar algunas palabras.
- Repetición frecuente de monosílabos, por ejemplo, [me-me-me gusta].

La disfemia no implica ninguna alteración en la competencia del habla, esto es, en el conocimiento de la lengua, sus reglas, comprensión del lenguaje, ni tampoco es debida a un problema en la articulación o pronunciación de fonemas en particular. Es un problema en la fluidez de la secuencia lingüística, ritmo y tiempo del habla.

A menudo, el cuadro se complica con la aparición de tics, movimientos bruscos de la cabeza o cuerpo, que ocurren a la vez que las repeticiones o pausas en el habla, sudoración, palpitaciones, rubor, parpadeos, etc., que son más frecuentes cuando la persona anticipa sus dificultades de manera temerosa e intenta evitar ciertas palabras, sonidos o situaciones en las que sabe que debe hablar. Por otro lado, la intensidad, frecuencia y cantidad de estas complicaciones conductuales están relacionadas con la intensidad del tartamudeo.

El inicio del trastorno suele estar entre los dos y los nueve años, aunque es frecuente su aparición alrededor de los cinco. Suele empezar de manera insidiosa, es decir, lenta y progresiva, siendo la dificultad más habitual la repetición de las consonantes al principio de las palabras. En este periodo el niño no suele ser consciente de su problema, sin embargo, según pasa el tiempo se da cuenta y el problema puede agravarse e incluso cronificarse. Es normal que aparezca en niños pequeños que están aprendiendo a hablar y tienen muchas ganas de expresarse. El niño quiere decirlo todo muy rápidamente y, por ello, omite palabras, o las repite, se atasca, etc., aunque en general suele ser un problema transitorio, pero que puede empeorar e incluso cronificar.

Se han propuesto cuatro etapas en el desarrollo de la disfemia:

- **Primera:** suelen ser vacilaciones en el habla que ocurren ocasionalmente entre largos periodos de habla normal. Surgen en la etapa preescolar y son más frecuentes cuando el niño está enfadado, nervioso o excitado. En esta fase, el número de recuperaciones es alto.
- **Segunda:** se produce en la etapa de educación primaria. El tartamudeo es habitual y los periodos de habla normal muy escasos. Los niños son conscientes de su trastorno y de las reacciones negativas de los demás.
- **Tercera:** aparece desde los ocho años hasta la edad adulta, siendo más frecuente al final de la infancia y principio de la adolescencia. La disfemia va y viene según las situaciones, o los sonidos o palabras a pronunciar.
- **Cuarta:** surge al final de la adolescencia y se manifiestan temores anticipatorios al tartamudeo, se evitan situaciones y palabras, se siente mucha vergüenza.

Por lo general, la gravedad varía de una situación a otra. Se observa con frecuencia cuando se hacen preguntas repentinas, se le interrumpe o corrige mucho o cuando se cambia de tema de manera rápida. Así, el estrés y la ansiedad son dos factores importantes que determinan su intensidad. Por ejemplo, cuando el niño (o el adulto) tienen obligación de hablar, especialmente en público, cuando se anticipan las dificultades, pues se reconocen las palabras o las situaciones más problemáticas, el tartamudeo es más intenso. Por otro lado, puede haber periodos donde no aparece, que pueden durar desde semanas a meses, y situaciones donde, incluso en los casos más graves, no se da, como leyendo en voz alta, cantando o hablando con animales o juguetes. Es frecuente la recuperación espontánea de la mayoría de los casos antes de los 16 años.

## PROBLEMAS ASOCIADOS

LA DISFEMIA interfiere de manera significativa en la vida de la persona que la padece pues la comunicación se ve muy afectada. La frustración de no poder hablar con la fluidez que ellos quisieran, sentimientos de vergüenza, burlas de compañeros, etc., suelen producir problemas emocionales como baja autoestima, depresión, aislamiento y problemas de conducta. De la misma manera, las conductas de evitación (hablar en público, o con otras personas que no sean de la familia) y estos problemas emocionales alteran de manera significativa el rendimiento escolar y pueden afectar al desarrollo social y del lenguaje en el niño.

En función de la fluidez en el habla, se han distinguido tres tipos de disfemia:

- **Disfemia tónica:** se produce un espasmo o bloqueo al empezar a hablar. La persona se esfuerza en superar ese momento y cuando lo hace, puede hablar con normalidad.

- **Disfemia clónica**: se producen repeticiones de determinados sonidos (fonemas o sílabas) debido a pequeños espasmos o contracciones musculares, durante el discurso. Éste sería el tartamudeo típico.

- **Disfemia mixta**: es una disfemia severa, donde aparecen juntos los problemas de las dos anteriores.

---

DATOS SOBRE EL TARTAMUDEO

■ Se estima que entre el 2 y el 4% de los niños lo padecen, aunque sólo un 1% de los casos siguen presentándolo en la adolescencia o en la edad adulta.

■ La recuperación espontánea suele ocurrir entre el 50 – 80% de los casos.

■ Es más frecuente en varones que en mujeres.

■ Es habitual la historia familiar del trastorno.

---

## CAUSAS Y TRATAMIENTOS

## CAUSAS

DESAFORTUNADAMENTE SE sabe poco sobre las causas de estos trastornos. Aunque hay muchos niños que los padecen, se observa que los síntomas varían de un niño a otro (por ejemplo, un niño presenta problemas en la comprensión del vocabulario, mientras otro los presenta en la comprensión de secuencias de palabras), así como también varía la alteración de los aspectos del lenguaje, pudiendo ser esta alteración total o parcial.

Al igual que con los trastornos del aprendizaje, se ha sugerido un retraso madurativo o daños mínimos cerebrales como base de estas alteraciones. Estas hipótesis se fundamentan en la similitud existente entre estos trastornos y las afasias que se producen en los adultos. A diferencia de la disfasia, la afasia es una alteración en el lenguaje a consecuencia de una lesión cerebral clara (un tumor, un traumatismo, etc). Cuando un adulto presenta un problema del lenguaje (por ejemplo, en la comprensión o en la expresión) después de una lesión en una zona concreta de su cerebro, y esta alteración es similar a la de un niño sin lesión, lo más lógico es suponer que en el niño debe de haber un problema en esa misma zona de su cerebro, que seguramente es la que controla esa función lingüística.

Este paralelismo entre afasia y disfasia no se ha podido demostrar. Por ello, la teoría ha evolucionado sugiriendo alteraciones mínimas de origen prenatal en el funcionamiento de varias estructuras cerebrales y en las conexiones entre éstas, y anomalías en el hemisferio izquierdo (que es el dominante para el lenguaje), o en el proceso de lateralización (es decir, en el proceso por el cual cada hemisferio asume sus funciones).

Por otro lado, la adquisición del lenguaje se basa también en procesos cognitivos como la conceptualización, habilidades de selección y categorización, en el procesamiento de los estímulos por jerarquías, percepción, memoria, atención, etc., así como en la audición. Por ello, tanto déficit en el procesamiento cognitivo como en la percepción auditiva (discriminación o asociación de sonidos, memoria auditiva, etc.) pueden estar detrás, o ser la base, de los trastornos de la comunicación. Se ha observado que la otitis media es un factor asociado a la aparición de estos desórdenes.

Otros factores importantes en el desarrollo del lenguaje y de la comunicación son los ambientales. Varios estudios han observado que existe una relación entre el nivel de adquisición de lenguaje y la cantidad y calidad de las interacciones con sus padres, y que las de los niños con trastornos de la comunicación son diferentes de las de los niños normales. El aprendizaje puede influir también en el trastorno. Los síntomas de estos desórdenes pueden ser reforzados de manera inconsciente por la cantidad de atención que provocan, y así aumentar en su frecuencia o en su intensidad.

No obstante, ninguna de las hipótesis ha podido ser completamente demostrada, ni ninguna puede explicar por sí misma todas las variaciones que se encuentran en niños con el mismo trastorno.

## Trastorno mixto del lenguaje receptivo-expresivo

SE HAN propuesto diversas causas, desde los factores neurológicos antes descritos (alteraciones en estructuras del hemisferio izquierdo, fallo en el proceso de lateralización), hasta factores genéticos, pues es más común la presencia de estos trastornos en familiares de primer grado de los niños que los padecen que en la población general, especialmente en el trastorno mixto. Los fallos neurológicos podrían ser debidos a retrasos en la maduración del desarrollo cerebral o daños sutiles en el cerebro, y estos podrían deberse a problemas ocurridos durante la gestación, o a una susceptibilidad heredada a padecer-

los. La mayor incidencia del trastorno mixto receptivo-expresivo en personas zurdas y ambidiestras sugiere una relación con una organización cortical anómala. En los casos donde existe pérdida auditiva, se observa que el nivel de esta pérdida se relaciona con la importancia del desorden.

## Trastorno de la pronunciación

AL IGUAL que con los trastornos del lenguaje expresivo y mixto, las causas que se proponen varían desde problemas auditivos a fallos neurológicos de las estructuras que estarían relacionadas con el habla, aunque en este caso se piensa que su origen está más en un retraso madurativo que en lesiones cerebrales sutiles. Las hipótesis se pueden clasificar en función de cómo se considere el trastorno, como la consecuencia de un problema auditivo, o bien como consecuencia de un déficit neurocortical. Estos últimos, a su vez, pueden dividirse en disártricos, o problemas en la articulación, y apráxicos o problemas del movimiento. La disartria se debe a una alteración de los mecanismos neuronales que regulan el control muscular del habla, y la praxia proviene de una alteración de la función muscular en sí misma. Los factores genéticos son asimismo importantes, pues también se observa con más frecuencia entre los familiares de estos niños que en la población general.

## Tartamudez

EN ESTE trastorno la teoría de la transmisión genética recibe más apoyo. Los estudios realizados a gemelos monocigóticos (genéticamente iguales) mostraban una mayor concordancia para la disfemia que los gemelos dicigóticos (genéticamente como hermanos normales pese a haber nacido a la vez). De la misma manera, en los familiares de primer grado de los niños tartamudos aparece en un porcentaje superior que en la población general, especialmente en los varones. Se estima que en el caso de un varón el 10% de sus hijas y el 20% de sus hijos también lo serán. En la actualidad, se cree que no es debido a un único gen sino a la acción de varios de ellos.

La perspectiva psicodinámica de la disfemia propone que su origen está en un trauma psicológico ocurrido a una edad temprana, luego sería un síntoma de un trastorno psíquico más profundo. Desde el punto de vista de la teoría conductual se propone que la disfemia es desencadenada por la ansiedad ante el hecho de hablar. Las actitudes de los demás corrigiendo al niño cuando éste aprendía a hablar y la percepción de sus propias deficiencias, hacen que la ansiedad se condicione a la falta de fluidez. Las ideas y actitudes distorsionadas de la persona sobre el habla crean ansiedad, y ésta aumenta el tartamudeo.

## TRATAMIENTOS

Todos estos trastornos requieren la intervención de un logopeda, tanto para hacer un diagnóstico adecuado como una evaluación exacta del problema, su gravedad y aspectos del lenguaje que se encuentran afectados. Es asimismo importante la visita a otros especialistas para descartar la presencia de otros trastornos que pueden ser la causa del déficit en la comunicación. A lo largo del capítulo hemos visto que el trastorno por déficit de atención con hiperactividad, trastornos de conducta y los del estado de ánimo, se asocian mucho con estos problemas y pueden ser los responsables de maneras de hablar raras, errores lingüísticos o fracasos a la hora de corregir el uso correcto del lenguaje.

Es conveniente iniciar un tratamiento tan pronto como se identifiquen los desórdenes, pues a menudo el éxito de la recuperación depende de una pronta intervención, y también para evitar los problemas emocionales, de autoestima y sociales que suelen surgir como consecuencia de éstos.

Las logoterapias están orientadas a trabajar todos los aspectos del lenguaje, desde entrenamiento en la producción de fonemas, vocabulario, construcción de frases y uso del lenguaje en las distintas situaciones, hasta mejorar las estrategias de comunicación y las relaciones sociales. Las técnicas que suelen utilizar son las de reforzamiento de la conducta.

Un aspecto importante a tener en cuenta es no descuidar el aprendizaje (o los problemas que puedan surgir). Se observa con relativa frecuencia que los niños que han padecido un trastorno del lenguaje de pequeños, aunque se recuperen por completo, presentan un mayor riesgo de padecer algún trastorno del aprendizaje cuando son algo más mayores.

Para el tartamudeo existen varias técnicas y tratamientos cuyo objetivo es el habla normalizada, evitar los tics o manierismos que suelen presentarse y las respuestas de evitación, de la manera más duradera posible. Se emplean distintos métodos conductuales, cognitivos y de aprendizaje que incluyen la modificación del ritmo, la fluidez y la velocidad del habla por medio de el uso de metrónomos, retroalimentación auditiva (es decir escuchándose a sí mismos después de hablar pero más tarde) y reforzando la conducta adecuada; crear respuestas incompatibles con la conducta a eliminar (por ejemplo, ejercicios de respiración cuando se empieza a tartamudear); técnicas de relajación para reducir la ansiedad; modificación de las actitudes y creencias erróneas sobre su problema reduciendo las reacciones emocionales de vergüenza y temor al tartamudeo (desensibilización), etc.

Otra terapia que puede ser útil en el tratamiento de todos los trastornos del lenguaje es la psicoterapia, tanto individual como familiar, para trabajar los problemas emocionales, afectivos y de conducta producidos por las dificultades en la comunicación; para dar información y apoyo a las familias; para observar y trabajar las interacciones y la comunicación entre sus miembros, y en el caso de los tartamudos, para resolver el posible trauma que pudo originar el trastorno.

# Trastornos motores

Los siguientes trastornos, también llamados de las habilidades o hábitos motores, se refieren a alteraciones en los movimientos, en su coherencia, orden, organización y ejecución. Éstos son el **trastorno del desarrollo de la coordinación** y el **trastorno de movimientos estereotipados**.

## TRASTORNO DEL DESARROLLO DE LA COORDINACIÓN

La característica básica de este trastorno es la dificultad en llevar a cabo o ejecutar actividades que requieren una coordinación motora. Estas dificultades pueden manifestarse como un retraso importante en la adquisición de las habilidades del movimiento como, por ejemplo, sentarse, gatear o caminar, como torpeza grave, poca habilidad para los deportes, mala letra, etc.

El desarrollo de la coordinación es inferior al esperado, dada la edad del niño y su nivel de inteligencia, y no es una consecuencia de una enfermedad física como parálisis cerebral o hemiplejia, ni de un trastorno generalizado del desarrollo como el autismo o el síndrome de Asperger. El trastorno no puede ser explicado por ninguna anomalía cerebral, y está presente desde los primeros momentos del desarrollo, esto es, las dificultades se detectan muy pronto en la infancia, cuando el niño comienza a intentar realizar los movimientos típicos de su edad (mantenerse erguido, sentarse, etc.).

Por lo general, se diagnostica sólo cuando las dificultades en el movimiento interfieren de manera importante en la vida del niño o en su rendimiento académico.

Se distinguen tres áreas principales de déficit motores:

- **Torpeza:** se puede definir como la lentitud o la dificultad que tiene un niño para moverse en el espacio. Este término hace referencia a los movimientos básicos como caminar o sentarse, no obstante, la torpeza suele reducir la capacidad de realizar movimientos más complejos como montar en bicicleta o escribir. Estos niños no tienen por qué tener retrasos en el desarrollo motor, aunque muchos pueden ser algo más lentos en la adquisición de los movimientos simples. En general, sus dificultades se demuestran en la realización de movimientos finos como coger objetos muy pequeños (se les caen), pulsar teclas o en el manejo y uso de diversos objetos (por ejemplo, juegos de construcción, uso de cubiertos o lápices). Los movimientos gruesos, como caminar, correr, saltar y hacer deporte también les resultan difíciles. Suelen caerse, tropezarse con las cosas o encontrar bastante difícil llevarlos a cabo.

- **Movimientos extraños:** se refieren a movimientos involuntarios (llamados sincinesias) de grupos musculares que en condiciones normales no participan en el movimiento, y se suelen observar cuando requieren control voluntario. Entre éstos están los de imitación, o espejo, como saludar con las dos manos cuando se pretende hacerlo con una; y las sincinesias tónicas, o mover grupos de músculos no relacionados con la acción que se está realizando, por ejemplo, abrir y cerrar la boca al correr.

- **Dispraxia**: es una incapacidad para aprender a ejecutar secuencias de movimientos voluntarios sin que haya ningún tipo de limitación física o sensorial. Las praxias son acciones de complejidad variable que se planifican, suelen tener un fin determinado, y con el tiempo se hacen movimientos automáticos. Por lo general, implican la representación mental del esquema corporal (diferenciar izquierda y derecha, arriba y abajo, y delante y detrás en el propio cuerpo), la secuencia de tiempo/espacio (el orden, el momento y el lugar de cada acción), y el conocimiento y uso de los objetos. De esta manera, estos niños manifiestan dificultades o intensa torpeza en acciones como, por ejemplo, atarse los cordones de los zapatos, abrocharse los botones de la camisa, montar en bicicleta, o en secuencias más largas y cotidianas como coger una botella de la nevera, abrirla, verter su contenido en un vaso y beber de él.

Otro problema que puede estar presente es la **paratonía**, que es una alteración en el tono muscular caracterizada por una hipertonía o aumento de la tensión de los músculos, lo que hace difícil la relajación.

## PROBLEMAS ASOCIADOS

EL TRASTORNO del desarrollo de la coordinación suele coexistir con otros desórdenes del desarrollo como el déficit de atención con hiperactividad y de la comunicación. Por otro lado, las dispraxias infantiles son observadas con frecuencia en el retraso mental, sobre todo en el síndrome de X frágil.

Otras complicaciones son que estos niños suelen ser blanco de burlas entre sus compañeros, lo que dificulta el desarrollo de la relación social y propicia el aislamiento. Suelen tener baja autoestima, frustración y sentimientos depresivos. Sus dificultades con los movimientos afectan a la escritura, al dibujo y a la realización de deportes, y pueden tener problemas en las operaciones espaciales o de secuencias lógicas como las matemáticas. El rendimiento académico puede verse muy afectado por estos problemas y es frecuente el fracaso escolar.

## CAUSAS

LAS CAUSAS son, por el momento, desconocidas, pero las hipótesis que se trabajan implican problemas durante el embarazo o parto, como la hipoxia o déficit de oxígeno, malnutrición perinatal, prematuridad o bajo peso al nacer. Estos problemas podrían haber causado un retraso en la maduración cerebral o en el establecimiento de la dominancia hemisférica, el hemisferio izquierdo es el dominante para el lenguaje y las funciones verbales, y el derecho para las funciones espaciales y matemáticas. Respecto al movimiento, la dominancia es contralateral, es decir, el lado izquierdo controla los movimientos de la parte derecha del cuerpo, y al revés, el derecho controla la parte izquierda. De igual forma, se proponen alteraciones en la integración cerebral de la información que llega desde los sentidos.

No obstante, estas hipótesis no son concluyentes ni se han confirmado. El problema es que el número de investigaciones así como la cantidad de datos fiables es escaso. Aún así, y por la frecuente asociación que tiene con los trastornos de comunicación, se piensa que el origen de este trastorno puede ser multicausal, esto es, debido a varias razones.

## TRATAMIENTOS

LOS TRATAMIENTOS más frecuentes se basan en el entrenamiento con diversos ejercicios tanto mentales (como los juegos de construcción, puzzles, el ordenar objetos, etc.), como físicos (gimnasias adaptadas a sus problemas, ejercicios de movimientos finos y gruesos). Estas prácticas ayudan al desarrollo de la coordinación motora. Deben tenerse en cuenta otros problemas asociados como las dificultades en el aprendizaje y la comunicación, e incluir en el tratamiento las técnicas necesarias que ayuden a mejorar al niño en estas áreas. De igual manera, deben tratarse con psicoterapias los posibles problemas secundarios emocionales y de conducta.

## TRASTORNO DE MOVIMIENTOS ESTEREOTIPADOS

ESTE TRASTORNO se caracteriza por movimientos repetitivos, estereotipados y rítmicos, que parecen voluntarios e impulsivos, y que no tienen un propósito aparente. Algunos ejemplos serían el agitar las manos, morder objetos o balancear el cuerpo. En ocasiones los movimientos pueden ser autoagresivos como darse cabezazos, golpearse el cuerpo o pincharse la piel. Para hacer un diagnóstico, estos comportamientos deben interferir en la vida del niño, y cuando haya autolesiones, estas requieren tratamiento médico (algunas pueden ser potencialmente peligrosas), y deben durar al menos cuatro semanas.

Las estereotipias deben distinguirse de los tics (éstos no suelen ser voluntarios ni rítmicos), de las compulsiones (suelen tener forma de rituales y tienen un fin claro), de los movimientos estereotipados de un trastorno generalizado del desarrollo, como el autismo (en este caso, suele haber otros problemas en el desarrollo como las alteraciones en las relaciones sociales y en la comunicación), y del retraso mental (si aparecen ambos trastornos, el del movimiento debe ser lo suficientemente grave como para requerir tratamiento específico).

## ESTEREOTIPIAS

ENTRE LAS más frecuentes se encuentran el balanceo corporal, el morder objetos, pasárselos de una mano a la otra, golpear paredes, hurgarse la nariz o el ano, tocarse el cuerpo, rascarse, frotarse los ojos, emitir sonidos vocales que no comunican nada y bruxismo o chirriar los dientes.

Suelen estar asociadas al retraso mental, siendo más frecuentes cuanto más grave sea el retraso, y a limitaciones sensoriales severas como la ceguera o la sordera. En estos casos, parece que los comportamientos tienen un carácter autoestimulante.

## AUTOLESIONES

ÉSTAS SUELEN variar en cuanto a peligrosidad; en algunos casos son de carácter leve, como el golpearse la cabeza contra las paredes, morderse los dedos o las manos, y arrancarse el pelo. En otros casos pueden ser graves y potencialmente mortales como arrancarse las uñas, cortarse y pincharse la piel con todo tipo de objetos, o vaciarse los ojos.

Estas conductas son muy frecuentes entre los retrasados mentales profundos, especialmente los que padecen el **síndrome de Lesch-Nyham,** en el que se automutilan de manera compulsiva y grave, sobre todo los dedos y los labios. También suelen aparecer entre los autistas y los esquizofrénicos.

En algunos casos, se producen de manera esporádica, mientras que en otros su frecuencia es más constante. Por lo general, suelen ocurrir cuando el niño está en la

---

DATOS SOBRE TRASTORNO DE MOVIMIENTO ESTEREOTIPADO

■ Existe poca información sobre la frecuencia del trastorno en la población. En general se estima que aproximadamente el 2,5% de los niños retrasados se producen autolesiones y alrededor del 40%, también de niños con retraso mental, presentan estereotipias. Entre los niños institucionalizados (en hospitales o residencias) por autismo o esquizofrénia graves, se estima que se autolesionan entre el 8 y el 14%.

■ Tanto las autolesiones como las estereotipias parecen más frecuentes entre los niños que entre las niñas.

■ Pueden iniciarse a cualquier edad, pero suelen estar relacionados con ambientes privados de estimulación o tras un acontecimiento estresante.

■ Dependiendo del trastorno subyacente, la evolución del trastorno es variable. En las personas con retraso mental profundo, éste puede durar muchos años. En otros casos, a partir de la adolescencia tiende a remitir.

■ Tanto las estereotipias como las autolesiones son muy frecuentes en las edades comprendidas entre cero y diez años.

cama por la noche, y suelen ir acompañadas de estereotipias. Entre todas estas, especialmente el balanceo del cuerpo y la frotación de manos suelen ocurrir a la vez que las autolesiones.

## CAUSAS

AL IGUAL que con el trastorno de la coordinación, el número de investigaciones y datos fiables sobre este desorden es muy reducido. De la misma manera, se cree que está causado por varios factores.

### Teorías biológicas

PROPONEN QUE una de las causas principales para el desarrollo de estas conductas es que la persona no ha recibido suficiente ni adecuada estimulación ambiental, contacto físico o interacción social, por ello, el niño intenta estimularse a sí mismo. Esta hipótesis recibiría algo de apoyo por el hecho de observar un mayor número de niños con estos problemas en los orfanatos o instituciones sociales.

Por otro lado, y dada la frecuencia con la que ocurren estas conductas en las personas con trastornos degenerativos del sistema nervioso central como el **síndrome de Lesch-Nyham** o en cierto tipo de epilepsias, parece que estos desórdenes predisponen a desarrollar el trastorno de movimientos estereotipados.

Asimismo, se ha propuesto la intervención de alteraciones en la dopamina. Cuando se suministran fármacos que aumentan los niveles de dopamina en animales, se pueden provocar conductas estereotipadas y autolesivas. De igual forma, los medicamentos antipsicóticos (que reducen la dopamina) suprimen algunas de estas conductas.

### Teorías del desarrollo

EN GENERAL, las conductas estereotipadas (y a veces las autolesiones leves) pueden presentarse en la mayoría de los niños normales en algún momento del desarrollo. Éstas pueden cumplir varias funciones como servir para autoestimularse, para relajarse, pueden aparecer por aburrimiento o por frustración. En los niños retrasados no desaparecen (o no lo hacen en el momento apropiado) porque su deficiencia implica retrasos en el desarrollo.

### Teorías del aprendizaje y de la conducta

SE CONSIDERA que las conductas pueden surgir y mantenerse por refuerzo de las mismas. El refuerzo puede ser negativo, especialmente cuando aparecen en situaciones determinadas. Por ejemplo, para evitar ciertas situaciones que el niño con retraso considera negativas como ir al colegio o tener que cumplir una tarea. Evitar estas situaciones parece que es una causa típica de autolesiones y estereotipias. El refuerzo positivo ocurriría por la estimulación sensorial que produce el realizar estas conductas, que en muchos casos, se acaban convirtiendo en poderosos hábitos.

## TRATAMIENTOS

EL TIPO de tratamiento más utilizado es el conductual, esto es, con técnicas dirigidas a la modificación de la conducta. Sin embargo, la terapia ha suscitado mucha polémica, pues entre los métodos más empleados, sobre todo para las autolesiones, están los aversivos (castigos). Entre éstos se encuentran el electrochoque o pequeñas descargas eléctricas en lugares muy específicos, que hoy en día se aplicaría sólo en casos de lesiones muy peligrosas, como el niño que se intenta sacar los ojos (y ya ha intentado hacerlo, o ya se ha sacado uno). No obstante, este método, que sólo es eficaz en este tipo de conducta tan seria, no sirve para otras formas de autolesión ni para todos los niños.

Entre los métodos aversivos se incluyen el uso de sustancias amargas en las autolesiones o estereotipias que implican la boca (morderse los labios, los dedos, las manos, objetos tóxicos, etc.); rociar la cara del niño con una fina lluvia de agua en los que se abofetean; taparles los ojos con las manos durante diez segundos cuando realizan conductas problemáticas, o el método coste de respuesta, esto es, reducir o eliminar reforzadores positivos (un premio) cuando realizan las conductas.

Otras técnicas son la sobrecorrección o la práctica positiva que consiste en repetir varias veces los comportamientos alternativos y adecuados, por ejemplo, al morder objetos no comestibles deben dejar de hacerlo al instante y lavarse los dientes y las manos durante un rato largo; el refuerzo de conductas alternativas, esto es, premiar las conductas deseadas; enseñar nuevos comportamientos incompatibles con la autolesión o la estereotipia y sustituir la conducta anómala por otra más apropiada.

# Trastorno por déficit de atención con hiperactividad

Este desorden pertenece a la categoría de los trastornos por conductas perturbadoras, y efectivamente, las personas que conozcan a un niño con este problema podrán definirlo como un niño que «no para quieto», «molesta a todo el mundo», «se distrae, no termina las tareas», «se mete en líos»... En definitiva, son niños muy difíciles de tratar o educar, hacen poco o ningún caso de lo que se les dice (o no se acuerdan de ello), y parece que tienen una increíble cantidad de energía que nunca se agota. Para los padres y profesores, un niño así significa trabajo y preocupaciones extra.

El trastorno por déficit de atención con hiperactividad (**TDAH** en adelante) recibe también el nombre de trastorno **hipercinético** (cinético significa perteneciente o relativo al movimiento), y se define por tres síntomas básicos que son: hiperactividad, falta de atención e impulsividad. A la hora de hacer un diagnóstico se exige que estén presentes una serie de síntomas, que pueden ser tanto de desatención como de hiperactividad-impulsividad, así como de ambos. Éstos son:

- **Desatención:** deben estar presentes seis (o más) de los siguientes síntomas:

  – No prestan suficiente atención a los detalles y cometen fallos por descuido en la realización de tareas escolares, laborales, etc.
  – Manifiestan poca capacidad para mantener por mucho tiempo la atención en las tareas, juegos u otras actividades.
  – Cuando se les habla, parecen no escuchar, como si tuvieran la mente en otra parte.
  – No suelen seguir las instrucciones de las tareas y a menudo dejan éstas sin terminar.
  – Tienen dificultades para organizar sus trabajos y actividades.
  – Evitan o les disgustan las tareas que requieren un continuo esfuerzo mental.
  – Son descuidados y suelen perder objetos tanto personales como útiles escolares, deberes, etc.
  – Se distraen fácilmente con cosas irrelevantes.

– Son olvidadizos en las actividades diarias.

• **Hiperactividad-impulsividad:** deben presentarse seis (o más) de los siguientes síntomas:

*Hiperactividad*

– Mueven en exceso manos o pies, o les es difícil mantenerse quietos cuando están sentados.
– Se levantan y abandonan su sitio en las situaciones donde deben permanecer sentados largo tiempo (como en clase).
– Corren, saltan, trepan o se mueven excesivamente en situaciones no apropiadas para ello (en adolescentes o adultos persiste un sentimiento de inquietud).
– Les es difícil jugar de manera tranquila.
– Parecen tener un «motor encendido» o estar activos continuamente.
– Hablan en exceso.

*Impulsividad*

– Suelen contestar antes de que se termine la pregunta.
– Les cuesta guardar turno en los juegos u otras actividades.
– Se entrometen en las actividades de otros, como conversaciones o juegos, o les interrumpen.

El trastorno puede diagnosticarse a cualquier edad, pero se exige que haya síntomas de falta de atención o exceso de actividad antes de los siete años y que los síntomas duren más de seis meses. Este desorden no debe ser específico de una si-tuación (por ejemplo, que no se dé sólo en la escuela, o sólo en casa), por lo que es preciso que se manifieste en dos o más ambientes. Asimismo, estas alteraciones deben interferir de manera significativa en la vida de la persona y no deben ser consecuencia de otro trastorno mental.

A pesar de que uno de los síntomas básicos que define este desorden es la hiperactividad, muchos niños no la presentan de manera excesiva, siendo sus mayores problemas la falta de atención y la impulsividad. Hoy en día se clasifica el trastorno según predominen unos síntomas u otros, resultando tres tipos:

• Trastorno por déficit de atención.
• Trastorno por hiperactividad e impulsividad.
• Trastorno combinado, o mixto, que sería el de déficit de atención con hiperactividad (es el más común).

## CARACTERÍSTICAS DEL TDAH

### ATENCIÓN

Es UNO de los problemas fundamentales del TDAH, y su pérdida se produce tanto en la atención selectiva como en la sostenida. La atención selectiva hace referencia a centrarse en lo que se está haciendo en un momento dado, atendiendo sólo a los detalles relevantes para la realización de la tarea o actividad; y la sostenida se refiere al mantenimiento de la atención durante todo el tiempo que dure la actividad.

Los niños TDAH se distraen con cualquier cosa, mucho más que los niños normales, les cuesta terminar las tareas, pasan de una a otra rápidamente, suelen preguntar qué es lo que hay que hacer justo después de que se les ha explicado, parecen no entender las instrucciones, etc. Se ha comprobado que sus problemas de atención y distracción ocurren tanto en ambientes muy estimulantes (esto es, con muchos estímulos diferentes, como un aula grande, llena de gente, con objetos coloridos, grandes ventanas a través de las cuales se pueden ver muchas cosas), así como en ambientes poco estimulantes (sin distractores, por ejemplo, un cubículo de trabajo, con las paredes vacías de cosas, sólo con la mesa y la tarea, sin compañeros alrededor).

Sin embargo, cuando la tarea es sencilla, la distracción de estos niños puede no influir en su rendimiento, es decir, su rendimiento puede ser igual al de los niños normales aunque se distraigan. En cambio, cuando la tarea aumenta en dificultad o bien es aburrida, o muy larga, su rendimiento baja de manera considerable. Por otro lado, pueden mostrar excesiva concentración en tareas que les parecen muy estimulantes y novedosas (como los videojuegos), hasta el punto de ser difícil interrumpirles.

## IMPULSIVIDAD

La DIFICULTAD de controlar los impulsos e inhibir las respuestas que no son adecuadas a las diferentes situaciones en las que se encuentra el niño hiperactivo, es otra de las características más importantes de este trastorno, además de poder llegar a ser peligrosa. En general, los niños TDAH actúan sin pensar en las consecuencias o los riesgos de sus acciones. Pueden cruzar las calles sin mirar, subirse a sitios altos no muy estables, asomarse de manera arriesgada por las ventanas, jugar con objetos peligrosos, etc. Esta impulsividad hace que sean más proclives o que sufran más accidentes que el resto de la población.

A la hora de realizar las tareas, su estilo de resolver problemas es rápido e incorrecto, pues buscan menos alternativas de resolución. Suelen elegir la primera respuesta que se les ocurre y no buscan otras que pueden ser también correctas, o más correctas que la primera, y su manera de organizarse (tanto el uso del tiempo como el trabajo) no es eficaz. Si están con otros compañeros, pueden llegar a ser muy molestos, interrumpen lo que los demás hacen, las conversaciones de otros, se meten donde no les llaman, cambian las reglas de los juegos cuando y como les parece, pueden ponerse a hacer ruidos o sonidos en medio de una clase, y además, su impulsividad (e hiperactividad) les hace ser torpes, tirar las cosas, tropezarse, etc. Por estas razones suelen meterse en líos muy a menudo y ser considerados negativamente por otros niños y adultos. Un problema importante es que buscan la recompensa inmediata en vez de esperar o realizar algo que conlleve una recompensa mejor aunque más tardía.

## HIPERACTIVIDAD

A ESTOS niños se les describe como imparables. Cada vez que pueden están saltando, corriendo y brincando, y si no, están tocando todos los objetos, moviendo sin parar las piernas, pies o brazos, dando golpecitos a las cosas, balanceándose, cambiando de posición, pues les cuesta permanecer quietos o sentados, y siempre dispuestos a moverse y desplazarse. En general, estas conductas no son apropiadas para la situación en la que se encuentran, no suelen ser moduladas de acuerdo con los deseos o necesidades de los demás y suelen aumentar cuando no están muy motivados.

La hiperactividad incluye, aparte de un exceso de movimiento, una actitud general desorganizada y caótica por su inatención e impulsividad. No obstante, se manifiesta de maneras diferentes. No todas las conductas hiperactivas se dan en todos los niños, así como tampoco aparecen en todas las situaciones. Varios estudios realizados para investigar la actividad en los distintos ambientes observaron que ésta aumentaba en las clases de lectura y matemáticas (actividades en las que se exige atención sostenida al niño), en los juegos durante el fin de semana, y durmiendo, mientras que en otras actividades como la clase de gimnasia, el recreo y las comidas en la escuela (donde se imponen menos restricciones a su comportamiento), no eran mucho más activos que los niños normales.

Éstos y otros estudios indican la importancia de las situaciones en los niveles de actividad de los niños TDAH. Ante tareas difíciles o que les exigen más rendimiento y atención, ante situaciones estructuradas (es decir, cuando los niños hiperactivos no pueden regular sus propias actividades sino que han de seguir las instrucciones de un profesor o comportarse de una manera concreta) y en ambientes concurridos o llenos de distractores, los niveles de actividad en estos niños aumentarán más que los de los niños normales, así como la inatención y la impulsividad.

## OTROS PROBLEMAS ASOCIADOS AL TDAH

LOS PROBLEMAS básicos de este trastorno, inatención, impulsividad e hiperactividad,

necesariamente producen una gran variedad de dificultades añadidas en la vida de estos niños.

## PROBLEMAS DE CONDUCTA Y DE RELACIONES SOCIALES

MUCHOS DE los niños TDAH tienen enormes dificultades a la hora de hacer amigos o llevarse bien con los compañeros. A pesar de que son niños amistosos, habladores y les gusta relacionarse con los demás, generalmente son incapaces de detectar ciertas señales sociales como notar si están haciendo daño a otros niños jugando, o cuándo «se están pasando de la raya». Suelen malinterpretar los deseos o las intenciones de los demás, y cometen errores sociales como insistir en quedarse en casa de un amigo sin haber sido invitado, cuando un niño normal entendería que es hora de marcharse. Es decir, sus intenciones son buenas pero no el momento ni la manera de hacer las cosas.

Tanto los adultos (familiares, profesores, etc.) como los otros niños los consideran ruidosos, intratables, desobedientes, mandones, que molestan a los demás y no tienen en cuenta las circunstancias de la situación. Su impulsividad e imprudencia les hacen ser a menudo niños agresivos. Aunque no lo son de manera premeditada, pueden tirar del pelo, pellizcar o pegar por impulso y sin pensar en las consecuencias. Algunos niños hiperactivos muestran un mayor problema de desobediencia y de ruptura de las normas que otros. Al igual que con la agresividad, por lo general se trata más de un problema de falta de atención u olvido que de hostilidad o intención. Por otro lado, otros niños, más que agresivos o desobedientes, son más bien ingenuos, amables y pegadizos, pero su torpeza social les hace igualmente molestos e ignorados por los demás. Estos últimos suelen pertenecer a la categoría de trastorno por déficit de atención sin hiperactividad.

Los niños TDAH, por lo general, no suelen tener ningún problema a la hora de saber cuál es la manera correcta de comportarse en situaciones hipotéticas (por ejemplo, cuando se les pregunta, «¿qué harías tú en esta situación, esto o lo otro?»). Sin embargo, su dificultad parece estar convirtiendo la teoría en práctica, es decir, aplicando su conocimiento social a las situaciones reales de la vida.

## PROBLEMAS DE APRENDIZAJE Y DE LENGUAJE

Los niños con este trastorno suelen tener un coeficiente de inteligencia normal, pero sus síntomas y comportamiento les dificultan el aprendizaje en gran medida. Las áreas donde muestran mayores dificultades son en la lectura, escritura y matemáticas. Si sus dificultades son muy intensas, pueden llegar a convertirse en un trastorno del aprendizaje.

Como hemos visto, son muy habladores, sin embargo, su organización del discurso y su manera de comunicar cualquier información suele ser poco eficaz. Por otro lado, hablan mucho cuando no deben, y poco cuando se les pregunta o están en clase y deben exponer lo aprendido. Algunos presentan un trastorno del lenguaje expresivo.

## PROBLEMAS DE SALUD

Un problema importante es la mayor frecuencia de accidentes que sufren estos ni-

ños en comparación con la población normal. Su impulsividad e hiperactividad hace que se expongan a situaciones más arriesgadas, y es frecuente que presenten incoordinación motora, esto es, torpeza en los movimientos, lo que hace que sufran más caídas, se den más golpes, se les caigan las cosas, etc.

Suelen ser muy sensibles a los estímulos exteriores. A menudo se quejan de notar con excesiva intensidad ruidos, cantidad de luz, roces físicos, etc., que a otros niños les parecerían normales. Por otro lado, algunos presentan problemas de audición, y hay estudios que han sugerido que las alteraciones auditivas pueden causar TDAH.

También presentan con mucha frecuencia problemas a la hora de dormir, y éstos suelen ser debidos a la hiperactividad. El exceso de movimiento suele dificultarles el inicio del sueño o despertarles a horas muy tempranas impidiéndoles volver a dormir de nuevo.

## PROBLEMAS EMOCIONALES

Las consecuencias de su conducta, la opinión y el rechazo que suscitan en los demás y el darse cuenta de ello, hacen que los problemas emocionales sean muy frecuentes. Suelen tener baja autoestima, poca tolerancia a la frustración, arrebatos emocionales, cambios de humor y de estado de ánimo, ansiedad y depresión.

## PROBLEMAS EN EL DIAGNÓSTICO

El diagnóstico del TDAH es a menudo difícil pues hay diversidad de opiniones entre los especialistas en cuanto a su definición, identificación de los niños con el trastorno, en la evaluación de los síntomas, etc. Un ejemplo de esta discrepancia es el observar que en EE. UU. se diagnostica más hiperactividad que en Reino Unido, donde se diagnostican más trastornos de conducta. A pesar de las similitudes en la conducta, la definición de TDAH en Reino Unido es más estricta en cuanto a la gravedad y extensión de los síntomas que deben estar presentes. De igual manera, si un niño no manifiesta todos los síntomas, o no de manera muy llamativa, puede pasar desapercibido, o lo contrario, ser diagnosticado como hiperactivo un niño agresivo, muy activo y con malas notas. Estas razones hacen que el trastorno pueda estar sobre o infradiagnosticado.

No obstante, sí existe consenso a la hora de considerarlo uno de los trastornos más comunes de la infancia.

## CONCLUSIONES

Los estudios realizados a los niños TDAH de sus dificultades principales y de las asociadas a su trastorno, así como la importancia de las situaciones y del tipo de tarea (estructura y procedimiento a la hora de ejecutarla) en la aparición más o menos intensa de los síntomas, la variabilidad entre los niños, etc., sugieren que los síntomas básicos son debidos a déficit en los procesos cognitivos superiores. Por ejemplo, las dificultades de atención que estos niños presentan son más un problema de regulación y distribución de ésta que un déficit en sí mismo. De igual manera, su ineficacia resolviendo problemas está influida por un uso incorrecto del tiempo, esto es, errores a la hora de planificar una cantidad de tiempo necesaria

para la resolución de una tarea o de procesar información en profundidad. Asimismo, se han observado dificultades a la hora de retener información en la memoria a corto plazo, de cambiar eficazmente de una actividad mental a otra, de reconocer, realizar y evaluar estrategias y metas para la resolución de problemas o guiar la conducta y déficit de motivación.

En la actualidad se cree que existe una alteración neurológica en la autorregulación conductual y en la motivación, que serían las causantes de los síntomas básicos de este trastorno (alteraciones en la capacidad de controlar el nivel de actividad motora, de determinar qué es relevante y qué no lo es en cada situación y de reflexionar antes de actuar).

## TRASTORNOS ASOCIADOS

El trastorno por déficit de atención con hiperactividad se presenta acompañado de otros trastornos mentales, en una muy alta proporción (alrededor de dos tercios de los pacientes). Dependiendo del trastorno que acompañe al TDAH, el diagnóstico, tratamiento y pronóstico variarán. Por ejemplo, los niños que además presentan problemas de aprendizaje requieren otras técnicas de tratamiento que los niños que también padecen un trastorno de ansiedad. Los trastornos que coexisten con más frecuencia con el TDAH son:

## TRASTORNOS DE CONDUCTA (TC)
(*véase* capítulo correspondiente)

Estos trastornos pertenecen a la categoría de las conductas perturbadoras, e incluyen el trastorno disocial y el negativista desafiante y son los que acompañan con más frecuencia al déficit de atención e hiperactividad. Algunos estudios han llegado a observar una considerable coocurrencia de ambos desórdenes, que va desde un 30% hasta un 90% de los casos.

Esta frecuencia de aparición conjunta hizo pensar que los distintos síntomas pertenecían al mismo trastorno. No obstante, existen bastantes diferencias. Por un lado, el TDAH se asocia a un déficit cognitivo, a un mayor número de problemas en clase y su agresividad y ruptura de normas se debe más a impulsividad que a premeditación. Suele identificarse a edades más tempranas, diagnosticarse más, y los niños suelen provenir de ambientes familiares más normales que los niños con trastornos de conducta.

Por otro lado, los niños disociales o negativistas, presentan serios problemas de conducta en muchas más situaciones, son mucho más agresivos y quiebran las normas deliberadamente. Sus padres son antisociales en un mayor número de casos y tienen más probabilidad de delinquir o de abusar de sustancias tóxicas cuando sean mayores. Suelen presentar el trastorno más tarde en la vida y su causa más probable es psicológica y social (comparada con las causas del TDAH que pueden tener origen neurológico).

Los niños que padecen sólo un trastorno de la conducta y, sobre todo, los que además de éste son hiperactivos tienen un peor pronóstico que los que sólo padecen TDAH. Los síntomas antisociales pueden aparecer como una complicación del trastorno hiperactivo, sin llegar a cumplir los requisitos de trastorno de la conducta; y la hiperactividad es un factor de riesgo para la aparición de desórdenes conductuales más tarde en la vida.

## TRASTORNOS DEL APRENDIZAJE

A PESAR de tener una inteligencia normal, muchos de estos niños presentan problemas académicos y otros precisan de educación especial, no obstante, otros pueden llegar a ser excelentes estudiantes. En general, sus notas son más bajas que las de la media de su clase y tienen más probabilidad de repetir curso que los demás niños. Debido a sus dificultades en la coordinación del movimiento, suelen tener problemas de escritura. Se estima que aproximadamente un 10% cumplen también los requisitos de un trastorno del aprendizaje, y que un tercio de los niños con trastorno del aprendizaje son hiperactivos.

## TRASTORNOS AFECTIVOS

SON TAMBIÉN muy comunes. Se considera que los trastornos del estado de ánimo, esto es, depresión o trastorno bipolar (depresión y manía) coexisten con el TDAH en alrededor de un 30% de los casos, y los trastornos de ansiedad en un 25%. Los niños hiperactivos que pueden ser diagnosticados además de un desorden afectivo, suelen presentar también problemas de aprendizaje, más hiperactividad y su pronóstico es peor.

## OTROS TRASTORNOS

EXISTE UN trastorno por tics de aparición en la infancia, llamado **síndrome de la Tourette,** que suele estar asociado a múltiples síntomas conductuales como la hiperactividad motora, ansiedad o agresividad. Alrededor del 50% de los niños que padecen este trastorno tienen además TDAH y algunos de los tratamientos son comunes para ambos.

## EVOLUCIÓN DEL TRASTORNO

Hubo un tiempo en el que se creía que los síntomas (especialmente la hiperactividad) desaparecían al llegar a la adolescencia. Hoy en día se sabe que siguen estando presentes aunque varían en forma y en intensidad. Por ejemplo, el exceso de movimiento suele ser reemplazado por inquietud, estando la persona en reposo.

Muchos de los niños hiperactivos mejoran de manera significativa y no presentan dificultades importantes durante la adolescencia o la vida adulta. Sin embargo, muchos otros, entre el 50 y el 60%, siguen presentando los criterios diagnósticos o alguno de los síntomas, con una intensidad que varía desde media a severa.

Durante la adolescencia se observa una mayor probabilidad de fracaso escolar, abandono de los estudios, inestabilidad en el mantenimiento de los trabajos, mayor número de accidentes y problemas sociales. En la edad adulta se observa igualmente un promedio más alto de divorcios, cambios de residencia, problemas laborales (como un mayor número de despidos, de parados, peores trabajos y peor estatus que el de sus familiares), mayor probabilidad de accidentes y peor valoración por parte de superiores. Por otro lado, la mayoría de los adultos aprenden de una manera u otra a adaptarse a sus síntomas y convivir con ellos, intentando que interfieran lo menos posible en sus vidas.

Los niños que son diagnosticados con un trastorno de conducta además de con TDAH, tienen mayor probabilidad de consumir drogas, delinquir y presentar un trastorno de personalidad antisocial cuando llegan a la adolescencia y juventud. No obstante, se considera que es el trastorno de la conducta disocial el que evoluciona hacia estos problemas, más que el déficit de atención con hiperactividad por sí mismo.

---

## DATOS SOBRE EL TDAH

- La frecuencia del trastorno es difícil de precisar debido a la variedad de definiciones y a las diferencias en las poblaciones estudiadas. Aunque las estimaciones varían entre el 1 y el 20%, en este momento existe cierto consenso afirmando que entre el 3 y el 5% de los niños en edad escolar lo padecen.

- Es aproximadamente de cuatro a nueve veces más común en varones que en mujeres. Sin embargo, se cree que las niñas tienen más problemas de atención que de hiperactividad, y que cuando ésta aparece, las conductas son menos agresivas, llamativas o molestas que las de los niños. Por estas razones, puede que los padres detecten menos el problema en sus hijas, las lleven menos a la consulta y pase el trastorno desapercibido en la escuela.

## CAUSAS Y TRATAMIENTOS

### CAUSAS

A LO LARGO del capítulo hemos visto que los síntomas se manifiestan de maneras muy diversas en los niños, y ante diferentes situaciones o circunstancias. Esto hace que la búsqueda de las causas se complique, ya que conductas similares pueden tener orígenes bien diferentes. Cuando se ha encontrado un factor que parecía importante para el origen del trastorno sólo lo presentaban unos pocos niños de todos los estudiados, o muchos de los niños que poseían otras características consideradas típicas del desorden, no lo manifestaban. Como ocurre con otros trastornos mentales, no hay una causa única que pueda explicar éste.

### Teorías genéticas

PARECE QUE la predisposición a padecer un trastorno por déficit de atención con hiperactividad es heredada. Esta hipótesis se basa en una serie de hechos, como una mayor presencia del mismo trastorno o de síntomas similares en familiares de primer grado (padres y hermanos) de niños TDAH que en la población normal. Varios estudios con gemelos hallaron una concordancia (es decir, el grado hasta el cual un par de gemelos comparten rasgos o enfermedades) en el nivel de hiperactividad de un 51% en gemelos monocigóticos o genéticamente iguales, y de un 33% en gemelos dicigóticos o no iguales. La relación frecuente de niños hiperactivos con padres de conducta problemática puede ser de esta manera explicada.

Por el momento no se sabe qué es lo que se hereda exactamente. No obstante, se ha sugerido una asociación del trastorno con alteraciones en los genes implicados con el neurotransmisor dopamina. Una variación del gen receptor-D4 de dopamina parece ser bastante común en personas con el desorden y en personas adictas. Parece que estaría asociado con la extraversión y la búsqueda de sensaciones.

### Teorías fisiológicas

DESDE LAS primeras definiciones de este trastorno, la idea de alguna disfunción neurológica ha estado siempre presente. La torpeza, las dificultades en el equilibrio y la pobre coordinación de estos niños, eran considerados «signos ligeros» de inmadurez o retraso evolutivo que tienden a disminuir con la edad. Sin embargo, el hecho de que algunos adolescentes diagnosticados TDAH cuando eran niños sigan presentando estos síntomas, hace que esta hipótesis no se pueda confirmar de forma definitiva.

Las técnicas modernas de exploración neurológica han permitido observar las áreas cerebrales que parecen más afectadas: los lóbulos frontales del cerebro y los ganglios basales. Estas zonas aparecen algo más reducidas en muchos niños hiperactivos. Los lóbulos frontales presentan niveles menores de metabolismo (consumo de glucosa y oxígeno), de flujo sanguíneo y de actividad electroencefalográfica.

Algunas de las funciones de los lóbulos frontales son el control del movimiento voluntario, control del mundo emocional y la memoria a corto plazo. La hipótesis de disfunción en esta área recibe más apoyo al comprobar que los niños TDAH realizan peor que los niños normales las pruebas que implican el uso de esta zona cerebral (como la inhibición de respuestas conductuales y otros test).

Los ganglios basales reciben las órdenes que vienen de la corteza y están implicados también en la planificación del movimiento. Disfunciones en esta zona pueden impedir a la persona inhibir conductas y movimientos.

Otras pruebas, como los electroencefalogramas o la conductancia de la piel, indican una baja activación cerebral. También se ha sugerido un déficit bioquímico implicando a la dopamina, noradrenalina y a la serotonina. No obstante, no hay conclusiones claras en este punto.

## Toxinas

DURANTE MUCHOS años ha habido una serie de teorías populares, sobre todo en los países anglosajones como EE. UU., que implicaban la importancia de toxinas ambientales en el desarrollo del TDAH. Las sustancias incluían los aditivos y colorantes alimentarios, los azúcares y el plomo ambiental.

### Aditivos y colorantes

UNA DE LAS teorías que más impactó en la gente fue la propuesta por un pediatra llamado Feingold, a mediados de la década de 1970. Su hipótesis era que los aditivos alimentarios alteraban el sistema nervioso central de los niños hiperactivos y realizó una dieta para éstos, libre de estas sustancias. Los resultados fueron muy contradictorios y variados, solo un número demasiado pequeño de niños mostraron

alguna mejoría, y estos mismos niños no empeoraban cuando volvían a consumir alimentos con aditivos o colorantes.

### Azúcar refinada

PASÓ LO mismo que con los aditivos. La posible relación entre el azúcar y el TDAH inmediatamente se hizo muy popular (generalmente, cuando se trata de productos de consumo alimenticio diario y una posible relación con alguna enfermedad, es necesario tomar precauciones. El problema llega cuando se confunden las informaciones, se crea alarma general y la voz de los expertos no es atendida como se debiera). Ningún estudio posterior encontró relación alguna, es más, en algunos casos se observó justamente lo contrario.

### Plomo

EL PLOMO es una toxina que por desgracia se encuentra mucho en el ambiente (contaminación de los vehículos, en las latas de algunos alimentos, en ciertas pinturas, etc.). Existe cierta evidencia de la relación entre los niveles en sangre de esta sustancia con problemas cognitivos (de atención) y conductuales (hiperactividad). Sin embargo, la mayoría de los niños con TDAH no presentan niveles tóxicos de plomo.

## Problemas prenatales

EN RELACIÓN con el apartado anterior, una toxina también asociada al trastorno hiperactivo es la nicotina ambiental, es decir, la que la madre ha consumido durante el embarazo. Un estudio encontró que el 22% de madres de niños con TDAH habían fumado un paquete de tabaco diario durante el embarazo, frente al 8% de las madres de niños normales.

El consumo de alcohol en el embarazo es otro factor de peso importante. Los hijos de madres consumidoras manifiestan un nivel más elevado de actividad, más problemas atencionales y más dificultades en la organización y planificación de las actividades que los hijos de madres no bebedoras.

### Teorías psicológicas

SE HA propuesto un modelo biológico-psicológico en el desarrollo de este trastorno. La parte biológica sería la predisposición (genética o física) a padecerlo, y la parte psicológica serían los factores ambientales adversos como relaciones familiares pobres, negativas o traumáticas, la capacidad de tolerancia y adaptación de la familia o acontecimientos estresantes vitales. Un niño constitucionalmente activo e impulsivo que tenga unos padres autoritarios o que se estresen o irriten fácilmente (o que simplemente estén acostumbrados a la «paz del hogar»), puede tener dificultades cumpliendo las exigencias de obediencia y «buen comportamiento» de los padres. Esto puede hacer que los padres desaprueben más y más la conducta del niño, lo regañen o castiguen más y que su relación empeore hasta el punto de ser una pelea constante. Cuando este niño vaya a la escuela, su comportamiento ya viene definido de casa, y por tanto, tendrá dificultades manejando las exigencias y las normas de conducta del colegio. El resultado es un círculo vicioso de problemas. El estrés en casa y las relaciones padres/hijo negativas, están asocia-

dos a una mayor cantidad de síntomas y a la identificación temprana del trastorno.

No obstante, se debe tener en cuenta que la relación problemática entre los padres y el niño puede ser de dirección doble. Es decir, la conducta negativa de los padres puede influir en la intensidad o frecuencia de los síntomas de los niños hiperactivos, pero de igual forma, el comportamiento y desobediencia de éstos pueden provocar la conducta negativa de los padres. Cuando los niños son tratados con fármacos que reducen los síntomas, se ha observado en muchos casos que el comportamiento negativo de los padres también se reduce.

El aprendizaje puede influir también en el trastorno. Los síntomas de este desorden pueden ser reforzados de manera inconsciente por la cantidad de atención que provocan, y así aumentar en su frecuencia o en su intensidad.

## TRATAMIENTOS

LOS TRATAMIENTOS que mejores resultados dan son el farmacológico y el psicológico de modificación de la conducta. Debido a la gran variedad de síntomas, se considera más efectivo el tratamiento múltiple, que incluya ambos métodos. Es asimismo aconsejable y necesario informar y preparar a los padres y profesores en el manejo de estos niños. Igualmente, la psicoterapia familiar o individual para los padres puede ser beneficiosa, pues la convivencia con estos niños es difícil y estresante.

### Tratamiento farmacológico

PARADÓJICAMENTE, LOS medicamentos que se utilizan son los estimulantes anfetamínicos, que en estos niños inhiben la impulsividad y reducen la hiperactividad, y además mejoran la atención. Los más utilizados son el metilfenidato y la dextroanfetamina. Pese a los buenos resultados en conducta, parece que estos medicamentos no mejoran el rendimiento académico a largo plazo, no se pueden dar a niños menores de seis años (pues no está claro su efecto en el desarrollo cerebral, ni en el crecimiento) y presentan efectos secundarios como la falta de apetito, problemas de sueño y disforia. Se ha observado que el buen uso de estos dos compuestos no aumenta la probabilidad de adicción posterior. De igual forma, no está muy clara su eficacia en el trastorno por déficit de atención sin hiperactividad (los efectos más evidentes se producen en niños con síntomas severos que incluyen la agresión) y puede ser contraproducente en niños que además presentan un trastorno afectivo o de ansiedad.

Una preocupación lógica por parte de los padres es el que sus hijos usen anfetaminas probablemente durante mucho tiempo. Sin embargo, y a pesar de la mala prensa de estos fármacos, los beneficios de estas sustancias son sorprendentes, la conducta de sus hijos mejora de manera notable y posibilitan la recuperación de una buena calidad de vida familiar. Por otro lado, siempre se busca la dosis mínima que mejore la conducta y se realizan seguimientos médicos periódicos donde se evalúan los resultados y los posibles efectos secundarios.

Otros medicamentos útiles son los antidepresivos, tanto tricíclicos como los inhibidores de la recaptación de la serotonina, para tratar a los niños que no responden bien a los estimulantes o que presentan además del TDAH otros trastornos afectivos o de ansiedad. También se utilizan fármacos ansiolíticos (antiansiedad) y neurolépticos (antipsicóticos) para reducir la impulsividad e hiperactividad en los niños en los que la intensidad de estos síntomas es especialmente elevada y que no responden bien a los estimulantes.

## Tratamiento psicológico

LA TERAPIA más eficaz es la de la modificación de la conducta basada en el condicionamiento operante, es decir, usando reforzadores, castigos, extinción de conductas, etc. Es importante que los padres, cuidadores y profesores conozcan o sean entrenados en estas técnicas por parte de los profesionales, para que se puedan aplicar en todos los contextos de la vida del niño, esto es, en casa, en el colegio y en los ratos de ocio.

Educar a estos niños suele ser bastante difícil y requiere sobre todo paciencia, energía y constancia. Es importante que los padres hagan una lista de los comportamientos a eliminar en un orden de más graves a menos graves. Estos últimos, por muy extravagantes o raros que sean, pueden ser a menudo permitidos, pues aunque no sean del gusto de los padres, si no resultan dañinos para nadie pueden ser vías de expresión del niño. De igual manera, permitir comportamientos ligeramente perturbadores sirve para que éste libere energía inofensiva.

Al igual que con los niños normales, las normas que deben seguir han de ser claras aunque flexibles y se debe potenciar el buen comportamiento así como desincentivar el malo. Un método que se ha visto muy eficaz es el establecimiento de recompensas (reforzadores positivos) por buenas conductas. Entre éstas, dan buenos resultados el dar «puntos positivos» o «estrellas de buen comportamiento» a los niños, cada vez que realizan conductas positivas o no realizan las negativas. Como estos niños tienen dificultades para trabajar por una recompensa muy buena pero que llega tarde en el tiempo, y prefieren conseguir otras más pequeñas o de menor importancia pero más inmediatas, este método aúna los dos objetivos. Los puntos o estrellas son recompensas pequeñas e inmediatas, y cuando consiguen un número concreto de éstos los padres pueden cambiarlos por un premio mejor (por ejemplo, un juguete).

Por otro lado, las recompensas se deben cumplir si se han prometido, pues estos niños presentan una baja tolerancia a la frustración. El no conseguirlas puede desencadenar rabietas o conductas destructivas o negativas fuertes. De la misma manera, éstas deben variarse con el tiempo, pues es fácil que estos niños se aburran pronto.

Otro método es el uso del coste de respuesta. En este caso, se le puede dar la recompensa antes y se le permite quedársela si la conducta es apropiada. Su retirada puede funcionar como castigo. Un método de castigo adecuado, pese a lo negativo que parece, es el uso de «tiempo fuera» o separar al niño en una habitación durante un tiempo corto, inmediatamente después de la realización de una conducta claramente abusiva, destructiva e intencionada, o de una conducta que pueda presentar un peligro para él o para otros. Este periodo separado sirve para enfriar los ánimos del niño y del padre.

Es normal que los padres puedan perder los estribos ante las conductas de sus hijos, y esta forma de control se ve más eficaz que el regañar y pelearse, pues afectan y resienten mucho más al niño.

Una buena manera de canalizar la energía y aprender a centrar la atención es la práctica de algún deporte. No obstante, éstos deben ser los que se practican en solitario (por ejemplo, natación, artes marciales, etc.) pues suelen distraerse más y tener menos problemas que con los deportes en equipo.

En la escuela también se pueden tomar algunas medidas que faciliten el rendimiento de estos niños, como poner pósters llamativos en la clase con las reglas a seguir, el uso de ordenadores (dadas sus dificultades de movimiento a la hora de escribir y para enfocar más su atención), ser pacientes recibiendo la tarea que se les mandó para casa pues la pierden, olvidan y la equivocan con facilidad, etc. Es importante tener presente que estos niños suelen responder bien a las actividades que son rápidas, nuevas o cortas, y que sus mayores problemas están en la realización de tareas largas y rutinarias. Suelen ser muy beneficiosas las clases particulares después del colegio.

Uno de los mayores problemas suele ser la falta de preparación de los profesores en el manejo de estos casos. Algunos estudios han proporcionado datos estadísticos que señalan como probable la presencia de al menos un niño hiperactivo en cada clase. Esta frecuencia del trastorno debería ser más tenida en cuenta por parte de las instituciones y de la política educacional, en la formación de los maestros o a la hora de proporcionar profesores y programas de educación especial en los colegios.

# Trastornos de conducta

El término de trastornos de la conducta engloba una serie de comportamientos perturbadores, generalmente de carácter negativo, destructivo y antisocial, junto con una persistente transgresión de las normas. Estas conductas causan tantos problemas o tan graves, que se han convertido en una de las principales razones por las que se acude a los servicios psiquiátricos y son una causa muy frecuente de problemas judiciales.

Según el tipo de síntomas, se incluyen el **trastorno de conducta disocial** y el **trastorno negativista desafiante** (también llamado oposicionista desafiante). Estos trastornos junto con el de déficit de atención con hiperactividad (cuyas siglas son TDAH), se agrupan en una subclase de desórdenes denominada trastornos por conductas perturbadoras.

## TRASTORNO DISOCIAL

Es el más grave de estos trastornos y tiene como rasgo principal un comportamiento constante y repetitivo, de violaciones de los derechos básicos de las demás personas, o de las normas sociales adecuadas a la edad del niño que lo padece. El desorden se puede manifestar de varias maneras:

**Comportamiento agresivo:**

- Amenazas, intimidación y comportamiento fanfarrón ante otras personas.
- Peleas frecuentes, iniciadas por el niño.
- Uso de armas u objetos que pueden hacer daño grave como navajas, cuchillos y botellas rotas.
- Agresividad que causa daño físico, y crueldad con otras personas o con los animales.
- Robos enfrentándose con la víctima como dar un «tirón» a un bolso o una extorsión.
- Forzar a alguien a una actividad sexual.

**Destrucción de la propiedad:**

- Conductas que causan pérdidas o daños a la propiedad de otras personas, o a la propiedad pública como destrozar un coche, un escaparate o una marquesina de autobús.

- Provocar incendios con la intención de causar daños (distinto de la piromanía donde no hay intención de daño a otros).

**Fraudulencia o robo:**

- Robos de objetos de cierto valor sin enfrentamientos con las víctimas, como robar en tiendas sin que le vean, falsificaciones o robos en casas vacías.
- Mentiras para obtener valores, favores o evitar obligaciones, como timos, engaños y estafas.

**Violaciones de las normas:**

- De las adecuadas a su edad como las normas paternas, por ejemplo, pasar toda la noche fuera de casa sin permiso.
- Escaparse del hogar donde vive, como su casa o un centro de menores.
- Faltar a clase antes de los 13 años (pues con menos edad no es muy frecuente que los niños se «fumen» las clases).

Estas conductas deben provocar un deterioro significativo en las áreas sociales, familiares, académicas o laborales de la vida del niño o adolescente, y deben aparecer antes de los 18 años para clasificarlo como trastorno disocial. Después de esta edad, el diagnóstico emitido sería el de trastorno de la personalidad antisocial.

En función de la edad a la que aparece, se puede clasificar como de:

- **Inicio infantil:** cuando aparece antes de los diez años. En este caso, el desorden resulta de mayor gravedad y los síntomas pueden llegar a continuar incluso en la vida adulta, evolucionando hacia un trastorno antisocial de la personalidad (*véase* capítulo correspondiente). Cuanto más precoz sea el inicio, mayores tienden a ser las disfunciones cognitivas y mayor la probabilidad de presentar comportamientos antisociales en la vida adulta.
- **Inicio adolescente:** su inicio ocurre después de los diez años y el trastorno y el deterioro son menos graves que cuando es de inicio infantil. En este caso, la infancia de estos adolescentes ha sido normal, y con mucha probabilidad, su vida adulta será también normal. Se ha propuesto que esta forma temporal de comportamiento sería el resultado de un «desajuste de madurez» entre la maduración física y la oportunidad del adolescente de asumir responsabilidades de adulto.

De igual manera, según su gravedad se puede clasificar como **leve**, con pocos problemas de conducta, y éstos solo causan daños mínimos a otras personas (por ejemplo, mentir, faltar a clase, salir sin permiso); **moderado**, la cantidad de problemas y el daño a otros se consideran entre moderados y graves (por ejemplo, vandalismo, robos sin enfrentamiento); y **grave**, presentan más problemas de conducta que los necesarios para establecer el diagnóstico o bien éstos son muy graves y causan daños considerables a los demás (por ejemplo, uso de armas, robos con violencia, ataques sexuales, etc,).

Hasta hace relativamente poco tiempo (unos diez años), este trastorno de conducta se dividía en dos subtipos:

- **Agresivo solitario:** las conductas se producen de forma individual y suele ser el niño el que las inicia. Son más características la desobediencia, la destructividad, la falta de colaboración, la insumisión y la conducta hiperactiva.
- **Agresivo social**: en este caso, las conductas se realizan en grupo, y las más características son las fugas de casa o del colegio, los robos planeados, las mentiras, los timos y los daños a la propiedad.

Hoy en día estas clasificaciones se han eliminado pues no había pruebas suficientes que confirmaran que los dos subtipos eran distintas clases del trastorno. Es más frecuente encontrar a niños y adolescentes que cumplan los requisitos para ambas categorías, es decir, que presenten conductas disociales tanto en grupo como en solitario, que para una sola.

Las conductas suelen aparecer en todo tipo de situaciones, como en la casa, la escuela y la comunidad; ante todo tipo de personas como padres, profesores, amigos o extraños; y en diferentes momentos. Para realizar el diagnóstico, se requiere que aparezcan tres o más de las conductas disociales en un periodo de al menos seis meses.

Por lo general, la agresión y el robo se consideran fundamentales para la identificación del desorden. No obstante, el mentir y escaparse de casa son también valorados como signos importantes para diferenciar el trastorno de otras condiciones como la hiperactividad o la delincuencia por motivos económicos. Sin embargo, a veces puede ser difícil diferenciar las conductas que son normales de las que son patológicas, es decir, establecer los límites entre salud y enfermedad. Si estas actitudes y comportamientos aparecen de forma aislada, se suelen considerar conductas desviadas. Si aparecen de manera estable y continua, afectando al desarrollo psicológico de la persona, lo más probable es que estemos ante un trastorno de la conducta.

Las personas afectadas no suelen ser conscientes de su problema, no manifiestan sentimientos de culpa ni les preocupa el bienestar de los demás o lo que puedan sentir. Tienden a percibir hostilidad en las otras personas, explicando así la razón de su comportamiento disocial. Es frecuente que presenten baja autoestima, poca tolerancia a la frustración, cambios de humor e imprudencia.

## TRASTORNO NEGATIVISTA DESAFIANTE

Es un desorden menos conocido que el disocial y su definición es menos clara. Hoy en día existe cierta polémica, aunque se clasifica como trastorno de la conducta por sí mismo; algunos autores consideran que es un precursor de éste, y otros piensan que los síntomas característicos son simplemente manifestaciones tempranas de la conducta disocial, es decir, sólo hay un trastorno.

En general, se considera el rasgo principal de este trastorno un comportamiento negativista, desafiante y hostil hacia las figuras de autoridad, que se presenta de manera persistente. Se pueden manifestar las siguientes conductas:

- El niño se encoleriza a menudo y tiene pataletas frecuentes.
- Discute y desafía a los adultos.
- Se niega a cumplir lo que le mandan.
- Molesta a propósito a otras personas.
- Acusa a los demás de sus errores o de ser la causa de su comportamiento (raramente cree tener él la culpa).
- Es fácilmente molestado por las demás personas (es susceptible).
- Es colérico y se resiente fácilmente.
- Suele ser rencoroso o vengativo.

Sin embargo, a diferencia del trastorno disocial de la conducta, el niño que lo padece, no viola las reglas sociales o los derechos básicos de los demás de manera grave, ni manifiesta agresividad física extrema.

El comportamiento se observa casi siempre en el entorno familiar (más concretamente, con las personas con las que el niño tiene confianza), aunque con el tiempo puede generalizarse a otras situaciones como la escuela o la comunidad.

Para hacer un diagnóstico, las conductas deben estar presentes al menos durante seis meses y provocar un deterioro significativo en las áreas sociales, familiares o académicas de la vida del niño. El desorden debe aparecer antes de los 18 años.

## OTROS PROBLEMAS ASOCIADOS

## TRASTORNO POR DÉFICIT DE ATENCIÓN CON HIPERACTIVIDAD (TDAH)

EL TDAH (*véase* capítulo correspondiente) es el trastorno que acompaña con más frecuencia a los desórdenes de conducta.

Varios estudios han llegado a observar una considerable coocurrencia, presentándose ambas condiciones desde en un 30% hasta en un 90% de los casos.

Estos datos hicieron pensar que se podía tratar del mismo trastorno, con predominio de unos síntomas u otros. No obstante, existen bastantes diferencias. Por un lado, el TDAH se asocia con mayores déficit cognitivos y con un mayor número de problemas de aprendizaje y de relaciones sociales. La agresividad y ruptura de normas se produce más por impulsividad que por premeditación, y suele iniciarse más temprano en la vida. Es más común que los trastornos de conducta, y estos niños suelen provenir de ambientes familiares más normales.

Por otro lado, los niños disociales y/o negativistas, presentan conducta antisocial en muchas más situaciones, son mucho más agresivos y quiebran las normas deliberadamente. Tienen una gran probabilidad de que sus padres sean también antisociales, así como de delinquir o de abusar de sustancias tóxicas cuando lleguen a la vida adulta. Suelen presentar el trastorno más tarde en la vida y su causa más probable es psicológica y social (comparada con las causas del TDAH que pueden tener origen neurológico).

Los niños que además del trastorno de conducta son hiperactivos, tienen peor pronóstico y mayor disfunción en diversos aspectos de la vida (por ejemplo en las relaciones sociales, en el aprendizaje o desenvolviéndose en la vida) que los que sólo padecen uno de los dos desórdenes. Se ha observado que la hiperactividad es un factor de riesgo para la aparición de desórdenes conductuales con el paso del tiempo. Muchos niños hiperactivos acaban desarrollando problemas de conducta.

Lo contrario no se ha observado por el momento.

## TRASTORNOS AFECTIVOS

LOS TRASTORNOS de ansiedad y los del estado de ánimo (especialmente la depresión) suelen coocurrir con los desórdenes de conducta con bastante frecuencia. Varios estudios han estimado una aparición conjunta en proporciones que varían entre un 15 y un 45% de los casos.

No obstante, la distinción de los síntomas antisociales de los anímicos, es a menudo difícil. Algunas conductas como las rabietas, las faltas de asistencia a clase o las escapadas de casa, junto con sentimientos de baja autoestima e inadaptación, pueden enmascarar una depresión infantil. La diferencia estaría en la ausencia de tristeza (de manera persistente) en los casos de desórdenes de la conducta.

Por otro lado, existe cierta evidencia que indica que los niños con un desorden mixto de ansiedad y de conducta son menos antisociales y agresivos que aquellos sin los síntomas ansiosos cuando son pequeños. En cambio, los síntomas ansiosos suelen aumentar la intensidad de las conductas antisociales durante la adolescencia y suelen indicar, o ser predictores de desórdenes antisociales durante la vida adulta.

## PROBLEMAS DE RELACIONES SOCIALES

COMO SE puede suponer, estas conductas afectan a varios aspectos de la vida de estos niños y adolescentes. Sus relaciones personales con otros niños suelen ser escasas y negativas aunque, por otro lado, es frecuente su pertenencia a «pandillas» con compañeros que presentan los mismos comportamientos disociales. Las relaciones suelen ser conflictivas y sin jerarquías claras, si bien parece que muestran menor competencia social que los niños normales, sobre todo a la hora de participar en actividades positivas.

Muchos de estos niños suelen ser rechazados por los compañeros de clase y otros son ignorados. Varios estudios han observado que los rechazados son más agresivos, menos cooperativos y considerados por los adultos como más impertinentes, desobedientes, insumisos y perturbadores, que los ignorados. Sus profesores además los tildan de inatentos e hiperactivos.

## PROBLEMAS DE APRENDIZAJE Y LENGUAJE

OTRA CONSECUENCIA importante de su conducta es la que afecta al rendimiento escolar. Es frecuente que estos niños presenten problemas académicos como repetir curso, notas más bajas que las de la media de su clase y abandono de los estudios a una edad temprana. Al igual que los niños hiperactivos, parecen tener más problemas con la lectura y las matemáticas, quizá porque son aprendizajes que requieren seguir las indicaciones de un profesor muy atentamente y mucha práctica en forma de deberes. Para el resto de las materias también son necesarias estas habilidades.

Los problemas más habituales son el desinterés por las actividades y el mundo escolar; la disminución de la atención mantenida, es decir, dificultades en prestar atención durante todo el tiempo necesario para realizar una tarea concreta (se debe comparar con la atención selectiva que se refiere a prestar atención sólo a los detalles relevantes para la actividad. En esta última no presentan problemas); poca tolerancia a la frustración; poco respeto a los profesores y otras figuras de autoridad adulta; e impulsividad.

## EVOLUCIÓN DEL TRASTORNO

EXISTE UNA estrecha relación entre los diferentes trastornos por conductas perturbadoras. Como hemos visto anteriormente, la hiperactividad es un factor de riesgo importante en la aparición de los desórdenes conductuales, muchos casos de TDAH acaban convirtiéndose en trastornos de conducta. El trastorno negativista desafiante también evoluciona con frecuencia hacia el desorden disocial (aunque algunos autores lo consideran como una forma menos grave del mismo trastorno), y una parte considerable de los casos infantiles o adolescentes de conducta disocial reciben el diagnóstico de trastorno antisocial de la personalidad cuando son adultos.

Como hemos señalado antes, los desórdenes de inicio adolescente tienen mejor pronóstico que los de inicio infantil y más probabilidades de desaparecer por completo en la vida adulta. Sin embargo, el inicio temprano, la gran frecuencia e intensidad de las conductas y su manifestación en todo tipo de situaciones suelen predecir desajustes continuos en la vida de estos niños.

Por ejemplo, comparándolos con adultos normales o con otros adultos que de niños sufrieron algún otro desorden mental, se observa un promedio más elevado de fracaso escolar, de divorcios y problemas de pareja, de dificultades en la adaptación social, de problemas laborales como cambios frecuentes de trabajo o desempleo, un mayor número de hospitalizaciones y más conductas delictivas. Asimismo, es frecuente que muchos acaben consumiendo sustancias cuando son mayores (sobre todo alcohol) o que desarrollen otros trastornos psiquiátricos.

No obstante, el trastorno antisocial de la personalidad es el diagnóstico más co-

---

DATOS SOBRE EL TRASTORNO DE CONDUCTA

- Se estima que entre un 5 y un 15% de la población menor de 18 años padece algún trastorno de conducta.
- El desorden disocial es más común que el negativista desafiante.
- Los trastornos son aproximadamente el triple de frecuentes en varones que en mujeres, aunque después de la pubertad, el negativista desafiante se presenta de manera similar en ambos sexos.
- Los varones manifiestan los trastornos a edades más tempranas y de manera más intensa que las mujeres.
- Aunque algunos desórdenes se manifiestan más tarde, las edades de inicio suelen estar entre los cinco y los ocho años.
- Parece que afecta más a niños y adolescentes que viven en áreas urbanas que a los que viven en zonas rurales.

mún en adultos varones que padecieron un desorden de conducta disocial de niños. Examinando los síntomas, se ha observado que la agresividad es la conducta más estable a lo largo de la vida, y que las mentiras, la desobediencia y el robo suelen ser precedentes de trastornos en la adolescencia y en la vida adulta.

Por otro lado, las mujeres que tuvieron problemas de conducta de niñas, suelen desarrollar más trastornos de ansiedad o depresivos de mayores que los varones.

## CAUSAS Y TRATAMIENTOS

### CAUSAS

LAS CAUSAS propuestas para la explicación de las conductas disociales son muchas y muy variadas. Por un lado parece que existen ciertos factores biológicos que se relacionan con la probabilidad de desarrollar los trastornos, y por otro se han observado ciertas características ambientales y de conducta que parecen aumentar el riesgo de padecerlos. Aunque hay pocos estudios que hayan evaluado la importancia de cada elemento causal en la aparición del desorden, se puede considerar que todos interactúan entre sí. Del mismo modo, la mayor o menor presencia de cualquiera de estos elementos en el individuo, contribuirá a la aparición más o menos frecuente, intensa o continuada de estas conductas.

### Factores genéticos

NUMEROSOS ESTUDIOS realizados a estos niños han comprobado que son muy frecuentes los antecedentes familiares de conducta antisocial. Para poder distinguir las influencias ambientales (es decir, el haber aprendido las conductas en casa debido a unos padres antisociales) de una posible transmisión genética, se realizaron varios estudios con niños adoptados en el momento de nacer y con gemelos. Los resultados fueron que muchos de los padres (y madres) biológicos de niños adoptados con trastornos de conducta eran a su vez antisociales o alcohólicos, mientras que los padres adoptivos no.

De la misma manera, la concordancia en conductas disociales es mucho mayor en gemelos monocigóticos (o genéticamente iguales) que en gemelos dicigóticos (genéticamente, como hermanos normales).

Aunque estos datos apuntan a una predisposición heredada a manifestar este tipo de conducta, ninguno de los estudios descarta las influencias ambientales. De hecho, la presencia de un padre biológico antisocial junto con problemas maritales, familiares o económicos (también en padres adoptivos) representan uno de los mayores predictores de niños con trastornos de conducta disocial.

### Otros factores biológicos

LA MAYORÍA DE las exploraciones neuropsicológicas han encontrado ciertas anomalías en estos niños. Por un lado, cuando se les realiza un electroencefalograma, éste suele presentar ondas de baja frecuencia y amplitud, es decir más lentas de lo normal. Este tipo de ondas se relaciona con la impulsividad y parece que son más comunes en los bebés y en los niños pequeños, que en los mayores; por eso se ha sugerido que pueden indicar una menor activación cerebral. Otras medidas de activación física, como la tasa cardiaca o la conductancia de la piel que se relacionan con ansiedad en situaciones de dolor, y con la regulación del comportamiento ante el castigo y la recompensa, también suelen indicar niveles bajos de activación.

Es decir, estas medidas reflejan problemas en la regulación de ciertas conductas y un nivel bajo de ansiedad. Y se ha sugerido que estos déficit pueden llevar al niño a necesitar aumentar la activación buscando sensaciones fuertes generalmente producidas cuando se quiebran las normas. Esto podría explicar también el que sigan comportándose de manera antisocial a pesar de los castigos de padres y profesores, el que parezca que no tienen miedo a las consecuencias de sus actos y su impulsividad.

Por otro lado, se han detectado otros problemas como niveles bajos de los neurotransmisores serotonina y noradrenalina, y alteraciones en el lóbulo frontal. Estas últimas se deducen de los peores resultados que obtienen los niños con desórdenes de conducta, en test que miden las habilidades de planificación, anticipación, autocontrol y resolución de problemas, comparándolos con niños normales.

### Factores cognitivos

Un elemento importante para el desarrollo normal de un niño es el establecimiento y maduración del razonamiento moral. Es decir, el adquirir un sentido de lo que está bien y de lo que está mal, tener clara la distinción entre ambos conceptos, y desarrollar la habilidad de acatar (y aceptar como válidas) las normas. Por lo general, las personas que no roban a otras no lo ha-

cen sólo porque es ilegal sino porque su conciencia se lo impide. Éste parece ser un problema significativo en los niños con desórdenes de conducta: sus puntuaciones en test que miden este tipo de moralidad eran algo más bajas que las de los niños normales, es decir, presentaban más inmadurez en razonamiento moral que los otros niños. Para ellos, las conductas antisociales eran vistas como más excitantes y estimulantes, y presentaban dificultades a la hora de «ponerse en el lugar de otro» cuando se examinaba una situación desde varios puntos de vista.

Otro problema cognitivo importante es la interpretación errónea que suelen hacer de los comportamientos de los demás. Ante situaciones ambiguas, como por ejemplo otro niño que se tropieza o les golpea sin querer, los niños disociales tienden a pensar que ha sido a propósito y que el otro niño tiene intenciones hostiles contra ellos. Esta interpretación hace que respondan a su vez con agresión a las situaciones que no han sido intencionadas, y que sean calificados por los demás como antipáticos o violentos, y que se les rechace. De igual forma, perciben la agresión propia y la de los demás de manera incorrecta, suelen subestimar la propia y sobreestimar la de los otros niños que no están a su favor. Así, suele crearse un círculo vicioso de actitudes y creencias sobre los demás, del que cada vez será más difícil salir.

Se ha observado que estos niños tienen déficit en las habilidades de resolución de problemas como el pensar soluciones alternativas, anticipar las consecuencias y evaluar los resultados. También presentan un conocimiento escaso de las conductas sociales apropiadas a diferentes situaciones y dificultades en la interpretación de estímulos sociales.

## Factores familiares

COMO HEMOS visto en la sección de factores genéticos, el riesgo de desarrollar un desorden de conducta aumenta cuando los padres presentan también conductas antisociales. Los problemas observados de manera más habitual en los padres varones incluyen los trastornos de personalidad antisocial, conductas problemáticas o delictivas, alcoholismo y agresividad. Por otro lado, entre las madres de estos niños es más frecuente observar problemas depresivos y de ansiedad que en las madres de niños normales.

Esta relación tan común entre los niños con el trastorno y los padres con alteraciones psicológicas puede ser debida a varias causas como la exposición constante del niño a niveles no normales de hostilidad o a conflictos familiares originados por los problemas de cada padre o, como ya hemos visto, debida a influencias genéticas.

Existen otros factores familiares y educativos que se sabe que aumentan el riesgo de aparición de conductas antisociales en los niños. Entre éstos se han observado:

- *Disciplina educativa:* los estilos educativos de muchos de estos padres suelen implicar el uso excesivo, o inconsistente, de castigos, incoherencia a la hora de dar órdenes a los niños, es decir, pueden ser muy numerosas y no darle tiempo al niño para cumplirlas, ser incompatibles unas con otras o ser imprecisas. También se observa una mayor permisividad ante la agresión, falta de supervisión paterna a las acciones del niño y un mayor número de comentarios críticos.
- *Relaciones familiares:* las relaciones entre los padres y los hijos suelen ser poco afectivas y los vínculos y los apoyos familiares son débiles. Se observa rechazo por parte de los padres, y la comunicación entre los miembros de la familia es escasa e insatisfactoria. También son importantes los conflictos graves de pareja, la violencia familiar y los abusos a los niños en el desarrollo del trastorno.

Estos factores ambientales supondrán al niño un riesgo más elevado de desarrollar el desorden si además los padres presentan problemas de conducta, niveles socioculturales bajos o viven en un barrio marginal de una ciudad.

## Factores de aprendizaje

TODOS ESTOS datos han sido utilizados por las teorías del aprendizaje para explicar el desarrollo y el mantenimiento de las conductas disociales en los niños. Muchos psicólogos están de acuerdo en que los niños aprenden a ser agresivos porque sus padres, o las personas importantes cercanas, también lo son. El proceso de aprendizaje a través de la imitación de modelos se considera uno de los procesos más importantes en la socialización del niño. Las conductas imitadas también pueden haber venido de otras fuentes como la televisión, pandillas de barrio o compañeros de colegio.

Debido a que la agresión o las conductas antisociales son efectivas, aunque desagradables, para conseguir un objetivo, es probable que éstas se refuercen. Es decir, si gracias a la realización de una de estas conductas el niño consigue lo que quiere, es probable que repita la conducta en el futuro cada vez que quiera algo.

## TRATAMIENTOS

EL TRATAMIENTO de los desórdenes de conducta suele ser muy complejo y a menudo desalentador. No sólo el niño suele ser poco cooperativo y desconfiado de lo que le digan los adultos, sino que además muchas terapias resultan ineficaces. Hoy en día se apuesta por los tratamientos múltiples que incluyen el uso de fármacos y varias terapias y técnicas psicológicas.

El tratamiento de los trastornos de conducta antisocial es uno de los mayores retos de nuestra sociedad. Como hemos visto, muchos de los niños diagnosticados como disociales serán los antisociales del mañana, y al igual que con la psicopatía (*véase* capítulo «Trastornos de la personalidad»), el intentar recuperar a jóvenes violentos que comenten actos delictivos y no sienten remordimientos ni afectación emocional, es extraordinariamente difícil. Los severos castigos a los que se ven sometidos muchas veces tanto por los padres como por el Estado (ingreso en centros de reinserción de menores, cárcel en el caso de los adultos, multas y otros castigos), a menudo no sirven sino para quizá aumentar sus conductas (ven mucha hostilidad en los demás y esto se lo confirma) y dificultar la estabilidad laboral y personal.

## Terapia familiar

UNA DE las intervenciones terapéuticas que ha resultado muy eficaz, es la intervención de los padres y familias del niño. Muchas de las investigaciones sobre este problema indican que la mayoría de los padres presentan estilos educativos deficitarios. Es importante el entrenamiento de los padres y trabajar aspectos como la modificación de sus respuestas ante la conducta del niño, aprender a distribuir las recompensas y los castigos de manera adecuada y consistente, y a comunicarse de una manera más efectiva.

A menudo, los padres suelen olvidarse de dar recompensas cuando los niños realizan conductas positivas. Quizá porque suponen que esa conducta es la que deberían tener siempre, y porque, por desgracia, se notan menos que las conductas negativas. Sin embargo, ésta puede ser una de las razones por las que el niño no las hace, su esfuerzo o intención no son reconocidos por sus padres. Por ello es importante aplicar tanto castigos como ofrecer recompensas para evitar y reforzar las conductas apropiadas. Éstos pueden incluir la pérdida o concesión de privilegios como ver la televisión o ir a casa de amigos o traerlos a la propia. Otra técnica utilizada es la creación de contratos de conducta (por los que el niño y los padres negocian privilegios y conductas),

Respecto a los estilos de comunicación, los padres deben aprender a hacer más concretas sus órdenes. Decirle a un niño cuando se le regaña «no me contestes» puede ser confuso y poco claro, (¿si me pregunta, no debo contestar?), así como darle tantas órdenes que no pueda cumplirlas «recoge tu habitación, haz los deberes y no me molestes». Es también importante explicar las cosas que los niños pregunten, como las razones de una obligación, de manera razonada y coherente, ser consistente en la educación, es decir, no sirve de nada obligar al niño a limitar la cantidad de televisión unos días sí y otros no.

Los resultados del entrenamiento de padres en habilidades educativas han resultado ser bastante eficaces en la mejora del comportamiento de los niños y de las relaciones con otros miembros de la familia. Los programas terapéuticos ofrecen además la posibilidad de discutir con otros padres y con los profesionales todas las dificultades con las que se encuentran a la hora de aplicar las técnicas, y se ha visto que reducen los sentimientos depresivos de las madres involucradas en él.

No obstante, estas intervenciones no son útiles para todas las familias, pues según sean éstas, se beneficiarán más o menos de la terapia. Los padres con problemas o trastornos de conducta, alcoholismo o agresividad, los que tienen serios problemas maritales o las familias rotas tienen más probabilidad de abandonar la terapia, mostrar menos interés por los problemas del niño o sentir que su vida es ya lo suficientemente difícil como para añadir una preocupación más. Los profesionales de la salud mental deben tener estos aspectos en cuenta y ofrecer toda la ayuda posible para que estas personas tengan acceso a programas terapéuticos donde poder recibir ayuda.

**Terapias con el niño**

UNA TERAPIA eficaz en el tratamiento de ciertas conductas es la cognitiva, cuya base teórica propone que la manera por la cual una persona interpreta sus experiencias determina sus sentimientos y sus manera de comportarse. Ver a las personas y sus acciones como hostiles y negativas causarán hostilidad en el individuo. Por ello, cambiar los puntos de vista negativos ayudará al paciente a cambiar su actitud.

Un ejemplo puede ser el enseñar al niño a controlar su rabia y su impulso agresivo ante diversas situaciones provocadoras, usando técnicas para distraerse como pensar en una canción o marcharse. El niño luego aplicará estos métodos de autocontrol en otras situaciones que le inciten agresión. Controlándose, además logrará aprender a distinguir las situaciones ambiguas de las que claramente no lo son. De igual manera, son importantes el entrenamiento en habilidades sociales y en conducta social. Se le debe enseñar habilidades de juego apropiadas, de cómo hacer amigos y cómo relacionarse con su entorno.

Otra estrategia es centrarse en el desarrollo del razonamiento moral de estos niños. Por lo general se trabaja en grupos con el mismo problema y suele ser en forma de debates sobre derechos y responsabilidades de uno mismo y de la sociedad, la valía de perspectivas alternativas, ponerse en el lugar de otra persona para juzgar una conducta, etc.

El autocontrol y el desarrollo del razonamiento moral han resultado ser muy eficaces en la mejora de la conducta. El problema es que en algunos casos sólo producen mejoras a corto plazo o sólo en aspectos muy concretos.

**Terapia farmacológica**

COMO EN el caso de los niños con el trastorno por déficit de atención con hiperactividad, el tratamiento con fármacos suele ser polémico, pues a menudo implican largos periodos de tiempo y la posibilidad de que aparezcan efectos secundarios no deseados. Cuando se trata de niños, los medicamentos se prescriben si las terapias psicológicas no son eficaces, si el niño presenta algún otro trastorno además del de conducta o si los síntomas son muy severos.

En general, los fármacos utilizados son los antipsicóticos porque suelen ser efectivos reduciendo la intensidad de las conductas agresivas y ayudando a controlar la impulsividad.

## Otras áreas a tener en cuenta

SON LA ESCUELA y la comunidad. Es importante que los profesores conozcan el problema y que tengan acceso a los programas educativos de los padres. Aparte de poder ayudar a que el niño siga el tratamiento, les será más fácil manejar la clase y realizar su trabajo de una manera menos estresante. Por otro lado, su conocimiento del trastorno ayudará a una pronta identificación de los niños con el desorden.

La comunidad, por su parte, debe asegurar el acceso a los servicios de salud mental y la disponibilidad de programas específicos adecuados tanto para los adultos como para los niños.

Este desorden no sólo afecta a la persona que lo padece sino a su familia, a otras personas del entorno y a nosotros mismos como sociedad. Se han propuesto e intentado muchos tratamientos y muy variados, con desigual eficacia. Hoy en día, el método más óptimo parece ser el múltiple, es decir, el que trata tanto al niño como a su familia y tiene en cuenta una variedad de contextos. Sin embargo, uno de los aspectos considerados más importantes es la prevención. Cuanto antes se identifiquen los problemas de conducta y se traten, mejores serán los resultados aunque éstos no sean inmediatos.

# Trastornos infantiles de la conducta alimentaria

El comer es una de las conductas más placenteras y a la vez más necesarias de todos los seres vivos. La función principal de la alimentación es suministrar al cuerpo la energía necesaria para su supervivencia y su correcto funcionamiento, pero, además, cumple una importante función psicológica y social. A través de la comida el niño se relaciona con la madre, se da cuenta de que tiene que hacer algo para conseguirla (como llorar o llamar la atención), descubre sabores o sensaciones que le agradan o le desagradan y el saber que nunca le faltará cuando tenga hambre le proporcionará una grata sensación de seguridad.

La relación entre la alimentación y la salud es obvia. Una manera de identificar alguna alteración en el niño es observar su manera de comer, que es donde primero se reflejan los problemas. La comida siempre ha tenido un significado simbólico. Cuando las personas quieren demostrar su buena posición ofrecen grandes banquetes y, ¿quien no ha oído el tópico de las abuelas maternales que le atiborran a uno con comida?

Por otro lado, también es muy conocida por todos la relación que existe entre el hambre psicológica y la falta de cariño, o el comer más cuando nos sentimos inseguros o tenemos conflictos personales.

Dentro del grupo de trastornos de la ingesta en la infancia o la niñez se incluían la anorexia y la bulimia nerviosas. Estos trastornos empiezan antes de la vida adulta, pero como tienden a hacerse crónicos, pueden perdurar toda la vida y cada vez es más común diagnosticarlos en personas adultas (de más de 18 años). Son descritos y comentados en un capítulo aparte, en la sección de trastornos de la vida adulta.

Así pues, los desórdenes de los que trataremos en esta sección son: **pica, trastorno de rumiación** y **trastorno de la ingestión alimentaria de la infancia**.

## PICA

EL NOMBRE de *pica* proviene del latín y significa «urraca», que es un pájaro que come de todo y tiene la curiosa costumbre de llevarse al nido todo tipo de objetos sobre todo si son brillantes. De la misma manera, la pica se caracteriza por una continua ingestión por parte del niño, de sustancias que no son nutritivas. Es decir, el niño come todo tipo de cosas, desde piedras hasta trozos de lana, sin mostrar desagrado, y tampoco se asocia con una aversión a la comida normal. En este caso, y nunca mejor dicho, el niño come de todo.

Para diagnosticar este trastorno, la conducta debe persistir durante al menos un mes, debe ser lo suficientemente llamativa como para requerir atención médica y ser inadecuada a su nivel de desarrollo. Este último punto significa que debe diferenciarse de otras conductas normales en los niños pequeños. Por ejemplo, muchos bebés de un año se meten todo tipo de objetos en la boca y los mastican. Por otro lado, esta conducta no debe formar parte de prácticas sancionadas culturalmente, es decir, el niño no lo hace para quebrar alguna norma o para irritar a otras personas.

Algunas de las materias extrañas que son consumidas por muchos de estos niños son ceniza, colillas de cigarrillos, jabón, tiza, plástico, cuerdas, objetos de metal, papel o café usado entre otras. Varios estudios han observado diferencias en las sustancias que los niños comen según sea la edad. Los niños más pequeños suelen comer más pintura, telas, yeso o cal de las paredes y pelo. Los más mayores tienden a comer cosas más «naturales» como tierra, insectos, hojas o piedras. Varias de estas conductas son muy conocidas y se les añade el sufijo *-fagia* que significa «acción de comer o de tragar». Así tenemos *geofagia,* o comer tierra; *coprofagia,* comer excrementos; o *tricofagia,* comer pelo. También se suele considerar como

## DATOS SOBRE TRASTORNOS DE PICA

■ Como trastorno puro se considera bastante raro. Sin embargo, es muy frecuente observarlo como síntoma de otros trastornos infantiles como el retraso mental severo o profundo y el autismo.

■ Durante la infancia, es igual de frecuente en los niños y en las niñas. En la edad adulta parece que es algo más común en las mujeres si están embarazadas.

■ La edad de inicio suele estar entre el primer y el segundo año de vida, aunque entre los niños menores de cinco años son frecuentes estas conductas.

■ Algunos estudios han encontrado una relación entre el trastorno de pica y un nivel socioeconómico bajo. Los datos señalaban que entre un 50 y un 70% de los niños de edades comprendidas entre el año y los seis años que presentaban el trastorno, pertenecían a ese nivel socioeconómico.

■ Se ha observado también que las sustancias ingeridas por las embarazadas solían ser más inocuas que las que consumen los niños. La más consumida por éstas era el hielo, seguido de sustancias que proporcionaban minerales o hierro. No obstante, en algunas culturas las embarazadas pueden consumir algunas sustancias como lodo u hojas en la creencia de que poseen propiedades beneficiosas para el bebé.

■ Parece que es algo más frecuente en niños cuyas familias presentan historia de trastornos afectivos.

pica el comer de manera excesiva y compulsiva algunas sustancias como el hielo.

Este desorden puede llegar a durar varios meses aunque tiende a desaparecer con el tiempo y de manera repentina. Es muy raro, aunque existen algunos casos, que persista durante la adolescencia y la edad adulta. Entre las personas mayores, suele ser más frecuente encontrarlo en las mujeres embarazadas.

Si la conducta aparece exclusivamente en el transcurso de otro trastorno mental (como el retraso mental, esquizofrenia o los trastornos generalizados del desarrollo) no se diagnostica como pica. Pero si ésta es lo suficientemente grave como para requerir atención médica y tratamiento, se puede hacer un diagnóstico doble de trastorno mental más pica.

## PROBLEMAS ASOCIADOS

DEPENDIENDO DE la sustancia ingerida se pueden presentar varios problemas muy serios. Si el niño come materiales tóxicos como ciertas pinturas o detergentes puede sufrir envenenamiento. Si consume plomo puede desarrollar **saturnismo,** que es una enfermedad que puede provocar alteraciones de la conducta y suele hacerse crónica. El pelo, los plásticos y los objetos pequeños pueden producir obstrucción o perforación intestinal. Y si come sus excrementos o los de algún animal, puede enfermar seriamente por infecciones producidas por los parásitos que se encuentran en las heces.

## TRASTORNO DE RUMIACIÓN

ESTE TRASTORNO era tradicionalmente conocido con el nombre de **mericismo**. La característica principal es que los niños (bebés) regurgitan a la boca los alimentos que han sido ingeridos previamente y los vuelven a masticar. Es decir, comen con normalidad pero momentos después devuelven los alimentos a la boca y se repite el proceso.

Estos niños no vomitan ni regurgitan la comida con arcadas o con náuseas. Tampoco muestran disgusto por la comida y su conducta es normal, es más, parecen encontrar placer en ello. Aunque lo normal es que la vuelvan a tragar, a menudo pueden expulsarla de la boca. La conducta de rumiación es voluntaria.

La conducta se acompaña de posturas específicas como el balanceo del cuerpo y chuparse el dedo. La más característica es estirarse todo lo que pueden y arquear la espalda y cuello, dejando colgar la cabeza hacia atrás, junto con movimientos de succión de la lengua. Parece que con esta posición facilitan que la comida vuelva a la boca. También dan la impresión de disfrutar de esta manera.

Para hacer un diagnóstico, la conducta debe aparecer después de un periodo de ingesta normal y debe durar por lo menos un mes. Asimismo, debe descartarse, o no debe ser producida por una enfermedad gastrointestinal u otra condición médica o psiquiátrica, como anorexia o bulimia nerviosas, retraso mental o trastorno generalizado del desarrollo.

## PROBLEMAS ASOCIADOS

Es MUY habitual que estos niños se encuentren irritables y hambrientos entre los periodos de regurgitación y por ello las madres pueden llegar a darles más comida. Sin embargo, a pesar de que pueden aumentar la cantidad de alimentos ingeridos, es frecuente que haya malnutrición y pérdida de peso ya que a menudo arrojan la comida de la boca y no se la comen. En muchos casos puede llegar a producir la muerte tanto por la falta de nutrientes como por atragantarse con ellos al devolverlos. Se han determinado unas tasas de mortalidad de hasta un 25% de los casos.

## DATOS SOBRE EL TRASTORNO DE RUMIACIÓN

- Es un trastorno poco frecuente aunque, como síntoma, es más común en niños con retraso mental.
- Suele iniciarse entre los tres y los doce meses de edad. No obstante, en los casos de retraso mental puede aparecer mucho después del primer año de vida.
- Parece que es más frecuente en los niños que en las niñas.
- Aunque puede llegar a durar bastante tiempo, suele desaparecer espontáneamente.
- Las posturas que adoptan los niños y la propia regurgitación parecen tener un papel de autoestimulación del niño y serles agradables.

## TRASTORNO DE LA INGESTIÓN ALIMENTARIA

ESTE TRASTORNO también es conocido como **anorexia precoz** y puede distinguirse de la anorexia nerviosa por su aparición antes de los seis años y porque es difícil que a estas edades tengan miedo a engordar o vean su cuerpo de manera distorsionada. La característica principal es una dificultad persistente para comer de manera adecuada, y se manifiesta por malnutrición, por una incapacidad de ganar peso o por una pérdida significativa de éste. La alteración debe durar por lo menos un mes.

La desgana no debe ser debida a una enfermedad médica que disminuya el hambre, ni a otro trastorno mental como la rumiación o por la no disponibilidad de alimentos.

La forma de rechazar los alimentos puede ser pasiva, no haciendo esfuerzos por comer y dejando que la comida se caiga de la boca; o activa, rechazando de manera clara la comida, llorando y chillando cuando se les intenta dar de comer.

A menudo se pueden mostrar caprichosos con los alimentos, comiendo sólo lo que les gusta. El problema es que éstos suelen ser poco nutritivos o contienen sólo grasas y azúcares como dulces industriales y caramelos. En general, los caprichos relacionados con la comida exceden a los que se pueden considerar normales en otros niños.

## PROBLEMAS ASOCIADOS

ESTOS NIÑOS suelen estar y ser muy irritables y conflictivos, especialmente en las horas de la comida. De la misma manera, pueden mostrarse apáticos y retraídos. Aparte de los graves problemas que conlleva la malnutrición, como retrasos en el desarrollo físico y psíquico, puede ponerse en peligro la vida del niño.

## CAUSAS Y TRATAMIENTOS

### CAUSAS

A PESAR de que se sabe poco sobre estos trastornos debido a su baja frecuencia de

## DATOS SOBRE EL TRASTORNO DE LA INGESTIÓN ALIMENTARIA

■ Aunque este trastorno no es muy frecuente, se estima que causa alrededor del 4% de los ingresos en los hospitales infantiles.

■ Su inicio suele ser temprano, por lo general, durante el primer año de vida que es cuando el niño empieza a adquirir autonomía a la hora de comer. Es decir, aprende a comer solo.

■ Aunque pueden tener consecuencias graves, los problemas suelen acabar por desaparecer. Después de un tiempo de recuperación y de cuidados suelen recuperar su nivel de desarrollo.

■ No se observan diferencias en la frecuencia de aparición entre niños y niñas.

aparición, la mayoría de las teorías destacan los factores psicológicos como los principales causantes.

### Pica

POR ENCONTRARSE un mayor número de casos, este desorden se asocia con frecuencia a los ambientes deprimidos económica y culturalmente. La negligencia paterna o problemas psiquiátricos de los padres también aumentan la probabilidad de padecerlo.

Las teorías psicoanalíticas consideran que es una respuesta de insatisfacción de las necesidades orales producida por la ausencia materna o un mecanismo de defensa frente a la ansiedad producida por el estrés familiar o la ausencia materna. Estas hipótesis reciben cierta confirmación

por la asociación del desorden con los ambientes familiares arriba descritos.

Otras teorías indican que el aprendizaje exploratorio de muchos niños, que no tienen conciencia de alimento nocivo o benigno, y la imitación de comportamientos observados en algunos animales o dibujos animados (que son los que comen de todo), pueden contribuir a adquirir el hábito. Éste se mantendría por las reacciones que la conducta provoca en los demás, como más atención de los padres. De esta manera, el comportamiento se reforzaría.

Las teorías biológicas consideran la pica como un comportamiento instintivo que se produce por una necesidad corporal de vitaminas o minerales. Algunas deficiencias específicas que se han observado en muchos niños son la carencia de hierro, zinc y calcio. Estas hipótesis reciben apoyo de varios estudios en los cuales se suministraron a los pacientes varios minerales junto a la dieta normal y la conducta desapareció. No obstante, estos resultados no se dieron en todos los casos.

### Trastorno de rumiación

AL IGUAL que con la pica, se consideran factores precipitantes la negligencia paterna, los trastornos psiquiátricos de los padres como la depresión, trastornos psicóticos o abuso de sustancias y el estrés familiar.

Los problemas de los padres o su negligencia hacia el niño hacen que éste reciba una atención y unos cuidados inadecuados. El niño busca una estimulación que le proporcione placer y la encuentra de esta manera. Como la comida tiene propiedades reforzadoras, por ejemplo el sabor o la sensación de seguridad que proporciona, y la conducta también (la mayor atención que recibe de sus cuidadores), este comportamiento se refuerza.

**Trastorno de la ingestión alimentaria**

COMO ESTE trastorno suele desarrollarse en la época en que los niños aprenden a comer solos, su deseo de autonomía e independencia puede llevarles a rechazar los alimentos con agresividad y pataletas. La pronta respuesta de los padres ofreciéndoles otras cosas para comer, o consiguiendo el niño su objetivo de comer lo que le plazca y cuando él quiere, o la implicación final de toda la familia en la pelea a la hora de comer, pueden hacer que estas conductas se refuercen.

Otros factores que pueden estar implicados son las relaciones conflictivas con los cuidadores, la negligencia parental o los abusos infantiles.

TRATAMIENTOS

LA MAYORÍA de los padres que llevan a estos niños al pediatra, suele ser por los problemas asociados más que por los desórdenes en sí. En algunas ocasiones pueden pasar desapercibidos (sobre todo la pica) si los padres son negligentes con sus hijos. Los problemas que primero se deben tratar son los asociados a los trastornos como la malnutrición o los envenenamientos (pica).

Las terapias más empleadas con estos trastornos son las de modificación de la conducta, empleando técnicas como las recompensas positivas por comer de manera adecuada, el reforzamiento de otras conductas positivas y no de las negativas (comer sustancias extrañas, regurgitar o las pataletas a la hora de comer), procedimientos aversivos, como sabores desagradables en los objetos de pica o en la comida regurgitada.

De igual manera, si se observa como causa los ambientes familiares, deben intentar corregirse los problemas de falta de atención o negligencia de los padres, la escasez de estimulación o cualquier otro problema que pueda contribuir al desarrollo de algún trastorno mental en los niños, acudiendo éstos a programas educativos o a terapia.

# Trastornos de tics

Los tics son esos movimientos rápidos, estereotipados, involuntarios y no rítmicos que sufren muchas personas en determinadas situaciones. Se consideran a medio camino entre lo físico (muscular) y lo psicológico (ansiedad) y suelen sentirse como molestos y perturbadores. Los tics pueden ser movimientos musculares en una o más partes del cuerpo o pueden ser vocalizaciones. Ocurren de manera súbita, inesperada y persistente, y no tienen un propósito aparente.

Su duración suele ser de unos segundos, y una vez iniciado es muy difícil interrumpirlo. Los movimientos que se hacen se repiten de manera idéntica, es decir, la persona que tiene un tic, mostrará exactamente el mismo movimiento cada vez que éste se presente. No obstante, con el paso del tiempo puede ir sufriendo ligeras modificaciones o aparecer otros.

Aunque son incontrolables, las situaciones estresantes, de ansiedad o de fatiga, suelen agravarlos, y las situaciones relajantes, como estar concentrado haciendo algo o tranquilo en casa, los disminuyen. De igual manera, la persona que los padece puede intentar reprimirlos durante un tiempo, y conseguirlo, aunque por lo general, esto les produce más tensión e inquietud, y cuando vuelve a aparecer el tic, lo hace de manera más intensa. Durante el sueño desaparecen.

Como hemos mencionado arriba, puede haber tics motores (o de movimiento) y tics vocales. Además, éstos pueden ser simples o complejos. Algunos ejemplos de cada tipo son:

- **Tics motores simples:** entre los más habituales están las torceduras de las comisuras de los labios, guiñar los ojos, fruncir las cejas o la nariz, parpadear, encoger los hombros, o hacer muecas faciales simples.
- **Tics motores complejos:** gestos faciales más complicados que los simples, como sacar la lengua u olfatear, tocar de manera compulsiva objetos o personas, saltar, autoagresiones como arañarse o cortarse, **ecocinesia** o imitar los movimientos de otra persona, o **copropraxia** que es hacer movimientos obscenos.

- **Tics vocales simples:** son ruidos como carraspear, toser, gruñir, hacer ruidos con la nariz, imitar la voz de algún animal, sisear o silbar.
- **Tics vocales complejos:** en general se repiten palabras o frases y a menudo no son adecuadas a la situación. Los más típicos son la **ecolalia** o repetir lo que los demás dicen, o algo que se acaba de oír; **palilalia,** repeticiones de los sonidos o palabras propias, y **coprolalia,** el tic que consiste en decir palabras obscenas o insultantes.

A pesar de que es difícil reconocer o clasificar algunas de estas conductas complejas como tics, sí lo son, y las personas que las padecen las manifiestan de manera involuntaria, repentina y repetitiva por extraño que nos parezca.

Los tics se manifiestan con más frecuencia en los grupos musculares que habitualmente se coordinan de manera intencionada para realizar un movimiento. Además, son más comunes los tics que ocurren en las partes altas del cuerpo, como en la cabeza, el cuello y la cara, y menos comunes según bajamos por el cuerpo, como en los brazos, las manos, los pies y las piernas.

Las conductas de tics suelen aparecer en la infancia tardía (generalmente entre los siete y los 12 años, siempre antes de los 18) y pueden ser transitorias o cronificarse. Lo más normal es que aparezcan solos, sin otros síntomas, aunque en muchos niños se acompañan de ciertas alteraciones psicológicas como ansiedad, agresividad, trastornos del sueño, problemas del control de los esfínteres, o síntomas obsesivos. Se pueden considerar como vías de escape, o como reacciones, a situaciones que provocan un exceso de ansiedad, o como síntomas somáticos a consecuencia de algún evento traumático, y que se mantienen por diversas razones.

Según sea la severidad presentarán un mejor o peor pronóstico, siendo mejor para los simples y transitorios que para los complejos y crónicos. La mejoría se produce al revés que su aparición, esto es, desaparecen primero los tics de las extremidades y del tronco, y más tarde los de la cabeza y la cara.

Se distinguen tres trastornos por tics: el **trastorno de la Tourette**, **trastorno de tics motores o vocales crónico**, y **trastorno de tics transitorios**.

## TRASTORNO DE LA TOURETTE

Recibe su nombre del médico francés Gilles De la Tourette, que fue el primero que lo describió. Se caracteriza por la presencia de múltiples tics motores y uno o más tics vocales, que pueden aparecer en diversos momentos de la enfermedad, de manera simultánea o por separado.

Para diagnosticarlo, los tics deben aparecer varias veces al día casi todos los días, o de manera intermitente, durante un año o más. Puede haber periodos libres de síntomas, pero éstos no deben superar los tres meses. De igual manera, el trastorno debe provocar un malestar significativo a la persona que lo padece, interfiriendo en aspectos sociales, familiares, laborales u otras áreas importantes de su vida. No debe ser una consecuencia de una enfermedad médica (como la enfermedad de Huntington, *véase* capítulo «Demencias») ni por consumo o abstinencia de sustancias como los estimulantes.

La localización anatómica, número, frecuencia, complejidad y gravedad de los tics cambia con el tiempo. El trastorno suele iniciarse con la aparición de un solo tic motor alrededor de los siete años (el más típico es parpadear). Según va pasando el tiempo, van apareciendo otros cada vez más evidentes y más complejos, y suelen también seguir una progresión de arriba abajo, esto es, aparecen primero en la cara, luego los hombros y finalmente en las extremidades. Hacia los 11 años, pueden aparecer los tics vocales, empezando por los simples y progresando hasta los complejos, así como conductas obsesivas y compulsivas.

La coprolalia es muy frecuente. Suele iniciarse en la adolescencia y la manifiestan aproximadamente un 60% de los casos (para muchas personas es uno de los rasgos distintivos de este trastorno). Más tarde, puede aparecer copropraxia, exhibicionismo, autoagresiones y comportamientos obsesivo-compulsivos muy elaborados.

## TRASTORNOS ASOCIADOS

SE HA observado que en muchos de los casos, antes de aparecer el trastorno los niños manifestaban irritabilidad, poca tolerancia a la frustración, así como impulsividad, falta de atención e hiperactividad. Estos síntomas suelen ser muy similares a los del trastorno hiperactivo y en muchas ocasiones ocurren ambos a la vez. De igual manera, las obsesiones y compulsiones aparecen en alrededor de un tercio de los pacientes, y suelen evolucionar hacia el trastorno obsesivo-compulsivo aproximadamente un 10% de los casos.

Por lo general, los límites entre el trastorno hiperactivo o el obsesivo-compulsivo y el de De la Tourette, son a menudo difíciles de establecer en los pacientes que presentan síntomas combinados. Algunos autores piensan que muchas compulsiones son tics complejos a los que se les ha dado significado. La alta frecuencia de aparición de este trastorno entre los familiares de los niños con tics sugiere que existe una relación importante entre ambos.

Son frecuentes también los trastornos del sueño, los afectivos, la enuresis (hacerse pis en la cama) y las dificultades en el control de los impulsos. Se observa asimismo en la mayoría de los casos, un aumento de la irritabilidad y de la conducta sexual.

## PROBLEMAS ASOCIADOS

DEBIDO A las características del trastorno, la vida social de estos individuos se ve muy afectada. Sus tics suelen ser muy complejos y es difícil que las personas con las que tienen que tratar los reconozcan como tales. En general, sienten mucha vergüenza de sus actos, malestar social, tienden a aislarse, se autoobservan de manera excesiva y crítica, y su autoestima es muy baja. Su desorden y su actitud hacia él hacen que se vean afectadas otras áreas de la vida como la familiar, evitando de manera consciente las relaciones íntimas, la laboral u otras actividades. De hecho, se observan altas tasas de desempleo en los pacientes adultos con este desorden.

Los síntomas son muy variables. Algunos casos son tan leves que pueden no diagnosticarse, y otros son tan graves que incapacitan socialmente a la persona. Como hemos visto, su frecuencia de aparición se relaciona mucho con la situación. Aparecen con más fuerza y en mayor cantidad en los momentos de ansiedad, excitación o de estrés, disminuyen en momentos de relajación o concentración, y durante el sueño desaparecen. El aumento de la gravedad debido a la situación puede ser muy breve, pero si se presenta también un trastorno de ansiedad o uno del estado de ánimo, ésta puede durar años. De igual modo, puede haber temporadas en las que no se manifiestan o incluso desaparecer por completo.

---

### DATOS SOBRE EL TRASTORNO DE LA TOURETTE

- Este desorden es el menos frecuente y el más severo de los trastornos de tics. Se estima que lo padecen aproximadamente entre el 0,1 y el 0,5% de los niños.
- Es más común en los niños que en las niñas, con una proporción estimada de tres chicos por cada chica.
- La edad de inicio se sitúa entre los dos y los 14 años, aunque normalmente empieza en torno a los siete.
- Lo más normal es que la gravedad y la cantidad de tics disminuyan en la adolescencia.
- Aunque se estima que algo menos del 15% de los casos se recupera por completo, suele ser un trastorno crónico y durar toda la vida.
- Es bastante probable que tenga un componente genético. Es más frecuente encontrar algún trastorno de tics (incluido éste) entre los familiares de estos pacientes que en la población normal.
- Está muy asociado al trastorno obsesivo-compulsivo, estando presente también con más frecuencia, entre los familiares de los pacientes de tics que en la población normal.

---

## TRASTORNO DE TICS CRÓNICOS

ESTE TRASTORNO presenta las mismas características que el trastorno de De la Tourette, excepto en que se deben presentar sólo tics motores o sólo tics vocales, es decir, no se dan los dos tipos en un mismo trastorno. De la misma manera, deben aparecer uno o más tics varias veces al día casi todos los días, o de manera intermitente durante al menos un año, y los periodos sin síntomas no deben ser superiores a los tres meses. El desorden debe iniciarse antes de los 18 años, causar un deterioro o malestar significativo en la vida del paciente y no debe ser producido por enfermedad médica o por consumo o abstinencia de sustancias.

Son mucho más típicos los tics motores crónicos que los vocales. Si aparecen estos últimos, raramente son severos o complejos, más bien se trataría de una forma leve de gruñidos simples o carraspeos. La gravedad y el deterioro suelen ser menores que los causados por el síndrome de De la Tourette.

La intensidad del tic varía muy poco a lo largo de las semanas, aunque pueden existir cambios con los años. Cerca de dos tercios de los casos suele recuperarse por completo al final de la adolescencia. Los que no se recuperan a esa edad, pueden presentar formas leves durante años. A pesar de que el desorden se inicia en la infancia, existe una forma crónica de este desorden que aparece después de los 40 años.

Los trastornos asociados son también los emocionales, especialmente el obsesivo-compulsivo y el de ansiedad. Los problemas que causa a los niños que lo padecen dependen de su gravedad, afectando sobre todo a las relaciones personales y a su autoestima.

## TRASTORNO DE TICS TRANSITORIOS

ESTE TRASTORNO se caracteriza por la presencia de uno o más tics motores o vocales, o ambos a la vez, que aparecen varias veces al día casi todos los días durante al menos cuatro semanas, pero no más de 12 meses consecutivos. El resto de los requisitos para hacer un diagnóstico, son los mismos que para los otros trastornos, es decir, debe aparecer antes de los 18 años, causar malestar o deterioro significativo en la vida del niño y no ser debido a enfermedad médica o consumo de sustancias.

Pueden darse episodios aislados de tics o bien ser recurrentes en el tiempo, es decir, volver a aparecer al cabo de cinco meses por ejemplo. Los episodios recurrentes pueden continuar a lo largo de varios años aunque la frecuencia y la gravedad tienden a disminuir.

Los tics más habituales suelen ser simples y motores. Los episodios no suelen estar relacionados con otros trastornos, excepto situaciones de ansiedad o estrés, aunque pueden causar algún problema social y afectar a la autoestima del que los padece.

## DIFERENCIAS CON OTROS TRASTORNOS

POR RAZONES diagnósticas es muy importante diferenciar los tics de los movimientos que pueden producir otras condiciones médicas, tanto físicas como psicológicas. Las diferencias básicas serían que los de origen mental:

- Desaparecen durante el sueño.
- Se pueden reproducir e inhibir a voluntad.

- No deterioran los reflejos.
- No atrofian los músculos.
- No tienen una causa orgánica aparente.

Entre las enfermedades físicas que producen alteraciones motoras parecidas a los tics están la **corea de Huntington** (demencia), el **síndrome de Lesch-Nyham** (retraso mental), esclerosis múltiple, traumatismos craneales diversos o el abuso de estimulantes.

Por otro lado, existen muchos trastornos mentales con conductas muy parecidas, sobre todo a los tics complejos y múltiples. Por ejemplo, en los trastornos generalizados del desarrollo (como el autismo o el síndrome de Asperger) y en el retraso mental son característicos los movimientos estereotipados como el tocar objetos, agitar las manos o balancear el cuerpo. No obstante, se pueden distinguir en que éstos son más intencionados, automotivados y rítmicos que los tics, que tienen una cualidad más involuntaria y son menos rítmicos.

De igual manera, muchas compulsiones del trastorno obsesivo-compulsivo pueden ser confundidas con tics o viceversa. Se distinguirían en que éstas son algo más complejas, generalmente en forma de rituales, suelen ser producidas por una idea obsesiva y tener finalidad (por ejemplo, que no pase una catástrofe si no se realizan).

## CAUSAS Y TRATAMIENTOS

### CAUSAS

COMO EN muchos otros trastornos, existen varias teorías sobre las causas y el mantenimiento de los tics. Aunque el componente genético es importante, se sabe que la intensidad y la frecuencia de estos movimientos están fuertemente relacionados con la ansiedad y la tensión emocional.

### Factores genéticos

LA POSIBILIDAD de un componente hereditario se apoya en los estudios realizados a los familiares de los pacientes. Por ejemplo, la mayoría de estos niños tiene al menos un familiar (generalmente son más) con alguno de estos desórdenes y la concordancia entre gemelos monocigóticos (con genes iguales) es aproximadamente del 50% para los tics y del 94% para el síndrome de De la Tourette. Algunos estudios han observado la aparición de estas conductas en hasta seis generaciones. Se cree que lo trasmiten genes dominantes de los autosomas, es decir, de los cromosomas no sexuales.

### Factores bioquímicos

OTROS ESTUDIOS proponen un problema en la transmisión de la dopamina. Al parecer, se trata de una supersensibilidad de los receptores de esta sustancia en los ganglios basales (zona implicada en la planificación y ejecución de los movimientos), y se piensa que es esta alteración lo que se hereda. La hipótesis se confirma al observar que los síntomas desaparecen cuando se administran fármacos cuya función es bloquear los receptores de dopamina en esta zona cerebral, y se provocan con fármacos que aumentan su actividad. Por otro lado, las autopsias realizadas a los pacientes que padecían el desorden también indicaban anormalidades en éste y otros neurotransmisores como la serotonina o la norepinefrina, y anomalías en varias de las estructuras que componen los ganglios basales.

### Factores inmunológicos

ESTA TEORÍA sugiere que el trastorno de la Tourette puede ser debido a un proceso autoinmune desencadenado por estreptococos (bacterias que pueden producir infecciones de las vías respiratorias altas o faringitis). Se ha planteado que los anticuerpos producidos por el niño para combatir esta bacteria, pueden dañar algunas áreas de los ganglios basales en los niños vulnerables genéticamente. Se estima que ésta puede ser la causa de alrededor del 30% de niños con este síndrome.

### Teorías psicoanalíticas

SE PROPONEN diversas hipótesis. Por un lado, los tics son considerados como una intensa fijación de la memoria en un gesto o acción que se produjo durante la experimentación de un acontecimiento traumático o tensión emocional (como reacción a estas situaciones). Esta fijación es tal, que la acción se perpetúa en el tiempo en forma de tic. Por ello, los momentos de más ansiedad o estrés acentúan su intensidad pues producen sensaciones que son similares a las que el niño sintió cuando ocurrió el trauma.

Por otro lado, otros autores proponen que los tics representan un desplazamiento de los impulsos sexuales y hostiles inconscientes. Los tics serían la manifestación observable del conflicto éntre la gratificación de estos impulsos (es decir, cumplirlos) y la defensa contra ellos.

## Teorías del aprendizaje

TAMBIÉN PROPONEN que el origen del tic fue una reacción a un acontecimiento traumático o de tensión emocional. Al principio esta acción tenía un fin, el alejar o terminar el estímulo que produce el miedo o la ansiedad. Si esto sucede, la conducta se refuerza. Sin embargo, el miedo o la ansiedad son las sensaciones que se han evitado (sería muy raro que una de estas reacciones acabase con lo que produce una tensión emocional como los problemas familiares), y éstas pueden originarse por multitud de causas. De esta manera, el tic puede ser suscitado por infinidad de estímulos y así llega a ser un hábito aprendido muy poderoso.

## TRATAMIENTOS

ANTES DE iniciar un tratamiento se debe realizar una exploración médica y psicológica para valorar la posible coexistencia de otros trastornos como el de déficit de atención con hiperactividad o algún trastorno físico del movimiento. En general, se recomiendan los tratamientos múltiples que pueden incluir desde el uso de fármacos hasta terapias psicoanalíticas.

## Terapia farmacológica

LOS ANTIPSICÓTICOS que bloquean la neurotransmisión de la dopamina son los fármacos más utilizados sobre todo en el tratamiento del síndrome de De la Tourette. Se estima que aproximadamente entre el 60 y el 80% de los casos mejoran con estos medicamentos, mostrando los pacientes una reducción importante de la frecuencia e intensidad de los tics. También parecen resultar eficaces en la disminución de los crónicos. El uso de tranquilizantes o de ansiolíticos es recomendable cuando el trastorno va acompañado de síntomas obsesivos, ansiosos o afectivos, de conductas trastornadas o para algunos casos de tics transitorios. El uso de estimulantes suele agravar el trastorno, aunque algunos estudios han indicado su utilidad en el caso de niños que además padecen el trastorno hiperactivo.

Como siempre que se trata de niños y de medicamentos, la supervisión constante es fundamental pues estos fármacos pueden producir diversos efectos secundarios no deseados.

## Terapias psicoanalíticas

EL OBJETIVO es que los pacientes sean conscientes de que la causa de sus problemas es el deseo de gratificación de sus impulsos instintivos. Se debe averiguar cuál es el conflicto y buscar otra manera de canalizar tales impulsos. El poco éxito terapéutico del método psicoanalítico en el tratamiento de los tics ha hecho que la teoría, como hipótesis principal, esté en declive.

No obstante, puede ser de gran utilidad en los casos donde exista además un gran conflicto psicológico o emocional. Puede ayudar al paciente a manejar su desorden y los problemas de autoestima, averiguar las causas de su gran ansiedad, etc.

## Terapias de aprendizaje y de modificación de la conducta

EMPLEAN VARIAS técnicas con resultados positivos en muchos de los casos. Según la teoría del aprendizaje, un tic es un hábito aprendido que se expresa con su máxima fuerza, y por ello sería fácil de extinguir o eliminar. Si una persona practica (a propósito) de manera masiva su tic, llegará un momento en que no podrá más y deberá descansar. Estos periodos de descanso se asocian con una reducción del impulso y por ello se refuerzan. De esta manera, gracias a la practica masiva se establecería un hábito negativo, esto es, no hacer el tic, que sería incompatible con el hábito de sí hacerlo. Este método es bastante eficaz en el tratamiento de tics transitorios y crónicos. Sin embargo, parece que no sirve para todos los casos.

Otras técnicas incluyen:

- Entrenamiento en relajación tanto física y muscular como mental, se considera muy eficaz en la reducción de síntomas.
- Manejo de la ansiedad a través de la desensibilización. Con este método se presentan poco a poco al paciente relajado, situaciones de ansiedad empezando por las más leves hasta otras más fuertes, para que se desensibilice.
- Inversión del hábito. Consiste en enseñar al paciente una conducta incompatible con el tic, por ejemplo, bostezar mucho cuando ocurren los tics faciales, o cantar en el caso de los tics vocales.
- Métodos aversivos, sería presentar un estímulo aversivo a la vez que un tic. Un ejemplo sería darles a oler algo desagradable o emitir ruido cuando se hace la conducta.

Por lo general, los tics transitorios no requieren tratamiento. No obstante, suele ser necesario hablar con la familia para que no le presten demasiada atención al problema, o para evitar posibles críticas. El exceso de atención se ha visto en éste y otros trastornos infantiles, que a menudo empeora los síntomas o refuerza las conductas.

Hoy en día se observa más eficacia en el tratamiento de los tics cuando se usan varias terapias o métodos, y cuando se contemplan todos los aspectos afectados de la vida del paciente.

# Trastornos de la eliminación

Todos sabemos que los bebés y los niños muy pequeños no tienen control voluntario sobre su vejiga ni sobre la retención intestinal. Cuando nacemos, nuestros esfínteres se relajan ante la presencia de determinada presión en estos órganos (cuando están llenos), y de esta manera evacuamos los restos de la comida que hemos ingerido. Controlar este acto involuntario es un paso extraordinariamente importante para nuestra autonomía e independencia, y es sumamente necesario para vivir en sociedad.

Alrededor del año o de los dos años, los padres empiezan a enseñar al niño a controlar sus esfínteres, a identificar las señales de cuando «tienen ganas» y a «pedirlo». Unos aprenden a los 18 meses, otros a los 30 meses, unos algo más temprano y otros algo más tarde, no hay un momento concreto ni una edad fija. Normalmente, se suele empezar por el control rectal, primero por la noche y luego por el día, y se acaba con el control de la orina tanto nocturno como diurno. Por lo general, se supone que hacia los cuatro años la mayoría de los niños debe haber aprendido ya.

Sin embargo, algunos niños no consiguen este control a una edad en la que se supone que deberían tenerlo y tampoco se les encuentra ninguna causa física que pudiera explicar este problema. En estos casos, lo más seguro es que se trate de un trastorno de la eliminación, y éstos son la **enuresis** y la **encopresis**. Si hubiera una causa orgánica se llamaría **incontinencia**.

## ENURESIS

ESTE TRASTORNO consiste básicamente en hacerse pis tanto en la cama como en la ropa y, por lo general, ocurre de manera involuntaria en situaciones no apropiadas. Para hacer un diagnóstico, los episodios deben ocurrir al menos dos veces por semana durante un periodo de al menos tres meses consecutivos (es decir, es mucho más frecuente de lo que se consideraría normal), o causar un gran malestar en el niño afectando a diversos aspectos de su vida como el social, el académico o el familiar. El niño debe tener por lo menos cinco años, y el problema no debe ser causado por el consumo de alguna sustancia (como productos diuréticos) o por enfermedad (por ejemplo, diabetes).

Según en los momentos en los que aparece, el desorden se puede dividir en tres tipos:

- **Nocturna:** cuando los niños se hacen pis por la noche mientras están dormidos. Éste es el tipo más frecuente.
- **Diurna:** ocurre durante el día y está más relacionada con la ansiedad y las preocupaciones. Es el tipo menos común.
- **Mixta:** se da tanto por el día como por la noche.

De igual manera, se suele dividir en **primaria**; cuando el niño nunca ha demostrado saber controlar la vejiga, es decir, nunca ha aprendido, y **secundaria**; cuando el niño sí ha demostrado saber contenerse durante al menos seis meses, es decir, adquirió los hábitos higiénicos y por alguna razón, los perdió. Los casos primarios son mucho más frecuentes que los secundarios.

Lo más habitual es que la enuresis nocturna ocurra entre 30 minutos y tres horas después de haberse iniciado el sueño. Aunque en algunos casos puede pasar en cualquier momento de la noche. En la enuresis diurna, el episodio suele aparecer en situaciones no adecuadas, esto es, no se trata de falta de tiempo para llegar al servicio. La mayoría de los enuréticos diurnos también son nocturnos (esto es, mixtos).

## PROBLEMAS ASOCIADOS

La mayoría de estos niños lo pasa muy mal con su desorden. A menudo son causa de irritación o de vergüenza para algunos padres; suelen ser el blanco (real, o imaginado en el caso de enuresis nocturna, cuando los demás no tienen por qué saberlo) de las burlas de los otros niños; pueden recibir reprimendas de los profesores y él mismo no suele entender qué y por qué le pasa, o cómo ponerle remedio. En general, su autoestima es la que más sufre.

Por otro lado, el miedo a que los demás se enteren o por los problemas que se

### DATOS SOBRE ENURESIS

- Es un trastorno muy común. Se estima que aproximadamente entre el 7 y el 10% de los niños de cinco años lo padece.
- A esta edad, es más frecuente en los niños que en las niñas, con unas cifras de un 7% de los casos para ellos y de un 3% para ellas.
- Sin embargo, el predominio masculino (así como el número general de casos) se reduce con la edad. Hacia los diez años, las cifras indican un 3% de niños y un 2% de niñas con enuresis. En la adolescencia, se estima que lo padece un 1% de los chicos y menos de esta cantidad, las chicas.
- Como hemos señalado antes, la enuresis nocturna es mucho más frecuente que la diurna, observándose en un 7 u 8% de los pacientes. Los datos sobre la diurna indican un 1 a 2%.
- La enuresis secundaria tiene un mejor pronóstico que la primaria.
- El desorden tiende a remitir con el tiempo.
- Puede aparecer como síntoma en otros desórdenes mentales, por ejemplo, es muy frecuente en los niños con trastorno por déficit de atención con hiperactividad.

pueden ocasionar, el niño no suele participar de excursiones o acampadas con sus compañeros, así como tampoco va a dormir a casa de sus amigos ni éstos van a la suya. En el caso de la enuresis diurna, el problema se acrecienta.

Los problemas asociados más habituales son la baja autoestima, falta de confianza en sí mismo, el aislamiento social y las explosiones de ira. Si no se manejan de manera correcta estas complicaciones, pueden llegar a perjudicar más al desarrollo psicológico del niño que la enuresis misma.

Este desorden tiende a desaparecer con la edad, aunque muchos casos continúan hasta el principio de la adolescencia (alrededor de los 12 o 14 años), y aún otros, los menos, durante la edad adulta. De igual manera, aunque la remisión suele ser espontánea, muchos niños necesitan ayuda de los profesionales de la salud para aprender algunas técnicas que les puedan ayudar. Cuanto más pronto empiecen a tratarse estos niños, más eficaces serán los tratamientos, mejores serán los resultados y menor será el impacto de los problemas negativos que se asocian a la enuresis.

## ENCOPRESIS

ESTE TRASTORNO es el equivalente fecal de la enuresis. Se caracteriza por una evacuación repetida de las heces en lugares no apropiados, como en la ropa o en el suelo, generalmente de manera involuntaria. Para diagnosticarlo se requiere que ocurra al menos un episodio al mes durante un mínimo de tres meses consecutivos. El niño debe tener por lo menos cuatro años y el desorden no es debido a enfermedad médica (excepto

por estreñimiento) o al uso de alguna sustancia como los laxantes.

Al igual que con la enuresis, se suele diferenciar entre **primaria**, cuando el control intestinal no ha sido aprendido por el niño, y **secundaria**, cuando el niño ha demostrado que sabe, o ha sido capaz de controlar sus defecaciones por un periodo de al menos seis meses. Asimismo, se clasifica como nocturna y diurna. No obstante, es muy raro encontrar casos de encopresis nocturna (al contrario que la enuresis), la gran mayoría de los casos son diurnos. Por otro lado, se distinguen los siguientes subtipos:

- **Con estreñimiento e incontinencia por rebosamiento:** es el problema más común de los niños encopréticos. En estos casos se ha producido una retención de muchos días (hasta dos semanas) y por tanto las primeras defecaciones se producen por rebosamiento (éste se produce por una evaporación del agua y una condensación de materia fecal alrededor de las heces). Por ello, suelen ser líquidas y escaparse sin que el niño sienta la necesidad de evacuar, sin embargo, el resto suelen ser heces muy duras y se requiere un gran esfuerzo, generalmente doloroso, para su deposición.
- **Sin estreñimiento:** la retención es menos larga (unos días), las heces son normales. Es muy poco frecuente.

En algunos casos se observa intencionalidad en las deposiciones, es decir, el niño lo hace a propósito. Aunque esta circunstancia lo debería excluir de la definición de encopresis, se considera que puede ser una de las manifestaciones de un trastorno negativista desafiante o disocial.

## PROBLEMAS ASOCIADOS

EL ESTREÑIMIENTO prolongado puede producir serios problemas físicos. El primero es el endurecimiento de las heces, que hace que sea más difícil y más doloroso evacuar, reforzando el problema. La retención suele producir también dolores de estomago, pérdida de apetito, agrandamiento del colon (condición llamada megacolon), distensión intestinal y una fisura anal debido al endurecimiento de las heces. Si no se trata a tiempo o de manera efectiva, el megacolon puede llegar a ser irreversible.

Los problemas psicológicos son mucho más severos que los producidos por la enuresis. En primer lugar, la reacción de los padres o cuidadores suele ser más negativa. Al ser un problema diurno, mucho más desagradable y maloliente, y menos fácil de comprender su incontrolabilidad, los adultos suelen creer que el niño no aprende porque no quiere y se suelen mostrar más enfadados y avergonzados de ellos.

Los niños, por su parte, no suelen sentir la necesidad de defecar, no parecen notar el mal olor así como tampoco parece importarles demasiado estar manchados mucho tiempo. Sin embargo, sí saben muy bien las consecuencias y los efectos en los demás que produce su problema. Suelen ser víctimas de las burlas, las humillaciones y el rechazo de sus compañeros, suelen ser más castigados por los padres, tienden a aislarse y a no participar de acontecimientos sociales.

En general, los niños encopréticos tienen una autoestima muy baja, explosiones de ira, son negativistas y manifiestan quejas somáticas (dolores, malestar general, etc.).

El desorden tiende a desaparecer con la edad y es muy raro que continúe en la adolescencia. Se debe diferenciar el trastorno de las manchas producidas por no saber el niño limpiarse adecuadamente. Los niños con un desorden por déficit de atención con hiperactividad pueden también mancharse, pero ello suele ser debido a que no prestan atención a las señales físicas que indican defecación.

---

### DATOS SOBRE LA ENCOPRESIS

- Es mucho menos común que la enuresis. Se estima que aproximadamente un 1,5% de los niños de cuatro a cinco años son encopréticos.
- Los niños lo presentan con mucha más frecuencia que las niñas.
- La encopresis primaria y la secundaria se presentan en porcentajes similares, aunque parece que la secundaria es un poco más común.
- Aproximadamente un 25% de los casos de encopresis se acompañan de enuresis.
- Es frecuente observarlo en niños con retraso mental de moderado a severo.

---

## CAUSAS Y TRATAMIENTOS

### CAUSAS

A PESAR de la gran cantidad de investigaciones que se han realizado sobre estos trastornos (sobre todo la enuresis, la encopresis, quizá por su poca frecuencia, ha recibido menos estudio), sus causas todavía siguen sin estar del todo claras. Al igual que con la mayoría de los desórdenes mentales, se consideran diversos factores biológicos y psicológicos. No obstante, en estos trastornos ninguna de las teorías parece incompatible con las demás, todo lo contrario, en muchos casos parece que los elementos propuestos por unas y otras interactúan en el niño, dando origen al problema.

## CAUSAS DE LA ENURESIS

### Teorías genéticas

PARECE QUE los genes desempeñan un papel importante. Se ha observado que aproximadamente un 77% de estos niños eran (o son) hijos de un padre y una madre que fueron también enuréticos. Sin embargo, los que sólo tenían uno de los padres con el desorden eran alrededor del 44% y un 15% los que ninguno de los padres lo tenían. Con los gemelos monocigóticos (con genes iguales) pasa algo parecido. La concordancia en enuresis es mayor para éstos que para los gemelos dicigóticos (con genes como cualquier otro par de hermanos).

### Teorías fisiológicas

SE PROPONEN alteraciones tanto en la capacidad de la vejiga, que sería menor en estos niños, como en el funcionamiento vesical. En este último caso se considera una anomalía en la transmisión de la información de que la vejiga está llena. Es decir, puede haber un defecto en el envío de señales al cerebro, en la recepción de éstas o a la hora de ordenar la acción apropiada (como despertarse). Estas hipótesis tuvieron mucho éxito y de ellas surgieron varias terapias con ejercicios para aumentar la capacidad vesical o de control y retención de la orina.

No obstante, las investigaciones no han podido confirmar estas teorías.

Otro elemento que se ha sugerido son las alteraciones en la secreción nocturna de la hormona antidiurética vasopresina. En los niños normales, esta hormona disminuye la producción de orina, sobre todo por la noche. El niño que tenga la secreción de vasopresina alterada, producirá más orina por la noche de la que su vejiga es capaz de retener. De nuevo, los resultados no son concluyentes. Esta hipótesis puede explicar sólo la enuresis nocturna, y no dice nada de por qué los niños no se despiertan para ir al baño si la vejiga se llena tan a menudo.

Una idea muy aceptada es que se trata de un retraso en el desarrollo. El hecho de que la mayoría de los casos remita espontáneamente y disminuya su frecuencia con la edad apoya esta sugerencia.

### Teorías psicológicas

DESDE EL punto de vista psicológico se suele considerar la enuresis como el resultado, o síntoma, de conflictos de ansiedad o emocionales. Algunos psicólogos opinan que se trata más bien de lo contrario. Que los problemas de estrés emocional o de ansiedad están causados por la vergüenza y los sentimientos de culpa por mojar la cama.

Algunas teorías psicoanalíticas consideran que la enuresis es una manera de simbolizar o de expresar otros conflictos, sobre todo la rabia reprimida hacia los padres.

Por otra parte, varios estudios han observado una mayor frecuencia en niños enuréticos, comparados con niños normales, de experiencias estresantes a la edad en la que debería aprender a controlar la vejiga. Entre estas experiencias, las más comunes suelen ser el nacimiento de un hermanito, la ausencia o muerte de uno de los padres o de un familiar cercano, ir al colegio por primera vez, periodos de hospitalización o traslados de domicilio.

Este tipo de situaciones estresantes también son algo más frecuentes en los niños mayores de cinco años que desarrollan una enuresis secundaria que en los niños normales.

Desde la perspectiva de las teorías de la conducta se propone que el trastorno es el resultado de un aprendizaje de los hábitos higiénicos inadecuado. Las razones pueden ser varias, desde una enseñanza a edades demasiado tempranas (cuando el cuerpo simplemente no está preparado) o a edades tardías (cuando cuesta más aprender), hasta que ésta sea demasiado laxa (blanda, floja) e insuficiente.

De igual manera, la adquisición del control puede verse retrasada por circunstancias inadecuadas que refuerzan la conducta de hacerse pis encima o que enseñan a no responder a las señales de una vejiga llena. Por ejemplo, si el niño tiene que dejar de jugar para ir al baño, y no quiere, aguantará hasta que no pueda más; o si por la noche hace mucho frío cuando se levanta. Así, aprenden a obviar las señales y se retrasará la adquisición del control vesical.

Estos problemas afectarían más a los niños predispuestos genéticamente.

## CAUSAS DE LA ENCOPRESIS

### Teorías fisiológicas

HEMOS VISTO que en la mayoría de los niños con este desorden está presente el estreñimiento, y el origen de éste puede tener varias causas tanto físicas como psi-

cológicas. Entre las más comunes se encuentran un entrenamiento en los hábitos de higiene inadecuado, dolor al defecar (por el endurecimiento de las heces o por fisura anal) o por alguna otra causa orgánica. El resultado son episodios retentivos que suelen durar varios días.

El problema es que este estreñimiento duradero puede provocar una distensión del recto permanente que altera la elasticidad del colon, y adelgaza (o deja flácidas) sus paredes haciendo que no sea capaz de contraerse de manera adecuada para facilitar la evacuación (megacolon), y ésta deja de ser voluntaria para producirse por desbordamiento. De igual forma, se puede producir más dolor cuando por fin se evacua, lo que mantendría el problema, y en algunos casos, puede surgir una fobia a los lavabos o al orinal, cuando se asocian con el dolor o el miedo que éste produce.

A pesar de que esta teoría es orgánica (es decir, la causa es un estreñimiento) los tratamientos a este problema son psicológicos. Las técnicas empleadas son las de modificación de la conducta y suelen tener buen resultado.

Se ha sugerido también un retraso madurativo que provocaría un funcionamiento inadecuado de los mecanismos que intervienen en la eliminación de las heces. La encopresis suele darse a menudo en niños que padecen retrasos en el desarrollo de otras áreas como la coordinación, y es frecuente en los niños con retraso mental moderado y severo.

### Teorías psicoanalíticas

SON MUY conocidas las hipótesis psicoanalíticas de la relación existente entre el aprendizaje severo y coercitivo (represivo) de los hábitos higiénicos y su impacto en la personalidad del individuo. La encopresis es considerada como una expresión de un conflicto más profundo, relacionado con la falta de amor por parte de los padres, ansiedad de separación, temor a la pérdida, agresión contra un mundo hostil o una lucha por el poder entre el niño y el padre que surge al iniciarse la enseñanza del control de los esfínteres. El control fisiológico es normal, pero por alguna de estas razones, hay un rechazo, resistencia o fracaso a aceptar las normas sobre la eliminación.

Las situaciones emocionalmente estresantes como el nacimiento de un hermano, el inicio del colegio o ir a campamentos donde hay que utilizar unos lavabos comunes o distintos a los de casa, las hospitalizaciones prolongadas o un ambiente familiar disfuncional suelen ser las causas más frecuentes en la aparición de la encopresis secundaria.

Por otro lado, si el episodio fuera deliberado, la actitud del niño suele ser hostil o desafiante, y se debería pensar en un trastorno negativista o disocial.

### Teorías de la conducta

CONSIDERAN FUNDAMENTALES las experiencias del aprendizaje. La enseñanza, muy rígida o muy blanda e insuficiente, no refuerza de manera adecuada las evacuaciones correctas. Los padres pueden no reforzar (felicitando al niño o animándole) la conducta deseada, pueden obligar al niño a hacerlo en momentos concretos, atraer su atención sólo cuando se lo hace encima o en los sitios no indicados, usar castigos o manejar de manera incorrecta los miedos al lavabo. Estas conductas,

más el fracaso continuo del niño que intenta controlar sus esfínteres, hacen que no se distingan las señales de los intestinos y del esfínter que indican cuándo se ha de retener o cuándo se ha de evacuar

La encopresis secundaria sería la consecuencia de la asociación entre dolor o miedo y la evacuación. El dolor puede estar causado por la dureza de las heces después de un estreñimiento o por una fisura anal, el miedo puede ser a este dolor, al uso de los lavabos escolares, al castigo de los padres por evacuar en otras ocasiones (se relaciona el castigo con la defecación y no con la situación o el momento) o el miedo a fracasar. Estas emociones hacen que el niño retenga, y la retención se refuerza o se mantiene porque elimina el dolor o el miedo, esto es, si no se evacua no se sufre.

## TRATAMIENTOS

LOS TRATAMIENTOS más eficaces para estos desórdenes suelen ser el farmacológico y el conductual (modificación de la conducta). Dependiendo de la gravedad de los casos, pueden aplicarse de manera conjunta o por separado. No obstante, el primer paso del terapeuta ha de ser cerciorarse de que se ha enseñado al niño los hábitos higiénicos y su utilización del inodoro. En el caso de que no haya habido entrenamiento o que este sea defectuoso, será lo primero que se corrija.

## TRATAMIENTO DE LA ENURESIS

### Terapias farmacológicas

UNO DE los medicamentos más utilizados es un antidepresivo tricíclico aunque no se sabe muy bien por qué es eficaz. Parece que las propiedades antiespasmódicas de este fármaco relajan el músculo detrusor (el músculo que rodea la vejiga) y permiten que la capacidad vesical aumente. Asimismo, produce una elevación del estado de ánimo, y parece que influye en el control voluntario de la micción. No obstante, cuando se deja de tomar este medicamento se suelen producir recaídas.

Otro fármaco efectivo es la versión sintética de la hormona antidiurética vasopresina. Su forma de actuar es ayudando a que la orina se concentre en la vejiga y disminuyendo su producción nocturna. Parece que es más eficaz en los niños más mayores. Al igual que con el antidepresivo, cuando se deja de tomar aumenta la posibilidad de recaídas.

El uso de estos fármacos se suele indicar en los casos más resistentes a las terapias psicológicas, cuando se produce enuresis mixta (esto es, diurna y nocturna), o en los casos acompañados de trastornos afectivos o de ansiedad (sobre todo los antidepresivos)

## Terapias conductuales

Se utilizan técnicas de condicionamiento con muy buenos resultados. Entre las más empleadas están:

### Técnica de la alarma, también llamada «pipi-stop»

Este método consiste en un dispositivo electrónico sensible a la humedad que se coloca en la cama, debajo de las sábanas, y que está conectado a una alarma. Ante las primeras gotas de orina, la alarma se dispara despertando al niño inmediatamente, o muy poco después, de que éste empiece a hacerse pis. El niño entonces deja de orinarse y se levanta para apagar el timbre y para ir al cuarto de baño.

De acuerdo con sus creadores, el método funciona porque se produce una asociación entre el despertarse con la alarma y las sensaciones de una vejiga llena. Estas sensaciones se convierten en un estímulo condicionado al despertar, así pues, cada vez que lo note el niño se despertará antes incluso de que suene la alarma, e inhibirá la micción.

Otros autores sugieren que la alarma funciona como un estímulo negativo, o castigo, pues despierta al niño. Visto de esta manera, el niño dejará de hacerse pis para que la alarma no suene y poder dormir toda la noche de un tirón.

Éste es uno de los métodos (por no decir «el método») que más éxito tiene en el tratamiento de la enuresis. Sin embargo, y dada su popularidad, es un aparato que se construye fácilmente y se vende a menudo por catálogo. Esto implica que pueden no cumplirse los requisitos de garantía o no estar bien diseñados, fallar el mecanismo, producir falsas alarmas o que se estropeen pronto. Las consecuencias pueden afectar de manera negativa al tratamiento haciendo que en algunos casos no sirva para nada.

### Entrenamiento en cama seca

Consiste en la aplicación de varios elementos de aprendizaje a la vez. Entre estos se incluyen el método de la alarma (mencionada arriba); un programa de despertares a lo largo de la noche, habiendo hecho que el niño beba mucho líquido antes de acostarse y luego despertarle cada hora para que vaya al baño; entrenamiento en retención voluntaria de la orina; refuerzos positivos, esto es, recompensas por no mojar la cama, por ir al lavabo; y sobrecorrección, es decir, corregir en exceso como por ejemplo, hacer que el niño salga de la cama, se lave por completo, se cambie el pijama y cambiar las sábanas después de cada episodio de incontinencia.

### Entrenamiento en la expansión de la vejiga

ESTE MÉTODO es especialmente usado en la eliminación de la enuresis diurna. Se trata de ejercitar al niño en el control de la retención. Para ello, se le pide que retenga la orina cada vez que vaya al cuarto de baño por periodos de tiempo cada vez más largos, y también que cuando esté haciendo pis pare, aguante y continúe durante varias veces. La combinación de estos ejercicios y la sobrecorrección parecen más eficaces que hacer sólo los ejercicios.

## TRATAMIENTO DE LA ENCOPRESIS

### Tratamientos farmacológicos

EN LOS casos leves se suelen utilizar diversos laxantes, enemas o aceites minerales, así como la prescripción de dietas ricas en fibras y líquidos, para la limpieza del intestino y para provocar evacuaciones regulares. Estos remedios se van retirando gradualmente para mantener el patrón de defecaciones (una vez establecido) de la manera más natural posible. El tratamiento se completa con educación, apo-

yo, consejos a los niños y a los padres, y eliminación de refuerzos negativos.

Al igual que con la enuresis, el uso de antidepresivos tricíclicos parece ser bastante eficaz. Se supone que las propiedades antiespasmódicas de este fármaco ejercen un efecto inhibidor en el esfínter anal interno con lo que se reduce la frecuencia de las defecaciones.

### Terapias conductuales

UN ASPECTO importante es observar si están establecidos los primeros pasos de la acción de defecar como detectar las señales que indican la necesidad de evacuar o desnudarse. Si no están establecidos, será necesario enseñárselos al niño, así como otras habilidades relacionadas que pueden ser el limpiarse de manera adecuada, el relajar el esfínter o cómo utilizar la tensión muscular.

Por lo general, las técnicas más utilizadas son la aplicación de recompensas, esto es, el reforzamiento positivo, y la sobrecorrección. El objetivo es crear una rutina y reorganizar las consecuencias ambientales que obtiene el niño de la encopresis. Es decir, reforzar las evacuaciones apropiadas cuando el niño está sentado en el orinal o en el retrete, premiar las ropas limpias cuando son consecuencia de una correcta evacuación (de lo contrario, si sólo se recompensara por las ropas limpias se podría mantener o fomentar la retención). Como en la enuresis, la sobrecorrección implica una limpieza completa, con agua y jabón, tanto del niño como de su ropa, cada vez que se produzca un episodio, que funcionaría además como un castigo.

En el caso de los niños con fobia a los lavabos, suele ser muy útil reforzar las aproximaciones sucesivas a estar sentado en el inodoro. Es decir, se refuerzan los acercamientos del niño al orinal (o retrete), el que se siente durante cada vez más tiempo, y finalmente cada vez que el niño evacue. También se premia la ausencia de episodios accidentales. Para lograr que la evacuación se produzca cuando el niño está sentado, se suelen utilizar supositorios de glicerina.

Como en el tratamiento de cualquier fobia, es aconsejable también el entrenamiento en relajación y en el manejo de la ansiedad.

Por otro lado, las intervenciones familiares son a menudo necesarias. Muchos padres son excesivamente perfeccionistas, sienten un rechazo exagerado hacia las heces, se preocupan demasiado o castigan mucho. Es importante pues, aprender a considerar este problema de manera justa y reducir los prejuicios o las vergüenzas. Asimismo, han de tenerse en cuenta las posibles situaciones estresantes en el ambiente familiar que pueden haber influido en la aparición de la encopresis e intentar solucionarlas.

Los niños con algún desorden de la conducta, como los negativistas desafiantes o los disociales, requerirán además el tratamiento adecuado a esos desórdenes. Igualmente, suele ser beneficioso proporcionar psicoterapias de apoyo a los niños con otros problemas asociados como baja autoestima, ansiedad o aislamiento social.

# Otros trastornos de la infancia y adolescencia

En este capítulo se incluyen una serie de trastornos cuyo rasgo principal es la ansiedad. Por lo general, las características de un desorden ansioso y los requisitos para su diagnóstico han sido las mismas para los adultos que para los niños y los adolescentes. No obstante, los menores suelen presentar una serie de problemas diferentes a los de los mayores, a menudo tan distintos y específicos de estas edades, que se han clasificado como desórdenes por sí mismos.

La ansiedad (*véase* capítulo correspondiente) es una emoción que está presente en casi todos los trastornos mentales, en cualquier edad a la que ocurran. Se suele vivir como algo desagradable y suele ser una reacción ante alguna amenaza real o imaginada. A niveles normales tiene una función adaptativa, es decir, nos prepara físicamente para responder a posibles eventualidades. En los niños, la ansiedad está presente en muchos comportamientos puesto que se encuentran en una fase de constante aprendizaje donde muchas de las situaciones que viven son nuevas y carecen del conocimiento o las habilidades necesarias para hacerles frente.

Cuando los niveles de ansiedad y su duración son excesivos pueden convertirse en trastorno e interferir, alterando el desarrollo del comportamiento emocional y social del niño. Al igual que con los adultos, los síntomas infantiles pueden manifestarse en forma de signos psicológicos como irritabilidad, inquietud, insomnio o pesadillas, y físicos como taquicardias, apneas, vómitos, dolores, sudoración o parálisis.

Los trastornos incluidos en este capítulo son el **trastorno de ansiedad por separación**, el **mutismo selectivo**, el **trastorno reactivo de la vinculación** y la **depresión**. Esta última suele coexistir, en la mayoría de los casos, con otros trastornos de ansiedad o con síntomas severos de ésta. De igual manera, las manifestaciones depresivas de los niños son algo diferentes a las de los adultos.

Por otro lado, el trastorno de la vinculación, se refiere a las alteraciones en las relaciones tempranas entre el niño y sus cuidadores, que, aparte de poder causar serios problemas en el desarrollo psíquico del niño, se acompañan con frecuencia de intensa ansiedad.

## TRASTORNO DE ANSIEDAD POR SEPARACIÓN

ESTE TRASTORNO se caracteriza por la presencia de una excesiva ansiedad relacionada con la separación del hogar o de las personas con las que el niño está vinculado. Aunque esta emoción es muy común en la infancia temprana, en este caso es mucho más fuerte de lo que se consideraría normal dada la edad y el desarrollo del niño. Los síntomas habituales son:

- Malestar excesivo y persistente cuando el niño se separa, o sabe que se va a separar de su casa o de las personas con las que está vinculado (generalmente los padres o cuidadores).
- Excesiva preocupación a que les ocurra algo malo a estas personas, o a que no vuelvan más.
- Preocupación desproporcionada, o temor, por la posibilidad de que un acontecimiento terrible dé lugar a la separación. Por ejemplo, que le rapten, le asesinen o se muera en un accidente y no vuelva a ver más a sus padres.
- El niño se niega o se resiste a ir al colegio o a cualquier otro sitio, por temor a la separación.
- Siente miedo excesivo a estar solo en casa.
- Se niega o se resiste a irse a dormir sin tener cerca una persona con la que está vinculado. También se niega a dormir fuera de casa.
- Tiene frecuentes pesadillas relacionadas con la separación.
- Se queja de síntomas físicos, como dolores, cuando anticipa u ocurre una separación.

Se requiere la presencia de al menos tres de estos síntomas, y una duración mínima de cuatro semanas para diagnosticar el trastorno.

Además, este desorden debe aparecer antes de los 18 años, causar malestar o deterioro significativo en diversos aspectos de la vida del niño, y no ser debido a un trastorno generalizado del desarrollo (como el autismo) o a uno psicótico.

En la mayoría de los casos, la figura de la cual no se quieren desprender es la de la madre, aunque también se observa este apego excesivo por el padre, por los hermanos o por cualquier otra persona importante como un cuidador, los abuelos, etc. En los niños más pequeños, el comportamiento característico es el de estar pegados (casi literalmente) a los padres y seguirles dondequiera que vayan. En los más mayores, el temor se manifiesta negándose a dormir fuera de casa o no saliendo solos.

Cuando se produce la separación, el niño se suele mostrar triste, apático o desesperado, pudiendo llegar a sufrir, en los casos extremos, un ataque de pánico, amenazar con el suicidio o a realizar conductas agresivas.

Los síntomas de ansiedad más abundantes son: alteraciones del sueño como pesadillas, problemas a la hora de conciliar el sueño o despertares frecuentes durante la noche; síntomas físicos como náuseas, dolores de cabeza o cuerpo, sudoración e inquietud; y conductas de evitación como no querer ir al colegio o hacer lo imposible para impedir que sus padres vayan a trabajar.

La ansiedad por separación presenta todas las características de una fobia específica (que sería a la separación); su diferencia es que sólo se produce en la infancia.

El inicio de este desorden suele estar relacionado con un acontecimiento estresante. Entre los más frecuentes están la muerte o la enfermedad de un ser querido, los cambios de domicilio y de escuela, el ir al colegio por primera vez, los accidentes y otras experiencias traumáticas. Por otro lado, también se ha observado que algunos niños desarrollan el trastorno después de unas largas vacaciones escolares, una enfermedad física (padecida por el niño) o en épocas de cambios importantes como la transición de la educación primaria a la secundaria.

La evolución del trastorno suele fluctuar, es decir, suele haber momentos más graves y momentos más leves. Aunque puede durar varios años, tiende a remitir de manera gradual y a desaparecer en la mayoría de los casos.

## PROBLEMAS ASOCIADOS

ADEMÁS DE la angustia por la separación, estos niños suelen manifestar otros temores como miedo a la oscuridad, a los fantasmas, a las heridas, a las tormentas, a los ladrones o a los médicos. Se supone que estos temores son generalizaciones de su miedo principal a otras circunstancias o expresiones del mismo más comprensibles para los mayores y para él mismo. Pueden llegar a ser miedos fóbicos. Otro problema asociado, muy frecuente, es la depresión. Se estima que aproximadamente un tercio de estos niños sufre una depresión mayor algún tiempo después de comenzar el desorden.

Sin embargo, no suelen tener problemas en las relaciones personales con otros niños o con otros adultos. Por lo general, son bien considerados por sus compañeros, se les acepta con normalidad y no parecen tener problemas en las habilidades sociales.

## DIFERENCIAS CON OTROS TRASTORNOS

• **Fobia escolar:** las fobias infantiles cumplen los requisitos de las fobias en los adultos (*véase* capítulo «Trastornos de ansiedad» en adultos). En este caso, el niño tiene fobia a la escuela, esto es, presenta mucha ansiedad y conductas de evitación hacia todo lo relacionado con el colegio. Por ejemplo, el miedo excesivo puede ser a algo en concreto, como a que los otros niños le peguen o a suspender, o puede ser social como sería el temor a que tanto niños como profesores le

---

## DATOS SOBRE EL TRASTORNO DE ANSIEDAD POR SEPARACIÓN

■ Es uno de los trastornos de ansiedad infantiles más comunes. Se estima que lo padecen alrededor del 4% de los niños y los adolescentes más jóvenes.

■ Es igual de frecuente en varones que en mujeres.

■ Suele iniciarse en torno a los cuatro años. Aunque puede aparecer a cualquier edad, la gran mayoría de los niños que lo padecen es menor de nueve años.

critiquen o a tener que salir al encerado a recitar la lección.

La diferencia con la ansiedad por separación es que ésta no se limita al hecho de separarse para ir al colegio sino que implica una gran variedad de situaciones. Los niños con fobia al colegio se sienten bien en cualquier otro lugar y no necesitan estar con la madre o la figura importante en todo momento. Además la fobia es más frecuente en varones y afecta a niños más mayores.

- **Trastorno de ansiedad generalizada:** en este trastorno se temen muchas situaciones y no sólo la separación de las personas queridas. La ansiedad se presenta de manera constante.

## CAUSAS

SE HAN propuesto varias explicaciones de carácter psicológico. Desde el punto de vista psicoanalítico, se recalca la importancia de una sobredependencia entre la madre y el niño motivada por una relación de dependencia-hostilidad, y por la cual sienten la intensa necesidad de estar juntos. Por otro lado, se propone que el niño es muy narcisista, con una autoimagen sobrevalorada e irreal. Cuando esta autoimagen es amenazada (en la escuela, por personas que no le consideran como se considera a sí mismo) el niño se refugia en la madre que suele ser complaciente y le refuerza la idea que tiene de sí.

Desde la perspectiva de la psicología del aprendizaje se plantean varias posibilidades. Una de ellas es un déficit en exposiciones progresivas a la ausencia de los padres, esto es, el niño ha estado siempre con ellos y de repente deja de estarlo, por ejemplo, cuando va al colegio por primera vez. Este miedo es nuevo y ocurre cada vez que el niño va a la escuela, por lo tanto, se asocian. Cuando el temor es muy intenso, el niño haría lo imposible por quedarse en casa con sus padres, lo que reduce el miedo y la conducta se refuerza. Otras situaciones que podrían originar el trastorno serían: la experiencia pasada de una separación traumática y la asociación, por parte del niño, del hecho de la separación con un intenso malestar. Asimismo, en muchas ocasiones las conductas de apego y dependencia del niño son reforzadas por los padres, cuando le prestan excesiva atención o cuando no permiten que haga nada perjudicando así su adquisición de autonomía.

## TRATAMIENTOS

EL TIPO de terapia que se considera más eficaz es el de modificación de la conducta, y entre sus técnicas, la más empleada es la exposición gradual *in vivo*. Este método consiste en ir exponiendo al niño poco a poco a las situaciones temidas, en este caso, a la separación de sus padres. Es conveniente enseñar al niño a relajarse y a manejar su angustia antes del tratamiento, para disminuir la ansiedad anticipatoria y poder aumentar el tiempo de exposición (esto es, de separación).

En los casos de niños que no responden bien a esta terapia, o en los casos extremos con ataques de pánico intensos, se suele combinar el tratamiento con el uso de antidepresivos tricíclicos. En general, los resultados suelen ser positivos.

## MUTISMO SELECTIVO

ESTE TRASTORNO se caracteriza por una incapacidad persistente para hablar en determinadas situaciones sociales en las que debe hacerlo, como por ejemplo, en la escuela o en las tiendas si le preguntan algo. No obstante, existen otras situaciones en las que habla con normalidad.

Este problema debe durar por lo menos un mes (pero no debe limitarse al primer mes de colegio) y provocar un deterioro significativo en el rendimiento escolar o en las relaciones sociales.

La incapacidad para hablar aparece en circunstancias muy concretas y no es debida a una falta de conocimiento o de fluidez en el lenguaje que se requiere en esas situaciones, así como tampoco es debida a un trastorno de la comunicación (por ejemplo, tartamudeo) u otro trastorno mental.

Este desorden presenta todas las características de una fobia social, diferenciándose de la de los adultos en la edad de inicio y en la manera de expresar la ansiedad, que en este caso es enmudecer. Los adultos suelen manifestar los síntomas psicológicos y físicos característicos de los trastornos de ansiedad, tener ataques de pánico o evitar las situaciones fóbicas. Los niños por su parte, no suelen tener la posibilidad de evitar estas situaciones pues están obligados por los mayores a acudir a la escuela o a otras reuniones sociales.

Por lo general, el trastorno dura algunos meses y tiende a remitir gradualmente hasta que desaparece.

## PROBLEMAS ASOCIADOS

APARTE DEL mutismo, estos niños suelen mostrar otros síntomas de ansiedad tanto psicológicos (por ejemplo irritabilidad, inquietud o pesadillas), como físicos (sudoración, palpitaciones, náuseas, etc.). De igual manera, suelen aislarse socialmente, tienen con frecuencia conductas oposicionistas y su aprendizaje académico y de habilidades sociales se suele ver muy afectado.

> ## DATOS SOBRE MUTISMO SELECTIVO
>
> - Se estima que es un trastorno muy poco frecuente.
> - Suele iniciarse antes de los cinco años, sin embargo, en muchas ocasiones no se identifica hasta que el niño no comienza la escuela, donde se ve obligado a hablar en circunstancias y ante personas no familiares.
> - Parece que afecta por igual a niños y a niñas.

## CAUSAS

SE CONSIDERA que la causa principal es de tipo emocional por su frecuencia de aparición tras una experiencia traumática. Por otro lado, se ha sugerido que una ansiedad intensa en estos niños interfiere en sus relaciones sociales impidiendo que adquieran de manera adecuada las habilidades sociales necesarias para desenvolverse en la vida y enfrentarse a situaciones nuevas. Esta ansiedad inicial podría ser heredada (pues la fobia social se encuentra en familias) o aprendida de unos padres con estrategias de afrontamiento inadecuadas.

También se ha indicado la importancia de dificultades en el lenguaje tempranas. Los niños que padecen algún desorden del lenguaje cuando empiezan a hablar pueden desarrollar problemas en la autoestima, retrasarse en la adquisición de habilidades sociales y tener dificultades relacionándose, todo lo cual aumenta la probabilidad de sentir temor a hablar en público o ante desconocidos.

## TRATAMIENTOS

AL IGUAL que con el trastorno de ansiedad por separación, una de las técnicas terapéuticas más utilizadas para reducir el miedo y la evitación de las situaciones es la exposición gradual *in vivo*, junto con entrenamiento en relajación y manejo de la ansiedad, así como en habilidades sociales en los niños que lo requieran. En este caso, los padres pueden acompañar al niño dándole la mano cuando se enfrenta ante un extraño (como el terapeuta) o hasta que la situación se haga más familiar. De igual forma, es importante tratar la experiencia traumática (si la hubiera) y ayudar al niño a superarla.

## TRASTORNO REACTIVO DE LA VINCULACIÓN

LA NECESIDAD e importancia de establecer por parte del niño lazos afectivos con sus cuidadores es obvia por varias razones. La principal es la de que todo ser vivo, mientras no se pueda defender por sí mismo necesitará que otros lo hagan por él, y la mejor forma de conseguirlo es a través del establecimiento de vínculos afectivos. Para los seres humanos, además, la calidad y seguridad de estas relaciones tempranas desempeñan un papel muy importante en el desarrollo de las relaciones personales con los demás y con el mundo, en la adquisición de habilidades para dominar el ambiente físico y social, así como para el desarrollo de la autoestima. La manera en que se establezcan estos vínculos tempranos determinarán el estilo de las relaciones futuras.

El trastorno reactivo de la vinculación se caracteriza por una marcada y persistente alteración en las relaciones sociales que establece el niño, y que aparece en la mayoría de las situaciones. Estas alteraciones se manifiestan por una de las siguientes dificultades:

- Constante incapacidad del niño para iniciar la mayoría de las interacciones sociales con otras personas, o de responder a ellas de manera adecuada dada su edad y nivel de desarrollo. Sus respuestas suelen ser excesivamente inhibidas, ambiguas y contradictorias, y el niño se muestra demasiado vigilante y frío. Por ejemplo, el niño puede mezclar comportamientos de acercamiento y de evitación y resistencia. Estas características componen el subtipo **inhibido.**

- Sus vínculos son difusos o mal establecidos, lo que se manifiesta por una sociabilidad indiscriminada y una incapacidad para manifestar vínculos selectivos apropiados. Por ejemplo, el niño muestra una familiaridad desproporcionada con desconocidos, o no elige de manera adecuada las personas con las que establecer vínculos (como con la cuidadora del comedor escolar). Sus relaciones suelen ser superficiales y trata, en todo momento, de llamar la atención. Este subtipo se denomina **desinhibido.**

Este desorden ha de iniciarse antes de los cinco años de edad y no es debido exclusivamente a un trastorno del desarrollo como el retraso mental o el autismo.

El tipo de crianza paternal está muy relacionado con las alteraciones en el niño. En general, el cuidado es patológico (enfermo, no sano) y suele cumplir al menos uno de los siguientes requisitos:

- Los padres o cuidadores han desatendido o menospreciado de manera constante las necesidades emocionales básicas del niño como el afecto, el bienestar, el apoyo, la estimulación o la educación.
- Los padres o cuidadores han desatendido o menospreciado de manera constante las necesidades físicas básicas como alimentación, higiene, vestimenta o cuidados médicos, o le han infligido malos tratos o abusos.
- Se han producido cambios repetidos de cuidadores responsables de la crianza, lo que impide que el niño forme vínculos estables. Por ejemplo, un niño que pasa por varios hogares de acogida o instituciones.

El maltrato o el abandono emocional puede tomar varias formas. Las más habituales son el trato frío y rígido al niño por parte de los padres, evitando el contacto físico y el calor afectivo o la ternura. La comunicación suele ser escasa y mala, los padres suelen ser insensibles a las señales del niño como el llanto o la risa. Pueden también valorar de manera negativa al niño y sus acciones, amenazarle, crearle miedo con castigos tanto concretos como imprecisos, aislarle de los demás o simplemente ignorarle, no proveerle con la estimulación adecuada o no darle oportunidades para explorar el mundo en el que se mueve.

No obstante, el progreso del desarrollo psicológico y social del niño también se puede ver afectado por una excesiva protección y control de los padres sobre todo lo que hace.

La evolución del trastorno es muy variable y depende en gran medida de las características del niño, como su personalidad (introvertidos o extravertidos) o su manera de afrontar las situaciones (de manera activa o pasiva), de las personas responsables de él o del tipo de alteración que dé origen al desorden (malos tratos, abandono emocional y negligencia en el cuidado). En general no son eficaces los intentos por consolar al niño. Y el problema más grave es que si no se trata puede perdurar toda la vida.

## PROBLEMAS ASOCIADOS

SE HA comprobado repetidas veces que el maltrato o el abandono a edades tempranas afectan al desarrollo físico, psicológico, afectivo y social de los niños. Los problemas más frecuentes son las alteraciones en las emociones como sentimientos excesivos de ansiedad o tristeza, temores, hiperactividad, agresión tanto a uno mismo como a los demás, aislamiento y baja autoestima. Es asimismo frecuente observar un retraso en el crecimiento, problemas de aprendizaje y unas habilidades sociales y de resolución de problemas escasas.

## DIFERENCIAS CON OTROS TRASTORNOS

- **Trastornos generalizados del desarrollo:** en estos desórdenes las relaciones sociales están también alteradas. Sin embargo, éstas suelen ir acompañadas de problemas en la comunicación, de conductas estereotipadas e intereses muy limitados y a menudo extraños.

## DATOS SOBRE EL TRASTORNO REACTIVO DE LA VINCULACIÓN

■ Se cree que es un trastorno muy poco frecuente (no la negligencia parental o los malos tratos en sí sino el desorden que pueden causar). Por el momento, no hay suficientes datos respecto a su frecuencia.
■ Puede afectar por igual a niños que a niñas.
■ Suele aparecer antes de los cinco años

## CAUSAS

SEGÚN LA definición del trastorno son las formas de crianza alteradas las que dan origen a este trastorno, pero las razones de que éstas ocurran son muy variadas y complejas. Varios estudios han observado diversos factores de riesgo para la aparición de estas conductas. Entre ellos destacan los elementos psicosociales como una paternidad a edades tempranas (sobre todo adolescentes), la falta de habilidades paternales, embarazos muy seguidos y no planificados, dificultades en el establecimiento del vínculo madre/hijo por causas ajenas a la voluntad de la madre como la separación por enfermedad, rupturas familiares, enfermedad mental en uno de los padres, alcoholismo o adicciones a sustancias,

problemas sociales o económicos, repetición de las conductas aprendidas durante la infancia de los padres o a través de la imitación de conductas de otras personas, etc.

Como hemos visto ya, en el niño las causas del desorden son el abandono o la negligencia emocional, los malos tratos físicos y psíquicos o la institucionalización, es decir, vivir en centros de acogida de los servicios sociales o en varias casas de adopción temporal, sin darle tiempo a establecer vínculos.

## TRATAMIENTO

EL OBJETIVO central del tratamiento suele ser la modificación de las relaciones entre los padres y los hijos y de los comportamientos de los padres, por la idea subyacente de que las necesidades de los niños se cubrirán cuando los padres cambien de manera positiva. Los programas de reeducación incluyen enseñanzas de cómo ser padres (muchos de éstos confiesan no haber hablado nunca con nadie sobre niños o su crianza), psicoterapia de apoyo para resolver sus propios conflictos, terapia familiar o de pareja, entrenamiento en habilidades educativas sobre cómo enseñar al niño o el uso de reforzadores, entrenamiento en habilidades sociales o autocontrol.

El trabajo con los niños suele estar dirigido a la identificación de los factores de protección que están en el ambiente del niño, como confiar en sus profesores, mejorar la relación con los hermanos o los compañeros, conocer y usar los recursos sociales de los que dispone, mejorar su educación y crianza (trabajando con los padres), trabajar el desarrollo de la expresión, sus habilidades sociales y su autoestima.

## DEPRESIÓN

AL IGUAL que la ansiedad, la depresión suele estar presente en casi todos los trastornos mentales infantiles y es muy frecuente encontrar en todo tipo de niños síntomas depresivos. Sin embargo, hasta hace aproximadamente 30 años no se diagnosticaban o se identificaban como tales pues la mayoría de las veces se manifiestan de manera encubierta, es decir, a través de síntomas que no son los característicos de una depresión, siguiendo los criterios diagnósticos de los adultos.

Los niños y los mayores coinciden en la presencia de tristeza (como síntoma fundamental y característico), pérdida del placer, fatiga, problemas de concentración y en la ideación suicida (*véase* capítulo «Trastornos del estado de ánimo»). Las diferencias están en que los niños y los adolescentes suelen presentar más sentimientos de culpa e intentos de suicidio que los adultos, y síntomas encubiertos como hiperactividad, disminución del interés, quejas somáticas (de dolores y malestar físico sin causa), dificultades escolares o rechazo escolar.

Las formas de depresión en la infancia suelen variar según la edad, así, entre los niños menores de cinco años son frecuentes los síntomas de inhibición y aislamiento, llanto, reducción del contacto visual y del habla (esto es, miran menos a los ojos y hablan menos), humor irritable, disminución de sus actividades, del interés por las cosas y de las relaciones sociales, problemas en el sueño y de la alimentación.

En los niños entre seis y 11 años es más frecuente la presencia de síntomas encubiertos como fracaso escolar, irritabilidad o agresividad, así como problemas de ansiedad, autoestima negativa, sentimientos de culpa y cansancio excesivo.

En la adolescencia, el diagnóstico suele ser difícil de realizar, pues en esta etapa tan importante del crecimiento, donde se desarrolla la personalidad, se empiezan a asumir responsabilidades de adulto y se producen cambios importantes tanto físicos como psicológicos, muchas depresiones pasan desapercibidas como crisis adolescentes. Por otro lado, los síntomas depresivos son similares a los de los adultos.

Las depresiones infantiles suelen ser recurrentes o repetitivas. Los niños y los adolescentes que han padecido episodios depresivos tienen grandes probabilidades de padecerlos durante la vida adulta. Como hemos dicho al principio, es frecuente su aparición junto con otros desórdenes. Aproximadamente un 70% de estos niños sufre también un trastorno de ansiedad o severos síntomas ansiosos. Asimismo, es común que aparezca junto a los desórdenes de conducta y al trastorno por déficit de atención con hiperactividad.

Los niños con algún trastorno psiquiátrico además de la depresión suelen presentar episodios depresivos más severos y tardar mucho más tiempo en recuperarse.

## PROBLEMAS ASOCIADOS

COMO CUALQUIER otro desorden mental de aparición temprana, la depresión puede afectar al desarrollo psicológico de la persona, afectando su autoestima, sus motivaciones, su manera de desenvolverse en la vida, su afectividad, sus relaciones con los demás, su aprendizaje, y su manera de pensar sobre sí mismo, el mundo y el futuro.

## DATOS SOBRE LA DEPRESIÓN

■ Es un trastorno bastante frecuente. Se estima que aproximadamente un 10% de los niños sufre síntomas depresivos. Igualmente, parece que menos del 1% de los niños en edad preescolar, y entre el 2 y el 3% de los niños que van a la escuela, padecen depresión. En los adolescentes las cifras son similares a las de los adultos.

■ En los niños pequeños la frecuencia es igual tanto en niños como en niñas, sin embargo, en la adolescencia es mucho más frecuente en las chicas.

## CAUSAS

Las causas de la depresión infantil son muy similares a las de los adultos, por ello recomendamos consultar el capítulo correspondiente a los «Trastornos del estado de ánimo» para más detalles. En líneas generales diremos que desempeñan un papel importante tanto los elementos biológicos como los psicológicos.

Entre los primeros destacan los genes, pues se ha observado una mayor probabilidad de padecer depresión en los hijos de personas deprimidas, y que ésta se da más en gemelos monocigóticos o genéticamente iguales, que en los dicigóticos o genéticamente diferentes.

Entre los factores psicológicos se destacan las relaciones entre padres e hijos.

Varios estudios han observado que, comparándolas con las relaciones entre niños normales y sus padres, éstas suelen ser más negativas, con menos expresión del afecto o más hostiles. Por otro lado, se observan habilidades sociales pobres y escasas, y relaciones con los compañeros, o con otras personas, alteradas. Estos problemas de relación pueden ser tanto causa de la depresión como una más de sus consecuencias. El niño deprimido resulta poco divertido o amigable para los demás niños y suele ser rechazado.

Al igual que los adultos, se observa que los niños también presentan errores de interpretación y esquemas negativos sobre la vida, esto es, su manera de pensar está predispuesta a hacer interpretaciones negativas de la información sobre sí mismos, sobre el mundo y sobre el futuro (*véase* teorías cognitivas de los trastornos del estado de ánimo). Las formas de relación con los padres, las experiencias negativas con otros niños o en la escuela, las críticas, etc., contribuyen a crear y consolidar estilos de pensamiento negativos y a distorsionar la información, especialmente en los niños vulnerables biológicamente a ella.

## TRATAMIENTOS

El tratamiento más eficaz suele ser múltiple, es decir, el que trabaja con el niño, la familia y la escuela, y el que incluye el uso de medicamentos cuando sea necesario. En general, las psicoterapias son las utilizadas para los adultos pero adaptadas a los niños y adolescentes. Los temas trabajados suelen ser los adecuados a su edad, como las relaciones con los amigos, el separarse de los padres o las relaciones y la comunicación familiares. Se trabaja también el entrenamiento en resolución de problemas y habilidades sociales, se enseñan técnicas de relajación, manejo del estrés y autocontrol.

Las terapias familiares suelen ser muy beneficiosas, no sólo para resolver posibles conflictos o formas inadecuadas de comunicación entre sus miembros, sino para que la familia comprenda el problema del niño y participen activamente en su recuperación. Por otro lado, es frecuente que uno de los padres sea también depresivo y que comuniquen a los hijos sus visiones pesimistas o negativas que tienen sobre sí mismos o el mundo.

La idea de incluir y trabajar en los diversos ambientes en los que se mueve el niño parte de la hipótesis de que para éste, más que para el adulto, los estresores ambientales pueden ser más importantes en el desarrollo de la depresión, que los pensamientos distorsionados y negativos. Por ello, es importante enseñar al niño maneras de afrontar el estrés y ofrecerle alternativas de conducta a los problemas (como mejorar sus relaciones con los compañeros, tener más autocontrol) para que no los resuelva con rabia o aislamiento.

# Trastornos del estado de ánimo

Este grupo de trastornos se caracterizan por fuertes alteraciones de la emoción afectiva, llegando al punto de sentir intensa tristeza o extrema euforia. El más conocido, por desgracia, es la depresión, ya que es uno de los trastornos más frecuentes en la población. En general, se siente una gran congoja, desesperación, abatimiento, sensación de inutilidad o incapacidad para tomar una decisión.

La depresión como síntoma, es decir, los sentimientos depresivos, suelen estar presentes en otros muchos desórdenes mentales, como por ejemplo en la esquizofrenia, en los trastornos de la personalidad, en las disfunciones sexuales, etc. Sin embargo, y como veremos posteriormente, para diagnosticar una depresión como síndrome se requiere la presencia de otros síntomas aparte de sentir una excesiva tristeza.

Por otro lado, la manía sería lo contrario. Excesiva actividad, delirios de grandeza, intensa alegría o mucha velocidad para todo (hablar, pensar, etc.) son algunos de los síntomas más frecuentes. Y aunque puede presentarse sola, lo más común es que vaya acompañada de episodios depresivos.

El tipo de síntomas presentes en una persona marcan la diferencia entre los distintos trastornos del estado de ánimo, así tenemos:

- **Trastorno depresivo mayor:** es lo que conocemos normalmente como depresión. Puede recibir el nombre de unipolar.
- **Distimia:** la persona está crónicamente deprimida pero no presenta todos los síntomas, o de forma tan aguda ni tan fuerte, como se exige para diagnosticar un trastorno depresivo mayor.
- **Trastornos bipolares:** también conocidos como trastornos maníaco-depresivos. Se distinguen dos tipos:

  - **Bipolar I:** la persona ha presentado un episodio de manía, o mixto, manía y depresión.
  - **Bipolar II:** la persona ha padecido episodios depresivos y no ha padecido episodios maníacos pero sí hipomaníacos (la hipomanía es una

manía mucho más floja y menos dramática).

- **Ciclotimia**: es un trastorno crónico en el que se presentan frecuentes estados de ánimo depresivos que se alternan con hipomanía, pero no de forma tan aguda o fuerte, como en los trastornos bipolares.

Aunque a primera vista la distinción entre el trastorno depresivo mayor y los bipolares parece que es exclusivamente la ausencia o presencia de episodios de manía, se han encontrado otros factores que contribuyen a marcar la diferencia entre ambos. Por ejemplo, la edad. Es más frecuente que se origine la depresión a una edad más tardía que la que suele empezar con un trastorno bipolar. Las sales de litio (sustancia que se usa como antipsicótico) es más eficaz para el tratamiento de los bipolares que para los depresivos. Igualmente, los familiares de los bipolares suelen presentar más trastornos del estado de ánimo que los familiares de los pacientes deprimidos, sugiriendo un componente genético más fuerte en los primeros. A pesar de todo, las teorías más actuales proponen que los diferentes trastornos corresponden a diferentes niveles de severidad o gravedad del mismo desorden mental.

## TRASTORNOS DEPRESIVOS

## TRASTORNO DEPRESIVO MAYOR

Los trastornos depresivos pueden manifestarse de diferentes maneras, con distinta gravedad, y los síntomas que presentan son muy variados. Así, se dan casos en los que aparece un solo episodio, casos que padecen episodios frecuentes y otros en los que se dan casi de forma permanente. En cuanto a su gravedad, ésta puede ser desde leve hasta muy grave.

Existen varios síntomas muy característicos de la depresión, aunque el principal es una tristeza excesiva. A pesar de ello, es necesario que una persona presente al menos otros cinco síntomas durante un tiempo concreto para pensar que estamos ante un episodio depresivo. Los más habituales son:

- Estado de ánimo deprimido la mayor parte del día y casi cada día. La tristeza es el síntoma básico, con sensación de vacío, llanto, desesperación, infelicidad, etc. En algunos casos, pueden presentar anhedonia (completa ausencia de la capacidad de sentir placer o afecto, ni siquiera tristeza), irritabilidad o nerviosismo.
- Fuerte reducción del interés por, o de la capacidad de disfrute de, casi todas las actividades. Aparte de las más obvias como acudir al trabajo o relacionarse socialmente, pueden sentir muy duras otras actividades más cotidianas como asearse o levantarse de la cama. En casos muy extremos se puede llegar hasta el estupor depresivo (estado en el que se da una extrema incapacidad de respuesta), en el que la persona puede presentar mutismo o parálisis generalizada casi totales.
- Pérdida importante de peso que no es debida a estar haciendo régimen, o lo contrario, ganar peso. Esta alteración tiene que ser notoria. Por ejemplo, un cambio de más del 5% de peso corporal (perdido o ganado) en un corto periodo de tiempo. También suele ir acompañado de la disminución o aumento del apetito casi cada día.

- Todo tipo de dificultades para dormir. No lograr conciliar el sueño, no poder volver a dormir después de haberse despertado en mitad de la noche, despertares a horas muy tempranas, o lo contrario, algunos pacientes duermen gran parte del día. Los problemas con el sueño son particularmente característicos, afectando a la gran mayoría de pacientes deprimidos (entre el 70 u 80%).
- Cambio en el nivel de actividad. Los pacientes pueden estar muy letárgicos, con dificultades para enterarse bien de lo que leen o les dicen, con una forma de hablar lenta y un tono monótono y bajo. Por otro lado, también pueden estar muy agitados, sin poder sentarse quietos, retorciéndose las manos, quejándose, suspirando, etc.
- La manera de pensar sobre uno mismo se vuelve negativa, con autorreproches y sentimientos de culpa muy intensos, así como la percepción del futuro y de todo lo que rodea a la persona deprimida.
- Problemas de concentración. Dificultades a la hora de tomar decisiones, pensamiento más lento, etc.
- Pensamientos sobre la muerte, ideas, planificación e incluso intentos de cometer suicidio.
- A menudo presentan también quejas de dolores físicos como el de cabeza o espalda, sentimientos de fatiga, disminución del funcionamiento sexual y un deterioro marcado en las relaciones con los demás.

Para diagnosticar depresión como trastorno del estado de ánimo cuando se presentan estos síntomas, hay que descartar que hayan sido producidos por situaciones de duelo como la muerte de un ser querido, o por alguna enfermedad física, uso de drogas o debidos a otro desorden mental.

## SUBTIPOS DE DEPRESIÓN

ALGUNAS VECES, los pacientes depresivos pueden sufrir alucinaciones o ideas delirantes (de culpa, enfermedad, etc.), que en general suelen ser congruentes con su estado de ánimo. Es decir, el delirio o lo que se «alucina» depende del estado del paciente. Por ejemplo, cuando se siente hundido e inútil, puede tener alucinaciones de voces que le menosprecian o que le inculpan. Si el caso fuera de alucinaciones incongruentes, la persona podría tener, por ejemplo, delirios de persecución o de que alguien le manda pensamientos. Este tipo de depresión suele recibir el nombre de **depresión psicótica**, que suele ser más severa que otros tipos e implica más deterioro social.

Otra clase distinta es la **depresión melancólica**. En estos casos los pacientes presentan una fuerte pérdida de la capacidad de sentir placer con cualquier actividad, ni siquiera por un espacio breve de tiempo o cuando pasan cosas buenas, tienen pérdida de peso y apetito, y se muestran letárgicos o agitados. Sus sentimientos depresivos son peores por la mañana y suelen sentir una culpa excesiva o no apropiada a la realidad.

Algunos casos, pueden presentar **rasgos catatónicos**. Entre ellos estarían el mutismo o una parálisis casi total. También es posible todo lo contrario, esto es, movimientos excesivos, realizar actividades sin motivo o propósito alguno, etc. Este tipo de rasgos pueden darse tanto en episodios depresivos como de manía.

El siguiente subtipo no está aún definido con claridad pero, debido a sus características, todo apunta a que se podría incluir dentro de los trastornos depresivos. Éste sería un trastorno **mixto de ansiedad y depresión**. Muchos pacientes presentan síntomas de los dos desórdenes, pero no los suficientes de cada uno como para diagnosticarlos por separado. Los síntomas más habituales suelen ser la preocupación, el anticipar lo peor, la irritabilidad (ansiedad) y fatiga, la desesperación y la baja autoestima (depresión).

Se han observado otros tipos de depresión que estarían asociados a circunstancias específicas, como por ejemplo, la **depresión posparto** o la **estacional** (hay una relación entre los episodios depresivos y una época concreta del año, por ejemplo, la primavera). Éstas sólo se diferenciarían de los otros tipos en que tienen una causa más concreta, y a la hora de programar una terapia se tiene en cuenta los factores que pudieron desencadenar el episodio. Por ejemplo, la mayor parte de las investigaciones de la depresión esta-

## DATOS SOBRE LA DEPRESIÓN MAYOR

- Los trastornos del estado de ánimo son uno de los desórdenes mentales más extendidos de la población. Entre el 13 y 15% declaran tener síntomas depresivos, aunque es alrededor de un 5% los que necesitan atención hospitalaria.
- La frecuencia es el doble en mujeres que en varones.
- Las cifras aumentan también en algunos grupos de población. Por ejemplo, es más frecuente en las personas que se encuentran en paro o con problemas laborales, en las ciudades más que en las zonas rurales y entre los separados o divorciados.
- La edad media de inicio suele ser alrededor de los 25-30 años para ambos sexos.
- La depresión tiende a ser recurrente, esto es, los pacientes tienden a experimentar recaídas. Se ha estudiado que alrededor de un 80% suele sufrir otro episodio al año de haberse recuperado. Muchos casos se vuelven crónicos, aunque la mayor parte se acaba por recuperar.
- La probabilidad de una recaída disminuye con el tiempo. Es decir, cuanto más tiempo un paciente deprimido está sin sufrir un episodio, menor será la probabilidad de una recaída.
- Parece que hay un componente genético. Un factor de riesgo importante es que haya antecedentes de depresión en la familia.
- La aparición de este desorden ha ido aumentando en los últimos tiempos así como la edad media de su inicio ha ido disminuyendo, es decir, cada vez hay más casos de depresión en gente más joven. Una de las causas que más se barajan son los cambios sociales. Hoy en día las condiciones de vida como el trabajo, las relaciones de pareja, la independencia económica, etc., tienden a ser más inseguras o inestables, y los jóvenes cuentan con menos apoyos, tanto sociales como familiares. Quizá esto los puede predisponer a ser más vulnerables a padecer los síntomas negativos característicos de la depresión.

cional se han dedicado a aquellos pacientes que suelen deprimirse en invierno. Todo parece indicar que es debida al número de horas de luz, así, se ha incluido en el tratamiento que los pacientes se expongan a lámparas de luz natural en invierno. Los resultados son muy positivos y la terapia se muestra muy eficaz.

## DISTIMIA

SE DEFINE la distimia como una depresión prolongada pero cuyos síntomas no son tan acusados como para diagnosticar un trastorno depresivo mayor.

Podría decirse que las personas distímicas están deprimidas crónicamente. Aparte de sentirse tristes y perder el placer en actividades habituales, también tienen el sueño alterado (duerme mucho o muy poco), baja autoestima, problemas de concentración, tendencia al aislamiento, desesperanza... Estos problemas son menos graves que los de la depresión, pero duran más, como mínimo dos años. Durante este tiempo no suelen tener periodos libres de síntomas, pero a la larga, pueden desarrollar episodios de depresión mayor.

La categoría de distimia sustituye a lo que antes se conocía como depresión neurótica y personalidad depresiva. Algunos expertos la consideran como una forma muy severa de depresión, por su cronicidad, es decir, por ser constante y con apenas periodos de normalidad.

## TRASTORNOS BIPOLARES

ESTOS TRASTORNOS se llaman bipolares porque los pacientes experimentan síntomas extremos, o de ambos polos, del estado de ánimo. Es decir, experimentan desde extrema tristeza (episodios depresivos) hasta excesiva euforia (episodios maníacos).

Los episodios maníacos pueden variar en cuanto a gravedad, pudiendo ser desde ligeros a muy graves. Pueden ocurrir una sola vez (se denominaría trastorno bipolar con episodio único de manía) o darse con frecuencia.

Al igual que en el trastorno depresivo mayor el síntoma principal es la tristeza, el de la manía es un estado de ánimo anormalmente elevado, expansivo (eufórico) o irritable, acompañado de otros síntomas, como mínimo tres, durante un periodo de tiempo concreto. Entre estos, los más habituales son:

- Aumento de los niveles de actividad o de energía tanto en el trabajo como en la vida social, en la actividad sexual, etc. El paciente puede estar constantemente haciendo planes o proyectos, sienten gran desinhibición y su control de los impulsos es muy pobre. Su sen-

### DATOS SOBRE DISTIMIA

■ Es menos habitual que el trastorno depresivo mayor, aunque también es dos veces más frecuente en mujeres que en varones.

■ Se suele dar con más frecuencia en adultos mayores y, al igual que en la depresión, se da más en las ciudades que en el medio rural, y más en personas solas que en casadas.

■ Puede convertirse en un trastorno depresivo mayor.

■ El número de recuperaciones de pacientes con distimia es menor que el de los deprimidos.

sación de fatiga disminuye y parece que no se cansan nunca.

- Reducción del sueño o de la necesidad de dormir, quizá debido a su excesiva actividad mental y física.
- Mucho más habladores de lo habitual (verborrea) y su habla es muy precipitada.
- El pensamiento está también muy acelerado, con fuga de ideas. Esto es, en su cabeza surgen múltiples pensamientos y éstos van más deprisa de lo que se necesita para poder expresarlos, suelen saltar de un tema a otro y ello implica una gran dificultad para concentrarse.
- Distraibilidad, su atención se desvía muy fácilmente con cualquier estímulo externo, es decir, aparte de su distracción mental debida a sus pensamientos rápidos y cambiantes, también se distraen mucho con cualquier cosa u objeto del entorno.
- Su autoestima es muy exagerada. Suelen creer que tienen talentos especiales, poderes o habilidades, tienen delirios de grandeza, etc. A menudo, estas sensaciones les llevan a cometer imprudencias temerarias como, por ejemplo, comprar irrefrenablemente, y quizá por encima de sus posibilidades, indiscreciones sexuales, regalar su dinero o el de su familia a desconocidos, etc.

En general, el paciente no sufre con estos síntomas sino todo lo contrario, se siente bien e incluso muy bien. Por esta razón, se vuelven entrometidos y controladores, y cuando algo o alguien se interpone en su camino, sienten gran hostilidad pudiendo llegar a ser muy agresivos (y alguna vez agredir físicamente). Curiosamente, cuando están curados o han pasado el episodio, suelen añorar como se sentían.

## HIPOMANÍA

LA DEFINICIÓN de hipomanía es una manía menos grave. Presenta los mismos síntomas que la manía (hiperactividad, excesiva autoestima, locuacidad, fuga de ideas, etc.), pero no de una manera lo suficientemente grave como para provocar alteraciones importantes dentro del ámbito laboral o social, o para necesitar hospitalización. Aun así, los síntomas no son característicos de la persona, y son notados por los demás como no normales.

Para diagnosticar estos trastornos hay que descartar que sean debidos a alguna enfermedad u otra causa física, a otra enfermedad mental (por ejemplo, algún trastorno psicótico), o por consumo de sustancias tóxicas o drogas.

## TRASTORNO BIPOLAR I

PARA DIAGNOSTICAR este trastorno la única condición que se exige es que la persona esté sufriendo o haya sufrido alguna vez un episodio maníaco. Por ejemplo, una persona puede haber padecido varios episodios depresivos y seguir padeciéndolos en el futuro, pero si alguna vez ha tenido uno maníaco, se diagnosticaría como bipolar I.

Este trastorno se puede manifestar de varias formas. Como acabamos de decir, una persona puede sufrir varios episodios depresivos (o varios de hipomanía con o sin depresión) y uno solo de manía; padecer solamente episodios maníacos; tener un trastorno mixto con episodios de depresión y manía; o sólo haber sufrido una vez de manía y nunca de depresión. En este último caso, el diagnóstico sigue siendo bipolar I, pues, como varios estudios han observado, más tarde o más temprano surge el otro extremo del estado de ánimo, esto es, el episodio depresivo.

## TRASTORNO BIPOLAR II

EN ESTE caso, y para definir el trastorno, el paciente no ha sufrido nunca de un episodio fuerte de manía, pero sí ha padecido al menos uno (o varios) de hipomanía, así como uno o varios depresivos mayores.

## CICLOTIMIA

SE PODRÍA definir la ciclotimia como un trastorno bipolar más continuo pero cuyos síntomas no son lo suficientemente graves como para impedir o alterar excesivamente la vida del paciente (tanto la laboral como la social, familiar, etc.).

Las personas con este trastorno padecen con frecuencia periodos con síntomas depresivos e hipomaníacos. El nombre nos lo indica ya de alguna manera, pues hace refe-

## DATOS DE LOS TRASTORNOS BIPOLARES

- No son tan frecuentes como los trastornos depresivos mayores. Se estima que se dan en alrededor del 1% de la población.
- Suelen darse más o menos por igual en mujeres y varones. Aun así, en las mujeres son más frecuentes los episodios depresivos que los episodios maníacos, cuando se comparan con los hombres.
- Hay más pacientes bipolares solteros o divorciados que casados.
- Puede aparecer en cualquier momento de la vida, aunque es frecuente que aparezca sobre los 20 o 25 años.
- Al igual que en la depresión, cuanto más tiempo pasa un paciente sin sufrir un episodio, menor será la probabilidad de una recaída. A pesar de ello, los pacientes bipolares tienen más recaídas que los depresivos, aunque se recuperan más rápido de los episodios.
- Los episodios de manía (y todavía más los de hipomanía) suelen ser más cortos que los de depresión. Aun así, son muy variables en cuestión de duración incluso para un mismo paciente. Es decir, un paciente puede padecer un episodio que dure meses, y con el tiempo padecer otro que sólo dure unos días.
- Los familiares cercanos de los pacientes bipolares tienen una mayor probabilidad de sufrir algún tipo de trastorno del estado de ánimo, ya sea depresión mayor o cualquiera de los bipolares. Sin embargo, los familiares de los pacientes deprimidos tienden más a desarrollar únicamente depresión.
- Un dato curioso es que se observa cierta conexión entre estos trastornos (especialmente los bipolares) y la creatividad. Artistas de la talla de Van Gogh, Miguel Ángel, Chaikovsky, personajes como Churchill y muchos otros, padecían alguno de estos desódenes. Quizá, los pensamientos acelerados, o el conectar un tema a otro de una forma no habitual en las personas sanas, unido al aumento de energía, pueden fomentar la creatividad en personas ya sensibles a ella, haciendo sus obras más geniales.

rencia al modo cambiante, cíclico del afecto (-*timia* significa «afecto»). Estos periodos pueden presentarse de manera mixta, alternándose primero uno (por ejemplo, síntomas depresivos, se siente vacío y desesperado, rehúye a los demás) y luego otro (síntomas maníacos, se siente grandioso y genial, se desinhibe con los otros), o estar separados por periodos de normalidad. Aun así, para diagnosticar ciclotimia, los periodos de ánimo normal deben ser bastante cortos, y los síntomas casi siempre presentes.

## CAUSAS Y TRATAMIENTOS

### CAUSAS

LOS TRASTORNOS del estado de ánimo han sido, y son, uno de los problemas más estudiados. Quizá porque la tristeza y la euforia son emociones fáciles de identificar, o quizá porque afectan a mucha gente, han sido objeto de la curiosidad científica desde hace muchos siglos. Por ejemplo, Hipócrates en el siglo IV a. de C. ya definía y clasificaba estos trastornos, considerándolos una consecuencia de un desequilibrio en los humores (líquidos como la bilis, sangre, etc.) del cuerpo.

### DATOS SOBRE CICLOTIMIA

- Suele comenzar en la adolescencia o al principio de la edad adulta.
- Los pacientes pueden llegar a desarrollar, con el tiempo, episodios de depresión mayor y/o de manía.
- Entre los pacientes, también hay más solteros y separados que casados.

Volviendo a nuestra época, existen también muchas teorías que, desde varias perspectivas, intentan explicar las causas de estas alteraciones. Unas remarcan el papel de las experiencias negativas o estresores a lo largo de la vida (pero especialmente en la infancia); otras enfocan más al individuo y su manera de ver las cosas, pensar o sus relaciones con los demás, y finalmente, otras tienen en cuenta factores biológicos y genéticos que desempeñan un papel importante en el desarrollo de estos trastornos.

Pese a la variedad de teorías, se podría concluir que todas ellas se complementan y ninguna es incompatible. Es decir, las causas que proponen unas y otras son igual de válidas (muchas explican las mismas cosas pero con distintos términos) y se encuentran con frecuencia en los pacientes. Uno de los puntos de coincidencia de casi todas es la combinación de cierta vulnerabilidad o predisposición a la depresión y algún factor de estrés que la desencadene. Así, la manera más útil de entender estos trastornos, y poder diseñar tratamientos adecuados, es teniendo en cuenta todos los factores que proponen las diversas teorías.

### TEORÍAS DE LOS TRASTORNOS DEPRESIVOS

#### Teorías psicoanalíticas

CONSIDERAN COMO punto básico conflictos inconscientes que están asociados a la pérdida y al dolor. Todo empezaría en la fase oral del desarrollo psíquico del niño (más o menos de cero a dos años). En esta etapa, las necesidades del niño como el alimentarlo, cuidarlo, atenderlo, etc. pueden verse insuficiente o excesivamente satisfechas (cumplidas), y causar el que la persona quede fijada en esta fase. Esto produciría una fuerte tendencia a depender emocionalmente de los demás.

Debido a esta dependencia, cuando el niño experimenta frustraciones, cuando no consigue la satisfacción (el objeto) de sus necesidades o cuando se enfrenta a la pérdida de un ser querido (ya sea por muerte o, más comúnmente, por separación, abandono o retirada del afecto), siente ira.

Para hacer que el impacto emocional de la pérdida sea menor, el niño introyecta, esto es, interioriza o incorpora a su «yo», la persona o el objeto amado y perdido, quizá como un intento de no perderlo. El problema es que como siente ira hacia este objeto o persona amada debido a la frustración y dolor que le produce su pérdida, esta ira ahora es dirigida hacia sí mismo. De la misma manera, siente remordimientos y culpabilidad por estos sentimientos hostiles, generando constantes autorreproches y disminuyendo la autoestima. Esta forma de enfrentarse a las pérdidas predispone al niño a actuar de manera similar en el futuro, cuando crezca, y hace que sea más vulnerable a la depresión.

Estas teorías se han ido desarrollando a lo largo del tiempo. Actualmente, plantean un factor de vulnerabilidad (o predisposición) a la depresión y un factor de estrés desencadenante. Por ejemplo, las pérdidas en la infancia de un «objeto» amado dejan a la persona muy sensible a las sensaciones de abandono, creando una excesiva dependencia y necesidad de aprobación por parte de los demás. Cuando de adulto se encuentre con rechazos, críticas o abandonos le resultará muy difícil superar la frustración que producen, conduciéndole a la depresión.

## Teorías cognitivas

LOS PROCESOS cognitivos, como los pensamientos, creencias y razonamientos, desempeñan un papel decisivo en las emociones. Las teorías cognitivas de la depresión (y también de otras emociones como por ejemplo la ansiedad) consideran estos procesos como los factores más importantes a la hora de causar o influir en el estado de ánimo. Hay varias hipótesis:

### Teoría de A. Beck

ESTE AUTOR ha desarrollado una de las teorías más influyentes de las causas y mantenimiento de la depresión. El argumento central es que las personas deprimidas se sienten así porque sus pensamientos, o sus maneras de pensar (cognición), están predispuestas a hacer interpretaciones negativas de la información sobre sí mismas, sobre el mundo y sobre el futuro.

Nuestra forma natural (e inconsciente) de organizar todo tipo de información que recibimos, es a través de la creación de esquemas mentales. Éstos nos ayudan a percibir esta información, almacenarla, clasificarla y acceder a ella más sencillamente.

De acuerdo con Beck, las experiencias traumáticas durante la infancia y adolescencia, como la pérdida de los padres, el rechazo de los compañeros, las críticas de los profesores, las actitudes depresivas en los padres, etc., contribuyen a la creación de esquemas negativos sobre la vida. Éstos contienen exigencias poco realistas y muy rígidas que hacen a la persona vulnerable a la depresión. Un ejemplo sería: «Si no soy completamente perfecto y exitoso, no soy nadie ni valgo la pena».

Estas creencias o esquemas negativos se activan cuando, en la vida adulta, se encuentran situaciones que se parecen de alguna manera (e incluso remotamente) a las circunstancias en las cuales fueron aprendidos (estresores). Al estar activos, actúan como filtros a la hora de procesar nueva información y la distorsionan.

El resultado son cogniciones distorsionadas, o errores en interpretación de los depresivos, que dirigen más su atención hacia la información que confirma estos pensamientos en vez de hacia aquélla que la desconforma. Algunas de las cogniciones distorsionadas más comunes son:

- **Inferencia arbitraria:** sacar conclusiones negativas cuando no hay evidencia para ello (e incluso cuando la evidencia es contraria a la conclusión). Por ejemplo, una persona se cree un inútil porque llueve el día que ha planeado una fiesta en el jardín.
- **Abstracción selectiva:** se saca una conclusión en base a un detalle concreto ignorando otros más relevantes. Así, una persona cree, por ejemplo, que su jefe no está contento con él, pues le ha corregido una parte de su trabajo, pese a haber alabado el resto.
- **Generalización excesiva:** se extrae una conclusión general en base a un hecho aislado. Un ejemplo sería la persona que se cree estúpida después de haber fallado un día concreto en su trabajo.
- **Personalización:** tendencia a relacionar sucesos externos a uno mismo sin ninguna evidencia para hacerlo. Por ejemplo, un anuncio general en el lugar de trabajo de que será inspeccionada la labor de cada uno, hace pensar a la persona que ha cometido fallos y no se fían de él.

Otros errores cognitivos serían hacer enorme, o lo contrario, mínima, la importancia o el significado de un acontecimiento; y el pensamiento absoluto en términos opuestos, es decir, se piensa en blanco o negro, o todo bueno o todo malo.

El problema es que estas distorsiones confirman los esquemas negativos sobre la vida, que a su vez producen más distorsión cognitiva, y así sucesivamente, produciendo un círculo vicioso.

Según Beck, esto es lo que causa el estado de ánimo deprimido y el resto de los síntomas, y también es la razón de su mantenimiento. Lo llama la **tríada cognitiva negativa** e incluye pensamientos negativos sobre uno mismo, el mundo y el futuro.

*Teoría de la indefensión aprendida y de la atribución*

LA IDEA central es que los comportamientos o actitudes depresivas se adquieren a través de experiencias desagradables o traumáticas que la persona ha tratado de controlar y no ha podido. Cuando la persona se da cuenta de que haga lo que haga no puede cambiar o reducir estas situaciones, surge la sensación de indefensión, las reacciones depresivas, y posteriormente, la depresión.

Esta teoría se reformuló con el tiempo para poder explicar por qué las personas deprimidas sentían además baja autoestima, culpabilidad o un estado de ánimo deprimido. De acuerdo con la hipótesis de la indefensión aprendida, si son las situaciones las que son consideradas incontrolables, ¿por qué los pacientes se sienten mal consigo mismos?

La aclaración viene dada por el concepto de **atribución**, que es la explicación que se da una persona a sí misma sobre su comportamiento y sobre las causas de la incontrolabilidad.

La manera en que la persona atribuya las causas, esto es, encuentre explicaciones, de por qué las cosas salen mal, de sus fallos o de por qué no puede cambiar la situación, influirá en las consecuencias que conllevan esas circunstancias.

Por ejemplo, una persona ha suspendido un examen de matemáticas importante. La primera pregunta sobre el porqué de este fallo sería: ¿el haber suspendido es por mi culpa? (causa **interna** o personal), o bien, ¿es debido a factores externos, como el tipo de examen, el profesor, etc.? (causa **externa** o universal).

La siguiente pregunta sería si las causas son **estables**, es decir, siempre le pasan a uno, o son **inestables**, esto es, han sido sólo esta vez, son temporales. Finalmente, se preguntaría si el fallo es **global**, le pasa en todo tipo de situaciones, o **específico** el fallo en los exámenes o en su vida académica.

Algunos ejemplos de las posibles respuestas, dependiendo de a qué tipo de causas atribuyen el fallo en el examen, serían: «Se debe a que estaba agotado» (inestable, interna y global); «estos exámenes son una lotería y muy injustos» (estable, externa y global); «era un día de mala suerte» (inestable, externa y global); «nunca hago nada bien, soy tonto» (estable, interna y global); «no tengo ni idea de matemáticas» (causa específica, estable e interna); «estaba harto de estudiar matemáticas» (específica, inestable e interna), «estos exámenes son muy injustos» (específica, estable y externa); «el profesor puso cosas que no dijo que iban a entrar» (causa específica, inestable y externa).

De esta manera, la gente se deprime cuando se atribuyen los sucesos negativos de la vida a causas **internas, estables** y **globales**. Más concretamente, al pensar que las causas son internas, se produce una reducción en la autoestima («soy estúpido»); considerar que son estables y no temporales hace que los sentimientos depresivos y de indefensión se prolonguen en el tiempo («nunca hago bien los exámenes»). Finalmente, si la causa es global, se generalizará a otras situaciones, esto es, afectará a muchas facetas de la vida de la persona («nunca hago nada bien»). De acuerdo con la teoría, las personas proclives a la depresión muestran este estilo depresógeno a la hora de atribuir causas o de dar explicaciones. Cuando se encuentran con experiencias adversas o desgraciadas (estresores), se deprimen y su autoestima se hace añicos.

### Teoría de la desesperanza

ESTA HIPÓTESIS propone que ciertas depresiones son causadas por un estado de desesperanza, que básicamente es la expectativa, o la creencia en la probabilidad de que las cosas agradables y positivas no van a ocurrir (o que sólo ocurren las no deseables y negativas), acompañada de la sensación de no poseer recursos o respuestas para que la situación cambie (este último punto se refiere a la indefensión de la teoría anterior).

La desesperanza puede surgir por varias razones. Puede deberse a la aparición de sucesos muy negativos en la vida de una persona y a la indefensión ante ellos, a la atribución de éstos a causas internas, estables y globales, al tipo de conclusiones que una persona crea sobre las consecuencias del suceso negativo, por falta de apoyo social...

De acuerdo con la teoría, la desesperanza es causa suficiente y necesaria para este tipo de depresiones, pero también da una explicación a las que ocurren con otros trastornos mentales como el obsesivo-compulsivo, el de pánico, los de ansiedad o el de estrés postraumático. Por ejemplo, en estos desórdenes se observan expectativas de indefensión ante las situaciones temidas o negativas, cuando esta expectativa se vuelve certera se desarrollan los síntomas del desorden y los depresivos al no poder hacer nada por cambiar las circunstancias. Luego, si la creencia en la probabilidad de que sólo ocurren cosas negativas en la vida de uno se vuelve certera, surge la desesperanza.

### Teorías de la conducta

DESDE ESTA perspectiva se intenta ver los problemas de las personas deprimidas en términos de comportamientos aprendidos, y de los estímulos y las respuestas que mantienen las conductas desajustadas. Se considera la depresión como una respuesta a la reducción de los estímulos positivos que refuerzan una conducta (un premio, lograr algo deseado y por lo que se ha trabajado, etc.).

### *Teoría de autocontrol*

LA DEPRESIÓN es también un problema de autocontrol. Los reforzadores externos dependen del comportamiento de la persona, es decir, de lo que hace o deja de hacer para obtenerlos. La reducción de estos reforzadores afectará más (o producirá más reacciones depresivas) a personas que ten-

gan déficit en las conductas de autocontrol. Así, se ha observado que los depresivos muestran:

- **Déficit en autoobservación:** prestan más atención a lo negativo que a lo positivo, y a las consecuencias inmediatas antes que a las que ocurren más a largo plazo.
- **Déficit en autoevaluación:** son más negativos evaluándose a sí mismos y sus conductas, tienen criterios para autoevaluarse irreales o muy difíciles de cumplir. Lo negativo lo suelen atribuir a causas internas, estables y globales, mientras que lo positivo lo atribuyen a causas externas, inestables y específicas.
- **Déficit en autorreforzamiento:** se autorrecompensan menos y se autocastigan más, lo que puede ser debido a los déficit mencionados arriba. Por ejemplo, si la autoevaluación y atención de una persona es sólo hacia lo negativo, tenderá a castigarse más y le será difícil autorrecompensarse.

Estos fallos en conductas de autocontrol, en los refuerzos de las conductas, atribuciones, interpretaciones de la realidad y expectativas negativas, se supone que pueden ser el resultado de aprendizajes inadecuados durante la infancia.

Podemos comprobar que estas teorías también proponen un factor de vulnerabilidad, que serían estos fallos o déficit, y un factor de estrés como desencadenante de la depresión, que sería la pérdida de refuerzos positivos. Igualmente, se puede observar que incluyen procesos cognitivos (atribuciones, maneras de pensar, etc.), o mejor dicho, parte de las teorías cognitivas mencionadas más arriba, para conceptuar la depresión.

## Teorías interpersonales

SON LAS teorías más recientes y remarcan la importancia de las relaciones entre la persona deprimida y los demás. Se examinan tanto las relaciones familiares como las sociales en todos los ámbitos, esto es, en el trabajo, amistades, etc.

Las propuestas también incorporan conceptos de otras teorías como las cognitivas o las conductuales. De la misma manera, también proponen un factor de vulnerabilidad y un estresor en el desarrollo de la depresión.

En general, los deprimidos suelen tener una escasa red de relaciones, lo que implica un apoyo social reducido. Este menor apoyo puede hacer que disminuyan las habilidades de la persona en el manejo de acontecimientos negativos o estresantes (por ejemplo, no tiene a nadie a quien acudir en busca de consejo, apoyo o ayuda), haciendo a la persona más vulnerable a la depresión.

El comportamiento de las personas deprimidas suele provocar rechazo en los demás. En un principio, la persona busca el apoyo de los más cercanos, que en general se lo ofrecen. Este apoyo suele fomentar las conductas depresivas, es decir, se obtiene un apoyo y una atención que probablemente de otra manera no se tendrían. El problema es, que habitualmente estas conductas llegan a ser aversivas e irritantes para los demás, y producen el rechazo. Así, la persona se siente más deprimida y se confirma su esquema o visión negativa de sí mismo y del mundo.

Otra propuesta es que quizá debido al concepto tan negativo de sí mismos que tienen, tienden a dudar de la sinceridad del apoyo ofrecido por los demás, con lo cual no quedan satisfechos y exigen más y más apoyo. Estas dudas y estas exigencias son un círculo vicioso en el que sólo participa el deprimido. Los otros consideran este comportamiento inconsistente y surge el rechazo. De esta manera, los deprimidos consiguen la confirmación de su visión negativa y se siente más deprimidos.

Un estresor desencadenará reacciones depresivas con más probabilidad, en personas que sean vulnerables. Lo que hace vulnerable a una persona son ciertos **déficit en habilidades sociales.** Así, se ha observado que los deprimidos poseen poca habilidad en la resolución de problemas, mantienen conversaciones de una forma muy pobre (esto es, dudan mucho cuando hablan, los temas son con frecuencia negativos hacia ellos mismos, etc.), miran poco a los ojos, experimentan mucho estrés, y su comportamiento contribuye a crearlo. Otros factores que contribuyen a la vulnerabilidad serían un escaso y malo apoyo social, tener esquemas negativos sobre uno mismo, el mundo y el futuro, etc. Todos estos elementos son adquiridos en la infancia. El aprendizaje procede de una familia con habilidades inadecuadas, bien por experiencias negativas (rechazo, abuso, separación...), bien por otras causas.

Cuando la persona se enfrenta a circunstancias estresantes, no es capaz de afrontarlas debidamente. Esto le lleva a hacer interpretaciones negativas de sí mismo y de su entorno, y como tienen poco apoyo social, empiezan a surgir los síntomas depresivos; pocas habilidades de resolución de problemas y una visión negativa del mundo.

## TEORÍAS DE LOS TRASTORNOS BIPOLARES

LAMENTABLEMENTE EXISTEN muy pocas teorías que intenten explicar los episodios maníacos de los desordenes bipolares y estas están poco elaboradas. No obstante, se asume que las explicaciones de los trastornos depresivos sirven para explicar la fase o los episodios depresivos de éstos.

**Teorías psicodinámicas**

Es CASI la única perspectiva que ha intentado hallar una explicación a la manía, pues, tiempo atrás se consideraba que sus causas eran biológicas o genéticas. En general, consideran que es una defensa contra un estado psicológico debilitante. Les permite eludir conflictos o situaciones dolorosas.

Freud consideraba que cuando se superaba la pérdida del «objeto» amado (*véase* Teorías psicoanalíticas de la depresión), toda la energía que antes se empleaba en los conflictos internos debidos a la hostilidad que se sentía hacia el «objeto» (por su pérdida o hacia uno mismo por haberlo introyectado) queda libre. Así pues, el episodio de manía sería el resultado de toda esa energía que ahora se dirige hacia fuera, hacia el mundo exterior.

Diferentes estudios han demostrado que, a pesar de su buen funcionamiento mental entre episodios, estas personas tienen una muy baja autoestima y una gran dependencia de la aprobación y apoyo de los demás. Ante experiencias estresantes o negativas, la manía surgiría como una defensa contra los sentimientos de rechazo, inutilidad o desprecio producidos por esas circunstancias.

**Teorías cognitivas**

CONSIDERAN QUE los componentes biológicos y genéticos tienen más importancia en el desarrollo de los episodios maníacos que los factores de personalidad (que harían a la persona vulnerable) o eventos externos estresantes.

Su forma de pensar o sus creencias también estarían distorsionadas y tendrían reglas rígidas y poco realistas. Sin embargo, la tendencia es a exaltar lo positivo, siendo una de las consecuencias la elevación exagerada de la autoestima, por ejemplo: «cada vez que hago algo bien demuestro lo superior que soy». Así pues, los errores cometidos al interpretar la realidad (por ejemplo, inferencia arbitraria, abstracción selectiva, sobregeneralización, etc. (*véase* Teorías de los trastornos depresivos), se basan en esta mirada tan positiva y elevada. No obstante, su pensamiento es excesivamente grandioso.

## TEORÍAS BIOLÓGICAS DE LOS TRASTORNOS DEL ESTADO DE ÁNIMO

MUCHAS SON las causas que han llevado a los investigadores a estudiar con más profundidad los factores biológicos de los desórdenes depresivos y bipolares. Observar que la predisposición a padecer uno de estos trastornos es heredada, los efectos en el estado de ánimo que producen ciertos procesos biológicos y lo efectivos que son los tratamientos con algunos fármacos, indica el importante papel que desempeñan.

**Predisposición genética**

MÚLTIPLES ESTUDIOS han encontrado que los familiares de primer grado (hijos, hermanos, etc.) de pacientes con un trastorno del estado de ánimo tienen una gran probabilidad de desarrollar también un desorden afectivo.

Alrededor del 15 al 20% de los familiares de los bipolares han sufrido algún episodio, aunque curiosamente, presentan más casos de depresión mayor que de trastorno bipolar.

Asimismo, tienen más riesgo de padecer estas alteraciones que los familiares de los unipolares.

### Neuroquímica

DEBIDO AL éxito de los fármacos, muchas investigaciones se han enfocado hacia el estudio de los neurotransmisores y su papel en los estados de ánimo.

Los neurotransmisores son, básicamente, sustancias que funcionan como vehículos de comunicación entre neuronas. Los más estudiados son las monoaminas, y entre ellas, la serotonina y la norepinefrina (antiguamente llamada noradrenalina) y sus alteraciones, tanto en transmisión como en la cantidad. Éstos están implicados en la regulación de las respuestas a las situaciones de estrés y en la modificación de los comportamientos que se sabe que están alterados en estos desórdenes.

- *Norepinefrina:* su acción está más relacionada con el trastorno bipolar. Se ha observado que niveles bajos de este transmisor están asociados con la depresión mientras que los niveles altos lo están con la manía.
- *Serotonina:* están asociados con la depresión los niveles bajos de este neurotransmisor.

Estas teorías reciben su apoyo al estudiar cómo actúan los medicamentos en el cerebro. Los primeros fármacos antidepresivos que se usaron, los llamados tricíclicos, impedían la recaptación de ambos neurotransmisores. Es decir, las neuronas liberan estas sustancias para que otras neuronas las reciban, y reabsorben –recaptan– lo que «sobra».

Al impedir su recaptación, hay más cantidad de esta sustancia en el espacio entre neuronas, haciendo más fácil las siguientes transmisiones.

Otro grupo de fármacos, los inhibidores de una enzima (monoamina oxidasa), impedían que ésta desactivara estos neurotransmisores, aumentando así sus niveles. El resultado era el mismo que con los tricíclicos.

Estos y otros antidepresivos cada vez más específicos (o que actúan más selectivamente, por ejemplo, en receptores exclusivos de serotonina) son muy eficaces sobre todo curando la depresión.

Asimismo, varios estudios han comprobado que aumentando el nivel de norepinefrina en pacientes bipolares producía episodios maníacos (su aumento era debido a que durante los episodios depresivos éste era muy bajo).

### Otras causas

HAY VARIAS condiciones médicas que pueden causar de forma secundaria, esto es, como efecto secundario, síntomas depresivos y maníacos.

- *Síntomas depresivos:* pueden ser causados por varias sustancias como el plomo, el mercurio, el alcohol, las hormonas o la cortisona. También por enfermedades como Parkinson, demencias, epilepsia, neumonías, cánceres, anemias, déficit en vitaminas, hipo o hipertiroidismo, hepatitis, etc.

- *Síntomas maníacos:* se pueden producir por efectos de sustancias como drogas de tipo alucinógeno y anfetaminas, por antidepresivos, anticonvulsivos, etc.; por algunos tumores, infecciones, esclerosis múltiple, demencias, epilepsia, estados postoperatorios, hipertiroidismo, etc.

### Conclusiones

PODEMOS CONCLUIR que los trastornos del estado de ánimo son el resultado final de la interacción de varios factores que no solamente se interrelacionan sino que se modifican entre ellos de manera directa e indirecta:

- La predisposición genética es importante, pues hace a las personas más sensibles tanto a desarrollar el trastorno como a ser más vulnerables frente al estrés.
- Las experiencias negativas durante la infancia pueden tener un papel en la formación de la personalidad que, a su vez, hace que ciertos acontecimientos sean experimentados como más o menos estresantes. Quizá uno de los efectos más importantes sea en el nivel de autoestima.
- Experiencias negativas en la vida adulta.
- La forma de pensar de las personas proclives a la depresión, esto es, cómo y a qué causas atribuyen sus fallos y lo negativo, errores de interpretación de la realidad, esquemas negativos sobre la vida, déficit en autocontrol, las relaciones con los demás, etc.
- Niveles de neurotransmisores en el cerebro. Parece que los acontecimientos

externos y la predisposición genética pueden alterar su funcionamiento.

## TRATAMIENTOS

COMO HEMOS visto a lo largo del capitulo, hay diversas formas de terapia y, en general, todas son eficaces. Todas las personas deprimidas necesitan tratamiento, y este debe proporcionar aparte de la reducción de los síntomas, la educación en el manejo de sus vidas, el reasegurarse en sí mismos, los estímulos vitales, el infundir aliento y asegurar que el paciente sigue de forma continuada con la terapia. El mayor problema es que estos trastornos son muy debilitantes, no sólo para el paciente sino también para las personas cercanas, así que éstas también pueden beneficiarse de la terapia. Es igualmente importante actuar pronto, pues entre los depresivos hay un alto riesgo de suicidios.

### Terapias psicodinámicas

COMO HEMOS visto anteriormente, desde esta perspectiva se considera que la depresión se deriva de un sentimiento reprimido de pérdida y de la rabia dirigida inconscientemente hacia uno mismo. La manía sería una defensa contra un estado psicológico debilitante, como por ejemplo una autoestima excesivamente baja.

El propósito es ayudar al paciente a descubrir el conflicto reprimido, descubrir los orígenes de la depresión, y a liberar la hostilidad, es decir, hacer que salga hacia fuera.

Ayudarle a que comprenda los sentimientos de pérdida e inadecuación en la infancia y la culpabilidad posterior.

Otro punto importante es atender a las dificultades presentes de la vida del paciente que causan o mantienen la depresión. Entre las más frecuentes están las relaciones diarias de la persona con su entorno social, y se ha comprobado que trabajar estos problemas reduce el estado de ánimo deprimido, y, sobre todo, ayuda a mantener su curación.

En el caso de los enfermos bipolares se intenta descubrir también conflictos inconscientes que producen una desconexión de la realidad, es decir, un estado de manía. Al considerarla como defensa, el objetivo es averiguar qué es lo que se evita o de qué se protege la persona que la padece. Sin embargo, la psicoanalítica no es la terapia ideal para estos pacientes. Muchas de las técnicas empleadas pueden incluso exacerbar o potenciar los síntomas psicóticos. Por ello, es más conveniente adoptar una perspectiva más conductual y de terapia de apoyo para centrar a los pacientes en la realidad. Es también casi imprescindible tratar los episodios con medicamentos.

Estas terapias, como único método, suelen ser efectivas en los casos de trastornos leves y moderados. Los más severos suelen ir acompañados de otros tratamientos como el uso de fármacos.

### Terapias cognitivas y de conducta

El objetivo principal es ayudar a los pacientes a modificar sus maneras de pensar e interpretar las situaciones de la vida, sobre sí mismos y sobre el futuro.

Hay varias técnicas para aprender a modificar la manera de pensar. La mayoría consideran esencial identificar los pensamientos automáticos negativos (por ejemplo: «nada de lo que hago está bien»), así como las habilidades y recursos positivos que posee la persona y que tiende a ignorar. Reconocer los esquemas negativos y de qué modo contribuyen a distorsionar el pensamiento, y aprender a hacer evaluaciones más flexibles y objetivas.

Con frecuencia, los procedimientos cognitivos se acompañan de actividades que implican cambios en la conducta. La base teórica es proporcionar al paciente tareas que cumpla con éxito, que le estimulen, para que aumente sus pensamientos positivos. Estas actividades se programan para desafiar las creencias sobre ineficacia o inutilidad que pueda tener la persona y suelen estar organizadas jerárquicamente, es decir, se empieza por las más sencillas y se va aumentando su dificultad.

Este tipo de técnicas también se muestran muy eficaces a la hora de prevenir recaídas y en el mantenimiento de la curación.

Aparte del estado de ánimo, otras características de estos trastornos son la pérdida de placer, la apatía y la pérdida de energía para realizar incluso las tareas más cotidianas, y problemas en las relaciones con los demás. Parte de la completa recuperación de los pacientes será entonces ayudarles a resolver y mejorar estas facetas de sus vidas. Por ello, otro tipo de técnicas que se pueden incluir dentro de las terapias de conducta son:

- Entrenamiento en habilidades sociales como la aserción, mejora y participación en actividades y relaciones sociales, etc.
- Tareas para conseguir cambiar las actitudes por uno mismo.
- Relajación.
- Manejo del estrés.
- Técnicas para disminuir el pensamiento negativo y aumentar el positivo.

- Terapia de pareja, pues el trastorno suele afectar mucho a las relaciones personales e incluso a menudo suele ser una de las causas.
- Retomar aquellas actividades que resultaban placenteras antes de padecer el desorden, etc.

Para los pacientes bipolares estas terapias también son eficaces tratando los problemas interpersonales (esto es, de sus relaciones con los demás y su entorno social), cognitivos y emocionales que puedan presentar.

El tratamiento del impacto de la manía en la vida del paciente suele incluir a las personas que le rodean, como los familiares o las personas encargadas. En general, consiste en educar e informar sobre el trastorno y las dificultades que entraña, el reconocimiento de los síntomas iniciales para poder intervenir a tiempo, las estrategias para afrontar los síntomas y los problemas que originan debidos al desorden, y lo más importante, conseguir que cumplan o sigan el tratamiento farmacológico (que suele ser inevitable).

Hay que recordar una de las curiosidades de los trastornos bipolares, y es que los pacientes suelen echar de menos algunos aspectos y/o maneras de sentir que tenían durante los episodios. Es por ello que las terapias psicológicas son importantes, pues pueden ayudar al paciente a mantener un buen ajuste vital.

**Terapias farmacológicas**

LOS MEDICAMENTOS más utilizados son los antidepresivos. Entre los más importantes están los tricíclicos, que impiden la recaptación de ciertos neurotransmisores; los inhibidores selectivos de la recaptación de la serotonina, es decir, los que sólo impiden que se «reabsorba» la serotonina; y los inhibidores de la enzima monoamina oxidasa. Estos últimos presentan serios efectos secundarios (aunque son los que mejor tratan depresiones atípicas) y por esta razón son los menos usados.

Los fármacos aceleran la recuperación del paciente; aun así, son frecuentes las recaídas cuando se dejan de tomar. Muchas veces es recomendable mantener más tiempo, e incluso en algunos casos de por vida, el tratamiento, especialmente en personas que han sufrido muchos episodios, o padecen depresiones psicóticas, resistentes o dobles (distimia con episodio de depresión mayor).

Para los bipolares el tratamiento más frecuente es el litio, que suele ser efectivo tanto en las fases de manía como en las depresivas. Su acción suele ser algo lenta al principio, y por ello se combina a menudo con algún antipsicótico para controlar más rápido la agitación maníaca. El litio parece ser eficaz también en la prevención de recaídas.

# Trastorno de ansiedad

La ansiedad es una emoción que todos hemos sentido infinidad de veces ante muchas y variadas situaciones. Antes de un examen, por ejemplo, en una entrevista de trabajo, cuando esperamos resultados médicos, cuando son las dos de la mañana y nuestros hijos todavía no han llegado a casa, etc.

Las sensaciones que produce son por lo general desagradables, temor, angustia, intranquilidad, desasosiego... y aunque causan malestar, en muchas ocasiones tienen una función adaptativa a las circunstancias de la vida. Dicho de otra manera, un nivel «normal» de ansiedad nos hace estar más alerta y más conscientes de lo que pasa a nuestro alrededor, preparándonos para afrontar cualquier situación que se pueda presentar, por ejemplo, el resultado médico.

Pero cuando los niveles de ansiedad y su duración son excesivos, sin una causa aparente que los provoque, pueden convertirse en trastorno y debilitar, e incluso incapacitar, a la persona que los sufre.

Los trastornos más importantes dentro de esta categoría son:

- Trastorno de ansiedad generalizada.
- Fobias: fobia específica, fobia social y agorafobia.
- Trastorno de pánico.

La ansiedad es un síntoma que está presente en casi todos los desórdenes mentales, pero, como se puede deducir de su nombre, es la característica esencial de estos trastornos. Sin embargo, varía en las circunstancias de aparición y en su presencia en el individuo según la alteración.

Es decir, en la ansiedad generalizada es constante y se da en respuesta a todo en general; en las fobias aparece en determinadas circunstancias y en el pánico aparece intermitentemente y sin relación con alguna situación en particular.

## CARACTERÍSTICAS COMUNES

ESTOS TRASTORNOS suelen ir acompañados de una variedad de síntomas psicológicos y físicos.

- Entre los **psicológicos** se pueden encontrar: irritabilidad, sensibilidad al ruido, inquietud, falta de concentración, insomnio, pesadillas, preocupación excesiva, despersonalización (se pierde el sentido de la realidad y se siente fuera del cuerpo), depresión y obsesiones.
- Entre los **físicos** puede haber: taquicardias; hipertensión; dolores de cabeza, cuello, hombros y musculares; temblores, imposibilidad de relajarse, cansancio; sudoración; náuseas; dificultades en la respiración; sequedad de boca, ventosidades; muchas ganas de orinar, etc.

En general éstos son los trastornos más comunes y más frecuentes que sufre la población.

## TRASTORNO DE ANSIEDAD GENERALIZADA

SE TRATA de una forma generalizada e indefinida de ansiedad cuyas características principales son:

- **Sentir una preocupación crónica,** excesiva e incontrolable por todo tipo de razones, a veces muy insignificantes, que no se limitan a ninguna circunstancia en concreto (es decir, la ansiedad es constante y por todo en general).
- **Estar constantemente en tensión,** por ejemplo, sin poderse relajar o inquieto, y sufrir cualquiera de los síntomas físicos o psicológicos antes mencionados (al principio del capítulo) como dolores de cabeza, sudoración, palpitaciones o mareos.

Las personas que lo sufren, en general, no suelen buscar tratamiento. Si lo hacen, la mayoría de las veces es por cualquiera de los otros malestares que lo acompañan. No suelen mencionar específicamente la ansiedad, que al estar presente de una manera constante en la vida diaria puede parecer más bien una forma de ser.

A veces es difícil de diagnosticar pues sus síntomas se presentan en muchos otros trastornos, especialmente, en la depresión, que comparte casi todos. La diferencia estaría en el tipo de pensamientos de cada paciente. Los que padecen depresión suelen tener pensamientos negativos sobre su propia eficacia y sobre sí mismos, pensamientos depresivos o ideas suicidas. Los ansiosos piensan más sobre posibles consecuencias negativas o desastrosas que les pueden ocurrir a ellos o a otros, como rendir mal en el trabajo, tener un ataque al corazón y morirse... (pero atención, esto son sólo ejemplos de tipos de pensamiento ocasionales; recordemos que en la ansiedad generalizada la preocupación es el elemento central y ésta suele ser crónica, sin especificar y relacionada con muchas y variadas circunstancias de la vida).

## FOBIAS

LAS FOBIAS se pueden describir como fuertes y persistentes temores irracionales (es decir, infundados) hacia objetos o situaciones en concreto. El miedo y la ansiedad surgen cuando estos últimos se hallan presentes o cuando se prevé o anticipa su aparición. Una consecuencia de ello es que se produce una respuesta de evitación, es decir, se evita el objeto o la situación. Así, una persona que tenga fobia a los ascensores, sentirá mucho malestar (por no decir pánico) si se encuentra dentro de uno o si tiene que acudir a algún sitio don-

de es la única forma de acceder (por ejemplo, el ático de un rascacielos). Lo más probable es que o suba por las escaleras o no acuda al lugar.

Así pues, las características o los puntos básicos para diagnosticar un trastorno de fobia son:

- Miedo intenso a situaciones u objetos en concreto.
- Ansiedad anticipatoria cuando se prevé su presencia o aparición.
- La evitación de las circunstancias que provocan la ansiedad es extrema e interfiere con la vida normal de la persona.

También suelen estar presentes los otros síntomas psicológicos y físicos comunes a los trastornos de ansiedad mencionados al principio del capítulo.

Algunas personas tienen fobia a un objeto o situación (o a varios) y se ven libres de ansiedad la mayor parte del tiempo. Sin embargo, otras pueden sentir fobia a circunstancias muy comunes y así sufrir y pasarlo mal con más frecuencia.

En general las personas reconocen que su miedo y evitación son excesivos y que no están justificados por ninguna amenaza o peligro real.

Se consideran tres clases de fobias: **fobia específica, fobia social** y **agorafobia**.

## FOBIA ESPECÍFICA

CON ESTE desorden la persona está excesivamente ansiosa ante la presencia (o la anticipación de que posiblemente aparezca) de uno o más objetos o situaciones específicas. Muchas veces la respuesta ansiosa puede llegar a ser una crisis de angustia o un ataque de pánico.

---

## DATOS SOBRE LOS TRASTORNOS DE ANSIEDAD GENERALIZADA

- Este trastorno es bastante frecuente en la población (alrededor del 5%) y en las mujeres la frecuencia es del doble que los hombres.
- Suele empezar al principio de la vida adulta, con variaciones en la intensidad de la ansiedad, y parece que se agrava en momentos de estrés por lo que puede ser su consecuencia.
- Con frecuencia va acompañada o coexiste con otros trastornos de ansiedad (como fobias o ataques de pánico) y del estado de ánimo, y suele ser uno de los síntomas de muchas otras enfermedades.
- También se relaciona con la dependencia de sustancias, pero la ansiedad generalizada puede ser consecuencia del uso o abstinencia de ciertas drogas estimulantes. Por otro lado, la dependencia ha podido surgir por el abuso de sustancias como alcohol o tranquilizantes, para calmar la angustia o la preocupación.
- Parece que hay factores genéticos y de personalidad entre sus causas. Es más frecuente encontrar este trastorno entre los familiares de estos pacientes que entre otras personas de la población, lo que indicaría cierta predisposición genética a padecerlo.
- Respecto a los factores de personalidad, parece que tiende a ocurrir más en individuos con personalidades más neuróticas, esto es, personas que muestran una mayor predisposición a la ansiedad y al estrés y que tienen poca tolerancia a la frustración.

De todos los trastornos fóbicos, éstas son las que menos impiden una vida normal. Muchas se pueden evitar fácilmente aunque cuesten algún esfuerzo adicional, por ejemplo, subir las escaleras andando si se tiene fobia a los ascensores, y otras son a cosas muy difíciles de encontrar en el entorno. Una fobia muy típica entre occidentales que viven en ciudades es a las tarántulas o a las serpientes y, lógicamente, no les suele afectar demasiado a sus vidas pues es bastante raro encontrarse con estos animales en una ciudad.

Hay fobias a muchas cosas y situaciones. Las más habituales son a los animales o insectos, a situaciones naturales o atmosféricas como precipicios y tormentas, a la visión de sangre o heridas, a las inyecciones, a los lugares cerrados como ascensores, transportes públicos o coches, etc. Algunas cuyos nombres son muy conocidos o son curiosas serían:

- **Claustrofobia:** a espacios cerrados.
- **Hidrofobia:** al agua.
- **Aracnofobia:** a las arañas.
- **Fotofobia:** a la luz.
- **Eritrofobia:** al color rojo.
- **Triscaidecafobia:** al número resultante de sumar 12 + 1.

Otras que van siendo más frecuentes con los tiempos son:

- **Fobia a los aviones:** esto es, a volar en avión.
- **Fobia a los dentistas:** a la situación, no a los profesionales, y en algunas personas es tan intenso que pueden desarrollar mucha caries llegando incluso a perder varias piezas dentales.
- **Nosofobia o fobia a las enfermedades:** a padecerlas, especialmente las más duras como cáncer, sida, etc. Se

distingue de la hipocondría en que en esta última el paciente está convencido además de padecerlas.

---

## DATOS SOBRE FOBIA ESPECÍFICA

- Se estima que alrededor del 10% de la población sufre alguna.

- Son los trastornos de ansiedad más comunes en la población general.

- La frecuencia en las mujeres es del doble con respecto a los hombres, aunque hay diferencias en cuanto al tipo. Por ejemplo, parece que el número de hombres que sienten fobia hacia la visión de la sangre, las heridas y las inyecciones es más elevado que el de mujeres, que por otro lado supera al de hombres en el resto de situaciones (animales, ambiente, etc.).

- La respuesta a la visión de sangre o heridas suele ser muy distinta a la respuesta que se produce en otras fobias. En general, se produce un rápido aumento de la presión sanguínea y del ritmo cardiaco y una súbita bajada, lo que hace que la persona se desmaye. En las otras fobias sin embargo, se experimenta una ansiedad excesiva, con otros síntomas físicos o psicológicos como sudoración, mareos o inquietud, y puede llegar al ataque de pánico.

- La mayoría suelen ser continuación de fobias adquiridas en la infancia, y que en general suelen desaparecer al llegar a la adolescencia. Si no, pueden aparecer también sobre esa edad.

- Parece que tienen un componente genético. Una gran parte de pacientes tiene familiares de primer grado (familia cercana, padres, hermanos o hijos) que las padecen también, especialmente la de sangre y heridas.

## FOBIA SOCIAL

LAS PERSONAS que sufren este tipo de fobia suelen sentir una intensa ansiedad e incluso llegar hasta el punto de tener ataques de pánico, en situaciones sociales en las que hay desconocidos o en las que la persona puede ser observada, juzgada y criticada.

Estas personas temen ponerse nerviosas, hacer el ridículo o ser humilladas, y aunque en general saben que sus temores son infundados, evitan en lo posible enfrentarse a estas situaciones o no se integran en ellas si son ineludibles, por ejemplo, intentando pasar desapercibidos o sin hablar con nadie.

La ansiedad también se siente anticipando estas situaciones, que pueden ser muy variadas como acudir a restaurantes, fiestas, seminarios, reuniones de trabajo y otras.

Suelen sentir además cualquiera de los síntomas psicológicos y físicos mencionados al principio del capítulo, aunque los temblores y el ruborizarse parece que son particularmente frecuentes.

Se pueden distinguir dos clases de fobia social dependiendo del alcance de las circunstancias temidas o evitadas:

- **Generalizada:** los temores hacen referencia a la mayoría de las situaciones sociales.
- **Circunscrita**: temores a situaciones especificas. Por ejemplo, comer en presencia de otros, hablar a una audiencia, utilizar los baños públicos cuando hay alguien más utilizándolos, tocar un instrumento delante de otras personas, o escribir cuando hay gente observando, etc.

## DATOS SOBRE FOBIA SOCIAL

- Es un trastorno bastante frecuente en la población y es más similar su frecuencia en varones que en mujeres.
- Al ser más común entre los familiares de los pacientes que en el resto de las personas se ha sugerido que los genes tienen un papel en la aparición del desorden.
- Otro factor importante es el tipo de pensamiento. En los fóbicos sociales suele ser constante la excesiva preocupación o miedo a la evaluación negativa por parte de los demás. El problema es que por el momento se desconoce si este tipo de pensamiento se tiene antes de la fobia, lo que facilita así su aparición, o si surge después, como una consecuencia de ésta.
- Suele originarse en la adolescencia cuando empiezan a tener más importancia las relaciones sociales, aunque también es frecuente el inicio a mediados de la edad adulta.
- La fobia social más común es hablar en público.
- Con mucha frecuencia coexiste con otros trastornos de ansiedad como fobias específicas, agorafobia y trastorno de pánico.
- Varía según las culturas; por ejemplo, en Japón, ofender a los demás provoca un miedo importante, mientras que en occidente tememos más ser evaluados negativamente.

## AGORAFOBIA

AGORAFOBIA SIGNIFICA «temer a los espacios abiertos o públicos». El miedo en estas personas se da cuando están lejos de casa, entre la multitud, en circunstancias que no pueden abandonar fácilmente o en entornos donde es difícil recibir ayuda en caso de necesitarla.

Muchas situaciones provocan la ansiedad y la evitación (es decir, hacer todo lo posible por evitarlas), por ejemplo transportes públicos, tiendas, supermercados, viajar, salir solo de casa... Los sitios de los que resulta difícil o embarazoso escapar suelen ser las peluquerías, los dentistas, los teatros, etc. Estos sitios se empiezan a evitar cada vez más, y en algunos casos severos, los pacientes pueden llegar a recluirse en sus casas.

Cuando se encuentran en estas circunstancias aparecen los temores y los malestares psicológicos y físicos similares a los de otros trastornos de ansiedad (nombrados al principio del capítulo), aunque la depresión, despersonalización y los pensamientos obsesivos son más frecuentes en estos pacientes. Estos síntomas también se sienten cuando estas situaciones se anticipan o prevén.

Hay dos grupos de síntomas mucho más destacados en la agorafobia que en los otros trastornos fóbicos.

- **Ataques de pánico:** pueden aparecer como respuesta a la situación que provoca la ansiedad, o espontáneamente. No obstante, si se dan varios ataques en un espacio corto de tiempo como, por ejemplo, un mes, se consideraría como «trastorno de pánico con agorafobia».
- **Pensamientos ansiosos:** se teme la aparición de síntomas similares a los de los ataques, por ejemplo, creer perder el control, desmayarse, orinarse, sufrir vértigo, etc. Esto lo diferenciaría del «trastorno de pánico con agorafobia», donde lo que se teme es sufrir un ataque.

Cuando no se han dado con anterioridad ataques de pánico inesperados, el trastorno se denomina «agorafobia sin pánico».

## DATOS SOBRE AGORAFOBIA

- Es un trastorno muy frecuente en la población general y se da más en mujeres que en hombres.
- La edad de inicio difiere de la de otras fobias; es habitual que empiece más tarde, entre los 20 ó 25 años. Aun así, parece que la edad alrededor de los 35 es también crítica pues se han dado bastantes casos de inicio del trastorno en esa etapa.
- Se ha observado que es más habitual encontrar esta fobia en los familiares de estos pacientes que en las demás personas, lo que sugiere un componente genético.
- Como en otros trastornos de ansiedad, el tipo de personalidad parece que influye en la predisposición a desarrollar este problema. En general suelen ser personas dependientes y propensas a evitar, en vez de afrontar, los problemas.
- Suele coexistir con la depresión, aunque ésta puede ser debida a la incapacidad que puede llegar a producir el miedo a las situaciones cotidianas.

Puede llegar a ser un trastorno muy incapacitante. Según va progresando, los pacientes se pueden volver cada vez más dependientes de sus familiares o amigos para que les ayuden con las tareas diarias, que les producen mucha ansiedad, como ir a la compra o hacer algún recado.

A pesar de todo, parece que hay algunos factores que reducen los síntomas durante algún periodo corto de tiempo. Por ejemplo, muchos declaran sentirse menos ansiosos cuando están acompañados de alguien en quien confían, e incluso los hay que les ayuda la presencia de un niño o de un animal.

## TRASTORNO DE PÁNICO

SE CARACTERIZA por la aparición frecuente de ataques de pánico. Los ataques se producen en momentos en los que aparece de repente un miedo intenso a algo que no se sabe lo que es, y suelen ir acompañados de síntomas fisiológicos. Éstos pueden ser:

- Taquicardias.
- Sudoración.
- Temblores.
- Dificultad para respirar o ahogos.
- Náuseas.
- Vértigo, mareos y desmayos.
- Escalofríos.
- Dolores en el pecho.
- Miedos a volverse loco o a morir.
- Despersonalización.

Para diagnosticar un ataque se suele exigir que aparezca bruscamente (de repente), con cuatro de estos síntomas como mínimo, y que alcance su máxima intensidad en los primeros diez minutos.

Gran parte de la población normal ha sufrido o sufre algún ataque de pánico sin desarrollar el trastorno. Con mucha frecuencia, su aparición suele darse en momentos o situaciones de gran estrés emocional que producen mucha ansiedad, y tienden a repetirse cuando se dan estas circunstancias. Sin embargo, los pacientes con el trastorno suelen tener más ataques y no necesariamente relacionados con el estrés, es decir, éstos son inesperados, llegando incluso a poder darse durante el sueño o en momentos de relajación.

Cuando aparecen solamente ante situaciones muy concretas lo más probable es que se trate de una fobia específica o social.

Las personas con el trastorno suelen experimentar cambios en su actitud con respecto a las crisis. Empiezan a sentir intranquilidad pensando que les pueden dar más ataques y a preocuparse por las consecuencias, como por ejemplo, perder el control, la conciencia o que les dé un infarto. El problema es que algunos síntomas son demasiado parecidos a los reales.

Cuando este miedo se hace muy intenso, se desarrolla ansiedad anticipatoria o fobofobia, que sería miedo al miedo. Es decir, se teme sufrir ataques de pánico. De igual forma, hay situaciones que acaban asociadas a la ansiedad por lo difícil (o embarazoso) que sería escapar de ellas o recibir ayuda en caso de darse un ataque. Algunos ejemplos serían: ir conduciendo un coche; estar fuera de casa y solo; estar en sitios concurridos como tiendas, teatros y restaurantes, entre la multitud, etc. Si estos ambientes empiezan a evitarse porque ya en sí mismos producen ansiedad, se denominaría al trastorno de «pánico con agorafobia».

Este último suele ser muy incapacitante, porque acaba interfiriendo en todas las facetas de la vida, laboral, social y marital de la persona. Son frecuentes las depresiones, probablemente debidas a la reducción de las actividades cotidianas y al fuerte malestar que produce el miedo, el abuso de sustancias y alcohol y las obsesiones. No obstante, cuando el trastorno se da sin agorafobia es menos perturbador. Es decir, interfiere también en la vida de la persona pero las situaciones en sí mismas no producen miedo.

En general, todos los trastornos de ansiedad producen miedo. Sin embargo, se han observado diferencias en el tipo de pensamientos que se tienen mientras dura la sensación. Los resultados de diferentes investigaciones indican que los pacientes con trastorno de pánico tienen mucho más miedo a morir, a perder el control y a volverse locos que los otros pacientes (por ejemplo, los que sufren fobias específicas

## DATOS SOBRE TRASTORNO DE PÁNICO

- Este trastorno se da con más frecuencia en las mujeres (casi el doble) que en los hombres.
- Puede empezar en la adolescencia y en la edad adulta, aunque después de los 40 años es más rara su aparición.
- Casi la mitad de los pacientes sufren el trastorno de pánico con agorafobia. Suele coexistir con depresión y con otros trastornos de ansiedad.
- Ocurre también en otras culturas con el mismo tipo de síntomas aunque las situaciones agorafóbicas sean distintas.
- Al igual que en la agorafobia, el miedo se reduce cuando la persona está acompañada de alguien en quien confía o en situaciones familiares.
- Hay varias enfermedades físicas que producen síntomas de ansiedad parecidos, como hipertiroidismo o alteraciones cardiacas. En estos casos no se diagnostica trastorno de pánico.
- Es frecuente que se dé en personas de la misma familia, sugiriendo un componente genético en su aparición.
- Algunas investigaciones relacionan los ataques con la hiperventilación de los bronquios. El exceso de respiración parece que activa el sistema nervioso autónomo, produciendo así algunos de los síntomas físicos. Al no ser habituales, la atención se centra más en ellos, y al no poderlos explicar acaban creando ansiedad.
- De la misma manera, se ha propuesto que el tipo de pensamientos influye en el desarrollo del trastorno. Las personas que lo sufren suelen tener una tendencia a interpretar las sensaciones no comunes del cuerpo como negativas. Cuando éstas ocurren por algún motivo, se genera cierta ansiedad. Ésta a su vez produce síntomas físicos (como sudoración, palpitaciones, mareos, etc.) que son interpretados como malignos, creando más ansiedad... y de esta forma, se acaba creando un círculo vicioso que suele tener como resultado un ataque de pánico. Éste se puede considerar como una confirmación de que las sensaciones eran realmente negativas y peligrosas, y que quizá pueden ir a más, con lo cual se origina el miedo a sufrir otro ataque.

o sociales, o los que padecen un trastorno de ansiedad generalizada).

## CÓMO DISTINGUIR LOS DIFERENTES TRASTORNOS DE ANSIEDAD

- **Ansiedad generalizada:** se caracteriza por una excesiva ansiedad y preocupación constantes producidas por todo tipo de situaciones.
- **Fobia específica:** ansiedad producida ante la presencia de una situación o de un objeto concretos.
- **Fobia social:** la ansiedad se genera ante cierto tipo de situaciones o actuaciones sociales.
- **Agorafobia:** ansiedad causada por situaciones o lugares de los cuales escapar puede ser difícil o no es fácil recibir ayuda en caso de tener un ataque de pánico o los síntomas de éste.
- **Agorafobia sin pánico:** igual que la agorafobia, con miedo a los síntomas del ataque pero sin tenerlos.
- **Trastorno de pánico:** se caracteriza por sufrir repetidamente ataques de pánico inesperados y que causan mucha preocupación y malestar.
- **Trastorno de pánico con agorafobia:** se dan ambas cosas a la vez, agorafobia y ataques de pánico persistentes.

## CAUSAS Y TRATAMIENTOS

## CAUSAS

A LO largo del capítulo hemos visto algunos factores que influyen en la aparición de estos trastornos. Entre ellos destacan un componente genético y ciertas caracte-

rísticas de personalidad que predisponen a la persona a la ansiedad. No obstante, hay una variedad de teorías que, teniendo en cuenta estas particularidades biológicas, han propuesto otros procesos para su aparición y mantenimiento.

### Teorías psicoanalíticas

DE ACUERDO con Freud, la ansiedad o el miedo se generan cuando impulsos reprimidos en el inconsciente (sexuales y agresivos) amenazan con expresarse a través de la conducta. Esto genera un conflicto en el inconsciente, pues estos impulsos no son tolerados (por ello se reprimen) y existe el miedo de que si alcanzan la conciencia serán castigados.

Interpretando la ansiedad como mecanismo de defensa, se explican los distintos desórdenes. Estos mecanismos desplazan la ansiedad producida por los impulsos prohibidos a otros objetos o situaciones (trastornos de fobias) que se pueden evitar, lo que termina así con el malestar que produce. En la ansiedad generalizada, la persona tiene menos suerte pues ésta se experimenta, o se siente, directamente (sin modificar) de la defensa sin desplazarla hacia ningún objeto y por ello esta constantemente ansiosa.

### Teorías del aprendizaje

ESTA HIPÓTESIS propone que las reacciones ansiosas son aprendidas pero la forma de hacerlo varía de una teoría a otra. Su principal interés está en los comportamientos más característicos, esto es, el miedo intenso y la conducta de evitación.

*Condicionamiento de la evitación*

BÁSICAMENTE SE asume que cualquier objeto y situación normales pueden producir miedo o ansiedad si se asocian (condicionan) repetidamente con estímulos nocivos o traumáticos. La persona aprende a reducir este miedo condicionado evitando o escapando de aquello que le produce la ansiedad. Al tener consecuencias positivas (se evita el miedo), la conducta se refuerza, es decir, la probabilidad de repetir la conducta ante la misma situación, aumenta. El problema es que no se aprende a afrontar aquello que produce el exceso de ansiedad.

Por ejemplo, una persona puede desarrollar una fobia a las alturas después de una mala caída. Por el miedo que ésta produjo, empieza a evitar encontrarse en lugares altos, de manera que, como los evita, no siente miedo de manera que esta actitud se refuerza.

Este modelo se ajusta bien al desarrollo de cualquiera de los trastornos en muchas personas. Lo que varía son los objetos y situaciones que se asocian, por ejemplo, objetos concretos en el caso de la fobia específica, situaciones definidas para la fobia social y agorafobia, múltiples objetos y situaciones en el caso de la ansiedad generalizada, y el propio miedo en el trastorno de pánico.

El problema es que no explica el origen de todos los casos. Es decir, muchas fobias se desarrollan sin haber sufrido una experiencia traumática. Por ejemplo, mucha gente tiene miedo a volar y no es debido a haber sufrido un accidente de aviación, y muchas experiencias traumáticas no originan fobias. Lo mismo pasa con los objetos y situaciones. De acuerdo con la teoría, cualquier cosa puede producir mie-do; sin embargo, muy poca gente (por no decir nadie) tiene fobia a las mesas, o a los corderos, o a los bolígrafos a pesar de haber podido tener experiencias negativas con cualquiera de ellos. La idea de que los objetos fóbicos tienen que ser potencialmente peligrosos tampoco es del todo válida, pues no se suelen ver fobias a las descargas eléctricas o a los deportes de riesgo que sí suponen un peligro real.

En conclusión, este tipo de aprendizaje puede estar involucrado en el origen y mantenimiento de los trastornos, aunque no de manera exclusiva.

*Aprendizaje vicario o por imitación de modelos*

LAS RESPUESTAS de ansiedad se aprenden inconscientemente observando el miedo de otros o por lo que nos cuentan de sus sensaciones. Aunque se ha demostrado que a través de este tipo de proceso se pueden originar muchos miedos, tampoco puede explicar todos los casos.

**Teorías cognitivas**

ESTAS TEORÍAS proponen que un factor muy importante en el desarrollo de los trastornos es la forma de ver las cosas y el tipo de pensamientos y creencias que producen. De esta manera, los trastornos pueden originarse por causas directas como una mala experiencia o un suceso traumático, o por causas indirectas, como por ejemplo, observar una reacción de miedo ante un objeto o situación en personas cercanas.

Lo que añade esta perspectiva es que también influyen ciertas características de la personalidad, como la predisposición a la ansiedad y una tendencia a interpretar erróneamente diferentes tipos de sensaciones.

- Se ha observado que los ansiosos tienden a fijar más la atención y a detectar más rápido estímulos negativos que les producen miedo. Éstos pueden ser internos, como señales y sensaciones extrañas o dolores del cuerpo; o externos, como posibles peligros en el entorno como alturas, multitudes u objetos fóbicos.
- Asimismo, suelen interpretar estos estímulos negativos como muy amenazadores y de consecuencias catastróficas. Por ejemplo, en el trastorno de pánico la excesiva atención a las sensaciones del cuerpo puede amplificarlas y entonces ser traducidas como más amenazadoras, aumentando la ansiedad y dando paso a un ataque de pánico. Una persona con ansiedad generalizada puede pensar en cruzar una calle como algo peligroso y sentir mucha ansiedad anticipando el catastrófico resultado. Lo mismo pasa con las fobias.
- Otras investigaciones indican la sensación de falta de control sobre las situaciones estresantes como otro factor importante. En diversos experimentos de laboratorio, cuando los pacientes ansiosos creían poder controlar (aunque en realidad no podían) la situación en la que se encontraban, sentían menos ansiedad o tenían menos ataques de pánico que otros pacientes, que sabían que no tenían ningún control. También confirma esta idea el hecho de que los acontecimientos que se pueden predecir causan menos ansiedad que los que no se pueden, el menor miedo que sienten cuando alguien en quien confían

está con ellos, o la tranquilidad que les produce averiguar dónde están las salidas de emergencia cuando van al cine.

## Teorías biológicas

POR EL resultado de diferentes estudios se sabe que los factores biológicos tienen un papel importante en estos trastornos.

Como ya hemos visto, al ser algo más frecuentes en familias se considera que hay un componente hereditario. Estos estudios se hacen preferentemente con familias separadas, esto es, personas de la misma familia biológica que no han vivido juntas, como por ejemplo niños adoptados, para eliminar posibles causas aprendidas del entorno en el que se han criado. No obstante, los genes no son la única causa, pues parece que lo que se hereda es la vulnerabilidad (la probabilidad) a desarrollar el trastorno y no la ansiedad en sí.

El buen resultado que tienen algunos medicamentos en la recuperación de estos pacientes indica que también hay una base neurológica. Es decir, los medicamentos empleados, tranquilizantes, ansiolíticos y antidepresivos actúan en sitios concretos del cerebro o afectan a ciertos neurotransmisores (sustancias que funcionan como vehículos de comunicación entre neuronas). De esta manera se ha observado que un exceso de noradrenalina produce ansiedad, y un exceso de serotonina además de producir también ansiedad puede provocar ataques de pánico.

## TRATAMIENTOS

LOS TRATAMIENTOS de estos trastornos varían según sea el enfoque o la teoría que los intenta explicar. Los objetivos principales son la necesidad de que el paciente deje de evitar las situaciones y objetos que le producen ansiedad y lograr que pueda enfrentarse a ellos. En general todos son bastante eficaces.

### Terapias psicoanalíticas

EL OBJETIVO principal de este tipo de terapias es descubrir los conflictos reprimidos en el inconsciente que producen ansiedad como defensa. El problema es que no se pueden reducir las defensas (en este caso la ansiedad) directamente, pues dejaría a la persona desprotegida. Una fobia, por ejemplo, se supone que protege a la persona de los conflictos reprimidos que serían demasiado dolorosos de afrontar.

A través de técnicas como la libre asociación (verbalizar libremente cualquier cosa que pase por la cabeza, ideas, palabras, pensamientos, etc., sin censura) y de la interpretación de los sueños, se intenta averiguar los orígenes de estos conflictos y de su represión. De esta manera se puede ayudar a enfrentarse a ellos y trabajar para resolverlos.

### Terapias de conducta

SE EMPLEAN varias técnicas:

- *Relajación:* es básica en todos los trastornos para reducir el miedo. A los pacientes se les enseña a relajarse cuando empiezan a sentirse ansiosos para evitar que la sensación vaya a más, y para responder con relajación en vez de con alarma a los estímulos. Suele acompañar a otras técnicas.

- *Desensibilización:* se presentan al paciente aproximaciones del estímulo temido para que le vaya perdiendo el miedo (para que se desensibilice). Por ejemplo se le van presentando dibujos o fotos, o se le pide que se imagine a sí mismo en las situaciones. Para ello el paciente tiene que estar profundamente relajado y el terapeuta ir gradualmente aumentando las aproximaciones al objeto o situación que se temen.

- *Exposición:* se trata de ir exponiendo al paciente poco a poco a los estímulos reales que le causan ansiedad. La exposición puede ser imaginada al principio si el paciente se muestra demasiado trastornado, o cuando es muy difícil presentar el estímulo en la consulta, por ejemplo cuando se teme a los precipicios o a las tormentas. A veces se emplea durante el periodo en el cual el paciente se está desensibilizando o como única técnica (con relajación). Por ejemplo, se puede reducir el miedo utilizando la desensibilización y reducir la conducta de evitación fomentando que el paciente se enfrente o se acerque progresivamente a lo temido.

- *Imitación de modelos:* a través de películas o en directo, se muestra al paciente otras personas en las situaciones o manipulando objetos que él teme. Se utiliza mucho con niños.

- *Aprendizaje de habilidades sociales:* especialmente utilizada con los que sufren fobia social, pues a menudo suele ser una de las causa de su problema. Se practican distintas situaciones como ser observado, o representando diferentes roles dentro de un pequeño grupo o en consulta individual. Para las personas que no carecen de estas habilidades sería una forma de exposición.

Muchas veces la exposición en los agorafóbicos no reduce los ataques de pánico. Para ellos hay una terapia combinada que incluye relajación, exposición a señales del cuerpo (produciéndolas de varias maneras) y el aprender a reinterpretar estas señales como inofensivas y controlables con ciertas técnicas (por ejemplo de respiración).

También es importante la colaboración de los familiares y amigos cercanos para que no fomenten las actitudes de evitación y sí refuercen positivamente las aproximaciones del paciente a aquello que antes temía.

**Terapias farmacológicas**

EN GENERAL el uso de diferentes medicamentos es efectivo en el tratamiento de estos trastornos. Los ansiolíticos y tranquilizantes reducen la ansiedad en todos los trastornos, y los antidepresivos funcionan también para la fobia social, agorafobia y pánico.

A pesar de ello presentan varios problemas. Por ejemplo, hay trastornos que requieren de un tratamiento farmacológico muy largo, como el pánico o la ansiedad generalizada, y una consecuencia de esto es que pueden generar perfectamente una fuerte adicción.

Otro problema es que algunos inevitablemente producen efectos secundarios no deseados como somnolencia, síntomas depresivos, pérdida de apetito o lapsos de memoria. Otro inconveniente es que los síntomas suelen volver en cuanto se interrumpe la medicación.

# Trastorno obsesivo-compulsivo

Este desorden mental está considerado como perteneciente a los trastornos de ansiedad, pero, debido a que difieren en muchos aspectos como síntomas, causas y tratamientos, merece capítulo aparte.

La característica principal es que la mente de una persona se ve inundada de pensamientos intrusos, persistentes e incontrolables o se ve obligado a repetir y repetir ciertos comportamientos sin sentido.

Estos pensamientos y conductas son las obsesiones y compulsiones, y sus características son:

- **Obsesiones:** son ideas, pensamientos, imágenes o impulsos constantes que invaden la mente y que se viven como, intrusas, incontrolables y sin sentido. Surgen espontáneamente, con tanta fuerza y frecuencia que impiden a la persona que las sufre llevar una vida normal. Aunque existen obsesiones de todo tipo, muy a menudo son temores. Los más habituales son que algo malo le ocurra a uno mismo o a personas cercanas (por ejemplo, «sé que voy a hacer daño a mi hijo»), miedos a la contaminación (por ejemplo, «mis manos están sucias, me voy a contaminar, debo lavármelas»), a no haber hecho las cosas perfectamente (por ejemplo, «seguro que me he dejado el gas encendido»), etc. Estos pensamientos se repiten una y otra vez y la persona no obtiene ningún placer con ellos, más bien lo contrario, sienten mucha angustia y malestar.

En general, la persona intenta ignorar o suprimir estas obsesiones, o por lo menos neutralizarlas con otros pensamientos o acciones. Igualmente, reconoce que son producto de su propia mente y que no son normales.

- **Compulsiones:** son conductas o actos mentales repetitivos que la persona se siente obligada a realizar para reducir una obsesión, o para evitar un peligro. Las conductas más comunes son lavarse las manos, verificar o comprobar algo, ordenar objetos y acumularlos. Los actos mentales más habituales son rezar, contar números, hacer listas de cosas, pensar cierta palabra cuando pasa algo concreto o se oye una palabra, etc. Se diferencian de las obsesiones en que no son pensamientos intrusos e incontrolables, sino actos que la persona «debe» hacer.

Estos comportamientos no producen placer ni son útiles más que para reducir malestar, evitar una obsesión o impedir algún acontecimiento o situación temida. No obstante, estos propósitos no son realistas (por ejemplo, temor a que algo malo pase si uno no baja las escaleras con algún tipo de ritual establecido) o bien el comportamiento es excesivo (por ejemplo, lavarse 37 veces las manos después de haber tocado un objeto para no contaminarse).

Algunas personas tienen rituales con reglas fijas que deben aplicarse estrictamente, mientras que otras los tienen muy complejos y cambiantes. En general, la persona se resiste o intenta no efectuar estas conductas. Igualmente, reconoce que son producto de su propia mente, excesivas y que no son normales.

Las obsesiones y compulsiones suelen aparecer juntas aunque también se dan por separado. La mayoría de las personas luchan para evitar sus pensamientos y comportamientos no deseados por considerarlos irracionales, pero otras creen profundamente en ellos.

Hay muchas actividades relativamente cotidianas, y también otros trastornos mentales, que pueden parecer debidos a un desorden obsesivo-compulsivo. Por ejemplo, a menudo se describe a algunas personas como jugadores, bebedores e incluso compradores compulsivos, y aunque estas conductas sí tienen un componente de compulsión, no se diagnostican con este trastorno pues se obtiene placer con ellas.

Recordemos que una compulsión se siente como algo extraño a la personalidad del que la padece, es irracional y la finalidad que tiene es la de reducir la ansiedad que produciría el no hacerla, reducir un pensamiento obsesivo o evitar un peligro.

Asimismo, se diferencia del trastorno obsesivo-compulsivo de la personalidad en que este último se caracteriza por una excesiva preocupación por el orden, el perfeccionismo y el control pero no necesariamente en forma de obsesiones o compulsiones. Aun así, se dan casos con los dos trastornos a la vez (*véase* capítulo correspondiente para comparar).

## DATOS SOBRE TRASTORNO OBSESIVO-COMPULSIVO

- Este desorden es más común de lo que se pensaba, se estima que afecta alrededor del 2% de la población.
- Se da más o menos por igual en hombres y en mujeres.
- Los síntomas típicamente empiezan en la adolescencia o principio de la edad adulta.
- Sin embargo, pueden darse algunas diferencias. Por ejemplo, un comienzo más temprano es más común entre los varones, que suelen presentar compulsiones de verificar o comprobar. Un comienzo más tardío y relacionado con compulsiones de contaminación y limpieza es más habitual en mujeres.
- Suele coexistir con la depresión. Es decir, a menudo los pacientes presentan también depresión y algunas personas lo desarrollan durante un episodio depresivo.

## CAUSAS Y TRATAMIENTOS

### CAUSAS

EXISTEN VARIAS teorías que tratan de explicar las causas de este desorden:

### Teorías psicoanalíticas

ESTA PERSPECTIVA considera las obsesiones y las compulsiones como parecidas. Según Freud, éstas serían el resultado de impulsos sexuales o agresivos que están controlados inadecuadamente debido a una muy severa educación higiénica. De esta forma, la persona se habría quedado fijada en la etapa sádico-anal (etapa del desarrollo psicosexual del niño que ocurre alrededor de los dos años, y en la que el ano es considerado como la principal zona erógena, existiendo impulsos sádicos hacia los padres que son los agentes de la educación higiénica). Los síntomas serían el resultado de la lucha entre estos impulsos y los mecanismos de defensa. La reacción frente al gusto por la suciedad (característico de esa fase) y debido al triunfo a medias de un mecanismo de defensa, puede volver a una persona fijada en esa etapa compulsiva y obsesivamente limpia y ordenada.

Otros autores psicoanalíticos más modernos consideran este trastorno como el resultado de un fuerte complejo de inferioridad e incompetencia (quizá debidos a padres excesivamente dominantes), pudiendo ser las compulsiones una forma obsesiva de llegar a dominar una conducta que les haga sentir competentes, aunque ésta sea ordenar simétricamente objetos caseros.

### Teorías de aprendizaje

CONSIDERAN QUE son comportamientos aprendidos y que se mantienen porque las consecuencias de efectuarlos son reforzadoras. Es decir, realizar las compulsiones reduce la ansiedad, tanto la producida por una obsesión como la que genera el miedo de no hacer el ritual. De esta manera, siempre que la persona vuelva a encontrarse con la situación (o cuando vuelva a sentir la obsesión) que le produce ansiedad, es más probable que repita la conducta compulsiva antes que otra puesto que le tranquiliza más.

Una de las maneras por las que se podría empezar a desarrollar una compulsión sería realizar un acto supersticioso. Si cuando se hace por primera vez funciona (por el azar), seguramente se seguirá haciendo cada vez que la persona se vea en las mismas circunstancias y, además, provocará miedo a que algo malo pase si no se hace.

Estas propuestas presentan un problema, y es que no pueden explicar hechos como que no todas las compulsiones reducen ansiedad y tampoco explican la naturaleza o el origen de las obsesiones que, en general, más que reducir, crean ansiedad.

### Teorías de aprendizaje social

SEÑALAN LA importancia de factores sociales para el desarrollo del trastorno en personas más vulnerables o sensibles al estrés y la ansiedad. Entre ellos se propone el tipo de relaciones familiares durante la infancia. Así, en familias sobreprotectoras sería más fácil desarrollar obsesiones y rituales de limpieza (para que nada pase, para que nadie se contamine con nada, que no haya enfermedad, etc.). Por otro lado, dentro de familias muy inflexibles, estrictas o con niveles de exigencia muy elevados sería más frecuente ver obsesiones y compulsiones de tipo verificar o comprobar (el niño no puede permitirse ningún error, todo tiene que estar perfecto y estar seguro completamente de que todo lo está).

De la misma manera, un niño (y un adulto) puede aprender que ciertos pensamientos son inaceptables o peligrosos y al intentar evitarlos piensa en ellos mucho más. Este efecto tan paradójico se ha observado también en el laboratorio. Una vez que se ha estado pensando algo durante un rato, es más difícil olvidarlo. Es más, los esfuerzos por evitar el pensamiento suelen producir fuertes emociones; éstas, a su vez, pueden hacer que vuelva el pensamiento, que irá acompañado de un aumento de estado de ánimo negativo (así se forma un círculo vicioso del que cada vez resulta más difícil salir).

Pese a que se consideran factores importantes, estas teorías no logran explicar los distintos tipos de obsesiones o compulsiones. Tampoco todas las personas educadas en familias de este tipo presentan el desorden, ni se da en todos los miembros de la misma familia.

**Teorías biológicas**

EL HECHO de que los pacientes obsesivo-compulsivos mejoran mucho con medicamentos específicos (antidepresivos), y de que existen varias condiciones médicas (por ejemplo tumores cerebrales o encefalitis) que se han relacionado con el desarrollo del desorden, han demostrado la importancia de los factores biológicos.

Varios investigadores han estudiado la actividad cerebral con diferentes escáneres, y se ha observado que hay una mayor actividad en algunas zonas del cerebro de los pacientes con el trastorno, comparado con el de las personas normales. Estas áreas son: la corteza cerebral frontal; que es donde se procesan funciones complejas como la capacidad de hacer planes, la de controlar nuestros impulsos o sentir emociones, y que quizá presenta mayor activación como consecuencia de la excesiva preocupación por sus propios pensamientos (obsesiones); y los ganglios basales, que es un sistema cerebral relacionado con el control y la planificación de las respuestas motoras (esto es, del movimiento) voluntarias y, por tanto, implicados en las compulsiones. Esta mayor activación o disfunción puede estar originada por ciertas enfermedades (las mencionadas arriba, tumores, lesiones y encefalitis).

Otro descubrimiento importante ha sido la relación entre este trastorno y otro conocido como síndrome de De la Tourette, que es un trastorno caracterizado por tics tanto de movimiento como vocales (es decir, el tic es repetir un sonido o palabra), y está asociado con una disfunción de los ganglios basales y a una transmisión genética. Los pacientes con este síndrome presentan muy a menudo el trastorno obsesivo-compulsivo.

Como hemos visto al principio de esta sección, el uso de antidepresivos es muy eficaz para el tratamiento. Más en concreto, los que inhiben (o impiden) la recaptación del neurotransmisor serotonina (las neuronas liberan neurotransmisores, o sustancias químicas que facilitan la comunicación entre las neuronas, y reabsorben –recaptan– lo que «sobra»; estos fármacos inhiben la recaptación de la serotonina facilitando que se transmita más cantidad). La deducción lógica sería que el trastorno está relacionado con niveles bajos de este neurotransmisor. A pesar de todo, los resultados de distintas investigaciones no ofrecen las mismas conclusiones.

Otro neurotransmisor que se ha propuesto es la dopamina por su implicación en el síndrome de De la Tourette. En este caso, los síntomas serían debidos a un exceso de esta sustancia o a una supersensibilidad de los receptores neuronales de la misma.

Actualmente, las investigaciones y los tratamientos no descartan ninguna causa. Es más, las otras teorías que proponen interacciones entre conducta y medioambiente, creencias y la forma de procesar la información, especialmente problemas en la decisión, se consideran compatibles con las explicaciones biológicas. Se puede concluir que una predisposición física junto con unas circunstancias concretas pueden estar más involucradas en la probabilidad de desarrollar el trastorno.

## TRATAMIENTOS

### Terapia psicoanalítica

ESTE TIPO de terapias son similares a las utilizadas en el tratamiento de los trastornos de ansiedad. Su objetivo es ayudar al paciente a enfrentarse a lo que realmente teme, es decir, a que un impulso reprimido (en concreto sexual o agresivo) se exprese a través de la conducta. El problema es que las obsesiones y las compulsiones son mecanismos de defensa que protegen al ego del conflicto que producen los impulsos reprimidos al luchar por su expresión,

y por ello no se pueden reducir directamente sin provocar un mal mayor.

En general, este tipo de terapias no son muy efectivas en el tratamiento de estos pacientes. Muchas de las técnicas empleadas, por ejemplo la asociación de ideas, pueden incluso aumentar los pensamientos obsesivos. Algunos terapeutas adoptan una perspectiva más conductual (esto es, aplicar técnicas de la psicología de la conducta) usando el enfoque psicoanalítico como base teórica.

### Terapias de conducta

SE USAN varias técnicas que se podrían agrupar en dos categorías, las técnicas de exposición para reducir la ansiedad, y las técnicas de bloqueo de respuesta que son útiles para ayudar al paciente a reducir las obsesiones y las compulsiones.

- *Desensibilización:* se presentan al paciente aproximaciones de los estímulos que causan la obsesión o la compulsión. Estas aproximaciones pueden ser a través de dibujos o fotos, imaginándose en situaciones que tienen algún punto de conexión con la que provoca las conductas. De esta manera, se va desensibilizando, es decir, se acostumbra a que no pasa nada por estar frente al estímulo o en la situación temida.
- *Exposición:* es más directa que la desensibilización. Este método implica que el paciente se enfrente gradual y voluntariamente a los estímulos, que pueden ser externos, como por ejemplo suciedad, pisar raya, tocar a otros, etc., y también internos como pensa-

mientos no aceptables, de daño, sexo, heréticos, etc. Se puede enfrentar directamente o *in vivo*, y con la imaginación (esta manera suele utilizarse más cuando la exposición en vivo es prácticamente imposible), y a menudo se utiliza una combinación de las dos.

- *Prevención de respuesta:* se emplean diversos métodos para ayudar al paciente a reducir y controlar los rituales. Entre ellos se encuentran todo tipo de ejercicios para aprender a resistir las conductas, ya sean obsesiones o compulsiones, cuando se encuentren con los estímulos temidos. Por ejemplo en el caso de los «limpiadores» se les podría enseñar a tocar algo (que ellos consideran contaminado) y a que no realicen la conducta inmediatamente, en este caso lavarse, sino a aguantarse el mayor tiempo posible (que cada vez será mayor). El prevenir la respuesta haría que estas personas se enfrenten al estímulo u obsesión que les produce la ansiedad, y tras ver repetidas veces que no pasa nada, esta iría desapareciendo poco a poco, logrando de esta manera resistir los impulsos compulsivos.

Algunas veces, la prevención de la respuesta sólo se puede conseguir en un hospital, debido a la gravedad del paciente (por ejemplo, cuando de tanto lavarse se ha despellejado la piel) o a otras circunstancias personales. Otras veces se pueden practicar estas técnicas en casa aunque esto suele requerir la colaboración de los miembros de la familia.

La combinación de estas técnicas suele ser bastante eficaz y sus efectos positivos suelen perdurar una vez que el tratamiento ha terminado. Igualmente, se ha comprobado que incluir métodos de prevención de recaída en la terapia y sesiones de seguimiento después del tratamiento, contribuyen a mantener la mejoría.

**Terapias farmacológicas**

COMO YA hemos visto a lo largo del capítulo, los antidepresivos suelen ser efectivos para tratar a estos pacientes, y de todos ellos, funcionan mejor los que son inhibidores selectivos de la recaptación de la serotonina.

Diversos estudios indican que en más de la mitad de los pacientes, estos fármacos disminuyen la intensidad y la frecuencia de las obsesiones y de las compulsiones.

El mayor problema que presentan es que, si se para el tratamiento, los síntomas suelen volver. También conllevan el riesgo de crear adicción debido a un uso prolongado.

# Trastorno por estrés postraumático

Está considerado como un trastorno de ansiedad que se origina a consecuencia de haber sufrido o presenciado un acontecimiento muy traumático y psicológicamente perturbador, como la muerte de alguien o una amenaza real a la integridad física de uno mismo o de otros. Algunos ejemplos de estas situaciones serían las guerras, las catástrofes, los atentados, los homicidios o los malos tratos continuados. Ante estos eventos, la persona ha respondido con temor, horror, desesperanza o indefensión intensos.

Los síntomas son muy variados, pero se pueden agrupar en tres categorías principales:

1. **Reexperimentación** del acontecimiento. La persona «revive» la experiencia de varias formas y con mucha frecuencia. Las más habituales son:

   - A través de recuerdos intensos o muy reales. Éstos se producen de manera involuntaria y pueden incluir imágenes, pensamientos y sensaciones.

   - Teniendo pesadillas.
   - Se experimentan *flashbacks,* esto es, se tiene la sensación de estar otra vez en el momento o situación en que ocurrió el hecho.
   - Por la percepción de diversos estímulos que simbolizan o recuerdan el acontecimiento. Éstos producen malestar, tanto físico como emocional. Algunos ejemplos pueden ser los truenos o la visión del fuego para las víctimas o testigos de guerras o atentados, aniversarios que recuerdan alguna experiencia concreta, etc.
   - La reexperimentación es muy importante. Es considerada por muchos expertos como la causa más probable del resto de los síntomas característicos del trastorno.

2. **Evitación** o escape de las situaciones o lugares asociados a la experiencia traumática, y **embotamiento** de las reacciones. Entre los síntomas se encuentran:

   - La persona evita pensar o hablar del trauma, así como encontrarse con situaciones que se lo recuerden.

- A menudo no recuerdan o tienen amnesia del acontecimiento o de algún aspecto importante del mismo.
- Embotamiento de las reacciones, que se refiere a una reducción del interés por otras personas o actividades, sensaciones de distanciamiento y desapego, etc.
- Se presentan dificultades en la vida afectiva, el entorno se percibe como extraño, se tiene sensación de un futuro desolador que incluye el no tener esperanzas, por ejemplo, sobre la posibilidad de encontrar pareja o trabajo.
- El paciente tiene que presentar tres (o más) de estos síntomas como mínimo.

3. **Aumento del estado de alerta**. Estos síntomas incluyen dificultades para conciliar o mantener el sueño, hipervigilancia, irritabilidad, dificultades para concentrarse y sobresaltos exagerados. Son necesarios dos (o más) de estos síntomas para el diagnóstico.

Para diagnosticar este trastorno, hay que descartar que los síntomas estuvieran presentes antes del acontecimiento traumático. Aunque lo más habitual es que éstos aparezcan en los tres meses posteriores al acontecimiento, a menudo aparecen, por vez primera, mucho tiempo después (por ejemplo, seis meses, e incluso años, más tarde). Suelen aparecer de forma variada, de distintas maneras en unas personas y otras y pueden hacerse crónicos.

Además de estas alteraciones, el trastorno se asocia con la generación de otros problemas como depresión, ansiedad, adicción a drogas o alcohol (a menudo como manera de evasión), baja autoestima, sentimientos de culpabilidad, ideas suicidas, todo tipo de dolores y molestias psicofisiológicas, y sobre todo, con una gran dificultad en llevar una vida normal y disfrutar de ella.

Existen muchos acontecimientos que pueden originar este trastorno. Los más habituales son las catástrofes naturales como terremotos, huracanes e inundaciones, todo tipo de accidentes, como los aéreos o de tráfico, incendios..., y los que son causados por el ser humano como agresiones, torturas, guerras, campos de concentración, atentados, etc.

A pesar de la variedad, se ha comprobado que estos últimos, los causados por el ser humano, son los que más probabilidades tienen de desencadenar el trastorno, haciéndolo también más grave y duradero.

Los grupos de personas que suelen verse más afectados (o que más padecen el desorden), y por tanto los que se han estudiado más, son los ex combatientes y las mujeres que han sido víctimas de agresiones sexuales o físicas.

Las mujeres agredidas son más vulnerables a padecerlo pues el suceso suele ocurrir en sitios conocidos y con frecuencia se conoce al agresor. Otro problema añadido es que, por lo general, tienen que rehacer su vida en los mismos lugares o en situaciones parecidas a donde les pasó la experiencia traumática. Esto suele implicar una mayor dificultad para superarlo, ya que las circunstancias se repiten y les traen recuerdos del momento, lo que les crea el temor de que vuelva a pasar. Por estas razones, los síntomas que más suelen padecer son los de la tercera categoría, esto es, los relacionados con el aumento del estado de alerta.

Sin embargo, los ex combatientes, dado que no se suelen encontrar habitualmente en el lugar de los hechos, suelen padecer con más frecuencia síntomas de reexperimentación y evitación, como pesadillas, apatía y depresión. Un problema añadido es el abuso de sustancias, algo muy común en estos pacientes, quizá como vía de escape a sus recuerdos.

El trastorno puede ocurrir también en niños aunque los síntomas son algo diferentes de los de los adultos. En general, suelen tener problemas para dormir y pesadillas sobre monstruos o cosas desagradables. Pueden presentar también cambios de actitud, por ejemplo, un niño que antes era alegre puede volverse callado y retraído, o al revés, y pueden perder alguna habilidad como el habla.

## CAUSAS Y TRATAMIENTOS

### CAUSAS

COMO HEMOS visto en el apartado anterior, hay varios factores en la vida de una persona que pueden predisponerla a desarrollar este trastorno cuando experimenta o es testigo de un evento traumático. No obstante, también se da en individuos sin ninguno de estos factores.

Varios modelos teóricos intentan explicar la aparición y mantenimiento del desorden y de sus síntomas:

### Teorías psicodinámicas

CONSIDERAN QUE los recuerdos del acontecimiento están constantemente presentes en la mente de la persona, pero como éstos son tan dolorosos y negativos, se suprimen conscientemente (por ejemplo con la distracción) o se reprimen.

Desde esta perspectiva, se propone que el paciente se enzarce en una lucha interna, intentando integrar el trauma dentro de su esquema de creencias sobre sí mismo y sobre el mundo, para explicárselo a sí mismo e intentar encontrarle sentido.

## DATOS SOBRE TRASTORNO POR ESTRÉS POSTRAUMÁTICO

- Es un trastorno bastante frecuente. Se estima que afecta alrededor del 1 y el 3% de la población normal, aunque el número aumenta en las poblaciones de riesgo (esto es, ex combatientes, mujeres agredidas, víctimas de catástrofes, etc.) hasta un 58%.

- Puede darse a cualquier edad y cuanto más severo o grave sea el acontecimiento traumático más probabilidades hay de desarrollar el trastorno.

- No todas las personas que han vivido o presenciado un suceso de este estilo padecen el desorden. Se han detectado varios factores de riesgo que pueden influir en su aparición. Entre ellos se encuentran el haber sufrido otras experiencias traumáticas, la calidad del apoyo social o de las relaciones afectivas, la autoestima, la existencia de otros desórdenes mentales en el paciente o en los familiares, rasgos de personalidad, etc.

- El trastorno de personalidad múltiple se ha considerado como una variante disociativa de este trastorno. La mayoría de los pacientes con varias personalidades han sufrido fuertes experiencias traumáticas, y es otra forma de disociación de la memoria.

Los síntomas de reexperimentación son vistos como un fracaso de este intento de integración.

### Teorías del aprendizaje

PROPONEN QUE el trastorno surge por el condicionamiento del miedo. Las sensaciones, lugares, situaciones características del entorno, etc., en los que ocurrió la experiencia traumática se asocian fuertemente a la ansiedad o terror causadas por ésta. Por ejemplo, una mujer que ha sido violada, puede desarrollar miedo a caminar por cierto barrio, a la oscuridad, a los desconocidos, a las imágenes violentas, al sexo, etc.

De la misma manera, recordar lo ocurrido y contarlo, por ejemplo a familiares, profesionales médicos y de la salud mental, o declarar en juicios, también genera malestar emocional, pues se reviven los «detalles» y el sufrimiento experimentado.

Todo ello hace que se eviten estas situaciones, de manera que la conducta a evitar se refuerza por las consecuencias que conlleva. Esto es, la ansiedad y el miedo se reducen al no estar presente ninguna de las circunstancias que los provocan, puesto que se han evitado. El estado de alerta está muy presente pues el miedo se ha asociado también a situaciones parecidas (aunque algunas se parezcan sólo remótamente).

### Teorías de la cognición

SE BASAN en el tipo de pensamiento y en la manera de ver las cosas para explicar cierta predisposición a desarrollar el desorden y los síntomas depresivos que lo acompañan, como pasividad, síntomas de culpabilidad, etc.

En general, los acontecimientos traumáticos suelen ser considerados por la víctima como incontrolables por ella, es decir, la persona se siente indefensa y cree que su comportamiento no tiene consecuencias (por ejemplo, con pensamientos del estilo: «nada de lo que haga va cambiar la situación»). Esta forma de pensar se puede agravar de forma que la sensación de pérdida de control y desesperanza se extiende llegando a implicar el futuro de la persona («no puedo hacer nada en el futuro para evitarlo») y se generaliza a otras situaciones diferentes. Una consecuencia de esto es la tendencia a manejar situaciones de estrés atendiendo más a sus propias emociones que a los problemas en sí mismos («ojalá pudiera sentirme mejor»).

Las personas con este estilo cognitivo tienden a evaluar más negativamente que otras lo que les pasa, tanto las experiencias normales como las muy estresantes. Muchos creen que «tienen mala suerte» y que «todo les pasa a ellos» y esto puede hacer que presenten un trastorno más grave.

Igualmente, existen muchas creencias o mitos en la sociedad que afectan mucho a la hora de buscar explicaciones a los hechos. Por ejemplo, muchas mujeres violadas pueden creer que eran ellas las que provocaron al agresor y crearse un sentimiento de culpabilidad.

### Teorías biológicas

PARECE QUE se asocia el trastorno con un tipo de neurotransmisores llamado noradrenalina. Diversos estudios hallaron que los pacientes con este trastorno presentaban niveles altos de esta sustancia. En otra investigación se observó que estimulando la producción de noradrenalina (esto es, haciendo que haya más), la mayoría de los pacientes postraumáticos sufrían ataques de pánico y *flash backs,* y esto no pasaba en personas sin el trastorno. Sin embargo, queda por determinar si estos cambios en la química cerebral son causa o consecuencia del trastorno.

## TRATAMIENTOS

Los síntomas que suelen ocurrir inmediatamente después del trauma (malestar en general, insomnio, comportamientos desorganizados, etc.) desaparecen, por lo general, a las pocas semanas. Sin embargo, los síntomas ansiosos característicos de este trastorno y otros que también pueden surgir como, por ejemplo, depresión, baja autoestima, pesimismo, culpabilidad, etc., pueden durar mucho tiempo y alterar severamente el funcionamiento de la persona en varias áreas importantes de su vida.

Suelen emplearse varias técnicas y terapias que en general son bastante eficaces.

### Terapias de conducta

Como en los otros trastornos de ansiedad, enfrentarse a la situación traumática es fundamental para superarlo. Por ello, las técnicas de exposición acompañadas de otras ayudas, como pueden ser los grupos de apoyo, son las más empleadas. El problema es que si el acontecimiento ha sido muy traumático no se puede programar o

representar en el ámbito clínico (no se puede programar una guerra, un accidente aéreo o una agresión sexual), por lo que la exposición se hace en imaginación.

Algunas de las técnicas son:

- *Desensibilización:* se pide al paciente que imagine aproximaciones de lo temido para que le vaya perdiendo el miedo (para que se desensibilice). Esto es, se suele empezar con situaciones imaginadas que causan muy poca ansiedad, y poco a poco imaginar otras que van aumentando el nivel de ansiedad. Por ejemplo, una mujer que ha sido violada se imagina paseando por la calle con muchos amigos y a plena luz del día. Luego la cantidad de gente se va reduciendo muy poco a poco, así como la luz del día. Cuando supera sin ansiedad estas escenas se imagina paseando sola y así sucesivamente. Para ello la paciente tiene que estar profundamente relajada y las sesiones ser programadas con mucho cuidado. Como es necesario enfrentarse a la situación por completo, se requiere una explicación muy detallada de lo que ocurrió. Esto lógicamente suele ser muy desagradable y doloroso, y puede producir, al principio, un empeoramiento temporal de los pacientes hasta que logran reducir la ansiedad producida.
- *Inundación:* esta técnica consiste en exponer masivamente al paciente a lo temido, durante periodos prolongados de tiempo y sin posibilidad de que lo evite. Por ejemplo se les pide que visualicen escenas relacionadas con el acontecimiento traumático, o que las narren una y otra vez, durante largos periodos de tiempo. La teoría de este

método es que al saciar mucho a la persona con el estímulo ansioso o los recuerdos temidos, éstos acaban por perder su valor o poder de generar miedo.

## Terapias cognitivas

DESDE ESTA perspectiva se considera el trastorno como reacciones al estrés más extremo, y que por ello las técnicas de manejo de situaciones de estrés, entrenamiento en resolución de problemas y relajación pueden ser muy efectivas.

- *Educación:* con mucha frecuencia, educar a los pacientes sobre la naturaleza del trastorno, especialmente sobre los tipos de síntomas que se producen, suele ser de mucha ayuda. De esta manera, los pacientes encuentran una explicación de lo que les está pasando, esto es, a los síntomas que sufren.
- *Relajación:* es básica en el tratamiento de muchos trastornos, para reducir el miedo y la ansiedad. A los pacientes se les enseña a relajarse cuando empiezan a sentirse ansiosos para evitar que la sensación vaya a más, y para responder con relajación en vez de con alarma a los estímulos que están asociados al trauma. Suele acompañar a otras técnicas.
- *Reestructuración cognitiva:* es decir, cambiar las creencias negativas sobre uno mismo y el mundo producidas por el suceso, mejorando la manera de interpretar la experiencia. Esta técnica se basa en el supuesto de que nuestras capacidades intelectuales tienen un efecto en nuestra manera de comportarnos y en lo que sentimos. Ofrecer información para reducir el miedo a la incertidumbre, reeducar en priorizar con efec-

tividad (por ejemplo, redefinir qué es lo importante y qué no lo es) y reforzar el autocontrol de los pacientes, también se han visto eficaces para el tratamiento.

- *Asertividad:* uno de los problemas más comunes que suelen padecer casi todos los pacientes es la rabia y la furia. Las técnicas de asertividad se han mostrado a menudo eficaces para manejar esta rabia más apropiadamente. En general, consisten en enseñar al paciente a reafirmarse en sí mismo, hacerse valer, expresar más fácilmente las emociones y legitimar sentimientos de resentimiento o aprobación. La manera más habitual es usar modelos asertivos cuyo comportamiento el paciente aprende a imitar.

## Terapias psicoanalíticas

TAMBIÉN AYUDA a los pacientes a hablar del trauma y así exponerse a las circunstancias que originaron el trastorno. Se examina el uso de mecanismos de defensa (los síntomas) empleados, y se ayuda a integrar la experiencia.

## Terapias de grupo

SUELEN SER muy útiles, sobre todo, el sentir el apoyo de otros que se han visto en las mismas situaciones y comparten experiencias. Se trabaja la libre discusión, la expresión de sentimientos, etc., y a menudo son más terapéuticas que las individuales.

## Terapias farmacológicas

SE UTILIZAN con frecuencia antidepresivos y tranquilizantes, sobre todo al principio del trastorno, para que la persona reduzca los síntomas.

El apoyo social es casi lo más importante para la mayoría de las personas con estrés postraumático. La sensación de que hay gente que quiere ayudar, la pertenencia a un grupo (familiar, de amigos...) al que poder contar lo pasado y en quien confiar, la ayuda de la sociedad y de las instituciones, etc., han demostrado ser muy beneficiosas en la pronta recuperación de estos pacientes.

# Trastornos somatomorfos

Las palabras *soma* y *somático* son griegas y significan «cuerpo» y «corporal»; el término *morfo* es «forma»; *somatomorfo* entonces quiere decir «que toma forma corporal».

En este grupo de trastornos mentales se producen una serie de síntomas físicos que parecen debidos a enfermedades del cuerpo. Esto lleva a realizar todo tipo de exámenes médicos pero no se encuentra nada que pueda explicar estas alteraciones, ni su gravedad o duración. Para poder diagnosticarlos, es preciso que cumplan unos requisitos: por supuesto, el más importante es que se pueda rechazar con toda seguridad un origen o razón física, es decir, enfermedad real; tienen que causar mucho malestar al paciente, y su vida diaria tiene que verse muy afectada por ello, tanto la personal y familiar como la laboral.

Es importante hacer aquí la distinción entre psicosomático y somatomorfo. Psicosomático quiere decir que un problema psicológico acaba por crear una dolencia física. Por ejemplo, una úlcera de estómago puede estar producida por estrés o por conflictos emocionales. Si éstos no se resuelven o afrontan bien, el cuerpo puede reaccionar a la ansiedad o a la angustia segregando más cantidad de la normal de ácidos gástricos que a la larga acaban erosionando la mucosa del estómago. Cuando se examina, la úlcera es real, se ve en los análisis y con las medicinas se puede curar. Sin embargo, si fuera un caso somatomorfo habría síntomas y dolores reales de úlcera, pero sin úlcera.

## CARACTERÍSTICAS COMUNES

SE HA observado con frecuencia que el comienzo y la evolución de los síntomas están relacionados, en muchos pacientes, con situaciones fuertemente desagradables, estresantes, o con dificultades y conflictos.

Las personas que sufren estos trastornos suelen quejarse de una manera histriónica o muy exagerada, siempre demandando mucha atención. Sin embargo, las quejas son muy generales, más bien sobre cómo afectan a su vida y con expresiones del tipo «insoportable» o «lo peor imaginable», pero sin describir bien los síntomas en sí.

También les es muy difícil creer que sus problemas son de origen psicológico, lo cual es bastante comprensible si consideramos el tipo de síntomas que sufren (completamente físicos y que causan mucho dolor o malestar). Una consecuencia grave es el sentimiento de vergüenza que muchos llegan a sentir al reconocer que se curan cuando acuden a un psiquiatra o psicoterapeuta y no con un médico (*véase* más detalles en causas y tratamientos).

Al igual que en los trastornos disociativos, los síntomas suelen ofrecer cierta ventaja a la persona que los padece (especialmente en los trastornos de somatización, conversión y dolor). A pesar de ser involuntarios, gracias a los síntomas, el paciente consigue una atención y apoyo que de otro modo no obtendría y evita el afrontar los problemas o sus responsabilidades.

Los trastornos más importantes dentro de esta categoría son: el **trastorno de somatización,** el **trastorno de conversión,** el **trastorno por dolor,** la **hipocondría** y el **trastorno dismórfico corporal.**

## TRASTORNO DE SOMATIZACIÓN

LA CARACTERÍSTICA más destacada de este trastorno es la existencia de múltiples síntomas que pueden afectar a cualquier parte del organismo. Para diagnosticarlo, los síntomas deben ser ocho como mínimo, y entre éstos tiene que haber al menos:

- Cuatro de dolor, por ejemplo, de cabeza, de espalda, en las articulaciones, en

---

## DATOS SOBRE TRASTORNOS DE SOMATIZACIÓN

■ Se han observado ciertas características de personalidad frecuentes entre los pacientes. Por ejemplo, éstos suelen ser muy dependientes de los demás y son descritos como seductores y manipuladores. Consiguen toda la atención que necesitan demostrando lo enfermos que están y provocando sentimientos de culpa en los demás si no les atienden. Pueden incluso amenazar con el suicidio.

■ Esta demanda de atención también se refleja en las constantes visitas a los médicos y especialistas, llegando incluso a someterse a intervenciones quirúrgicas innecesarias.

■ Igualmente, parece haber cierta tendencia a las conductas antisociales y a abusar del alcohol y de las drogas, tanto en pacientes como en sus familias. También se han encontrado muchos casos de inestabilidad afectiva, como relaciones personales inestables, anteriores al trastorno.

■ Un dato curioso e indicador del origen psicológico es que los síntomas y sus frecuencias suelen variar de unas culturas a otras. Por ejemplo, la sensación de manos ardiendo o la de hormigas caminando bajo la piel son frecuentes en África y Asia, mientras que en EE. UU. son más típicos los dolores abdominales o cefaleas.

■ Este trastorno es algo más común en personas con bajo estatus educacional y socioeconómico, y en países subdesarrollados (*véanse* más detalles en causas y tratamientos).

el tórax, en el abdomen, durante la menstruación, al orinar, etc.

- Dos gastrointestinales, como náuseas, vómitos, diarrea, hinchazón, intolerancia a algunos alimentos, etc.
- Uno sexual, por ejemplo, indiferencia hacia el sexo; problemas de erección, de eyaculación; menstruación irregular o excesiva, etc.
- Uno pseudoneurológico, es decir, que parezca un problema neurológico. Por ejemplo, problemas de coordinación o de equilibrio, parálisis, dificultad para tragar, afonía, pérdida del tacto, alucinaciones, visión doble, amnesia, pérdida de conciencia, etc.

Este desorden suele empezar a edades tempranas de la vida (antes de los 30 años), y se da con más frecuencia en mujeres que en hombres. Se suele hacer crónico, aunque varía en cuanto a gravedad, y son raros los periodos de tiempo sin síntomas.

## TRASTORNO DE CONVERSIÓN

TAMBIÉN LLAMADO «neurosis histérica», este trastorno presenta uno o más síntomas que afectan a las funciones motoras voluntarias, esto es, al movimiento voluntario (por ejemplo, parálisis) o sensoriales, es decir, de los sentidos (por ejemplo, pérdida de visión).

Si agrupamos los síntomas por tipos éstos pueden ser muy variados, por ejemplo:

- **Motores:** los más frecuentes son parálisis parciales o completas de brazos o piernas; tics; movimientos convulsivos (parecidos a ataques de epilepsia); pro-

### DATOS SOBRE TRASTORNO DE CONVERSIÓN

■ Este desorden suele empezar al principio de la edad adulta y parece ser más frecuente en mujeres.

■ Por lo general aparece de una manera brusca (de repente) después de una situación estresante y suele desaparecer igual.

■ Su naturaleza psicológica quedaría demostrada por varias razones. El hecho de que aparezca después de acontecimientos de mucho estrés, y que reaparezca con los mismos o distintos síntomas en ese tipo de situaciones sería un claro indicador.

■ Igualmente, las anestesias (o insensibilidad) y las parálisis no suelen ser lógicas en el sentido anatómico, es decir, es muy improbable que alguien tenga por ejemplo anestesia de guante. En un caso de origen físico u orgánico, la anestesia iría desde la parte baja del brazo hasta uno o dos dedos de la mano y el límite de la sensibilidad no sería tan preciso (justo en la muñeca para estos pacientes).

■ Aunque los síntomas sean involuntarios por lo general suelen ofrecer una ventaja al paciente (ganancia secundaria). Suele ser tan característico, que el diagnóstico debería ser reconsiderado si la ganancia está ausente, aunque no se hace si está presente. En otras palabras, si hay una ganancia obvia no es probable que se trate de conversión sino más bien de simulación (*véase* capítulo correspondiente), pero por otro lado si el médico no ve cierta ganancia es posible que se trate de un problema de origen físico.

■ Es muy importante descartar una posible enfermedad para evitar un diagnóstico erróneo. Se han dado casos de la aparición de alguno de estos síntomas seis meses después de un golpe en la cabeza, o de miniinfartos cerebrales o de la aparición de tumores. No siempre es fácil distinguir causas psicológicas de causas físicas que pueden pasar desapercibidas y por ello es muy importante un examen médico exhaustivo.

blemas de equilibrio y de coordinación del movimiento; dificultad para tragar; sensación de nudo en la garganta; afonía (por parálisis de las cuerdas vocales); retención urinaria, etc.

- **Sensoriales:** suelen consistir en la pérdida de sensibilidad (anestesia) en alguna parte del cuerpo –entre éstas son muy comunes las llamadas anestesias de guante y de calcetín que afectan sólo al área que cubrirían estas prendas–; fuertes dolores, como en el pecho o de cabeza; o lo contrario, pérdida o alteración de la sensación de dolor; o pérdida o alteración de cualquiera de los otros sentidos como sordera o anosmia (pérdida del olfato). Entre las alteraciones de la vista se incluyen la visión de túnel, en la que el campo visual se reduce por los lados viendo sólo por el centro (como si la persona viera a través de un tubo), visión doble, alucinaciones y ceguera.
- Un comportamiento típico de este trastorno es lo que se conoce como la *belle indifférence* (o bella indiferencia), y es que los pacientes parecen completamente despreocupados de sus males. Este fenómeno nos daría una buena pista para pensar que estamos ante un caso de conversión. Cualquier otra persona se sentiría completamente horrorizada ante el hecho de quedarse ciega, sorda o paralítica de la noche a la mañana.

## TRASTORNO POR DOLOR

EN ESTE trastorno la única queja es el dolor y éste es lo suficientemente grave como para justificar la atención médica. Puede afectar a una o más partes del cuerpo, aunque las más frecuentes son cuello, cabeza y espalda.

Es bastante difícil de diagnosticar, pues el dolor, incluso en enfermedades físicas, es una sensación subjetiva, es decir, la única prueba de su presencia, intensidad o duración es lo que dice el paciente; y está influenciado psicológicamente, esto es, hay personas que lo soportan más, otras menos, y unas son más sensibles que otras.

Lo que nos ayudaría a distinguir cuándo es somatomorfo (psicológico), es que éste suele estar relacionado con situaciones estresantes o conflictivas, es decir, aparece y reaparece siempre en esas circunstancias (u otras similares). Tampoco hay enfermedad que lo justifique. Si la hubiera, las quejas que se suelen presentar son muy excesivas y el dolor demasiado fuerte y duradero como para estar causado por ella (por la enfermedad).

### DATOS SOBRE TRASTORNO POR DOLOR

- Es el más frecuente de los trastornos somatomorfos; en EE. UU., por ejemplo, alrededor de un 10% de la población sufre o ha sufrido baja laboral por dolor psicológico de espalda.
- Se da más en mujeres que en hombres y en gente adicta al trabajo o que han empezado a trabajar a edades muy tempranas.
- Aparece repentinamente, aumentando la intensidad con el paso del tiempo, y puede hacerse crónico.
- Un problema añadido es que los pacientes pueden volverse adictos a los analgésicos o tranquilizantes que pueden haber tomado durante años para calmar el sufrimiento.

## HIPOCONDRÍA

Es EL miedo a tener una o más enfermedades graves o la convicción de que se tienen, pese a la opinión contraria de los médicos. Los hipocondríacos suelen ir de consulta en consulta, viendo a todo tipo de especialistas, pues tienden a no creer los resultados de sus pruebas. Piensan que ha habido algún error, lo que les crea más angustia, pues están seguros de padecer algo muy grave (como cáncer, sida, etc.), y que pueden empeorar debido a un mal diagnóstico. Todo ello les causa una gran perturbación en sus vidas, tanto en la laboral como en la personal.

Una de las explicaciones más actuales de este trastorno hace referencia a una alteración de la percepción de señales y sensaciones normales en el cuerpo humano. Es decir, tienden a interpretar como malignas y peligrosas cosas como un ritmo cardiaco irregular o un dolor de estómago o cabeza, sudoración, etc. El estilo de percepción sería:

- **Hipervigilancia corporal** o estar constantemente pendiente de cualquier sensación.
- **Fijar más la atención** en las que no son frecuentes.
- **Creer siempre que, al no ser habituales, son malignas.**

Todo esto aumenta la ansiedad, lo que provoca más sensaciones y hace que se creen otras nuevas. La alarma crece, con lo cual se vigila más el cuerpo y así sucesivamente hasta que se convierte en un círculo vicioso.

## TRASTORNO DISMÓRFICO CORPORAL

El PREFIJO griego *dis-* significa «anomalía»; dismórfico corporal, entonces, es «anomalía en la forma del cuerpo». El trastorno se refiere a la preocupación excesiva (casi obsesión) por un leve defecto físico real o uno imaginario. Si éste es real, la preocupación es claramente exagerada y en ambos casos impide al individuo llevar una vida normal.

Los defectos pueden estar en cualquier parte del cuerpo, aunque son más habituales los de la cara o cabeza. Los más comunes son cicatrices, acné, exceso de vello facial, arrugas y forma o tamaño de la nariz. Del cuerpo, los que más preocupan son el tamaño y forma de los pechos, los genitales, las nalgas, las caderas, el tórax, etc.

Algunos pacientes pueden pasar horas mirándose al espejo mientras que otros lo

---

### DATOS SOBRE HIPOCONDRÍA

- Este desorden puede aparecer a cualquier edad, aunque es más raro después de los 50 años.
- Se da tanto en mujeres como en hombres.
- Su comienzo suele estar relacionado con experiencias de enfermedad (propia o de otros) y acontecimientos estresantes (sobretodo la muerte de alguien cercano).
- Puede hacerse crónico y a menudo va acompañado de otros trastornos como ansiedad o depresión.
- El número de recuperaciones es alto.
- Se distingue de la fobia a la enfermedad (o nosofobia) en que en la hipocondría el paciente además cree padecerla.

evitan, llegando al extremo de quitar todos los espejos de sus casas. Muchos recurren a la cirugía plástica.

---

### DATOS SOBRE TRASTORNO DISMÓRFICO CORPORAL

- Suele iniciarse en la adolescencia y en la edad adulta.
- Ocurre tanto en mujeres como en hombres y suele ser crónico.
- El defecto puede ser uno, varios o cambiar unos por otros a lo largo del tiempo.
- Es un trastorno que causa mucha incapacidad. Como las personas que lo padecen están tan conscientes de sí mismas y de su supuesta imperfección, pueden llegar a aislarse del mundo por vergüenza, y evitar ir a trabajar o relacionarse socialmente.
- Esta excesiva preocupación y continua comprobación de su apariencia ha hecho que se relacione con el trastorno obsesivo-compulsivo, aunque en este último se dan pensamientos y comportamientos que no sólo se limitan al aspecto físico.

---

## CAUSAS Y TRATAMIENTOS

### CAUSAS

SE PIENSA que varios factores contribuyen a la aparición de estos trastornos. Podemos agruparlos de la siguiente manera:

**Factores que predisponen o que hacen a la persona más vulnerable**

SE HA investigado la influencia de los genes aunque por el momento no se han encontrado pruebas concluyentes.

En test de personalidad, los pacientes suelen puntuar alto en neuroticismo, es decir, son más neuróticos. Dicho de otra manera, sus personalidades son más sensibles o débiles frente al estrés, tienen baja autoestima y tendencia a sufrir ansiedad, depresión y hostilidad.

Las actitudes de los padres o familiares cercanos también influyen, esto es, la forma de enfrentarse a responsabilidades o situaciones conflictivas; el cómo se reacciona ante la enfermedad (exagerando, convirtiendo en enfermedad dolencias mínimas, etc.) y la manera de expresar, reconocer o enfrentarse a los problemas psicológicos o emocionales. Esto en cuanto a lo que aprenden los niños de ellos.

Por otro lado, muchos psicólogos consideran que en la aparición de estos desórdenes siempre suele haber un conflicto no resuelto con alguno de los padres.

Dentro de los factores sociales y culturales, se ve cierta relación con niveles socioeconómicos y educacionales bajos, en gente rural o de países subdesarrollados. Esto puede ser debido al menor conocimiento o información sobre conceptos médicos y psicológicos. Una prueba de ello vendría dada por el hecho de que en los países más industrializados el número de este tipo de pacientes ha bajado considerablemente, y a que la sociedad es más comprensiva y tolerante con los trastornos de ansiedad. Es decir, todos sabemos que el estrés o la angustia pueden afectar a la salud, tenemos información y podemos tomar medidas.

**Factores precipitantes o que pueden desencadenar el inicio del trastorno**

LOS YA mencionados a lo largo del capítulo; cualquier evento vital estresante, conflictivo o desagradable. Son especialmente comunes la muerte de alguien cercano, los conflictos laborales o el contacto con la enfermedad (tanto de uno mismo como de otros).

### Factores de mantenimiento

SE DESTACA el «papel de enfermo» y lo positivo que los pacientes pueden conseguir con ello. Las dolencias que padecen les permiten abandonar obligaciones y responsabilidades tanto familiares como laborales evitando además enfrentarse a situaciones de conflicto. Así mismo se les proporciona una atención y cuidados que de otra manera no conseguirían. Ésta sería la manera inconsciente por la que se refuerza y mantiene el trastorno.

Es importante también como factor predisponente y de mantenimiento, la posible alteración de la percepción que hace a estas personas aumentar o amplificar las sensaciones corporales y darles una explicación siempre negativa.

## TRATAMIENTOS

EL TRATAMIENTO de estos desórdenes puede llegar bastante tarde ya que el paciente cree que sus síntomas son físicos y acude a un médico. Éste lo atiende y examina y puede mandarle medicamentos o diversos tratamientos hasta comprobar que ninguna enfermedad los causa. Por regla general, el paciente piensa que el médico ha fracasado al diagnosticarle, acude a otro y así sucesivamente.

En general el reasegurar y tranquilizar al paciente junto con la sugestión y el intentar eliminar las circunstancias estresantes son acciones que resultan muy positivas para la recuperación del paciente. Asimismo se deben eliminar los factores que refuerzan o mantienen los síntomas (por ejemplo, la excesiva atención, el evitar responsabilidades, etc.) y fomentar el comportamiento normal, afrontando los problemas y asumiendo las responsabilidades.

### Tratamiento médico

SE HA comprobado que es muy beneficiosa una buena relación médico/paciente que esté basada en la confianza. Esto evita que el paciente se someta a intervenciones innecesarias que pueden ser nocivas por posibles efectos secundarios. Igualmente, el médico puede ayudar a reducir el rechazo que muchos pacientes tienen a admitir que sus males tienen un origen psicológico.

### Tratamiento farmacológico

NO SUELEN ser efectivos y en el caso de los calmantes para el dolor, se corre el riesgo de crear adicción al medicamento. Sin embargo, parece que los antidepresivos funcionan con los pacientes que tienen trastorno de dolor.

### Terapia psicoanalítica

ESTE ENFOQUE considera que los síntomas son una defensa contra la ansiedad que crean los conflictos inconscientes o reprimidos, es decir, estos conflictos crean tensión, y una forma de descargar o desprenderse de esta tensión es convertirla en síntoma. Así pues, se ayuda al individuo a hacer consciente y encarar los orígenes de la represión (los motivos que llevaron al individuo a reprimir un conflicto), y a no utilizar el síntoma como defensa.

## Terapia de conducta

ESTAS TERAPIAS usan varias técnicas para ayudar a los pacientes a enfrentarse a las situaciones estresantes que suelen originar los síntomas y a hacer frente a los miedos o ansiedad que producen. Algunas de estas técnicas son la relajación, la hipnosis, el reforzamiento de otras conductas más positivas, el autocontrol, el entrenamiento en ha-bilidades sociales como aprender a recibir críticas, agradecer y reconocer el trabajo de los demás, pedir y recibir ayuda sin necesidad de justificarse con una enfermedad.

## Terapia de familia

UN PROBLEMA habitual es que los pacientes suelen estar «mal» largos periodos de tiempo evitando a la vez responsabilidades; de esta forma, se vuelven más débiles y dependientes. Por ello es importante también trabajar con la familia para que eviten en lo posible fomentar o mantener el rol de enfermo y les ayuden a ser más independientes.

# Trastornos disociativos

Los síntomas que antiguamente se interpretaban como consecuencia de la histeria son los que hoy en día se conocen como resultado de los trastornos somatomorfo y disociativo. La diferencia entre ambos es que debido a un desorden mental, en el primero aparecen síntomas físicos mientras que en el segundo los síntomas son psíquicos.

Según el diccionario disociar quiere decir separar una cosa de otra a la que estaba unida, y cuando esto sucede en la mente humana los resultados son completamente sorprendentes. Lo que ocurre en los trastornos disociativos es que la memoria, la identidad, la percepción, las ideas, o los sentimientos se perciben como separados de la consciencia (como si estuvieran separados de nosotros mismos). A la persona que los sufre le parece que estos procesos mentales funcionan independientemente, o, dicho de otra manera, que no tienen que ver con él y, por este motivo, no puede sentirlos, controlarlos o recuperarlos a voluntad.

Se cree que lo que está alterado es lo que une, lo que integra estos procesos y los estructura u organiza para formar un todo, que es nuestra consciencia.

## CARACTERÍSTICAS COMUNES

POR REGLA general, estos trastornos aparecen después de haber vivido u observado situaciones muy estresantes o traumáticas, como por ejemplo, guerras, violaciones, desastres naturales, accidentes, muerte de un ser querido, ruina económica, abandono, abusos, etc. También pueden ser consecuencia de un conflicto interno muy grave, por ejemplo, fuertes sentimientos de culpabilidad después de haber cometido un acto criminal, etc.

Al igual que en los trastornos somatomorfos, los síntomas suelen ofrecer cierta ventaja a la persona que los padece. A pesar de ser involuntarios, gracias a los síntomas, el paciente consigue una atención y apoyo que de otro modo no obtendría y evita así el afrontar los problemas o sus responsabilidades.

Los trastornos más importantes dentro de esta categoría son: **amnesia disociati-**

va, **fuga disociativa, trastorno de identidad** (también llamado personalidad múltiple) **y despersonalización.**

## AMNESIA DISOCIATIVA

SE LLAMA así a la incapacidad de recordar información personal importante ocurrida en un momento concreto de la vida. En general lo que se «olvida» son experiencias pasadas que han sido traumáticas o estresantes, en las que también se incluye información autobiográfica de ese momento. Por ejemplo quién se es, dónde ha ido, qué pensó, qué hizo, con quién habló, etc.

La amnesia puede darse de varias maneras. Una persona puede tener más de una laguna de memoria, y éstas variar en

duración. Las hay que duran sólo unos minutos y las hay que duran horas o días. También se han dado casos de olvidar años e incluso la vida entera.

Habitualmente se pierde la memoria de todo lo que pasó en el momento traumático. No obstante, ciertos casos olvidan sólo algunos de los acontecimientos (no todos) de ese periodo, y otros no recuerdan nada de su vida anterior. También hay personas que olvidan las cosas según van pasando.

## FUGA DISOCIATIVA

EN LA fuga disociativa la pérdida de memoria es más amplia. No sólo una persona se vuelve completamente amnésica (es decir, olvida todo), sino que además se esca-

---

### DATOS SOBRE AMNESIA DISOCIATIVA

■ Se da con más frecuencia en adultos y en general sucede después de haber vivido un hecho muy traumático o de tener un gran conflicto interno que se hace insoportable para el individuo.

■ Suele aparecer repentinamente y de la misma manera desaparece.

■ Cuando se sufre un episodio hay más posibilidad de sufrir otros (siempre después de hechos estresantes).

■ Los pacientes se suelen dar cuenta de que hay un «tiempo» que han perdido, que no recuerdan. Según su definición «notan un vacío en la memoria», por ello suelen presentar síntomas de desorientación y confusión.

■ Varios estudios han observado que la información que no se recuerda no está perdida, sino que se encuentra inaccesible a la consciencia. Esto queda demostrado por los casos en los que la memoria recupera a base de tratamientos, o recordando «de pronto» gracias a acontecimientos concretos, o recibiendo información de lo que pasó.

■ Aunque esta información no esté disponible (esto es, no se pueda acceder a ella) en muchos casos sigue influyendo en el comportamiento de los pacientes. Por ejemplo, se ha observado que personas que han sufrido abusos o ataques sexuales y tienen amnesia del episodio, suelen mostrar aversión o falta de interés por el sexo, desmoralización, etc.

pa o se fuga repentina e impulsivamente de su casa o lugar de trabajo y en ocasiones asume una nueva identidad. Todo ello sin darse cuenta de ningún cambio en su vida.

La fuga puede durar horas, meses e incluso años y la adquisición de la nueva identidad puede ser muy elaborada. Por ejemplo, la persona puede cambiar de nombre, de casa y trabajo, adquirir nuevas características de personalidad y establecer nuevas relaciones, aunque lo más normal es que las fugas sean breves (durando horas o días) y con poco contacto con otras personas.

Las escapadas suelen alejar bastante al paciente de su entorno habitual, y aunque en principio no tienen un propósito claro, la actitud que presentan parece muy decidida, como si supieran perfectamente dónde van. Igualmente, su comportamiento es más desinhibido y abierto que antes de fugarse.

Lo más frecuente es que los pacientes se recuperen espontáneamente. Algunos recuerdan su identidad original de repente, encontrándose a sí mismos en circunstancias desconocidas, mientras otros toman conciencia de su amnesia o de que hay algo que no recuerdan, es decir, notan confusión acerca de quienes son o simplemente se dan cuenta de que no lo saben cuando se les pregunta.

Se puede definir fuga disociativa como un caso de amnesia en el que hay una pérdida abrupta de la identidad personal, que se acompaña de escapadas del entorno habitual.

## TRASTORNO DE IDENTIDAD DISOCIATIVA

TAMBIÉN LLAMADO «personalidad múltiple» o «doble personalidad» es un trastorno muy sorprendente y famoso por la cantidad de veces que ha sido utilizado en el cine y la literatura pese a ser poco frecuente.

Las personas que lo padecen suelen tener dos o más identidades distintas y cada una de ellas percibe, piensa o se relaciona independientemente de la otra, tienen sus propios recuerdos, relaciones y actitudes. A veces son tan distintas que llegan a ser opuestas, por ejemplo una tímida y otra extravertida e incluso pueden ser alérgicas a distintas cosas.

Las personalidades pueden aparecer de distintas maneras:

- Simultáneamente, es decir, todas a la vez (es el caso más raro).

### DATOS SOBRE FUGA DISOCIATIVA

■ Se estima que afecta alrededor del 0,2% de la población. Normalmente se da en adultos y en personas que han vivido grandes traumas o situaciones muy estresantes.

■ En general son episodios únicos, es decir sólo pasan una vez. Si se repitieran varias veces probablemente estaríamos ante otro trastorno, en concreto, ante un trastorno disociativo de la identidad.

■ Suele haber una laguna de memoria o amnesia de lo que pasó durante la fuga una vez recuperados por completo.

■ Se diferencia de la amnesia disociativa en que en esta última no se producen viajes y los pacientes no pierden la identidad.

- En agrupaciones, cuando aparecen por ejemplo de tres en tres.
- Sucesivamente, o sea, de una en una. Este caso es el más usual y también presenta diferencias en el grado de conocimiento que tienen entre sí. Éstas pueden ser:

  – Conocerse entre sí y compartir memorias (aunque cada una experimenta las cosas de distinta manera sintiéndose independientes unas de otras).
  – Ninguna sabe nada de la(s) otra(s), ni de su existencia ni de sus experiencias. Se dice que son **mutuamente amnésicas.**
  – Una conoce a otra pero no al revés. Dicho de otra manera, la personalidad X no conoce a la C, ni sospecha siquiera de su existencia, pero la C sí conoce a la X.

Hay casos en que están organizadas de manera que las más fuertes dominan a las más débiles, o se pelean entre ellas. En general, el cambio de una personalidad a otra es muy repentino, y, aunque lo normal es tener entre dos y diez personalidades diferentes, en un mismo individuo se pueden dar más de 30.

No está muy claro todavía qué es lo que pasa con las personalidades cuando sólo una de ellas gobierna el comportamiento del paciente. Se supone que éstas permanecen en el inconsciente. Sin embargo, hay ocasiones en que las personalidades siguen funcionando, sintiendo y pensando a pesar de no ser ellas las que controlan la vida.

## DESPERSONALIZACIÓN

LA CARACTERÍSTICA principal de este trastorno es una persistente sensación de irrealidad.

---

## DATOS SOBRE TRASTORNO DE IDENTIDAD DISOCIATIVA

■ Parece que lo padece alrededor del 3% de los pacientes ingresados en hospitales mentales.

■ Es mucho más frecuente en mujeres que en hombres, y también éstas presentan un mayor número de identidades que ellos.

■ Suele surgir en la adolescencia o al principio de la edad adulta, siendo muy raro después de los 40 años.

■ Hay varios factores que influyen en la aparición de este trastorno. Parece que uno de los más importantes es el haber sufrido abusos físicos o psicológicos en la niñez, así como abandono, falta de atención u otros traumas. Es a esas edades cuando se va forjando la personalidad y algunos niños más vulnerables en esas situaciones pueden acabar desarrollando varios «yo» para poder combatir esos eventos tan estresantes y negativos.

■ Debido a la experiencia traumática que muchos pacientes han sufrido, se ha considerado como una variante del trastorno por estrés postraumático, en el cual un síntoma característico suele ser la disociación de la memoria.

Una persona que lo sufra suele sentirse distanciada de su cuerpo y de sus procesos mentales, como si fuera un observador de su propia vida o como si estuviera soñando.

Con frecuencia va acompañado de **desrealización** que es un trastorno muy similar pero referido al entorno, es decir, en este caso es el mundo el que parece irreal, tanto las personas como las situaciones o lugares.

La diferencia es que la despersonalización es una percepción alterada del «sí mismo» mientras que en la desrealización es la percepción del entorno la que está alterada.

A pesar de ello mantienen intacto el sentido de la realidad, esto es, la persona es consciente de la contradicción entre lo que percibe (lo que ve o siente) y la realidad. Sabe que es imposible pero siente que todo es irreal.

## DATOS DE DESPERSONALIZACIÓN

- Este trastorno suele ocurrir tras una situación traumática o estresante.

- Las personas con este desorden suelen encontrar muy difícil describir las sensaciones a los clínicos. Con frecuencia experimentan una gran ansiedad y creen estar volviéndose locos. Sin embargo, a algunas personas les afecta menos y llegan a ajustarse hasta el punto de llevar una vida normal.

- Muchas veces es uno más de los síntomas que se producen en otros trastornos. Por ejemplo, se ve muy a menudo como síntoma secundario en el trastorno de ansiedad generalizada, en depresión, en las fobias y en la mayoría de los trastornos psicóticos.

- Los síntomas pueden durar bastante tiempo o surgir varios episodios. Asimismo pueden desaparecer sin tratamiento.

## CAUSAS Y TRATAMIENTOS

### CAUSAS

TODAS LAS investigaciones y modelos teóricos de las causas de estos trastornos están de acuerdo en que la principal es el haber vivido u observado situaciones muy estresantes o traumáticas, o como consecuencia de vivir algún grave conflicto interno. Asimismo, parecen muy importantes los efectos de los abusos y el abandono en la infancia.

### Teoría psicoanalítica

DE ACUERDO con esta teoría, todos los trastornos disociativos son consecuencia de una enorme represión de experiencias muy traumáticas, estresantes o de grandes conflictos internos. Los síntomas son una defensa contra el dolor, el horror, la ansiedad o el miedo que crean las memorias o recuerdos indeseables, es decir, éstos crean tensión y una forma de descargar o desprenderse de esta tensión es convertirla en síntoma.

Así, cuando un fuerte trauma es reprimido los posibles resultados son amnesia o fuga; la personalidad múltiple es una forma de separar y así proteger a la personalidad anfitriona del dolor o las sensaciones insoportables que puede causar.

### Teoría de la psicología de conducta

ESTA PERSPECTIVA y la psicoanalítica son bastante parecidas. En este caso no se emplea el concepto de represión, pero se considera que los desórdenes disociativos son respuestas de evitación que protegen a la persona de esas experiencias y recuerdos. Esto es, la persona desarrolla los síntomas disociativos como forma de escapar del gran malestar producido por los traumas y conflictos.

Todas las teorías coinciden en la fuerte relación que hay entre trauma y disociación.

Las investigaciones han demostrado que los traumas que más afectan son los abusos físicos durante la infancia. Por ejemplo, los resultados de una investigación llevada a cabo en pacientes americanos con trastorno de identidad disociativa mostraron que el 80% había sufrido estos abusos, y casi el 70% de ellos sufrió incesto.

La hipnosis en sí misma (no como tratamiento) es bastante parecida a un fenómeno disociativo. Es decir, durante una sesión de hipnosis se pueden producir anomalías en la percepción, memoria, sensación, cambios en la identidad, etc., muy similares a las que ocurren en estos trastornos. Por ejemplo, en el caso de la personalidad múltiple se ha sugerido que ésta se puede establecer en la niñez por una especie de autohipnosis involuntaria como manera de resistir eventos extremadamente perturbadores. De hecho estos pacientes son fácilmente hipnotizables.

Esta susceptibilidad a la hipnosis y una alta capacidad disociativa (es decir, facilidad para separar los propios recuerdos, percepciones, etc., del conocimiento consciente) son consideradas factores de riesgo importantes a la hora de desarrollar algún trastorno disociativo.

## TRATAMIENTOS

Es frecuente que muchos de los pacientes se recuperen de manera espontánea. En general, el reasegurar y tranquilizar al paciente junto con la sugestión y el intentar eliminar las circunstancias estresantes son acciones que resultan muy positivas para su recuperación. Asimismo se deben eliminar los factores que refuerzan o mantienen los síntomas como, por ejemplo, prestarles una excesiva atención, o que de esta manera eviten sus responsabilidades, etc., y fomentar el comportamiento normal, afrontando los problemas y asumiendo las responsabilidades.

### Tratamiento de la amnesia

Una buena relación de apoyo y de confianza con los familiares y amigos es muy importante para la pronta recuperación de estos pacientes. Se ha comprobado que esta medida es suficiente en muchos casos para que desaparezca la amnesia, es decir, un ambiente de seguridad es lo único que muchas personas necesitan para volver a recordar.

Hay casos más difíciles y para ellos suele funcionar muy bien la hipnosis. Con este método tanto el especialista como el paciente pueden descubrir lo que motivó la amnesia e irlo haciendo accesible a la conciencia.

Un problema que se presenta es que en muchas ocasiones los recuerdos recuperados no son exactos o que muchos pacientes recuerden algo que no les ha pasado a ellos. Para ello hay que contar siempre que se pueda con la confirmación o negación de los hechos por parte de otras personas como familiares o amigos que puedan saber algo.

También se suelen utilizar barbitúricos (tranquilizantes) para que el paciente pueda acceder a esas experiencias traumáticas estando más consciente que con la hipnosis. Es muy frecuente que se usen ambos tratamientos.

Una vez hecho esto, se trabaja con psicoterapia para ayudar a la persona a comprender el trauma o el conflicto y poco a poco encontrar maneras de superarlo o afrontarlo y así resolverlo.

El número de recuperaciones es alto. A pesar de ello, hay algunas personas que no lo hacen nunca y esto depende de las circunstancias de cada uno, especialmente las que produjeron la amnesia.

**Tratamiento de la fuga disociativa**

EN GENERAL, la persona no tiene síntomas durante la fuga, o presenta una muy ligera confusión. Parece tener muy claro su destino (aunque no es así) y se muestra desinhibido. Estas características hacen que reconocer a un paciente sea muy difícil.

El tratamiento de este desorden es muy similar al de la amnesia disociativa. Se usa con bastante éxito la hipnosis y los tranquilizantes, junto con la psicoterapia posterior, para ayudar al paciente a calibrar y mejorar sus estrategias a la hora de resolver y afrontar las situaciones y conflictos que provocaron la fuga.

**Tratamiento de la identidad disociativa**

A DIFERENCIA de los otros trastornos disociativos este no desaparece por sí mismo. Muy a menudo el tratamiento es complicado y doloroso. Por ejemplo, muchos pacientes no son conscientes de poseer varias identidades y descubrirlo puede ser muy dramático; cada personalidad puede reaccionar de manera diferente a la terapia, a los recuerdos traumáticos una vez hechos accesibles, etc.

La terapia tiene unos objetivos bastante claros. Hay que conocer cuántas identidades hay, facilitar la comunicación entre ellas y finalmente integrarlas en una.

La terapia suele ser bastante larga y normalmente va acompañada de sesiones de hipnosis o tratamiento farmacológico para facilitar que se manifiesten o se presenten todas las personalidades y para disminuir el choque que puede producir enfrentarse a las experiencias traumáticas.

Lo más problemático suele ser decidir qué personalidad es la primaria, es decir, cuál es la real, la original. Con mucha frecuencia se identifica como tal a la que presenta más características convencionales y socialmente deseables. Otros criterios suelen ser: elegir a la que controla o gobierna al individuo durante más tiempo o a la que se presenta más a menudo.

Aun así, la plena integración muchas veces no se consigue; entonces, lo deseable es lograr que tengan una interacción o relación armoniosa entre ellas para que la persona pueda llevar una vida normal sin síntomas.

**Tratamiento de la despersonalización**

AL IGUAL que el en resto de los trastornos disociativos, la psicoterapia se ha visto muy efectiva para tratar los conflictos, las situaciones de estrés o traumas que provocaron la despersonalización-desrealización. Igualmente, el acceso a esas memorias o recuerdos se puede facilitar con hipnosis o con farmacológico, esto es, con tranquilizantes. En algunos casos ha sido eficaz el tratamiento con antidepresivos.

La recuperación puede ser completa. Los síntomas pueden desaparecer gradual o espontáneamente.

# Trastornos facticios y simulación

Los trastornos facticios, también conocidos como la adicción a los hospitales, son uno de los casos que pueden parecer más incomprensibles a los ojos de mucha gente. Estas personas se causan a sí mismas serios problemas de salud, y, a menudo, potencialmente mortales. Aunque sus causas no son conocidas por el momento, parece que necesitan de manera intensa ser el objeto de atención de las personas que podrían equivaler a los cuidadores en la infancia, esto es, médicos y enfermeras. Las características de estos trastornos son:

- Presencia de síntomas físicos o psicológicos que son fingidos o producidos intencionadamente.
- La intención es asumir el papel de enfermo.
- No hay motivos o ganancias externas para comportarse así, es decir, no se hace por dinero, por evitar responsabilidades legales, o por no querer asumir sus obligaciones... Este último punto nos hace diferenciarlo de la simulación, en la cual si hay un beneficio externo que hace que la persona simule estar enferma.

El trastorno se pueden dividir según el tipo predominante de síntomas:

- **Mayoría de síntomas psicológicos:** pueden mostrar (esto es, representar) cualquier tipo de trastorno mental, aunque son más comunes la depresión, pérdida de memoria, alucinaciones, conductas extravagantes y riesgo de suicidio alegando como causa la muerte (falsa) de un familiar.
- **Mayoría de síntomas físicos:** entre los más habituales están dolores varios, trastornos sanguíneos después de haber tomado anticoagulantes, hipoglucemias que se causan con insulina, hematomas, fracturas o heridas, intoxicaciones, mareos, náuseas, etc.
- **Combinación de ambos.**

Todos estos síntomas son fingidos o producidos por ellos mismos. Los consiguen de varias maneras por ejemplo autolesionándose, tomando medicamentos, cayéndose, o intoxicándose con cualquier tipo de sustancia. También falsifican datos médicos, contaminan pruebas o sencillamente inventan y fingen las dolencias o las alteraciones. Suelen ser muy dramáticos y se irritan cuando no se les diagnostica lo que ellos creen que tienen. Se destacan dos trastornos:

## SÍNDROME DE MÜNCHAUSEN

ES MÁS frecuente en varones, el más común de estos desórdenes y el que presenta mayoría de síntomas físicos. Toma su nombre del famoso barón Münchausen conocido por cuentista. En este síndrome los conocimientos médicos del paciente y su imaginación son sus únicos límites posibles. Se caracteriza por haber sufrido múltiples hospitalizaciones y operaciones quirúrgicas a menudo exigidas por el mismo. Cuando creen haber sido descubiertos desaparecen yéndose a otro hospital e incluso cambiando de ciudad cuando ya han estado en todos los centros de la suya o son demasiado conocidos.

## MÜNCHAUSEN POR PODERES

EN ESTE caso un paciente produce síntomas en otro con el propósito de asumir indirectamente el papel de enfermo. Lo más habitual es un padre inventándose los síntomas de su hijo, manipulando sus pruebas o provocándole enfermedades o heridas. Así, está en un hospital con toda su atención centrada en el cuidado del niño haciendo ver lo buen padre e incansable que es atendiéndole.

## RASGOS DESCRIPTIVOS

EN GENERAL, los pacientes presentan sus síntomas de manera muy exagerada, sobre todo cuando les están observando los especialistas, y discuten mucho el diagnóstico con ellos y con las enfermeras. Sin embargo, no suelen acudir al médico de cabecera sino directamente al hospital, más concretamente, a urgencias, pues saben que los especialistas que se forman están allí, que hay menos tiempo para detectar sus invenciones, y que es menos probable que les conozcan.

Suelen decir muchas mentiras y fabular, esto es, inventan historias fantásticas que luego se acaban creyendo.

Los pacientes llegan a tener grandes conocimientos sobre medicina y rutinas de hospital debido a que pueden llegar a fingir muy bien, muchos mueren irremediablemente debido a intervenciones quirúrgicas innecesarias y por tomar medicamentos estando sanos. De hecho muchos mueren sin que se les haya detectado la enfermedad.

## DATOS SOBRE TRASTORNOS FACTICIOS

- Estos trastornos suelen empezar en la vida adulta aunque se han visto casos durante la infancia y la adolescencia.
- Es más común en hombres que en mujeres.
- Suele estar asociado con haber padecido una enfermedad real o una hospitalización y el haber estado sometidos a largos tratamientos médicos.

## CAUSAS Y TRATAMIENTOS

## CAUSAS

LA EXPERIENCIA con la enfermedad (propia o de otros) a edades tempranas, haber sido hospitalizado o seguido largos y complicados tratamientos, así como unas malas relaciones con los médicos, parecen ser factores que influyen en la aparición de estos trastornos.

Las evaluaciones psicológicas indican que suelen ser personas muy dependientes; con frecuencia, de bajo nivel intelectual; se adaptan mal a las circunstancias de la vida; toleran poco la frustración y son narcisistas (necesitan atención y admiración, son exhibicionistas y reaccionan mal a las críticas).

## TRATAMIENTOS

DIAGNOSTICAR Y tratar correctamente a estos pacientes es muy complicado. Hay que tener en cuenta que pueden fingir extremadamente bien y que la mayoría suele escapar en cuanto les descubren. Tampoco aceptan tener un desorden mental y niegan tener, o no reconocen, los síntomas del trastorno cuando les informan de ello. Muchos abandonan el tratamiento y el hospital, acuden a otro y así sucesivamente.

Es muy importante identificar el trastorno a tiempo. De esta forma se podría vigilar a los pacientes y evitar que se sometan a tratamientos innecesarios que pueden llegar a ser muy peligrosos, o que le causan más daño.

Su curación también es difícil, pues el trastorno suele ser crónico.

## SIMULACIÓN

EN ESTE caso el paciente que presenta los síntomas tiene un objetivo concreto: suelen ser compensaciones económicas como cobrar un seguro, evitar obligaciones desagradables, etc. Las dolencias suelen desaparecer en cuanto se consigue el beneficio.

Se incluye dentro de los trastornos psicológicos pues muchos pacientes repiten estos comportamientos a lo largo de su vida, convirtiéndolos en una manera de resolver los problemas. No hay que olvidar que ponen en riesgo su salud, pues con beneficio o no, se someten al tratamiento correspondiente a la enfermedad que hayan elegido fingir, o se lesionan gravemente o se producen enfermedades, lo que resulta bastante peligroso.

El paciente típico suele tener baja autoestima, es dependiente de los demás, se adapta mal social y laboralmente y tiene rasgos de personalidad antisocial.

# Esquizofrenia

La esquizofrenia es una de las enfermedades mentales más angustiosas e incapacitantes que existen. El origen de su nombre viene del griego y nos da una idea de lo que es: una mente (*phren, phrenós,* «mente») dividida (*schidsein,* «dividir»). La Organización Mundial de la Salud la define como «un trastorno caracterizado por una fuerte alteración de la personalidad, distorsiones de los procesos cognitivos (pensamiento, percepción, etc.), de las emociones y del comportamiento». En general, se conserva la claridad de conciencia y la capacidad intelectual, aunque con el tiempo estas pueden deteriorarse.

Esta enfermedad ha estado presente a lo largo de toda la historia, y su definición, así como las teorías sobre sus causas, han variado considerablemente. El problema más importante es su heterogeneidad, es decir, los síntomas, el curso o desarrollo de la enfermedad, la edad de comienzo, las posibilidades de curación, cómo se responde a los tratamientos, etc., varían enormemente de un paciente a otro e incluso a lo largo de la vida de un mismo paciente. Así, se ha luchado mucho por intentar unificar los criterios necesarios para definirla, diagnosticarla y buscar tratamientos adecuados, tanto de prevención como de reducción de síntomas.

Los síntomas característicos de la esquizofrenia implican disfunciones en las áreas más importantes del funcionamiento vital de la persona, esto es, pensamiento, percepción, atención, lenguaje y comunicación, voluntad, afectividad, movimiento voluntario, etc. Hoy en día se tiende a agruparlos en dos categorías:

- **Positivos:** o productivos, que se refieren a «excesos» o distorsiones activas de las funciones normales, como por ejemplo las alucinaciones, el habla desorganizada, los comportamientos extraños, etc.
- **Negativos**: que consisten en un déficit o disminución del funcionamiento normal, por ejemplo la apatía, la pobreza del lenguaje, el retraimiento social, etc.

A diferencia de otros trastornos mentales, no se exige que esté presente ningún síntoma en concreto para diagnosticar la enfermedad. Existe una gran variedad de ellos y por lo general, los pacientes presentan sólo algunos de todos los que hay. Unos son más «positivos», otros más «negativos» y aún otros los presentan de ambos tipos. Sí se exige que estén presentes al menos dos a la vez durante un periodo de tiempo concreto (al menos un mes). Igualmente, es importante la duración del desorden, pues, entre otras cosas, marca la diferencia entre esquizofrenia y otros trastornos psicóticos con síntomas muy parecidos. Se requiere una duración mínima de seis meses de presencia de signos de la alteración. También es necesario que haya un marcado deterioro en la vida del paciente.

## PRINCIPALES SÍNTOMAS POSITIVOS

### ALTERACIONES DEL PENSAMIENTO

ESTAS ALTERACIONES consisten en el pensamiento desorganizado y se observan en la manera de hablar. Se podría decir que son problemas en el proceso de pensar, es decir, en la organización de las ideas que queda reflejada en el habla. Antiguamente eran considerados como síntomas principales, pero hoy día se sabe que no todos los esquizofrénicos las presentan y que también ocurren en otro tipo de trastornos, por ejemplo, en los del estado de ánimo en los pacientes maníacos.

Entre estas alteraciones se incluyen:

- **La incoherencia:** el discurso es incomprensible. Aunque el paciente puede volver al tema central, la mayoría de las frases no tienen nada que ver unas con otras. A veces puede hacer una ensalada de palabras.

- **El descarrilamiento o fuga de ideas:** el paciente puede tener más éxito comunicando algo, pero le cuesta centrarse en un tópico. Va pasando de un tema a otro sin ningún hilo conductor.
- **La tangencialidad:** se le hacen preguntas y responde con respuestas que tienen una relación lejana o no tienen nada que ver con lo preguntado.
- Otros problemas comunes son las **distracciones,** la **presión del habla,** esto es, hablar muy deprisa utilizando muchas palabras, dar muchos rodeos para llegar a la idea final, la invención de palabras, etc.

Existen otras alteraciones del pensamiento, y éstas son las que afectan al contenido, esto es, a lo que se piensa. Principalmente son ideas delirantes.

Los delirios, o ideas delirantes son creencias mantenidas contrarias a la realidad. Se pueden considerar más características de la esquizofrenia, aunque también se dan en otros trastornos, especialmente en la manía y en ciertos tipos de depresión. En general se distinguen en que las de los esquizofrénicos son mucho más extravagantes y raras que las de otro tipo de pacientes. Entre éstas se encuentran:

- **Delirio de persecución:** los pacientes creen que están siendo perseguidos o que se conspira contra ellos, que se les espía y que la gente (tanto conocida como desconocida) les quiere hacer mal. Puede llegar a ser muy elaborado en el sentido de creer que el gobierno, o la policía u otros tipos de organizaciones les buscan y que para ello emplean sofisticados métodos. Este delirio es de los más frecuentes.

- **Delirio de culpa o pecado:** es la creencia de haber hecho algo terriblemente malo o imperdonable. Algunas personas sienten excesivamente algo que hicieron en la infancia, mientras que otras asumen la responsabilidad de algún accidente o catástrofe que nada tiene que ver con ellos.
- **Delirio de referencia:** todo se refiere al paciente o tiene una significación especial, generalmente negativa. Desde conversaciones sueltas oídas en la calle hasta noticias del periódico, desde párrafos en libros hasta acontecimientos en otros países. El paciente cree que hablan de él o que se dirigen a él en forma de mensajes.
- Otro tipo de delirios pueden ser los de grandeza, los somáticos (creencia en que alguna parte de su cuerpo o está enferma o es anormal, por ejemplo, que su hígado se pudre), los delirios de celos, etc.

Un dato curioso es que las creencias en los delirios cambian con los tiempos, es decir, en la actualidad las ideas delirantes de persecución, por ejemplo, pueden incluir todo tipo de chips informáticos implantados en el cerebro y satélites especializados en registrar ondas codificadas, etc. Es seguro que este tipo de pensamiento no se tenía hace 60 años.

## ALTERACIONES EN LA PERCEPCIÓN

EN ESTE apartado se incluyen otro tipo de delirios que, aunque también reflejan alteraciones en el contenido, se consideran producto de una distorsión en la percepción interna del pensamiento (percepción delirante). Las más habituales son:

- **Delirio de inserción del pensamiento:** el paciente cree que los pensamientos no son suyos sino que alguien o algo se los ha enviado desde fuera.
- **Difusión del pensamiento:** éstos se difunden, se transmiten, salen de su cabeza y se esparcen de manera que cualquiera puede saber lo que piensa.
- **Robo:** sus pensamientos han sido robados, o se los roban fuerzas externas tan pronto como los va teniendo.
- **Control:** sus sentimientos y su conducta están controlados por una fuerza externa que le hace comportarse de cierta forma que él considera ajena e impuesta.

Las distorsiones de la percepción más dramáticas son las alucinaciones. Éstas son experiencias sensoriales, esto es, experiencias que son vividas con cualquiera de los cinco sentidos, y que parecen reales, pero no hay estímulo externo que produzca estas sensaciones.

Tradicionalmente se consideraban claves en el diagnóstico de la esquizofrenia, pues muchos de los pacientes las sufren. Hoy se sabe que no todos las tienen y que también ocurren en otros trastornos.

- **Auditivas:** son las más frecuentes y características de la esquizofrenia. Los pacientes oyen voces o ruidos que vienen de «dentro de su cabeza». Lo más habitual son voces que hablan, discuten entre sí, o comentan la conducta del paciente. En las fases más agudas del trastorno suelen ser acusadoras, demandantes o insultantes.
- Otro tipo muy común son las **voces que repiten todo lo que piensa el paciente** (eco de pensamiento) o las que hablan de él en tercera persona.

- **Visuales:** se ven formas, colores o personas. A menudo tienen connotaciones religiosas, como ver al diablo o ver ángeles.
- **Olfativas y gustativas:** se perciben olores o sabores extraños, generalmente muy desagradables. Una, bastante frecuente, es el olor a carne y pelo quemado.
- **Cenestésicas:** son alucinaciones corporales e incluyen cambios de forma y tamaño, sensaciones de hormigueo o quemazón, etc.

En general suelen ser congruentes o estar de acuerdo con los delirios. Por ejemplo, si hay delirio de persecución y también alucinaciones, se pueden notar sabores a veneno en las comidas, o se oyen voces confirmando que les van a hacer daño ...

Las distorsiones de percepción son tan vívidas que suelen atraer toda la atención del paciente, haciendo que ignore todo lo que pasa a su alrededor e incluso alterando su conducta. Unas veces puede estar absorto en ellas y otras respondiendo a las «voces»; a menudo sienten miedo de lo que perciben.

## ALTERACIONES EN LA CONDUCTA

La CONDUCTA de los esquizofrénicos puede estar muy alterada, el comportamiento puede ser desde extravagante hasta completamente fuera de lo socialmente aceptado.

Algunas veces esta alteración se manifiesta en el aspecto personal, vistiéndose de manera estrafalaria o usando ropas inapropiadas (como por ejemplo vestirse de invierno en pleno agosto), haciéndose cosas raras en el pelo o en la piel, no aseándose, etc.

Otras veces la conducta es antisocial, incluso agresiva en el sentido de gritar, discutir, insultar o pegar, repentinamente, tanto a conocidos como a desconocidos. Conviene señalar que uno de los mitos más dañinos para los esquizofrénicos es el de relacionarlos con actos violentos y criminales. Ha habido muchas investigaciones enfocadas a averiguarlo pero no hay ninguna prueba o estudio que afirme que son más peligrosos que la gente normal. Quizá lo que pasa es que impactan más los casos violentos cuando el culpable es esquizofrénico que cuando no lo es. Lo que sí parece más destacable es la autoagresividad. El suicidio es una causa de muerte muy frecuente entre los enfermos, a menudo obedeciendo a las voces o porque no las pueden soportar más.

Existen muchas otras alteraciones como las conductas o rituales repetitivos, acciones socialmente no adecuadas como masturbarse, exhibirse u orinar y defecar en público, hablar solo o a desconocidos, etc.

## PRINCIPALES SÍNTOMAS NEGATIVOS

## POBREZA AFECTIVA

Es UN empobrecimiento de la expresión de las emociones y sentimientos. Para los pacientes que la sufren no hay ningún estímulo que les provoque una respuesta emocional. No cambian la expresión de la cara, parecen inmutables a todo, la mirada parece vacía y extraviada, no suelen mirar a los ojos, no se mueven durante mucho tiempo o se mueven menos de lo que sería normal, el habla se vuelve monótono y sin expresividad. La expresión del afecto puede ser plana o incongruente con la circunstancia, por ejemplo, tener una sonrisa boba y constante en un funeral.

Este concepto se refiere sólo a la expresión externa de las emociones, no a lo que realmente sienten los pacientes internamente (que a menudo es mucho).

## ALOGIA

Es un desorden negativo del pensamiento pero que, al igual que en los síntomas positivos, se manifiesta en el habla (debido a que el pensamiento no se puede observar directamente). Los pensamientos parecen vacíos, rígidos o lentos, y existen varias formas por las cuales quedan reflejadas estas deficiencias:

- **Pobreza del lenguaje:** la cantidad de discurso, esto es, de frases, palabras, etc., es pobre, breve y poco elaborado. A menudo se responde con monosílabas o con una sola palabra.
- **Pobreza del contenido del lenguaje:** en este caso la cantidad de discurso es adecuada. Las respuestas son largas pero contienen poca información concreta y tiende a ser vago y repetitivo.
- **Bloqueo:** el pensamiento se pierde, el habla se interrumpe antes de que la idea se complete. Puede durar desde unos segundos a varios minutos.

## ABULIA-APATÍA

La abulia se refiere a la falta de energía, y la apatía a la falta de interés y voluntad en empezar o terminar todo tipo de actividades, incluyendo las cotidianas o rutinarias. Se diferencia la abulia-apatía del trastorno depresivo en que no se acompañan de tristeza o depresión. Los pacientes pueden pasarse largas horas sentados sin hacer absolutamente nada, sienten fatiga física y mental, lentitud, etc.

## ANHEDONIA

Significa una imposibilidad en experimentar placer. Se puede manifestar como una falta total de interés por las actividades que se consideran placenteras, deterioro en las relaciones sociales, familiares o íntimas (lo que provoca su aislamiento), falta de interés por el sexo, y dificultad en experimentar sensaciones de intimidad.

## ATENCIÓN

Son frecuentes los problemas de atención. Les es difícil concentrarse y se distraen con mucha facilidad. Uno de los problemas que conlleva este déficit es que por esta causa no comprenden muchas de las cosas que pasan a su alrededor. Por ejemplo, no pueden seguir una conversación, terminar una tarea o comprender algo que estén leyendo.

## SUBTIPOS DE ESQUIZOFRENIA

Debido a lo variado que es este desorden, es decir a su heterogeneidad, y como un intento de definirla lo más acertadamente posible atendiendo a sus características, se han propuesto varios subtipos. Éstos agruparían a los distintos pacientes según los síntomas más predominantes, el desarrollo de la enfermedad con el tiempo, la respuesta a los tratamientos, etc. Entre éstos se encuentran:

## TIPO PARANOIDE

SE CARACTERIZA por delirios y alucinaciones auditivas como síntomas más dominantes. Los delirios más habituales son de persecución, de grandeza y de referencia. Las alucinaciones suelen tener relación con el contenido de los delirios.

Los síntomas son en su mayoría positivos aunque el lenguaje y la afectividad no suelen estar muy afectados. Suelen ser pacientes muy agitados, polémicos, airados y en ocasiones pueden ser violentos. Tienen respuestas emocionales a pesar de que pueden parecer superficiales, formales e intensos con los demás. Están muy alerta y son más habladores que los pacientes con otros tipos de esquizofrenia.

El trastorno suele empezar algo más tarde en estos pacientes, suelen tener menos deterioro mental y social y su pronostico es el mejor.

## TIPO DESORGANIZADO

TAMBIÉN LLAMADO «hebefrénico», se caracteriza por un lenguaje y un comportamiento desorganizado. Pueden hablar incoherentemente, inventarse palabras, realizar determinadas conductas sin ningún fin aparente, etc.

Los síntomas son principalmente de tipo negativo, con pobreza y aplanamiento del afecto, incongruencia (de repente tienen ataques de risa y luego de llanto), etc. Pueden tener delirios y alucinaciones pero no de forma organizada sino fragmentada. A menudo el paciente se deteriora mucho hasta el punto de la incontinencia, o abandonando por completo su cuidado e higiene personal. Su pensamiento y su conducta son muy simples.

Es frecuente el inicio temprano y el curso continuo, es decir, no suele haber periodos sin síntomas, y tiene un peor pronóstico. Se ha observado que antes de desarrollar la enfermedad muchos de estos pacientes solían tener una personalidad empobrecida y poca relación social, esto es, un pobre ajuste vital.

## TIPO CATATÓNICO

LOS SÍNTOMAS más obvios son los llamados catatónicos, que definen diversas alteraciones motoras (o del movimiento). Por un lado, los pacientes pueden gesticular repetidamente, mover las extremidades (por ejemplo, desde los dedos o manos hasta los brazos enteros) de manera peculiar y compleja; algunos muestran un nivel de actividad excesivo, que no tiene ningún propósito ni es debida a ningún estímulo externo. Por otro lado, pueden presentar inmovilidad catatónica, es decir, adoptan posturas extrañas y las mantienen durante largos periodos de tiempo (flexibilidad cérea); en casos graves, pueden llegar a dejar de comer o beber. A menudo alternan los estados de inmovilidad con los de agitación. Otros síntomas característicos son la ecolalia, que es repetir todo lo que dicen otras personas o uno mismo, y ecopraxia o la repetición de los movimientos de los demás.

El inicio de esta forma de esquizofrenia puede ser más repentino que el de otros subtipos. Con frecuencia, estos pacientes mostraban apatía y desconexión de la realidad antes de padecer el trastorno. Actualmente es muy poco común, quizá porque ciertos medicamentos funcionan bien tratando estas alteraciones motoras.

## TIPO INDIFERENCIADO

Incluye todos los pacientes que tienen síntomas esquizofrénicos pero que no cumplen los requisitos para clasificarlos de acuerdo con los subtipos arriba indicados.

## TIPO RESIDUAL

Se utiliza cuando los pacientes ya no cumplen todos los criterios para ser diagnosticados de esquizofrenia, pero todavía muestra algunos signos de la enfermedad, especialmente de tipo negativo.

A pesar de todo, esta división de la esquizofrenia en distintas clases es a menudo cuestionada. Diagnosticar los distintos tipos con precisión es muy difícil. Hay muchas coincidencias entre ellos (por ejemplo, los pacientes de cualquiera de los subtipos pueden presentar delirios); en un mismo paciente el subtipo o los síntomas pueden variar a lo largo del tiempo; las predicciones sobre el probable desarrollo de la enfermedad en un paciente, en virtud del subtipo que presente, no son siempre acertadas (debido a lo variable que es).

En la actualidad, se tiende a clasificar atendiendo a la presencia o no de síntomas negativos (o por déficit), es decir, subtipo negativo o deficitario, y subtipo no deficitario o paranoide (positiva).

Una clasificación que hoy en día atrae mucha atención es la que identifica los procesos biológicos más importantes y los síntomas más relacionados con éstos. Así tenemos:

## Tipo I

Presentan síntomas positivos, responden bien al tratamiento con neurolépticos y tienen un mejor pronóstico, sin mucho deterioro intelectual. Tienen periodos de remisión de la enfermedad (periodos de reducción de síntomas), y antes del inicio de ésta mostraban buena adaptación y ajuste en sus vidas.

El trastorno se debe principalmente a un desajuste neuroquímico.

## Tipo II

Los síntomas más típicos son negativos, el inicio es más lento y el progreso más crónico. Responden mal a los neurolépticos y tienen peor pronóstico. El deterioro intelectual y emocional puede ser grave, y tenían mal ajuste vital antes de su inicio.

Parece que la causa serían alteraciones cerebrales, como pérdida celular en ciertas estructuras del lóbulo temporal.

(*Véase* CAUSAS para más información).

## CURSO DE LA ESQUIZOFRENIA

### INICIO

- Su desarrollo es muy variable. Puede empezar muy pronto –niñez o adolescencia– o más tarde en la vida.
- A pesar de que suele afectar por igual tanto a varones como a mujeres, puede haber diferencias en la edad a la que empieza el trastorno:

– En varones, el inicio suele ser temprano: alrededor de los 15-25 años, y solían tener un pobre ajuste vital (su desarrollo y adaptación social, profesional, etc.) antes de la enfermedad.

– Las mujeres, sin embargo, presentan con más frecuencia el inicio del desorden en torno a la tercera década de la vida, alrededor de los 25-35 años, y su ajuste vital previo era mejor.

• El inicio puede ser agudo, esto es, repentino, en el curso de días o semanas, o puede aparecer de forma insidiosa, lenta pero continuada, a lo largo de años.

## CURSO

• Su curso puede ser crónico o con episodios de crisis y periodos en remisión.

• La mayor parte de los pacientes presentan síntomas prodrómicos (*Pródromo* significa «malestar que precede a una enfermedad, precursor o premonitor de ésta»). Algunos de éstos son:

– Deterioro de las actividades diarias, de las relaciones (tendencia al aislamiento), en la apariencia y en el aseo...

– Alteración de la afectividad, de la motivación, del lenguaje, tanto en forma como en contenido, y conductas extrañas.

– Percepciones y pensamientos anómalos.

El curso de la enfermedad podría constar básicamente de cuatro fases:

1. **Fase prodrómica o previa:** presencia de síntomas prodrómicos. El paciente, o la gente de su alrededor, pueden notarlos o no. Éstos pueden ser muy sutiles o variar en cuestión de días o años.

2. **Fase aguda o activa:** en esta fase se desarrollan de forma marcada los síntomas esquizofrénicos. Estos brotes o episodios suelen ser muy severos y, normalmente, los pacientes necesitan medicación o su ingreso en un hospital. Su duración varía de un paciente a otro. Igualmente, los periodos entre brotes son variables. Según las personas, estos pueden ser desde meses hasta años.

3. **Fase residual:** después de la fase anterior, más activa, los síntomas pueden remitir, es decir, cesar o reducirse la gravedad, aunque se suele producir deterioro cognitivo. Éste se suele manifestar en forma de síntomas negativos.

4. Con el tiempo, pueden producirse **nuevos brotes o episodios agudos** (sería como volver a la fase 2), con sus periodos de remisión. Igualmente, pueden permanecer asintomáticos, es decir, sin síntomas, o presentar los de tipo negativo u otros como depresión o irritabilidad.

• Es frecuente que queden síntomas residuales entre episodios, es decir, en los periodos de «normalidad».

• La manera de cursar la enfermedad también varía. Puede haber un solo episodio psicótico con remisión completa, o haber habido varios y que hayan cesado completamente. Ambos casos se pueden dar con o sin deterioro. Por otro lado, puede haber varios brotes con deterioro constante o puede que éste aumente con cada nuevo episodio. De la misma manera, algunos casos presentan deterioro, tanto constante como en aumento, pero sin darse episodios.

- Aunque la curación total de la esquizofrenia no es posible por el momento, existen varios factores que predicen (indican con toda probabilidad) un buen pronóstico, es decir, que existe la posibilidad de que sus síntomas y la interferencia que causan en su vida se reduzcan lo más posible. Algunos son:

  – Que la enfermedad haya empezado tarde en la vida; de manera aguda; que el episodio sea breve; que sea mujer.
  – Síntomas positivos; que su ajuste vital antes de la enfermedad haya sido estable y bueno; que responda bien al tratamiento farmacológico.
  – Que no tenga el paciente o/ni sus familiares historia previa de trastornos mentales o psicóticos.

## DIFERENCIAS CON OTROS TRASTORNOS

COMO HEMOS visto, esta enfermedad es muy variable y muchos otros trastornos pueden presentar síntomas similares o idénticos, por lo que es importante establecer las diferencias.

- **Trastornos psicóticos:** se diferencia de otros trastornos psicóticos como, por ejemplo, el esquizofreniforme, en

---

### DATOS SOBRE LA ESQUIZOFRENIA

- Es una enfermedad que afecta a gran parte de la población mundial. Se estima que alrededor del 1–2 % la padecen.
- Aparece en todas las culturas, aunque en los países industrializados el inicio es más agudo y el curso más favorable que en los países en vías de desarrollo. Posiblemente, esto sea debido a que la medicación, la información y las nuevas terapias son de más fácil acceso en los primeros.
- No obstante, la integración de una persona enferma a la sociedad es mejor en los países no industrializados, y son raras las hospitalizaciones. Varias pueden ser las causas, por ejemplo, que en estos países las estructuras sociales son rurales (trabajos de granja y campo) y por tanto menos estresantes. Al requerir el trabajo menos sofisticación técnica, es más fácil que el enfermo tenga un papel útil en él. La responsabilidad se comparte más entre los miembros de la familia y los habitantes del pueblo; se controla más la continuación del tratamiento, y, a menudo, se tolera mejor el comportamiento anormal pues puede tener connotaciones culturales, religiosas, etc. Muchos delirios y alucinaciones, al tener una temática religiosa, pueden hacer creer a mucha gente normal que efectivamente está «viendo» o «recibiendo» un mensaje divino o sobrenatural.
- Un ejemplo de estas diferencias es que a mediados de los años 60 (antes del desarrollo farmacológico), en India la media de días de hospitalización era de 45, mientras que en el Reino Unido era de un año.

la duración y/o cantidad de síntomas, siendo mayor en la esquizofrenia (*véase* capítulo correspondiente).

- **Delirium:** también tiene menor duración y los síntomas varían a lo largo del día. Su origen suele ser orgánico (físico) por enfermedad o por consumo o abstinencia de sustancias, y suele afectar a personas mayores. Las alucinaciones suelen ser de tipo visual y presentan confusión y desorientación (*véase* capítulo correspondiente).

- **Otros trastornos psiquiátricos:** muchos trastornos mentales como, por ejemplo, del estado de ánimo (algunas depresiones y estados de manía), desórdenes de la personalidad, etc., presentan síntomas psicóticos. Pero éstos no son los principales o aparecen a lo largo del trastorno en cuestión.

- **Trastornos orgánicos:** existen gran cantidad de condiciones no psiquiátricas que también los pueden presentar. Ejemplos serían las epilepsias, las intoxicaciones (por plomo, organofosforados, etc.), los traumatismos cerebrovasculares, el abuso de drogas como estimulantes (anfetaminas, cocaína), alucinógenos (LSD), alcohol, etc.

## CAUSAS Y TRATAMIENTOS

### CAUSAS

Debido a las muchas variaciones que se encuentran entre los pacientes e incluso en un mismo paciente, establecer teorías que intenten explicar las causas de la esquizofrenia ha sido, y es, una tarea muy difícil.

Múltiples investigaciones han encontrado diferentes componentes biológicos y ambientales que juegan papeles importantes en el desarrollo de la enfermedad. Entre ellos se encuentran los genes (la herencia genética y quizás alteraciones en ellos), alteraciones neuroquímicas, cerebrales (en la estructura del cerebro), problemas en la gestación (embarazo) y en el parto, etc. No obstante, el desarrollo de la enfermedad requiere una combinación de factores genéticos –vulnerabilidad– y ambientales –estrés–.

El ambiente se refiere a todo lo que es externo a la persona, es decir, todo lo que no sea su propia constitución biológica. Con estrés nos referimos a la reacción de la persona –tanto física como psíquica– a la situación o evento estresante, (factores ambientales), y que éstos pueden ser psicológicos, como por ejemplo la muerte de alguien querido, la educación recibida, etc., o bien ser biológicos, como, por ejemplo, problemas en el embarazo (cuando la persona estaba en el útero materno) o mala nutrición durante la infancia.

### Teorías genéticas

Uno de los hallazgos que más se repite en la investigación de la esquizofrenia es la tendencia a desarrollarse en familias. Es decir, es más probable que los familiares de los enfermos padezcan la enfermedad que otras personas sin relación.

Igualmente, el riesgo aumenta cuanto más cercano sea el parentesco. Mientras ser sobrino de un paciente presenta un riesgo relativamente bajo (alrededor del 3%), ser hijo, y especialmente de madre enferma, lo aumenta (+/- 10%) y ser gemelo monocigótico (gemelos genéticamente idénticos) supone el riesgo más alto (+/- 44%).

Estos datos indican la importancia de la transmisión genética en la predisposición al trastorno. Sin embargo se puede plantear que los miembros cercanos de una familia no sólo comparten genes, también tienen las mismas experiencias ambientales. Por ejemplo, el comportamiento de un esquizofrénico suele ser muy devastador, y los hijos, los hermanos, los padres del enfermo que comparten la vida con él pueden verse muy afectados.

Para eliminar estas dudas se han hecho numerosos estudios con niños adoptados. Lo bueno de este método es que permite observar por separado la importancia de las causas genéticas y de las ambientales en el riesgo de desarrollar la enfermedad. Los resultados indican que los niños adoptados, cuya madre o padre biológicos eran esquizofrénicos, tienden a desarrollar más la enfermedad que los niños de padres biológicos normales. En el caso de ser adoptados en una familia con un miembro enfermo, los hijos de padres biológicos sanos suelen presentar un riesgo menor. Esto daría apoyo a la teoría genética.

Pero surge otro problema, esta vez con los gemelos monocigóticos o idénticos. Si la transmisión genética es tan importante, en el caso de este tipo de gemelos esperaríamos que ambos desarrollaran la enfermedad cuando uno de ellos la padece (recordemos que son genéticamente iguales), y esto no siempre es así. No obstante, cuanto más severamente afectado esté uno de los gemelos, más probabilidades de desarrollarla tendrá el otro. Dicho de otro modo, es más frecuente encontrar parejas de gemelos, ambos con esquizofrenia, cuando uno de ellos está afectado gravemente. De la misma manera, las parejas de gemelos en las que ambos tienen la enfermedad suelen presentar más síntomas negativos que positivos, lo que sugiere

que los negativos tienen un componente genético más fuerte que los positivos.

Los estudios con gemelos indican que los factores ambientales no se pueden descartar completamente. La conclusión más actual es que algunas personas heredan la predisposición para la esquizofrenia, y que ésta puede desencadenarse, o no, por factores ambientales.

**Teorías neuroquímicas**

Uno de los neurotransmisores más estudiados con relación a la esquizofrenia es la dopamina. El estudio de los niveles de esta sustancia en los pacientes, así como la manera de actuar de los fármacos antipsicóticos, ha llegado a sugerir un aumento de dopamina entre las causas de la enfermedad.

Esta hipótesis se confirma por ciertos hallazgos. Por ejemplo, ciertas drogas que producen estados psicóticos similares a los de la esquizofrenia, como las anfetaminas o la cocaína, funcionan aumentando los niveles de dopamina y otros neurotransmisores (catecolaminas) en el cerebro, evitando su desactivación.

Estudios posteriores y el uso de tecnologías más modernas llegan a la conclusión de que más que altos niveles de esta sustancia, se trata más bien de un exceso en el número de  receptores de dopamina o del exceso en la sensibilidad de éstos (los receptores son proteínas de las membranas celulares que contienen áreas específicas donde se adhieren determinados neurotransmisores). La conclusión es que se trata del exceso de actividad en un tipo concreto de receptores.

Sin embargo, los fármacos antipsicóticos (que básicamente funcionan bloqueando los receptores de dopamina, y así reducir su actividad) son más efectivos en el tratamiento de los síntomas positivos, y las drogas como la anfetamina a pesar de que empeoran (e incluso pueden producir) los positivos, suelen reducir los negativos.

Estas razones han llevado a los investigadores a estudiar las zonas del cerebro donde se usa preferentemente la dopamina como transmisor. Así, observan diferencias en las vías neuronales dopaminérgicas (una vía, o haz, es un conjunto de fibras nerviosas que empiezan, continúan y acaban en el mismo sitio. Las dopaminérgicas empiezan en el tallo cerebral, que es una pequeña zona en el medio y centro del cerebro, y continúan, unas hacia la corteza frontal y otras hacia otras zonas subcorticales –esto es, debajo de la corteza– como el sistema límbico, etc.).

El exceso de dopamina se ha encontrado en los sistemas subcorticales (debajo de la corteza). Bloqueando los receptores de esta zona se reducen los síntomas positivos. Por otro lado, en la corteza prefrontal hay poca o nula actividad dopamínica y esto podría ser la causa de los síntomas negativos. Estos dos problemas podrían tener el mismo origen, una lesión o disfunción en el área prefrontal.

Hoy en día, las investigaciones incluyen otro tipo de neurotransmisores como la serotonina, glutamato, etc., que pueden estar también implicados.

## Teorías de alteraciones cerebrales

UNA TENDENCIA bastante antigua en el estudio de la esquizofrenia ha sido, y es, la investigación de alteraciones en la estructura del cerebro como posibles causas de la enfermedad. El origen de este interés viene de estudios post mórtem, esto es, una vez fallecidos los pacientes, que revelaban ciertas anormalidades estructurales en algunos pacientes.

El desarrollo tecnológico ha hecho posible la observación más rigurosa de estas posibles anomalías, y lo que es más importante, examinar pacientes vivos y ver qué ocurre en sus cerebros en determinadas circunstancias (por ejemplo, cuando realizan tareas mentales, como memorizar algo, desarrollar una historia, etc.). Las técnicas más empleadas son la resonancia magnética nuclear o la tomografía computerizada que ofrecen datos, medidas e imágenes de la actividad del cerebro.

Uno de los hallazgos más sólidos es que algunos esquizofrénicos (y de éstos, la mayoría varones) tienen los ventrículos cerebrales (cavidades cerebrales rellenas de líquido cefalorraquídeo) más grandes que las personas sanas, y reducidas las estructuras del sistema límbico (circuito de estructuras implicado en la regulación de los comportamientos motivados y de la emoción).

Esta anomalía parece que está relacionada con un deterioro intelectual y con una escasa respuesta al tratamiento farmacológico de los pacientes, por poder hacerse crónico y severidad (síntomas negativos). No obstante, muchos pacientes no la presentan y se encuentra en personas que sufren otros trastornos psicóticos como la manía.

Otro problema importante ha sido hallado en la corteza cerebral prefrontal (recordemos que en las teorías neuroquímicas ya se menciona esta área). Se ha observado que los esquizofrénicos presentan una menor actividad metabólica, es decir, menor consumo de glucosa y oxígeno, y un menor riego sanguíneo en esta zona. Estas disminuciones están asociadas con los síntomas negativos.

Igualmente han sido halladas anomalías metabólicas (esta vez exceso de actividad) y estructurales en las zonas temporal y límbica del cerebro, que parecen estar más relacionadas con los síntomas positivos.

## Teorías víricas

PESE A lo sorprendente que pueda parecer esta perspectiva, existe cierta evidencia a favor de la relación entre procesos infecciosos y algunos casos de esquizofrenia.

Una de las ideas más aceptadas es la de que ciertas anormalidades en el cerebro pueden ser causadas por una infección vírica en el embarazo (durante el desarrollo fetal), más concretamente en el segundo trimestre. En ese periodo de la gestación, el desarrollo de la corteza cerebral está en una fase crítica, y quizá, la infección evita el normal desarrollo de las neuronas que la formarían. Prueba de ello es que estudios post mórtem han encontrado reducciones en el número de células de las capas externas de las zonas prefrontal y temporal del cerebro de pacientes esquizofrénicos.

La maduración de la corteza prefrontal y la actividad de la dopamina ocurren típicamente en la adolescencia, por lo que los daños en esas áreas o que afecten a esos procesos permanecerán latentes hasta que la persona entre en esa etapa de la vida. Como hemos visto a lo largo del capítulo, este desorden suele empezar en la adolescencia o al principio de la edad adulta.

Podemos concluir que estas alteraciones, tanto neuroquímicas como cerebrales, pueden estar genéticamente predispuestas; sin embargo, existen múltiples factores ambientales que también pueden producirlas.

## Teorías cognitivas

PLANTEAN TAMBIÉN un modelo o explicación en términos de vulnerabilidad/estrés. Dentro de estas teorías se incluye el modelo del procesamiento de la información, perspectiva que considera al ser humano (su cerebro) y su funcionamiento, como un sistema que procesa todo tipo de información que le llega del ambiente y de sí mismo, casi como si fuera un ordenador. Las operaciones de este sistema serían la selección, la codificación, el almacenamiento y la recuperación de los datos registrados, que se utilizarían para generar las conductas, actitudes, nueva información, etc.

El modelo asume que esta capacidad, o la manera de procesar puede estar determinada genéticamente. Las investigaciones cognitivas de los pacientes esquizofrénicos muestran que éstos presentan una serie de dificultades o limitaciones en el procesamiento de la información y funcionamiento social. Esta disfunción o la predisposición a padecerla puede ser heredada (genes) o adquirida (factores ambientales) y puede ser activada por diversas situaciones de estrés.

Ante estas situaciones (por ejemplo, las experiencias traumáticas, las relaciones y actitudes disfuncionales con las personas del entorno, etc.), las limitaciones cognitivas producirían un fracaso adaptativo que podría acabar en el desarrollo de síntomas psicóticos. Estos problemas estarían relacionados con las anomalías biológicas mencionadas antes (alteraciones de los neurotransmisores, de las estructuras cerebrales, etc.) y ayudarían a identificar rasgos cognitivos que indicaran riesgo de padecer el trastorno.

Se propone que la memoria de experiencias pasadas en relación con el entorno (esto es, de conocimientos generales sobre el mundo, de relaciones entre lo que percibimos y nuestra actuación, de la información del contexto con el resultado, todo aquello que nos ayuda a crear expectativas o actuar en contextos similares) influye inconscientemente en la percepción actual.

El problema en la esquizofrenia estriba en una menor influencia o una falta de conexión entre estas memorias y la percepción actual, lo que resultaría en la percepción de los estímulos como ambiguos, la necesidad de una mayor atención a los detalles, el procesamiento de aquellos considerados irrelevantes y a la creación de conexiones entre experiencias que no tienen nada que ver (pensamiento delirante). Por ejemplo relacionar una percepción (visual, auditiva, etc.) con algún pensamiento que esté en la cabeza en ese momento, o con otra percepción, etc. De esta manera se producen los síntomas positivos, se crean las alucinaciones, los delirios, el pensamiento se desorganiza...

Como el esquizofrénico tiene dificultades en separar la información relevante de la irrelevante, y la tendencia a atender a todo a la vez, tanto a los procesos conscientes como a los inconscientes, se produce una sobrecarga en el sistema. Los síntomas negativos podrían ser estrategias para reducir al mínimo el bombardeo de información.

El estudio de los problemas cognitivos en los esquizofrénicos ayudan a identificar rasgos que, si están presentes en una persona, indicarían mayor riesgo de padecer la enfermedad. De la misma manera, el estudio de los elementos de riesgo puede ofrecer pistas sobre sus causas.

Entre los factores de riesgo que suelen presentar muchas de las personas que con el tiempo desarrollan la enfermedad se encuentran: serios problemas de atención, pobreza en habilidad verbal y concentración, problemas motores y de coordinación, afecto negativo, complicaciones en la gestación y parto, inestabilidad en la familia, ser adoptado, etc. Es decir, estos rasgos se pueden detectar pronto en la vida, se pueden ver en la escuela donde el niño empieza por regla general a relacionarse socialmente y a perfeccionar sus habilidades intelectuales. Para poder reducir el impacto de la esquizofrenia en la vida de una persona es importante actuar a tiempo.

Dentro de los estresores ambientales más comunes se encuentran las relaciones familiares. Varios estudios han encontrado que el tipo de relaciones en ciertas familias, las que presentan una alta **emoción expresada,** pueden aumentar la vulnerabilidad a desarrollar el trastorno, y se asocian, además, con un mayor número de recaídas. Estas familias tendrían actitudes críticas e incluso hostiles hacia el paciente (o el comportamiento de este), sobreimplicación emocional, superprotección, dramatizarían mucho los acontecimientos y presentarían excesiva rigidez moral. Igualmente, la comunicación entre los miembros de la familia, distorsionada y conflictiva es otro factor de estrés importante.

A pesar de todo, queda la duda de si este tipo de relaciones disturbadas son posibles causas o más bien consecuencias. Como causa, representan un elemento estresante crónico (continuado) en la vida del paciente. Como consecuencia, pueden ser una respuesta a la convivencia con un paciente.

## TRATAMIENTOS

LA ESQUIZOFRENIA es el más serio de todos los trastornos mentales. La manera tan variada de presentarse en los distintos pacientes (su heterogeneidad), las diferentes causas que parece que tiene, lo perturbadora que es, etc., hacen que su tratamiento sea difícil. A pesar de todos los avances en investigación, tanto de la enfermedad como de los fármacos para tratarla, hoy en día no existe un remedio único, ni tampoco una curación completa.

En general, el método más eficaz consiste en la prescripción de fármacos antipsicóticos acompañado de terapias psicosociales, es decir, terapias psicológicas, ocupacionales, familiares, etc. Los objetivos del tratamiento deben de ser la reducción de la gravedad de los síntomas, la prevención de recaídas, esto es, prevenir la aparición de nuevos brotes o episodios, intentar que el rendimiento intelectual se mantenga tan alto como sea posible, trabajar la reinserción del paciente en la sociedad, y ayudar a las familias de los enfermos a entender, sobrellevar y convivir con la enfermedad.

Uno de los problemas más importantes es que alrededor del 90% de los esquizofrénicos ignora que está enfermo, lo que hace que muchos rechacen cualquier tipo de tratamiento u hospitalización. Los enfermos de tipo paranoide pueden incluso considerar que cualquier intento de terapia es una conspiración en su contra.

## Tratamiento farmacológico

LOS MEDICAMENTOS más utilizados son los llamados antipsicóticos, también conocidos como neurolépticos. Existen dos tipos, los típicos y los atípicos.

- *Antipsicóticos típicos:* en general, funcionan bloqueando los receptores dopamínicos en el cerebro (*véase* teorías neuroquímicas), y son eficaces en el tratamiento de los síntomas positivos. Su uso continuado reduce la probabilidad de recaídas y alrededor del 70% de los pacientes responden bien a la medicación. No obstante, pueden producir efectos secundarios adversos como por ejemplo pseudoparkinsonismo (temblores, rigidez muscular, etc.), disquinesia (alteraciones del movimiento voluntario e involuntario) y otros.

- *Antipsicóticos atípicos:* son mucho más recientes que los típicos. Actúan bloqueando sólo ciertos receptores dopamínicos y también receptores de serotonina. Se suelen utilizar en el tratamiento de pacientes que no han respondido bien a los antipsicóticos convencionales. Son más eficaces reduciendo los síntomas, tanto positivos como negativos, y presentan menor cantidad de efectos secundarios. Entre éstos, el aumento de peso es el más común, aunque también suelen causar sedación y fatiga. Sin embargo, alguno de estos medicamentos pueden presentar efectos adversos peligrosos; por esta razón, su uso suele estar limitado a casos muy concretos y bajo constante vigilancia médica. Afortunadamente, los laboratorios continúan investigando y produciendo fármacos cada vez más eficaces y con menos efectos secundarios.

Aparte de la medicación antipsicótica, es frecuente el uso de antidepresivos, ansiolíticos y otro tipo de medicinas, para tratar otros síntomas que pueden acompañar a la esquizofrenia (por ejemplo, depresión, ansiedad) o para contrarrestar los efectos secundarios.

En general, el tratamiento suele ser para toda la vida y es muy importante no interrumpirlo, pues su continuación reduce la intensidad y la frecuencia de las recaídas. A pesar de que a muchas personas les puede parecer terrible, hay que pensar que gracias a la farmacología la mayoría de los esquizofrénicos han mejorado su calidad de vida (no sufriendo alucinaciones, delirios, agitación, etc.) y muchos han dejado de estar institucionalizados en hospitales mentales.

## Tratamientos psicosociales

COMO HEMOS visto, la medicación es básica para tratar la esquizofrenia, pero para lograr un funcionamiento vital más completo y una mayor integración en la sociedad son necesarias otras medidas. Recordemos que la esquizofrenia empieza bastante pronto en la vida (adolescencia y principio de la edad adulta); por tanto todo lo que una persona sana aprende o desarrolla en esa etapa se verá gravemente afectado en un enfermo.

Los programas de rehabilitación psicosocial están dirigidos a disminuir o eliminar las dificultades que encuentran los enfermos en diferentes áreas de sus vidas, como pueden ser las relaciones con los demás, el desarrollo de una profesión (u ocupación), la autonomía y el cuidado personales, etc. En general, se utilizan técnicas conductuales como la economía de fichas (la realización de las conductas deseadas se premia con fichas que, a su vez, se pueden cambiar por cosas o actividades positivas para el paciente como cigarrillos o más tiempo de paseo, etc.) para lograr los objetivos. Entre éstos se encuentran:

* *Entrenamiento en habilidades sociales,* donde se trabaja el trato social, la cooperación, la comunicación con otros, comportamiento social, etc.
* *Entrenamiento en actividades diarias,* que incluyen actividades domésticas, aseo personal, hacer compras, manejo de dinero, el cuidado de sí mismos, realización de gestiones o trámites cotidianos, etc.
* *Orientación y formación laboral,* ocupación del tiempo libre, etc. Se intentan crear, además, todo tipo de ambientes, sociales y laborales normales, para fomentar los comportamientos de adaptación.

## Terapias familiares

MUY A menudo los enfermos suelen estar al cuidado de sus familiares. Muchos no llegan nunca a ser capaces de vivir independientemente aunque puedan desenvolverse con cierta soltura, mientras otros no adquieren las destrezas necesarias para integrarse en la comunidad.

Existen varias razones que hacen muy necesario que los familiares participen en el tratamiento, y entre ellas se encuentra lo psicológicamente devastadora que puede ser la convivencia con un enfermo. Con mucha frecuencia se generan sentimientos de culpabilidad, por ejemplo, por no haberla detectado a tiempo; por haberla podido provocar; rabia, muy a menudo por tener que mantener al paciente de por vida; tristeza, miedo, sobre todo a que otro miembro de la familia la pueda desarrollar.

Por otro lado, la alta «emoción expresada» (*véase* teorías cognitivas) de algunas familias es un factor de estrés para el paciente que está asociado con un mayor número de recaídas. Para estos casos se suelen aplicar técnicas conductuales y cognitivas, como por ejemplo aprendizaje de expresión de sentimientos, tanto positivos como negativos, de manera constructiva y empática, resolución de problemas, fomentar las expectativas realistas, etc., para reducir la intensidad de las emociones.

Una de las partes fundamentales de estas terapias es la educación sobre la enfermedad. Los familiares (y el propio paciente) deben saber que existe una predisposición biológica a padecerla y que es una deficiencia bastante controlable, aunque desgraciadamente crónica. Hay que enseñarles a identificar los síntomas, a comprender y aceptar los problemas y dificultades asociados, aprender la importancia del tratamiento (sobre todo de la medicación), cuándo es necesaria una hospitalización, y lo que es más importante, a convivir con la esquizofrenia.

### Terapias cognitivas

OTRO DE los problemas de muchos pacientes es el déficit cognitivo que presentan y que puede limitar el alcance de lo aprendido durante el tratamiento. Por ello se suelen incluir tareas mentales (por ejemplo, ejercicios de memoria, lenguaje, atención, etc.), cuyo propósito es rehabilitar y potenciar las capacidades cognitivas o intelectuales.

### Psicoterapias individuales

EN ESTE tipo de terapias de apoyo se establece una relación de confianza entre el especialista y el paciente. El objetivo es enseñarle a comprender y manejar su enfermedad, enseñarle estrategias de afrontamiento, orientarle a la realidad, que pueda hablar de sus sensaciones, problemas o situaciones presentes y pasadas con una persona entrenada e intentar resolver los más concretos.

### Terapias de grupo

EN GENERAL, se trabajan diversas estrategias de afrontamiento de la enfermedad, tanto de sus síntomas como de las dificultades sociales que conllevan, pero con varios pacientes a la vez. Distintos estudios observaron cierta mejoría entre los pacientes que mantenían este tipo de relación terapéutica con otras personas con sus mismos problemas.

A pesar de que todas estas terapias suelen ser muy beneficiosas para los pacientes, no pueden sustituir a los antipsicóticos. Como hemos visto al principio de este apartado, hoy en día, el método de elección y el más eficaz es el que combina la prescripción de fármacos junto con las distintas terapias psicológicas.

# Trastornos psicóticos

El término *psicosis* se aplica hoy en día a todas las enfermedades mentales cuyo rasgo definitorio es una fuerte alteración de la realidad percibida por el paciente, es decir, del juicio de la realidad. La persona enferma realiza inferencias y deducciones erróneas (esto es, concluye, conjetura, razona, etc.), evalúa impropiamente sus pensamientos y percepciones, y, a pesar de cualquier evidencia indicando lo contrario, continúa teniendo estos errores.

Los síntomas clásicos de las enfermedades psicóticas incluyen alucinaciones, ideas delirantes, estado de ánimo completamente afectado, habla incoherente, pensamiento desorganizado, conductas inapropiadas, etc.

Existen gran cantidad de desórdenes psicóticos, o, mejor dicho, desórdenes en los que se manifiestan síntomas psicóticos, y en unos de manera más predominante que en otros. Entre ellos están el trastorno bipolar (que se caracteriza por episodios maníacos), algunos trastornos depresivos (depresiones con síntomas psicóticos, sobre todo delirios o alucinaciones), varios desórdenes mentales de origen orgánico, es decir, origen biológico o físico (por ejemplo demencias, deliriums, episodios debidos al consumo o abstinencia de sustancias como drogas o alcohol), y los trastornos esquizofrénicos.

La esquizofrenia es la enfermedad psicótica por excelencia. Es muy heterogénea, sus síntomas, duración, manera de desarrollarse o seguir su curso, edad de inicio, pronóstico y respuesta al tratamiento son muy variables de un paciente a otro, e incluso a lo largo de la vida de un mismo paciente. Estas razones han hecho complicada la búsqueda de criterios necesarios para su definición y diagnóstico. Una de las hipótesis más modernas es que dentro del término «esquizofrenia» se pueden incluir varios trastornos que comparten ciertas características, es decir, que no se trataría de una enfermedad única, y cuyas causas son muy diversas.

Actualmente, se aceptan varios subtipos de esquizofrenia basándose en la clase de síntomas que predominen. Unos serían positivos o también llamados productivos, que se refieren a excesos de las funciones normales (por ejemplo, alucinaciones), y otros negativos, que indican un déficit o deterioro de esas mismas funciones normales (por ejemplo, pobreza afectiva).

Para diagnosticar este desorden, se exige la presencia de por lo menos dos síntomas durante un tiempo concreto y que se manifiesten de forma significativa. La duración del trastorno debe ser de un periodo mínimo de seis meses (es decir, que haya manifestaciones de la enfermedad, y que éstas puedan ser tanto agudas como residuales) y tiene que ocasionar una grave perturbación en la vida social, laboral o familiar del paciente.

A pesar de todo, existen varios desórdenes mentales que presentan síntomas muy parecidos o iguales a los de la esquizofrenia pero con marcadas diferencias en los demás aspectos, lo que hace que hoy día no se diagnostiquen como tal. En general, son trastornos más benignos, su duración es menor con tendencia a remitir, se inician de manera más brusca y este inicio suele estar relacionado con el estrés.

Entre éstos se encuentran: **el trastorno esquizofreniforme, el trastorno esquizoafectivo, el trastorno delirante, el trastorno psicótico breve, el trastorno psicótico compartido** y **otros.**

## TRASTORNO ESQUIZOFRENIFORME

ESTE TRASTORNO se caracteriza por la presencia de síntomas iguales a los de la esquizofrenia como por ejemplo las alucinaciones, las ideas delirantes, el pensamiento, habla y conducta desorganizados, los síntomas negativos o deficitarios como el aplanamiento del afecto, la abulia y la apatía. No obstante, se diferencia de ésta en dos aspectos:

- En la duración del trastorno incluyendo todas sus fases: esto es, fase prodrómica o previa al episodio, fase aguda o activa en la cual se desarrollan de forma marcada los síntomas psicóticos y fase residual o posterior a la fase activa. El trastorno tiene que durar como mínimo un mes pero nunca más de seis meses (en ese caso, se diagnosticaría esquizofrenia).

- No se exige que haya un deterioro significativo de la vida social, laboral, etc., del paciente. Aunque puede darse en algún momento del episodio, al ser éste de corta duración no suele llegar a perturbar de forma irremediable el funcionamiento normal. Es decir, se considera más benigno.

Existen una serie de síntomas que indican un buen pronóstico o buena resolución del desorden. Entre ellos se encuentran el inicio agudo, esto es, su aparición de manera repentina, en el curso de unos días (que se opone a la aparición insidiosa o lenta y continuada, a lo largo de más tiempo), el buen funcionamiento vital de la persona antes de padecer el desorden, el que haya confusión, desorientación o perplejidad durante la crisis psicótica, y, finalmente, que no esté presente el aplanamiento afectivo. Para diagnosticar un buen pronóstico se requiere la presencia de al menos dos de estos síntomas.

Este trastorno suele terminar también de forma aguda o repentina y muchos pacientes se recuperan en poco tiempo sin más complicaciones. Por otro lado, otros pacientes evolucionan mal y pueden llegar a ser diagnosticados como esquizofrénicos. Esta diferenciación con la esquizofrenia está bastante cuestionada pues para muchos especialistas se trata más bien de una psicosis esquizofrénica de corta duración.

## TRASTORNO ESQUIZOAFECTIVO

DIAGNOSTICAR ESTE trastorno con precisión ha sido y es muy controvertido, ya que presenta síntomas característicos de la esquizofrenia y síntomas característicos de uno de los trastornos del estado de ánimo, tanto el depresivo como el bipolar, a lo largo de un mismo periodo de tiempo y sin interrupciones. Éstos aparecen simultáneamente y por separado.

La controversia viene cuando se intenta determinar si en el fondo es un subtipo de esquizofrenia, bien un subtipo de trastorno afectivo, o ninguno de los dos.

Sea cual sea la categoría en la que se incluya finalmente, el desorden esquizoafectivo tiene que cumplir unos requisitos para poder hacer la distinción entre un trastorno y los otros. Éstos son:

• Durante el periodo de tiempo que dura la enfermedad tiene que darse, en algún momento, la aparición de un episodio depresivo mayor o maníaco junto con síntomas esquizofrénicos. Es decir, los síntomas de ambos trastornos tienen que ocurrir a la vez.

• Se requiere un periodo de tiempo en el que sólo los síntomas psicóticos (alucinaciones e ideas delirantes) estén presentes. Este periodo tiene que ser de al menos dos semanas.

• Las alteraciones del estado de ánimo se encuentran durante la mayor parte del tiempo que dura el trastorno (con la excepción, claro está, del periodo exclusivamente psicótico).

Según sean los síntomas del trastorno afectivo, tendremos los siguientes tipos:

• **Trastorno esquizoafectivo depresivo:** se manifiestan síntomas esquizofrénicos y depresivos en el mismo episodio del trastorno. En general, se pueden observar sentimientos de tristeza o desesperanza, de culpa, ideas de suicidio, pérdida de vitalidad, menor interés por las cosas y dificultades de concentración como signos depresivos, y delirios, alucinaciones y desorganización en el pensamiento como signos psicóticos.

Este tipo de episodios suele ser más largo que los de tipo maníaco, y su pronóstico es menos favorable. Algunos pacientes pueden desarrollar un deterioro esquizofrénico.

• **Trastorno esquizoafectivo bipolar:** en este caso, los signos maníacos del desorden afectivo son, con frecuencia, sentimientos de gran euforia, ideas de grandeza, fuerte autoestima, excitación, hiperactividad y desinhibición, aunque también puede manifestarse agresividad e irritabilidad. Como síntomas esquizofrénicos se observarían delirios extraños o alucinaciones. La distinción entre síntomas maníacos y esquizofrénicos es mucho más sutil, aunque por lo general, estos últimos son más extravagantes y la conducta menos eufórica e hiperactiva. Estos pacientes tienen mejor pronóstico que los del tipo depresivo, generalmente logran una recuperación completa y es raro que presenten deterioro.

Por otro lado, los síntomas psicóticos negativos y los residuales (esto es, los que quedan después de un brote o episodio agudo, generalmente negativos y de deterioro) son menos fuertes y menos incapacitantes que en la esquizofrenia.

El inicio de este desorden suele ser agudo (repentino) y el funcionamiento vital de los pacientes antes del trastorno suele ser bueno. De hecho, el desorden se relaciona muy a menudo con un factor de estrés que lo desencadena (es decir, con frecuencia está causado por un acontecimiento estresante). Su duración mínima es de un mes, aunque se puede hacerse crónico.

En general, ambos tipos de enfermos evolucionan mejor que los esquizofrénicos aunque peor que los pacientes con depresión o bipolares. Suelen responder bien al tratamiento con antipsicóticos.

## DIFERENCIAS CON OTROS TRASTORNOS

- **Trastornos del estado de ánimo:** la clave para diferenciarlo de los trastornos del estado de ánimo, especialmente de la depresión mayor, es que en estos no se dan crisis psicóticas libres de síntomas afectivos. De igual manera, las crisis maníacas de un trastorno bipolar ocurren en el contexto de un episodio anímico.

Por otro lado, los síntomas maníacos suelen ser menos extravagantes, más eufóricos, expansivos e hiperactivos que los esquizofrénicos.

- **Esquizofrenia:** suelen ser confundidos con frecuencia, pues muchos esquizofrénicos padecen depresión después de una crisis psicótica, y porque los síntomas negativos son, a menudo, muy parecidos a los depresivos (por ejemplo, apatía, abulia, etc.). A pesar de ello, el afecto en la esquizofrenia está embotado o aplanado, mientras que en los desórdenes anímicos está excesivamente intensificado.

También se puede hacer la distinción por los momentos en los que aparecen los distintos episodios, por el mejor funcionamiento vital del paciente esquizoafectivo antes de la aparición del trastorno, porque éste suele ser de menor duración que la esquizofrenia y porque no suele haber un marcado deterioro de la vida laboral y social del paciente.

## DATOS SOBRE EL TRASTORNO ESQUIZOAFECTIVO

- Debido a lo controvertido de su definición (para unos es un subtipo de esquizofrenia, para otros un subtipo de trastorno afectivo y para los demás es un trastorno psicótico esquizoafectivo), existen pocos datos. Aun así, es menos frecuente que la esquizofrenia, y parece que afecta alrededor del 0,1% de la población.
- Se cree que la edad a la que suele iniciarse el trastorno sería el principio de la vida adulta, entre los 20 y 35 años.

## TRASTORNO DELIRANTE

EN ESTE apartado se incluyen varios trastornos que se caracterizan por la presencia constante de ideas delirantes, no extrañas. Los delirios son creencias mantenidas contrarias a la realidad, y que se mantienen a pesar de cualquier tipo de argumento o prueba en su contra. Al decir que no son extraños nos referimos a que suelen tener una temática real, esto es, se refieren a situaciones que ocurren (o que pueden ocurrir, pese a no ser muy frecuentes) en la vida.

Para diagnosticarlos, estas ideas tienen que estar presentes durante al menos un mes, aunque a menudo pueden mantenerse por periodos de tiempo muy largos e incluso toda una vida.

Estos pacientes no presentan ningún otro tipo de síntoma psicótico (como por ejemplo pensamiento desorganizado, o pobreza afectiva), aunque pueden presentar síntomas depresivos y, a veces, alucinaciones olfativas o táctiles. Estas últimas estarían relacionadas con la idea delirante. En general, su funcionamiento o su comportamiento no están muy dañados, esto es, su afectividad, su conducta, su capacidad intelectual, etc., son normales, si exceptuamos las consecuencias directas que sobre éstos tienen los delirios.

Las ideas delirantes de algunos pacientes no interfieren en sus vidas y, a menudo, pueden pasar completamente desapercibidas durante mucho tiempo. Por otro lado, a otros pacientes les pueden incapacitar muchísimo, hasta el extremo de impedirles llevar una vida laboral, familiar y social normal.

Estos trastornos se clasifican según el tema predominante de los delirios. Los más habituales son:

- **Erotomaníaco:** son ideas delirantes en las que el paciente es amado por otra persona, y ésta es generalmente alguien famoso, importante, o de estatus superior. Suele empezar repentinamente a partir de una interpretación errónea a la que se busca confirmación en todo tipo de señales. Aunque algunos lo mantienen en secreto, son frecuentes los intentos de acercamiento aunque las personas implicadas no se conozcan, y puede acabar siendo un acoso constante. Puede generar odio o desprecio si el paciente cree que le han rechazado.
- **De grandiosidad:** el paciente cree que tiene un extraordinario talento, poder y conocimiento que no son reconocidos por los demás. Creen que son (o que tienen relación con) alguien muy importante, o muy inteligente, o muy bello. Puede tener contenido religioso, creyendo que son dioses o enviados por ellos, o que son los salvadores del mundo.
- **Celotípico:** delirio por el que el paciente cree (sin ninguna causa razonable) que su pareja le es infiel. Todo sirve para confirmar sus sospechas, desde un pelo encontrado en la ropa de su pareja hasta observar que ésta está arrugada. A menudo el paciente investiga, persigue a la pareja o impide que salga o haga nada sin su compañía. Puede originar agresiones a su pareja o al supuesto amante de ésta. También es conocido como paranoia conyugal.
- **De persecución:** el paciente cree que él, o alguien relacionado con él, está siendo perseguido, que se conspira en su contra o que se le espía. La gente (tanto conocidos como desconocidos)

le quiere matar o hacer daño. El delirio puede llegar a ser muy elaborado, por ejemplo, creer que algún tipo de organización como el gobierno o la policía, le persigue utilizando métodos sofisticados. Su inicio puede estar basado en un hecho real pero que se exagera desproporcionadamente. Para intentar poner fin a la situación, el paciente puede llegar a agredir a sus supuestos perseguidores, o emprender acciones legales contra ellos. Este delirio es de los más frecuentes.

- **Somático:** se trata de ideas delirantes en las cuales el paciente tiene algún defecto físico, alguna enfermedad, que le falta alguna parte del cuerpo, o que éste no funciona o que emite un olor desagradable. Este desorden es muy parecido a la hipocondría y al trastorno dismórfico corporal, pero se distinguen en que en el trastorno delirante el grado de creencia en el problema es extremo llegando a perder el juicio de la realidad.
- **Mixto:** en este caso, los delirios tienen más de una temática (incluyendo las mencionadas) pero ninguna predomina sobre las demás.

Se pueden encontrar también otro tipo de delirios aunque éstos son más típicos de la esquizofrenia y menos frecuentes en los trastornos delirantes. Entre ellos se encuentran:

- **De control:** la persona cree que sus pensamientos y su conducta están controlados o impuestos por una fuerza externa o alguna otra persona.
- **De referencia:** son delirios en los que el paciente cree que cualquier cosa, generalmente neutra, tiene un significado especial o tiene que ver con él.
- **Nihilista:** la característica es la sensación de no existencia, tanto de uno mismo, de alguna parte de sí mismo, o del mundo. Los delirios somáticos (*véase* anteriormente) a menudo toman este nombre cuando consisten en la sensación de no existencia del cuerpo o de alguna de sus partes.

Los pacientes pueden presentar diversas anomalías en la conducta como consecuencia de los delirios. Son frecuentes el estado de ánimo irritable, accesos de ira, depresión, comportamientos obsesivos y de evitación. La temática delirante y el momento de la vida en que aparecen suelen estar relacionados con circunstancias importantes de la historia del paciente (un ejemplo sería la aparición de delirios de persecución en una persona perteneciente a una minoría étnica). Por desgracia, a veces es muy difícil distinguir entre un delirio y la verdad.

Aunque el trastorno suele ser crónico (de larga duración), puede haber periodos en los que se presente de manera poco intensa e incluso que desaparezca temporalmente. También es posible que termine de repente y no vuelva a aparecer.

Se conocen varias condiciones que predisponen a padecerlo, por ejemplo, déficit en la audición: al no oír bien muchas personas creen que los demás hablan en voz baja pues no quieren que ellos se enteren o porque están hablando de ellos. A menudo por estas razones se desarrollan ideas paranoides o delirantes de persecución. También son factores importantes los estresores psicosociales: como pertenecer a minorías, ser inmigrante, etc.

## DIFERENCIAS CON OTROS TRASTORNOS

- **Esquizofrenia:** en esta se dan otros síntomas psicóticos además de las ideas delirantes, y éstas suelen ser más extrañas, improbables o incomprensibles.
- **Trastorno del estado de ánimo:** la diferencia es difícil pues los síntomas psicóticos del trastorno afectivo suelen ser ideas delirantes no extrañas y sin alucinaciones. Sin embargo, aparecen sólo en el transcurso del desorden afectivo. En el trastorno delirante el estado de ánimo alterado no es un síntoma predominante ni suele ser muy grave.
- **Trastorno debido a enfermedad médica o consumo de sustancias:** distintas pruebas médicas indicarían que los delirios son consecuencia directa de una enfermedad física o por abuso o abstinencia de sustancias tóxicas.

---

### DATOS SOBRE EL TRASTORNO DELIRANTE

- Es un trastorno poco frecuente en la población general, aunque se estima que ocupan entre el 1 y el 3% de los ingresos en hospitales psiquiátricos.
- Suele iniciarse en las edades medias o avanzadas de la vida, alrededor de los 35-50 años, aunque los de tipo persecutorio y somático pueden aparecer antes, y el somático puede darse más tarde.

---

## TRASTORNO PSICÓTICO BREVE

COMO SU nombre indica, se trata de un trastorno breve que se caracteriza por la aparición de manera repentina o brusca de al menos un síntoma psicótico positivo (por ejemplo, alucinaciones, pensamientos desorganizados, delirios, etc.).

Su duración tiene que ser como mínimo de un día pero no puede superar el mes (al ser más largo se trataría probablemente de un trastorno esquizofreniforme), y el paciente recupera por completo el nivel de funcionamiento que tenía antes del episodio, es decir, no se produce deterioro intelectual o vital.

Si ocurre poco después y como aparente respuesta a sucesos o situaciones estresantes (que son consideradas estresantes para todas las personas del entorno cultural y social del paciente, no solamente para él), se suele denominar **psicosis reactiva breve**.

En general, el ajuste o funcionamiento vital de los pacientes antes del trastorno era completamente normal y, como hemos visto, este estado se recupera una vez acabado el episodio. A pesar de ello, es habitual que se sientan confundidos o perplejos por un tiempo, y que muestren alteraciones emocionales. Esto sería debido a que el trastorno, aunque muy corto, suele producir una grave alteración del juicio de la realidad difícil de entender en una persona sana. Es bastante raro que se repitan los episodios, es decir, que haya recaídas.

Dentro de la categoría de trastornos breves se pueden incluir varios tipos:

- *Bouffé* **delirante:** se caracteriza por presentar alucinaciones, ideas delirantes y alteraciones de la percepción.

También se produce una marcada confusión y un estado de ánimo muy alterado, esto es, presentan intensa alegría o intensa angustia o irritabilidad. Los síntomas son muy variables y cambiantes en cortos periodos de tiempo, desde en unos días hasta en unas horas. Los pacientes no suelen tener historias previas o antecedentes de otros trastornos psicóticos, y en la mayoría de los casos, no se asocia con ningún factor de estrés. Su inicio es muy brusco (en menos de 48 horas), pero también su final, y aunque suele durar unas semanas es frecuente que vuelva a aparecer con el tiempo.

- **Psicosis reactiva**: bajo este nombre se incluyen todos los episodios psicóticos que tienen un claro desencadenante ambiental o estresante (*véase* anteriormente). En general, los pacientes no tenían antecedentes de otros trastornos psicóticos, el inicio del trastorno es agudo o repentino, muestran síntomas de confusión y, a menudo, también de ansiedad o afectivos. Si ocurre después de un parto (hasta cuatro semanas después) recibe el nombre de **psicosis puerperal**.

## DIFERENCIAS CON OTROS TRASTORNOS

- **Esquizofrenia:** la duración del trastorno breve es muy corta, no se produce deterioro cognitivo y no hay antecedentes o síntomas previos.
- **Trastorno esquizofreniforme:** en general éstos duran algo más, presentan más síntomas esquizofrénicos y es menos raro que haya recaídas.
- **Trastorno del estado de ánimo y trastorno esquizoafectivo:** las alteraciones en el estado de ánimo no son síntomas predominantes.

## TRASTORNO PSICÓTICO COMPARTIDO

Este trastorno es muy poco frecuente y suele afectar a personas que están muy unidas emocionalmente. También recibe el nombre francés de *Folie a deux,* que significa «locura a dos» pues suele darse entre dos personas (pero puede afectar a más). Otros nombres son psicosis inducida, trastorno psicótico inducido o trastorno de ideas delirantes inducidas.

Se caracteriza por una idea delirante que aparece en dos o más personas, pero sólo una de ellas padece un trastorno psicótico. En las demás personas el delirio es inculcado o persuadido y con frecuencia disminuye e incluso termina cuando éstas son separadas.

La persona psicótica (o el inductor) suele padecer esquizofrenia, aunque esta circunstancia no se da siempre ni es imprescindible. Suele dominar en la relación, y poco a poco impone su delirio a la otra persona, que muy habitualmente es un familiar (cónyuge, hijos, etc.).

La persona «contagiada» suele compartir totalmente las creencias delirantes del inductor, es decir, se las cree hasta que llega a padecer el mismo delirio, y es a ésta a la que se le hace el diagnóstico de padecer una psicosis compartida. Suele ser más pasiva en la relación y no padece ningún trastorno. A menudo son muy dependientes.

Los delirios son típicamente de persecución o de grandeza, y su transmisión ocurre en circunstancias poco frecuentes. Por ejemplo, cuando se encuentran aislados de su entorno por su cultura o por circunstancias geográficas o han vivido mucho juntos.

Es difícil que acudan a un hospital en busca de tratamiento, y en general, se les descubre cuando el inductor es tratado.

## DIFERENCIAS CON LOS DEMÁS TRASTORNOS

Los pacientes con otras enfermedades psicóticas no suelen compartir o adquirir las ideas delirantes de estos pacientes, también psicóticos. Igualmente, presentan varios síntomas previos a la enfermedad mental y sus delirios no desaparecen aunque estén aislados de los demás.

> ## DATOS SOBRE EL TRASTORNO PSICÓTICO COMPARTIDO
>
> ■ Como hemos indicado al principio, es un trastorno bastante raro. Pueden darse casos de simulación, es decir, de personas que simulan creer el delirio, pero esto sería más bien una estrategia por razones de conveniencia y no un trastorno.

## OTROS TRASTORNOS PSICÓTICOS: TRASTORNO ESQUIZOTÍPICO

Este trastorno incluye a personas que presentan algunos de los rasgos de la esquizofrenia pero no se ajustan al perfil, o no cumplen todos los requisitos exigidos, se considera una forma menos severa.

Se trata de un trastorno de la personalidad (*véase* capítulo correspondiente), pero lo incluimos aquí porque también

recibe el nombre de esquizofrenia simple.

En general, suelen presentar un comportamiento excéntrico y errático (deambulante), y ciertas anomalías en el pensamiento y el lenguaje, que resultan vacíos o vagos, y en la afectividad, que se manifiesta fría o inapropiada. También presentan cierta tendencia al aislamiento. No hay síntomas predominantes o característicos, pero, aparte de los que acabamos de nombrar, pueden aparecer algunos otros como:

- Ideas de referencia, paranoides o extravagantes, creencias fantásticas, etc.
- Alucinaciones y sensaciones de despersonalización o desrealización en algunas ocasiones.
- Rumiaciones de pensamiento, esto es, darle vueltas a un pensamiento de manera obsesiva.
- Pensamientos y lenguaje extraños, sin precisión o ser divagaciones, pero sin llegar a ser incoherentes.
- La apariencia es excéntrica, rara o peculiar.

En este apartado también se incluirían otras psicosis sin especificar, esto es, que no cumplen los requisitos para ser clasificadas dentro de los trastornos anteriores, y aquellas que son específicas de ciertas culturas como el *Amok*, que es un delirio sanguinario y cruel, en el que aparecen ideas de persecución y predispone para la lucha. Es característico de ciertos pueblos malayos.

## CAUSAS Y TRATAMIENTOS

Como hemos visto, las psicosis se pueden considerar como un conjunto de síntomas de otros trastornos (esquizofrenia, reacciones al estrés, trastornos del afecto, etc.), y que presentan como signo común una alteración grave del juicio de realidad.

La esquizofrenia es la enfermedad psicótica más frecuente en los pacientes psiquiátricos y es la que más deteriora y perdura. Por esta razón, la mayoría de los trabajos de investigación sobre las psicosis y sus posibles causas y tratamientos se han centrado en ella. Hay que tener en cuenta que algunos de los trastornos que hemos visto se diferencian de la esquizofrenia por aspectos como su duración, síntomas, etc. Si el episodio dura entre un día y un mes, estaríamos ante un trastorno psicótico breve. Si dura entre un mes y seis meses, ante uno de tipo esquizofreniforme, y para más de seis meses, hablaríamos de esquizofrenia. Si además de los síntomas típicos presenta aquéllos que son característicos de un trastorno del estado de ánimo, lo llamaríamos esquizoafectivo, si solamente presenta ideas delirantes, trastorno delirante. Y si está relacionado con una situación estresante, como respuesta a ésta, diríamos que es una psicosis reactiva.

En esta sección resumiremos las ideas principales y recomendamos al lector que vaya al capítulo correspondiente a la esquizofrenia para más detalles, también puede ser interesante leer los trastornos del estado de ánimo para comparar síntomas, causas, etc.

## CAUSAS

LA MAYOR parte de las investigaciones concluyen que los diferentes componentes biológicos y ambientales desempeñan papeles importantes en el origen de las psicosis. Entre ellos se encuentran la herencia genética, ciertas alteraciones en la bioquímica cerebral, alteraciones en ciertas estructuras del cerebro, disfunciones cognitivas del procesamiento de la información, etc. Todo ello puede estar determinado genéticamente, aunque también puede ser originado por factores ambientales de tipo biológico como ciertos problemas en el embarazo o en el parto.

En general, se cree que el desarrollo del desorden es debido a una combinación de factores genéticos que harían a una persona más vulnerable o predispuesta, y factores ambientales, tanto biológicos como psicológicos, que podrían desencadenarlo.

## TRATAMIENTOS

EL MÉTODO más empleado y eficaz para el tratamiento de las psicosis consiste en la prescripción de fármacos antipsicóticos o neurolépticos acompañada de distintas terapias psicológicas. Los objetivos deben de ser la reducción de los síntomas, la prevención de recaídas, ayudar a los enfermos y a sus familias a entender y aceptar lo que les ha pasado, trabajar las funciones intelectuales que hayan podido quedar dañadas y, sobre todo, intentar recuperar la normalidad.

Aparte de la medicación antipsicótica, es frecuente el uso de antidepresivos, ansiolíticos y otro tipo de medicinas, para tratar otros síntomas que pueden estar también presentes.

Las terapias psicológicas pueden ofrecer técnicas que ayuden a los pacientes a identificar, revisar y cambiar las creencias sobre la naturaleza de sus experiencias psicóticas y a afrontar las situaciones de

estrés. Son muy útiles las terapias individuales de apoyo donde el objetivo es que
el paciente logre comprender y manejar su
enfermedad, y aprender a resolver los conflictos que han podido contribuir a su aparición.

Al igual que en la esquizofrenia, es
importante que los familiares participen
en el tratamiento, pues estos trastornos
también suelen ser psicológicamente perturbadores para las personas que conviven con ellos.

# Trastornos de la personalidad

Podemos definir la personalidad como aquellos aspectos del individuo, relativamente estables y duraderos, que le distinguen de las otras personas y le hacen único en su manera de percibir, pensar y relacionarse con el entorno y consigo mismo. Estos aspectos son hipotéticos, es decir, no se pueden observar directamente, y se infieren del comportamiento en los distintos contextos sociales y personales, uno de cuyos ejemplos sería la timidez.

Existen múltiples características de la personalidad y en unas personas están más definidas o marcadas que en otras. Todos conocemos a alguien al que definiríamos como alegre y lanzado, a alguien tímido, o amable, sabemos de personas a las que les gusta o necesitan llamar la atención, de otras que son más dependientes de los demás y también otras agresivas o antipáticas. Nosotros mismos somos así algunas veces. Por esta razón sabemos que no somos sólo de una manera; al contrario, la mayoría de la gente tenemos muchos de estos rasgos; la diferencia está en que los presentamos con distintas intensidades. Una persona tímida suele serlo cuando está ante desconocidos o en situaciones sociales concretas, aunque esto no significa que lo sea en todos los aspectos y momentos de su vida. La persona más extravertida puede también sentir timidez de vez en cuando.

Cuando las personas presentan estos rasgos en su manera más extrema posible, y éstos afectan a la conducta intensamente, hasta el punto de interferir negativamente en sus vidas, estaríamos ante un trastorno de la personalidad.

Originalmente, dentro de este concepto se incluía cualquier desorden mental que manifestase desajustes en la motivación y en la relación con el entorno. El problema era que esta definición englobaba desde depresiones leves hasta fuertes brotes psicóticos. Hoy en día, se entienden como un tipo de desórdenes del comportamiento (excluyendo las neurosis y las psicosis) originados por rasgos de personalidad inflexibles y desadaptativos, y que impiden llevar una vida social y laboral normal. Algunos de estos trastornos (no todos) pueden causar malestar emocional.

Como la personalidad se compone de características estables y duraderas, que se pueden observar muy pronto en la vida de una persona, este tipo de trastornos se detecta, generalmente, en la adolescencia (a menudo mucho antes).

Para poder diagnosticarlos es preciso descartar que sean consecuencia de alguna otra enfermedad (por ejemplo, un tumor cerebral puede producir cambios muy notables en las conductas; igualmente, la esquizofrenia altera mucho el comportamiento). Es habitual que aparezcan junto con otro desorden mental, y a menudo influyen marcadamente en su desarrollo. Por ejemplo, un paciente al que se le diagnostica un trastorno de ansiedad generalizada junto con uno de la personalidad, por evitación probablemente, no saldrá de casa. Otro paciente con el mismo trastorno de ansiedad pero con el de la personalidad histriónica hará lo posible para que todo el mundo se entere de lo mal que lo pasa.

Los distintos desórdenes de la personalidad harán que las personas que los sufren experimenten, perciban y reaccionen de manera muy distinta a los otros desórdenes mentales.

Para muchos investigadores ciertos rasgos se pueden considerar como marcadores de riesgo para padecer un desorden más grave si se dan los estresores adecuados. Por ejemplo, la ansiedad se puede considerar una característica de la personalidad. A un nivel moderado, se necesita para motivar comportamientos y en general para estar preparados ante cualquier eventualidad. Seguro que conocemos a gente bastante ansiosa (o lo contrario); el problema llega cuando este nivel aumenta desmesuradamente incapacitando el desarrollo de una vida normal, y originando un desorden. Lo mismo pasa con los rasgos psicóticos (por ejemplo, el ser más solitario, resistente a las normas, escéptico, etc.). Se ha observado que la gente con estos rasgos muy marcados tienen mayor predisposición, o son más vulnerables, a padecer psicosis. No obstante, sólo algunas de estas personas presentan signos de algún trastorno psicótico de la personalidad (el esquizotípico), y aún menos personas desarrollan un desorden mental como la esquizofrenia.

Los distintos trastornos se agrupan en tres grupos diferentes basándose en el tipo de comportamiento que más destaca. Éstos son:

1. **Grupo A**, personas de conducta rara y/o excéntrica, suelen tener problemas de relación, son más vulnerables a los desórdenes mentales como psicosis y trastornos afectivos, y los síntomas son más estables, es decir, suelen ser así a lo largo de su vida (los síntomas de los otros grupos se acentúan en la juventud y en la vejez). En este grupo se incluyen el trastorno **paranoide**, el **esquizoide** y el **esquizotípico** de la personalidad.

2. **Grupo B**, personalidades emocionales, teatrales e inmaduras, con sentimientos frágiles, conductas descontroladas y problemas en las relaciones. La emotividad es alta, excepto en el antisocial, que es mínima. Aquí se incluyen el trastorno **antisocial (y el psicópata)**, el **límite**, el **histriónico** y el **narcisista**.

3. **Grupo C**, caracterizados por marcada ansiedad y temor, muy sensibles a lo negativo, presentan dificultades a la hora de afrontar las cosas, o de aprender estrategias de afrontamiento. Estos trastornos incluyen el de **evitación**, el **dependiente**, y el **obsesivo-compulsivo**.

Sin embargo, describir los desórdenes como tales, o como pertenecientes a un grupo u otro no es sencillo. Muchos pacientes diagnosticados de una manera pueden presentar rasgos que permitirían su inclusión en otros grupos, y algunos síntomas no son estables en el tiempo, esto es, no aparecen con tanta intensidad cuando se hace un rediagnóstico a un paciente algún tiempo después de haber hecho el primero.

Esto puede indicar que a la hora de clasificar los desórdenes es conveniente utilizar un **sistema dimensional**, es decir, utilizar una dimensión cuantitativa. Un ejemplo sería evaluar la ansiedad, por ejemplo, en una escala del uno al diez, en contraposición a un **sistema de categorías**, que sería una evaluación de sí/no (sí hay ansiedad o no hay ansiedad, que es casi imposible pues todo el mundo la tiene en menor o mayor medida).

Como hemos dicho anteriormente, la mayoría de las personas tienen alguno de los rasgos sólo que en diferentes grados, y los rasgos de los pacientes con estos trastornos son los mismos que los de los normales pero de manera muy extrema.

## GRUPO A

### TRASTORNO PARANOIDE

LAS PERSONAS con este trastorno suelen mostrar desconfianza y sospecha hacia los demás. Cualquier actitud, motivo, acción, en principio neutral, que tengan los otros, es vista como malintencionada, hostil o despectiva. Los síntomas más habituales son:

- Creencia sin fundamento de que los demás se van a aprovechar de ellos, engañarles o hacerles daño.

- Dudas sobre la lealtad o amistad de las personas cercanas.
- Desconfianza y suspicacia, preocupación por conspiraciones.
- Interpretación de acontecimientos o comentarios como conteniendo significados ocultos generalmente negativos.
- Rencor, no olvidan insultos, injurias o desprecios.
- Se ofenden con facilidad y están predispuestos a contraatacar, por lo que son hostiles y reaccionan con ira.
- Sospechas injustificadas de la infidelidad de la pareja.

Para hacer un diagnóstico es necesario que estén presentes cuatro o más síntomas. Todos estos sentimientos surgen sin causas mínima o razonablemente justificadas. Son independientes y sus relaciones con los demás son de superioridad y autoritarias, quizá debido a que como sospechan de todo y de todos, tienen que demostrar que no necesitan a nadie, que están por encima y que son fuertes. Les es muy difícil aceptar críticas y suelen culpar a los demás de cualquier falta (incluso de las suyas). A menudo, pueden tener ideas de grandeza y ser clasistas.

Pueden padecer brotes psicóticos muy breves (de minutos u horas), y los síntomas pueden ser pródromos (señales o signos previos) de la esquizofrenia. Puede ocurrir a la vez que los trastornos de personalidad esquizotípica, límite y por evitación.

**Diferencias con otros trastornos**

- *Trastorno delirante:* se distingue en que los paranoides no tienen delirios fijos.

- *Esquizofrenia:* se diferencian en la ausencia de alucinaciones, delirios extraños y de desorganización de pensamiento.
- *Personalidad antisocial:* aunque también muestran falta de sensibilidad hacia los demás, los paranoides no tienen pasado de conductas disruptivas.
- *Personalidad límite:* se diferencia de ésta en que no es autodestructivo.

---

### DATOS SOBRE EL TRASTORNO PARANOIDE

- Es relativamente poco frecuente en la población general, se estima que lo padece alrededor del 1%.
- Debido a su suspicacia, no suelen buscar o acceder a tratamiento.
- Su inicio es más común al principio de la edad adulta.
- Es más habitual en varones que en mujeres.
- Suele darse en familiares de pacientes esquizofrénicos.

---

## TRASTORNO ESQUIZOIDE

SE CARACTERIZA por el distanciamiento general en las relaciones y por la frialdad en la expresión de las emociones. Este tipo de pacientes no solo no se relaciona sino que tampoco muestra interés en hacerlo. Los síntomas más habituales son:

- No tienen interés por nada, ni disfrutan con las relaciones personales, incluidas las familiares.
- Tampoco tienen amigos o personas de confianza.
- Las actividades preferidas son solitarias y obtienen placer con muy pocas.
- Falta de interés por el sexo.
- Sienten indiferencia por los elogios o las críticas de los demás así como por los sentimientos que los otros puedan tener.
- Muestran frialdad, distanciamiento o aplanamiento de las emociones y el afecto. Son incapaces de mostrar simpatía, ternura, ira o pena a los demás.

Para hacer un diagnóstico es necesario que estén presentes cuatro o más síntomas. A pesar de este tipo de comportamientos, no suelen ser personas engreídas, es decir, no son distantes y fríos porque se consideren superiores. En general, se dan cuenta de su actitud y, a menudo, su comportamiento se acompaña de disconformidad con la imagen de sí mismos, así como de fobias y conductas de evitación, lo que hace que sean solitarios. Sus problemas les predisponen a la depresión, a padecer episodios delirantes breves e incluso al consumo de sustancias como alcohol o drogas.

Puede darse al mismo tiempo que los trastornos de personalidad esquizotípica, paranoide y por evitación. Los síntomas de este trastorno pueden ser pródromos (antecedentes) de la esquizofrenia.

### Diferencias con otros trastornos

- *Personalidad paranoide:* se distingue en que los paranoides expresan fuertes emociones y se adaptan más a la sociedad.
- *Esquizofrenia:* en esta se encuentran presentes la desorganización del pensamiento, alucinaciones y delirios.

- *Personalidad esquizotípica:* los esquizotípicos muestran distorsiones en la percepción y en la comunicación.
- *Personalidad de evitación:* estos pacientes desean tener y tienen mayor número de relaciones personales y sociales.

---

## DATOS SOBRE EL TRASTORNO ESQUIZOIDE

- Se estima que se encuentra en algo menos del 1% de la población general.
- Habitualmente se inicia al principio de la edad adulta.
- Es más frecuente en varones que en mujeres.
- Suele darse en familiares de pacientes esquizofrénicos o con trastorno esquizotípico de la personalidad.
- A menudo puede presentar un trastorno depresivo mayor al mismo tiempo.

---

## TRASTORNO ESQUIZOTÍPICO

DENTRO DE este concepto se encuentran las personas que parecen tener una forma atenuada de esquizofrenia, o bien, aquellas que no cumplen todos los criterios necesarios para ser diagnosticados como esquizofrénicos (*véase* capítulo «Trastornos psicóticos»). Antiguamente se les clasificaba como «esquizofrénicos simples o latentes».

Los pacientes esquizotípicos suelen presentar los problemas sociales e interpersonales de la personalidad esquizoide acompañados de malestar y excesiva ansiedad social que no disminuye con la familiaridad. También muestran distorsiones en la percepción (o cognición) junto con comportamientos excéntricos. No obstante, estos problemas no son lo suficientemente severos como para diagnosticar esquizofrenia, aunque sí son los que esencialmente definen las fases previas y residuales de la enfermedad. Los síntomas más habituales son:

- Ideas de referencia, es decir, creen que todo tiene un significado particular que les concierne (pero no se incluyen si llegan a convertirse en un trastorno delirante).
- Creencias extrañas o pensamiento mágico (éste se define como la convicción de que sus pensamientos, palabras y acciones pueden prevenir o causar acontecimientos, por ejemplo, supersticiones, creer que tienen telepatía, sexto sentido, clarividencia,, etc.), que influyen en el comportamiento.
- Suelen tener experiencias perceptivas inusuales, como ilusiones (por ejemplo, ver personas en las sombras o en los dibujos de una pared, notar la presencia de una fuerza o persona que no está allí).
- Su pensamiento y lenguaje son extraños, pudiendo ser estereotipados, sobreelaborados, imprecisos, etc., aunque son coherentes.
- Desconfían y sospechan de los demás (ideación paranoide) y suelen carecer de amigos.
- Su comportamiento es raro o excéntrico, y muestran afecto inapropiado o limitado.

Para hacer un diagnóstico es necesario que estén presentes cinco ó más síntomas. Los síntomas más marcados, y por los que suelen ser hospitalizados, son la ideación paranoide, ideas de referencia y episodios psicóticos breves (aunque estos últimos pueden no darse en muchos pacientes).

El mayor problema para diagnosticar correctamente a los esquizotípicos es la coincidencia de síntomas con los de otros trastornos, especialmente con el de evitación, paranoide, límite, narcisista y esquizoide.

**Diferencias con otros trastornos**

- *Esquizofrenia:* en ésta los síntomas de alucinaciones, delirios y desorganización del pensamiento son más claros y marcados. Como decíamos al principio, los esquizotípicos no cumplen todos los requisitos y los síntomas son menos severos.
- *Personalidad paranoide, esquizoide y de evitación:* estos pacientes no presentan conductas, pensamiento ni lenguaje extraños, ni percepciones distorsionadas.
- *Personalidad límite:* los límites suelen ser reservados, manipuladores y se suelen aislar de los demás.

- *Personalidad narcisista:* la suspicacia y desconfianza son debidas al temor que les produce que se demuestren sus imperfecciones.

GRUPO B

TRASTORNO ANTISOCIAL

A MENUDO los conceptos trastorno de personalidad antisocial y psicopatía son usados indistintamente a pesar de que existen diferencias. Su punto en común es el comportamiento antisocial. En este apartado explicaremos los dos por separado.

La característica general es una conducta irresponsable y antisocial, con despreocupación, desprecio y violación de los derechos de los demás. Los síntomas más habituales son:

- Incapacidad de adaptación a las normas sociales o a la legalidad. Suelen quebrantar las leyes.
- Deshonestidad, mienten y estafan habitualmente (y son conscientes de ello).
- Se irritan fácilmente y son agresivos (se meten en peleas, provocan y agreden).

---

## DATOS SOBRE EL TRASTORNO ESQUIZOTÍPICO

- Se estima que lo padece alrededor del 3% de la población general.
- Habitualmente se inicia al principio de la edad adulta.
- Es más frecuente en varones que en mujeres.
- Suele darse en familiares de primer grado (padres, hijos, hermanos) de los pacientes esquizofrénicos.
- Los hijos de los pacientes con trastorno esquizotípico de la personalidad tienen un mayor riesgo de padecer esquizofrenia u otros trastornos psicóticos que otras personas.
- Es común encontrar esquizotípicos entre mendigos, o personas pertenecientes a sectas.

- Son muy impulsivos y fallan en la planificación del futuro.
- Realizan frecuentes conductas temerarias y no les preocupa su seguridad o la de otros.
- Muestran incapacidad para mantener un trabajo o de hacerse cargo de responsabilidades económicas.
- Carecen de remordimientos, muestran indiferencia o justifican el haber dañado, maltratado o robado a otros.

Para hacer un diagnóstico es necesario que estén presentes tres o más síntomas. Los antisociales suelen presentar el desorden de conducta antes de los 15 años de edad, y es llamado trastorno disocial (*véase* capítulo correspondiente en la sección de trastornos de la infancia). Éste incluye huidas de casa, mentiras, robos, provocación de incendios y destrucción deliberada de la propiedad ajena. El trastorno antisocial sería la continuación en la madurez del disocial infantil.

## PSICOPATÍA

EN EL estudio de la psicopatía, la conducta antisocial es parte de las características de personalidad de los psicópatas. Además de los síntomas mencionados anteriormente, incluyen:

- Pobreza de emociones, tanto positivas (lo que les lleva a comportarse irresponsablemente hacia los demás), como negativas (hace imposible que aprendan de sus errores).
- Si expresan emociones éstas suelen ser fingidas, son falsos e insinceros.
- No sienten vergüenza ni remordimientos.

- Suelen ser superficialmente encantadores y muy inteligentes.
- Su comportamiento antisocial a menudo está inadecuadamente motivado, es decir, muchas veces no se comportan así para conseguir dinero o alguna otra cosa, lo hacen a raíz de un impulso, por la sensación fuerte que produce.

Estudios recientes agrupan a los psicópatas en dos grupos:

- **Con desapego emocional:** que incluyen a los que muestran más egoísmo, falta de remordimientos, a los que son muy egocéntricos (con la autoestima inflada) y disfrutan explotando a los demás.
- **Impulsivos:** caracterizan a los individuos con un estilo de vida más antisocial marcado por la irresponsabilidad e impulsividad.

La psicopatía suele estar muy asociada a la delincuencia; sin embargo, no es sinónimo de ésta. Alrededor del 75 o el 80% de los criminales convictos cumplen los criterios del trastorno antisocial de la personalidad, por otro lado, sólo el 15 o el 20% de éstos cumplen los requisitos del diagnóstico de psicopatía. De la misma manera, muchos psicópatas no son criminales ni están bajo tratamiento psiquiátrico aunque su conducta sea extremadamente poco ética.

Parece que uno de los grandes problemas de ambos trastornos está en una excesiva sensibilidad a la recompensa inmediata, de ahí su impulsividad y la nula anticipación de las consecuencias negativas de sus actos. Suelen presentar poca tolerancia al aburrimiento.

Estos pacientes tienen más posibilidades que la gente normal de morir pronto, ya sea por accidente, suicidio u homicidio. Suelen tener rasgos psicóticos aunque no es frecuente que desarrollen ese tipo de desórdenes. Sin embargo, sí se asocian con la personalidad antisocial otros trastornos como el de somatización, el de ansiedad, los depresivos, el consumo de sustancias, la ludopatía y otros problemas del control de los impulsos.

### Diferencias con otros trastornos

- *Personalidad límite:* los límites son manipuladores para obtener atención, son más inestables emocionalmente y menos agresivos.
- *Personalidad paranoide:* su conducta antisocial suele estar provocada por la desconfianza y la suspicacia, y a veces por venganza.
- *Resto de personalidades:* no presentan características antisociales de ruptura de normas, engaño, etc.

## TRASTORNO LÍMITE

EL ORIGEN de su nombre viene de la consideración del trastorno como el límite entre la neurosis y la psicosis. También recibe el nombre de trastorno *Borderline*.

Los pacientes presentan inestabilidad en las relaciones de todo tipo, en la afectividad, la autoimagen y una marcada impulsividad. Los síntomas más habituales son:

- Las relaciones interpersonales son intensas y muy inestables, alternando idealización con desprecio. Este síntoma es la característica más destacada.

---

## DATOS SOBRE PSICOPATÍA

- Se estima que alrededor del 3% de los varones y el 1% de las mujeres de la población general presentan personalidades antisociales. Las cifras suben en poblaciones en tratamiento por abuso de sustancias y carcelarias.
- Su edad de inicio ronda los 15 años (más joven que para el resto de los trastornos), aunque puede iniciarse mucho antes.
- Es más frecuente en jóvenes que en adultos de mediana edad.
- Se encuentra también en los familiares de primer grado de pacientes con el mismo trastorno.
- La posibilidad de desarrollarlo aumenta si durante la niñez se ha presentado un trastorno disocial o uno por déficit de la atención con hiperactividad.

---

- Impulsividad en sus acciones, más tarde pueden sentir arrepentimiento o vergüenza de lo que han hecho. Se incluyen aspectos dañinos para la persona como gastar, consumir sustancias, atracones de comida, etc.
- Inestabilidad en el estado de ánimo, pueden pasar rápidamente de estar deprimidos a estar agitados e irritados. Estas reacciones son muy intensas.
- Se altera la identidad, la autoimagen o el sentido de sí mismo, de manera acusada y persistente.
- Amenazas y actitudes suicidas, conductas de automutilación y autoagresividad.
- Ira inapropiada, intensa e incontrolable.
- Sentimiento crónico de vacío.
- Enormes esfuerzos para evitar el abandono real o imaginario, demandan mucha atención.

- Ideas paranoides transitorias o síntomas disociativos pasajeros como la despersonalización (*véase* capítulo correspondiente), especialmente en momentos de gran estrés.

Para hacer un diagnóstico es necesario que estén presentes cinco o más síntomas. En general, estos pacientes son también discutidores, sarcásticos, se ofenden fácilmente y es difícil vivir con ellos. No han desarrollado un sentido de sí mismos claro y coherente, por ello, se muestran inciertos en su escala de valores o en las elecciones que tienen que hacer en su vida. Pueden desarrollar breves episodios psicóticos. Debido a su miedo a estar solos y a su sentimiento de vacío, son frecuentes los intentos de suicidio.

Pueden darse además otros trastornos como el obsesivo-compulsivo, de ansiedad, pánico, consumo abusivo de sustancias y sobre todo, del estado de ánimo. No obstante, sus estados depresivos son diferentes de los típicos de la depresión mayor. Los dolores físicos, el sentimiento de culpa, de desamparo y desesperanza, así como el aburrimiento, son menos aparentes.

**Diferencias con otros trastornos**

- *Personalidad esquizotípica y esquizoide:* en este tipo de desórdenes no hay conductas manipuladoras, ni intensas relaciones con los demás, tienden al aislamiento y no presentan una marcada impulsividad.
- *Personalidad antisocial:* los antisociales calculan sus conductas y no muestran vergüenza o arrepentimiento.

- *Personalidad narcisista:* éstos no suelen tener relaciones tormentosas ni con tanta intensidad. Por otro lado, están más equilibrados en su sentido de sí mismos o en su autoimagen, sintiendo que son especiales.
- *Esquizofrenia:* los límites no cumplen todos los requisitos necesarios para hacer este diagnóstico.

---

### DATOS SOBRE TRASTORNO LÍMITE

- Se estima que afecta al 1 ó 2% de la población general, aunque entre los pacientes de los hospitales psiquiátricos la cifra aumenta considerablemente.
- Suele iniciarse en la adolescencia o principio de la edad adulta.
- Es algo más común en las mujeres que en los varones.
- Los familiares de estos pacientes presentan más probabilidades de desarrollar un trastorno del estado de ánimo que otras personas.

---

## TRASTORNO HISTRIÓNICO

Es LO que tiempo atrás se conocía como personalidad histérica y define a las personas que presentan una excesiva emotividad y búsqueda de atención, con conductas llamativas, dramáticas y extravertidas. Los síntomas más habituales son:

- Incomodidad en las situaciones donde no son el centro de atención.
- Su comportamiento es sexualmente seductor o provocador, de manera inapropiada.

- Las emociones se expresan de manera cambiante y superficial, y éstas son exageradas, teatrales y dramáticas.
- Utilizan el aspecto físico para llamar la atención, por ejemplo, con sus ropas, maquillajes o peinados, y este punto les importa mucho.
- Se dejan influir por los demás y se sugestionan fácilmente.
- Creen que sus relaciones son más íntimas de lo que son en realidad.
- El lenguaje utilizado es muy subjetivo, llamativo y carente de matices y detalles.

Para hacer un diagnóstico es necesario que estén presentes cinco o más síntomas. A pesar de su personalidad extravertida, son muy inmaduros y manipuladores, por ello suelen tener dificultades para mantener relaciones sinceras y duraderas. Es frecuente que intenten llamar la atención dando una imagen desvalida y dependiente. No tienen estabilidad emocional y se muestran suspicaces y sensibles en exceso. Su estado de ánimo es muy cambiante, tienden a refugiarse en la fantasía y deforman la realidad a su interés.

Este trastorno se acompaña con frecuencia de otros desórdenes como depresión mayor, somatización, conversión (*véase* capítulos correspondientes), mala salud física, personalidad límite, narcista y por dependencia.

**Diferencias con otros trastornos**

- *Personalidad límite:* los límites tienen sentimientos crónicos de vacío y su sentido de sí mismos es poco claro o incoherente.

- *Personalidad narcisista:* estos también llaman la atención pero tienen un fuerte sentido de superioridad.
- *Personalidad dependiente:* la dependencia es mucho más exagerada.

## DATOS SOBRE EL TRASTORNO HISTRIÓNICO

- Este trastorno afecta alrededor del 2-3% de la población general.
- Suele iniciarse al principio de la edad adulta.
- Es más frecuente que se dé en mujeres que en varones.
- Se encuentra más a menudo en personas separadas o divorciadas.

## TRASTORNO NARCISISTA

ESTE TRASTORNO toma su nombre de la mitología griega. El joven Narciso vio un día su imagen reflejada en el agua y se enamoró de sí mismo, pero su pasión le consumió. De manera parecida, los pacientes narcisistas tienen una visión grandiosa de sus habilidades y de sí mismos (se lo creen y actúan en consecuencia), necesitan exageradamente la admiración de los demás y no sienten empatía, esto es, no participan emocionalmente de la realidad ajena. Los síntomas más habituales son:

- Se sienten muy importantes, exageran sus capacidades y sus resultados para ser admirados aun cuando éstos son normales o escasos.
- Tienen sentimientos de ser «únicos» y especiales así como importantes, de manera que creen que sólo les pueden entender personas de su mismo nivel (especiales o de alto estatus).

- Tienen fantasías de poder, éxito, genialidad, belleza y amor imaginarios.
- Todo el mundo debe admirarlos y amarlos.
- Son muy pretenciosos y arrogantes, piensan que deben recibir tratos de favor o que se cumplan sus expectativas, sin tener que dar nada a cambio.
- Explotan y manipulan a los demás para conseguir sus objetivos, tienen falta de empatía, no quieren ver o identificarse con los demás o con sus sentimientos y necesidades.
- Suelen envidiar a los demás o creen que todo el mundo les envidia.

Para hacer un diagnóstico es necesario que estén presentes cinco o más síntomas. Estos problemas causan que sus relaciones interpersonales sean muy difíciles y estén deterioradas. En el trabajo pueden ser excesivamente competitivos, lo que puede causarles una grave frustración, pues son ellos los que se creen genios aunque la calidad de su trabajo puede ser normal. Su autoestima es muy vulnerable y son muy sensibles a las críticas, a menudo pueden obsesionarse y reaccionan a ellas intensamente (con rabia, ira, etc.). También es conocida como **neurosis narcisista**.

Los trastornos con los que se asocia este tipo de personalidad son anímicos, especialmente depresivos, a veces con la anorexia nerviosa y con el consumo de sustancias. Suele coexistir con la personalidad límite e histriónica.

**Diferencias con otros trastornos**

- *Personalidad límite:* los límites tienen problemas con el concepto de sí mismos, que no es claro ni coherente, son autoagresivos e impulsivos.
- *Personalidad histriónica:* éstos no suelen estar tan seguros de su grandeza y poder o tan orgullosos de sus logros, pero sí demuestran emociones y sensibilidad por los demás (aunque de manera poco sincera).

## DATOS SOBRE TRASTORNO NARCISISTA

- Este desorden afecta a menos del 1% de la población general.
- Es algo más frecuente en los varones que en las mujeres.
- Suele comenzar al principio de la edad adulta.

## GRUPO C

## TRASTORNO DE EVITACIÓN

ESTOS PACIENTES sienten una tremenda inhibición social, inferioridad y una exagerada sensibilidad a las evaluaciones negativas que de ellos se haga. Los síntomas más habituales son:

- Rechazo a posibles relaciones interpersonales a no ser que se esté seguro de ser aceptado.
- Se evitan actividades o trabajos que impliquen contacto con los demás por miedo a ser criticado, desaprobado o rechazado.
- Las relaciones íntimas se reprimen por lo mismo, por el miedo a ser avergonzado o ridiculizado.
- Sentimientos de inferioridad en las situaciones nuevas o ante gente desconocida.

- La imagen que tiene de sí mismo es de inepto, poco interesante o inferior.
- Poca disposición a correr riesgos, comprometerse o implicarse en algo por miedo al fallo. Suelen exagerar las posibles dificultades o riesgos.

Para hacer un diagnóstico es necesario que estén presentes cuatro o más síntomas. Debido a estos problemas, no suelen adquirir bien las habilidades sociales necesarias y recurren a la evitación de todo tipo de situaciones y encuentros. Suelen vivir aislados y desconfían de la sinceridad de la gente que dice apreciarles.

Por su baja autoestima suelen sufrir episodios depresivos y de ansiedad. Es también frecuente que consuman drogas o alcohol así como que dependan económicamente de la familia.

Suele aparecer junto con el trastorno de la personalidad por dependencia y el límite. Asimismo, los criterios de diagnóstico son muy similares a los de la fobia social (*véase* capítulo «Trastornos de ansiedad»), lo que explica que coexistan con frecuencia.

### Diferencias con otros trastornos

- *Trastorno por fobia social:* los fóbicos evitan situaciones concretas como grandes reuniones o hablar en público, pero tienen relaciones íntimas y amistades duraderas. Tampoco dudan de la sinceridad de los demás.
- *Personalidad esquizoide:* estos pacientes no desean relaciones sociales y se muestran indiferentes ante la crítica.
- *Personalidad esquizotípica:* aunque también sienten gran ansiedad social,

su conducta, lenguaje, pensamiento y percepción son extraños e inusuales.

### DATOS SOBRE TRASTORNO DE EVITACIÓN

- Es relativamente poco frecuente en la población general, se estima que lo padece alrededor del 1%.
- Su inicio es más común al principio de la edad adulta.
- Es aproximadamente igual de habitual en varones que en mujeres.

## TRASTORNO POR DEPENDENCIA

Las personas con este trastorno tienen una excesiva y generalizada necesidad de que les cuiden y se ocupen de ellos. Son muy sumisos, se enganchan a los demás y tienen miedo a la separación. Los síntomas más habituales son:

- Incapacidad para tomar decisiones por sí mismo, sin que nadie le ayude o le reafirme.
- Necesidad de que los demás decidan por él incluso en las áreas más importantes de su vida como qué amigos tener, el trabajo que deben elegir o el sitio donde deben vivir.
- No sabe decir «no», y no suele expresar desacuerdo con los demás por miedo a su enfado o pérdida de aprobación.
- Desconfía excesivamente de sus capacidades y de sí mismo, por eso no suele iniciar proyectos ni hacer las cosas a su manera.
- Hace todo lo posible para que los demás le protejan y le apoyen, incluso se

presta voluntario para hacer las tareas que nadie quiere aunque sean muy desagradables.

- Cree, de manera exagerada, que no es capaz de cuidar de sí mismo, se siente desamparado y mal cuando está solo.
- Si termina una relación busca otra urgentemente para que le apoye y cuide.
- Siente una preocupación no realista de ser abandonado y no tener a nadie que se ocupe de él y le proteja.

Para hacer un diagnóstico es necesario que estén presentes cinco o más síntomas. Estos temores hacen que su autoestima sea nula y que lleguen, en casos extremos, a relaciones de subordinación y obediencia ciegas. Igualmente, les es imposible pedir nada a nadie y su propia gratificación es primero a la de los demás. Todas estas actitudes y creencias hacen que padezcan con frecuencia trastornos del estado de ánimo y de ansiedad.

### Diferencias con otros trastornos

- *Personalidad histriónica:* los histriónicos toman a menudo la iniciativa en distintas situaciones, les gusta ser el centro de atención y demandan atención de manera activa.
- *Personalidad de evitación:* las relaciones se evitan por miedo a la humillación y son sus sentimientos de inferioridad los que les hacen alejarse de los demás.
- *Personalidad límite:* no presentan subordinación y obediencia, sus relaciones y su afectividad son intensas e inestables.

## DATOS SOBRE TRASTORNO POR DEPENDENCIA

- Este desorden afecta alrededor del 1,5% de la población general, aunque entre los pacientes que acuden al especialista es mucho más frecuente.
- Es más habitual en las mujeres que en los varones, quizá debido a la educación que recibieron durante la infancia.
- Los parientes de los varones dependientes presentan más depresión que el resto de las personas, en cambio, los parientes de las mujeres con este trastorno suelen padecer más trastornos por pánico.
- Suele comenzar al principio de la edad adulta.

## TRASTORNO OBSESIVO-COMPULSIVO (DE LA PERSONALIDAD)

LA CARACTERÍSTICA principal de estos pacientes es la excesiva preocupación por el orden, el perfeccionismo y el control, y esto hace que no puedan ser flexibles, espontáneos o eficaces. Los síntomas más habituales son:

- Un exceso de perfeccionismo que imposibilita el acabar las tareas. Sus exigencias son muy estrictas, con lo cual, si una tarea no cumple sus exigencias son incapaces de acabarla.
- Se preocupa demasiado por los detalles, la organización, las normas, horarios, listas, orden, etc., y llega al extremo de perder de vista el objetivo de la tarea.
- Se dedica excesivamente al trabajo y la productividad obviando el tiempo de ocio y las amistades.

- Le resulta muy difícil delegar trabajos a otros si no se hacen exactamente como él dice.
- Es desproporcionadamente terco, escrupuloso e inflexible en temas sobre moral, ética o valores.
- Se muestra incapaz de desprenderse de objetos inútiles o gastados a pesar de que no tengan ningún valor sentimental.
- Es poco generoso y avaro a la hora de gastar dinero en sí mismo o en los demás. Considera que hay que ahorrar para catástrofes futuras.
- Es obstinado y rígido.

Para hacer un diagnóstico es necesario que estén presentes cuatro o más síntomas. Estas personas no toleran la incertidumbre ni las situaciones donde ven que no tienen el control. Controlan mucho la expresión de sus emociones (la risa, el llanto, la ira, cuando son desordenadas) y no suelen experimentar placer. Sienten pánico ante la posibilidad de quebrantar el orden social y presentan mucha ansiedad y tensión emocional. En cuanto a sus acciones, tienen baja autoestima, dudan mucho y actúan poco, por lo que son lentos, repetitivos y poco prácticos.

Suele acompañarse de otros trastornos como la hipocondría, depresiones y ansiedad generalizada.

**Diferencias con otros trastornos**

- *Trastorno obsesivo-compulsivo:* se distinguen en la presencia de obsesiones (pensamientos intrusos, incontrolables y persistentes que invaden la mente) y compulsiones (conductas o actos mentales repetitivos que se tienen que hacer para reducir una obsesión o evitar un peligro). En el trastorno de la personalidad no se dan

---

## DATOS SOBRE TRASTORNO OBSESIVO-COMPULSIVO

- Se estima que afecta alrededor del 1% de la población general.
- Suele comenzar al principio de la edad adulta.
- Es el doble de frecuente en varones que en mujeres.

---

## CAUSAS Y TRATAMIENTOS

### CAUSAS

ACTUALMENTE, LAS investigaciones y los tratamientos no descartan ninguna causa. En general, los modelos teóricos proponen para la mayoría de los trastornos interacciones entre biología y medioambiente, esto es, componentes genéticos junto con aprendizaje, relaciones sociales, etc., durante la infancia.

Esta interacción continuada a lo largo de la infancia y adolescencia tendría como resultado un patrón de comportamiento, que a su vez formaría la personalidad. Se puede concluir que una predisposición física junto con unas circunstancias concretas pueden estar involucradas en la probabilidad de desarrollar el trastorno.

**Teorías biológicas**

LOS ESTUDIOS realizados a los familiares de distintos pacientes evidencian las relaciones biológicas (especialmente genéticas) entre varios desórdenes mentales y características de la personalidad. De la misma manera, el poseer estos rasgos de manera muy marcada parece que predispone, o hace más vulnerable, al padecimiento de distintos trastornos, si se dan las circunstancias estresoras y ambientales adecuadas.

## Grupo A

EXISTE CIERTA evidencia que indica la relación genética de estas personalidades con la esquizofrenia. Los familiares de los esquizofrénicos muestran un riesgo mayor de padecer (y padecen más que la media) un trastorno esquizotípico o paranoide; estos últimos también incluyen a los familiares de pacientes con trastorno por delirios. Por otro lado, el trastorno esquizotípico es más frecuente en los familiares de pacientes con depresión mayor, y presenta ciertos déficit cognitivos y en el funcionamiento neuropsicológico similares a los de la esquizofrenia. Respecto al trastorno esquizoide, los estudios no ofrecen por el momento conclusiones claras.

## Grupo B

SE HA encontrado un componente hereditario en el origen de los trastornos de este grupo. El desorden de personalidad límite (o borderline) es más frecuente en los familiares de pacientes con trastornos del estado de ánimo que en los de otro tipo de pacientes. Se cree también que existe una disfunción de los lóbulos frontales del cerebro (esta zona frontal está relacionada con el comportamiento impulsivo, el control emocional, el razonamiento y la planificación, etc.) y se ha observado una menor actividad en el metabolismo de la glucosa en este área.

Los familiares de pacientes con trastorno antisocial también tienen tendencia a padecerlo, aunque se han realizado estudios con niños de padres biológicos antisociales adoptados en familias normales, y con niños de padres tanto antisociales como sanos, adoptados en familias conflictivas, que indican la importancia de los factores ambientales en el desarrollo de este desorden.

Respecto a los trastornos histriónico y narcisista, parece que son más determinantes los factores psicológicos durante el desarrollo de la personalidad, especialmente la negligencia, la falta de empatía y el apoyo paternos. No obstante, la frecuencia con la que presentan rasgos de otros desórdenes como el límite o el antisocial implica también la importancia de los genes.

## Grupo C

POR EL momento no hay conclusiones claras sobre la biología de estos desórdenes, y la búsqueda de causas está más centrada en las relaciones psicológicas entre los padres y los hijos.

## Teorías psicológicas

UNO DE los puntos en común de estas teorías es la importancia de las relaciones y el ambiente familiar y social durante la infancia de las personas que más tarde en la vida desarrollan estos trastornos. Asimismo, se observa la existencia de esquemas inadecuados en el procesamiento de la información. Los esquemas son estructuras mentales a través de las cuales organizamos toda la información que recibimos, es decir, nos ayudan a percibir, almacenar, clasificar y acceder a ella más sencillamente, pero siempre de acuerdo con el esquema. La hipótesis es que se forman durante la infancia, a través de la experiencia y el aprendizaje. De esta manera, los ambientes negativos contribuirán a la creación de esquemas inadecuados que bloquearían conductas más positivas.

La vulnerabilidad biológica de estos pacientes influye en la interacción que éstos tengan con su entorno. Las situaciones estresantes y los ambientes negativos en la infancia hacen que los niños desarrollen conductas de afrontamiento y anticipación, para adaptarse y autoprotegerse. El problema es que éstas no son sanas, sino que responden a circunstancias intensas y duraderas, y se generalizan a todo tipo de situaciones.

*Grupo A*

- **Teorías psicoanalíticas:** se considera como causa principal las relaciones perturbadas entre madre/hijo, o los sistemas familiares alterados. Las madres características serían frías, dominantes y conflictivas, y las familias tendrían una comunicación escasa, poca expresividad del afecto, incapacidad para dar o recibir amor y poco control e indulgencia en la educación. Los síntomas de los trastornos surgirían como mecanismos de defensa a estas alteraciones de las relaciones. Por ejemplo, las personalidades paranoides perciben en los demás su propia realidad y de

este modo experimentan menos malestar, mientras que los esquizoides al no recibir ni poder dar afecto, se distancian de los otros, pues no los necesitan.

- **Teorías cognitivas y conductuales:** también se destacan las relaciones familiares alteradas y negativas así como las experiencias ambientales, en este caso en la creación de esquemas mentales disfuncionales en el procesamiento de la información de estos pacientes (para todos los grupos). Los esquemas típicos de un paranoide serían: «no es seguro confiar en otras personas», «la mayoría de la gente es malintencionada y se quieren aprovechar de mí». Los de los esquizotípicos y esquizoides serían: «es importante ser libre e independiente de los demás, no se puede confiar en nadie», «yo tengo mis propias normas y objetivos». En este tipo de relaciones hay una fuerte falta de confianza, de amor, de capacidad para identificar emociones en los demás y grandes déficit en habilidades sociales.

No obstante, en el desarrollo de trastornos del grupo A, los genes son uno de los factores más importantes.

*Grupo B:*

- **Teorías psicoanalíticas:** entre éstas destaca la teoría de las relaciones objetuales, cuyo enfoque está en la manera en que los niños incorporan a su «yo» los objetos, que son personas, partes de una persona o algo simbólico que representa ambas cosas, hacia los cuales se orientan las conductas, pensamientos y deseos. En otras palabras, cómo se identifican con la gente hacia la que se sienten emocionalmente unidos. La teoría postula que las personas reaccionan a su mundo a través de las perspectivas de otros, que son las personas importantes de su pasado (sus padres o cuidadores) y, a menudo, estas perspectivas entran en conflicto con los intereses y deseos de la propia persona.

El problema en las personalidades límite sería el desarrollo de un ego muy inseguro a causa de relaciones adversas en la familia, que impide una mala integración de los objetos dividiéndolos en muy buenos o muy malos, y fallando a la hora de integrar en un todo los aspectos positivos y negativos de una persona. Por ello, sus expectativas en las relaciones con los demás son poco realistas y dan lugar a los síntomas característicos.

En el caso de los narcisistas se propone que el fallo en el desarrollo de una autoestima saludable ocurre cuando los padres idealizan y sobrevaloran algunas de las características del niño, pero no valoran al hijo por sí mismo sino como una manera de alimentar la autoestima de los propios padres. De esta manera, los niños comparten esta fantasía y tienen problemas aceptando sus propios fallos, sentimientos de debilidad y de inferioridad.

El estudio de la personalidad histriónica presenta más problemas. Existen estudios que concluyen que su origen está en una niñez traumática y en ambientes privados de afecto y estimulación. Por otro lado, también se dan entre familias sobreprotectoras.

Algo parecido pasa con los antisociales. A pesar de que tienen un fuerte componente hereditario (los padres de los antisociales suelen serlo ellos también), se ha comprobado que un ambiente falto de afecto, atención y estimulación, rechazo parental severo, inconsistencias en la educación social o disciplina (o la completa falta de éstas), y la conducta antisocial de los padres son factores de alto riesgo en el desarrollo del trastorno. Sin embargo, no todas las personas que han vivido en este tipo de ambientes son antisociales.

- **Teorías cognitivas y conductuales:** en general, destacan la influencia de las relaciones familiares alteradas y de los ambientes de crianza en el desarrollo de esquemas mentales disfuncionales. Los esquemas típicos de un límite serían, «no soy capaz de controlarme, tengo que protegerme de los demás», «la persona que amo se ha atrevido a despreciarme, le odio». En un narcisista serían, «como soy especial tengo derecho a un trato exclusivo y a privilegios», «es muy importante que los demás me admiren y elogien». Los esquemas de un histriónico serían «si no impresiono a la gente no soy nada», «para conseguir lo que quiero tengo que deslumbrar a los demás», y los de un antisocial, «la fuerza y la astucia son los mejores métodos de conseguir las cosas», «esto es una selva y sobreviven los más fuertes».

Por otro lado, en el funcionamiento cognitivo de los psicópatas existe una alteración en el aprendizaje que se hace a través de la experiencia (incluidos los castigos), pues parecen inmunes a la ansiedad y el remordimiento que crea el quebrantar leyes o hacer daño a los demás, que son los que hacen que el resto de las personas no se comporten así. Varios estudios han observado que, efectivamente, estos pacientes tienen poca ansiedad así como déficit en otras emociones, por ello buscan sensaciones fuertes que les exciten. Igualmente, fallan en la planificación del futuro y en la inhibición de conductas, lo que les hace actuar impulsivamente en busca de una recompensa inmediata en vez de una a largo plazo. Todo ello sin ningún tipo de preocupación por lo que los demás piensen o sientan.

## Grupo C

EL APEGO a los demás es un factor importante en el desarrollo de la personalidad. Los niños sienten apego hacia los adultos significativos (padres o cuidadores), y desde la seguridad que les proporcionan los adultos exploran el mundo y persiguen sus metas. Según el desarrollo del niño va progresando, éste se va «desapegando» o dependiendo menos de la figura protectora. Si ocurre una separación del adulto, se siente rabia y angustia.

Se considera que las personalidades dependientes reflejan fallos en este proceso del desarrollo debido a la ruptura temprana de la relación paterno/filial. La ruptura puede ser debida a muerte, rechazo, negligencia o sobreprotección. Esta última, puede venir de padres que impiden a sus hijos cualquier intento de independencia o autonomía (especialmente a las mujeres), y a menudo, de sociedades que fomentan la idea de que separación implica pérdida de vinculación. Así, estas personas empiezan a poner en práctica tácticas para mantener las relaciones a toda costa y a cualquier precio, por ejemplo, estando de acuerdo en todo, siendo sumiso, etc.

Los esquemas disfuncionales de estas personas serían: «necesito que me ayuden a tomar decisiones, no sé desenvolverme como otras personas», «si no tengo a alguien a mi lado que me ayude sucederá algo malo».

El origen del trastorno de la personalidad por evitación es similar al de la adquisición de miedos y fobias. En el ambiente familiar el niño ha aprendido a temer excesivamente a personas y situaciones, y se ha observado que muchos pacientes experimentaron rechazo, tanto de padres como de compañeros en la infancia. Estas personas presentan una alta sensibilidad a la evaluación negativa y a la pérdida de vínculos con los demás. El tipo de esquemas en estos pacientes serían: «si los demás se acercan a mí, descubrirán cómo soy en realidad y me rechazarán», «si otros me critican, tendrán razón».

De acuerdo a las teorías psicoanalíticas, las personalidades obsesivas-compulsivas son causadas por una fijación en la etapa anal del desarrollo psicosexual (alrededor de los dos años; en esta etapa el ano es considerado como la principal zona erógena) debido a una inadecuada educación higiénica (por exceso o por defecto). Otras teorías más modernas consideran este trastorno como el resultado de un fuerte miedo a perder el control debido a sentimientos de inferioridad.

## TRATAMIENTOS

EL ESTUDIO de la efectividad de los tratamientos para estos trastornos no es, por el momento, muy abundante. Existen varias razones para ello, y la más habitual es que los pacientes no suelen acudir a la consulta para tratar sus problemas de personalidad, sino para tratar los otros desórdenes mentales que suelen acompañarlos. En las personas histriónicas, por ejemplo, son frecuentes los episodios depresivos mayores, y éstos son los que les harán buscar tratamientos, de manera que una persona con un trastorno por evitación acudirá para solucionar sus problemas de ansiedad y fobia social.

Esto hace que sus problemas de personalidad queden en un segundo plano y, en ocasiones, pasen desapercibidos o como síntomas del otro trastorno. Otro problema es la coexistencia de síntomas y de otros trastornos de la personalidad.

## Tratamientos farmacológicos

LOS MEDICAMENTOS son usados a menudo con desigual resultado. En general, la elección de uno u otro dependerá del grupo al que pertenezca la personalidad y los síntomas que predominen. Por ejemplo, los tranquilizantes suaves pueden ser efectivos para las personas cuyos síntomas les crean ansiedad como los narcisistas o los dependientes. Si la depresión está también presente, los antidepresivos pueden ser de gran ayuda. Por otro lado, los antipsicóticos serán preferidos en el tratamiento de los trastornos del grupo A.

## Terapias psicodinámicas

EL OBJETIVO principal es descubrir e intentar resolver el conflicto infantil reduciendo o cambiando las defensas empleadas. De esta manera, se puede ayudar a enfrentarse a los problemas, cambiar las estrategias de afrontamiento y resolver el conflicto. Por ejemplo, se puede ayudar a una

personalidad obsesiva-compulsiva a darse cuenta de que su necesidad de ser perfecto era una táctica errónea, adquirida en la infancia para ganarse el amor de sus padres y que no necesita seguir siéndolo para que los demás le aprueben, que puede cometer errores sin ser abandonado.

## Terapias conductuales y cognitivas

ÉSTAS SOLÍAN estar más centradas en las situaciones específicas de las personas que en sus rasgos de personalidad. Hoy en día, toman en consideración todos los problemas que se reflejan en el desorden y se usan diferentes técnicas. Entre ellas, se trabajan los déficit que puedan tener en habilidades sociales, inhibición/desinhibición de conductas, técnicas para modificar las maneras disfuncionales de pensar, esto es, reconocer los esquemas negativos y de qué modo contribuyen a distorsionar el pensamiento, y aprender a hacer evaluaciones más flexibles y objetivas, manejo del estrés, relajación, etc. Algunos de los objetivos básicos de las terapias con los distintos pacientes son.

- *Paranoide:* los objetivos son que aprenda poco a poco a confiar en el terapeuta (y más adelante en otras personas también); cuestionar sus esquemas negativos y sus sospechas de todo y todos; enseñarle a aceptar otras posibilidades, a desarrollar su tolerancia y a mejorar sus relaciones.
- *Esquizoide:* mejorar las habilidades de relacionarse socialmente, aumentar la confianza, cuestionar la utilidad del aislamiento, trabajar la expresión de las emociones y la autoimagen.
- *Esquizotípico:* al ser considerado una forma leve de esquizofrenia el trata-

miento es similar. Se trabaja la orientación a la realidad, estrategias de afrontamiento, entrenamiento en habilidades sociales; se debaten los pensamientos disfuncionales.

- *Antisocial:* es importante fomentar la empatía, reciprocidad y la solidaridad, trabajar la planificación en el futuro así como aprender a recibir recompensas a largo plazo; inhibición de conductas y prevención en cuanto a toxicomanías.

- *Límite:* identificar los pensamientos distorsionados y reducir las creencias negativas que tienen sobre sí mismos; trabajar la integración de lo positivo y lo negativo; la expresión equilibrada de las emociones; mejorar el control de los impulsos; racionalizar las consecuencias de un posible abandono y fortalecer el sentido de la propia identidad.

- *Histriónico:* entrenamiento en solución de problemas; objetividad en las opiniones y vivencias; trabajar las emociones y los sentimientos reales; asertividad, y su necesidad de llamar la atención.

- *Narcisista:* desensibilización a la evaluación negativa, autoobservación objetiva y valoración de los demás; entrenamiento en habilidades sociales como pedir favores o aceptar otras opiniones.

- *Evitación:* identificar y cuestionar esquemas disfuncionales; trabajar las habilidades sociales, asertividad, desinhibición de las conductas; aumentar la tolerancia a la angustia y reducir la excesiva sensibilidad a las críticas.

- *Dependencia:* trabajar la autonomía, independencia y el sentido de autoeficacia, desdramatizar la soledad y el abandono, aumentar la tolerancia a la crítica.

- *Identificar los pensamientos disfuncionales* y cuestionar la necesidad de perfección y control, y trabajar el afrontamiento de fallos.

# Trastornos sexuales

La sexualidad es una de las áreas más personales y privadas de nuestra vida. Todas las personas tienen distintas preferencias y fantasías, y algunas de ellas podrían resultarnos muy sorprendentes e incluso chocantes si las conociéramos. Aun así, son parte de un funcionamiento sexual normal. Sólo cuando las fantasías, deseos o conductas empiezan a afectar mucho nuestra vida o la de otros, de una forma que no deseamos o que resulta dañina, se pueden empezar a considerar trastornos. Éstos se pueden dividir en.

- *Disfunciones sexuales:* que se caracterizan por alteraciones del deseo, de la excitación o del orgasmo, y malestar causado por el dolor durante la relación sexual.
- *Parafilias*: son comportamientos sexuales que implican objetos, situaciones o actividades no normales socialmente, para la excitación de una persona.

Cuando hablamos de sexo es muy difícil establecer criterios de normalidad. En el caso de las disfunciones, por ejemplo, establecer la pauta de cuánto sexo hay que practicar o cuánto debe durar un coito, para decidir si hay o no algún desorden, es algo muy relativo. Asimismo, en el caso de las parafilias, ¿quién decide qué es normal o qué no lo es? Repitiendo lo indicado arriba, sólo cuando empiezan a afectar mucho nuestra vida o la de otros de una forma que no deseamos o que resulta dañina es cuando hay que plantearse el buscar ayuda.

## DISFUNCIONES SEXUALES

SE DEFINEN como trastornos en los que la participación o la satisfacción en las relaciones sexuales se ven muy afectadas debido a problemas psicológicos o fisiológicos. Los trastornos más importantes dentro de esta categoría son.

- **Trastornos del deseo:** que incluyen el deseo sexual hipoactivo y la aversión al sexo.
- **Trastornos de la excitación en la mujer, trastorno de la erección en varones.**

- **Trastornos orgásmicos en la mujer, y en el varón (se incluye la eyaculación precoz).**
- **Trastornos sexuales por dolor:** dispaurenia y vaginismo.

## TRASTORNOS DEL DESEO

### Deseo sexual hipoactivo

TAMBIÉN ES conocido como «deseo sexual inhibido» (o por sus siglas DSI), «falta de deseo» o «falta de interés por el sexo». Se refiere a la ausencia o insuficiencia de fantasías y de deseos en las relaciones sexuales.

Las personas que lo padecen muestran un interés anormalmente bajo por todo lo relacionado con el sexo, tanto por realizar el coito u otras conductas sexuales, como por cualquier cosa que tenga que ver con el erotismo. Tampoco se sienten atraídas por otros (o no les encuentran el atractivo) ni sienten frustración si no llevan a cabo un encuentro amoroso.

### Aversión al deseo

TAMBIÉN RECIBE el nombre de «fobia al sexo», y se caracteriza por sentir aversión (o aborrecer) al sexo y hacer lo posible por evitar practicarlo. En particular, se evita el contacto genital con una pareja.

## DATOS SOBRE TRASTORNOS DEL DESEO

- Es una de las razones por las que más se acude a la consulta; sin embargo, el paciente suele acudir porque otra persona (normalmente la pareja) no está satisfecha, o se muestra preocupada por el poco interés que éste muestra en las relaciones con él o ella.
- Es más frecuente en mujeres, aunque puede ser debido a que ellas buscan más tratamiento que ellos. Es decir, las estadísticas dicen que se da más en mujeres pero quizá la causa sea porque ellas acuden más al especialista que ellos, que raramente lo hacen, al menos por esta cuestión. Y las estadísticas se obtienen en las clínicas.
- A menudo está muy relacionado con otros problemas como dificultades en la excitación o en lograr el orgasmo. Si estas fases del funcionamiento sexual son difíciles de conseguir (o cuestan mucho), una consecuencia frecuente es perder el interés.
- La falta de interés puede ser:
  - General: a todo lo relacionado con el sexo.
  - Situacional: el desinterés se limita a alguna(s) persona(s) o actividades.
- Las causas más comunes parece que son de tipo psicológico y social. Entre éstas se destacan: inseguridad sobre aspectos del cuerpo, baja autoestima, malas experiencias, consumo de alcohol y drogas, etc. (*véase* más detalles en causas).

Igual que con otras fobias, las personas que lo padecen pueden sentir extrema ansiedad o miedo con tan sólo pensar en ello.

---

### DATOS SOBRE AVERSIÓN AL DESEO

■ La aversión puede ser:
- General: a todo lo relacionado con el sexo.
- Situacional: se limita a algún aspecto en concreto (por ejemplo, la penetración tanto en los varones como en las mujeres). Este tipo es el más habitual.

■ Entre las causas más frecuentes se encuentran una mala educación sexual que produce sentimientos negativos en todo lo relacionado con el tema, y el haber sufrido algún trauma como violaciones o abusos en la niñez (ver más detalles en causas).

---

## TRASTORNOS DE LA EXCITACIÓN

### En la mujer

SE TRATA de la dificultad en lograr o mantener la excitación. También recibe el nombre de frigidez (aunque no en el entorno médico o psicológico pues el término ha adquirido connotaciones más despectivas que descriptivas).

Con este trastorno la mujer presenta una incapacidad para obtener una adecuada lubricación vaginal y otras respuestas físicas (como dilatación y tumefacción, esto es, hinchazón, de los genitales externos) en respuesta a la actividad sexual. Esta incapacidad puede ser continua, es decir, padecerla siempre, o periódicamente.

---

### DATOS SOBRE TRASTORNOS DE EXCITACIÓN EN LA MUJER

■ Se cree que una causa importante para la aparición de este trastorno es que muchas mujeres pueden no haber aprendido adecuadamente a reconocer qué encuentran excitante. Si a esto añadimos sentimientos de vergüenza, a la hora de expresar sus necesidades o ideas erróneas o negativas sobre el sexo, pueden encontrar la conducta de sus parejas como no estimulante o incluso aversiva.

---

### Trastorno de la erección en el varón

TAMBIÉN ES conocido como impotencia (aunque al igual que la frigidez, la sociedad lo suele emplear más como un término despectivo que descriptivo y por tanto ya no se usa).

Se trata de una incapacidad parcial o total en obtener o mantener una erección hasta el final de la actividad sexual. Puede ocurrir de varias maneras, por ejemplo, no conseguir una erección desde el principio, perderla durante el coito, u obtenerla sólo en situaciones concretas (por ejemplo, únicamente cuando están solos), etc.

Se emplea más generalmente el término trastorno eréctil cuando nos referimos sólo a los problemas en la erección. De esta manera se distinguiría del trastorno de la excitación, por el cual el varón no logra sentir placer o excitación y por tanto no consigue la erección.

## DATOS SOBRE TRASTORNOS DE EXCITACIÓN EN EL VARÓN

■ Es el problema más común entre los hombres que acuden a la consulta, y el número de pacientes aumenta con la edad (esto es, hay más pacientes de 50 años consultando este problema que de 30).

■ Es muy frecuente que ocurra en la primera relación sexual con una nueva pareja.

■ Entre las causas más importantes están la preocupación excesiva (y por tanto ansiedad) de conseguir una buena erección, el consumo de alcohol y drogas, la mala educación sexual, bajos niveles de la hormona testosterona, etc. (*Véase* más detalles en causas).

■ Una consecuencia importante es la valoración de sí mismo que puede hacerse un paciente que sufra este problema. Desgraciadamente, en la mayoría de las culturas la autoestima de un varón está basada en su capacidad de erección, y si tiene algún problema es muy frecuente que se sienta humillado, frustrado y depresivo, lo que puede agravar aún más el problema.

## TRASTORNOS ORGÁSMICOS

### En la mujer

SE REFIERE a la ausencia de orgasmo después de un periodo de excitación sexual normal. Esta dificultad también recibe el nombre de anorgasmia.

### En el varón

EL HOMBRE presenta fundamentalmente dos trastornos orgásmicos, anorgasmia, es decir, no orgasmo y el otro eyaculación precoz.

## DATOS SOBRE TRASTORNOS ORGÁSMICOS EN LA MUJER

■ Es el trastorno sexual femenino más frecuente y por el que más mujeres acuden a la consulta después del de la falta de deseo.

■ Las estadísticas revelan que alrededor de un 10% de las mujeres adultas nunca ha experimentado un orgasmo aunque no tengan ningún otro problema como dificultades en la excitación, desinterés por el sexo, etc.

■ Uno de los problemas que más puede influir en esta alteración es que en general las mujeres tienen que «aprender» a tener orgasmos. Datos clínicos indican que carecer de conocimientos sobre la sexualidad o el desconocimiento del propio cuerpo hacen que muchas mujeres tengan problemas en definir cuáles son sus necesidades o pedírselas a la pareja.

■ Por otro lado, es poco frecuente que una mujer que haya aprendido a conseguir el orgasmo pierda esta capacidad.

■ Igualmente, el temor a perder el control (de alguna función corporal, gritar incontroladamente, etc.) es una causa importante para el desarrollo de la anorgasmia (*véase* más detalles en causas).

### Anorgasmia

LA ANORGASMIA se caracteriza por la ausencia de orgasmo después de un periodo de excitación sexual normal. Es relativamente rara.

### Eyaculación precoz

SE TRATA de una eyaculación no deseada durante el coito que ocurre demasiado rápido como para satisfacer a la pareja. Ésta sucede como resultado de una estimulación sexual mínima antes, durante o muy poco tiempo después, de la penetración.

Los trastornos orgásmicos están muy asociados con la ansiedad, tanto como causa o como consecuencia. En las parejas que practican un sexo muy tradicional (básicamente penetración) puede tener unos efectos muy negativos, ya que son menores la duración y el placer, y también la calidad del coito para el que la padece y para su pareja.

## TRASTORNOS POR DOLOR

### Dispaurenia

SE DIAGNOSTICA cuando hay dolor genital persistente antes, durante o después de la actividad sexual, a causa de ausencia de excitación sexual o perturbación de la función.

---

### DATOS SOBRE EYACULACIÓN PRECOZ

- Probablemente la eyaculación precoz es el trastorno sexual más frecuente en los varones (hasta un 40% la padecen).
- Es más habitual en chicos jóvenes y suele empezar en las primeras relaciones. La mayoría aprende a retrasar la eyaculación con el tiempo y la experiencia.
- Es muy raro que esté originado por causas físicas. En general suele ser una conducta que se adquiere cuando se llevan a cabo actividades sexuales (coito o masturbación) en situaciones de mucha ansiedad (por ejemplo, las primeras veces) o con poco tiempo (por miedo a ser sorprendido, por estar en un sitio público, etc.). El problema es que una vez que se ha aprendido a eyacular rápido, se convierte en un reflejo automático muy difícil de controlar voluntariamente.

---

### DATOS SOBRE DISPAURENIA

- Este trastorno es más frecuente en las mujeres que en los hombres y suele ir acompañado de vaginismo.
- El dolor puede ser superficial (en la vagina) durante la penetración o profundo (región pélvica o abdomen) por los movimientos en el coito. Hay que descartar que se trata de dispaurenia cuando el dolor es debido a la falta de lubricación.
- En los hombres suele ser dolor durante la eyaculación en el pene o en los testículos.

### Vaginismo

COMO SU nombre indica, este trastorno es exclusivamente femenino y consiste en espasmos involuntarios de los músculos de la parte externa de la vagina.

Puede llegar hasta el extremo de hacer la penetración imposible, e incluso darse aun cuando la excitación ha sido normal y suficiente, y se ha disfrutado del juego erótico.

---

## DATOS SOBRE VAGINISMO

■ El espasmo no suele causar dolor y la mujer puede no enterarse de cuándo se produce. Algunas mujeres con este problema no logran tampoco introducirse un diafragma (método anticonceptivo) o un tampón.

■ Es más habitual en mujeres jóvenes y entre las que han recibido una educación sexual inadecuada o han sufrido experiencias negativas como abusos o violación.

---

## CAUSAS

COMO EN muchos trastornos mentales las causas que predisponen, originan y mantienen los síntomas son muchas y variadas. Hasta hace poco tiempo se creía que las disfunciones sexuales tenían un origen orgánico (físico), pero se ha comprobado que las causas que más influyen son las psicológicas y sociales.

Entre las **causas psicosociales** que facilitan la aparición de las disfunciones, las más habituales son:

- Una educación religiosa y moral muy restrictiva.
- La experiencia de algún trauma como una violación o abusos durante la niñez.
- Una inadecuada educación sexual.

- Tener relaciones heterosexuales cuando se tienen inclinaciones homosexuales.
- Inseguridad respecto al propio cuerpo.
- Baja autoestima.
- Depresión.
- Aburrimiento en la relación.
- Miedo a perder el control.
- Embarazos no deseados.
- Miedo a adquirir alguna enfermedad de trasmisión sexual como el SIDA.

No obstante, parece que los problemas que más se repiten en los pacientes, esto es, los problemas que casi todos presentan, para la mayoría de las disfunciones son: la ansiedad y el miedo a, o la falta de conocimientos sobre cómo actuar o cuál va a ser el rendimiento.

Una de las causas que desempeña un importante papel (casi el más importante) en el desarrollo y mantenimiento de estos desórdenes es la inadecuada educación sexual. Por desgracia hay gran cantidad de mitos falsos sobre el sexo que forman parte de la formación de gran parte de la población. Estas creencias erróneas se van pasando de unos a otros (por ejemplo, entre los compañeros del colegio, de padres a hijos y desafortunadamente a través de muchos medios de comunicación).

Algunos de estos mitos son: «el sexo requiere una buena erección, el hombre que no la consiga no tiene capacidad sexual y no dará satisfacción a su pareja», «la masturbación es físicamente dañina y moralmente sucia», «sexo o relaciones sexuales tienen que ser siempre coito», «una buena relación sexual requiere un orgasmo», «si la mujer lleva la iniciativa en las relaciones o en el sexo, es una inmoral».

Estos mitos pueden hacer a muchas personas más proclives a desarrollar una disfunción. Si uno se los cree a pies junti-llas, a la hora de enfrentarse a sus prime-ras relaciones irá con mucha más ansie-dad de la habitual en esos momentos. Y si algo falla, en vez de considerarlo algo nor-mal, posiblemente debido a la falta de ex-periencia, tenderá a achacarlo a sí mismo.

Algo de culpa tiene también la socie-dad (o la cultura). Al varón siempre se le suele aplaudir su capacidad amatoria, se ve normal y de «macho» tener muchas re-laciones y se considera propio que sea él el que tenga siempre la iniciativa; de esta manera, se construye un ideal al que se su-pone que todo hombre debe aspirar. Sin embargo y pese a los avances culturales, la mujer todavía no es tan libre a la hora de expresar su sexualidad.

Entre las causas orgánicas que contri-buyen a la aparición de las disfunciones, las más habituales son:

- Diversas enfermedades como arterio-esclerosis, diabetes, hipertensión, etc.
- Trastornos endocrinos.
- Infecciones en los genitales.
- Alteraciones congénitas.

Estas condiciones físicas, además de otros efectos secundarios, también pueden llegar a producir disfunciones sexuales.

Muy importantes son los efectos del alcohol y las drogas así como de ciertos fármacos que suelen afectar a la conducta sexual directamente. Los estudios indican que el alcohol, la marihuana, los opiáceos, etc., inhiben en gran manera esta conduc-ta, es decir, la reducen o minimizan, en cualquiera de sus fases como la del deseo, la de excitación...

Se ha observado en varias investiga-ciones que personas que padecen altos ni-veles de estrés sufren una mayor falta de deseo. Asimismo, se ha relacionado los ni-veles de testosterona con el deseo, indi-cando menor deseo cuanto menor es el ni-vel de esta hormona.

## TRATAMIENTOS

LAS TERAPIAS sexuales son bastante re-cientes pero han logrado ser muy eficaces.

### Terapia de parejas

MUCHAS VECES el dar a una pareja una buena información y una educación ade-cuada es suficiente para que supere el pa-ciente su disfunción. No olvidemos que la actitud y actuación de la pareja de un pa-ciente también puede ser muy importante en la adquisición y en el mantenimiento de una disfunción.

A menudo, las disfunciones forman parte de una serie de problemas que ya tie-ne la relación de pareja, como por ejemplo una pobre comunicación entre los dos (es-pecialmente sobre lo relacionado con el sexo). Todos estos detalles, ideas precon-cebidas, miedos, vergüenzas, etc., se estu-dian para pasar, si hiciera falta, a poner en marcha diversas estrategias o ejercicios como los que veremos más adelante.

### Terapias de conducta y cognitivas

COMO HEMOS visto antes, uno de los facto-res más importantes en el inicio y mante-nimiento de las disfunciones es la ansie-dad. Por tanto, estas terapias trabajan en su reducción de diversas maneras: a la vez que ofrecen estrategias y ejercicios para mejorar la actividad sexual, también se trabaja para cambiar actitudes y pensamientos erróneos. Por ejemplo.

- *Exponiendo (o presentando)* al paciente poco a poco a aquellos aspectos de la situación sexual que le producen ansiedad, para que de esta forma se vayan acostumbrando a éstos y perdiéndoles el miedo o la vergüenza. El objetivo es que al final logren exponerse a situaciones reales. Estas técnicas suelen dar muy buenos resultados, especialmente si van acompañadas de:
- *Entrenamiento en habilidades:* para mejorar las habilidades sexuales y la comunicación en la pareja, los terapeutas ofrecen textos, enseñan vídeos y películas mostrando diferentes técnicas sexuales y explicando y discutiendo con los pacientes cualquier detalle o duda.
- *Educación sexual adecuada,* para cambiar actitudes y pensamientos erróneos como los mitos, sentimientos de culpabilidad (muchos de ellos por tener fantasías o deseos considerados no normales), etc.
- *Entrenamiento en comunicación:* ésta es de vital importancia en una buena relación. Se fomenta la comunicación alentando a la pareja a explicarse mutuamente sus gustos y preferencias así como lo que no les gusta. Aunque muchas veces, las parejas tienen otro tipo de problemas de relación, aparte del sexo, que también hay que resolver para el éxito de la terapia.

## Terapias médicas

HAY MUCHOS problemas físicos que contribuyen a la aparición de algunas disfunciones, especialmente la dispaurenia y el trastorno de la erección, y que un tratamiento médico puede ayudar a resolver.

Por ejemplo, la dispaurenia puede ser mejorada en mujeres menopáusicas con un tratamiento de estrógenos. Para los varones hay varios métodos, desde operaciones quirúrgicas (aunque si no se consideran los componentes psicológicos de la disfunción a la larga el problema sexual seguirá estando presente), hasta el uso de ciertos fármacos vasoactivos (estimulan el torrente sanguíneo) inyectados en el pene. Estos métodos producen resultados variados, esto es, funcionan en algunos hombres pero no en todos.

## Terapias farmacológicas

CUANDO LA depresión es una de las causas de la falta de deseo los fármacos antidepresivos pueden funcionar muy bien. También se usan tranquilizantes para reducir la ansiedad. Sin embargo, algunos de estos fármacos pueden tener como efecto secundario el interferir con las respuestas sexuales.

## PARAFILIAS

SON UNOS desórdenes en los cuales la atracción, la excitación y la actividad sexual se consiguen con objetos y situaciones inusuales (o que no se consideran normales), por ejemplo, con el sufrimiento o la humillación de uno mismo o de otros, con niños, con animales, con personas que no quieren, etc.

Hay muchas personas que pueden tener las mismas fantasías y gustos para excitarse que otras con parafilias, pero no se diagnostican como tales si éstas no son persistentes e intensas, y si no crean excesiva angustia, afectando así a su vida personal, social o laboral.

Hay que tener en cuenta también que algunas personas con parafilias buscan parejas que no consienten en participar de sus juegos (por ejemplo, un exhibicionista, o un *voyeur*), o que al suponer sus conductas un peligro o una agresión, o que atentan contra la libertad de los otros, estos desórdenes tienen muy a menudo consecuencias legales y un gran rechazo social.

Esto implica que sus relaciones con los demás se pueden deteriorar y que pueden originarse otro tipo de problemas como ansiedad, depresión, obsesiones, etc., quizá debido, entre otras cosas, a intensos sentimientos de culpa o vergüenza. Sin embargo, muchos de ellos no sienten ningún malestar con su conducta, sólo tienen un conflicto con la sociedad que considera las conductas como inmorales y vergonzantes, y las sociedades muy religiosas, además, como pecaminosas.

Las estadísticas muestran que las personas con parafilias son casi siempre varones.

Algunas de las parafilias más frecuentes son: **el exhibicionismo, el voyeurismo, el *frotteurismo,* el fetichismo, el sadismo y el masoquismo, la pedofilia o pederastia, y otras.**

## EXHIBICIONISMO

Se obtiene excitación y gratificación sexual al enseñar los genitales propios a una persona desconocida, que no desea verlos.

Por lo general, los exhibicionistas no intentan tener actividad sexual con la persona extraña, aunque sí se suelen masturbar durante la exposición. La necesidad de exhibirse es incontrolable y compulsiva (actitud repetitiva que reduce tensión), por lo que les lleva a practicarla con mucha frecuencia e incluso en el mismo sitio y hora.

### DATOS SOBRE EXHIBICIONISMO

- Es la más común de las parafilias y suele empezar durante la adolescencia o principio de la edad adulta.
- A menudo va acompañada de otras, especialmente de voyeurismo y pedofilia.
- Con mucha frecuencia, el exhibicionista suele ser varón, heterosexual y casado, con relaciones sexuales dentro de la normalidad.
- Suelen ser inmaduros, tímidos y dependientes de los demás.

## VOYEURISMO

La gratificación y excitación sexual se obtienen mirando a otras personas desnudas o teniendo relaciones sexuales.

El *voyeur* o mirón, consigue el orgasmo a través de la masturbación mientras observa, o luego, más tarde, recordando lo que vio. En general, la excitación viene del secretismo de la observación, es decir, no suelen encontrar particularmente excitante el desnudo o el acto sexual de otros que lo hacen a sabiendas de que les están mirando (por ejemplo, como parte del juego sexual normal o por dinero, etc.). Lo que excita realmente a un *voyeur* es el elemento de riesgo y el anticipar la reacción de las personas si le descubren.

Estas personas no suelen buscar ningún tipo de relación sexual con la persona observada que, por lo general, es desconocida.

---

## DATOS SOBRE VOYEURISMO

■ Es más frecuente en varones y suele empezar en la adolescencia o principio de la edad adulta.

■ Suelen ser solteros, heterosexuales, sumisos, tímidos y tienen ciertas dificultades para establecer relaciones sexuales.

■ A menudo va acompañado de exhibicionismo y pedofilia.

---

### FROTTEURISMO

EL PLACER se consigue a través del frotamiento de los propios genitales contra el cuerpo de una persona extraña y en contra de su voluntad.

Los frotamientos suelen ocurrir en lugares públicos y con mucha gente donde son más fáciles de realizar (en los transportes públicos, en concentraciones multitudinarias como las procesiones, etc.) y se los suelen hacer a chicas adolescentes. También suelen tocarles las nalgas o el pecho con la mano.

---

## DATOS SOBRE FROTTEURISMO

■ Este trastorno suele empezar en la adolescencia o principio de la edad adulta y ser pasajero, se da con más frecuencia entre los 15 y 20 años y luego va desapareciendo.

■ A menudo va acompañado de exhibicionismo y voyeurismo.

---

Estas personas no suelen buscar ningún tipo de relación sexual con la persona a la que rozan o tocan, aunque sí suelen masturbarse después recordando la situación.

### FETICHISMO

IMPLICA UTILIZAR, manipular u observar objetos inanimados para obtener excitación y placer sexual.

La atracción que siente la persona hacia el fetiche (el objeto) es involuntaria e irresistible. El grado de erotismo que este produce es lo que distingue el fetichismo del juego sexual normal en el que se utilizan objetos como estimulantes (por ejemplo, en los países occidentales se usa mucho la ropa interior sexy, tacones altos, etc.). Sin embargo, el fetichista siente verdadera necesidad de ver o tocar un objeto para excitarse. Si éste está presente en alguna situación, la excitación es abrumadora y no se puede contener.

Algunos de ellos se masturban mientras tocan, ven, chupan o huelen el fetiche. Otros necesitan que sus parejas manipulen el objeto, o lo vistan, para poder mantener una relación sexual.

Entre los fetiches más comunes se encuentran los zapatos de mujer (zapatos de tacón), la lencería (especialmente bragas y medias), las prendas de piel..., y, en definitiva, cualquier objeto. También puede ser hacia partes del cuerpo como pies pequeños, ombligos, lunares, vello, etc.

Muchos hombres tienen como fetiche el vestirse de mujer. A este tipo de parafilia se le llama travestismo fetichista y no implica homosexualidad, es decir, muchos hombres heterosexuales se excitan en privado o con su pareja vistiéndose con ropa femenina. No obstante, es posible que alguna vez se desarrolle malestar con su propio sexo y lleguen a sentirse mujeres. Esto ocurre en muy raras ocasiones.

---

## DATOS SOBRE FETICHISMO

■ Suele empezar en la adolescencia o principio de la edad adulta. A veces el interés por el objeto fetiche surge durante la infancia de una forma inconsciente.

■ Los fetichistas y los fetichistas travestidos son generalmente varones y heterosexuales.

■ En general no suelen ser conductas peligrosas, ni suelen coartar las libertades y derechos de otras personas. Si acuden a la consulta puede ser por las interferencias que ocasionan en su vida, por ejemplo, excitarse en el lugar de trabajo a la vista de unas medias, o que la pareja no quiera utilizar o vestir el fetiche en su relación, etc.

■ Esta parafilia suele estar relacionada con el sadismo y el masoquismo que incluyen fetiches en sus actividades sexuales.

---

## SADISMO Y MASOQUISMO

EN REALIDAD son dos parafilias distintas pero lo más habitual es que se practiquen a la vez. El sadismo es la necesidad de hacer daño físico o psicológico (como la humillación) para obtener placer. El masoquismo es lo contrario, la necesidad de ser humillado o agredido para excitarse. Cuando un masoquista se hace daño a sí mismo, se denomina sadomasoquista.

Para muchos, estas prácticas son un preludio para las relaciones sexuales. Para otros, el hecho de hacer sufrir o reci-

bir sufrimiento es suficiente para alcanzar el orgasmo, es decir, constituye la actividad sexual.

Hay una gran variedad de conductas sadomasoquistas, las más habituales son: atar (o ser atado), dar o recibir golpes, latigazos, insultos, orinar o defecar encima de la persona, realizar o exigir posturas humillantes, etc. Entre ellas hay una particularmente peligrosa, que se llama hipoxifilia. Consiste en la excitación sexual a través de la asfixia. Se consigue ponién-

---

## DATOS SOBRE SADISMO

■ Las conductas suelen empezar en la adolescencia y hacerse crónicas, pero a la mayoría de las personas, estas prácticas no les suponen ningún problema y están satisfechas con ellas.

■ El número de varones que practican ambos comportamientos es mayor que el de mujeres, pero el masoquismo parece ser la parafilia más frecuente en ellas.

■ Estas conductas son más frecuentes en parejas heterosexuales, aunque también se dan entre parejas homosexuales.

■ Muchos sádicos y masoquistas llevan vidas convencionales y ciertos estudios indican que suelen ser gente con mayor nivel educacional y económico que la media.

■ En general, los dos miembros de la pareja están de acuerdo, saben sus límites y los comportamientos no se practican más allá de su propia intimidad. Aun así algunos sádicos pueden ser peligrosos extralimitándose en sus torturas físicas y ser muy violentos. Estos últimos suelen padecer de un trastorno de personalidad antisocial.

dose bolsas de plástico en la cabeza, ahorcándose un poco, utilización de sustancias químicas, etc. Evidentemente, muchas veces la reducción de oxígeno es irreversible y puede producir la muerte.

Las actitudes de dominación y sumisión parecen igual de importantes para la excitación. Muchas de estas personas cambian a menudo de rol, es decir, pueden ser ambas cosas según la situación, aun así, el número de masoquistas es mayor que el de sádicos.

## PEDOFILIA Y PEDERASTIA

LA PEDOFILIA es la obtención de placer sexual a través del contacto físico y a menudo sexual con niños de ambos sexos. Las dos palabras se usan indistintamente pero hay diccionarios que definen pederastia como la práctica sexual con niños del mismo sexo que el adulto.

Las conductas pueden ser variadas, desde tocamientos y besos al niño, que pueden incluir los genitales, hasta convencerle de que sea él o ella el que se los haga. Es poco frecuente la penetración vaginal o anal.

No suele haber violencia, aunque algunos adultos asustan a los niños amenazándoles con hacerles daño a ellos o a sus familias si se lo cuentan a alguien. Algunos sienten la necesidad de hacer daño a sus víctimas pero éstos, más que pedofilos, se les debe considerar que tienen otro tipo de trastorno como el antisocial (psicópatas). La diferencia está en que su deseo de hacer daño es tanto como su deseo de obtener placer.

Con mucha frecuencia el adulto es una persona conocida o cercana al niño y muchos de los casos son incestuosos (entre personas de la misma familia por ejemplo, padre e hija). Los distintos tipos de pedofilia presentan características diferentes, por ejemplo:

### Pedófilos que abusan de niñas (parafilia heterosexual)

- El adulto suele abusar de una misma víctima durante bastante tiempo y suele ser conocido por ellas.
- La edad de éstas ronda los ocho o diez años.
- También sienten atracción sexual por mujeres adultas.
- Suelen empezar ya adultos y tener un nivel económico y social bajo.

### Pedofilos que abusan de niños (parafilia homosexual)

- El adulto suele ser un desconocido, tener más víctimas y generalmente una sola relación con cada uno.
- Prefieren a los niños algo mayores (diez años).
- No sienten atracción por adultos del sexo opuesto.
- Suelen empezar en la adolescencia y su nivel socioeconómico es más alto.

### Incesto

- La relación es entre miembros del mismo núcleo familiar.
- Las víctimas del incesto suelen ser mayores que las víctimas de los pedofilos, en general ocurre cuando éstas están empezando a desarrollarse.

## DATOS SOBRE PEDOFILIA

■ La mayoría de los pedófilos son varones adultos (de mediana edad), heterosexuales y con problemas para tener relaciones.

■ Muchas veces abusan de niños cuando no pueden mantener una relación con otro adulto.

■ Se abusa de niñas el doble de veces más que de niños.

■ En contra de la creencia popular, los pedófilos no necesitan usar pornografía infantil. Parece que su estimulación o excitación sexual puede venir de material inofensivo como fotos publicitarias, catálogos de ropa infantil, etc.

■ La pedofilia y el incesto están asociadas con la depresión. Estos individuos además, suelen ser solitarios y estar aislados socialmente. Quizá su comportamiento sea debido a que suelen estar profundamente infelices con sus vidas.

## OTRAS PARAFILIAS

EXISTEN MUCHAS otras parafilias que son muy poco frecuentes, y por tanto, hay menos datos sobre ellas. Entre éstas están:

### Necrofilia

PLACER Y excitación que se obtiene con la manipulación o actividad sexual con cadáveres. Es muy poco habitual.

### Zoofilia

SE MANTIENEN relaciones sexuales con animales. Esta parafilia es bastante frecuente en zonas rurales y aisladas.

### Coprofilia

LA EXCITACIÓN sexual se consigue con las heces.

### Escatología telefónica

LLAMADAS DE contenido obsceno a conocidos o desconocidos por la persona que llama, para obtener gratificación sexual.

Y otras como **clismafilia,** que es el uso de enemas; **parcialismo,** donde la atención se centra exclusivamente en una parte del cuerpo; **urofilia,** excitación con la orina, etc.

## CAUSAS

HOY EN día se sabe poco sobre el origen o las causas de las parafilias. La mayoría de las teorías e hipótesis no pueden explicar bien por qué se desarrollan y cómo se mantienen. Entre éstas las que más se han acercado a una posible explicación son:

### Teorías del aprendizaje de la conducta

OBSERVAN LA importancia del aprendizaje para la adquisición de las parafilias.

Una manera sería a través del condicionamiento clásico (el de los famosos perros de Pavlov). Éste consiste en la asociación de dos estímulos, uno neutro y otro condicionado, que aparecen juntos en el tiempo. Por ejemplo, el estímulo neutro puede ser un objeto, la visión de una mujer desnuda, la exhibición de ciertas partes del cuerpo, etc. Éste, por la razón que sea, ha producido una sensación de placer o excitación sexual, o bien ha ocurrido durante la masturbación (estímulos condicionados). Si a partir de este momento se incluye el estímulo neutro siempre que ocurre el estímulo condicionado (la sensación de excitación), como fantasía (se recuerda) en los momentos de gratificación sexual, o se busca el mismo estímulo para repetir la sensación, los dos quedarían asociados de manera que cuando ocurre uno el otro también.

Otra manera sería a través del condicionamiento operante por el cual un determinado comportamiento voluntario se repite más o se repite menos según las consecuencias que conlleve. Por ejemplo, muchas parafilias están consideradas como el resultado de unas pobres habilidades sociales (esto es, de relación social, sexual, etc.), entonces el comportamiento parafílico se repetiría más porque supone y aporta más satisfacción, o menos angustia, o frustración, que el de una relación sexual normal.

También se ha visto que es muy importante el aprendizaje dentro de las familias. Varios estudios indican que un alto número de personas que cometen ofensas sexuales han sufrido violencia en casa, o han tenido una pobre socialización debido a desinterés o abandono de los padres, o han recibido una inadecuada educación sexual, lo que ha podido impedir el desarrollo de adecuadas habilidades sociales durante el crecimiento y fomentar la aparición de estos trastornos.

### Teorías biológicas

DEBIDO A que la mayoría de personas con parafilias son varones, se ha especulado con la posibilidad de que los andrógenos (las principales hormonas masculinas) tienen algo que ver. Por ejemplo, se ha propuesto la relación de altos niveles de esta hormona con una excitación sexual inapropiada. Por el momento, los estudios de laboratorio no han encontrado pruebas concluyentes, aunque si en el futuro lo hacen, todo tiende a señalar que ésta sería una causa más de las muchas que desempeñan un papel en el origen de estas conductas.

## TRATAMIENTOS

EL TRATAMIENTO de las parafilias implica tener en consideración todas las conductas que presentan los pacientes en cada caso; por ello, las terapias que más consiguen, o las más prometedoras, son aquéllas que emplean varias técnicas y apuntan a varios objetivos.

### Entrenamiento en habilidades sociales

UNO DE los problemas más comunes de estas personas suele ser su gran dificultad en establecer relaciones sociales normales, como mantener conversaciones sencillas, conocer gente nueva, y peor aún, tener una relación sexual. Es por esto que el entrenamiento en habilidades sociales generales y concretas es muy importante para la recuperación y para evitar recaídas en momentos de estrés.

### Reducción de la ansiedad

OTRA DE las características que con más frecuencia presentan es una gran ansiedad ante sus relaciones con las mujeres. Para estos casos se suele emplear la técnica de desensibilización tanto en vivo como imaginada. Es decir, se trata de que se vayan acostumbrando a las mujeres, a su presencia, cercanía, trato, etc., poco a poco primero imaginándose las situaciones y luego en la realidad, hasta que dejen de producirles ansiedad (que muchas veces es lo que les lleva a realizar el comportamiento parafílico, por ejemplo, exhibirse).

## Reducción de la excitación

LOS PACIENTES también necesitan reducir o eliminar la excitación sexual que sienten cuando se encuentran con lo que incita a su parafilia, especialmente los que han sido arrestados y su condena depende de su recuperación (no olvidemos que muchos de ellos no sienten ningún tipo de malestar por sus conductas y si acuden a terapia es muchas veces por presión social o judicial). Las técnicas más empleadas son las técnicas aversivas y el uso de fármacos.

En la aversión se asocia el comportamiento no deseado (la excitación) con una estimulación desagradable (por ejemplo producir el vómito) en presencia del estímulo parafílico, de manera que el paciente deja de realizar el comportamiento por sus consecuencias negativas. Aunque esta terapia puede no eliminar la conducta del todo, suele servir para controlarla mejor.

Los medicamentos que se emplean son reductores de los niveles de la hormona testosterona, que disminuyen la frecuencia de erecciones y eyaculaciones. De esta manera se inhibe también la excitación anormal y el comportamiento que conlleva.

## Reorientación de la excitación

SE TRATA de ayudar a los pacientes a lograr o aumentar su gratificación sexual con situaciones y estímulos normales. La estrategia más empleada es el recondicionamiento del orgasmo.

En esta técnica se presentan estímulos convencionales, por ejemplo fotos de mujeres desnudas, cuando los pacientes están excitándose por causas no normales, esto es parafílicas (suelen ser ejercicios para llevar a casa).

En general se ha visto que la definición de varios objetivos y la combinación de varias de estas técnicas aportan mejores resultados que limitarse a uno solo. El gran problema es que muchos pacientes no tienen ninguna motivación para acabar con su comportamiento, niegan su problema, minimizan la seriedad de sus actos y están convencidos de poder controlar su conducta sin ayuda. Igualmente, muchos siguen los programas de tratamiento porque se encuentran en prisión, o porque se lo ha ordenado un juez, o por presiones de la familia, y en cuanto pueden lo abandonan.

La justicia tiene diversas penas y castigos para las personas que comenten ofensas sexuales, pero éstos suelen ser muy poco efectivos si no participan en terapias, y éstas tampoco sirven si el paciente niega o no reconoce tener un trastorno. Muchas veces niegan su responsabilidad en la ofensa e incluso acusan a la víctima de haberles provocado.

# Trastornos de la conducta alimentaria

A través de la historia los ideales de belleza han cambiado de manera considerable. Lo que antiguamente se consideraba hermoso hoy en día no nos lo parecería, sobre todo, en lo que respecta a la figura de la mujer. Especialmente en las sociedades industriales o lo que llamaríamos el primer mundo, la delgadez es un signo de belleza; no sólo eso, el problema es que también se ha convertido en un signo de éxito y de autocontrol. La idea generalizada es que los obesos son solitarios, tímidos, sin pareja... Según ha ido creciendo la actitud negativa de la sociedad hacia la gordura y la necesidad de tener un cuerpo ideal, los casos por trastornos de la conducta alimentaria también han aumentado.

Dentro de este grupo de trastornos se encuentran la **anorexia nerviosa** y la **bulimia nerviosa**.

## ANOREXIA NERVIOSA

EL TÉRMINO «anorexia» se refiere a la pérdida de apetito, y el término «nerviosa» indica que es debido a razones emocionales. Básicamente es la falta anormal de ganas de comer, o comer tan poco que el cuerpo no se puede sustentar correctamente. Es un trastorno mental con un alto riesgo de muerte que se da con más frecuencia en mujeres que en varones (aproximadamente el 90% son mujeres). La edad más típica de desarrollo del trastorno es en la adolescencia y tras una pérdida de peso como resultado de una dieta, de una enfermedad o de una situación de estrés (como podría ser el divorcio de los padres).

Lo más habitual es que las personas anoréxicas empiecen por dejar de consumir alimentos de muchas calorías. Luego, poco a poco, van dejando de comer otros alimentos que consideran «que engordan», hasta que su dieta se reduce a unos pocos productos, si es que no han dejado de comer del todo.

Las características principales de este trastorno son:

- Pérdida de al menos el 15% del peso a consecuencia de negarse a comer suficientemente, aun teniendo hambre.

- Rechazo a mantener un peso corporal normal (por ejemplo, la persona está muy, o extremadamente delgada, pesa menos del 85% de lo que se consideraría normal dadas su edad y altura).
- Un miedo intenso a ganar peso, y este miedo no se reduce ni siquiera cuando se adelgaza.
- Amenorrea, esto es, ausencia de la menstruación.
- Sentido distorsionado de la forma o tamaño de su cuerpo.

Esta última es la característica más significativa del desorden. Las personas anoréxicas ven y sienten la forma o tamaño de su cuerpo de manera distorsionada. Incluso estando completamente demacradas, se siguen viendo gordas, o que ciertas partes de su cuerpo lo están, especialmente la tripa, las nalgas y las caderas. Una conducta muy típica es la de estar pesándose o mirándose al espejo continuamente.

Los estudios realizados sobre la anorexia han encontrado que, por regla general, estas pacientes sufren de una baja autoestima y suelen tener sensación de ineficacia en lo que hacen. El problema es que su autoestima está ligada al mantenimiento del peso, es decir, depende del control del éste, que para ellas es su principal preocupación. Como veremos posteriormente, en la sección de causas, perderlo les produce mucha satisfacción porque les da sensación de control.

Se distinguen dos tipos de anorexia:

- **De tipo restrictivo:** cuando la pérdida de peso es debida a fuertes dietas, no comer y mucho ejercicio físico.
- **De tipo compulsivo o purgativo**: cuando además de fuertes dietas, el peso se controla recurriendo con regularidad a «atracones» de comida (éstos pueden ser también cantidades normales o pequeñas de comida) y purgas posteriores con métodos como producirse el vómito o el uso excesivo de laxantes, diuréticos o enemas.

Puede parecer extraño que en este tipo de anorexia se den atracones, pero es debido a que muchas pacientes no pierden el apetito o el interés por la comida. A menudo, pueden incluso desarrollar un interés exagerado por cocinar para otros, coleccionar recetas y artículos sobre nutrición. Para ellas el miedo a engordar y su visión de sí mismas como gordas es lo que les hace mantener esas conductas.

OTROS PROBLEMAS ASOCIADOS

- **Problemas físicos:** el dejar de comer, acompañado de una pérdida considerable de peso, el uso excesivo de laxantes y de vómitos, inevitablemente trae consigo muchos otros problemas. Entre ellos, los más frecuentes son las anemias, la pérdida de masa ósea, las bajadas de tensión, sequedad en la piel, pérdida de pelo y uñas quebradizas. De hecho, la mayoría de las muertes debidas a este trastorno, a parte de por inanición o no comer, son a consecuencia de las complicaciones que produce la falta de alimentos. Por ejemplo se suelen producir paradas cardiacas, infecciones y problemas gastrointestinales.
Si la anorexia se produce antes de la primera menstruación (en el caso de las niñas, o antes del desarrollo en general para niños y niñas), los proble-

mas para desarrollarse con normalidad pueden ser irremediables.

- **Problemas psíquicos:** de igual forma, es habitual la aparición de síntomas psíquicos como estar más irritable, presentar insomnio, apartarse de los demás y aislarse, manifestar una falta de interés por el sexo y, sobre todo, la aparición de depresiones.

Anorexia y depresión están tan frecuentemente relacionadas que se ha llegado a pensar que la anorexia era una forma de depresión. No obstante, aunque es cierto que en la depresión se puede perder mucho peso, las personas deprimidas no suelen desear adelgazar ni tienen miedo a ganar peso (esto nos ayudaría a distinguirlas).

## EVOLUCIÓN DEL TRASTORNO

LA EVOLUCIÓN de la anorexia no es muy favorable. Una gran parte de los casos son crónicos y sólo alrededor del 50% de las pacientes se recupera. Una razón importante es que la mayoría niega tener un problema (debemos recordar que se siguen viendo gordos pues tienen un sentido distorsionado de la forma o tamaño de su cuerpo) y por ello no están bajo tratamiento. Si lo están, siguen haciendo lo imposible por no engordar.

## DIFERENCIAS ENTRE ANOREXIA Y BULIMIA

EN PRIMER lugar las conductas alimentarias son distintas. Las anoréxicas no comen o comen muy poco, y si se dan atracones, éstos pueden ser también de cantidades normales o muy pequeñas de comida. Por otro lado, no tienen la sensación de perder el control de manera extrema como la tienen las bulímicas.

Las bulímicas mantienen las comidas normales, es decir, comen a su hora, todas las comidas establecidas del día, con la familia... dan sensación de normalidad. Su mayor problema es que entre horas, y a escondidas, se atiborran de cantidades exageradas de comida. Las anoréxicas están muy por debajo de su peso mínimo· normal, y en cambio, las bulímicas suelen mantener un peso normal (ésta sería la diferencia más distintiva).

---

### DATOS SOBRE ANOREXIA NERVIOSA

- Se estima que alrededor del 1% de las adolescentes y jóvenes adultas padecen este trastorno.
- Es mucho más frecuente en mujeres (aproximadamente 90% de los casos) que en varones.
- Es más común en sociedades industriales y urbanas que en países menos desarrollados o en zonas rurales.
- La edad de inicio está entre los 15 y los 25 años.

---

## BULIMIA NERVIOSA

LA PALABRA *bulimia* viene del griego y significa «muy hambriento», y al igual que con la anorexia, la palabra *nerviosa* nos indica que es debido a razones emocionales. Este trastorno se caracteriza por la presencia de atracones de comida, que se producen de manera rápida (como engullendo), en un espacio corto de tiempo, por ejemplo menos de dos horas después de la última comida, y suelen consistir en una cantidad de alimentos mucho más grande de lo que una persona normal comería en el mismo tiempo o en las mismas circunstancias.

A pesar de todo, la característica más importante es la fuerte sensación de falta de control que tienen estas personas durante uno de sus periodos de exceso alimentario. Es una sensación de no poder parar de comer, de no controlar el tipo de alimento que van a ingerir ni tampoco la cantidad. Por regla general, estas conductas consisten en comer mucha comida fácil de tragar y alta en calorías, como helados o pasteles. No obstante, lo problemático es la cantidad y no las calorías o el tipo de comida.

Las personas con bulimia suelen tener un peso que está dentro de lo que se considera normal, pero, al igual que en la anorexia, estas pacientes están excesivamente preocupadas por la posibilidad de engordar, y también tienen un sentido distorsionado del tamaño y de la forma de su cuerpo. Esto es, se ven gordas aunque no lo estén.

Estas razones son las que hacen que durante las comidas normales, se preocupen de tomar alimentos bajos en calorías o seguir una dieta severa. Y para no ganar peso después de sus atracones, recurren a métodos de purga inadecuados como producirse el vómito, usar laxantes, diuréticos o enemas, tomar fármacos, ayunar y hacer ejercicio en exceso. De esta forma, el control del peso llega a dominar sus vidas.

Estas comilonas ocurren generalmente en secreto. Los bulímicos suelen avergonzarse y sentirse culpables de su conducta, y por ello intentan esconderla. Lo más habitual es que la conducta de atiborrarse de comida empiece o se origine, después de haber hecho dietas severas. Y las situaciones típicas que la incitan, una vez adquirida, suelen ser después de situaciones de estrés, cuando se siente soledad, después de hacer dieta por la gran sensación de hambre que ésta produce y por preocupaciones relacionadas con el peso.

La mayoría de las veces, el atracón termina cuando la persona está desagradablemente llena, tanto, que muchas veces llegan a sentir dolores abdominales, que junto con los sentimientos de culpa y el miedo a engordar, les lleva a intentar solucionarlo con algunos de los métodos de purga mencionados anteriormente. Estos pacientes pueden llegar al extremo de poder vomitar cuando ellos deciden sin necesidad de recurrir a ningún método (como meterse los dedos en la garganta).

Se distinguen dos tipos de bulimia:

- **De tipo purgativo**: cuando la persona se provoca regularmente el vómito o usa laxantes, diuréticos y enemas en exceso.
- **De tipo no purgativo**: cuando la persona no usa purgativos en exceso para compensar el atracón sino que recurre a métodos como el ayuno o el ejercicio físico intenso.

Esta distinción de bulimias tiene sus consecuencias. Por ejemplo, al igual que los anoréxicos, los bulímicos suelen tener muy baja su autoestima, y ésta también depende de mantener un peso normal. Sin embargo, las personas de tipo **no purgativo** suelen tener más peso que los de tipo **purgativo**, suelen darse menos atracones y su trastorno es más leve. Las personas de tipo purgativo tienen una imagen más distorsionada de su cuerpo, más deseo de adelgazar, más conductas alimentarias alteradas y tienden a ser más obsesivos y depresivos. (*Véase* más detalles en Causas y Tratamientos).

## OTROS PROBLEMAS ASOCIADOS

- **Problemas físicos**: debido al secretismo de los atracones y al peso relativamente normal de estas personas, el trastorno puede permanecer durante años sin tratar. Ello conlleva diversos problemas secundarios como irregularidades en la menstruación, problemas dentales debidos a las sustancias ácidas de los vómitos, desequilibrio de nutrientes, arritmias cardiacas, daños renales... etc.
- **Problemas psicológicos**: los problemas psíquicos que también suelen aparecer son depresiones, trastornos y estados de ansiedad, impulsividad, falta de autocontrol y conductas adictivas. Éstas pueden iniciarse con el consumo de sustancias estimulantes para controlar el apetito y el peso y por la pérdida de autocontrol.

## EVOLUCIÓN DEL TRASTORNO

LA BULIMIA nerviosa es muy frecuente entre las personas anoréxicas, alrededor del 40% de estos pacientes la desarrolla. Cuando la bulimia es tratada, aproximadamente la mitad de los pacientes se recupera en un periodo de más o menos cinco años; si no, es probable que se vuelva crónica en muchos de los casos. Por fortuna, los casos de muerte por bulimia son escasos.

## DIFERENCIAS ENTRE AMBOS TRASTORNOS

VÉASE EN la sección de anorexia.

---

### DATOS SOBRE BULIMIA NERVIOSA

- Se estima que entre el 1 y el 3% de las adolescentes y jóvenes adultas padecen este trastorno.
- Como la anorexia es un problema mucho más frecuente en mujeres que en varones.
- Es también más común en sociedades industriales que en países menos desarrollados.
- La edad de inicio está entre los 15 y los 25 años.

---

## CAUSAS Y TRATAMIENTOS

### CAUSAS

LAS CAUSAS de estos trastornos son muy variadas. Actualmente, no parece haber ninguna razón que se considere más crucial que otra, sino que se cree que es la suma de muchos factores lo que provoca la aparición de los trastornos.

**Factores sociales y culturales**

ESTOS FACTORES son los más conocidos por todos. Los prototipos de belleza con la delgadez como ideal y como signo de éxito, la presión a la que estamos sometidos por parte de las industrias publicitarias, de moda, de productos de adelgazamiento, etc., contribuyen a que observemos nuestro cuerpo de manera muy crítica y que consideremos nuestra imagen como algo sumamente importante.

Una prueba de ello es que estos trastornos son más comunes en los países industrializados y occidentales que en los orientales o en el tercer mundo. Así como más habituales en las zonas urbanas que en el ámbito rural.

Por razones similares se puede entender por qué la anorexia y la bulimia son más frecuentes en mujeres que en hombres. En general ellas están más influenciadas por los estándares de belleza y más preocupadas por la línea que ellos, y también son el objetivo de las industrias antes mencionadas. Todo ello las hace más vulnerables (propensas) a sufrir trastornos alimentarios.

**Factores personales**

DENTRO DE estas causas se pueden distinguir varias razones. Una de ellas son los genes; se ha comprobado que las mujeres que son familiares de una chica con anorexia o bulimia tienen cinco veces más probabilidades de sufrir un trastorno alimentario que las demás.

La familia y las relaciones dentro de la familia son asimismo importantes. Por un lado, se ve el trastorno alimentario como una forma de adquirir control e identidad por parte de personas que han sido educadas bien en familias muy protectoras, exigentes o cerradas, o bien en familias con problemas que evitan resolver, preocupándose sólo de la persona con el trastorno, así como en familias en constante conflicto. También son muy importantes las relaciones con los amigos y con la sociedad en general.

Las características de personalidad son muy influyentes. Por regla general anoréxicas y bulímicas sufren de una baja autoestima y sensación de ineficacia, son ansiosas, muy perfeccionistas y se preocupan mucho por lo que piensan los demás.

Las anoréxicas de tipo restrictivo son excesivamente rígidas consigo mismas, más perfeccionistas e hiperresponsables. Las de tipo compulsivo presentan más comportamientos impulsivos, menos estabilidad emocional y una mayor frecuencia de abuso de alcohol y drogas. Por otro lado, las bulímicas son más inestables afectivamente y más sociables (salen a divertirse mucho más).

Las críticas por parte de la familia, de los amigos y de la sociedad en general son un factor importante para reforzar el deseo de adelgazar. De la misma manera, los comentarios favorables después de una pérdida de peso, pueden hacer creer a la persona que adelgazar es bueno; y, si delgado es bueno, estar más delgado es mucho mejor. Para el perfeccionismo de los anoréxicos esto significa no parar hasta conseguir el «peso ideal».

## TRATAMIENTOS

LA HOSPITALIZACIÓN es necesaria muy a menudo. Las pérdidas de peso pueden ser tan grandes que muchas veces hay que alimentar a los pacientes por vía intravenosa, a la vez que tratar los problemas secundarios debidos al trastorno.

**Tratamientos farmacológicos**

LA GRAN relación de la anorexia y de la bulimia con la depresión han provocado que sean tratadas con los mismos fármacos, o sea, con antidepresivos. Por ejemplo, el uso de Fluoxetina (Prozac) parece que reduce los atracones y la conducta purgativa posterior como los vómitos. De igual manera, se ha observado que reduce la depresión asociada a estos trastornos y las actitudes distorsionadas hacia la comida y el comer.

Otros estudios han observado que ayuda a mantener un peso normal en los anoréxicos después de un tiempo de tratamiento. Las malas noticias son que no funciona para todos los pacientes. Muchos de ellos recaen cuando paran de medicarse y el uso continuado del fármaco puede producir efectos secundarios no deseados.

## Tratamientos psicológicos

COMPRENDEN UNA gran variedad de terapias. El objetivo a corto plazo es hacer que los pacientes ganen peso rápidamente, sobre todo para evitar más complicaciones médicas o la posibilidad de la muerte. El objetivo a largo plazo es que la persona recupere su vida y normalice sus conductas alimentarias.

### Psicoterapia individual o de grupo

AYUDAN A corregir conceptos erróneos que se tienen sobre la imagen corporal, y a desarrollar positivamente la autoestima. Ello permite la reducción de sentimientos de ineficacia y culpa. La ventaja de las terapias de grupo es la posibilidad de compartir experiencias con personas que presentan el mismo trastorno.

### Terapia de familia

PRETENDE FOMENTAR el desarrollo de estrategias para hacer frente al problema. Por ejemplo, un tipo de terapia familiar considera el trastorno no como un problema individual sino interpersonal, esto es, se trata de un problema de la familia o de las relaciones entre dos o más personas (entre ellas el paciente, claro). El problema es mutuo y recíproco.

Para esta línea de terapia (conocida como **Escuela de Milán**) el anoréxico atrapa toda la atención y de esta forma la familia evita enfrentarse a sus propios problemas. Redefiniendo el problema como interpersonal e involucrando a toda la familia, el trastorno alimentario deja de ser el único problema o el foco de los problemas y así los familiares aprenden a ver sus propios conflictos y a trabajarlos. Esto hará más efectiva y mejor la lucha contra el desorden alimentario.

### Terapias de conducta

ESTÁN ENFOCADAS en el examen de las ideas y de las actitudes irracionales que las pacientes tienen sobre la comida y el comer. Se ayuda a cuestionar los prototipos de belleza de la sociedad, las ideas preconcebidas sobre las dietas y sobre lo que «engorda» y se intenta cambiar las creencias que les llevan a «morirse de hambre» para no ganar peso (por ejemplo, creencias del tipo: si delgado es bueno, muy delgado es mucho mejor).

También se les hace ver que las dietas muy severas, en el caso de las bulímicas, muy a menudo fomentan los atracones. Hay que hacerles comprender que el control del peso se puede conseguir mucho mejor comiendo equilibradamente, y que comer regularmente ayuda a mantener controlado el hambre. Se ha demostrado que las terapias de conducta son algo más efectivas para tratar la bulimia que la anorexia.

### Terapias interpersonales

SON OTRO tipo de terapias que tienen como objetivo mejorar las relaciones interpersonales. Debido al buen resultado con algunos pacientes, se puede decir que a veces los trastornos alimentarios pueden ser causados por pobres relaciones personales y los sentimientos negativos sobre uno mismo y el mundo que conllevan.

### Grupos de autoayuda

SON MUY positivos para algunas personas. En estos grupos también se trabajan las relaciones interpersonales y la supervisión, por parte del profesional de la salud mental, es muy reducida. Algunos pacientes han conseguido grandes resultados.

Todas estas terapias suelen tener éxito a corto plazo y de distinta forma para distintas pacientes. Los resultados a largo plazo son todavía difíciles de conseguir. Uno de los problemas a los que se enfrentan los terapeutas es que las pacientes suelen tener otros problemas psíquicos a la vez, como depresión, ansiedad o problemas de familia (que pueden estar producidos por el trastorno o bien podían ser anteriores) lo cual complica la terapia.

De la misma manera, lo que produce, depresión en un paciente, por ejemplo, puede ser completamente distinto de lo que le produce en otro. Todas estas complejidades indican que las circunstancias de los pacientes, sus relaciones personales consigo mismas y con los demás, su personalidad, etc. son muy importantes para evaluar cuál es la mejor terapia para cada caso. Aun así, los estudios sobre estos trastornos cada vez avanzan más y la sociedad es más consciente del peligro de crear prototipos de belleza imposibles para una gran parte de la población.

Una buena señal es ver cómo ha cambiado nuestra actitud al respecto, por ejemplo las modelos y gimnastas deben tener obligatoriamente un peso adecuado a su edad y altura, y hay más control sobre productos «milagrosos» de adelgazamiento y centros de estética. Como dice el dicho popular «con las cosas de comer no se juega».

# Trastornos del sueño

La mayoría de las personas considera que dormir es una de las actividades fisiológicas más placenteras que el organismo realiza y a casi todos nos encanta, sin embargo, hay personas que duermen mucho y otras que no, para algunos el sueño es más reparador que para otros, hay gente madrugadora por naturaleza y gente trasnochadora...

La función exacta del sueño en nuestras vidas o en nuestro funcionamiento no está clara todavía. El hecho de que todos los animales duerman (incluso los peces y los insectos tienen periodos de inactividad similares al dormir de los mamíferos), sugiere que es una función crítica para la supervivencia. En la actualidad, se puede decir que existen dos corrientes teóricas:

- **Teorías de recuperación:** en las cuales se sugiere que el estar despierto interrumpe la estabilidad interna (homeostasis) del cuerpo, y que dormir es necesario para restaurarla.
- **Teorías del ritmo circadiano:** proponen que el acto de dormir ha evolucionado para mantener a los animales inactivos durante los momentos del día en los que no es necesario realizar ninguna actividad esencial para la supervivencia (por ejemplo, por la noche pues se ve menos) y así se conserva la energía para los momentos adecuados.

Una combinación de ambas propuestas parece más acertada para explicar el sueño y la necesidad de dormir. Es decir, nuestro cuerpo necesita recuperarse y se recupera durante el sueño (se ha comprobado que la privación de sueño durante largo tiempo –unos días– produce importantes alteraciones fisiológicas y del comportamiento), pero también poseemos una especie de «reloj biológico» que nos regula los ciclos de sueño/vigilia y otras funciones (este reloj suele estar determinado por el ciclo diario de luz y oscuridad y otros estímulos ambientales).

## Fases del sueño

EL ACTO de dormir se compone de una serie de ciclos de sueño que suelen durar entre 90 y 110 minutos, y éstos se repiten varias veces durante la noche. Cada ciclo se compone a su vez de varias fases:

1.  Ocurre cuando cerramos los ojos y nos vamos quedando dormidos. Nada más hacerlo, entramos en la fase 1 del sueño. Este momento es fácilmente interrumpible, y aparece también cuando acabamos un ciclo y empezamos otro. Un aumento en la duración de esta fase (que suele ser de más o menos 6-7 minutos) implica un sueño nocturno fragmentado.
2.  La persona se va quedando profundamente dormida. Esta fase es la más larga, la persona sigue atendiendo a estímulos externos, como ruiditos o luces, pero que no son lo suficientemente fuertes como para despertar al dormido. El umbral del despertar se eleva, esto es, es más difícil despertarlo.
3.  La siguiente fase dura menos tiempo y es el sueño más profundo de todos, cuando acaba, el ciclo vuelve a empezar con la fase 1 (y así será durante toda la noche).
4.  A partir de ahora, una vez pasado el primer ciclo del sueño, la fase 1 se acompaña de movimientos rápidos de los ojos (cuyas siglas son MOR en español –movimiento ocular rápido–, aunque son casi más conocidas y utilizadas sus siglas en inglés: REM o *rapid eye movement*); de una pérdida de tono o actividad muscular; y de otros eventos como una actividad cerebral (consumo de oxígeno, conexiones neuronales, etc.) que se asemeja a la actividad de muchas áreas cuando estamos despiertos; aumento del pulso; alteraciones respiratorias, etc.

Según pasa la noche, la duración de la fase 1 cada vez es más larga y las demás más cortas, incluso suele haber breves momentos de despertares aunque no se recuerden por la mañana.

Los sueños se producen durante el llamado sueño REM, y a pesar del interés que han suscitado a lo largo de la historia, su función tampoco está muy clara. De siempre se ha intentado buscarles significado, se ha creído que podían ser premonitorios, que contenían mensajes ocultos o se les ha intentado dar sentido. Por un lado, y de acuerdo con las teorías psicoanalíticas de Freud, los sueños surgen del subconsciente y representan pensamientos y deseos reprimidos. Por otro lado, desde una perspectiva biológica, se sabe que durante la fase REM muchos circuitos cerebrales se activan y producen señales neuronales que llegan a la corteza produciendo información al azar. Esto ha hecho pensar que los sueños son producto del intento de la corteza de dar sentido a la información aleatoria que le llega.

No obstante, debido a la observación de que los niños, en comparación con los adultos, presentan una elevada proporción de sueño REM, se ha propuesto que éste está relacionado con el desarrollo cerebral y con el aprendizaje.

Como hemos visto, dormir es algo muy importante para nuestro bienestar y los trastornos del sueño aparte de alterar nuestro nivel físico pueden llegar a afectar a nuestro comportamiento psicológico (nos pueden producir irritabilidad, ansiedad, fatiga, etc). Los diferentes trastornos se pueden agrupar en dos categorías:

*   **Disomnias:** trastornos del sueño propiamente dicho.

- **Parasomnias:** trastornos del comportamiento y otros fenómenos que coinciden con distintas fases del sueño.

## DISOMNIAS

SE INCLUYEN los trastornos en la iniciación y mantenimiento del sueño y de la excesiva somnolencia, es decir, los que tienen que ver con la cantidad, calidad y horario del sueño. Los más importantes son: el **insomnio**, la **hipersomnia**, la **narcolepsia**, y los relacionados con la **respiración (apneas)**, y con el **ritmo circadiano**.

## INSOMNIO

LA CARACTERÍSTICA principal consiste en, por un lado, la dificultad para iniciar o mantener el sueño, es decir, se reduce la capacidad de dormir; y por otro lado, la persona siente que su sueño no es reparador.

El insomnio puede aparecer de diversas formas. Puede haber una incapacidad de conciliar el sueño, que se duerma muy poco (hay personas que necesitan dormir muy pocas horas, pero el desorden se distingue de esta conducta en que la persona siente malestar por ello), que se despierte a menudo durante la noche, que se despierte mucho y le cueste volver a dormir... La consecuencia es que la persona no se encuentra descansada y suele presentar fatiga durante el día.

Para diagnosticarlas como trastorno del sueño, estas alteraciones tienen que estar presentes durante al menos un mes, y causar un malestar significativo o interferir en el funcionamiento normal de la persona. De la misma manera, se deben descartar los insomnios producidos por otra enfermedad, tanto médica (por ejemplo, hipertiroidismo) como mental (por ejemplo, trastornos depresivos, de ansiedad o demencias), por el consumo o abstinencia de sustancias (estimulantes y otras drogas), etc.

Se suele diferenciar en transitorio –cuando su duración es de unos días a unas semanas– y crónico –cuando dura más de tres o cuatro semanas–. Los síntomas que produce suelen ser fatiga, problemas de concentración, irritabilidad, somnolencia diurna, dolores de cabeza y un incremento en el riesgo de sufrir accidentes graves.

### Mioclonus nocturno

SE TRATA de un movimiento involuntario de las piernas (de una sola o de las dos) durante la noche. Se producen espasmos musculares repetitivos de intensidad variada, con más frecuencia durante las primeras fases del sueño y con menos frecuencia en las demás. Durante el sueño REM no suelen ocurrir. Los pacientes no son conscientes de estos movimientos pero sufren las consecuencias, que son la sensación de no haber descansado y por tanto somnolencia durante el día.

### Síndrome de piernas inquietas

SE CARACTERIZA por la sensación de incomodidad en las piernas mientras se está reposando. Suelen sentir un hormigueo muy desagradable que obliga al movimiento. Los pacientes son completamente conscientes de las sensaciones, lo que dificulta que inicien el sueño.

## DATOS SOBRE INSOMNIO

- El insomnio es el trastorno de sueño más habitual en la población estimándose que alrededor del 5% lo padecen. La cifra aumentaría si añadiésemos a las personas que informan de insomnio ocasional.
- Es más frecuente en mujeres que en varones.
- Se puede dar en cualquier momento de la vida.
- El número de personas afectadas crece con la edad, es decir, se dan más casos entre la gente más mayor.
- Igualmente, la manera de afectar varía con los años. La gente más joven suele presentar problemas para conciliar el sueño, mientras que a media edad o edad avanzada, son más frecuentes los problemas para mantenerlo y despertarse muy temprano.
- El mioclonus nocturno es más frecuente en varones y en personas de más de 50 años.
- El síndrome de piernas inquietas se hace más intenso a medida que la edad aumenta.
- Ambos desórdenes suelen ir asociados, sin embargo, un piernas inquietas no presentará mioclonus hasta que esté dormido.
- Ambos trastornos son condiciones médicas.

## HIPERSOMNIA

ESTE DESORDEN se caracteriza por una somnolencia excesiva, que se manifiesta en forma de episodios prolongados de sueño o episodios de sueño durante el día y que se producen a diario.

Estos pacientes duermen más de lo normal; si la media es de seis a ocho horas, estas personas lo hacen una media de ocho y 12 horas, pero les cuesta mucho levantarse. A pesar de sentir somnolencia diurna, cuando despiertan por la mañana se suelen sentir renovados. Por el día duermen cuando pueden y hay poca actividad, por ejemplo, siestas antes o después de comer, cuando llegan a casa del trabajo, durante una clase larga, etc. Este sueño diurno es excesivamente largo y ocurre diariamente. Por lo general, suele ser más de una hora pero no son sueños de calidad, esto es, no suelen ser siestas reparadoras.

Los síntomas que puede producir son, además de la somnolencia, bajo rendimiento, falta de concentración, cierto comportamiento automático (como hacer las cosas estando dormido), olvidos, constantes ganas de dormir, etc. Los pacientes no suelen pensar que tienen un problema (sólo mucho sueño) y se suele hacer crónico.

Se diagnostica hipersomnia cuando la persona presenta estas alteraciones al menos durante un mes y le ocasionan un malestar significativo o interfieren en su vida social, familiar o laboral. Se debe descartar este trastorno cuando los problemas de exceso de sueño son producidos por otra enfermedad, tanto médica (por ejemplo, tumor cerebral) como mental (por ejemplo, trastornos del estado de ánimo), o por el consumo o abstinencia de sustancias (medicamentos, alcohol u otras drogas), y también de los «dormilones» que pese a dormir mucho no tienen tanto sueño durante el día, ni su sueño nocturno les causa malestar o deterioro significativo.

### Síndrome de Kleine-Levin

ES UN trastorno similar, un tipo de hipersomnia que se presenta con bulimia y es muy poco frecuente. Suele aparecer en la adolescencia y desaparecer hacia los 30 ó 40 años. Se da de forma periódica y suele desaparecer bruscamente. Durante esos episodios la persona puede llegar a dormir hasta 20 horas diarias y se da grandes atracones de comida y bebida. También pueden mostrar conductas compulsivas, actividad hipersexual y alteraciones del pensamiento. Es más habitual en varones. A pesar de ser un trastorno raro y saberse poco de sus causas, se ha observado que alrededor de la mitad de los casos presentaron procesos gripales o infecciones respiratorias días antes de aparecer los primeros síntomas.

### Diferencias con otros trastornos

- **Narcolepsia:** como veremos en la siguiente sección, la narcolepsia se diferencia de la hipersomnia, entre otras cosas, en que la primera presenta ataques irresistibles de sueño, sea cual sea la situación o circunstancia en la que se encuentre la persona.

---

### DATOS SOBRE HIPERSOMNIA

- Es relativamente común en la población. Se estima que más o menos el 5% presenta trastornos de exceso de sueño.
- Se puede dar a cualquier edad.
- Es más frecuente en varones que en mujeres.

---

## NARCOLEPSIA

La NARCOLEPSIA es de origen orgánico, es decir, no psicológico. El síntoma más característico de este trastorno, y por el cual es muy conocido, son ataques de sueño durante el día, completamente irresistibles y que son reparadores. Éstos suelen ser breves, no es frecuente que pasen de los 10-15 minutos, el problema es que son completamente inadecuados. Es decir, pueden ocurrir en todo tipo de situaciones como mientras se mantiene una conversación, comiendo e incluso haciendo deporte.

También aparecen otros síntomas como:

- **Cataplejía:** son episodios repentinos y muy breves de pérdida del tono o actividad muscular (como un embotamiento de la sensibilidad), que normalmente suelen acompañar al sueño REM, pero que en este caso pasan cuando la persona está despierta. Se relacionan con emociones intensas. Puede ser leve, requiriendo que el paciente se siente un rato hasta que se le pase, o puede ser extrema, haciendo que el paciente caiga en redondo al suelo, estando ahí durante unos minutos y completamente consciente.

- **Presencia de factores característicos del sueño REM** en la fase de transición del sueño y la vigilia, que ocurren al principio o al final de los ataques de sueño. Entre éstos se encuentran:

  - Alucinaciones hipnagógicas, que ocurren en la fase de adormecimiento, y alucinaciones hipnopómpicas, ocurren durante el despertar. Éstas pueden ser visuales o auditivas y son experimentadas como muy reales pero sin ningún sentido.

  - Parálisis del sueño es la sensación que tiene el paciente de no poder moverse absolutamente nada, de estar paralizado. Suele ser breve y por lo general acaba cuando alguien le toca, o abriendo y cerrando los ojos de manera brusca.

Para diagnosticar el trastorno debe estar presente el ataque de sueño al menos durante tres meses, y darse por lo menos uno de los otros síntomas (también se pueden dar todos a la vez, aunque esto es menos frecuente).

Cuando se examina a estos pacientes, se observa que presentan características no habituales en su sueño. Normalmente, por la noche duermen algo más que la media (unas dos horas más). Sin embargo, el sueño REM aparece muy pronto, en menos de los primeros 20 minutos de sueño, es decir, las personas narcolépticas inician su sueño en la fase REM. También se ha observado que la fase 1 se incrementa, que las demás disminuyen, que hay más despertares durante la noche y que los periodos REM se fragmentan. La narcolepsia es una alteración de la regulación del sueño REM.

También se puede entender este trastorno como uno de sueño/vigilia, durante

el día la vigilia se interrumpe con sueño y durante la noche es el sueño el que se interrumpe.

Al igual que con los demás desórdenes, éste no tiene que ser debido a una enfermedad médica (como un tumor cerebral), o al consumo o abstinencia de ciertas sustancias.

## TRASTORNOS RELACIONADOS CON LA RESPIRACIÓN

ESTOS TRASTORNOS consisten en una desestructuración del sueño que provoca insomnio o excesiva somnolencia y se consideran síntomas secundarios de alteraciones de la ventilación pulmonar, esto es, la respiración, durante el sueño.

La alteración es en forma de apneas. Éstas consisten en interrupciones repetitivas de la respiración, que duran más de diez segundos. Se distinguen tres tipos:

- **Apnea obstructiva:** es el más frecuente de los trastornos. Están causadas por la obstrucción de las vías respiratorias superiores y se caracterizan por la parada de flujo aéreo a pesar de los intentos que se hacen por respirar. El resultado son ronquidos fuertes o inspiraciones bruscas intercaladas con interrupciones respiratorias que suelen durar entre 20 y 30 segundos. Son habituales en las personas con edades medias y en gente con sobrepeso.
- **Apnea central:** no hay obstrucción de las vías superiores sino una parada del flujo nasobucal, es decir, se interrumpen los movimientos respiratorios de los músculos implicados en la respiración. Son frecuentes como resultado

## DATOS SOBRE NARCOLEPSIA

- No es un trastorno muy frecuente. Se estima que lo padece alrededor del 0,02% de la población.
- Suele iniciarse en la adolescencia, primero se presentan síntomas de hipersomnia y con el tiempo surgen los demás.
- El trastorno dura toda la vida.
- Es igual de frecuente en varones y mujeres.

de enfermedades cerebrales o cardiacas que afectan a la respiración.

- **Hipoventilación alveolar central:** se trata de una disminución en el control de la ventilación que determina niveles de oxígeno muy bajos (se presentan niveles de oxígeno y dióxido de carbono anormales). Puede producir tanto insomnio como hipersomnia. Es habitual en personas mayores y en varones jóvenes con sobrepeso.

El problema de las apneas es que la activación física durante el sueño aumenta por los constantes intentos de respirar con normalidad, y eso es lo que interrumpe y desestructura el sueño. No obstante, no se debe confundir con los ronquidos que puede emitir una persona sana (en este caso, los ronquidos son menos fuertes y no presentan insomnio o hipersomnia), ni con otros trastornos del sueño (en ellos no se dan problemas de respiración ni fuertes ronquidos).

---

## DATOS SOBRE APNEAS

- Se considera que aproximadamente entre el 1 y el 10% de la población padece apneas del sueño.
- Es mucho más frecuente en varones que en mujeres. En la población infantil no se encuentran diferencias de género.
- El número de casos aumenta con la edad.
- Parece que hay una tendencia familiar en la apnea obstructiva.

---

- **Síndrome de Pickwick**: toma su nombre de un famoso libro de Charles Dickens (*Los papeles póstumos del club Pickwick*) en el que un personaje sufre los síntomas característicos, que son obesidad, excesiva somnolencia e hipoventilación (respiración muy lenta). Es un trastorno muy raro y se confunde a menudo con la apnea del sueño (pues son más frecuentes en pacientes obesos).

## TRASTORNOS RELACIONADOS CON EL RITMO CIRCADIANO

La característica predominante es una desestructuración del sueño que es debida a una desincronización del ritmo circadiano de una persona, por exigencias externas de momento adecuado y duración del sueño. Esto es, el sueño se desestructura pues la persona debe ajustar su «reloj biológico» a cambios externos exigidos por las circunstancias. Se considera un efecto secundario del ritmo sueño/vigilia, es decir, no es un problema de la persona sino externo a ella, por el cambio en sus circunstancias.

Como en el caso de los trastornos relacionados con la respiración, esta desestructuración produce insomnio en algunos momentos y somnolencia excesiva en otros. Estas alteraciones causan malestar a la persona, son persistentes, interfieren en su funcionamiento normal y no son debidas a otros desórdenes mentales (por ejemplo, los trastornos del estado de ánimo pueden producir alteraciones en el ritmo circadiano, pero se dan en el contexto de la enfermedad) o al consumo o abstinencia de sustancias.

Se puede clasificar en subtipos según sean las circunstancias que lo originan:

- **Por sueño retrasado,** consiste en acostarse y levantarse más tarde de lo que la sociedad marca. Presentan dificultades para conciliar el sueño a horas «normales» y para levantarse temprano pese a desearlo. También se puede dar lo contrario, por sueño adelantado, aunque es mucho menos frecuente.
- **Por *jet-lag*,** somnolencia e insomnio en los momentos del día inadecuados, se debe a viajes a países con distinto horario. Los problemas de sueño son más marcados cuanto más lejos esté el país, es decir, a mayor cantidad de horas de diferencia con el país de origen, mayores serán las alteraciones del ritmo circadiano. Los viajes en los que se produce un adelantamiento de las horas (hacia el este) suelen producir más *jet-lag* que en los que hay un retraso horario (hacia el oeste).
- **Por turno de trabajo,** la alteración se produce por el nuevo horario de trabajo. Se presenta somnolencia en momentos en los que la persona debería estar despierta, e insomnio cuando debería dormir. Por ejemplo, un cambio a trabajo nocturno, o cambios repetitivos del turno laboral.
Este trastorno se distingue de cambios y reajustes normales en que el malestar es más persistente e interfiere significativamente en el funcionamiento de la persona.

## DATOS SOBRE EL RITMO CIRCADIANO

■ Los síntomas son más intensos en personas mayores y ancianos.

## CAUSAS

LA MAYORÍA de los desórdenes del sueño son síntomas secundarios de enfermedades físicas o mentales y del consumo de sustancias, sin embargo, muchas veces no obedecen a ninguna de estas causas y su procedencia es entonces más difícil de delimitar.

Se ha observado que los factores psicológicos intervienen en la mayoría de las dificultades en el dormir, siendo éstas uno de los primeros síntomas del estrés. Para poder realizar un tratamiento efectivo han de tenerse en cuenta además otros elementos que determinan el sueño en cada paciente, por ejemplo, su ritmo circadiano, su estado físico y necesidad de dormir, conductas habituales que pueden inhibir o facilitar el sueño, el ambiente donde duerme, etc.

### Insomnio

*Causas físicas*

LA MAYOR parte de los insomnios crónicos están relacionados con enfermedades médicas: como las anginas de pecho, el Parkinson, las cefaleas, etc; y mentales: como la ansiedad generalizada, la esquizofrenia, la depresión, etc. Con esta última, existe una relación de riesgo. A menudo el inicio o la recaída de un trastorno del estado de ánimo va precedido de un desorden en el patrón de sueño.

Una de las causas médicas más frecuentes es el dolor, y lo contrario también es cierto, la falta de sueño puede provocar dolor o disminuir la tolerancia al dolor. De esta manera, la persona puede entrar en un círculo vicioso.

Otra causa frecuente es, paradójicamente, el uso de medicamentos para dormir. Al principio, su uso puede ser muy efectivo y rápido; el problema es que este tipo de fármacos crean dependencia y tolerancia, con lo cual la persona necesita cada vez más cantidad para poder llegar al efecto deseado. Cuando no se toma la cantidad necesaria, o se desea dejar de tomarlos, aparece el síndrome de abstinencia, que produce insomnio, o desajustes de ritmo, nerviosismo, etc.

*Causas psicológicas*

CON TODO, los factores psicológicos (todo tipo de problemas, familiares, sociales, laborales...) son los que más influyen. En general, un momento habitual de repasar el día o buscar solución a un problema que le preocupa suele ser cuando una persona se prepara para dormir. El sueño tarda en llegar, la persona le da más vueltas a las cosas, la angustia por el problema puede aumentar y la situación se prolonga hasta que se duerme. Por la mañana, el sueño no ha sido reparador y se encuentra cansado, esto se tiene en cuenta la siguiente noche, dificultando más la rutina de dormir. La persona entra en un círculo que curiosamente suele continuar aunque el problema psicológico haya desaparecido.

Igualmente, algunos estudios han observado que muchas personas que duermen poco creen que quizá tengan algún problema y que deberían dormir más. También le suele pasar a la gente con algún retraso en el sueño que no duerme a la hora que cree que debería. Esto les suele crear preocupación o malestar, y aun-

que el cuerpo no lo necesite, suelen quedarse más tiempo en la cama sin lograr dormir. La angustia relacionada con esta preocupación suele generar dificultades reales.

Los malos hábitos en la conducta del dormir son también una causa frecuente de problemas. Algunos ejemplos son el horario alterado y cambiante, el realizar cada vez más actividades en la habitación de dormir poco relacionadas con el sueño, cenar opíparamente antes de acostarse, etc.

*Causas ambientales*

EXISTEN MUCHOS factores externos que influyen en la calidad de nuestro sueño. El ruido es una de ellos. El organismo está preparado para poder dormir con un trasfondo de ruido concreto. Puede ser incluso muy fuerte y se suele tolerar si es constante (nos habituamos a él); si el ruido es discontinuo es más probable que nos despierte aunque sea suave, por ejemplo, los ronquidos.

Otros factores son la luz, el frío y el calor, la ruptura del patrón del sueño cuando, por ejemplo, se debe tomar algún medicamento o por algún tipo de agitación (como roncar, toser mucho, moverse) de la persona con la que se duerme, la comodidad de la cama, el consumo de sustancias excitantes (café, té, nicotina, etc.) antes de dormir, cenas copiosas, etc.

**Hipersomnia**

LAS CAUSAS de la excesiva somnolencia diurna pueden ser las que acabamos de citar para el caso del insomnio. En general, el resultado de las dificultades en conciliar a una hora adecuada el sueño, de las escasas horas dormidas y de un buen descanso nocturno, es la somnolencia durante el día.

Es frecuente que este desorden surja a consecuencia de las apneas del sueño, de los síndromes de mioclonus nocturno y piernas inquietas, a consecuencia de enfermedades físicas y mentales, desfases horarios, consumo o abstinencia de sustancias, etc. En estos casos, las personas duermen sin problemas por la noche pero no descansan ni se sienten recuperados.

Hay personas que necesitan dormir mucho pues hacen un gasto considerable de energía tanto mental como física en sus trabajos o en sus vidas. Por ejemplo, en época de exámenes, un estudiante puede no realizar mucho esfuerzo físico pero sí mental, y por lo general, éste va unido a un gran estrés. Aun cuando no haya trasnochado para estudiar, necesitará una cantidad de tiempo superior a la media, con algunas siestas añadidas, para recuperarse completamente.

Si una persona aprende este patrón de sueño y lo asocia erróneamente a su manera de vivir (con pensamientos del estilo «como tengo este tipo de actividad, he de dormir siempre todo lo que pueda para estar bien» o «dormir mucho siempre es bueno»), puede acabar desarrollando este desorden.

De la misma manera, el estrés y la angustia diurna por problemas pueden causar hipersomnia en personas cuya manera de afrontar las contrariedades de la vida es intentando evitarlas y pensar en ellas lo menos posible, para lo cual, dormir se ve como una solución.

## Narcolepsia

POR EL momento las causas son desconocidas. Existen tres líneas teóricas sobre sus orígenes, y aunque son distintas, no se excluyen mutuamente (es decir, las tres pueden tener razón al mismo tiempo).

1. Parece que se da con más frecuencia entre los miembros de una familia y por tanto puede tener un componente genético. Algunas investigaciones han propuesto que este componente está asociado con el sistema inmunológico, concretamente con el antígeno (sustancia generadora de anticuerpos) linfocitario. Los resultados no son, por el momento, del todo concluyentes.

2. Por otro lado, se propone que en la narcolepsia hay un descenso en los sistemas monoaminérgicos (sistemas donde los neurotransmisores son las monoaminas, es decir la dopamina, adrenalina, noradrenalina y la serotonina); y una hiperactividad en los sistemas de acetilcolina (otra sustancia neurotransmisora). La activación del sueño REM está controlada por los mecanismos colinérgicos de ciertas áreas del cerebro (caudal de la formación reticular); cuando se aumenta la acetilcolina en esta zona, se aumenta el sueño REM. De la misma manera, en dos secciones de esta misma área (núcleos dorsales del *rafé* y *locus coeruleus*), la noradrenalina y la serotonina inhiben la fase REM, luego la disminución de estas sustancias impedirá su correcta inhibición.

3. Se asocia también a alteraciones en las diferentes regiones cerebrales que están relacionadas con el sueño.

## Apneas, hipoventilación, alteraciones del ritmo circadiano

EN LAS secciones donde se describen estos trastornos se describen las causas que los producen. En el caso de los desórdenes relacionados con la respiración, son causas físicas y pueden ser debidas a diferentes condiciones médicas, en el caso del ritmo circadiano son situaciones circunstanciales y externas a la persona.

## TRATAMIENTOS

EN GENERAL, se suele combinar la terapia farmacológica con terapias psicológicas que ofrezcan un entrenamiento en la modificación de la conducta. Si los desórdenes son un efecto secundario de otras enfermedades o condiciones clínicas, se incluirá su tratamiento dentro del prescrito para la enfermedad primaria.

## Tratamiento farmacológico

COMO HEMOS visto a lo largo del capítulo, el uso de medicamentos ha de estar muy bien controlado por el especialista para evitar los problemas que pueden presentar. Son fármacos que suelen crear adicción y tolerancia, esto es, que cada vez se necesiten dosis más elevadas para conseguir el mismo efecto, y a la larga son los causantes de numerosas dificultades en el sueño. No obstante son eficaces a corto plazo, y pueden ayudar a la persona a recuperar su funcionamiento normal de manera rápida.

Para los problemas de insomnio y los del ritmo circadiano, se suelen recetar medicamentos hipnóticos o inductores del sueño y sedantes como las benzodiacepi-nas (también se usan en el tratamiento del mioclonus nocturno y piernas inquietas, junto con otro tipo de fármacos específicos para estos problemas). Para la hipersomnia se suelen prescribir estimulantes. La narcolepsia es tratada con antidepresivos y con estimulantes como las anfetaminas.

## Tratamiento psicológico

EL PROBLEMA que suelen presentar los tratamientos no farmacológicos es que los resultados tardan un tiempo en notarse y muchos pacientes pueden desesperarse.

Suelen ser recomendables las psicoterapias de diversa orientación para trabajar los problemas psicológicos que causan malestar, ansiedad o preocupación, y sus causas; revisar los métodos y estrategias de afrontamiento de las circunstancias vitales; aprender o reforzar tácticas de manejo del estrés y solución de problemas, métodos de relajación, etc., pues, a menudo, muchos desórdenes mentales (y entre ellos los del sueño) son consecuencias del sufrimiento mental de las personas.

Es muy importante modificar la conducta del sueño que muchas personas tienen, fomentando buenos hábitos y desterrando los que resultan nocivos. Unos ejemplos de buenos hábitos son:

- Mantener un horario lo más fijo posible de las necesidades biológicas como las comidas y los ciclos de sueño/vigilia; sobre todo procurar despertarse a la misma hora.
- No permanecer en la cama cuando no se tiene sueño e irse a ella sólo cuando se tiene.

- No realizar otras actividades en la habitación salvo la actividad sexual y dormir.
- Evitar las siestas o realizar sólo las programadas en el caso de la narcolepsia e hipersomnia.
- Para los problemas de iniciación y mantenimiento del sueño, evitar los excitantes antes de ir a dormir como la cafeína, nicotina, refrescos de cola, etc.; hacer ejercicio durante el día; realizar todas las acciones que necesitemos antes de dormir como comer algo si se tiene hambre.

## PARASOMNIAS

ESTE GRUPO de desórdenes se caracterizan por eventos o comportamientos no normales que ocurren durante el sueño, en alguna de sus fases o en la transición sueño/vigilia. Los más habituales son: **pesadillas, terrores nocturnos, sonambulismo**. Cuando estos trastornos ocurren en la infancia suelen ser debidos a factores del desarrollo, en los adultos sus causas suelen ser de origen psicológico.

## PESADILLAS

SE DEFINEN como episodios oníricos (pertenecientes o relativos a los sueños) que producen ansiedad y miedo intensos. Todo el mundo las hemos tenido alguna vez, pero el trastorno por pesadillas se caracteriza por la aparición persistente de éstas durante el sueño nocturno o durante las siestas diurnas haciendo que la persona se despierte.

Estos sueños son muy elaborados, terroríficos y prolongados, y dejan un recuerdo claro y vívido. El tema central suelen ser las amenazas a la integridad de la persona (por ejemplo, que va a sufrir mucho dolor o que va a morir), amenazas a su seguridad o a su autoestima (por ejemplo, situaciones terriblemente embarazosas, fracasos).

Al igual que en el sueño normal, la mayoría aparecen durante la fase REM, y con mucha frecuencia, durante la segunda mitad del periodo de sueño. La angustia producida suele ir acompañada de reacciones motoras bruscas que son las que provocan el despertar. Cuando la persona se despierta, recupera casi inmediatamente el estado orientado y vigil, esto es, presenta un contacto normal con la realidad.

La alteración del sueño producida por la angustia y los frecuentes despertares, causa gran malestar a la persona o interfiere en el normal funcionamiento de su vida. El diagnóstico de este desorden se hará si las pesadillas no son la consecuencia de alguna enfermedad médica (por ejemplo, lesiones vasculares), mental (por ejemplo, trastorno por estrés postraumático) o debido al consumo o abstinencia de alguna sustancia.

**Diferencias con otros trastornos**

- *Terrores nocturnos:* se diferencian en que con los terrores existe confusión y desorientación al despertar, no ocurren en el mismo periodo de la noche ni en la fase REM, no recuerdan el contenido del sueño, y presentan mucha actividad vegetativa.
- *Ataques de angustia:* también interrumpen el sueño, producen ansiedad y el despertar es orientado, pero no tie-

nen por qué aparecer sueños de contenido terrorífico, y si aparecen, éstos son esporádicos.

---

## DATOS SOBRE PESADILLAS

- Existen pocos datos sobre este trastorno.
- Puede darse a cualquier edad.
- Las mujeres reportan más problemas de pesadillas que los varones, pero esto puede ser debido a que ellas tienden más a acudir a la consulta cuando tienen algún problema.

---

## TERRORES NOCTURNOS

EL SÍNTOMA principal son despertares bruscos que se inician de una manera muy llamativa. La persona dormida de repente grita intensamente o llora de angustia, y se producen otros signos de ansiedad como taquicardia, sudoración, respiración agitada, dilatación de las pupilas, vello de punta, movimientos rápidos y mirada perdida en algún punto. En este momento es muy difícil de despertar o de calmar.

Cuando se despierta se encuentra confuso, desorientado, y no recuerda nada del contenido del sueño (quizá alguna imagen suelta) aunque puede retener una imprecisa sensación de terror; por lo general se vuelve a dormir sin problemas. Por la mañana, el episodio ha quedado completamente borrado, es decir, no puede recordar nada de lo ocurrido durante la noche.

Estos episodios se producen en el primer tercio del periodo de sueño, no ocurren en la fase REM, y generalmente sólo se produce un episodio por noche. La alteración del sueño causa un malestar significativo a la persona o deteriora el funcionamiento normal en las áreas importantes de su vida. El diagnóstico de este desorden se hará si la alteración no es consecuencia de alguna enfermedad médica (por ejemplo, tumor cerebral), mental (por ejemplo, trastorno por angustia) o debido al consumo o abstinencia de alguna sustancia.

### Diferencias con otros trastornos

- *Pesadillas: véase* la sección anterior.
- *Ataques de angustia:* en este caso, los despertares son rápidos, sin desorientación o confusión, y recuerdan el episodio por la mañana.

---

## DATOS SOBRE TERRORES NOCTURNOS

- Es un trastorno relativamente frecuente en los niños (alrededor del 4%) y menos habitual en los adultos (menos del 1%).
- En la infancia suele iniciarse en la edad preescolar. Su duración es variable aunque es raro que persista en la adolescencia. En los adultos puede presentarse a cualquier edad, sin embargo, su aparición en adultos mayores y ancianos puede indicar la existencia de una enfermedad como un tumor o una infección del sistema nervioso central.
- Se da por igual en varones y mujeres, aunque en la infancia es más frecuente en los niños que en las niñas.

---

## SONAMBULISMO

TAMBIÉN CONOCIDO como «caminar dormido», este trastorno se caracteriza por la aparición repetida de movimientos complejos durante la noche, que implican levantarse y caminar en pleno sueño. A menudo, pueden llegar a subir y bajar escaleras, irse de la casa, correr, vestirse, hablar, comer...; no obstante, lo más habitual son acciones simples y rutinarias como caminar por las habitaciones.

Durante los episodios, el sonámbulo tiene los ojos abiertos y su mirada es fija y perdida. No suele reaccionar a los estímulos exteriores, con lo que es muy difícil despertarle. La duración de un episodio es variada, desde unos minutos hasta media hora, y su final también, puede despertarse espontáneamente o volver a la cama y continuar durmiendo.

Si se despierta durante el episodio, puede mostrar algo de confusión, sobre todo si lo hace en un lugar que no sea su cama, aunque ésta es breve y recupera todas sus facultades en seguida. Sin embargo, tanto en ese momento como a la mañana siguiente, no recuerda nada de lo sucedido.

El sonambulismo suele ocurrir en el primer tercio del periodo de sueño y puede que no cause ninguna alteración en el comportamiento diurno salvo la preocupación de la familia o que se llegue a hacer daño por la noche. Para diagnosticarlo como trastorno debe causar malestar o deterioro social, familiar, laboral o de otras áreas importantes de la vida. De la misma manera, no debe ser causado por otras enfermedades, tanto físicas como mentales, ni por el consumo o abstinencia de sustancias. Si esto ocurriera, sería tratado como un efecto secundario.

## CAUSAS Y TRATAMIENTOS

LAS CAUSAS fundamentales de las parasomnias son psicológicas. Suelen surgir como respuesta a las preocupaciones, a las tensiones emocionales, a la fatiga, etc. Es muy frecuente que los niños no respondan a las situaciones traumáticas o estresantes de forma consciente, y sin embargo lo hagan a través de este tipo de alteraciones.

- **Pesadillas:** la persona presenta habitualmente una historia de acontecimientos estresantes y tensiones emocionales. En los adultos es recomendable la psicoterapia para ayudarle a discernir cuáles son los problemas concretos, sus causas y cómo se pueden resolver. En los casos muy persistentes y que producen mucha angustia, pueden usarse medicamentos ansiolíticos.
- **Terrores nocturnos:** aparte de las causas psicológicas, parece que tienen un componente genético, pues se suelen dar también entre los familiares de primer, segundo y hasta tercer grado de los pacientes. En los niños se asocia con un retraso madurativo del sistema nervioso central. El tratamiento suele ser psicoterapias de diversas orientaciones. En ocasiones se usan fármacos como las benzodiacepinas.
- **Sonambulismo**: se proponen los factores psicológicos, retraso madurativo

---

## DATOS SOBRE SONAMBULISMO

- ■ Es un trastorno frecuente en la infancia, especialmente en la preadolescencia (entre los 10 y los 14 años). En adultos es menos habitual, se estima que lo presenta alrededor del 1 al 5%.
- ■ Se presenta por igual en mujeres y en varones.

(en los niños), y predisposición genética entre sus causas. Por otro lado, parece que existe una disfunción en los mecanismos de control y activación del sueño REM. El tratamiento es a base de psicoterapias junto con fármacos tranquilizantes (benzodiacepinas).

## TRASTORNOS CARACTERÍSTICOS DE LA INFANCIA

LOS SIGUIENTES trastornos son alteraciones en el sueño que ocurren con más frecuencia en la infancia que a otras edades. Por lo general, suelen estar causados por tensión emocional o por ansiedad y tienden a remitir con el tiempo. Los trastornos son.

- **Somniloquio:** se caracteriza por hacer sonidos o hablar de manera comprensible durante el sueño. Estos episodios suelen durar unos pocos segundos y aparecen de manera esporádica. Suele ser normal en muchos niños, pero si persiste durante varios años podría ser indicativo de síntomas de ansiedad. Es frecuente que se inicien antes de que el niño vaya a la escuela.

- *Jactatio cápitis* **nocturna:** su característica principal es el movimiento de la cabeza de adelante hacia atrás y hacia los lados, justo antes de dormir o al principio del sueño. Por lo general no son movimientos fuertes, pero algunos niños pueden golpearse la cabeza en las paredes o en la cama, con el consiguiente peligro. De igual manera, lo más normal es que el episodio dure pocos minutos; no obstante, puede haber casos cuya duración es superior a una hora. Es frecuente entre los niños muy pequeños (entre los ocho y los 12 meses) y se asocia a factores emocionales como los conflictos entre los padres, o en la escuela.

- **Bruxismo:** se trata del rechinar de dientes. Es un trastorno frecuente en los niños de entre tres y siete años, aunque puede llegar a hacerse crónico. Muchos niños se quejan por la mañana de dolores o cansancio en la mandíbula y de tener mucha sensibilidad en los dientes. Por otro lado, éstos pueden llegar a erosionarse. Parece que la probabilidad de padecerlo aumenta si existe historia familiar del problema.

# Trastornos del control de los impulsos

**P**odemos definir impulso como cualquier acto o evento provocado o desencadenado por un estímulo, con muy poco o ningún control consciente. En psicología, es una incitación a actuar por un estado interno (deseo o motivo afectivo) de manera súbita, sin reflexionar.

Esta categoría recoge los trastornos del comportamiento que no son clasificables en otros apartados (esto es, que no son clasificables como pertenecientes a ninguno de los trastornos mentales), y se agrupan juntos porque comparten las características siguientes:

## CARACTERÍSTICAS COMUNES

CUANDO HAY un desorden en el control de los impulsos, hay un fracaso en resistir un deseo o una tentación de hacer algo que es perjudicial para uno mismo o para los demás. En estos casos, algunas personas pueden, pero otras no, intentar evitarlo, es decir, son conscientes del deseo creciente de realizar esa acción e intentan resistirse, aunque luego fracasen. Por otro lado, el acto puede ser premeditado y planificado, y también lo contrario, repentino e improvisado.

Es muy evidente en estas personas la incapacidad de inhibición sobre su conducta, así como el no tener en cuenta las consecuencias que pueden tener sus acciones. En general, los pacientes sienten una gran tensión que va aumentando antes de hacer el acto, e inmediatamente después, sienten un gran placer, alivio por reducción de la tensión, o gratificación. Algunos pacientes (pero no todos) experimentan culpa o arrepentimiento.

La característica principal y definitoria de estos trastornos es que estas acciones no tienen finalidad ninguna, simplemente se produce una gran tensión y, una vez realizadas, gran placer o alivio.

Los desórdenes más importantes dentro de esta categoría son: **el trastorno explosivo intermitente, la cleptomanía, la piromanía, la tricotilomanía,** y **la ludopatía (juego patológico).**

## TRASTORNO EXPLOSIVO INTERMITENTE

La característica principal de este trastorno son episodios de dificultad en el control de los impulsos agresivos, que suelen acabar en daños a otros o a la propiedad. La reacción violenta es desproporcionada con respecto al estímulo que la precipitó, es decir, puede aparecer sin ninguna o muy poca provocación. En algunas ocasiones, su intensidad puede incrementarse con el tiempo.

Es frecuente que entre los episodios la persona presente signos de impulsividad generalizada y agresividad, y por estas razones, sus relaciones sociales suelen verse muy deterioradas.

El inicio del trastorno es repentino, y no presenta signos prodrómicos, esto es, no hay signos de ningún tipo previos al desorden. Igualmente, puede terminar de manera brusca. Se han dado casos donde sólo ha aparecido un episodio.

---

### DATOS SOBRE EL TRASTORNO EXPLOSIVO INTERMITENTE

■ No se tienen muchos datos sobre este trastorno y se estima que es especialmente raro. Quizá una de las causas sea que estas personas no suelen buscar tratamiento por este problema. La sociedad está bastante acostumbrada a la violencia y a las personas violentas, y las explicaciones no suelen ser de tipo psicológico.
■ Suele comenzar al principio de la vida adulta.
■ Es más común en varones que en mujeres.
■ Se asocia con los trastornos narcisista, paranoide, esquizoide y obsesivo-compulsivo de la personalidad.

---

Se diferencia de la conducta agresiva no debida a desorden mental en que esta última suele tener una motivación detrás, ya sea económica o ideológica, es decir, tiene una finalidad, y este trastorno no.

Debe diferenciarse de cualquier otro desorden mental o físico que pueda producir agresividad, como por ejemplo, el trastorno antisocial, o el límite de la personalidad, esquizofrenia, consumo o abstinencia de sustancias como drogas o alcohol, traumatismo craneal, etc. En todos ellos se dan otros síntomas además de la violencia.

## CLEPTOMANÍA

La cleptomanía se caracteriza por un reiterado fracaso en el intento de reprimir los impulsos de robar objetos. Éstos no son necesarios para el uso personal, ni se roban por su valor económico, todo lo contrario, a menudo la persona podría costearlos sin dificultad. El problema es que siente una tensión que va en aumento inmediatamente antes del robo, y una sensación de bienestar o de reducción de la tensión, después.

Este impulso suele ser considerado como egodistónico, es decir, que no es aceptable dentro del concepto de sí misma que tiene la persona, o como algo propio de ella. Por esto, es frecuente que tenga sentimientos de culpabilidad después del robo, así como tendencia al estado de ánimo deprimido.

Los objetos robados son fácilmente desechados o guardados, aunque es habitual que se devuelvan de forma clandestina. Los robos no son planeados, no suelen realizarse con la colaboración de otras personas, ni tampoco se toman ningún tipo de

## DATOS SOBRE CLEPTOMANÍA

■ Es un trastorno muy poco frecuente. Se estima que menos del 5% de las personas que roban en tiendas lo padece.

■ Suele iniciarse en la adolescencia o en el principio de la edad adulta.

■ Es más frecuente en mujeres que en varones.

■ Se han descrito tres formas de cleptomanía: esporádica (ocurre ocasionalmente), episódica (aparece en momentos concretos) y crónica (su presencia es de larga duración).

medidas para evitar ser descubiertos o detenidos. No obstante, si se sienten en peligro de arresto no cometerán el robo.

La cleptomanía suele empeorar con el estrés y está asociada con otros trastornos mentales como la depresión mayor, la ansiedad generalizada y trastornos de la personalidad. Es frecuente también que coexista con la bulimia nerviosa.

Para diagnosticarla, los robos no deben cometerse por motivos económicos, de venganza, cólera o cualquier otra razón que implique ganancia personal, la sensación tensión/placer debe estar presente y se suelen exigir dos o más episodios. De la misma manera, debe distinguirse del trastorno antisocial de la personalidad, en el cual existen además otros comportamientos antisociales.

## PIROMANÍA

SE CARACTERIZA por reiterados actos (también se cuentan los intentos) de prender fuego a propiedades u objetos de manera deliberada e intencionada. La persona no puede resistir el impulso a encender fuego y presenta la sensación tensión-placer característica de estos trastornos.

En general, no consideran o no les preocupan las consecuencias y, a menudo, disfrutan de su acción. Suelen mostrar fascinación, interés y curiosidad por el fuego, la combustión y todos los temas relacionados, como por ejemplo, coches de bomberos, equipos de lucha contra incendios, etc. A menudo, quedan como hipnotizados observando el fuego.

Es habitual la planificación y preparación de los incendios, aunque para diagnosticar piromanía, no debe existir ninguna ganancia personal como un motivo económico (por ejemplo, cobrar un seguro contra incendios, que le paguen por quemar los bosques), o por venganza, ideología, etc. Es decir, aunque sea premeditada, esta conducta no tiene finalidad (excepto la reducción de la tensión).

La piromanía suele darse de forma episódica y su frecuencia puede aumentar o disminuir. Se asocia con trastornos como

## DATOS SOBRE PIROMANÍA

■ A pesar de que no hay muchos datos se cree que es un trastorno raro.

■ Suele comenzar en la infancia y en la adolescencia.

■ Es más frecuente en varones, especialmente aquellos que presentan déficit en habilidades sociales.

■ El tratamiento tiene más éxito cuanto más joven sea el paciente.

■ La experimentación con fuego en niños pequeños o preadolescentes no se considera piromanía si no existe la sensación de tensión/placer característica.

el antisocial, por déficit de atención con hiperactividad y de adaptación.

## TRICOTILOMANÍA

ESTE TRASTORNO se caracteriza por el reiterado fracaso en el intento de reprimir el impulso de arrancarse el pelo, y tiene como consecuencia una notoria pérdida de éste (con áreas de calvicie). Las personas que lo padecen sienten una creciente tensión antes, y un alivio o placer después de arrancárselo.

Aunque lo más habitual es que sea en la cabeza, puede haber arrancamiento del pelo en otras zonas del cuerpo como pestañas, cejas, vello púbico y corporal, y no parece que les duela. Con mucha frecuencia, esta conducta produce prurito (o picazón) y escoriación en las zonas afectadas, cabellos frágiles y quebradizos y folículos lesionados. Aun así, estas personas niegan el trastorno.

En general, la tricotilomanía no se produce delante de otras personas (excepto a veces delante de la familia) y puede causar que se eviten las relaciones sociales. Puede ir acompañada de otras conductas repetitivas como el arrancamiento de pelo a otras personas, animales o muñecos, el rascado de distintas zonas corporales, la onicofagia, esto es, morderse las uñas y la tricofagia, que es comerse el pelo. Esta última puede producir serios problemas como bolas de pelo que obstruyen e incluso perforan los intestinos, anemia, vómitos y dolor abdominal.

Su curso es variable, es decir, hay periodos en que remite y otros en los que es más acentuada.

Este comportamiento suele aumentar en situaciones de estrés y suele asociarse a otros trastornos como los del estado de ánimo, de ansiedad y con el retraso mental. Varios especialistas lo consideran como una variante del trastorno obsesivo-compulsivo, sin embargo; la tricotilomanía no es consecuencia de una obsesión ni es un ritual establecido cuyas reglas han de cumplirse. También se puede diferenciar de un trastorno de tics en que éstos son involuntarios e inesperados.

### DATOS SOBRE TRICOTILOMANÍA

■ Se estima que lo padece alrededor del 2% de la población, aunque esta cifra aumenta entre la población estudiantil, quizá debido a los nervios durante época de exámenes.

■ Es más frecuente en las mujeres que en los varones.

■ Suele iniciarse en la adolescencia y aunque puede aparecer en niños, a edades tempranas no se considera trastorno si aparece de forma transitoria.

## JUEGO PATOLÓGICO

SE CARACTERIZA por una incapacidad de resistir el impulso de jugar (juegos de azar, apuestas, loterías, etc.), y este comportamiento altera de manera significativa la vida familiar, social o profesional del jugador. También recibe el nombre de «ludopatía».

Estas personas suelen mostrar una gran preocupación (más de lo que sería normal) por todo lo relacionado con el juego, como por ejemplo conseguir dinero y planear jugadas y apuestas. Un problema que puede llegar a ser muy serio es que suelen necesitar apostar cada vez más

## DATOS SOBRE JUEGO PATOLÓGICO

- Es un trastorno relativamente frecuente. Se estima que alrededor del 3% de la población lo presenta. No obstante, se cree que puede ser más abundante.
- Suele iniciarse al principio de la edad adulta, aunque hay que tener en cuenta que la ley permite jugar sólo a los mayores de edad.
- Es más habitual en varones que en mujeres, y en ellos la edad de inicio es más temprana.
- Es más frecuente en personas separadas y solteras que en casadas.
- Hay un alto porcentaje de jugadores entre los alcohólicos y viceversa, es decir, también hay un alto número de alcohólicos entre los jugadores.
- La legalización y disponibilidad de casas de juego, así como las crisis económicas y la importancia que hoy en día tiene el dinero, hacen que cada vez juegue más gente, y por tanto aumente el número de casos.

dinero para conseguir la sensación deseada. Por lo general, son gente competitiva y energética, se aburren fácilmente y con frecuencia presentan distorsión del pensamiento, como el pensamiento mágico, esto es, superstición, sensación de poder, de control, etc.

Al principio minimizan las pérdidas, pero con el tiempo se van volviendo irritables y su vida se empieza a deteriorar notablemente. A menudo las familias pagan las deudas, con lo que la persona no aprende a asumir sus responsabilidades o no ve la gravedad del asunto.

Los afectados con este desorden pueden llegar a tener grandes deudas, vender sus bienes, pedir créditos y engañar a sus familias y conocidos para conseguir más dinero con el que «recuperar» lo perdido. Así, se ven envueltos en un círculo vicioso. Pueden alcanzar casos extremos y realizar actos ilegales como robos, u otras conductas, como la prostitución e, incluso, llegan al suicidio.

Por su estilo de vida, suelen ser propensos a las enfermedades asociadas al estrés; entre ellas, las más habituales son las úlceras, las migrañas y la hipertensión. El juego patológico se asocia con trastornos anímicos, déficit de atención con hiperactividad, abuso de sustancias (especialmente el alcohol), y los trastornos antisocial, límite y narcisista de la personalidad.

Suele iniciarse de manera insidiosa, es decir, lenta y progresivamente a lo largo del tiempo, y suele hacerse crónico.

## CAUSAS Y TRATAMIENTOS

### CAUSAS

COMO HEMOS podido observar, existen pocos estudios (y en consecuencia pocos datos) sobre estos desórdenes, y hay varios motivos por los que puede que esto sea así. Una razón importante es que son trastornos muy poco frecuentes y muchos pacientes no acuden en busca de tratamiento. Es posible que muchos identifiquen su problema como más bien anti-social, relacionado con una cierta inadaptación a las estructuras y normas sociales, aunque hay que recordar que no necesariamente sienten culpa o arrepentimiento. Y si las consecuencias no son muy graves, pueden llevar una vida relativamente normal. Por otro lado, al ser frecuente que aparezcan acompañados de otros desórdenes puede que pasen como síntomas de éstos.

Actualmente, se desconocen los factores causantes, aunque como para el resto de las enfermedades mentales, probablemente existan componentes biológicos y ambientales.

Por la efectividad en el tratamiento de algunos fármacos antidepresivos y ansiolíticos, y por los resultados de algunos estudios, parece que existe una disfunción en la regulación de ciertos neurotransmisores, especialmente serotonina. Entre los factores ambientales más importantes se encuentra el estrés, que suele potenciar estas conductas, y problemas emocionales como desencadenantes.

El caso de la ludopatía es algo diferente del resto pues presenta cierta relación con la conducta adictiva, esto es, con las adicciones (por ejemplo, tolerancia y abstinencia), y algunas de sus causas se pueden explicar de acuerdo a los procesos que intervienen en éstas. Los demás trastornos no presentan características similares, y tampoco su adquisición ni su mantenimiento se parecen.

### Trastorno explosivo intermitente

EL ESTUDIO de este trastorno junto con la investigación de la agresión en general, apuntan a una perturbación en la regulación del neurotransmisor serotonina, en concreto una disminución en los niveles de esta sustancia. Otros neurotransmisores implicados parecen ser la noradrenalina y la dopamina. En ensayos de laboratorio se ha observado que esta última lleva a la agresión cuando se aumentan sus niveles. Sin embargo, los estudios y los resultados no son del todo concluyentes.

Los factores psicológicos que se han asociado a este problema son una baja autoestima que pudo ser producida por, o que se acompaña además de, problemas educacionales y de relaciones familiares conflictivas durante la infancia. Existen ciertos elementos ambientales que predisponen a la agresividad como una historia de violencia en la niñez, abandono, negligencia, o abuso por parte de los padres, y problemas en la demora de recompensas, es decir, son más sensibles a la recompensa inmediata.

### Cleptomanía

LAS CAUSAS de este trastorno son desconocidas; sin embargo, se asocian con infancias marcadas por la necesidad económica o la privación emocional. Las teorías de orientación psicoanalítica interpretan este desorden como una manera de obtener placer transgrediendo las normas o como una respuesta vengativa inconsciente por las carencias pasadas.

### Piromanía

LOS FACTORES ambientales más frecuentes son las relaciones familiares perturbadas, negligencia o abandono por parte de los padres y conductas antisociales en el entorno. Se considera que estas personas tienen una baja autoestima y que la conducta incendiaria sería una manera impulsiva e inconsciente de expresar odio o venganza, así como de mostrar poder. Sin embargo, no se explica la fascinación que la mayoría de los pirómanos sienten hacia el fuego o la combustión.

## Tricotilomanía

EL FUERTE estrés es una de las causas de la aparición de este desorden. Algunos pacientes empezaron en época de exámenes mientras estudiaban, otros después de la muerte de un ser querido, el nacimiento de un hermano o la separación de los padres.

## Juego patológico

O LUDOPATÍA, es un trastorno que obedece a múltiples causas que se relacionan de manera compleja. A pesar de que cumple los criterios de desorden en el control de los impulsos (relación tensión/placer), también cumple los de conducta adictiva (por ejemplo, búsqueda intensa de lo que produce la adicción, en este caso el juego, abstinencia, tolerancia..., etc.), y los de conducta compulsiva (por ejemplo, necesidad de realizar la conducta, el carácter repetitivo de la misma, etc.). Sin embargo, una característica esencial en las adicciones es el consumo de alguna sustancia que produzca cambios biológicos en el organismo, tanto a corto como a largo plazo. De la misma manera, el trastorno obsesivo-compulsivo es considerado por los pacientes como egodistónico (no es aceptable dentro del concepto de sí misma que tiene la persona, o como algo propio de ella), mientras que la ludopatía es egosintónica, es decir, la conducta es consistente con el propio carácter, se siente real y aceptable, como que le puede pertenecer.

Igual que para las adicciones, una de las cosas más difíciles de explicar es por qué se empieza, por qué se prueba. En general, se considera una conducta aprendida, en la que influyen aspectos sociales, emocionales y cognitivos. Sin embargo, no hay que olvidar que entre otras cosas, es legal y por tanto un negocio que genera publicidad que incita a su consumo.

### Teorías del aprendizaje

BÁSICAMENTE ESTAS teorías postulan el aprendizaje de las conductas a través de los refuerzos positivos y negativos (condicionamiento operante), del condicionamiento clásico por el cual se asocian dos estímulos (uno de ellos neutro) y el aprendizaje observacional.

Los refuerzos positivos de una conducta son aquéllos que aumentan la posibilidad de que ésta se repita. En este caso serían cierto dinero ganado, o las ilusiones de ganarlo, la excitación y emoción por jugar o cualquier otra cosa agradable que la persona sienta.

Múltiples estudios de aprendizaje en laboratorio han demostrado que la manera más poderosa de mantener una conducta es la de presentar los refuerzos de manera intermitente y aleatoria, que es lo que pasa en los juegos de azar. Este tipo de presentación hace que la persona se convenza de que quizá la próxima vez le toque, o que si juega mucho tiene más posibilidades de ganar. Una característica importante es que cuanto menos tiempo pase entre la conducta (jugar) y el refuerzo (premio o casi premio, luces, sonidos indicando que el premio está cerca) más adictiva es, de ahí la popularidad y el problema de las máquinas tragaperras.

Los refuerzos negativos también hacen que se repita una conducta, pero para que desaparezca un estímulo negativo (sensaciones desagradables, malestar, etc.). Por ejemplo, a muchas personas el juego les sirve para «olvidarse» de los problemas, cuando se aburren o cuando están nerviosas.

De acuerdo con las teorías del condicionamiento clásico, un estímulo neutro se acaba asociando a otro que no lo es cuando se dan los dos a la vez habitualmente. En el caso de la ludopatía, se acaban asociando las sensaciones producidas por el juego con estímulos neutros como el entorno, la hora a la que generalmente se juega, el sonido de la máquina, las luces, etc. Por ello, las ganas de jugar aumentan cuando la persona se encuentra con estos estímulos.

Por otro lado, la imitación de modelos es una de las maneras de aprendizaje más fácil que tienen los niños, y parece que presenciar el juego de sus padres, o figuras relevantes, en la infancia y adolescencia, es un factor de riesgo importante.

### Factores sociales y familiares

UNO DE los grandes problemas es que la conducta es socialmente admitida e incluso a menudo es bien vista y atractiva (por ejemplo, películas de apuestos jugadores en el casino de Montecarlo, o duros vaqueros del Oeste jugando al póquer). También existe una gran disponibilidad y fácil acceso a todo tipo de juegos como loterías, bingos, máquinas tragaperras, etc., así como publicidad incitando a su consumo (loterías, cupones, casinos...) y prometiendo posibilidades de ganar y la felicidad que ello conlleva.

Como hemos visto, el observar a familiares jugando por dinero junto con otros elementos predisponentes como la sobrevaloración del dinero fácil, o ambientes familiares inestables y competitivos, aumentan el riesgo a desarrollar una adicción al juego. Otras características de la persona que mantienen la conducta (e incluso la agravan), y que pueden deberse al tipo de educación recibida en la infancia, son la falta de habilidades en solución de problemas, de comunicación, de afrontamiento del estrés y de manejo del dinero y del ocio.

### Teorías cognitivas

SUELE SER común en estos pacientes la distorsión del pensamiento, especialmente el pensamiento mágico. Éste se caracteriza por la creencia en que los pensamientos, palabras o acciones pueden, de alguna manera, causar o prevenir resultados. Por ello suelen ser supersticiosos, conocen el juego y hacen predicciones como creer que sabían un resultado cuando sale (por ejemplo, «sabía que serían estos números» o «sabía que ahora no ganaba»), o se extrañan cuando sale otro (por ejemplo, «no puede ser, ahora tenía que salir el premio»), se crean estrategias para ganar, etc.

Las características de los juegos permiten a los jugadores manipular parte del mismo, es decir, se pueden elegir los números, las cartas, se tiran los dados, etc., y esto les crea la sensación de que de alguna manera están influyendo en el azar. Así, los aciertos o los errores son debidos a uno mismo, a sus habilidades como jugador, a la estrategia empleada, a lo acertado de su predicción o a la suerte que tienen (o que no tienen). Esto hace que sigan jugando, tanto para mejorar como para confirmar sus pensamientos. En general, los jugadores se olvidan de que son juegos de azar en los que cualquier resultado es posible.

Estas ideas pueden aparecer antes, durante y después del juego, preparando a la persona, manteniendo la conducta y explicándose los resultados.

## TRATAMIENTOS

A PESAR del poco conocimiento sobre las causas que pueden originar fallos en el control de estos impulsos, los tratamientos múltiples suelen ser bastante eficaces. El objetivo fundamental es eliminar o reducir estas conductas y recuperar (o crear) el control sobre las mismas. En general, incluyen terapia farmacológica, psicoterapias de diversa orientación, como grupal, del comportamiento, psicoanalítica, técnicas de prevención, etc. Es importante tener en cuenta y tratar también otros problemas mentales que suelen acompañar a estos trastornos como la depresión, la ansiedad generalizada, o el consumo de sustancias. Si alguno de éstos es más grave habrá que tratarlo primero.

### Trastorno explosivo intermitente

LOS MEDICAMENTOS más utilizados son los antidepresivos (en concreto los inhibidores selectivos de la recaptación de la serotonina), y los tranquilizantes neurolépticos en los casos de agresividad aguda.

Las psicoterapias más utilizadas son:

- *De apoyo:* la ayuda se ofrece directamente, no se abordan los conflictos en la infancia (excepto cuando sea necesario), sino que se centran más en los actuales. Lo importante es conseguir una buena relación paciente/terapeuta, poder contar los problemas pasados, presentes y futuros, recibir consejos objetivos, planear acciones específicas para resolver el problema, trabajar técnicas de modificación de la conducta como relajación, manejo del estrés, autocontrol, prevención de respuesta, etc.

- *Familiar:* en la cual participa toda la familia, se trabajan las relaciones entre ellos, para así ayudar al cambio de conducta en el paciente, se les da información sobre el trastorno, cómo reconocer síntomas y cómo reaccionar.
- *Y de grupo:* en las que el paciente se encuentra con gente que padece el mismo (o similar) problema, se trabaja la libre discusión, la expresión de sentimientos, y a menudo son más terapéuticas que las individuales.

### Cleptomanía

SI LA persona se encuentra deprimida por sus robos o por la ansiedad que le producen, suele ser aconsejable el uso de antidepresivos de perfil serotoninérgico.

Las terapias psicológicas más empleadas son las de apoyo con modificación de la conducta, en las que se suelen incluir técnicas como (*véase* sección de terapias para más detalles):

- *Desensibilización,* consiste en exponer progresivamente al paciente a los estímulos (situaciones, objetos, estrés...) asociados al robo que le producen ansiedad, para que se desensibilice y se reduzca su presencia.
- *Relajación,* se usan varios métodos para aprender a relajarse, controlar las tensiones, etc.
- *Autocontrol,* con técnicas de inhibición de conductas.

Las terapias psicoanalíticas tendrían como objetivo (dependiendo de la interpretación que hicieran del problema) averiguar y resolver los posibles conflictos internos que llevaron a la persona a desplazar la obtención de placer a la conducta del robo.

## Piromanía

SON MUY importantes las terapias de modificación de conducta en el tratamiento de la piromanía, así como trabajar la toma de conciencia del peligro que causan y de las catastróficas consecuencias de sus actos. El enfoque se hace en el autocontrol, la prevención de respuesta (esto es, la persona aprende a identificar estímulos que pueden desencadenar el impulso, o las sensaciones previas y se entrena en otro tipo de actividades alternativas para hacerles frente), en el refuerzo de conductas nuevas y más positivas, etc.

Como parece que es más frecuente en personas con déficit en habilidades sociales, resolución de problemas, baja autoestima y de ambientes familiares problemáticos, el entrenamiento y refuerzo de estas áreas también se suele incluir en el tratamiento.

## Tricotilomanía

LO MÁS habitual es que se combine el tratamiento farmacológico con terapias de apoyo y de conducta. Los medicamentos más empleados son ansiolíticos para el control de la ansiedad (que es un elemento importante en el desarrollo y mantenimiento de este desorden), y antidepresivos, pues parece que disminuyen el comportamiento compulsivo.

Las técnicas de modificación del comportamiento más utilizadas son la prevención de respuesta; la utilización de respuestas incompatibles (como podría ser sentarse encima de sus propias manos, o apretarlas con fuerza, hasta que pase la ansiedad); controlar los estímulos ante los cuales la conducta se suele producir (por ejemplo, a la hora de estudiar, viendo la tele, hablando por teléfono...), y estar prevenido o interferir en la respuesta poniendo medios como llevar el pelo muy recogido, o en un gorro, etc. También se trabaja el manejo del estrés y la angustia y se utilizan técnicas de relajación.

## Juego patológico

EL TRATAMIENTO más efectivo por el momento está compuesto de:

- Terapia de grupo (*véase* anteriormente).
- Terapia de modificación de la conducta con el uso de técnicas como la desensibilización, exposición a los estímulos (en condiciones en las que la conducta no puede llevarse a cabo y de esta manera aprender a controlar las sensaciones e impulsos que provocan), prevención de respuesta, respuestas incompatibles con la conducta de jugar, relajación, autocontrol, etc.
- Reestructuración cognitiva, que consiste en la identificación de los pensamientos distorsionados o irracionales (pensamiento mágico, supersticiones relacionadas con el juego, predicciones, el juego como solución a las dificultades...), corrección y creación de pensamientos alternativos.

También es frecuente que se trabajen técnicas de solución de problemas (cómo aprender a definirlos correctamente, a proponer y valorar las soluciones y a elegir las más adecuadas), de utilización del tiempo libre, manejo del dinero y del entrenamiento en habilidades sociales. En general, el tratamiento se debe aplicar a todas las áreas que estén afectadas tanto sociales y familiares como laborales.

No obstante, los objetivos de los programas son algo diferentes. Unos tienen como finalidad la abstinencia total del juego, mientras la meta de otros es lograr un juego controlado. Cuál de las dos metas es la mejor, depende de las características de cada jugador.

# Trastornos adaptativos

Adaptarse implica ajustarse o acomodarse a las circunstancias, situaciones o condiciones que son nuevas de una manera armónica. Sin embargo, no todos los cambios son fáciles de sobrellevar, algunas situaciones son duras, exigen mucho cambio o causan mucho estrés, y las personas diferimos en nuestra manera de afrontarlas.

Cuando la inadaptación es más acusada y duradera de lo que sería esperable, dadas las circunstancias que la producen, y llega al extremo de afectar al funcionamiento vital, esto es, al ámbito familiar, social y laboral de la persona que la padece, estaríamos ante un trastorno adaptativo.

Este trastorno suele originarse como respuesta a una situación psicosocial estresante y los síntomas que se pueden presentar son muy variados. Pueden manifestarse alteraciones emocionales como irritabilidad, tensión, ansiedad y depresión, o pueden desarrollarse alteraciones en el comportamiento como conductas antisociales, aislamiento, problemas en la conducta alimentaria y desinterés por todo tipo de actividades que antes sí interesaban. Son también frecuentes las autoagresiones.

Los distintos síntomas pueden darse a la vez (de manera mixta), o con predominio de unos sobre otros. De esta manera es como se suele clasificar un trastorno adaptativo en la actualidad.

- Con estado de ánimo depresivo: si predominan el sentirse deprimido, el llanto o la desesperanza.
- Con ansiedad: si destacan síntomas como el nerviosismo, angustia, inquietud o preocupación.
- Con alteración del comportamiento: hay mayor presencia de conductas alteradas como vandalismo, peleas o vagancia.
- Mixto con estado de ánimo depresivo y ansiedad.
- Mixto con cualquiera de las alteraciones emocionales y del comportamiento.
- Sin especificar: si los síntomas no se clasifican dentro de alguno de los grupos anteriores, por ejemplo, quejas de malestares físicos o inhibición social.

Para diagnosticar este trastorno se requiere que la aparición de los síntomas, en respuesta a la situación o elemento estresante, ocurra dentro de los tres meses siguientes al acontecimiento.

El comienzo puede ser muy variable, unas personas lo desarrollan enseguida, mientras otras tardan más. De igual manera, su inicio puede ser agudo, esto es, repentino o brusco, en el curso de horas o días; o insidioso, más lento y progresivo, en el curso de semanas o meses (pero no más de tres).

La duración del desorden puede ser breve. Por lo general, una vez ha cesado la causa del estrés o sus consecuencias, los síntomas no suelen persistir más de seis meses. No obstante, dependiendo de la naturaleza de lo que provocó el estrés, en ocasiones puede durar más tiempo e incluso hacerse crónico.

Por lo general, las experiencias estresantes agudas (como un cambio drástico en la situación laboral), suelen producir trastornos de breve duración y de inicio repentino. El estrés más duradero y constante (como una enfermedad larga y problemática de un ser querido) está más relacionado con una duración mucho más larga de estos trastornos. Por otro lado, parece que si los síntomas son duraderos y predominan las alteraciones del comportamiento el pronóstico es más grave.

## DIFERENCIAS CON OTROS TRASTORNOS

- **Trastorno por estrés postraumático o estrés agudo:** las personas que sufren estos trastornos han experimentado un estrés extremo (debido a situaciones de guerras o catástrofes naturales) y responden con intenso horror o desesperanza. Los síntomas son aturdimiento serio, episodios de amnesia, reexperimentación de la experiencia en sí, evitación, etc. y éstos no se dan en el trastorno adaptativo.

- **Trastornos del estado de ánimo:** no se cumplen todos los requisitos necesarios para hacer este diagnóstico.

- **Trastornos mentales:** tampoco se cumplen los criterios de ninguno de los otros trastornos mentales como el antisocial de la personalidad, de ansiedad, etc.

- **Reacciones normales:** de duelo, estresantes, debidas a una determinada condición física, etc. Los síntomas del trastorno adaptativo son más excesivos de lo que cabría esperar en estas circunstancias e interfieren de manera significativa en la vida del paciente.

---

### DATOS SOBRE TRASTORNOS ADAPTATIVOS

- Parece que estos trastornos son relativamente frecuentes en la población, de la que se estima que lo padecen entre el 5 y el 15% de la misma.
- Se pueden desarrollar a cualquier edad.
- Si aparece pronto en la vida (infancia, adolescencia o principio de la edad adulta) es más probable que no vuelva a ocurrir en el futuro.
- Es igual de frecuente en varones que en mujeres, aunque los varones presentan un peor pronóstico.
- Si el paciente padece una enfermedad física, el trastorno normalmente suele contribuir a empeorarla.

## CAUSAS Y TRATAMIENTOS

### CAUSAS

LA CAUSA fundamental es el estrés, pero son precisas algunas matizaciones. Como hemos visto al principio del capítulo, las personas difieren en la manera de afrontar los cambios en sus vidas, y en considerar (o sentir) como más o menos estresantes las situaciones nuevas.

A pesar de las connotaciones negativas que por lo general tiene el concepto de estrés, no siempre son acertadas. Por ejemplo, la mayoría de las personas consideran el matrimonio como un cambio positivo, sin embargo, es clasificado por los psicólogos como un acontecimiento muy estresante porque requiere mucha adaptación. De la misma manera, una persona que ha perdido su trabajo (situación considerada por casi todos como muy dura), pero que tiene una familia que le apoya, dinero ahorrado u otras propiedades, no considerará esta situación tan estresante y se adaptará mejor que otra persona que mantiene a su familia y no tiene otros recursos económicos.

Varios estudios han desarrollado diversas escalas para medir el estrés que causan las distintas situaciones de la vida que requieren adaptación. En los primeros diez puestos y en orden de mayor a menor causantes de estrés, se encuentran:

- Muerte de la pareja (el acontecimiento más estresante).
- Divorcio.
- Separación marital.
- Prisión.
- Muerte de un familiar cercano.
- Enfermedad personal.

- Matrimonio.
- Despido del trabajo.
- Reconciliación marital.
- Jubilación.

La lista de eventos es larga y variada, y en ella se incluyen también los cambios de trabajo, de escuela o de residencia, el embarazo, el nacimiento de un nuevo miembro de la familia, hipotecas y peleas familiares.

En general, cuando una persona determina que las exigencias de cambio de una situación nueva sobrepasan sus recursos, esta persona experimentará estrés. Las diferencias están en las formas que tiene la gente de resolver un problema, o manejar las emociones que los cambios producen.

Hay personas que buscan soluciones de manera activa como obtener información relevante a la solución (por ejemplo, sobre ayudas y servicios sociales disponibles de su comunidad, terapias, apoyo de la familia y de los amigos, etc.). Otras intentan reducir las emociones negativas que causan las situaciones estresantes distrayéndose, relajándose, tomándose las cosas con calma y sin permitir que les dominen los acontecimientos. Finalmente, otras personas que tienen problemas de adaptación les es muy difícil manejar o comprender la situación, buscar soluciones o evitarla, y acaban desarrollando un trastorno adaptativo. Otras personas desarrollan enfermedades físicas como hipertensión, problemas de corazón, asma o úlceras.

Para valorar el impacto del estrés en la persona y poder predecir el curso del trastorno, hay que tener en cuenta ciertas variables como:

- **La forma de presentación,** esto es, si el trauma es agudo, como una muerte;

o crónico, como por ejemplo, un divorcio, el trauma suele ser largo, con visitas al abogado, peleas, juicios, etc.

- **La naturaleza que posea,** es decir, si presenta múltiples factores. Un ejemplo sería un cambio de residencia por separación. Aparte de estas dos situaciones también se dan cambios de escuela en los niños, de amistades, nuevas hipotecas, nuevos hábitos de vida, etc.
- **Si la situación estresante es recurrente,** es decir, si se repite mucho. Por ejemplo, las recaídas de una enfermedad o cambios frecuentes de trabajo por ser empleos temporales y precarios.
- **Y si afecta a una persona o a varias.**

Otras situaciones que son frecuentes en las personas que padecen trastornos adaptativos son las crisis vitales relacionadas con el desarrollo. Por ejemplo, el paso de la infancia a la adolescencia, la elección de la carrera a estudiar, el primer trabajo, la llamada crisis «de los cuarenta» o crisis de edad. Estas situaciones requieren una adaptación mental por varias razones. Entre ellas, la consideración subjetiva de que han llegado a un tope profesional, o que los hijos ya son mayores y las funciones de padres dejan de ser importantes, se esperan pocos o menos cambios en el futuro, se ve a la vejez más cerca, etc.

Varias pueden ser las razones que hacen a la gente más susceptible al estrés. Los factores que más parecen influir son ciertas características de la personalidad, como tener rasgos ansiosos, depresivos o dependientes, el tipo de ambiente en el que el individuo se haya desarrollado, el aprendizaje de habilidades sociales y de solución de problemas que haya recibido, la cantidad de apoyo social, etc.

## TRATAMIENTOS

EN GENERAL, los tratamientos suelen ser psicoterapias, aunque si los síntomas son lo bastante severos o fuertes pueden ser tratados temporalmente con medicamentos. Algunas de las terapias más utilizadas son:

### Terapias psicoanalíticas

AYUDAN A los pacientes a hablar del trauma y de este modo exponerse a las circunstancias que originaron el trastorno, así como a conocer los posibles motivos inconscientes de su manera de responder a las situaciones. Se examina el uso de mecanismos de defensa (los síntomas) empleados, y se ayuda a integrar la experiencia.

### Terapias de grupo

SUELEN SER muy útiles, sobre todo para sentir el apoyo de otras personas que se han visto en las mismas situaciones o en parecidas y que comparten experiencias. Se trabaja la libre discusión y la expresión de sentimientos, y a menudo son más terapéuticas que las individuales.

### Terapias de apoyo

LA AYUDA se ofrece directamente, centrándose en los problemas actuales y las consecuencias de éstos en todos los aspectos de la vida del paciente. Con este tipo de terapias se planean acciones específicas para resolver el o los problemas, se trabajan diversas técnicas de modificación de la conducta como la relajación, el manejo del estrés, el autocontrol y la prevención de respuesta. Se ofrecen consejos objetivos, puntos de vista diferentes y se trabaja el entrenamiento en la resolución de problemas.

### Terapias de familia

EL OBJETIVO es mejorar las relaciones interpersonales entre los miembros de la familia, considerando a ésta como un todo, y no como un grupo de personas individuales. El comportamiento familiar contribuye (y a veces origina) al problema del paciente.

### Entrenamiento en habilidades sociales

UNA CONDUCTA socialmente habilidosa suele ayudar a resolver los problemas de manera más efectiva. El entrenamiento se centra en pedir favores, expresar las emociones, pedir cambios en la conducta de otros, aprender a discrepar, decir no, afrontar las críticas, reducir la ansiedad, etc.

### Entrenamiento en solución de problemas

SE EXAMINAN los problemas que afectan al individuo, se enseña a percibir e identificar los aspectos relevantes, se generan y se valoran respuestas o soluciones objetivas y se eligen las más adecuadas para luego realizarlas.

### Reestructuración cognitiva

SE IDENTIFICAN pensamientos y creencias distorsionadas, y las consecuencias de éstos. Se buscan perspectivas más razonables, valores y objetivos realistas. También se incluye el entrenamiento en el manejo del estrés, relajación, etc.

### Terapias farmacológicas

SE UTILIZAN con frecuencia antidepresivos, tranquilizantes o ansiolíticos, sobre todo al principio del trastorno si los síntomas son lo suficientemente fuertes como para necesitarlos.

# Trastorno por consumo de sustancias

La relación del ser humano con las drogas es tan antigua como la historia misma. Desde la prehistoria se han consumido diversas sustancias con fines muy distintos: para aliviar el dolor, para prácticas mágico-religiosas y también para obtener placer. Sin embargo, hoy son consideradas como uno de los males de la sociedad. El beneficio o el perjuicio de las drogas dependerá de cómo se utilicen.

Cuando el consumo habitual de sustancias afecta o altera el estado de ánimo y la conducta, produciendo malestar o deterioro físico, social, familiar, laboral o en cualquier otra área de la vida importante para el consumidor, y padece síntomas característicos del uso de drogas como dependencia, tolerancia y síndrome de abstinencia, estaremos hablando de un trastorno por uso de sustancias.

## CONCEPTOS BÁSICOS

### CONSUMO

El uso de las drogas puede ser esporádico u ocasional, habitual o continuado y abusivo.

Por abuso se entiende el consumo recurrente e inadecuado que perjudica el funcionamiento vital del consumidor. El perjuicio puede ser debido a la cantidad de sustancia consumida o a la cantidad de tiempo que se ha estado administrando. Para diagnosticar abuso, la persona debe presentar una de las siguientes características:

- Fracaso en el cumplimiento de las obligaciones personales o laborales (bajo rendimiento, ausencias del trabajo o de la escuela, descuidos).
- Exponerse a situaciones peligrosas como conducir o trabajar con maquinaria peligrosa bajo los efectos de la sustancia.
- Problemas legales relacionados con el consumo de la droga.
- Seguir consumiendo pese a la alteración o deterioro de relaciones sociales o interpersonales.

### DEPENDENCIA

Cuando una persona manifiesta dependencia a una droga, ésta adquiere suma importancia y genera un deseo fuerte y a veces irresistible de consumirla. Algunas drogas producen dependencia física, que se caracteriza por producir intensos malestares físicos cuando se interrumpe el consumo (síndrome de abstinencia), y otras producen dependencia psicológica, caracterizada por la necesidad de tener que consumir para producir placer o evitar el malestar psíquico que conlleva no hacerlo. Para diagnosticar dependencia, la persona debe presentar tres (o más) de las siguientes características:

- La persona desarrolla tolerancia a la sustancia que se define como: 1) necesidad de dosis cada vez más elevadas de la droga para conseguir el efecto deseado, o 2) disminución del efecto de la droga si se toma siempre la misma cantidad.
- Aparecen síntomas negativos de **abstinencia**, que pueden ser tanto físicos como psicológicos, si se deja de tomar la droga o se reduce la cantidad. También se puede consumir la droga para aliviar o evitar los síntomas de la abstinencia.
- Se toma más droga o se toma durante más tiempo de lo que se pretendía.
- La persona reconoce el uso excesivo de la droga y desea o intenta dejarlo, pero sin éxito.
- Se emplea demasiado tiempo en obtener la sustancia, consumirla o recuperarse de sus efectos.
- El consumo continúa pese a problemas físicos o psicológicos causados o aumentados por la droga.
- Las actividades sociales, laborales, familiares, recreativas, etc., se ven disminuidas por el consumo.

## TOLERANCIA

Es EL estado de reducción de la sensibilidad a una droga que se produce por un uso continuado de ésta (*véase* anteriormente). El uso continuo provoca ciertos cambios físicos, por un lado puede acelerar los mecanismos de degradación de la sustancia (**tolerancia metabólica**) y, por otro, puede reducir la reactividad de los lugares de recepción de la misma (**tolerancia funcional**). La mayoría de las drogas psicoactivas producen este tipo de tolerancia. Hay otros puntos a tener en cuenta, por ejemplo, el consumo de una droga puede producir tolerancia a otras drogas que actúan con los mismos mecanismos (**tolerancia cruzada**); ésta se puede desarrollar en algunos efectos pero no en todos (por ejemplo, en las náuseas producidas por el alcohol); y a menudo, se pueden conseguir efectos iguales o mayores con la misma o menor dosis (**tolerancia inversa**).

## ABSTINENCIA

EL SÍNDROME de abstinencia consiste en una serie de síntomas que causan malestar significativo a una persona dependiente de una sustancia, cuando deja repentinamente de tomarla o reduce su cantidad. En general, los efectos de la abstinencia son casi siempre los opuestos a los de la droga, por ejemplo, la abstinencia de fármacos para dormir produce insomnio. La severidad de los síntomas depende de la droga, de la duración y cantidad de su consumo, y de la velocidad con la que se elimina del cuerpo. Cuanto más largo sea el tiempo de consumo, más alta la dosis y más rápida la eliminación, peor será el síndrome de abstinencia.

## POLITOXICOMANÍA

CONCEPTO MUY actual que implica el uso, abuso o dependencia a varias sustancias por parte de una persona. La mayoría de las personas somos politoxicómanas, tomamos cafeína (con el café), nicotina (las que fumen), alcohol (vino en las comidas), fármacos variados, etc. Sin embargo, esta conducta en las personas que consumen sustancias psicoactivas (*véase* posteriormente), puede crear un riesgo serio. La combinación de los efectos de distintas drogas puede producir una reacción muy fuerte, por ejemplo, la mezcla de barbitúricos con alcohol es una causa frecuente de muerte, ya sea por accidente o intencionada.

## CLASIFICACIÓN DE LAS DROGAS

EN GENERAL, lo que entendemos por drogas son sustancias **psicoactivas**, cuya característica es que afectan la consciencia, al sentido de la realidad y al estado de ánimo. Hay que tener cuidado con este término pues cualquier droga podría clasificarse como tal. Cuando una persona toma una aspirina y ésta le alivia un dolor de cabeza, se produce un cambio en su estado consciente, en su humor, y puede que hasta en su manera de ver las cosas. Un término similar pero quizás algo más específico es el de sustancias **psicotrópicas**, que literalmente quiere decir «que altera la mente» o «que altera el humor». Este tipo de sustancias afectan al funcionamiento psicológico, e incluyen desde antipsicóticos hasta alucinógenos.

Existen varias maneras de clasificar las drogas, por ejemplo, por su origen (naturales o artificiales), por sus efectos (estimulantes o alucinógenos), por sus efectos en la salud (si son terapéuticos o no), por su legalidad (tabaco) o ilegalidad (heroína), etc.

Para esta sección las clasificaremos según sean legales, legales con uso ilegal, e ilegales, pues es la forma más común en nuestra sociedad y nuestra cultura de agruparlas.

- **Legales:** nicotina (tabaco), alcohol, cafeína (café, bebidas excitantes, refrescos), distintos medicamentos que utilizamos sin control médico o que nos automedicamos, etc.
- **Legales de uso ilegal:** es decir, depende del uso que se les dé. Sólo se administran con receta médica. Todo tipo de sedantes, tranquilizantes, ansiolíticos, antidepresivos, estimulantes, analgésicos, etc.
- **Ilegales:** opiáceos (heroína, morfina, etc.), alucinógenos (LSD, mescalina, etc.), cocaína, cannabis (hachís, marihuana, etc,), derivados de la anfetamina como las drogas de diseño (éxtasis).

En la siguiente sección seguiremos un orden alfabético para describir las sustancias más habituales, sus efectos psicoactivos, y de abuso, y los trastornos mentales relacionados con el consumo de éstas: **alcohol, alucinógenos, anfetaminas y derivados, cafeína, cannabis, cocaína, nicotina, opiáceos y derivados, sedantes, hipnóticos** y **ansiolíticos.**

### Alcohol

EL ALCOHOL es quizá la sustancia psicoactiva de uso más extendido, popular y mejor considerada. Sin duda un vino selecto, un buen whisky o coñac, una cerveza bien fría en verano son bebidas que se suelen apreciar, que gustan a la mayoría y que algunas pueden incluso, cultural y socialmente, considerarse un privilegio (especialmente las primeras).

Al ser una droga legal, las consecuencias de su uso son muy variadas. Hay mucha gente que es bebedora social, es decir, sólo beben en ocasiones como fiestas, cuando están con los amigos, etc., y hay bebedores adictos. Hay personas que pueden beber mucho y con frecuencia, y no desarrollar dependencia y otras que sí la desarrollan. Gente que se embriaga con poca cantidad y gente que no se embriaga aunque consuma mucho.

## ¿Qué es exactamente?

LAS BEBIDAS alcohólicas se obtienen de la fermentación de los zumos de diversas plantas o frutas (vinos, cervezas, etc.), o de la destilación de las bebidas fermentadas (coñac, whisky, aguardientes, etc.).

## ¿Cómo actúa en el organismo?

LAS MOLÉCULAS del alcohol son pequeñas y solubles en grasa y agua, y por esto, cuando se ingiere, invade todas las partes del cuerpo. Es un depresor del sistema nervioso central, pues a dosis de moderadas a altas, deprime (reduce) los impulsos nerviosos por los que se comunican las neuronas, sin embargo, a dosis bajas, estimula la actividad neuronal y facilita la interacción social. Mientras la absorción del alcohol es muy rápida, su eliminación es mucho más lenta.

## Síntomas

LOS EFECTOS varían según el nivel de concentración en la sangre, y a su vez, este nivel varía dependiendo de la cantidad ingerida en un tiempo determinado, si hay o no comida en el estómago, del tamaño del cuerpo del bebedor y del buen funcionamiento del hígado. En general, los efectos son bifásicos, esto es, tienen una fase doble. Al principio es estimulante, produce bienestar, sociabilidad, etc., pero, según se aumenta la cantidad, actúa como depresivo y la persona puede sentir emociones muy negativas.

A dosis moderadas y medias se pueden experimentar distintos grados de incapacidad en una variedad de síntomas, como: cognitivos (intelectuales, por ejemplo, disminución de la atención); perceptivos (visión doble); verbales (se traba la lengua); de movimiento (caminar haciendo «eses») y pérdida de control, lo que puede llevar a realizar conductas socialmente no aceptables (violencia, agresividad, etc.). Dosis muy altas pueden producir pérdida de conciencia, coma etílico y a veces muerte por parada respiratoria.

Se produce una dilatación de los vasos sanguíneos de la piel, lo que produce la clásica nariz roja y el sonrojo de otras zonas de la cara. Esta dilatación aumenta la sensación de calor pero va acompañada de una pérdida de calorías pudiendo producir hipotermia. El alcohol es además diurético, aumenta la producción de orina por los riñones, originando cierta deshidratación (por esto, después la necesidad de beber agua es muy acusada). Igualmente, se pueden producir amnesias parciales, como olvidar lo ocurrido durante la intoxicación, o tener lagunas de memoria que pueden incluir periodos en los que se estaba sobrio.

## Dependencia, tolerancia y síndrome de abstinencia

LA DEPENDENCIA al alcohol puede incluir tolerancia y abstinencia. El aumento de la tolerancia es fácilmente observable. Las personas que beben mucho usualmente metabolizan el alcohol más rápido que los bebedores ocasionales, por lo que pueden beber grandes cantidades sin presentar síntomas de borrachera. Este tipo de tolerancias son normalmente funcionales.

La abstinencia suele producir un ligero (dependiendo de la persona) dolor de cabeza, náuseas, cansancio y cierto temblor, y es lo que eufemísticamente se conoce como resaca.

Sin embargo, la abstinencia abrupta (un descenso muy brusco de los niveles de alcohol) en un bebedor extremo y crónico puede tener efectos devastadores. Unas horas después de haber dejado de beber la persona empieza a temblar severamente, presentando agitaciones, dolores tanto de cabeza como de otras partes del cuerpo, náuseas, vómitos, fuerte sudoración e incluso alucinaciones, empeorando este estado convulsivo con las horas. Un par de días después la persona puede presentar lo que se llama **delírium trémens** (aunque éste no es muy frecuente), que se caracteriza por sufrir serias alucinaciones visuales, auditivas y táctiles (habitualmente se ven invadidos por todo tipo de insectos y reptiles desagradables moviéndose por todas las partes de su cuerpo o de la habitación), delirios extraños, confusión, miedo intenso, taquicardia e hipertermia. Las convulsiones de la abstinencia del alcohol y el delírium trémens pueden ser mortales.

## Trastornos mentales asociados al consumo

APARTE DE los trastornos por intoxicación (borrachera) y abstinencia (resacas y delírium trémens) de los que ya hemos hablado, el consumo crónico y excesivo puede producir muchos otros desórdenes.

Por ejemplo, produce serios daños a casi todos los tejidos y órganos corporales, entre ellos el cerebro, especialmente, en los lóbulos frontales. Estas alteraciones suelen provocar deterioro intelectual con problemas de memoria, de atención, de razonamiento complejo y a menudo, progresan hasta convertirse en demencias.

Como las bebidas alcohólicas suelen tener muchas calorías, es frecuente que los alcohólicos reduzcan su ingesta de comida; no obstante, estas calorías no proporcionan los nutrientes necesarios y por esto suelen presentar malnutrición. Igualmente, el alcohol deteriora la digestión y la absorción de vitaminas.

La carencia excesiva de vitamina B en los alcohólicos desnutridos puede producir una enfermedad muy grave llamada **encefalopatía de Wernicke**, que se caracteriza por lesiones en ciertas áreas cerebrales y origina desorientación, confusión, falta de atención, disminución de la consciencia, nistagmo (movimientos rápidos de los ojos) y ataxia (pérdida de la coordinación de los movimientos voluntarios). En general, la mayoría de estos enfermos suelen desarrollar después el llamado **síndrome de Korsakoff**, caracterizado por pérdidas de memoria muy severas, disfunciones sensoriales y motoras, y demencia grave. Este síndrome no se encuentra en gente no alcohólica y aunque se puede presentar sin la encefalopatía de Wernicke, su diferencia no es muy clara, por lo que, a menudo, se la conoce como síndrome de Wernicke-Korsakoff (*véase* capítulo «demencias» para más detalles).

Otra consecuencia de la malnutrición acompañada del consumo crónico y excesivo de alcohol es la **cirrosis**, enfermedad del hígado que es la mayor causa de muerte entre los alcohólicos. También se producen daños en el corazón, páncreas, úlceras estomacales, etc.

Otros problemas psíquicos que puede causar el consumo excesivo, aparte del deterioro en las relaciones sociales y laborales, son:

- *Trastornos depresivos,* por el efecto depresógeno del alcohol en el sistema nervioso central, como reacción a las consecuencias de su alcoholismo, o por rasgos depresivos de la personalidad que aumentan con el consumo. No obstante, la depresión puede preceder o causar el consumo (o abuso) de la sustancia. Este estado de ánimo aumenta el riesgo de suicidio.
- *Trastornos de ansiedad,* con ansiedad generalizada o crisis de angustia, debidos frecuentemente a la abstinencia. Igualmente, padecer algún trastorno de ansiedad puede fomentar el consumo con el fin de aliviar los síntomas.
- *Disfunciones sexuales,* que pueden ser producidas por daño en los órganos genitales (testículos y ovarios), problemas en la respuesta fisiológica, como dificultades en la erección o en la eyaculación en los hombres y de la lubricación en las mujeres. Las alteraciones psicológicas suelen ser la disminución del deseo o de la excitación sexual, anorgasmia (no llegar al orgasmo), etc.
- *Alucinosis alcohólica,* que es un episodio psicótico con alucinaciones principalmente auditivas de carácter amenazador e ideas delirantes, a consecuencia de un consumo desmesurado durante varios días. El episodio es de inicio agudo, puede durar varias semanas aunque también puede llegar a ser crónico.

## DATOS SOBRE EL ALCOHOLISMO

- El abuso del alcohol es una conducta muy extendida que va en aumento entre la población más joven. Sin embargo, el porcentaje de alcohólicos es difícil de determinar pues los criterios para su diagnóstico varían culturalmente. Por ejemplo, en los países de tradición vinícola donde se tolera su consumo, como los países mediterráneos, el número de alcohólicos es mucho menor que en los países sin «cultura del beber» como Rusia o los países nórdicos.
- El alcoholismo es más frecuente en los varones que en las mujeres.
- Los varones suelen tolerar mejor la bebida, es decir, consumir más cantidad, presentar menos efectos o hacerlo más tarde, que las mujeres.
- La edad de inicio suele ser entre los 20 y 30 años, pero es algo más tardío en las mujeres. En España la edad a la que se empieza a beber está disminuyendo notablemente, y aunque todavía no se saben las consecuencias que traerá, es de suponer que el número de personas con dependencia y otros problemas graves aumentará.
- Es raro que se desarrolle después de los 50 años
- Los hijos de personas alcohólicas suelen serlo también. El riesgo de abusar de la bebida es cuatro veces más en éstos que en los hijos de los no alcohólicos.

- *Trastornos del sueño,* que son debidos tanto a la intoxicación alcohólica como a la abstinencia. La ingesta de alcohol suele acelerar el sueño pero produce despertares y alteraciones de la fase REM. La abstinencia suele producir insomnio y a veces se manifiestan alucinaciones hipnagógicas (características de la fase de adormecimiento) e hipnopómpicas (típicas del despertar).
- *Celos patológicos,* provoca dudas y sospechas injustificadas hacia la pareja que pueden acompañarse de violencia y agresividad. Pueden aparecer a consecuencia de las disfunciones sexuales, atribuyendo el fracaso a la infidelidad en vez de al consumo de alcohol.
- *El alcoholismo suele coocurrir con las personalidades antisociales,* en los episodios maníacos, y es muy común la politoxicomanía entre los bebedores. Lo contrario, también es cierto, es decir, consumidores crónicos de otras sustancias suelen tomar alcohol (a menudo en grandes cantidades, aunque no llegan a ser alcohólicos).

## Alucinógenos

ESTE TIPO de drogas, por sus características, se llaman psicodélicas, término que procede del griego, donde *psique-* significa «alma» o «actividad mental» y *-delia* «mostrar» o «manifestar». Sus efectos suelen producir cambios en la percepción y en el pensamiento pero sin producir confusión mental. Han sido (y son) utilizadas por muchas culturas en diversos rituales mágicos y religiosos, y tuvieron una gran repercusión social durante los años 60.

## ¿Qué son exactamente?

EXISTEN MULTITUD de plantas y hongos que poseen propiedades alucinógenas. Entre las más conocidas están:

- *Mescalina.* Es un alcaloide e ingrediente activo del cactus peyote, y es utilizado desde hace muchos siglos en los ritos religiosos de varios pueblos del continente americano.
- *Hongos psilocibios.* Existen muchas variedades de hongos que contienen las sustancias psicoactivas llamadas psilocibina y psilocina, en Europa, América y Asia. Los utilizaban los mayas y los aztecas hace ya más de 3.000 años, y aún se siguen usando en la actualidad.
- *LSD.* Las siglas corresponden a la dietilamida del ácido lisérgico (en inglés l*ysergic acid diethylamide),* y es la droga artificial alucinógena más conocida. Fue sintetizada en un laboratorio y sus efectos fueron descubiertos alrededor del año 1940.
- Otra drogas psicodélicas son diversas setas y plantas, entre ellas la amanita muscaria y la ayahuasca.

## ¿Cómo actúan en el organismo?

SI LOS alucinógenos están en su forma natural, se pueden consumir de diversas maneras como comiéndolos crudos, extrayendo los jugos, en forma de ungüento, etc. El LSD o ácido es un líquido transparente que por lo general se impregna en cartones secantes o en terrones de azúcar.

Estas sustancias presentan semejanzas estructurales con los neurotransmisores monoamínicos, es decir, dopamina, norepinefrina (antes llamado noradrenalina), serotonina, etc., que regulan funciones variadas como la vigilia y el sueño, el estado de ánimo, la percepción sensorial y la temperatura. Estas drogas parece que actúan uniéndose a receptores específicos de las monoaminas, inhiben las células serotoninérgicas de ciertas áreas del cerebro y funcionan como agonistas de éstas, es decir, funcionan como si fueran neurotransmisores naturales.

## Síntomas

LOS EFECTOS de estas drogas son muy variados y están muy influidos por las expectativas de la persona que las ingiere, por sus motivaciones y actitud, y por su personalidad previa. De la misma manera, el sitio donde se toman puede contribuir a que la experiencia sea buena o mala.

Lo primero que ocurre es una dilatación de las pupilas, y 30 ó 90 minutos después de haberla ingerido, aparecen los efectos psicológicos que suelen durar entre las seis y las 12 horas. En general, se describen sinestesias, que son sensaciones propias de uno de los sentidos, pero percibidas por otro; un ejemplo: «ver» los sonidos y «oír» los colores. El sentido del tacto es amplificado y el sentido del tiempo se distorsiona. Los pensamientos se visualizan, y éstos no proceden en secuencias lógicas sino que saltan de una conclusión a otra, su curso y contenido se alteran. Estas experiencias son consideradas por los consumidores como buenas, lo que comúnmente se llama «un buen viaje».

Por otro lado, un buen viaje no determina que el siguiente también lo sea. La situación y circunstancias de la persona influyen mucho en el resultado. Una respuesta negativa o «mal viaje» a estas experiencias, puede ser muy adversa para la persona. Pueden producirse fuertes ataques de pánico, y algunas personas pueden desarrollar síntomas psicóticos que requieran hospitalización. Igualmente, pueden presentarse paranoia y depresión.

Cuando finalizan los efectos, no suele haber ningún tipo de resaca o malestar físico o mental (si se ha ingerido únicamente estas sustancias).

Existen ciertas diferencias en los efectos de las drogas psicodélicas; por ejemplo, la mescalina proporciona una experiencia visual más potente, el LSD tiene más efecto sobre el sentido del «yo», y los hongos psilocibios exaltan más la sensualidad.

## Dependencia, tolerancia y abstinencia

ESTAS SUSTANCIAS no producen dependencia física y por tanto, tampoco causan síndrome de abstinencia. La razón puede ser que como la experiencia subjetiva que se obtiene es tan fuerte, los consumidores lo hacen de forma esporádica. Sin embargo, la tolerancia puede darse muy rápido, tanto, que en ocasiones con dos o tres veces que se ingiera se produce. Sin embargo, después de algunos días sin consumir, la tolerancia desaparece. Ésta es cruzada a los otros alucinógenos, lo que sugiere un modo de acción común en todos ellos. Por ejemplo, si una persona ha tenido una experiencia alucinatoria completa después de ingerir LSD, y al día siguiente toma mescalina, ésta tendrá un efecto reducido o completamente nulo.

Por otro lado, no se conocen dosis letales para el ser humano, y no se conocen muertes producidas específicamente por la droga (si la hay ésta será originada por algún accidente bajo sus efectos o por alteraciones de la sustancia con otras tóxicas).

**Trastornos mentales asociados al consumo**

EN GENERAL, los trastornos mentales asociados son similares a aquellos síntomas producidos en un «mal viaje», que pueden desarrollarse por un consumo abusivo. Entre ellos encontramos reacciones psicóticas esquizofreniformes, ideas delirantes de contenido persecutorio, crisis de pánico y estados de ansiedad relacionados con miedo a la locura y alucinaciones. No obstante, los trastornos más habituales son confusión mental, percepciones distorsionadas, falta de concentración y *flashbacks*, que es revivir lo que se experimentó (tanto emociones como percepciones) bajo los efectos de la sustancia, pero tiempo después y sin presencia de la droga. Estos síntomas tienen duraciones variadas, desde algunas semanas hasta un año, y por

lo general se suelen tratar fácilmente. Es muy poco frecuente que las personas manifiesten estos síntomas años después de haber consumido estas drogas.

El consumo de alucinógenos no suele ir acompañado del consumo de otras sustancias (no se presenta politoxicomanía durante su ingesta).

## Anfetaminas y derivados

ESTAS SUSTANCIAS son clasificadas dentro del grupo de los estimulantes del cerebro y sistema nervioso simpático y sus efectos generales son el aumento del estado de alerta y la actividad motora. Las anfetaminas se descubrieron a principios del siglo XX cuando se buscaba un remedio para tratar el asma, y se presentaban en forma de inhaladores nasales. La gente pronto descubrió sus efectos estimulantes y muchos médicos las recomendaron para el tratamiento de depresiones leves y para reducir el apetito. Durante la Segunda Guerra Mundial, eran habitualmente consumidas por los soldados para evitar el cansancio y el desánimo, y muchos ejecutivos y estudiantes las utilizaban para estar más despiertos, producir más y sentirse más energéticos. Hasta hace poco (los años 70) se vendían sin receta; sin embargo, su popularidad ha decaído entre los consumidores con fines recreativos, sin duda a consecuencia de su sustitución por la cocaína y por otros derivados de la anfetamina como el éxtasis.

### ¿Qué son exactamente?

SON SUSTANCIAS sintéticas cuya estructura química es similar a los compuestos activos de varias plantas naturales con propie-

---

### DATOS SOBRE LOS ALUCINÓGENOS

■ Su consumo estuvo muy extendido en los años 60, tanto con fines recreativos como experimentales, y es parte integrante de muchos tipos de psicoterapia. Hoy en día su uso es muy reducido en la sociedad occidental.

■ No hay diferencias en cuanto a los efectos, abuso, problemas asociados, etc., entre varones y mujeres.

dades estimulantes, que se daban en el continente asiático y en el africano. Existen muchas clases de anfetaminas con ciertos cambios en su estructura, y entre ellas está la metanfetamina, cuyos efectos en el sistema nervioso central son mucho más potentes. Un derivado de esta última es la 3,4 metilenedioximetanfetamina o **MDMA**, más popularmente conocido como **éxtasis**.

## ¿Cómo actúan en el organismo?

LA FORMA más típica de consumir anfetaminas es oralmente, en forma de pastillas, y en algunos casos inyectadas por vía intravenosa o subcutánea o fumadas.

Estas drogas tienen la doble función de liberar o provocar la emisión de catecolaminas (dopamina, epinefrina, noradrenalina) en el cerebro y de impedir su recaptación. En dosis altas inhiben el metabolismo (o su degradación) de éstas por otra sustancia llamada monoamina oxidasa.

## Síntomas de las anfetaminas

LOS EFECTOS que presenta su consumo suelen ser el aumento del estado de alerta, de la autoconfianza y de la actividad, sensación de placer, euforia, disminución de la fatiga y del sueño, del aburrimiento y de la sensación de hambre y sed, un estado de bienestar general y un aumento notable de la atención (por esto siempre han sido usadas por los estudiantes, aparte de para quedarse despiertos toda la noche). Su acción en el organismo es bastante duradera. Sin embargo, crean dependencia y presentan una tolerancia muy elevada, su consumo abusivo deteriora mucho el or-

ganismo, produce serios trastornos mentales y puede ser mortal (*véase* posteriormente).

Los efectos físicos incluyen la broncodilatación, subida de la presión sanguínea, aumento de la respiración, sequedad de boca, hipertermia y taquicardia.

Estas sustancias se usan terapéuticamente en el tratamiento de:

* *Narcolepsia,* siendo útil en reducir y eliminar los ataques irresistibles de sueño diurno y los demás síntomas de este trastorno.
* *Trastorno de hiperactividad con déficit de la atención,* paradójicamente, las anfetaminas tienen un efecto calmante en los niños afectados. Éste es el llamado efecto paradójico de los estimulantes, su acción produce el efecto contrario de la activación de la persona. Es decir, estimula a la gente calmada, y calma a la gente excitada.
* *Obesidad,* pues son compuestos anorexígenos, es decir, suprimen el apetito y la ingesta de comida.
* *Sobredosis de sedantes,* por sus efectos contrarios.

## Síntomas del éxtasis

QUÍMICAMENTE, EL éxtasis es una mezcla de compuestos similares a la anfetamina y a la mescalina, y son a su vez similares a un alcaloide de la nuez moscada. Se la solía llamar la droga del amor, pues sus efectos básicos son la potenciación de la empatía, la desinhibición de la conducta, la emotividad positiva, aumento de la conciencia estética, de la introspección, de la intimidad, etc. Los efectos físicos son similares a los de las anfetaminas. Pese a ser ilegal, hoy en día se está estudiando su uso en la superación de traumas en aquellas personas (por ejemplo, a las mujeres violadas), que la psicoterapia tradicional no les ayuda. Muchos especialistas consideran que es muy útil en el tratamiento del miedo.

## Dependencia, tolerancia, abstinencia de las anfetaminas

EL CONSUMO de estas sustancias en personas que abusan o presentan dependencia es variado. Al tener efectos más duraderos que los otros estimulantes naturales (como la cocaína) su autoadministración puede ser menor. Cuando el consumo es episódico, generalmente se consumen dosis altas en periodos cortos de tiempo (por ejemplo, sólo fines de semana); en cambio en el consumo crónico, las dosis pueden ser menores pero se hace a diario, o casi a diario. Es frecuente que se dejen de tomar cuando el cuerpo está exhausto.

El consumo continuado produce tolerancia, especialmente a los efectos anorexígenos, eufóricos y reforzadores, lo que incita a mayores dosis para conseguir esos resultados. Parece que la tolerancia es de tipo funcional, y puede aparecer a los pocos días de un consumo relativamente moderado aunque continuo. En algunos casos se puede presentar tolerancia inversa sobre todo a los movimientos estereotipados como el masticar o apretar las mandíbulas, movimientos de las extremidades, etc., que suelen ser consecuencias físicas de la sustancia. Es decir, en algunos consumidores hace falta muy poca cantidad de droga para producir estos movimientos.

El síndrome de abstinencia suele ser debido a una dependencia tanto física

como psicológica, y es bastante duradero (de media es una semana). Los síntomas incluyen un letargo extremo (somnolencia, modorra y sopor profundos y duraderos), dificultad de concentración, falta de motivación, aumento del sueño y necesidad imperiosa de consumir droga. El malestar producido por el síndrome varía con la cantidad de tiempo que se haya estado consumiendo la sustancia y la cantidad de la misma. En algunos casos graves de abstinencia, los síntomas son los suficientes como para diagnosticar un trastorno de depresión mayor.

## Dependencia, tolerancia, abstinencia del éxtasis

EL CONSUMO de dosis elevadas suele disminuir los efectos característicos de esta sustancia y producir los de un estimulante anfetamínico como los movimientos estereotipados (especialmente las mandíbulas). Sin embargo, las características de dependencia, tolerancia y abstinencia son similares a las de las sustancias psicodélicas.

Al igual que con las drogas alucinógenas, parece que la tolerancia es rápida porque desaparece a los pocos días de dejar de consumir. Por esto, no es frecuente que los consumidores ingieran más cantidad de la habitual en sus momentos de consumo. Es decir, en una noche pueden consumir bastante cantidad pero la próxima vez que lo hagan (por ejemplo, un fin de semana después), consumirán lo mismo.

Por el momento no se han descrito casos de síntomas de abstinencia, aunque quizá se cree cierta dependencia psicológica. Uno de los mayores problemas es que no hay estudios suficientes (por lo menos públicos) de los efectos negativos y para la salud a largo plazo. La realidad indica que ha habido un aumento considerable de consumidores, y que existen consumidores de dosis muy elevadas, con mucha regularidad y no parecen presentar problemas de salud física importantes. Por esto, es necesaria más investigación en profundidad sobre la realidad de esta droga, y conocer bien sus consecuencias.

Es frecuente observar politoxicomanía en los consumidores de estas drogas, especialmente de anfetaminas, que suelen acompañarse de alcohol, tabaco y cannabis.

### Trastornos mentales relacionados con el consumo

EN OCASIONES, la intoxicación aguda origina confusión, dolores de cabeza, o ideas paranoides transitorias. Por otro lado, el abuso continuado de las anfetaminas, de dosis medias o altas, produce síntomas variados de distinta gravedad. El uso crónico puede producir depresión, irritabilidad, pérdida de placer (anhedonia), falta de energía, problemas en el sueño, alteraciones del humor y aislamiento social. En ocasiones, puede aumentar la agresividad.

Las personas consumidoras suelen presentar pérdidas de peso, anemia y otros signos de desnutrición. Los tejidos y órganos corporales suelen deteriorarse mucho, y esto se ha comprobado en diversas autopsias practicadas a jóvenes fallecidos por sobredosis que se inyectaban la sustancia, cuyos órganos vitales estaban muy envejecidos.

El trastorno más grave es la **psicosis anfetamínica**, y es relativamente frecuente. Esta reacción suele consistir en alucinaciones visuales o auditivas, comportamiento desorganizado, y el desarrollo de un estado paranoide con delirios de referencia y de persecución. En casos severos la persona puede «ver» y «sentir» todo tipo de insectos que se encuentran bajo su piel, lo que puede provocar que se haga heridas cutáneas para intentar liberarse de ellos. Este desorden puede aparecer después de un abuso crónico y excesivo de la sustancia y puede ser irreversible.

Las personas que con anterioridad ya habían sufrido una crisis psicótica son más propensas a sufrirla otra vez si vuelven a usar esta droga, incluso después de una larga abstinencia. Muchos de los síntomas de estas psicosis son similares a los de la esquizofrenia paranoide, y muchos consumidores han sido a menudo diagnosticados

### DATOS SOBRE LAS ANFETAMINAS

■ El consumo de anfetaminas para usos recreativos es muy reducido en la actualidad. Sin embargo, el consumo de éxtasis, pese a la falta de datos rigurosos, parece estar muy extendido, especialmente en los países europeos y norteamericanos.

■ Los consumidores suelen ser jóvenes, adolescentes tardíos y adultos jóvenes.

■ No suele haber diferencias en el uso, síntomas, dependencia, etc., entre varones y mujeres.

■ Las personas con una larga historia anfetamínica suelen abandonar el consumo a los diez años aproximadamente.

como esquizofrénicos. De hecho se puede tratar con los mismos antipsicóticos.

Por el momento no hay estudios concluyentes sobre los trastornos (físicos y mentales) que puedan ser originados por el consumo crónico y excesivo del éxtasis.

## Cafeína

LA CAFEÍNA es una de las drogas legales más utilizadas en el mundo occidental. La mayor fuente de cafeína está en los granos de café, se encuentra en muchos productos y tiene propiedades estimulantes. Alrededor del 80% de la población adulta de los Estados Unidos bebe café diariamente, y como la mayoría de las drogas, produce cierta dependencia, y por tanto, también tolerancia y abstinencia.

### ¿Qué es exactamente?

LA CAFEÍNA es un derivado de un compuesto llamado **xantina**, que se encuentra en muchas otras sustancias excitantes como el té, los refrescos de cola, el cacao, el guaraná, etc., en numerosos medicamentos para catarros y en los analgésicos.

### ¿Cómo actúa en el organismo?

CUANDO SE toma de forma líquida, es absorbida principalmente en el intestino delgado, pasa al plasma sanguíneo en el que tiene una vida media de entre tres y siete horas, y es eliminada en su totalidad a través de la orina, las heces y otros fluidos como la saliva.

La acción de sus efectos estimulantes en el cerebro no se conocen bien todavía, aunque se cree que la cafeína bloquea los receptores de un neurotransmisor y neuromodulador llamado adenosina, que impide la acción de la dopamina en ciertas áreas del cerebro, y también de otras sustancias relacionadas con el comportamiento despierto. Igualmente, parece que estimula la liberación de las monoaminas, especialmente la epinefrina (antes llamada adrenalina).

### Síntomas

LOS SÍNTOMAS de las dosis típicas (entre una y tres tazas de café, alrededor de los 100 a los 500 mg) son un aumento del despertar, reducción de fatiga, disminución del sueño, de la sensación de hambre, y parece que aumenta la atención. Por otro lado, puede exacerbar (o agravar) el trastorno de pánico. Entre los efectos físicos, se aumenta la presión sanguínea, la temperatura, el metabolismo, la respiración y es diurética.

A dosis más altas (más de 600 mg, o de cuatro a siete tazas de café, o de siete a nueve de té) puede producir inquietud, nerviosismo, alteraciones digestivas, etc. (*véase* posteriormente). Un dato curioso es que el estómago suele verse afectado, más por el café en sí que por la cafeína.

La pauta de eliminación de la cafeína del plasma sanguíneo es estimulada por el fumar y reducida cuando no se fuma. El aumento del nivel de cafeína en sangre de las personas que han dejado el hábito de fumar, puede añadirse a los síntomas de la abstinencia de nicotina en los consumidores abusivos de café, ya que la cafeína produce ansiedad.

Es una sustancia muy utilizada en varios medicamentos, sobre todo analgésicos, para dolores de cabeza incluyendo las migrañas (en combinación con otras sustancias). Quizá su uso clínico más importante es en el tratamiento de las apneas en bebés recién nacidos, regularizando su respiración.

### Dependencia, tolerancia y abstinencia

EL CONSUMO continuado causa tolerancia sobre todo a los efectos físicos, aunque no está muy claro todavía la tolerancia a los psicológicos. Es decir, hace falta cada vez más cafeína para producir los efectos físicos, pero no parece que los psicológicos se vean afectados; puede que ésta sea la razón por la que la gente consume más o menos la misma cantidad a diario sin necesitar cada día algo más. Al igual que las anfetaminas, la cafeína posee el efecto paradójico de los estimulantes, interrumpe menos el sueño en los bebedores de café excesivos que en los que consumen poco.

La abstinencia de la cafeína ha sido reconocida científicamente hace poco tiempo. Los síntomas los pueden padecer incluso las personas que no beben más de dos tazas de café al día (o tres latas de refresco de cola), y éstos pueden ser dolores de cabeza, cansancio, somnolencia, menor concentración, y en ocasiones depresión o ansiedad leves, además de una intensa necesidad de consumirla. En los cafetómanos estos síntomas pueden ser lo suficientemente severos como para causar malestar significativo o deterioro del funcionamiento social o laboral de la persona.

No obstante, no presenta propiedades reforzadoras tan acusadas como otros estimulantes y por tanto su potencial de dependencia es limitado. Se cree que la mayoría de las personas siguen consu-miéndola para evitar los síntomas del síndrome de abstinencia.

No suele darse politoxicomanía con el consumo de cafeína, aunque es muy frecuente que se acompañe de nicotina. De hecho, en algunos países donde se prohíbe fumar en muchos establecimientos públicos, el único sitio donde se puede hacer es en los cafés.

### Trastornos mentales relacionados con el consumo

A PESAR de que el consumo de cafeína no suele asociarse al consumo compulsivo de otras drogas, se puede producir un consumo abusivo ocasional (como las personas que estudian la noche anterior al examen), o crónico. El consumo crónico de grandes cantidades de cafeína (llamado cafeinismo) produce inquietud, nerviosismo, insomnio, diuresis y taquicardia. Dosis más altas (1.000 mg, o de siete a diez tazas de café), pueden producir contracciones musculares, pensamiento y habla acelerados y confusos, hiperactividad y arritmia. Más cantidad todavía puede provocar alteraciones sensoriales como ver luces destellantes u oír silbidos. En casos extremos de más de 10.000 mg pueden aparecer crisis epilépticas e incluso paradas respiratorias y muerte (en este caso la persona tendría que ingerir grandes cantidades de cafeína pura en tabletas ya que ésta es eliminada en su totalidad y no se acumula).

El uso excesivo puede producir algunos trastornos psicológicos, como los del estado de ánimo, del sueño, y de la conducta alimentaria, exacerbar desórdenes de ansiedad previos, precipitando ataques de pánico o aumentando los síntomas ansiosos, pudiendo incrementar el riesgo de enfermedades coronarias.

## DATOS SOBRE LA CAFEÍNA

■ Es una de las drogas más utilizadas en el mundo, especialmente en las sociedades occidentales. Se estima que el cafeinismo afecta alrededor del 10% de la población y es a menudo confundido con un desorden de ansiedad.

■ Aunque el café lo suelen consumir los adultos, los niños pueden ingerir cafeína desde muy temprano en forma de chocolates y refrescos.

■ No hay diferencias entre varones y mujeres en su consumo, aunque la acción de la cafeína variará según sea el organismo de la persona que la ingiera.

## Cannabis

HISTÓRICAMENTE, LA planta *cannabis sativa* era utilizada para hacer fibras variadas, como cuerdas, ropa e incluso papel. Más tarde fue usada como analgésico, hipnótico y anticonvulsionante. Su uso recreativo es relativamente reciente, disparándose su consumo en los años 60.

Es la droga ilegal más utilizada en el mundo y la más controvertida en cuanto a su legalidad. Distintos países tienen distintas leyes sobre su consumo; por ejemplo, mientras en algunos está completamente prohibida (Turquía), en otros el consumo personal está permitido, y su venta es controlada por el gobierno (Holanda). El ejemplo de esta disparidad a la hora de clasificarla como sustancia perjudicial es EE. UU. con algunos estados con leyes muy duras y con otros donde es posible cultivarla.

## ¿Qué es exactamente?

EL CANNABIS sativa es una planta que contiene cannabinoides, cuyo principio activo es el THC (tetrahidrocannabinol). Se suelen consumir sus hojas (marihuana) y la resina de las plantas (hachís).

## ¿Cómo actúa en el organismo?

SE PUEDE consumir de varias maneras aunque la más habitual es fumada. El THC es soluble en grasa y permanece largo tiempo en el organismo. Actúa uniéndose a unos receptores cerebrales específicos para esta sustancia. Es decir, el cerebro humano posee una sustancia natural llamada anandamida, a cuyos receptores se une también el THC indicando la similitud de la estructura química de estas dos sustancias.

## Síntomas

LOS EFECTOS de esta droga varían según sea su potencia (y calidad), dosis, las expectativas del consumidor y los estímulos ambientales en donde se consuma. A dosis bajas o moderadas los síntomas suelen empezar con una sensación de bienestar y a continuación surgen sentimientos de euforia, risas, sedación y cierta letargia. Aumenta la sensación de hambre y sed, la calma y la relajación.

A dosis muy altas deteriora el funcionamiento psicológico en áreas como memoria, actividad motora y la capacidad de juicio; se alteran el sentido de la realidad, el sentido del tiempo y las sensaciones se incrementan, haciéndose más vívidas; aumenta el deseo sexual y la introspección.

En algunas ocasiones puede producir agitación, ansiedad y efectos alucinógenos aunque se tiende a la sedación más que a la inquietud o vigilancia de las drogas psicodélicas. Socialmente, puede aumentar el deseo de estar acompañado pero también el aislamiento. Por otro lado, reduce notablemente la agresividad y la violencia.

Los efectos físicos son el enrojecimiento de los ojos, sequedad de boca, disminución de los reflejos y de la fuerza muscular y taquicardia.

El cannabis ha sido una droga medicinal desde hace cientos de años. En la actualidad, su uso resulta muy terapéutico y efectivo en el tratamiento de los efectos secundarios de la quimioterapia en los enfermos de cáncer y para aumentar el apetito en los enfermos de SIDA con fuerte anorexia. También se está estudiando su uso en otras enfermedades como el asma, por ser un broncodilatador, y glaucoma, pues reduce la presión intraocular. Otras propiedades son que es un analgésico, antiespasmódico y anticonvulsionante.

## Dependencia, tolerancia y abstinencia

EL POTENCIAL de adicción a esta sustancia es bajo. Muchos consumidores suelen dejar el hábito y no presentan ninguna dificultad, si acaso se puede manifestar cierta dependencia psicológica, pero más que a la droga suele ser a las situaciones sociales donde ésta se suele consumir (su uso suele ser social, con los amigos, en fiestas, etc.).

Sí se produce tolerancia a sus efectos físicos y psicológicos, no obstante, tras un periodo corto de tiempo sin consumir, ésta suele desaparecer. De la misma manera, son raros los casos de síntomas de abstinencia (excepto, como mencionamos anteiormente, cierta abstinencia psicológica que puede aumentar la necesidad de consumir y buscar la sustancia).

## Trastornos mentales relacionados con el consumo

EXISTE MUCHA controversia respecto a este tema, pues los estudios que evidencian los efectos adversos del consumo crónico y excesivo son inconsistentes, incompletos e insuficientes. Es decir no hay pruebas suficientes ni contundentes para afirmar que el consumo produce cambios permanentes en el sistema nervioso central o en la conducta a largo plazo.

El único trastorno que tiene algo más de presencia es el llamado **síndrome amotivacional**, que se caracteriza por pasividad, reducción de la actividad y de la memoria y apatía. Sin embargo, la evidencia es muy floja, no encontrándose diferencias entre fumadores crónicos y ocasionales. La conclusión más aceptada es que algunos consumidores presentan rasgos depresivos previos al uso de la droga, y los síntomas serían una consecuencia secundaria al abuso de ésta.

Las intoxicaciones agudas sí pueden producir algunos efectos como reacciones de pánico, delirio tóxico (con alteración de la conciencia, memoria, orientación y percepción; suele remitir cuando se deja de tomar la sustancia) y puede producir reacciones psicóticas.

Sí es frecuente la politoxicomanía, el uso del cannabis a menudo va acompañado de otras sustancias (especialmente alcohol) y viceversa, el consumo de otras drogas va acompañado de cannabis.

## DATOS SOBRE EL CANNABIS

- Es la droga ilegal de más consumo en el mundo.
- Las edades de inicio suelen ser la adolescencia y el principio de la edad adulta.

## Cocaína

DESDE TIEMPOS inmemoriales los indígenas de América del Sur masticaban las hojas de un arbusto llamado coca para evitar el cansancio, el frío y la sensación de hambre para poder combatir el mal de altura de las regiones montañosas donde habitaban. Luego pasó a ser un anestésico muy utilizado y, hoy en día, es una droga estimulante muy consumida.

### ¿Qué es exactamente?

ES UN alcaloide que se obtiene de la pasta de coca que se hace con las hojas del arbusto del mismo nombre, y al que a través de ciertos procesos químicos se convierte en clorhidrato de cocaína, que es la sustancia que se consume.

### ¿Cómo actúa en el organismo?

SE PUEDE administrar de varias maneras: inyectada, fumada y aspirada o esnifada, que es la más habitual.

Su modo de acción es diferente al de las anfetaminas; la cocaína no parece tener ningún efecto en la liberación de las catecolaminas (dopamina, epinefrina, norepinefrina...), aunque sí en el bloqueo de los receptores de dopamina y norepinefrina, impidiendo su recaptación y, por tanto, aumentando el nivel de estas sustancias en el espacio extracelular (fuera de las neuronas). De esta manera, aumenta el estado de alerta y la actividad motora, produciendo un estado de euforia.

### Síntomas

SUS EFECTOS son muy parecidos a los de las anfetaminas aunque de menor duración y mayor potencia. Es decir, los cambios psicológicos y del comportamiento ocurren poco tiempo después de tomarla. Su consumo suele ser de dos maneras, episódico (fines de semana, fiestas, cuando hay sobrecarga de trabajo, etc.) y es el más habitual, y crónico, es decir, a diario.

Los síntomas que produce a dosis bajas o moderadas suelen ser el aumento de la energía, de la actividad, del estado de alerta, de la autoestima, del deseo sexual y de la sociabilidad, un pensamiento y habla acelerados, euforia y prepotencia. Físicamente, se produce taquicardia, relajación bronquial e intestinal, hipertermia, aumento de la respiración y de la presión sanguínea. Estos efectos son los de «subida» o iniciales, y suelen durar entre una y dos horas. Luego se produce la fase de bajada, en la que se reducen todos los síntomas característicos de la fase de subida. Y en los consumidores crónicos, la fase de resaca, con cefaleas, ánimo depresivo y cansancio.

Una pauta de consumo frecuente son los atracones de cocaína, en los que se consume ocasionalmente pero grandes cantidades. El consumo abusivo y crónico produce efectos más severos y graves en la conducta (*véase* posteriormente), pudiendo ocasionar muerte por sobredosis, habitualmente por paro cardiaco o infarto (aún así la mortalidad por sobredosis es baja).

Las sensaciones de la «subida» tienen fuertes propiedades reforzadoras del consumo, es decir fomentan la adicción. No obstante, lo positivo que al principio tiene se vuelve negativo o adverso con el aumento de la dosis y el tiempo de consumo.

### Dependencia, tolerancia y abstinencia

COMO ACABAMOS de mencionar los efectos de la cocaína tienen un poder adictivo muy fuerte, es decir, producen una gran dependencia psicológica. En un estudio sobre la adicción a esta sustancia, la mayoría de los consumidores lo hacían por los efectos energizantes y de confianza en sí mismos, y como vía de escape a sentimientos de depresión y frustración.

El uso continuado produce tolerancia a los síntomas físicos y psíquicos cuando se toma mucho en una sesión y tolerancia a los síntomas euforizantes cuando se consume durante mucho tiempo de manera continuada. Por otro lado, el uso intermitente puede producir tolerancia inversa, especialmente a los efectos estimulantes y reforzadores.

Los síntomas de abstinencia del consumo abusivo se caracterizan por fatiga, alteraciones del sueño (somnolencia o insomnio), alteración del apetito, pérdida de placer (anhedonia), alteración psicomotora y fuerte necesidad de la sustancia. La abstinencia tiene tres fases:

- *De choque,* entre los 15 ó 30 minutos después de la última dosis, se experimenta agitación, ansiedad, depresión y necesidad de la droga. Algunas horas más tarde, la necesidad psicológica desaparece, pero aumenta la fatiga y el deseo de dormir (en este momento muchos consumidores suelen tomar drogas depresoras como alcohol, cannabis, ansiolíticos o algún opiáceo para inducir el sueño). Puede dormir durante muchas horas (hipersomnolencia) pero el sueño normalmente suele ir acompañado de frecuentes despertares acompañados de hambre intensa.

- *De abstinencia,* después de la fase de choque, siguen unos días de humor y sueño recuperado, pero empiezan síntomas de intenso aburrimiento, falta de energía, pérdida de placer en las cosas o actividades que previamente lo producían y ansiedad. La necesidad psicológica de la sustancia aumenta intensamente, sobre todo en los ambientes y situaciones que han sido asociados con el consumo y sus efectos positivos (ir al mismo tipo de fiestas, con la misma gente, etc.). En esta fase son muy frecuentes las recaídas.

- Una vez pasadas las fases anteriores, se llega a la *fase de extinción,* donde se recupera la normalidad en cuanto a estado de ánimo y sentimientos de placer. No obstante, periodos de intensa necesidad de droga pueden aparecer durante bastante tiempo, provocados por los ambientes condicionados al consumo.

Las personas que consumen diariamente, no suelen presentar estas fases. Sí presentan los síntomas pero su normalización suele ser progresiva y en menos tiempo.

## Trastornos mentales relacionados con su consumo

LOS SÍNTOMAS de una intoxicación por abuso de cocaína son agitación, inquietud, alucinaciones, deterioro de la capacidad de juicio y cambios en la conducta a menudo negativos, como agresividad, violencia, grandiosidad, comportamiento psicótico, náuseas, etc.

A largo plazo, el consumo abusivo y continuado puede producir irritabilidad, ansiedad, ataques de pánico, extrema energía o cansancio, insomnio, movimientos estereotipados o repetitivos, alteraciones en el contenido y curso del pensamiento, esto es, fuga de ideas, incoherencia, etc., anorexia, alteraciones del estado de ánimo, reacciones psicóticas, delirios de grandeza y posible violencia.

El trastorno más grave suele ser la **psicosis cocaínica**, que habitualmente consiste en un delirio paranoide de persecución y referencia. Al igual que la psicosis anfetamínica, suele confundirse a menudo con un brote esquizofrénico.

---

### DATOS SOBRE LA COCAÍNA

- A pesar de que su uso está muy extendido, el número de consumidores va decreciendo cada vez más (sin embargo, en España se manifiesta un aumento en la década de los 90).
- Parece que es más consumida por varones que por mujeres.
- El perfil del consumidor es un adulto joven, con poder adquisitivo, estudios, de clase media o alta, y con un inicio al consumo tardío (comparándolo con otras sustancias).

---

Su consumo suele ir acompañado del uso de otras drogas, por lo general de carácter sedante, para contrarrestar los efectos secundarios desagradables. Los efectos físicos a largo plazo son un aumento del riesgo de infarto cardiaco o cerebral y paradas respiratorias, pérdida de peso, perforación del tabique nasal (en los que la esnifan), problemas respiratorios en los que la fuman, etc.

## Nicotina

ES OTRA droga legal de consumo masivo en el mundo, ocupando el segundo lugar después de la cafeína, pese a producir efectos muy adversos para la salud. Los nativos americanos usaban la planta del tabaco en rituales mágico o religiosos y con fines recreativos.

### ¿Qué es exactamente?

LA PLANTA del tabaco es originaria del continente americano, y contiene un componente psicoactivo llamado nicotina. Este nombre proviene del francés Jean Nicot, que promovió la importación y cultivo del tabaco, creyendo que tenía valores medicinales.

### ¿Cómo actúa en el organismo?

ANTIGUAMENTE EL tabaco se masticaba o se aspiraba por la nariz; hoy en día, la forma más usual de consumirlo es fumándolo. Cuando se fuma, se inhala nicotina y además, alrededor de 4.000 sustancias distintas (que reciben el nombre genérico de alquitrán), muchas de ellas producidas por la combustión de las hojas.

La nicotina es absorbida por los pulmones, y de ésta, más o menos el 25% llega al cerebro en unos siete segundos. Esta rapidez hace que la droga tenga un poder adictivo mayor, pues cuanto menos tiempo pase entre la realización de una acción y el recibir la recompensa que produce esa acción, más reforzadora será. Una vez en el cerebro, actúa uniéndose a los receptores nicotínico-colinérgicos, que activan los sistemas de dopamina. La nicotina tiene una vida media en el plasma sanguíneo y en el cerebro, corta, lo que permite un consumo frecuente sin pérdida del efecto.

### Síntomas

Los EFECTOS de un cigarrillo en fumadores y no fumadores son muy diferentes. Los no fumadores responden tosiendo, con náuseas, mareos, sudoración y relajación intestinal. Por el contrario, los fumadores responden con más relajación tanto mental como física, aumento del estado de alerta y con una reducción de la sensación de hambre.

### Dependencia, tolerancia y abstinencia

COMO HEMOS visto anteriormente, la nicotina tiene un poder adictivo muy grande. Una de las características de la adicción a cualquier sustancia es la intensa necesidad de consumirla o hacer lo posible por obtenerla. Esto es fácilmente observable en fumadores que se han quedado sin tabaco, o que no pueden fumar durante algunas horas o días.

La nicotina produce tolerancia a los efectos físicos y algo menos en los efectos psíquicos. Como otros estimulantes, produce el efecto paradójico aunque a niveles menos significativos. Fumar relaja a las personas susceptibles al estrés, y activa o estimula a las personas con tendencia a la poca energía.

Los síntomas del síndrome de abstinencia suelen ser muy duraderos (de tres a cuatro semanas) y desagradables. Los más característicos son una extremada necesidad de fumar (es un pensamiento recurrente), irritabilidad, ansiedad, dificultad en concentrarse, frustración, malestar, insomnio, impaciencia y menor frecuencia cardiaca. Otra de las consecuencias de estos síntomas es el aumento de peso, que no suele ser por más hambre sino por ansiedad y necesidad de llevarse algo a la boca. Volver a fumar para evitar estas sensaciones aumentará las propiedades reforzadoras del tabaco, y aumentará la dependencia. Alrededor del 60 ó 65% de las personas consideradas como muy motivadas para dejar de fumar, volvieron a hacerlo en el primer mes después de dejarlo.

### Trastornos relacionados con su consumo

Los EFECTOS del tabaco a largo plazo son físicos. Psíquicamente, sería la adicción el problema más grave, pues es la droga que más dependencia crea y a la que más gente es adicta pese a saber las consecuencias fatales que tiene para la salud.

Los fumadores crónicos tienen un gran riesgo de desarrollar enfermedades pulmonares como neumonía, bronquitis, enfisema y cáncer, y aumentan la probabilidad de padecer enfermedades cardiovasculares y cáncer en otras áreas como riñones, boca, laringe, esófago, estómago y páncreas.

## DATOS SOBRE LA NICOTINA

■ El tabaco es la primera causa de mortalidad prematura, y produce más muertes que cualquier otra droga como la heroína o la cocaína.

■ El 70% de las personas que lo prueban se enganchan (a comparación del 10% de las que prueban y se enganchan al alcohol y del 30% a la heroína).

■ Sólo el 20% de los que intentan dejar el hábito, lo consigue durante dos o más años.

■ Hay una probabilidad tres veces mayor de que el hijo de padres fumadores lo haga también, a que no lo haga.

## Opiáceos

ESTE GRUPO de drogas es también conocido como sedante o narcótico, pues ralentizan la actividad corporal. Provienen del opio cuyos efectos como reductor del dolor e inductor del sueño son conocidos desde hace más de 5.000 años. Hasta principios del siglo XX, era una droga legal y de uso común en varios medicamentos incluyendo remedios infantiles para el dolor de muelas, de cabeza, calmantes, y sobre todo en el tratamiento de la diarrea y la disentería.

## ¿Qué son exactamente?

EL OPIO es la resina que se extrae de la adormidera o amapola blanca. Posee alrededor de 25 alcaloides entre los que se encuentran la morfina y la codeína. La heroína es una pequeña modificación molecular de la morfina, es decir, es una sustancia semiartificial mucho más potente y de acción más rápida, aunque sus efectos son iguales, pues la heroína se convierte en morfina cuando llega al cerebro.

Otra sustancia sintética con parecida actividad farmacológica es la metadona.

## ¿Cómo actúan en el organismo?

ESTAS SUSTANCIAS son dosificadas de varias maneras como fumadas, esnifadas, comidas y, la más común, inyectadas por vía intravenosa.

Una vez absorbidas, se distribuyen uniformemente en los tejidos y cierta cantidad pasa al cerebro. Allí, las moléculas de la droga se unen a unos receptores cuya función es unirse a las endorfinas, y actúan como si fuesen éstas. Las endorfinas son unas sustancias químicas naturales del cuerpo humano que regulan el dolor, el estrés, el estado de ánimo y tienen mucho que ver con la recompensa y la dependencia. Son sustancias opiáceas producidas por el cuerpo.

## Síntomas

LOS EFECTOS de los diversos opiáceos suelen ser similares excepto en potencia y duración, y los comunes a todos son la analgesia (reducción del dolor) y la somnolencia.

La dosis es importante. Cuando ésta es pequeña o moderada también aparece una disminución de la sensibilidad a estímulos internos y externos, reducción de la ansiedad, pérdida de inhibición, relajación muscular, contracción de las pupilas y la persona se encuentra absorta y con poca capacidad de concentración. A dosis mayores los síntomas son euforia, sedación, lenguaje farfullante, deterioro de la atención, alteración de la capacidad de juicio, pupilas muy pequeñas y a menudo inquietud y ansiedad. Dosis muy altas pueden reducir intensamente la respiración y ser causa de muerte.

Los efectos físicos incluyen náuseas y vómitos, estreñimiento, hipotermia, sequedad de boca, irregularidades menstruales, disminución de la tensión arterial, depresión de los centros respiratorios y reducción del deseo sexual.

## Dependencia, tolerancia y abstinencia

Los EFECTOS placenteros de este tipo de drogas son altamente adictivos, y el uso frecuente durante largo tiempo produce tolerancia. Ésta contribuye al aumento de la dosis, a buscar drogas más potentes (como la heroína) o a administrarlas de forma más directa para aumentar el efecto (por ejemplo, inyectarse en vez de fumarla). La euforia y la analgesia son los síntomas que más rápida tolerancia producen, mientras que síntomas físicos como el estreñimiento y la contracción de las pupilas persisten incluso después de un uso muy prolongado. La tolerancia es metabólica y funcional, así como cruzada a otros opiáceos o sustancias de acción similar.

La abstinencia suele presentarse entre seis y 12 horas después de la última dosis; los síntomas más severos aparecen en el segundo o tercer día, y suele acabar más o menos al séptimo. Éstos son los contrarios a los del efecto de la droga. Entre ellos destacan ansiedad, inquietud, dolores y espasmos musculares, irritabilidad, lagrimeo, mucosidad abundante, sudoración, bostezos, fiebre, insomnio, escalofríos, eri-

zamiento de la piel, diarrea y pupilas dilatadas . A pesar de la imagen del síndrome de abstinencia que se da a menudo en el cine, los síntomas no son considerados peligrosos. Más bien, aunque más serios, se asemejan mucho a los de una mala gripe.

Como en todas las drogas la severidad de los síntomas del síndrome de abstinencia indicará la severidad de la dependencia. Es frecuente el uso de otras drogas como el cannabis, alcohol, sedantes sintéticos (de uso farmacéutico como barbitúricos), etc., para reducir el malestar producido por la abstinencia.

## Trastornos relacionados con el consumo

EN GENERAL, el mayor problema de estas drogas es que al ser muy adictivas, los consumidores pueden pasar la mayor parte de su tiempo buscándolas para satisfacerse, es decir, la droga pasa a ser el centro de su vida. Debido a las características de éstos (somnolencia, disminución de la atención y concentración, etc.) y por el rechazo social que tienen, es frecuente que se produzca un deterioro importante en la vida laboral, social y familiar, evidentemente con las consecuencias psicológicas que esto conlleva.

Los riesgos más graves del uso de estas sustancias son indirectos, por ejemplo, las consecuencias nefastas para la salud de las sustancias con las que los traficantes suelen adulterar las drogas (como polvos de talco, almidón, otras medicinas, etc.), el contagio de enfermedades infecciosas como hepatitis o SIDA, la vida de delincuencia o prostitución a la que se ven abocados para obtener dinero y poder pagarse la droga, etc. Estas condiciones aumentan la mortalidad entre los adictos.

## DATOS SOBRE LOS OPIÁCEOS

■ Actualmente es una droga relativamente poco consumida por la población en comparación con otras como cocaína o cannabis. Se estima que alrededor del 0,20% la consumen.

■ El consumo es más frecuente en varones que en mujeres.

■ Ha habido un descenso en el número de adictos desde principios de los años 90. Puede ser debido al gran número de muertes producidas por la heroína en los años 80, al aumento de los contagios de SIDA y a la popularidad y accesibilidad de otras drogas como la cocaína o las de diseño.

■ Es frecuente la conducta antisocial en las personas que se hacen adictas a estas drogas, quizá por su ilegalidad y ser ésta otra forma de romper con las normas establecidas, y en las personas que padecen un trastorno por estrés postraumático.

■ Otra población donde existía mucha adicción era la de los profesionales de la medicina, probablemente por el fácil acceso a las drogas, la calidad certificada y el estrés laboral al que se veían sometidos.

## Sedantes, hipnóticos y ansiolíticos

LA BÚSQUEDA del ser humano de sustancias que le alivien el dolor, la ansiedad o la tristeza data desde la historia de los tiempos. Hoy en día existe una gran variedad de sustancias, cada vez más específicas en su modo de acción, que son recetadas por los médicos pero que por su eficacia presentan un potencial de abuso muy alto. El mayor problema está en la automedicación sin ningún control médico, lo que suele crear dependencia, tolerancia y abstinencia, aparte de la posibilidad de que reaparezcan los síntomas que se pretendían eliminar.

## ¿Qué son exactamente?

SON UNA serie de medicamentos que se utilizan en el tratamiento de la ansiedad, de la depresión, del insomnio y algunos de la epilepsia. Sus efectos son tranquilizantes, sedativos y a menudo hipnóticos (inductores del sueño). Entre ellos los más automedicados son los barbitúricos (hipnóticos) y las benzodiacepinas (hipnóticos, ansiolíticos, etc.).

## ¿Cómo actúan en el organismo?

SE CONSIDERAN depresores del sistema nervioso central y su modo de acción es estimulando el neurotransmisor inhibidor GABA (ácido gamma aminobutírico), que se encuentra distribuido en todo el sistema nervioso central.

### Síntomas

LOS SÍNTOMAS a pequeñas dosis son los que se han descrito anteriormente. Se produce relajación muscular, reducción de la ansiedad y el miedo, y en dosis bajas puede producir un ligero estado eufórico. A dosis más altas se altera el habla, haciéndose más farfullante; el equilibrio, la capacidad de juicio, la concentración, y se presenta un retardo en algunas actividades mentales. El consumidor puede perder el control emocional y volverse irritable y agresivo antes de caer en un profundo sueño.

La intoxicación aguda de estas sustancias (o dosis muy elevadas) produce confusión mental, alteración de las funciones intelectuales, somnolencia, hipotensión, reducción de la respiración, hipotermia, etc. La relajación de los músculos del diafragma puede ser muy intensa produciendo la muerte.

Las dosis terapéuticas de los barbitúricos estaban muy cerca de las letales; por esto, y por la reducción de síntomas secundarios como el grado de alteración de la capacidad de juicio, hoy en día son las benzodiacepinas las que más se utilizan en psiquiatría.

A menudo son utilizados con alcohol u opiáceos porque estas sustancias aumentan sus efectos, o para contrarrestar el exceso de efecto estimulante de la cocaína o de las anfetaminas. También se usan para evitar los síntomas del síndrome de abstinencia de drogas como la morfina o heroína.

## Dependencia, tolerancia y abstinencia

ES CASI un dogma la idea de que cualquier sustancia (o cosa) que produzca bienestar, reduzca ansiedad y ayude al sueño presenta un alto potencial de abuso por parte de la humanidad, y estos medicamentos poseen estas características.

La tolerancia se desarrolla muy pronto y se necesita cada vez más cantidad para conseguir el mismo efecto del principio. La dependencia suele ser física, esto es, por su rápida tolerancia y por el síndrome de abstinencia que provocan, pero también hay un componente psico-

lógico. Muchas personas que se acostumbran a dormir con píldoras, o a afrontar los problemas de la vida cotidiana con estas sustancias, si un día no las tienen, a su abstinencia física se unirá irremediablemente una gran necesidad psicológica de obtenerlas y consumirlas.

Los síntomas de la abstinencia a estos medicamentos son muy serios, muy duraderos y a menudo mortales si el consumo se interrumpe abruptamente. Como en el resto de las drogas, dependen de la cantidad de tiempo que se hayan estado consumiendo, de la frecuencia y la dosis. Los efectos suelen ser parecidos a los de dejar los opiáceos, pero acompañados de temblores, convulsiones, delirios, alucinaciones visuales, auditivas y táctiles, agitación, ansiedad y en muchos pacientes, crisis epilépticas. Cuando la abstinencia es muy grave, puede aparecer un delírium similar al delírium trémens alcohólico, coma y muerte.

## Trastornos relacionados con su consumo

DENTRO DEL perfil de consumidores adictos a estas sustancias se pueden encontrar tres tipos: 1) adolescentes y jóvenes adultos, generalmente varones, que usan estas drogas para alterar sus consciencias y estados de ánimo; 2) personas de edad media que se automedican para conseguir dormir y reducir ansiedad; 3) personal médico que también se automedican por las mismas razones. El segundo grupo es el más abundante.

El abuso crónico puede deteriorar los tejidos cerebrales, producir demencias y amnesias; alterar la coordinación motora, la personalidad, el estado de ánimo; producir trastornos sexuales, del sueño y de ansiedad; e inducir al alcoholismo.

## CAUSAS Y TRATAMIENTOS

### CAUSAS

LA ADICCIÓN es un fenómeno que siempre ha interesado a los investigadores de la conducta humana. La pregunta principal es, ¿por qué se vuelve una persona adicta a algo, aun sabiendo que esta conducta altera y afecta su vida? Sabemos que existen muchas sustancias que con un uso prolongado y excesivo producen ciertos cambios en el organismo, como una dependencia física y su consiguiente síndrome de abstinencia. No obstante, la conducta adictiva no es sólo consecuencia del uso de sustancias, hay mucha gente adicta al juego o al sexo con los mismos problemas de interferencia en su funcionamiento vital.

Existen varias teorías explicativas de las adicciones que, a pesar de ser distintas, de alguna manera se complementan. Algunas están enfocadas a examinar los aspectos que llevan a una persona a empezar a usar una sustancia, a abusar de ella y finalmente a «engancharse». Otras se centran en los procesos biológicos que contribuyen a facilitar la dependencia examinando la acción reforzadora de los efectos de las drogas en el cerebro.

Estas teorías intentan explicar el fenómeno de la adicción, y aunque su punto principal son las drogas, también han servido para comprender otros fenómenos, muy comunes socialmente, como la ludopatía, la adicción al trabajo, a comer, al sexo, a comprar, etc.

### Teoría sociocultural

LOS FACTORES socioculturales suelen tener un papel importante, en el inicio de las drogodependencias, desde los medios de comunicación y lo que una cultura considera aceptable, hasta la influencia de los amigos o de la familia.

• La publicidad suele bombardearnos con imágenes de personas alegres, divertidas, exitosas y bellas que beben alcohol o que fuman, añadiéndose estas conductas a su maravilloso estilo de vida, o casi transmitiendo el mensaje de que gracias a estas actitudes pueden llevar esa vida. Varios estudios han demostrado la efectividad de las campañas publicitarias relacionando su lanzamiento con el aumento de consumidores, y con la preferencia de las marcas anunciadas sobre otras.

- La diferente aceptación de ciertos hábitos en distintas culturas, así como factores sociales como edad, sexo, estatus socioeconómico, religión, etc. ,marcan variaciones de las pautas de consumo. Por ejemplo, los varones y los jóvenes suelen beber (y consumir otras sustancias) más que las mujeres y los mayores. Ciertas drogas suelen ser más consumidas por las personas con un nivel socioeconómico más bajo (por ejemplo, heroína), y otras son más frecuentes en personas con un nivel más alto (por ejemplo, cocaína). En países productores de vino (mediterráneos) o de algún tipo de alcohol, el consumo es bien aceptado, muy elevado y con menor número de alcohólicos que en países sin este tipo de tradición como EE. UU., donde el consumo es moderado pero el nivel de alcoholismo es muy alto. Este factor es importante a la hora de ver que muchos de los problemas de la droga son ajenos a ella, es decir, la adicción de una persona producirá más deterioro cuanto más prohibida esté y más rechazada sea por la sociedad.
- La familia también ejerce influencia. En las casas donde los padres son fumadores los hijos tienen cuatro veces más posibilidades de serlo ellos también que en las casas donde no se fuma, y lo mismo pasa con el alcohol. En general, las actitudes que tengan los mayores en relación con algunas conductas presentan más probabilidad de ser aprendidas por los hijos. De la misma manera, los problemas familiares (maritales, legales, etc.), el escaso apoyo emocional, la falta de comunicación o el poco control parental suelen ser factores relacionados con el uso de sustancias.

- El medio social en el que se mueve una persona suele ser clave sobre todo a la hora de iniciar el consumo. En la adolescencia el uso de sustancias como el tabaco, el cannabis o el alcohol sirve para identificarse con el grupo, ser aceptado y a menudo se considera como un paso de la niñez a la madurez. El consumo de alucinógenos en los años 60 se relacionaba con los movimientos sociales de la época; el de cocaína se relaciona con el mundo glamouroso del cine y de la moda, etc.

## Teorías psicológicas

DESDE ESTA perspectiva se intenta discernir las causas que llevan a una persona a empezar a abusar de la sustancia y del mantenimiento de la adicción.

## Teorías del aprendizaje

HASTA HACE poco tiempo, la idea era que las personas mantenían su adicción para evitar los desagradables síntomas del síndrome de abstinencia. Sin embargo, existen drogas muy adictivas que no producen abstinencias severas (cocaína), y la pauta de consumo de mucha gente es alternando días de uso (por ejemplo, fines de semana) con varios días sin sustancia, con lo cual da tiempo a que el organismo se «limpie». Algunos fenómenos de aprendizaje se consideran importantes en el mantenimiento de la adicción:

- Se produce una asociación de los efectos de la droga con los estímulos ambientales (por ejemplo, discotecas, lavabos, jeringuillas, otros adictos, etc.), debida a la cantidad de veces que aparecen juntos. Estos estímulos ambientales suelen predecir la administración de droga y el cuerpo reacciona con respuestas físicas contrarias a las de los efectos de la sustancia para prepararse físicamente al consumo. El resultado es una tolerancia a los estímulos ambientales y situaciones, que añadida a la tolerancia a la droga en sí, hace que el consumo aumente. No obstante, tiene dramáticas consecuencias en algunos adictos a drogas peligrosas. Varios experimentos han demostrado una alta mortalidad por sobredosis en ratas con tolerancia a la heroína cuando se les administraba la siguiente dosis en un ambiente completamente nuevo. La dosis habría sido normal si la hubieran consumido en el ambiente habitual.

- Otro resultado de esta tolerancia a los estímulos ambientales es que, cuando éstos están presentes y la droga ausente, se produciría una abstinencia condicionada, produciendo necesidad por la sustancia. Esto explicaría también las recaídas en las personas desintoxicadas.

- Por otro lado, los estímulos ambientales que han sido asociados con los efectos de las drogas pueden producir efectos similares (y no sólo los contrarios como en los casos expuestos anteriormente). Existen multitud de ejemplos, entre ellos algunos ex adictos a la heroína que obtienen placer clavándose una aguja vacía, o personas que se emborrachan con cerveza sin alcohol (la embriaguez es mayor de lo que realmente pueden producir las mínimas cantidades de alcohol que algunas contienen).

### Teorías del incentivo positivo

UNA DE las razones principales en el consumo de sustancias es obtener placer. Esta perspectiva reconoce que algunas veces se usan para evitar los síntomas de la abstinencia y otras para escapar de los aspectos desagradables de la existencia, pero la mayoría de las veces es por las propiedades positivas que contienen, esto es, la gente consume porque le gusta. A menudo estas propiedades son indirectas, por ejemplo, por la desinhibición que producen. Si una persona bebiendo unas copas se lo pasa bien en una fiesta, o acude a un bar de solteros y liga, y considera estas conductas como positivas y agradables, pueden ser, evidentemente, importantes factores de motivación para repetir.

Existen algunas diferencias dentro de este punto de vista, por un lado se asume que el valor positivo de las sustancias aumenta con su uso, pues se desarrolla más tolerancia a los efectos adversos que a los placenteros (recordemos por ejemplo, que los síntomas de náuseas y mareos producidos por el tabaco se toleran muy rápido mientras que los efectos placenteros siguen dándose, lo mismo para el alcohol y muchas otras drogas). Por otro lado, el valor positivo que las personas dan aumenta también con el consumo continuado. Muchas veces no es el efecto de la droga en sí, sino la anticipación del efecto, lo que se espera que produzca, lo que está en la base de la adicción. Un ejemplo claro serían aquellos adictos cuyas vidas están deterioradas así como su salud, y a los que las drogas casi no les hacen efecto y, sin embargo, siguen desesperados buscando y necesitando la sustancia.

### Teorías de la personalidad

Debido a las marcadas diferencias encontradas en las personas que consumen drogas, se ha planteado que pueden existir ciertas características de personalidad que contribuyen al desarrollo de las adicciones y sus problemas relacionados. Es decir, no todos los consumidores abusan, ni todos los que abusan se «enganchan». En general, se relacionan con las adicciones las personas depresivas, de baja autoestima, de carácter antisocial, etc. Son asimismo importantes las carencias en habilidades de afrontamiento, autocontrol, la poca tolerancia al aburrimiento, la necesidad de estimulación, el rechazo a las normas, etc.

### Teorías biológicas

La comprensión cada vez mayor de la acción de las drogas en el cerebro y de los procesos biológicos de la conducta y su motivación, contribuyeron al reconocimiento de los procesos mentales que regulan o median en los efectos placenteros de las drogas, y también en las recompensas naturales (por ejemploÑ comida, agua, sexo, etc.). Esto es, existe un sistema de recompensa cerebral y éste es el sistema dopaminérgico mesotelencefálico, cuyas neuronas, que liberan dopamina, parten de la sustancia negra y del área tegmental ventral (mesencéfalo) y van a varios sitios como la neocorteza prefrontal y el sistema límbico en el telencéfalo. Las drogas actúan en este sistema y es aquí donde se regula la recompensa que producen (el placer) y sus propiedades reforzadoras.

Múltiples experimentos han comprobado que la estimulación o activación artificial de este sistema en animales (por ejemplo, con electricidad) induce o fomenta conductas como apretar un botón, si el hacerlo les produce de nuevo la sensación (ha habido animales que incluso dejaron de comer y lo único que hacían era autoestimularse). De igual manera, animales a los que se les había administrado droga previamente, es decir, que conocían sus efectos, la estimulación eléctrica de este sistema les inducía conductas de búsqueda y autoadministración de la droga. El consumo habitual de la mayoría de las drogas adictivas está relacionado con la liberación de dopamina en este sistema. Por ejemplo, los niveles de esta sustancia aumentan con la cantidad de cocaína, cuanta más cocaína más dopamina se libera.

## TRATAMIENTOS

En general, el tratamiento para ayudar a una persona a superar su adicción incluirá dos fases. La primera y más fácil, es desintoxicar al consumidor. Para esto, y dependiendo del tipo de sustancia consumida, existen diversos medicamentos que pueden ayudar a que la abstinencia sea menos severa, o a que el proceso sea más gradual que eliminar la droga de manera abrupta. El mejor ejemplo es la sustitución de heroína por metadona. Esta última es también muy adictiva pero presenta una abstinencia menos severa, con lo cual la persona encontrará más fácil dejarla en un momento dado.

La segunda fase, y la más difícil, es lograr que el consumidor se mantenga sin drogarse y lograr evitar el comportamiento adictivo. A lo largo del capítulo hemos visto que existen múltiples factores que contribuyen a mantener la adicción. Entre éstos están las situaciones sociales y culturales, factores de personalidad, procesos de aprendizaje donde los efectos de las sustancias se asocian a diferentes situaciones o estímulos, y por último y más importante, los efectos placenteros que producen. Por esto, igual que para otro tipo de disfunciones mentales, es necesario el tratamiento de las adicciones en las consultas de los psiquiatras, psicólogos y otros profesionales de la salud mental.

Las diferentes sustancias tienen distintos tratamientos, no es lo mismo querer dejar el hábito de fumar que dejar la heroína. En esta sección consideraremos los puntos básicos que son importantes para tratar las adicciones en general.

## Puntos básicos en el tratamiento

PARA QUE cualquier tratamiento sea efectivo, tiene que ser el consumidor el que realmente quiera un cambio. Está comprobado que las recaídas aumentan de modo preocupante (para los terapeutas) cuando las personas se desintoxican por órdenes del médico (fumar), o del juez y no por deseo sincero del adicto.

El proceso de cambio, en un consumidor habitual, suele pasar por diferentes fases. Con la ayuda de un terapeuta se trabajarán diversos puntos que le prepararán para, poco a poco, ir modificando su hábito.

- Tiene que ser consciente de los problemas reales de la adicción en su vida y en la de los demás, y ver lo positivo de un cambio.
- Valorar realmente que es la droga en su vida, cómo afecta la sustancia su presente y plantearse cómo sería un futuro sin ella.
- Observar los argumentos que presenta para no cambiar y replantearse si son compatibles con la vida nueva que quiere empezar, o si son realmente inamovibles de manera que le impidan avanzar.
- Trabajar todas las habilidades necesarias para aumentar su capacidad en la toma de decisiones y a la hora de elegir o escoger.
- Buscar conductas alternativas que ayuden y fortalezcan el cambio.
- Ser consciente de, y utilizar, las redes de apoyo existentes, tanto familiares y amigos como sociales e institucionales.
- Evitar encontrarse con situaciones o estímulos que aumenten el riesgo a recaídas, como ciertos lugares donde solía consumir, las personas con las que lo hacía, etc.

## Diseño básico de la terapia

ESTE DISEÑO de terapia suele ser el punto de partida de cualquier tratamiento de adicción, no obstante, cada sustancia produce problemas distintos. Existen diferencias en cuanto a cómo son de perjudiciales para la salud, en su manera de deteriorar el funcionamiento en áreas importantes de la persona, en el rechazo social que provocan, en las consecuencias legales, en cómo alteran la conducta, etc. Estos aspectos se tienen en cuenta a la hora de actuar, pero en general, los pasos comunes son:

- Desintoxicar el organismo, pasando el síndrome de abstinencia.

- Deshabituación psicológica, donde se tratarán los puntos antes mencionados, usando diversas técnicas terapéuticas.
- Modificación del estilo de vida con diversas actividades y tareas.
- Entrenamiento en habilidades sociales, en la capacidad de afrontamiento, manejo del tiempo libre, etc.
- Cuidado de otras áreas que han podido verse afectadas por la adicción como la salud física, las relaciones personales, alteraciones del estado de ánimo, etc.

### Técnicas

Como venimos repitiendo, cada caso de adicción modificará sustancialmente el empleo de las diferentes técnicas a utilizar. Aun así, las más utilizadas son:

- **Terapia familiar:** es importante que la familia colabore en el tratamiento del paciente para ayudarle a prevenir el consumo, y a que mantenga la terapia y las actividades programadas. De la misma manera, se trabajan las pautas de comunicación entre los miembros, el estilo de sus relaciones, las expectativas, atribuciones y creencias erróneas que puedan tener sobre el paciente, su manera de solucionar los problemas, conductas que puedan mantener alejada la adicción, etc.
- **Abstinencia:** generalizar la abstinencia a todo tipo de sustancias de abuso.
- **Técnicas de autocontrol:** se busca que el paciente se pueda exponer a las situaciones y a los estímulos que le recuerdan a las drogas y le producen el deseo de consumir, y que no lo haga para que, de esta manera, rompa la asociación existente. La exposición ha de ser gradual, trabajando además el porqué del deseo, y fomentando las actitudes de cambio previamente establecidas. Se aprende a reconocer las situaciones de riesgo y se entrena en técnicas de afrontamiento.
- **Entrenamiento en habilidades sociales y de afrontamiento:** la persona se entrena en diversas habilidades como aprender: a decir no en distintas situaciones, a comprender el sentido de responsabilidad personal; a trabajar la expresión de los sentimientos; a buscar el apoyo de otras personas; a solucionar problemas y tomar decisiones; a manejar sus relaciones con otros adictos y con amistades nuevas; a fomentar la asertividad; a manejar los pensamientos sobre la droga y su consumo; a manejar los pensamientos negativos y el dinero; a relajarse, etc.
- **Modificación del estilo de vida:** se buscan actividades alternativas al consumo, nuevas formas de utilizar el tiempo de ocio, estrategias para enfrentarse al aburrimiento, se potencian los recursos personales, se planifican tareas para estar ocupado, mejoras en la salud (alimentación, ejercicio, visitas al médico) e higiene (cuidado personal, cambios de imagen), etc.
- **Reestructuración cognitiva:** aprender a identificar pensamientos, esquemas y creencias erróneas o de desadaptación, las consecuencias de éstos y buscar perspectivas más razonables, valores positivos y objetivos realistas. También se incluye entrenamiento en el manejo del estrés.
- **Prevención de recaídas:** se establecen las situaciones de riesgo para reconocerlas y afrontarlas, los pensa-

mientos de recaída como sentimientos negativos, idealización de los efectos de las drogas, etc. Si en momentos críticos no hay recaídas, se fomentará el sentimiento de eficacia y la autoestima. Si las hay, es importante no considerarlas como un fracaso, pues generará sentimientos muy negativos en la autoimagen e incapacidad de superación. La recuperación total es un proceso lento y continuo, las recaídas son parte del proceso y no el punto final que puede implicar un fracaso completo a la primera. En estas influyen muchos factores (individuales, sociales, físicos, etc.) y la persona puede aprender mucho de ellas como el anticipar y afrontar sus consecuencias, especialmente en el proceso de cambio que está realizando.

# Delirium

Es ley de vida que la mayoría de las personas se conviertan en ancianos algún día. La vejez es un hecho biológico inevitable que va acompañada de múltiples cambios físicos así como psicológicos. Después de haber vivido tanto tiempo el funcionamiento normal de la persona disminuye, el cuerpo no es tan fuerte ni tan activo, se oye y se ve algo peor, se olvidan más cosas, los intereses cambian, etc.

Hay varias enfermedades mentales muy incapacitantes asociadas al envejecimiento, siendo la más temida de todas la demencia. No obstante, estos trastornos no son sinónimos de vejez, es decir, son frecuentes entre los ancianos pero no son consecuencia de la edad.

Uno de estos trastornos frecuentes a estas edades es el delirium. Tiene multitud de causas y también puede aparecer en el curso de una demencia, por lo que a menudo son muy difíciles de distinguir.

El delirium es básicamente una alteración de la conciencia, considerando a ésta como «ser consciente del propio conocimiento», es decir, el darse cuenta de uno mismo, de las percepciones, de las sensaciones, de la memoria y de todos los aspectos presentes de la vida mental. Se describe típicamente como conciencia nublada, con problemas de concentración y de atención, y con una incapacidad de mantener una línea de pensamiento coherente. Los síntomas más habituales son:

- Alteración de la conciencia, que puede ser desde un estado obnubilado hasta un estado de coma.
- Disminución de la capacidad de centrar, mantener o dirigir la atención, y mucha distracción con cualquier cosa.
- El ciclo de sueño y vigilia se altera. Puede haber insomnio por la noche y somnolencia durante el día hasta el punto de poder invertirse el ciclo completamente. El insomnio puede ir acompañado de agitación e inquietud, y son frecuentes las pesadillas y los sueños muy vívidos (que pueden mantenerse durante el día como alucinaciones).
- Puede presentarse gran desorientación, tanto temporal como de lugar. Algunos la presentan en el reconocimiento de las personas.

- Es frecuente el deterioro de la memoria, especialmente de los hechos realizados recientemente o inmediatos (de lo que acaban de hacer, o hicieron horas antes).
- El pensamiento y el lenguaje se ven muy afectados. Se manifiesta dificultad de comprensión, pensamiento incoherente y fragmentado, es decir, lenguaje impreciso y escaso, o abundante y desordenado.
- Son comunes también las alucinaciones visuales, los delirios y la interpretación errónea de lo percibido. Las ilusiones visuales suelen ser poco trabajadas y cambiantes, esto es, no ven cosas de manera concreta y clara sino confusamente. No suelen diferenciar lo conocido con lo desconocido.
- En cuanto a las emociones, existe mucha variación. Algunos pacientes tienen el mismo tono emocional durante todo el episodio, pero otros tienen un torbellino emocional, intercalando diferentes estados emocionales de manera imprevisible. Suelen sentir ansiedad, tristeza, alegría, irritabilidad, miedo o apatía.
- Los síntomas físicos más habituales son fiebre, taquicardia, tensión arterial elevada, incontinencia urinaria y de heces, temblores, etc.

Si el delirium no es tratado, la persona puede perder por completo el contacto con la realidad y entrar en un estado estuporoso, que es una condición de falta de respuesta extrema a cualquier estímulo, pérdida completa de orientación, letargo y mutismo.

Otra característica importante es que durante el curso del trastorno se intercalan momentos de lucidez. Los síntomas fluctúan a lo largo del día, siendo en general mejores por la mañana, cuando son frecuentes los momentos lúcidos, y peores por la tarde y por la noche. En general, las situaciones con poca estimulación ambiental, como la oscuridad, mucho silencio, soledad, etc., son condiciones que pueden considerablemente agravar los síntomas. Estos puntos son importantes pues marcan una diferencia clara con la demencia.

Su inicio suele ser muy rápido, en cuestión de unas horas o días, y su duración es relativamente corta (es raro que dure más de un mes). Los pacientes pueden recuperarse completamente, esto será más pronto o más tarde, depende ciertamente de cuál haya sido su causa y su diagnóstico temprano.

El delirium es un desorden mental de origen biológico que puede aparecer a cualquier edad, aunque es más común en los ancianos y en los niños. Entre los ancianos es quizá el desorden más frecuente. Varios estudios han confirmado que entre el 10 y el 15% de las personas mayores que sufren una operación quirúrgica normal, lo padecen después de la operación. Igualmente entre un tercio y la mitad de los ancianos hospitalizados tienen grandes posibilidades de padecerlo en algún momento dado de su estancia. La mortalidad es muy elevada, alrededor del 40% de los pacientes muere, tanto por el agravamiento de la condición médica o física que lo causó, como del agotamiento.

Sin embargo, muchas veces se diagnostica mal, o no se reconoce como tal. Lo más habitual es que se confunda con senilidad y se estime que no hay solución, por lo que pueden no recibir el tratamiento adecuado.

## DIFERENCIAS CON OTROS TRASTORNOS

- **Demencia:** la diferencia principal es que en ésta no existe la alteración de la conciencia que es característica y definitoria del delirium. El inicio de la demencia suele ser lento, su duración es muy larga, sus síntomas no fluctúan, la actividad intelectual está muy deteriorada, los fallos en la memoria son más amplios y se desconoce su causa. No obstante, es frecuente que se den los dos trastornos a la vez.
- **Trastornos psicóticos:** la causa de estos trastornos no es la enfermedad médica o consecuencia del consumo o abstinencia de sustancias tóxicas. Igualmente, los síntomas no fluctúan y no van acompañados de problemas de atención, memoria y desorientación.
- **Trastorno delirante**: a pesar de su nombre tan parecido, son dos condiciones distintas. Sus diferencias son las mismas que las que hay con el resto de los trastornos psicóticos, además, los delirios suelen ser ideas que no se consideran extrañas a la persona (esto es, con temática real, que puede ocurrir), son muy persistentes y estructurados.

---

### DATOS SOBRE EL DELIRIUM

- Es un trastorno muy frecuente en las personas hospitalizadas, pues hay multitud de condiciones médicas que lo pueden causar.
- Parece que es más habitual en varones que en mujeres.
- Puede darse a cualquier edad, aunque es más común en niños y ancianos.

---

## CAUSAS Y TRATAMIENTOS

### CAUSAS

A DIFERENCIA de otros trastornos mentales, las causas del delirium en las personas de edad son conocidas. Su origen es orgánico, es decir, es debido a condiciones físicas, y éstas se pueden agrupar en varias clases:

- Puede ser debido a cualquier enfermedad médica, siendo las más comunes: demencias, tumores cerebrales, epilepsias, infecciones, neumonía, meningitis, encefalopatías, embolias cerebrales, isquemias, hipoglucemia, pelagra, lesiones cardiacas, diabetes, traumatismos cerebrales, deficiencias en la nutrición, etc.
- Por intoxicación de sustancias como alcohol, drogas estimulantes u opiáceos.
- Intoxicación por medicamentos tranquilizantes, ansiolíticos y antidepresivos, antihistamínicos, antihipertensivos, antiparkinsonianos, corticosteroides, etc. Ésta es quizá la causa más común de delirium en los ancianos.
- Intoxicación por otras sustancias tóxicas como insecticidas, monóxido y dióxido de carbono, gasolina, disolventes, etc.
- Debido a la abstinencia de varias sustancias como el alcohol (delírium trémens), y de los medicamentos del punto anterior.
- Es muy común después de intervenciones quirúrgicas.
- No obstante, es más frecuente que su origen sea debido a múltiples causas.

Como hemos visto en el capítulo, su inicio suele ser brusco. Aun así, existen diferencias en su aparición dependiendo de la causa que tenga. Por ejemplo, cuando es consecuencia de una intoxicación o de una conmoción cerebral, el inicio es rápido y agudo; si es debido a una infección o a una enfermedad metabólica, la aparición de los síntomas es algo más gradual.

Sea cual sea su origen, los síntomas y la forma en la que se presentan es muy similar en todas las personas.

Hay muchas explicaciones a la especial vulnerabilidad de los ancianos a desarrollar este trastorno. Entre éstas está el declive físico del envejecimiento, el aumento de la susceptibilidad a las enfermedades crónicas, la gran cantidad de medicamentos que suelen tomar para tratarse diversos problemas, una sensibilidad mayor a los efectos de éstos y una vulnerabilidad alta al estrés.

De la misma manera, el deterioro del cerebro es un factor de mucho riesgo para padecer delirium. Por ello, las personas con demencia son las más afectadas de todas.

## TRATAMIENTOS

LA RECUPERACIÓN completa de un delirium es siempre posible, pero por este motivo es preciso que sea identificado correctamente y que la causa subyacente (la que lo origina) sea tratada con rapidez y eficacia.

Si esto es así, el trastorno puede terminar en unas horas, aunque lo más habitual es que la recuperación tarde entre una y cuatro semanas. Las personas más jóvenes se curan antes que las más mayores. Sin embargo, si la condición médica no se trata, el cerebro puede quedar dañado permanentemente y producir la muerte.

Uno de los grandes problemas es su similitud con las demencias y su aparición a la vez que éstas. Si un paciente demente sufre una infección puede empezar a actuar de manera rara, desorientarse o tener alucinaciones. Estos síntomas, añadidos al deterioro intelectual que ya de por sí tiene el paciente, pueden hacer pensar en un agravamiento de la demencia y no ser tratada la causa que lo originó correctamente.

Es importante que la familia de una persona senil aprenda a reconocer y a distinguir los síntomas tanto de la demencia como del delirium, y que sepan que este último es causado por un problema orgánico, y por tanto es reversible.

# Demencias

Una de las razones por las que la gente más teme envejecer es por el deterioro de algunas funciones intelectuales. Con la edad, las personas se vuelven más olvidadizas, cuesta más realizar algunas operaciones mentales como el cálculo, las emociones se alteran, por no hablar del debilitamiento físico. Sin embargo, en la gran mayoría de los casos, estos problemas no suelen afectar a la persona hasta el extremo de impedirle llevar una vida normal.

A pesar de que no a todas las personas mayores les ocurre, algunas presentan un declive neurológico que afecta a la función mental de manera muy importante, a menudo es progresivo y generalmente irreversible. Este deterioro, que se suele llamar **senilidad**, es lo que se conoce como demencia. Los síntomas más habituales que se manifiestan son:

- El inicio de la demencia se caracteriza por pérdidas de memoria que empeoran con el tiempo. Las memorias más afectadas suelen ser las de los hechos recientes como por ejemplo no recordar que se ha desayunado unas horas antes, o dejar tareas sin terminar porque la persona no se acuerda de retomarlas después de una interrupción. Las alteraciones pueden evolucionar rápidamente hacia el deterioro. Con el tiempo, puede llegar a no acordarse del nombre de su cónyuge, del suyo propio, o no acordarse de que tiene hijos. Sin embargo la memoria de los hechos pasados hace mucho tiempo puede conservarse intacta durante gran parte de la enfermedad.

- Inevitablemente, otras habilidades intelectuales como leer, escribir y calcular se ven también afectadas.

- La higiene personal, su alimentación o su cuidado personal se desatienden pues la persona olvida que tiene que hacerlo o si lo ha hecho ya.

- La capacidad de juicio se deteriora, así como la comprensión de muchas situaciones, el razonamiento, la planificación y tomar decisiones.

- Puede aparecer desorientación tanto temporal como espacial (no sabe en qué día vive, o qué hora es, ni tampoco dónde está). Es frecuente que se pierdan incluso cerca de su lugar de residencia habitual.

- El lenguaje se altera también, a menudo no recuerdan los nombres de los objetos, o el uso de las palabras, el discurso puede ser impreciso e incoherente, hablar muy lento o farfullar. En las fases avanzadas pueden dejar de hablar del todo, o mostrar alteraciones graves como la ecolalia, esto es, repetir todo lo que dicen los demás, o algún sonido o palabra.
- Se puede perder el control de los impulsos como insultar, robar en tiendas o comportarse de manera inapropiada para la situación.
- Pueden presentar problemas de movimiento, desde perder la capacidad de realizar movimientos simples hasta caerse al andar.
- A pesar de todos estos problemas, la conciencia permanece clara (a diferencia del trastorno por delirium).
- Por lo general el paciente no es consciente de lo que le está pasando.

Otros síntomas que pueden ocurrir son alteraciones en el estado de ánimo, especialmente depresión, que ocurre en el 15% de los pacientes dementes, ansiedad, síntomas psicóticos como delirios persecutorios, alucinaciones sobre todo visuales, y cambios en la personalidad.

Como es lógico, todos estos síntomas causan mucha desadaptación social. Sin embargo, el mayor o menor ajuste estará muy influido por el medio que rodee a la persona. En lugares donde la vida es más sencilla y el desenvolverse en el medio es más fácil, los individuos con demencias pueden continuar llevando una vida relativamente integrada en la comunidad.

## DATOS SOBRE LA DEMENCIA

- Se estima que alrededor del 10% de las personas mayores de 65 años sufren demencias leves o moderadas, y entre el 4 y el 5% padece demencia severa.
- La ocurrencia de demencia severa aumenta con la edad. Entre los 65 y 70 años menos del 1% la sufren, mientras que en los ancianos de 85 años la cifra se eleva al 15%.
- El número de casos aumentará notablemente en los próximos años, debido sobre todo a la mayor longevidad de la población. Antiguamente se vivía menos y por tanto había menos casos.

Igualmente, la aparición de acontecimientos o situaciones estresantes puede alterar al paciente de manera grave.

Durante mucho tiempo la senilidad se consideraba como algo normal de la vejez. En la actualidad, se consideran las demencias como síndromes orgánicos (de origen físico, lo contrario de funcional o de origen mental), que pueden tener varias causas como por ejemplo, accidentes cerebrovasculares, infecciones víricas y bacterianas, alcoholismo y arterioesclerosis, causando deficiencias en el riego sanguíneo del cerebro, lo que produce la muerte de las células y un marcado encogimiento cerebral.

De esta manera, para diagnosticar demencia se debe demostrar que es causada por enfermedad o condición médica, o por el abuso crónico de sustancias. Se hace la excepción con la demencia de tipo Alzheimer y de Pick, pues sus causas siguen siendo desconocidas, y solamentese puede demostrar que se trata de

Alzheimer o Pick una vez fallecido el paciente.

Dependiendo de su causa, las demencias pueden ser progresivas en el tiempo (que empeoran), mantenerse sin cambios, y a veces remitir.

## TIPOS DE DEMENCIA

LAS DEMENCIAS se clasifican en función de la cantidad de zona cerebral dañada, pudiendo ser **localizadas,** o con un área dañada concreta, y **globales,** donde las zonas afectadas son mucho más difusas. Las localizadas, a su vez, se pueden dividir en dos tipos: corticales y subcorticales.

1. **Corticales:** en este tipo de demencias el córtex (o la corteza cerebral) se encuentra ampliamente dañado. El córtex media las funciones cognitivas complejas como el aprendizaje, la solución de problemas, la memoria, la abstracción, el razonamiento, etc. Un signo característico del amplio deterioro de esta zona del cerebro es el llamado síndrome «afaso-apraxo-agnósico», donde la afasia implica una pérdida de habilidades lingüísticas, la apraxia es la pérdida de habilidades del movimiento voluntario, y la agnosia la inhabilidad de reconocer, es decir, un objeto se puede sentir, pero no interpretar su significado. Las más características son: **Alzheimer** y **Pick.**

2. **Subcorticales:** afectan al llamado sistema extrapiramidal compuesto de estructuras como los ganglios basales, el tálamo y el cerebelo, y suelen ser características de los trastornos debidos a las disfunciones en este sistema como el Parkinson. En las demencias subcorticales no se da el síndrome afaso-apraxo-agnósico, pero sí la pérdida de memoria y alteraciones en las funciones típicas de los lóbulos frontales como la planificación, solución de problemas o la abstracción. A diferencia de las corticales, estas funciones cognitivas complejas no se pierden, sino que se ralentizan o inhiben. Los movimientos son muy lentos, hay menor concentración, motivación y atención, y aparecen alteraciones en el movimiento como la ataxia, que es una pérdida de la coordinación de los movimientos musculares voluntarios. Las más características son: **Parkinson, Huntington,** y por **VIH.**

3. Otras demencias son la de **Creutzfeldt-Jakob, Wernicke-Korsakoff** y las **demencias vasculares** o multiinfarto.

La demencia de Alzheimer es la más frecuente, afectando al 50% de los pacientes dementes. El 22% padecen una combinación de enfermedad de Alzheimer y demencia vascular, el 15% son debidas a enfermedades vasculares, y el 13% sufren el resto de demencias.

## DEMENCIA DE ALZHEIMER

EL SÍNDROME o demencia de Alzheimer es la causa del 50% de las demencias y es, por tanto, la más común. Suele aparecer en las últimas décadas de la vida, esto es, después de los 65. Antes de esta edad, es conocida como demencia presenil, aunque no hay pruebas convincentes de que haya algún tipo de diferencia entre ambas como para recibir distintos nombres.

Se han descrito tres fases de deterioro intelectual o de progresión de la enfermedad:

1. Llamada **fase amnésica,** corresponde a los primeros síntomas clínicos, que típicamente son un deterioro de la memoria reciente, como repetir la misma pregunta cada pocos minutos; déficit en el cálculo (o discalculia, deterioro en la habilidad de hacer operaciones matemáticas); apraxia construccional, que es un déficit en la integración de las habilidades visuales-motoras, por ejemplo, problemas a la hora de dibujar objetos, o de organizarlos construyendo algo, como los juguetes de construcción o de encaje de piezas; cambios emocionales, apatía, desinterés, irritación, depresión, ansiedad, etc. Al principio, el paciente puede no dar excesiva importancia a los síntomas, echar la culpa a los demás de lo que pasa y puede tener delirios de persecución. Poco a poco se va sintiendo más desorientado y agitado, y al final, su vida se ve muy interferida. Esta fase puede durar entre dos y cuatro años antes de pasar a la siguiente fase.

2. **Fase de confusión,** hay un continuo declive en el funcionamiento intelectual. Aparece el síndrome afaso-apraxo-agnósico, es decir, incapacidades en el habla y en la escritura; alteraciones del comportamiento como agresividad o deambular; problemas en la comprensión y el reconocimiento de los objetos, personas etc.; desorientación, confusión severa; cambios en la personalidad, etc. Los síntomas se agravan y pueden aparecer episodios psicóticos. Esta fase puede durar entre tres y cinco años.

3. Conocida como **fase de demencia,** es la demencia completa, los síntomas son muy graves, el paciente no responde, está mudo, incontinente, postrado en cama e incapaz de hacer nada por sí mismo, ni siquiera tragar. Generalmente, el paciente suele morir de una enfermedad secundaria como de neumonía o infección urinaria.

La duración aproximada de la enfermedad, entre los primeros síntomas hasta la muerte, suele ser de entre ocho y doce años.

El diagnóstico definitivo de Alzheimer sólo se puede hacer una vez fallecido el paciente, examinando el tejido cerebral. El cambio fisiológico cerebral más importante es la aparición de **ovillos neurofibrilares**, que son unos ovillos de proteína que se acumulan en el citoplasma de las neuronas e impiden el transporte (dentro de la neurona) de componentes esenciales para la función neuronal; y **placas seniles** o **amiloideas**, que contienen restos de neuronas degeneradas y una proteína llamada beta-amiloide, y hacen que la neurona muera.

Las placas y los ovillos aparecen en casi todo el cerebro de los pacientes, estando más presentes en la corteza (funciones cognitivas complejas), el hipocampo y la amígdala (estructuras que están implicadas en la memoria). No obstante, su presencia no es definitoria del Alzheimer, pues se encuentran también en los cerebros de las personas no dementes aunque en cantidades muy inferiores. Parece que se relacionan con el envejecimiento.

Por otro lado, hay una pérdida importante de neuronas, y las cisuras y surcos (las hendiduras o grietas típicas de la corteza cerebral) se ensanchan, así como los ventrículos. Igualmente, varios sistemas neurotransmisores se ven muy afectados.

## CAUSAS

COMO HEMOS visto, las causas que originan la enfermedad de Alzheimer son aún desconocidas, a pesar de la cantidad de investigación que se le dedica.

Se ha observado que tiene un fuerte componente genético. Los familiares de primer grado de un enfermo tienen un 50% más de posibilidades de sufrirla si llegan a los 80 ó 90 años.

Por otro lado, el hecho de que las personas con síndrome de Down que desarrollan el Alzheimer invariablemente si sobreviven más de 40 años, ha dirigido el interés de las investigaciones hacia el cromosoma 21, que se halla alterado en el síndrome de Down. Un gen, en este cromosoma, se ha determinado como responsable de la formación de la proteína beta-amiloide, y también está asociado con la expresión de la enfermedad transmitida en algunas familias. Sin embargo un estudio genético con pacientes más jóvenes (en los que la enfermedad se inició antes) no confirmó estos resultados. En algunas familias con un inicio temprano, la enfermedad se asocia a una mutación en el cromosoma 14 y en otras, con un inicio tardío, se asocia al cromosoma 19. Así pues, las causas genéticas pueden ser muy variadas.

Otras causas que se están investigando son la acción de virus lentos, pues el beta-amiloide se encuentra en pacientes con enfermedades del sistema inmune. Algunos estudios han indicado la posible existencia de un antígeno que puede atacar el cerebro.

Igualmente, existe una hipótesis tóxica indicando una oxidación de las neuronas por contaminación de aluminio o silicio y otros metales.

## DEMENCIA DE PICK

LA DEMENCIA de Pick es una enfermedad degenerativa presenil del cerebro, que afecta a la corteza en general. Se produce una atrofia especialmente de los lóbulos frontales y temporales, placas seniles, y dos lesiones características de la enfermedad: cuerpos de Pick y neuronas abalonadas.

Los síntomas incluyen un severo deterioro intelectual, comportamiento estereotipado, pérdida de habilidades sociales, desinhibición del comportamiento, emociones poco estables y frágiles, y anomalías en el lenguaje. Al principio, suelen pasar desapercibidos, considerados como cambios ajenos a su personalidad, o como rasgos suyos pero aumentados, por ejemplo, pasar de ser suspicaz a ser paranoico. Cierto tiempo después se observan los déficit intelectuales típicos de las demencias corticales, y a menudo se presentan comportamientos primitivos como chuparse el dedo, cabecear y agarrar las cosas (como los reflejos de un bebé).

Su inicio suele ser temprano, siendo característico que ocurra entre los 40 y 60 años. Suele ser grave y progresa lentamente hasta la muerte, que puede suceder entre los cinco y los quince años después de iniciarse los primeros síntomas.

Al igual que en la enfermedad de Alzheimer sólo se diagnostica demencia debida a enfermedad de Pick después de fallecido el paciente, cuando en la autopsia se observan los cuerpos de Pick y las neuronas abalonadas, que son las lesiones características. Se diferencia del Alzheimer en la atrofia de los lóbulos frontales (en el Alzheimer la atrofia se generaliza más en áreas corticales), en su precocidad y en su gravedad.

## CAUSAS

No es muy frecuente pero se sospecha de que tiene una base hereditaria.

## DEMENCIA POR PARKINSON

La enfermedad de Parkinson es un trastorno del movimiento en la edad adulta. Los síntomas iniciales son leves (suele empezar con un temblor en los dedos) pero inevitablemente se agravan con el paso del tiempo. Cuando la enfermedad está muy desarrollada, se produce un fuerte temblor de la persona en reposo, rigidez muscular, dificultad en iniciar movimientos voluntarios y mucha lentitud como síntomas más característicos.

La causa de esta enfermedad está asociada con una degeneración de la sustancia negra, que es un núcleo o agrupamiento de neuronas, situado en el mesencéfalo y que se proyecta a los ganglios basales. Su neurotransmisor es la dopamina y la característica de esta enfermedad es la casi total ausencia de ésta en la sustancia negra y en el estriado de los ganglios basales.

Muchos de los pacientes con Parkinson sufren disfunciones intelectuales de diferente gravedad, y también en los casos extremos de demencia. Esta demencia, por el tipo de estructuras dañadas, es subcortical (a diferencia de las hasta ahora mencionadas que son corticales, pues es la corteza la más afectada).

Sus características principales son la alteración de la memoria, enlentecimiento de funciones intelectuales como lentitud del pensamiento, dificultad en el uso de los conocimientos ya adquiridos y cambios de personalidad. Suelen ser frecuentes las alteraciones en las funciones típicas de los lóbulos frontales como la planificación, solución de problemas o la abstracción. Suele coocurrir con depresión, lo que puede agravar los síntomas. No obstante, no aparece el síndrome afaso-apraxo-agnósico característico de las demencias corticales.

La demencia afecta alrededor del 30% de los pacientes con Parkinson y es más frecuente en personas mayores o con la enfermedad muy avanzada.

## CAUSAS

La causa de esta demencia no está muy clara todavía. Los ganglios basales proyectan sus fibras a la corteza prefrontal, y se supone que la disminución de dopamina, tan importante en esas áreas, es una de las causas para las alteraciones intelectuales típicas de los lóbulos frontales. En bastantes casos, la autopsia revela también la aparición de ovillos fibrilares y placas seniles, así como atrofia de la corteza (como en la enfermedad de Alzheimer). Sin embargo, en otros casos estas características no aparecían, aunque sí se encontró deterioro severo en vías colinérgicas (que liberan y funcionan con el neurotransmisor acetilcolina).

## DEMENCIA DE HUNTINGTON

La demencia de Huntington es una enfermedad cerebral degenerativa y hereditaria que afecta a las funciones intelectuales y al movimiento. También es conocida como Corea de Huntington (corea significa danza) o más popularmente como «baile de San Vito».

Los primeros síntomas suelen ser los movimientos coreiformes (rápidos, irregulares y espasmódicos) involuntarios, especialmente de la cara, hombros, manos y al caminar. Pueden ser muy leves como tics, o fuertes como una agitación excesiva. Por lo general, surgen antes que la demencia y sólo raras veces están ausentes hasta que la demencia está muy avanzada. El inicio de la demencia se caracteriza por cambios en el comportamiento y la personalidad como irritabilidad, depresión o síntomas paranoides. La memoria se conserva relativamente bien hasta que la enfermedad está muy avanzada.

Los síntomas predominantes de la enfermedad ya avanzada son las alteraciones en las funciones típicas de los lóbulos frontales (que incluyen a menudo alteraciones viso-perceptivas), lentitud cognitiva, falta de concentración, pérdida de memoria, alteraciones del habla y cambios de la personalidad (conductas excesivas). Al ser una demencia subcortical, no son frecuentes la afasia (pérdida de habilidades lingüísticas) ni la agnosia (incapacidad de reconocer).

Estos síntomas van acompañados por movimientos involuntarios incontrolados.

Generalmente se inicia en la tercera o cuarta década de la vida (30 a 40 años) y evoluciona lentamente. Al principio puede pasar desapercibida (con los cambios leves del estado de ánimo, personalidad e inicio de los movimientos). Una vez los síntomas se hacen más claros, comienza el proceso degenerativo del cerebro hasta que muere, aunque no por la enfermedad en sí, sino por complicaciones asociadas a la degeneración (por ejemplo, neumonía, fallo cardiaco, infecciones). La duración media entre los primeros síntomas y la muerte suele ser de diez a veinte años.

## CAUSAS

ES UNA enfermedad hereditaria transmitida por un único gen autosómico dominante (es decir, perteneciente a un cromosoma no sexual). Cada hijo de un padre o madre con la enfermedad tiene un 50% de posibilidades de heredarlo. Si no lo hereda, no tendrá la enfermedad ni la transmitirá a sus descendientes. La gravedad de los síntomas tiende a ser mayor de generación en generación, a la vez que su edad de inicio se adelanta. Actúa degenerando las neuronas del núcleo caudado y del putamen.

## DEMENCIA POR VIH

LA DEMENCIA debida al SIDA es a menudo difícil de diagnosticar pues muchos síntomas son similares a otros trastornos comunes asociados con el VIH (por ejemplo, infecciones que afectan al cerebro como toxoplasmosis).

Los síntomas incluyen olvidos, poca capacidad de concentración, lentitud de pensamiento, problemas en el habla, disminución de la capacidad de juicio, dificultades en la atención, aislamiento, depresión, irritabilidad, apatía, debilidad, reducción de la espontaneidad, cambios en la personalidad y en ocasiones delirios o alucinaciones. Los síntomas físicos incluyen dificultades en el equilibrio, poca coordinación de las manos y control de las extremidades, debilidad muscular, problemas en la marcha y pérdida del control de los esfínteres. Los problemas cognitivos suelen ser los primeros en aparecer y los del movimiento surgen en etapas más tardías.

La demencia por SIDA es más frecuente en niños con VIH que en los adultos, y suele ser más severa y progresiva. En general, evoluciona de manera rápida entre los primeros síntomas y la muerte.

Afecta destruyendo estructuras subcorticales de manera difusa y desde muchos focos.

## CAUSAS

No se sabe muy bien cómo se produce la demencia por SIDA. Se plantea la posibilidad de una infección por VIH de las células cerebrales.

## OTRAS DEMENCIAS

### DEMENCIA DE CREUTZFELDT-JAKOB

Esta enfermedad es una encefalopatía (enfermedad o trastorno del encéfalo) espongiforme y se la conoce como «el mal de las vacas locas». Está causada por priones, que son unas proteínas sin ácido nucleico altamente resistentes y que se acumulan en el sistema nervioso produciendo una atrofia paulatina de las neuronas. Los priones se transmiten por contagio cuando se tiene un contacto directo con tejidos del sistema nervioso central infectados y posiblemente por ingestión.

Los pacientes suelen presentar una demencia intensa con pérdida de memoria, de capacidad de juicio, pensamiento lento, etc., además de otros síntomas, que suelen ser extrapiramidales (pertenecientes a este sistema motor) como temblores, rigidez, inquietud, dificultad en iniciar el movimiento; también son habituales casos con déficit visuales, fibrilaciones y atrofias musculares.

Se clasifica como una demencia mixta, pues suele afectar a zonas corticales y subcorticales. Se inicia de manera rápida, progresa en poco tiempo y es irreversible. Lleva a la muerte en uno o dos años.

### DEMENCIA DE WERNICKE-KORSAKOFF

La carencia excesiva de vitamina B en los alcohólicos desnutridos puede producir una encefalopatía llamada de Wernicke, que suele acabar, en la mayoría de los pacientes, con el síndrome de Korsakoff. Este síndrome no se suele dar en gente no alcohólica y aunque se puede presentar sin la encefalopatía, su diferencia no es muy clara, por lo que, a menudo, se la conoce como síndrome de Wernicke-Korsakoff.

La enfermedad de Wernicke se caracteriza por lesiones en los ventrículos cerebrales y algunas veces, se encuentran también lesiones en la corteza y el hipocampo. Estas lesiones originan desorientación, confusión, falta de atención, disminución de la consciencia, estados de estupor, coma y muerte. Otros síntomas característicos son nistagmus (movimientos rápidos de los ojos) y ataxia (pérdida de la coordinación de los movimientos voluntarios).

La mayoría de los pacientes desarrollan tiempo después el síndrome de Korsakoff, que se caracteriza por pérdidas de memoria muy severas, disfunciones sensoriales y motoras, y demencia grave. El deterioro de la memoria suele implicar la memoria reciente (de las cosas que han ocurrido poco tiempo antes), afectando de manera grave al aprendizaje. Asimismo, los hechos pasados también se olvidan, sin embargo, es frecuente que mantengan intactos los recuerdos remotos. Por ejemplo, recordar perfectamente detalles de la infancia temprana.

La demencia producida por esta enfermedad se clasifica como axial por el tipo de estructuras cerebrales que se ven afectadas. Por lo general, no se presenta el síndrome afaso-apraxo-agnósico característico de las demencias corticales, ni el enlentecimiento de las funciones típico de las subcorticales.

## Causas

LA ENCEFALOPATÍA de Wernicke se origina por una carencia de tiamina o vitamina B. Es muy característica de los alcohólicos que debido a su adicción (al consumo crónico y abusivo de alcohol) tienen una nutrición deficiente, una absorción gastrointestinal de vitamina B disminuida, así como una reducción de su almacenamiento y aprovechamiento hepático. Se piensa que las deficiencias en el procesamiento de tiamina pueden ser genéticas aunque también se pueden adquirir. De la misma manera, el alcohol puede ser neurotóxico pues se ha comprobado que origina atrofia cerebral.

## DEMENCIA VASCULAR O MULTIINFARTO

ESTAS DEMENCIAS suelen ser producidas por repetidos infartos cerebrales que destruyen pequeñas áreas de tejido. El daño de cada uno de estos infartos se va acumulando y al final producen demencia.

Los accidentes vasculares pueden ocurrir en cualquier parte del cerebro, así la demencia puede ser cortical, subcortical y mixta. El deterioro cognitivo y neurológico puede ser muy variado, por lo que, para diagnosticar demencia, este déficit debe ser muy amplio. Muchos pacientes que han sufrido varios infartos cerebrales pueden tener deterioradas algunas funciones intelectuales pero no presentar demencia.

Las áreas más afectadas suelen ser memoria, lenguaje, coordinación, personalidad, inconsistencia emocional y confusión. Dependiendo de la zona dañada, los síntomas variarán. Algunas funciones se alteran antes, y otras pueden mantenerse relativamente bien. El daño intelectual suele ir acompañado de otros síntomas y signos neurológicos que son consecuencia de la destrucción de los tejidos, como anomalías en los reflejos, parálisis, debilidad de alguna extremidad, problemas de la marcha, etc.

Su inicio es repentino y el deterioro evoluciona por etapas o brotes (es decir, lo contrario de otras demencias que evolucionan lenta y continuamente), que se relaciona con la reaparición de infartos. En algunos casos los pacientes pueden pasar un tiempo sin empeorar, de manera estable, e incluso pueden llegar al mejorar. Pero por lo general, la demencia empeora según pasa el tiempo.

## Causas

EXISTEN MULTITUD de problemas que pueden provocar lesiones cerebrales que acaban en demencia, como problemas vasculares, cardiacos, hematológicos, etc.

## DIFERENCIAS DE LAS DEMENCIAS CON OTROS TRASTORNOS

- **Retraso mental:** en el retraso mental no se da un deterioro de la memoria y de las demás funciones intelectuales. No obstante, puede aparecer demencia además del retraso, para lo cual se hacen dos diagnósticos diferentes.

- **Amnesia:** este problema de la memoria no se acompaña de un declive o problemas en las funciones intelectuales.
- **Afasia:** el trastorno es más especifico, dependiendo del tipo de afasia pueden darse problemas en nombrar objetos, o a la hora de articular las palabras, o de comprender su sentido. El paciente reconoce su entorno y no suelen estar desorientados. En la demencia, el problema es más general y tienen afectadas muchas más funciones intelectuales.
- **Pseudodemencia:** los síntomas de la depresión en las personas ancianas son muy parecidos a los de una demencia, siendo a veces muy difícil distinguirlos. El paciente deprimido suele olvidar cosas, encuentra difícil concentrarse, prestar atención, etc. La diferencia es que no se encuentra un origen orgánico, su inicio es repentino y claro, el paciente es consciente de los síntomas (la persona con demencia suele olvidar que tiene problemas de memoria) y éstos suelen desaparecer con el tratamiento antidepresivo. Todos estos signos son lo contrario de lo que ocurre en las demencias. De la misma manera, en la demencia se tiende a la confabulación, esto es, a responder inventando historias y situaciones que sirven para rellenar las lagunas mentales que tienen, y que se suelen tomar como verdaderas.
- **Delirium:** el delirium suele iniciarse de manera brusca, es de corta duración y los síntomas fluctúan a lo largo del día (son peores por la tarde noche). A parte de la alteración de la memoria se altera el nivel de conciencia, mientras que en la demencia ésta es normal. A pesar de todo, el delirium aparece con frecuencia en los pacientes dementes.
- **Envejecimiento:** el deterioro normal de la vejez no es tan acusado como en la demencia, y por lo general no impide un funcionamiento normal del individuo en las distintas áreas de la vida.

## TRATAMIENTOS

DESGRACIADAMENTE Y a pesar de la gran cantidad de investigación actual, todavía no existe cura para la demencia. Por esta razón, todas las estrategias de tratamiento están centradas en el alivio de los síntomas y en que no progrese la enfermedad.

En esta sección hablaremos de la enfermedad de Alzheimer como el prototipo de demencia, pues es la más frecuente y su causa sigue siendo desconocida. Por otro lado, aunque el resto tienen un origen claro (hereditario, por enfermedad, virus, etc.), presentan procesos de degeneración cerebral similares.

Los tratamientos paliativos (que no curan pero intentan aliviar o detener la enfermedad) tratan de mejorar la memoria y otras funciones intelectuales por medio de ejercicios sencillos y juegos. De esta manera se intenta potenciar las habilidades necesarias para la vida diaria y retrasar el inicio de la dependencia absoluta del paciente.

## TERAPIAS BIOLÓGICAS

HA HABIDO muchos intentos de detener el progreso de la enfermedad por medio de diversos medicamentos. En un principio se pensaba que los déficit cognitivos eran consecuencia de una disfunción en el riego sanguíneo cerebral. Por esto, se administraban anticoagulantes y vasodilatadores que aunque funcionaron en algunos pacientes, no produjeron cambios significativos en la enfermedad.

Igualmente se han utilizado estimulantes con poco éxito terapéutico respecto a la demencia pero útiles aliviando fatiga, retraso y dificultades en el movimiento, y estado de ánimo depresivo. También se suelen incluir fármacos para tratar las dificultades en el sueño, la ansiedad, la manía y cualquier otro síntoma que pueda acompañar a la demencia.

El Alzheimer implica la muerte de las células cerebrales que segregan el neurotransmisor acetilcolina. Por esto, hoy en día se trabaja con un medicamento que inhibe (impide la acción de) la enzima que desintegra a este neurotransmisor. Los resultados son prometedores a corto plazo, con una mejora significativa de las funciones cognitivas. El problema es que no se sabe nada de su efecto a largo plazo; este neurotransmisor no es el único implicado, la degeneración del tejido continúa a pesar de todo y tiene unos efectos secundarios severos, entre otros, es tóxico para el hígado.

Existe cierta evidencia reciente y prometedora sobre la mejora de la memoria, atención y pensamiento por el tratamiento con la hormona estrógeno (más abundante en las mujeres). Algunos estudios observaron que esta hormona potencia el crecimiento de las células cerebrales y facilita la conexión entre ellas; y que la reducción de estrógenos después de la menopausia puede reducir algo la atención y hacer a la persona más olvidadiza. Se probó en varias mujeres con Alzheimer y éstas mostraron una mejoría significativa incluso varias semanas después de acabar el tratamiento.

Las investigaciones continúan y cada vez avanzan más.

## TERAPIAS PSICOLÓGICAS

AL PRINCIPIO de la sección decíamos que existen múltiples ejercicios que un paciente puede realizar para intentar así mejorar las habilidades intelectuales deterioradas. Estos ejercicios suelen ser parte de la terapia de los centros donde se tratan las demencias y acudir a ellos presenta otros aspectos muy positivos como la socialización de los pacientes, su monitorización y seguimiento de la enfermedad por personal cualificado, y sobre todo para dar un respiro a los familiares que conviven con los enfermos.

Cuidar de una persona con demencia está clasificado como uno de los eventos más estresantes que existen. Varios estudios han observado una alta incidencia de depresión y ansiedad en los familiares cuidadores, más enfermedades físicas que la media de población y un funcionamiento inmunológico reducido.

Algunos factores agravan el estrés de los cuidadores como la severidad de la demencia del paciente que cuidan, el percibir poca ayuda y apoyo social, y los problemas económicos que acarrea la enfermedad y los cuidados requeridos.

Por cada paciente institucionalizado en un hospital o residencia de ancianos asistidos, hay al menos dos viviendo en casa con la familia. Por esto, la terapia psicológica en este caso está más indicada para los familiares que para el enfermo.

El objetivo es la terapia de apoyo, intentando minimizar la interferencia en la vida del cuidador o familiares que produce el convivir con un paciente. Se ofrece la posibilidad de hablar y discutir (también con las demás personas responsables) sobre la enfermedad y sus consecuencias, así como fomentar la solución de problemas antes que las actitudes catastrofistas. Se pueden enseñar estrategias de enfrentamiento, repartir funciones, no olvidar el tiempo privado para cada uno y procurar que la enfermedad no absorba la vida de los demás.

Es muy importante que los cuidadores y personas cercanas obtengan toda la información posible sobre la enfermedad y aprendan a atender al paciente en la casa. Suele ser útil que ayuden al paciente todo lo que puedan pero fomentando su independencia lo más posible. Poner etiquetas con los nombres de las cosas, de las habitaciones etc., calendarios grandes con el día marcado claramente, relojes, notas estratégicas y los teléfonos más usados en la memoria de marcado automático son detalles que pueden ayudar mucho.

La terapia psicológica del paciente es más difícil. Sus deterioros intelectuales impedirán cualquier beneficio a largo plazo, sin embargo, a menudo es positiva pues muchos pacientes se sienten más seguros e incluso disfrutan hablando con un profesional antes de que su declive sea muy severo.

Por otro lado, muchas veces es mejor no intentar que el paciente admita su problema, pues su negativa ante la enfermedad es, a menudo, su mejor estrategia de afrontamiento.

Quizá el momento más difícil es decidir si se debe internar a un paciente, sin embargo, llega un momento que las necesidades médicas son cruciales y el estado mental está tan deteriorado que suele ser la única opción realista.

# Otros trastornos en la vejez

Los trastornos mentales pueden aparecer a cualquier edad; sin embargo, cuando una persona mayor los padece hay una tendencia general a pensar que cualquier malestar es debido a los años que tiene. El mal humor, la tristeza, la ansiedad e incluso la felicidad suelen ser achacadas a la vejez.

El declive físico es lo que suele servir de explicación para las alteraciones emocionales, aunque de manera muy inconcreta. Sin embargo, muchos de los trastornos psicológicos de los ancianos no son consecuencia directa del proceso del envejecimiento. Por ejemplo, la manera de afrontar los sucesos que ha tenido una persona durante toda su vida pueden determinar que esta persona sea más susceptible a un desorden mental como puede serlo la salud, los acontecimientos estresantes o la genética.

El problema es que a estas edades confluyen todas las cosas, problemas de salud física, deterioro neurológico, sensorial, la necesidad de ajustarse a los cambios de la vida, la pérdida de seres queridos, el trato que reciben de la sociedad, y las experiencias de toda una vida, tanto positivas como negativas (este último punto es importante pues las experiencias y los conocimientos acumulados proporcionan también medios de afrontamiento y de ajuste vital).

En general, los criterios que se siguen para diagnosticar los desórdenes mentales en las personas ancianas son los mismos que se utilizan para su diagnóstico a cualquier edad, se asume que los síntomas son similares. No obstante, no hay suficientes estudios que corroboren esta suposición. Por ejemplo, la depresión suele acompañarse de malestares físicos que son también muy frecuentes en edades tardías. Por esto, es difícil decidir si estos malestares en los ancianos son producto de una depresión o si simplemente son consecuencia de los cambios físicos por los que pasan.

## TRASTORNOS DEPRESIVOS

Los síntomas característicos son como los que presentan las personas más jóvenes.

Tristeza la mayor parte del día, disminución del placer o del interés por actividades que antes consideraba placenteras, sentimientos de inutilidad, preocupación excesiva, etc.

Sin embargo, en los ancianos algunos síntomas son menos comunes o se presentan con menos intensidad y otros suelen estar más acentuados, en comparación con pacientes más jóvenes. Por un lado suele haber menos sentimientos de culpabilidad, menor irritación y menos ideación suicida, y por otro lado, los problemas físicos son más severos. El enlentecimiento de los movimientos es mayor, así como la pérdida de peso, el deterioro físico general y los problemas de memoria.

Un problema importante en el diagnóstico es la similitud de algunos síntomas de deterioro cognitivo, debidos a la depresión, con la demencia. Estos casos reciben el nombre de **pseudodemencia**. Muchos pacientes mayores con depresión pueden aparecer muy olvidadizos, tener problemas de concentración, atender menos, etc. Sin embargo, suelen ser conscientes de que olvidan las cosas, mientras que los pacientes con demencia suelen olvidarse hasta de que olvidan. Otra diferencia es que los deprimidos tienden a cometer errores por omisión. Es decir, muchas veces no responden a lo que se les pregunta pues responder supone un gran esfuerzo o piensan que van a cometer errores; en la demencia se tiende a la confabulación, esto es, a responder inventando historias y situaciones que sirven para rellenar las lagunas mentales que tienen, y que se suelen tomar como verdaderas.

En la depresión mayor no se encuentra un origen orgánico (físico); el inicio de los problemas cognitivos es repentino o cuando menos bien delimitado en el tiempo, y éstos suelen desaparecer con el tratamiento antidepresivo. Todos estos signos son lo contrario de lo que ocurre en las demencias.

Otras diferencias importantes son el tipo de desorden del estado de ánimo y la cantidad de casos en los ancianos. El trastorno bipolar (episodios depresivos y de manía) es muy poco común a estas edades, siendo extremadamente raro que aparezca después de los 65 años. De la misma manera, la depresión mayor es mucho menos frecuente en los ancianos que entre la gente más joven, aunque se da mucho más en pacientes mayores con enfermedades crónicas u hospitalizados.

## CAUSAS

EL MAL estado físico y la depresión se asocian mucho a estas edades. Muchos pacientes que se han tenido que someter a una operación quirúrgica, que tienen una enfermedad crónica o que han tenido múltiples problemas de salud desarrollan depresión. Lo contrario también es cierto, en muchos pacientes, el desorden del estado de ánimo puede dejar a la persona más vulnerable a desarrollar una enfermedad física o agravar la que ya tienen.

Igualmente, se ha observado que muchos medicamentos que habitualmente toman los ancianos, pueden causar o agravar una depresión, o producir síntomas que son muy parecidos. Entre éstos están los fármacos contra la hipertensión, contra el Parkinson, algunos tratamientos hormonales y corticosteroides.

Respecto a los acontecimientos ambientales o el estrés, también hay algunas diferencias. Algunas situaciones que suelen ser factores precipitantes de depresión en adultos jóvenes, no son experimentadas como tan estresantes por los mayores. Un ejemplo es el aislamiento social o la muerte de un ser querido. Esta última produce un estado de ánimo depresivo menos severo e incapacitante en los ancianos. Quizá la razón sea que la muerte en gente más joven se entiende menos por lo imprevista, por la idea de que las personas tienen que llegar a mayores y que es ley de vida que los abuelos mueran antes que los padres, y éstos antes que los hijos.

En general, se puede decir que los ancianos responden con adaptación y ajuste, antes que con depresión, al estrés y a las pérdidas del final de la vida.

## TRATAMIENTOS

LOS TRATAMIENTOS son los mismos para todas las personas, terapias psicológicas y medicación (*véase* capítulo «Trastornos del estado de ánimo»). La diferencia más notable es que los adultos mayores tienen menos probabilidad de recuperarse de una depresión sin tratamiento que los adultos jóvenes. Es decir, para curarse necesitan tratarse.

La medicación (el uso de antidepresivos) suele ser igual de efectiva, aunque puede producir más efectos secundarios, así como un aumento en el riesgo de intoxicación farmacológica debido a la gran cantidad de medicinas que suelen tomar. Por estas razones las terapias psicológicas son especialmente importantes, así como el riguroso control médico de los pacientes.

## TRASTORNOS DE ANSIEDAD

PARECE QUE los trastornos de ansiedad son poco frecuentes en los ancianos. Aunque

pueden aparecer por vez primera en la vejez, en general suelen ser una continuación o un resurgir de un desorden que ya se tenía con anterioridad.

Sin embargo, sí son habituales los síntomas. Es decir, éstos no son lo suficientemente severos, frecuentes ni duraderos como para hacer un diagnóstico de trastorno, pero sí como para buscar ayuda médica.

## CAUSAS

AL IGUAL que la depresión, los síntomas de ansiedad se asocian con un mal estado físico y con ciertas enfermedades. Por ejemplo, la anemia, los problemas cardiovasculares y la hipoglucemia son enfermedades que suelen producir síntomas ansiosos y, aunque se pueden sufrir a cualquier edad, son más comunes en los ancianos.

Por otro lado, los síntomas pueden ser debidos a la preocupación por estar enfermos o poder enfermar, a que les pase algo y se encuentren solos, a la frustración de no poder realizar tareas o acciones que se hacía antes debido al deterioro físico. De la misma manera, pueden ser consecuencia (o un efecto secundario) de ciertos medicamentos como los antidepresivos, o los fármacos para el tratamiento del Parkinson.

## TRATAMIENTOS

NO HAY diferencias significativas en el tratamiento y en la respuesta a éste, entre adultos más jóvenes y los más mayores. Lo único, el problema de la medicación antiansiedad (ansiolíticos y antidepresivos) y una posible interacción con otros fármacos que el anciano esté tomando para otras enfermedades o problemas de salud.

## DELIRIOS

UN PROBLEMA común en muchos ancianos son los delirios, en concreto, la paranoia. Aunque con frecuencia las personas que los sufren ya los padecían antes de entrar en la tercera edad, o son una consecuencia de desórdenes cerebrales como la demencia o el delirium, u otros trastornos psiquiátricos, muy a menudo se asocian con el deterioro o pérdida de alguno de los sentidos, sobre todo, con la pérdida de la audición.

Los delirios son creencias contrarias a la realidad y que se mantienen a pesar de cualquier tipo de argumento o prueba en su contra. A diferencia de las personas más jóvenes, los ancianos tienen unas creencias mucho más parecidas a la realidad. Por ejemplo, en un delirio de persecución los «malos» suelen ser personas conocidas como algún cuidador, un vecino o algún dependiente de un comercio cercano. En las personas más jóvenes éstos son más improbables como la CIA o los extraterrestres.

En algunos pacientes con demencia, los delirios a menudo surgen como explicaciones a cosas que han olvidado. La creencia de que les han robado un objeto es una explicación más fácil, que descubrir que han olvidado por completo qué es lo que han hecho con él.

Otra diferencia es que los delirios de grandeza y los amorosos (erotomaníaco y celotípico) no son muy comunes en los ancianos.

## CAUSAS

COMO HEMOS mencionado antes, una de las causas más habituales en el desarrollo de los delirios es la pérdida de alguno de los sentidos y en especial, de la audición. Este problema también puede causar paranoia entre la gente joven. Si la persona no es consciente de su pérdida, puede pensar que no oye a los demás porque estos bajan la voz para que no se entere de lo que están diciendo, porque le excluyen o porque hablan mal de él. De la misma manera, la persona sorda puede reconstruir a su modo y de manera inconsciente una conversación o un discurso oído (por ejemplo, noticias de la televisión o radio), y sus ideas paranoides pueden ser el resultado de intentar rellenar con sentido las lagunas producidas por su pérdida sensorial.

La pérdida de oído no es la única causa, pues muchos pacientes delirantes (de cualquier edad) no tienen deteriorados los sentidos. Otra causa importante es el aislamiento social de muchos ancianos. La muerte de amigos y familiares de su generación, los problemas de salud que les impiden salir y relacionarse con los demás, la falta de ajuste vital a su nueva condición de vida, etc., todo esto son factores que reducen las oportunidades de hablar con otros y confirmar, o no, sus sospechas. Desgraciadamente, algunas personas, tanto de la familia como los cuidadores en casa o de las residencias, hablan de ellos no importándoles si están en su presencia o no, y otras incluso abusan de ellos con maltratos psicológicos y físicos, descuidando su atención o quitándoles sus pertenencias. Es importante determinar si sus comportamientos paranoides tienen o no causas justificadas para tomar las medidas oportunas.

## TRATAMIENTOS

EL TRATAMIENTO es el mismo para las personas jóvenes y para las ancianas. En general, suele ser muy poco eficaz intentar hacerles entrar en razón, cuestionar sus creencias, o darles argumentos o pruebas en contra de sus creencias. En estos casos, las psicoterapias más útiles suelen ser las de apoyo, donde el terapeuta debe mostrarse comprensivo y reconocer el malestar que las creencias causan al paciente sin juzgarlas. De esta manera, se puede crear una relación de confianza y con el tiempo, ir cuestionando los delirios, sus causas y trabajar para su desaparición (por ejemplo, intentar corregir las pérdidas sensoriales con audífonos o gafas, fomentar el contacto con otras personas, etc.). En algunos casos la medicación antipsicótica suele ser efectiva.

## ESQUIZOFRENIA

UNA DE las características de la esquizofrenia es que la edad típica de aparición suele estar entre los 15 y los 35 años, siendo bastante inusual después. En estos casos raros de aparición en la vejez, se suele cambiar su nombre y denominarse **parafrenia**.

Los síntomas más característicos de la parafrenia son las alucinaciones y los delirios paranoides. Suele aparecer en ancianos que viven solos, aislados socialmente y que tienen (o han tenido) familiares con esquizofrenia.

Sin embargo, existe mucha controversia a la hora de diagnosticar esta enfermedad, pues el funcionamiento intelectual no se ve deteriorado. En muchos casos, lo que los pacientes padecen es un grave trastorno del estado de ánimo o una demencia. Igualmente, existen varias condiciones médicas reversibles que pueden producir síntomas muy similares a los de la esquizofrenia, como problemas de tiroides, Parkinson, etc.

En general, se suele tratar con medicación antipsicótica y con psicoterapias de apoyo.

## TRASTORNOS DEL SUEÑO

EL INSOMNIO es una de las quejas más frecuentes de los adultos mayores. Sobre todo, los despertares en mitad de la noche o muy temprano por la mañana, y problemas a la hora de quedarse dormido.

Una de las características de su dormir es la ausencia casi total de sueño profundo (esto es, de la última fase de los ciclos de sueño), y el menor tiempo que pasan en la fase REM (de movimiento ocular rápido, en sus siglas en inglés, *véase* capítulo correspondiente). Su sueño es más ligero y se interrumpe espontáneamente muy a menudo, por esto, recuperan el descanso con siestas durante el día.

## CAUSAS

ESTOS PROBLEMAS suelen estar relacionados con los cambios fisiológicos y los ajustes en su vida a los que se ven obligados. Entre estos, el más importante es el deterioro físico que experimentan, la aparición de enfermedades, el número de medicamentos que toman, etc. También son significativos los factores psicológicos, como el estrés, la depresión, la ansiedad y la escasa actividad.

Paradójicamente, el consumo habitual de fármacos para dormir suele crear insomnio. Al principio, su uso puede ser muy efectivo y rápido pero con el tiempo suelen causar un sueño ligero y fragmentado. Por otro lado, crean dependencia y tolerancia, con lo cual la persona necesita cada vez más cantidad para poder llegar al efecto deseado. Cuando no se toma la cantidad necesaria, aparece el síndrome de abstinencia produciendo insomnio.

## TRATAMIENTOS

A LARGO plazo, los medicamentos no son eficaces como tratamiento. Tanto las pastillas para dormir como los tranquilizantes que se emplean presentan ciertos riesgos en las personas mayores. A estas edades suelen ser muy comunes las apneas del sueño, y estos fármacos aumentan la relajación del aparato respiratorio, con lo cual pueden ser peligrosos para estos pacientes. Los tranquilizantes suelen hacer que la persona piense con menos claridad durante el día.

Las psicoterapias son efectivas en el tratamiento de estos desórdenes a cualquier edad, y si el problema es una consecuencia de otro trastorno (como depresión o ansiedad) o de una condición médica, su resolución se acompañará de una mejora en el dormir.

En general, enseñar métodos de relajación, mejorar los hábitos de dormir y algo de ejercicio suelen ser las mejores medicinas.

## TRASTORNOS SEXUALES

UNO DE los mitos más extendidos sobre el envejecimiento es que con los años se pierde el interés o la capacidad de tener buen sexo. A pesar de que existen muchas variaciones, tantas como individuos, en cuanto a frecuencia e interés, no hay ninguna razón que indique, o justifique, un deterioro de la actividad sexual. Quizá el origen de este mito es que surgió de generaciones de ancianos que tuvieron una educación y cultura completamente diferente a la de hoy. Es decir, una persona con 75 años en el año 2000 probablemente tendrá más relaciones sexuales y de una manera más abierta que una persona de su misma edad en el año 1950.

No obstante, sí hay algunas diferencias con los adultos más jóvenes. Por ejemplo, los varones tardan algo más en conseguir una erección pero la mantienen durante más tiempo. Las mujeres también tardan algo más en lograr la excitación sexual pero su capacidad de experimentar el orgasmo aumenta.

## CAUSAS

EL PROBLEMA puede surgir si estos cambios se perciben como problemas o disfunciones por parte de la persona o de su pareja, entonces la actividad sexual sí puede verse alterada. De la misma manera, las enfermedades (más habituales a estas edades), el uso de medicamentos, problemas físicos como los cardiovasculares, la vida en una residencia donde a menudo no se permite compartir habitación ni siquiera a matrimonios y donde las salidas son menos frecuentes, las dificultades de encontrar pareja (comunes a cualquier edad), los ajustes a su nueva manera de vivir, jubilación, viudedad, etc. son factores que afectan a la sexualidad.

## TRATAMIENTOS

Si EL problema está causado por una condición médica, otro trastorno mental o por el uso de medicamentos, estos deberán ser tratados con el fin de mejorar en lo posible todos los aspectos de la vida del individuo que se ven afectados. Al igual que los jóvenes, la persona puede acudir a terapia sexual para mejorar su actividad si lo cree necesario.

La mejor solución en estos casos es la información, tanto de las personas mayores como de la sociedad en general. Cambiar la visión actual de que cuando se es mayor no es posible el buen sexo o que éste es sucio o desagradable es desde luego una tarea pendiente. Evitar estereotipos de belleza corporal, de que la vida acaba cuando uno deja de trabajar o cuando tiene unas cuantas arrugas ayudará a que nuestra vida tenga más calidad y seamos más felices a cualquier edad. El envejecimiento es un proceso inevitable de todo ser vivo.

## TRASTORNOS RELACIONADOS CON SUSTANCIAS

En GENERAL, los ancianos no suelen abusar de las drogas. De las personas que eran adictas, muchas han dejado el hábito tiempo atrás, otras no viven lo suficiente para llegar a la vejez y otras, las menos, continúan con el hábito.

La sustancia más consumida es el alcohol, aunque en comparación con los adultos más jóvenes, el número de alcohólicos es muy reducido. Un dato importante es que muchos consumidores empiezan a beber después de los 60 años y, a medida que el organismo envejece, la tolerancia al alcohol disminuye pues se metaboliza más lentamente. Así, la concentración de alcohol en sangre es mayor y puede crear problemas más serios como delirium, pérdida de memoria más graves, déficit cardiovasculares, etc.

Quizá el empezar a abusar del alcohol después de esa edad refleje problemas de ajuste a las nuevas circunstancias de la vida de la persona, una manera de evadir las dificultades y el estrés.

Sin embargo, el problema más grave es el mal uso y abuso de los medicamentos. Las personas que mayor número de éstos consumen son las más susceptibles a desarrollar adicciones físicas, con tolerancia y abstinencia, y también dependencias psicológicas.

Aunque el abuso puede ser sin intención, a menudo es deliberado. Lo más habitual es que empezaran a ingerir los fármacos para la cura de alguna enfermedad u operación, para el alivio de alguna pérdida importante o para una mejor adaptación a la vida.

Como los ancianos no suelen ir a trabajar y salen menos, los efectos producidos por el abuso de las sustancias (pérdidas de memoria, lentitud de movimientos, habla y pensamiento, etc.) pueden ser percibidos como consecuencias de la vejez o de una senilidad, o pasar el consumo abusivo desapercibido durante años. Igualmente, la sociedad, que tiene una idea preconcebida de lo que es un drogadicto, no suele ver mucho problema en esta actitud, pues al fin y al cabo piensan que si toman tranquilizantes o sedantes es por lo aburrido o solitario de sus vidas. Esto plantea un serio problema para el diagnóstico y posterior tratamiento de los pacientes. Pensando que son efectos de la edad, se les puede prescribir otros fármacos para la memoria, estimulantes, etc., que pueden agravar el problema de la adicción y provocar otros muchos como daños renales o hepáticos.

Hoy en día el consumo de drogas y sus consecuencias es conocido por todo el mundo. Las personas mayores que notan su adicción y se plantean dejarla suelen hacerlo sin la supervisión de los médicos y padecer el síndrome de abstinencia. Éste puede acarrear muchos problemas, incluida la muerte, pues el corazón es el que más sufre.

# Terapias farmacológicas

Las terapias farmacológicas tienen como objetivo atacar las enfermedades psíquicas con psicofármacos, que son sustancias que actúan sobre el sistema nervioso central y alteran las vivencias y la conducta. A pesar de que a efectos de investigación como psicofármacos se incluirían todas las sustancias psicológicamente activas, entre ellas las conocidas como drogas (heroína, cocaína, etc.), la moderna psicofarmacología se centra principalmente en los antipsicóticos, antidepresivos, ansiolíticos y en los estabilizadores del estado de ánimo, como sustancias terapéuticas.

Un problema fundamental con el que se encuentran estas terapias es el rechazo que muchas personas sienten hacia los medicamentos, no tanto por su consumo en sí, sino por la necesidad de muchos pacientes de tomarlos durante largos periodos de tiempo, e incluso por el resto de sus vidas. Sin embargo, en estos casos su prescripción es a menudo la única manera viable de detener el progreso de una enfermedad, de que el paciente logre mantener un funcionamiento normal adaptado a

nuestra sociedad, y, sobre todo, de reducir al mínimo posible (si no eliminar) su sufrimiento. El uso de los medicamentos en el tratamiento de las psicosis es casi el mejor ejemplo para entender la necesidad y la importancia de las terapias farmacológicas.

En otras ocasiones se prescriben estas sustancias de manera temporal. Una persona que haya vivido, o se encuentre ante una situación estresante, como la muerte de un ser querido, una catástrofe natural, una crisis vital (por ejemplo, divorcio o pérdida de empleo), o haya desarrollado una fobia o una depresión, puede beneficiarse del rápido alivio que proporcionan los medicamentos para después iniciar (o continuar), si así se cree conveniente, una psicoterapia. Las psicoterapias se definen como tratamientos basados en la comunicación verbal y directa con el paciente y, a menudo, pueden ser igual de efectivas que el tratamiento farmacológico, no obstante, su efecto terapéutico suele producirse a más largo plazo. Por otro lado, hay situaciones, como en casos agudos de manía o en personas obsesivas compulsivas, en las que la psicoterapia puede ser contraproducente hasta que no se reduzcan los síntomas.

En muchas circunstancias, la prescripción de ambos tipos de terapia es la única manera de resolver de forma efectiva todos los aspectos de un problema. Por ejemplo, en el caso de una persona con un trastorno de pánico con agorafobia, los medicamentos serán esenciales para eliminar los ataques de pánico y una psicoterapia de conducta le ayudará a superar su agorafobia.

## PARADIGMA BIOLÓGICO DE LA PSICOPATOLOGÍA

EL USO de psicofármacos como tratamiento de elección para los diferentes trastornos mentales tiene su origen en el paradigma biológico de la psicopatología. Un paradigma es una serie de supuestos básicos sobre una materia, que definen cómo conceptuarla, estudiarla e interpretar los datos para su investigación. Cuando el objeto de estudio es el comportamiento anormal, los diferentes paradigmas (como el psicoanalítico, el conductual, el cognitivo, etc.) aplican sus teorías, además de para intentar comprender su etiología (esto es, sus causas), para desarrollar tratamientos acordes.

Esta perspectiva, también llamada modelo médico, es casi la más antigua de todas las corrientes psicológicas que intentan entender las alteraciones mentales. Históricamente, su estudio estaba unido al de la medicina, y por esto gran parte de la terminología corresponde a esta ciencia. Las conductas se definen como sanas o patológicas, se clasifican según los síntomas, se realizan diagnósticos, se prescriben terapias o tratamientos, y cuando un paciente recupera su funcionamiento normal, se dice que está curado.

El modelo asume que los desórdenes mentales son causados por procesos biológicos, somáticos o corporales que son disfuncionales o anómalos, y que han podido tanto heredarse como adquirirse. Esto implica que la prevención o tratamiento de los mismos debería ser posible alterando o subsanando algunas de estas anomalías. Por ejemplo, si se sabe que un determinado problema está causado por la deficiencia de una sustancia bioquímica en particular, tiene mucho sentido el intentar corregir esta carencia prescribiendo dosis apropiadas de medicamentos que arreglen este déficit.

Sin embargo, pese al enorme progreso en la investigación sobre las bases biológicas de la conducta, se debe tener cuidado para no ceder a la tendencia reduccionista de simplificar aquello que se estudia a sus elementos más básicos. Es decir, en este caso, de reducir a simple biología la complejidad de los procesos y respuestas mentales y emocionales.

Un ejemplo de esto nos lo dan las intervenciones farmacológicas. El uso de tranquilizantes para reducir la tensión asociada a los trastornos de ansiedad, o de antidepresivos para tratar la depresión, suele ser muy efectivo; no obstante, aún no se sabe muy bien por qué. Sí se sabe que su acción terapéutica está relacionada con la estimulación o la inhibición de ciertos neurotransmisores, y, sin embargo, múltiples investigaciones confirman que, aunque hay una gran conexión, las causas de estos desórdenes no son simplemente el exceso o el defecto de estas sustancias. Los factores psicológicos y sociales son también muy importantes.

A pesar de todo, el estudio de la acción de estos fármacos en el cerebro, así como su eficacia en el tratamiento de muchos desórdenes mentales, hace que estos medicamentos sean considerados como instrumentos fundamentales en la investigación de las causas de muchos de los trastornos y unos agentes terapéuticos inigualables.

## PRINCIPIOS FARMACOLÓGICOS BÁSICOS

LA FARMACOLOGÍA es la ciencia que estudia las acciones y los efectos de los medicamentos en los organismos vivos. La psicofarmacología se interesa por la modificación del funcionamiento del sistema nervioso y de la conducta que es inducida por la acción de la sustancia. Cuando decimos **acción** nos referimos a los cambios moleculares específicos producidos por el fármaco (por ejemplo, el aumento o la reducción de la actividad celular). Estos cambios son los que producen las alteraciones físicas o psíquicas que llamamos **efectos**.

Para entender mejor cómo funcionan los tratamientos farmacológicos, en esta sección describiremos la farmacocinética y la farmacodinámica de los medicamentos.

## FARMACOCINÉTICA

PARA QUE un fármaco ejerza su acción en su sitio específico, debe de estar presente en el organismo y en una cantidad adecuada. No obstante, el camino de una sustancia desde el exterior del cuerpo hasta su lugar de actuación es bastante complejo. Su vida media y el efecto final que ejerce-

rá dependen de varios factores como de su vía de administración, de su absorción a la corriente sanguínea (cuando se toma por otro medio distinto de la inyección intravenosa), de su distribución por las distintas áreas del cuerpo, de su unión con los receptores específicos de las células donde ejercerá su acción, de su inactivación y finalmente de su excreción o eliminación. Todos estos aspectos forman la **farmacocinética** de las sustancias («cinética» es una palabra proveniente del griego *kinetiké* y significa relativo o perteneciente al movimiento).

## VÍAS DE ADMINISTRACIÓN

LA VÍA elegida para la administración de un medicamento determinará la cantidad de éste que llegará al sitio específico de actuación y la rapidez con la que su efecto se producirá. En este apartado mencionaremos sólo las vías tradicionales de toma de fármacos psicoactivos con fines terapéuticos. Así, exceptuamos la vía o uso tópico (por ejemplo, a través de la piel, de las mucosas nasales) y la inhalación o la absorción por medio de los pulmones (aerosoles, cigarrillos, etc.).

### Administración oral

ES LA vía preferida y más popular de los tratamientos clínicos porque es muy segura y económica, y porque el paciente puede autoadministrarse el medicamento. La cantidad de sustancia absorbida dependerá de su solubilidad en el estómago, de su resistencia a la degradación de los jugos gástricos y de su permeabilidad. Muchos medicamentos que no resisten los ácidos estomacales pueden presentarse recubiertos de un material que hace que no sean absorbidos por completo hasta que no lleguen al intestino delgado. Factores como una baja solubilidad de la droga o la presencia de comida en el estómago reducirán la velocidad de absorción, y, por tanto, la rapidez en ejercer sus efectos.

No obstante, esta forma de administración presenta algunos inconvenientes. En primer lugar, la ingestión de algunos fármacos puede producir irritación gástrica; en segundo lugar, aunque la cantidad de principio activo que contiene una pastilla (o cápsula, o ampolla) puede estar muy bien calculada, la cantidad que se absorbe o que pasa al torrente sanguíneo, no es siempre calculable o predecible por razones tan variadas como las diferencias interindividuales que hay entre las personas (peso, tamaño, edad, etc.), o las diferencias en la manufacturación de los medicamentos por parte de las distintas compañías farmacéuticas, que pueden variar algo en el tipo de excipiente usado en el que contener el principio activo (éste puede ser más o menos soluble, o más o menos oleaginoso, etc.). Por último, muchos medicamentos no pueden administrarse oralmente pues no resisten la degradación producida por los ácidos del estómago (como la insulina) y deben ser administrados por otras vías.

## Administración sublingual

O DEBAJO de la lengua; esta vía elimina los inconvenientes de la administración oral que presentan algunos fármacos. A través de este procedimiento la absorción es más rápida y completa pues los tejidos de esta zona son mucho más ricos en vasos sanguí-

neos, y se evita la degradación de la sustancia por los jugos gástricos y las enzimas del hígado. Sin embargo, a muchas personas les resulta una forma incómoda de medicarse, al ser difícil mantener la pastilla en ese lugar el tiempo suficiente para su dilución y, a veces, al sabor desagradable que tiene.

## Administración rectal

SE APLICA generalmente en forma de supositorio y cuando el paciente está inconsciente, vomitando o tiene problemas para tragar. No obstante, al igual que con la vía oral, la absorción de la sustancia a la sangre puede ser irregular, impredecible e incompleta, y también puede irritar las membranas que cubren el recto.

## Inyección intravenosa

ES LA manera más rápida y eficaz de obtener el efecto de un medicamento porque éste se introduce directamente en la corriente sanguínea, y por tanto, no ha de traspasar las barreras (membranas) del estómago y del intestino. A diferencia de otras vías de administración en las que la cantidad de principio activo, que finalmente llega a la sangre, no suele ser del todo precisa, con este método la dosis necesaria se controla fácilmente y de manera más exacta. Por otro lado, su administración puede realizarse lentamente a través de un aparato de goteo (gota a gota), manteniendo un nivel constante de la sustancia en sangre durante largos espacios de tiempo.

Sin embargo, puede ser un método peligroso si se produce una reacción alérgica o una sobredosis, pues la rapidez con la que se obtiene el efecto no suele dejar el tiempo suficiente para aplicar las medidas paliativas. Además, si se inyecta demasiado rápido se pueden producir arritmias o paradas cardiacas o respiratorias.

## Inyección intramuscular

LA SUSTANCIA se inyecta en un músculo (por lo general en el brazo, pierna o glúteo). Su absorción en la sangre es mucho más rápida que la que se produce en el estómago, pero algo más lenta que la que se obtiene con una inyección intravenosa. La pauta de absorción depende del ritmo de la circulación sanguínea en ese músculo, aunque, por regla general, una sustancia administrada por esta vía suele ser absorbida en unos diez o treinta minutos. Las desventajas que tiene son las mismas que las de la vía intravenosa, añadiéndose la precaución extra de no acceder con la aguja a ninguna vena o vaso sanguíneo cuando se administra, pues los preparados intramusculares no se deben (o no se pueden) administrar por vía intravenosa.

## Inyección subcutánea

LA ABSORCIÓN de un medicamento administrado bajo la piel (subcutáneo) suele ser pausada y estable, su ritmo exacto depende de su facilidad de penetración en los vasos sanguíneos y del ritmo circulatorio en ese lugar.

## Absorción y distribución

UNA VEZ que el fármaco ha sido introducido en el organismo, éste es absorbido a la corriente sanguínea donde circulará hasta llegar al cerebro, que es el principal foco de acción para los psicofármacos. El corazón bombea alrededor de cinco litros de sangre por minuto, y como el cuerpo humano posee aproximadamente un total de seis litros de sangre, podemos imaginar fácilmente la velocidad a la que ésta circula, y por tanto, la velocidad a la que cualquier sustancia, introducida en la misma, se distribuirá por el organismo.

Hemos visto que la vía de administración afecta de manera significativa a la absorción y a la concentración de la sustancia en la sangre, pues determina el área de superficie absorbente, la cantidad de tejido que deberá traspasar antes de llegar a la sangre, la cantidad de sustancia que llegará al sitio de acción y la cantidad que será destruida por el metabolismo hepático; por la acidez estomacal; por su unión a otros compuestos inertes como partículas de comida, etc.

Otro factor importante son las diferencias interindividuales de las personas donde el medicamento va a ser administrado. De manera general, la dosis adecuada se relaciona con el tamaño del individuo. Cuanto más grande sea el individuo, más volumen de fluido corporal tendrá, más cantidad de fármaco será diluido en este fluido, y por tanto, menos llegará al punto de acción. Es habitual que las dosis se midan en miligramos por kilo de peso.

Entre los líquidos que posee el cuerpo humano, aproximadamente seis litros son de sangre. No obstante, un 60% del peso total de una persona es agua y ésta no está aislada por completo de la sangre sino que hay un intercambio constante de sustancias. Por esto, cuando introducimos un fármaco, éste no sólo se diluye y circula por la sangre sino también por el resto de fluido corporal.

Así pues, el sexo, el tamaño y la edad son factores a tener en cuenta. En las mujeres la proporción entre tejido adiposo (graso) y agua es mayor que en los varones, por tanto, el volumen de fluido corporal total es relativamente menor en ellas que en ellos. Al haber menos fluido para la disolución de la sustancia, más concentración de ésta llegará al foco de acción y su efecto farmacológico será mayor. Algo parecido pasa con las personas obesas y con los niños. Los primeros porque una gran parte de su cuerpo es grasa, y los segundos por su pequeño tamaño. En ambos casos, el volumen del fluido corporal es menor.

Una vez en la sangre, el sistema circulatorio hace que la sustancia se distribuya rápidamente por el organismo, sin embargo, tiene que atravesar algunas barreras para ejercer sus efectos. Las más importantes para el propósito de este capítulo son la membrana celular, pero sobre todo, la **barrera hematoencefálica** (del cerebro).

*Membrana celular*

LOS MEDICAMENTOS deben poder traspasar las membranas celulares para poder ser absorbidos desde el estómago o desde el intestino a la sangre, o para acceder al interior de una célula. Estas membranas están compuestas de una doble capa de fosfolípidos y de proteínas. Algunas de estas proteínas son transportadoras, es decir, pueden transportar algunas moléculas al interior o al exterior de la célula, sirven como canales de paso a través de la membrana. Como ésta está compuesta de lípidos, que son moléculas que tienen las características de las grasas, la penetración

de cualquier sustancia en el interior de la célula dependerá de la solubilidad de sus moléculas en grasas. La mayoría de los fármacos psicoactivos son liposolubles (esto es, solubles en lípidos) que se adhieren fácilmente a las proteínas transportadoras. La membrana es impermeable al paso de moléculas hidrosolubles (solubles en agua).

La membrana celular (como barrera a la absorción y distribución) es muy importante para el paso de sustancias del estómago e intestino a la sangre; del fluido extracelular al interior de la célula; del interior de la célula otra vez al exterior; y de los riñones a la sangre.

*Barrera hematoencefálica*

EL CEREBRO requiere un ambiente protegido, tanto interno como externo, en el que funcionar, y lo consigue por medio de diversas capas protectoras y de diversos fluidos que impiden el paso a ciertas sustancias no deseadas. El cerebro obtiene los elementos más importantes para su mantenimiento (oxígeno, aminoácidos, glucosa y otros azúcares) del plasma sanguíneo, que también se encarga de la retirada de sustancias de deshecho como el dióxido de carbono. Este plasma sanguíneo es suministrado por una muy densa capa de vasos capilares que recubre el cerebro.

Sin embargo, los vasos capilares cerebrales no sólo están más juntos en el cerebro que en otras partes del cuerpo, además son algo diferentes. En el resto del organismo, las células que forman los capilares tienen unos poros que conectan el interior del vaso con el exterior y que son lo suficientemente grandes como para que pasen todo tipo de moléculas. En los capilares cerebrales estos poros son sustituidos por unas uniones (o junturas) muy estrechas que impiden el paso incluso a las moléculas más pequeñas.

Otra peculiaridad de estos vasos es que se encuentran rodeados de unas células especiales llamadas gliales, que cumplen dos funciones básicas: formar una estructura física que mantiene los circuitos neuronales y absorber células muertas y otros detritus. Las células gliales más grandes, las llamadas astrocitos, son las que cubren la capa externa de los vasos capilares cerebrales (formando una pared protectora más fuerte), y también se conectan con los cuerpos de las neuronas, por ello se piensa que juegan un papel muy importante permitiendo, o no, la penetración de algunas sustancias de la sangre a estas células. Entre otras funciones, las células gliales participan activamente en la homeostasis (esto es, el balance o equilibrio en las composiciones y propiedades del medio) manteniendo perfectamente la composición extracelular adecuada para el funcionamiento normal de la neurona, y se encargan de eliminar algunas sustancias tóxicas y neurotransmisores.

Así, para que una sustancia deje el vaso capilar y penetre en el cerebro, debe primero atravesar la pared del vaso (puesto que no hay poros de paso) y la membrana de los astrocitos, para llegar a las neuronas. Esta barrera o membrana hematoencefálica es permeable de manera selectiva, deja pasar a algunas sustancias y a otras no, y esta permeabilidad no es uniforme a lo largo de todo el cerebro, es decir, en algunas zonas es más permeable que en otras. Al igual que con otras membranas, el que las sustancias puedan traspasarla dependerá de su liposolubilidad, las hidrosolubles no suelen entrar fácil-

mente si no es por medio de los procesos de transporte de los aminoácidos, glucosa y otros azúcares. Como la mayoría de los fármacos psicoactivos son sustancias liposolubles, suelen penetrar sin muchos problemas esta membrana.

## Metabolismo y eliminación

LOS MEDICAMENTOS se eliminan del cuerpo a través de la acción de varios mecanismos. La mayoría de estas sustancias son alteradas químicamente antes de abandonar el organismo. Estos cambios químicos, llamados metabolismo o biotransformación, pueden ocurrir en distintos tejidos y órganos como en el intestino, en el plasma sanguíneo, en el riñón o en el cerebro, aunque la mayor parte ocurren en el hígado. Por metabolismo se entienden dos grandes grupos de reacciones químicas: las de síntesis, que forman sustancias más complicadas a partir de otras más sencillas (anabolismo) y las de análisis (catabolismo), que destruyen e inactivan las sustancias complejas, descomponiéndolas en otras más simples. Los fármacos son descompuestos en metabolitos inactivos que se excretan mucho más fácilmente que la sustancia original.

Estas reacciones químicas las llevan a cabo ciertas enzimas hepáticas, y existen muchas sustancias psicoactivas que tienen la habilidad de aumentar el ritmo al que estas enzimas trabajan, incluso para su propia metabolización. Esta habilidad es uno de los mecanismos que producen la tolerancia farmacológica, de manera que, con el tiempo, será necesaria más cantidad de la sustancia para producir el efecto deseado.

Tanto en su forma original (aunque esto es mucho más difícil) como convertidos en metabolitos, los órganos más importantes a través de los cuales se eliminan los medicamentos son los riñones. Las dos funciones más importantes de estos son la filtración de los productos del metabolismo en la sangre (como la urea) y la regulación de los niveles de muchas de las sustancias de los fluidos corporales (por ejemplo, eliminando el exceso de sodio y potasio pero conservando la cantidad necesaria de los mismos, así como agua y azúcares).

Por lo general, el proceso metabólico suele reducir la actividad farmacológica de un medicamento, por lo que aunque algunos metabolitos permanezcan por algún tiempo en el organismo (esperando su excreción), estarán farmacológicamente inactivos.

Otras rutas de eliminación son la saliva, el sudor, las heces y la leche materna. A pesar de que muchos metabolitos, e incluso a veces la sustancia original, se encuentran en estas secreciones, se concentran a niveles muy bajos como para ser consideradas vías principales de eliminación.

## FARMACODINÁMICA

Después del largo viaje, cuando llega al cerebro, un fármaco debe interactuar físicamente con uno o más de los constituyentes de la célula antes de producir cualquier cambio en su funcionamiento, que a su vez producirá un cambio en la conducta o en la función del organismo. Los componentes celulares que están implicados directamente con esta interacción son los **receptores**, que son moléculas, por lo general proteínas, que se encuentran en la superficie o en el interior de la célula, y son los sitios de acción iniciales de los medicamentos.

Uno de los conceptos básicos en farmacología es que las moléculas de los fármacos (o de cualquier sustancia neurotransmisora) se deben unir a receptores específicos para éstos; que esta unión debe producir cambios en las propiedades funcionales de la célula donde se han unido; y así, originarse la respuesta farmacológica. La **farmacodinámica** estudia los efectos bioquímicos y fisiológicos de los fármacos y sus mecanismos de acción.

Una de las características de los receptores es su alta, aunque no absoluta, especificidad o afinidad con algunas moléculas particulares. Es decir, tienen la habilidad de reconocer las sustancias químicas endógenas (naturales, producidas por el propio organismo) o sintéticas, que mejor encajan en ellos (suele ser habitual utilizar la analogía de una cerradura con su llave para explicar a qué se refiere la afinidad); por esto, sólo un grupo limitado de sustancias puede unirse a un receptor concreto.

Lo que puede parecer una variación insignificante en la estructura química de una sustancia, puede alterar de manera importante la intensidad de la respuesta celular. Por ejemplo, la anfetamina y la metanfetamina (dos potentes estimulantes del sistema nervioso central) químicamente varían muy poco, y es casi seguro que ambas se unen al mismo tipo de receptores. Sin embargo, a dosis iguales, el efecto de la metanfetamina es mucho mayor y duradero.

Las moléculas que mejor se ajusten a los receptores son las que conseguirán una respuesta más intensa por parte de la célula (así, la metanfetamina parece que se ajusta mejor que la anfetamina). En la actualidad, se cree que la respuesta celular a la unión en sus receptores de una sustancia es seguida de un cambio en la membrana. Éste a su vez es el que produce el cambio en el comportamiento de la célula, que a su vez produce el cambio en la función cerebral o corporal.

De todos los tipos de receptores, los que se encuentran en la superficie de la célula son los más estudiados por la psicofarmacología. Éstos se unen a los neurotransmisores naturales, o a las drogas o fármacos que funcionan de manera similar a éstos, imitando su acción o bloqueándola.

Existen ciertas sustancias que se unen a los receptores pero no producen ningún cambio en la célula. Éstas se llaman **antagonistas** y, a pesar de no producir ningún efecto por sí mismas, bloquean la acción de los **agonistas**, que son los neurotransmisores específicos de esos receptores, o las sustancias que funcionan como tales, y, por tanto, sí inician los cambios en la célula.

El que una sustancia produzca un efecto deseado dependerá de la localización selectiva de los receptores, de la afinidad de la sustancia con esos receptores, de la fuerza de esa unión y de las consecuencias de la interacción entre ambos (bien como agonista bien como antagonista), y esto se relaciona con la estructura química de la sustancia.

## NEUROTRANSMISORES

EL SISTEMA nervioso está compuesto de millones de células llamadas neuronas. Aunque existen algunas variaciones, una neurona se compone básicamente de **soma** o cuerpo de la célula; **dendritas** que son ramificaciones que parten del soma y que es donde se realizan las sinapsis; un **axón**, o más, que es una fibra larga que sale del soma, como una cola, y transmite el potencial de acción o impulso nervioso; y los **botones sinápticos**, que son terminales axónicas donde se acumulan los neurotransmisores en espera de ser liberados, y es el lugar por donde salen cuando la neurona está activa, para influir en la actividad de las neuronas cercanas.

Así, cuando una neurona es apropiadamente estimulada en el soma o en las dendritas, un impulso nervioso (que es un cambio en el potencial eléctrico de la célula) viaja por todo el axón hasta los botones sinápticos. Entre estos botones y la neurona más próxima, que es la que va a recibir la señal eléctrica, hay un espacio llamado **sinapsis** (también se le llama así al proceso de comunicación entre las neuronas).

Para que un impulso nervioso pase de una neurona a otra, debe buscar una manera de traspasar este espacio interneuronal, y lo hace a través de los neurotransmisores. El impulso nervioso hace que la neurona activa libere estas sustancias a la sinapsis, donde interactuarán con los receptores de la neurona de al lado, y según sea esta interacción (inhibitoria o excitatoria) se producirá un impulso nervioso en la nueva neurona, que a su vez liberará sus neurotransmisores a la sinapsis que hay con otra neurona que esté más próxima a ella, y así sucesivamente.

Una vez que la neurona se ha activado y ha liberado sus neurotransmisores, retorna a su estado normal o de reposo. Sin embargo, no todos los neurotransmisores encontrarán un receptor al que acoplarse, y, si nada interviene, los que sobran se quedarán activos en la sinapsis. No obstante existen dos mecanismos que impiden que esto pase, por un lado, muchos de ellos serán reabsorbidos (o recaptados) a los botones terminales de donde salieron, y, por otro lado, los que no se recaptan serán degradados por unas enzimas que se encuentran en el líquido extracelular (fuera de las neuronas).

Los neurotransmisores más importantes para la psicopatología son las **monoaminas**, que son un grupo de sustancias con un solo grupo amino, es decir, cada monoamina se sintetiza a partir de un único aminoácido. Suelen estar presentes en pequeños grupos de neuronas cuyos somas (o cuerpos) se sitúan, en su mayor parte, en el tallo cerebral. Estas neuronas suelen tener axones muy ramificados que liberan las monoaminas de manera muy extensa, por todo el fluido extracelular. Las monoaminas se dividen en dos grupos: las **catecolaminas**, que son la dopamina, la noradrenalina y la adrenalina; y las **indolaminas**, grupo al que pertenece la serotonina.

Las catecolaminas se sintetizan a partir del aminoácido tirosina, que se convierte en L-DOPA, y que, a su vez, se convierte en dopamina. Las neuronas que liberan noradrenalina poseen una enzima extra (que no se encuentra presente en las neuronas dopaminérgicas), que convierte la dopamina en noradrenalina. Las neuronas que liberan adrenalina, poseen también la enzima de las neuronas noradrenérgicas, y además, otra que convierte la noradrenalina en adrenalina. La serotonina se sintetiza a partir del aminoácido triptófano.

Otro neurotransmisor muy importante es el ácido gamma-aminobutírico (más conocido como **GABA**) que es sintetizado a partir de una variación estructural del glutamato. El GABA es un neurotransmisor inhibidor de los impulsos nerviosos.

Las teorías sobre la psicopatología basadas en la bioquímica cerebral plantean que muchas enfermedades son consecuencia de un exceso o un déficit de este tipo de sustancias, ya sea por un defecto enzimático en la producción o en la degradación de los neurotransmisores, o por un defecto en los receptores donde se acoplan estas sustancias. Los receptores pueden ser o demasiado numerosos o demasiado sensibles, lo que haría que respondieran igual que si se hubiera liberado un exceso de la sustancia.

Varios estudios han demostrado que este problema bioquímico se halla presente en muchos trastornos mentales. Por ejemplo, un exceso de dopamina está muy relacionado, y se observa, en la esquizofrenia y en muchas psicosis; un exceso de noradrenalina produce episodios de manía; ciertos trastornos de ansiedad se relacionan con un déficit en GABA y la depresión se relaciona con niveles bajos de serotonina.

En la siguiente sección explicaremos con detalle los distintos fármacos utilizados en el tratamiento de muchos trastornos mentales. Es lugar para recordar a los lectores que sólo deben usarse estos medicamentos bajo prescripción médica, pues sólo un profesional podrá recetar el medicamento adecuado a cada paciente y a cada situación, la dosis exacta, el tiempo necesario de uso; porque el médico tendrá en consideración la posibilidad de los efectos secundarios y vigilará que el tratamiento es el adecuado. Si algún lector tiene alguna duda, pues está tomando alguno de los medicamentos aquí descritos, es fundamental que consulte con su médico o con su farmacéutico, pues son ellos los que mejor se la podrán resolver y los que mejor le aconsejarán.

# FÁRMACOS ANTIPSICÓTICOS

COMO SU nombre indica, los antipsicóticos son las sustancias de elección en el tratamiento de los trastornos psicóticos como la esquizofrenia o el trastorno esquizoafectivo. Se puede decir que la moderna psicofarmacología empezó en los años 50 cuando una sustancia, la clorpromacina, que fue en un principio elaborada como antihistamínico, mostró su eficacia como antipsicótico. Este descubrimiento llevó a la elaboración de otros compuestos similares para tratar estas enfermedades, entre ellos la clozapina, que fue uno de los fármacos más eficaces. A estos medicamentos de primera generación se los conoce como **antipsicóticos típicos**, excepto la clozapina que, pese a haber sido descubierta en la misma época, se la clasifica como antipsicótico atípico.

Sin embargo, los antipsicóticos típicos presentan un grave problema: pueden producir síntomas extrapiramidales como efecto secundario, es decir, pueden afectar al sistema motor extrapiramidal (estructura neural que incluye áreas como los ganglios basales o el cerebelo, y cuya función es el control y ejecución del movimiento voluntario). Entre estos síntomas adversos se encuentran el pseudoparkinsonismo con temblores y rigidez muscular, la inquietud y la dificultad en iniciar movimientos. A largo plazo, presentan también el riesgo de producir disquinesia tardía de manera permanente, trastorno que se caracteriza por movimientos involuntarios, estereotipados y rítmicos, en la parte superior del cuerpo, en los dedos, en el cuello, cara, boca y lengua. Por esta razón, a estas sustancias se las llamó también **neurolépticos**, por su capacidad de producir un desorden neurológico. La clozapina no produce este tipo de efectos secundarios.

Sus efectos terapéuticos así como los secundarios se producen por la habilidad de estas sustancias de bloquear los receptores dopaminérgicos (esto es, en los que la dopamina une con mayor facilidad), llamados $D_2$.

Hace relativamente pocos años, se desarrollaron lo que se conoce como **antipsicóticos atípicos**, entre los que se incluye la clozapina, que son prácticamente igual que los antipsicóticos típicos pero con un riesgo muy reducido de producir síntomas extrapiramidales. La clozapina, que ha sido uno de los fármacos más eficaces, ha caído en desuso con el tiempo, pues presentaba un riesgo severo de producir otros efectos secundarios severos (como agranulocitosis, sedación y convulsiones), no obstante, y bajo estricto control médico, se sigue utilizando con bastante éxito en aquellos pacientes esquizofrénicos que no responden bien a otros fármacos.

Así, los antipsicóticos atípicos, como la risperidona, la olanzapina o la reserpina han demostrado ser muy eficaces en el tratamiento de la esquizofrenia, de otros trastornos psicóticos y también para los episodios de manía, además de presentar un riesgo muy reducido de producir síntomas extrapiramidales.

Muchos de ellos bloquean también los receptores dopaminérgicos $D_2$, pero también bloquean receptores serotoninérgicos (de serotonina), y parece que son estos últimos los que, al bloquearse, reducen la posibilidad de desarrollar los síntomas extrapiramidales.

## FARMACOCINÉTICA

POR LO general los antipsicóticos se administran por vía oral e intramuscular. Cuando se toman oralmente, suelen ser bien absorbidos, aunque sustancias como la comida, el café o los antiácidos ralentizan la absorción; si la preparación es líquida, la absorción es algo menos lenta y más completa. No obstante, un alto porcentaje de la sustancia es metabolizado según pasa al hígado. El efecto máximo de una dosis se consigue a las dos o cuatro horas de haberla ingerido.

Cuando la administración es por vía intramuscular, la absorción es más rápida y completa que por vía oral. Los primeros efectos suelen percibirse a los 15 o 20 minutos de haberse inyectado, con el efecto máximo ocurriendo a los veinte o treinta minutos. La vía intravenosa suele ser desaconsejable para la mayoría de estos fármacos.

Estas sustancias se unen con gran facilidad a las proteínas plasmáticas y presentan una alta lipofilia (lipo de lípido), por lo que atraviesan la barrera hematoencefálica sin mucho problema.

Gran parte de estos medicamentos son metabolizados en el hígado a formas más hidrosolubles que la sustancia original, y, así, los riñones las excretan más fácilmente. Su vida media en sangre oscila entre las diez y las 24 horas, aunque puede haber algunas variaciones por aspectos como la edad del paciente o por la administración conjunta con otros fármacos.

## FARMACODINÁMICA

Todavía no se conoce del todo el mecanismo de acción de los antipsicóticos. Sí se sabe que los típicos y algunos de los atípicos son antagonistas de los receptores dopaminérgicos D2. La característica común de los atípicos es su capacidad de bloquear algunos receptores serotoninérgicos, aunque con afinidades variadas y receptores distintos. También interactúan con receptores adrenérgicos (de adrenalina) y receptores de histamina. Hasta el momento, parece que el bloqueo de receptores D2 en las vías cortico-meso-límbicas es responsable de la acción terapéutica y su bloqueo en el estriado es lo que produce los síntomas extrapiramidales (ambas áreas pertenecen al sistema dopaminérgico, en el cerebro medio).

A pesar de reducir mucho el riesgo de producir síntomas extrapiramidales, los fármacos atípicos siguen presentando la posibilidad de producir algunos efectos secundarios. Por ejemplo, algunos de ellos son anticolinérgicos, con lo que pueden producir sequedad de boca o estreñimiento. Otros pueden producir hipotensión postural (por el bloqueo de receptores de adrenalina) y sedación (por el bloqueo de receptores de histamina).

Los efectos terapéuticos completos de los antipsicóticos tardan semanas en aparecer, tiempo mucho más largo que el que tardan en bloquear receptores o de producir un nivel estable de la sustancia en la sangre. Por otro lado, los efectos pueden perdurar incluso cuando ya no se detecta el medicamento en un análisis, una vez abandonado el tratamiento. Todo esto hace pensar que el beneficio terapéutico es una respuesta secundaria al bloqueo de receptores. Así, aunque la razón de este retraso en producirse el efecto sea aún desconocida, se cree que es un reflejo de los cambios activados por la sustancia, en aspectos como la expresión de un gen, la síntesis de proteínas y la reorganización sináptica.

Estos fármacos no suelen producir ni tolerancia ni dependencia, aunque con el tiempo se desarrolla cierta tolerancia a los efectos secundarios. El margen de seguridad entre las dosis terapéuticas y las dosis letales es muy amplio (es decir, para que una dosis sea fatal debe ser mucho más grande que una dosis terapéutica).

## INDICACIONES DE LOS ANTIPSICÓTICOS

A PESAR de que siempre se los ha conocido como tratamiento para la esquizofrenia, su empleo para otros trastornos es también muy eficaz, especialmente, para las psicosis y los trastornos bipolares. Además, son efectivos antieméticos (antivomitivos), son usados como preanestésicos, y para tratar movimientos coreiformes severos que se originan con enfermedades como la corea de Huntington (corea significa danza). Este trastorno es una enfermedad cerebral degenerativa y hereditaria que afecta a las funciones intelectuales y al movimiento. (*Véase* capítulo «Demencias»).

### Esquizofrenia

SE TRATA de una enfermedad que presenta síntomas psicóticos prominentes tanto positivos; esto es, «excesos» o distorsiones activas de las funciones normales, por ejemplo, alucinaciones, como negativos; déficit o disminución del funcionamiento normal, por ejemplo, apatía. Su curso suele ser crónico, con episodios de crisis y periodos en remisión, causando mucho deterioro e incapacidad. Los fármacos antipsicóticos se muestran muy efectivos reduciendo los brotes agudos y en el mantenimiento a largo plazo. Todos han demostrado ser eficaces a dosis similares,

aunque parece (no estando del todo claro) que los típicos son algo más eficaces tratando síntomas positivos y los atípicos mejores con ambos tipos de síntomas. La remisión suele observarse en las primeras seis semanas de tratamiento (entre la segunda y cuarta). Varios estudios han asociado el exceso de dopamina con el desarrollo de esta enfermedad, aunque estudios posteriores sugieren un exceso en el número de receptores de esta sustancia o de una hipersensibilidad a la misma (*véase* capítulo «Esquizofrenia»).

### Trastornos psicóticos

SE INCLUYEN los trastornos esquizofreniforme, esquizoafectivo, delirante y psicótico breve, que presentan síntomas muy parecidos o iguales a los de la esquizofrenia pero con marcadas diferencias en aspectos como la duración, el inicio, el pronóstico y su relación con el estrés, que es mayor que en la esquizofrenia. Por lo general, los fármacos antipsicóticos suelen ser muy eficaces y es frecuente el uso de antidepresivos, ansiolíticos y otro tipo de medicinas, para tratar otros síntomas que pueden estar también presentes, como alteraciones en el estado de ánimo, tanto depresión como manía (*véase* capítulo «Trastornos psicóticos»).

### Episodios de manía

ES UN trastorno del estado de ánimo cuyos síntomas principales son un aumento exagerado de la actividad, la autoestima y la impulsividad. Este trastorno suele tratarse con sales de litio (un estabilizador del estado de ánimo), pero como esta sustancia tarda un tiempo (entre diez y 14 días) en producir sus efectos, la administración de antipsicóticos suele ser recomendable en los casos de brotes agudos de manía, y, en especial, si conllevan comportamientos peligrosos o agresivos. En estos casos, también suele ser aconsejable la prescripción de algún ansiolítico o antidepresivo junto con el antipsicótico, para estabilizar al paciente, antes de continuar la terapia sólo con antidepresivos. El tratamiento prolongado con antipsicóticos en estos pacientes no suele ser recomendable porque muestran una mayor susceptibilidad a desarrollar disquinesia tardía (*véase* capítulo «Trastornos del estado de ánimo»).

### Depresión psicótica

SE TRATA de una depresión en la que el paciente experimenta síntomas psicóticos como alucinaciones o ideas delirantes. Suele tratarse con antidepresivos y antipsicóticos a la vez, pues esta combinación suele ser más eficaz que el tratamiento con sólo una de las sustancias (*véase* capítulo «Trastornos del estado de ánimo»).

### Psicosis orgánicas

COMO LAS producidas por intoxicación de fármacos o drogas, por delirium, y otras alteraciones de origen orgánico (físico). El delirium suele tener una gran variedad de causas (*véase* capítulo correspondiente) y dependiendo de su origen se preferirá un tratamiento sobre otro. En general, los antipsicóticos no son eficaces cuando éste está causado por abstinencia del alcohol o por intoxicación de sustancias anticolinér-

gicas. En muchos otros casos, para el tratamiento de psicosis agudas, y, sobre todo, en pacientes débiles, se recomiendan los antipsicóticos típicos de mayor potencia a dosis bajas por su menor incidencia en efectos secundarios en el sistema cardiovascular, sistema respiratorio y por su poca potencia anticolinérgica. Si se necesita un tratamiento más largo, se suelen prescribir antipsicóticos atípicos.

### Demencias

EN EL tratamiento de las demencias, estas sustancias desempeñan un doble papel: la reducción de los posibles síntomas psicóticos que pueden complicar la enfermedad y la reducción del severo estado de agitación en el que muchos pacientes se encuentran.

### Síndrome de De la Tourette

ES UN trastorno por tics que se caracteriza por la presencia de múltiples tics motores y uno o más tics vocales, que con el tiempo se van haciendo más complejos y severos. Asimismo pueden aparecer conductas de autoagresión, obsesivas y compulsiva. Los antipsicóticos son el fármaco de elección, entre ellos el haloperidol.

### Otros trastornos

EN CASOS de agresividad y agitación severas, estos fármacos ejercen efectos sedantes. Para los trastornos de la personalidad sólo se prescriben cuando otras medicaciones han fallado, por la mayor vulnerabilidad de estos pacientes a desarrollar

disquinesia tardía. Si aparecen brotes psicóticos, sí se tratan con estas sustancias.
También se administran en psicosis infantiles a dosis bajas. Son muy útiles para el
control del vómito, náuseas o hipo intratables, en el alivio del picor psicógeno, el
dolor crónico y otras enfermedades neuro-
dermatológicas (por ejemplo, eczemas).

## FÁRMACOS ANTIDEPRESIVOS

A PESAR de haber sido descubiertas con
anterioridad, el uso generalizado de estos
medicamentos para el tratamiento de los
desórdenes del estado de ánimo, se produjo también en los años 50. Suelen dividirse en varios grupos según sea su mecanismo de acción; de esta forma, existen
básicamente tres grandes grupos, que son
los **antidepresivos tricíclicos**, los **inhibidores selectivos de la recaptación de la
serotonina** y los **inhibidores de monoamina oxidasa**.

## FARMACODINÁMICA

EL MECANISMO de acción de los fármacos
antidepresivos suele ser bastante similar
en los distintos grupos. Aunque todavía no
se conoce con precisión, se sabe que interactúan principalmente en los sistemas noradrenérgico y serotoninérgico del cerebro. La noradrenalina y la serotonina
interactúan con múltiples tipos de receptores para regular, entre otras funciones,
el estado de alerta, la vigilancia, la atención, el estado de ánimo y las funciones
apetitivas.

Una vez que estas sustancias han sido
liberadas, las que no se han unido a las
neuronas vecinas son recaptadas por la

neurona madre (la que las ha liberado),
por medio de unos receptores específicos
para ellas. Una vez de vuelta, pueden ser
guardadas en unos compartimentos especiales para una próxima liberación, o bien
son destruidas por una enzima llamada
*monoamina oxidasa* (dentro ya de la neurona).

Los antidepresivos tricíclicos bloquean la recaptación de noradrenalina y
de serotonina, potenciando así su acción.
Los inhibidores selectivos de la recaptación de serotonina, como su nombre indica, sólo recaptan serotonina y no noradrenalina. Los inhibidores de la enzima
monoamina oxidasa impiden que ésta de-
grade las sustancias dentro de la célula.
Tanto impidiendo su recaptación como su
degradación, el resultado final es el aumento de estos neurotransmisores y, por
tanto, la facilitación de las sinapsis. Como
estas sustancias producían un gran beneficio terapéutico sobre la depresión, muchos
investigadores pensaron que este trastorno
se debía a niveles bajos de catecolaminas.

Sin embargo, esta teoría, que sugiere un
déficit de neurotransmisores, no puede explicar de forma completa la acción de estos
fármacos. En primer lugar porque no hay
una evidencia convincente de que la depresión sea causada por un déficit en la neurotransmisión, es decir, se sabe que estos fármacos actúan de esta manera y curan, pero
no que el trastorno sea una consecuencia
de este déficit. Y en segundo lugar porque
la inhibición tanto de la recaptación como
de la monoamina oxidasa ocurren muy
poco tiempo después de haber administrado los fármacos (a las pocas horas), pero su
efecto terapéutico puede tardar en notarse
hasta más de seis semanas.

Así pues, se cree que éstos son sólo los
efectos iniciales, y que los terapéuticos

son una consecuencia de la adaptación (con el tiempo) de la neurona a estas alteraciones producidas por los medicamentos. En la actualidad se cree que se produce una reducción en el número de receptores, o una alteración en la sensibilidad de éstos (aumentándola o disminuyéndola según la sustancia y el receptor), pero sólo después de un tratamiento de larga duración. De la misma manera, se cree que la afinidad de unión de estos fármacos a otros receptores, como los de histamina o los colinérgicos, sería la causante de algunos de los efectos secundarios que pueden producir.

Aunque por el momento se sabe relativamente poco, sí se sabe que el uso de los antidepresivos es muy eficaz. Numerosas investigaciones están en proceso y avanzando a pasos agigantados.

## FARMACOCINÉTICA

### Antidepresivos tricíclicos

EN GENERAL, suelen presentarse en forma oral y su absorción es rápida y completa. Un alto porcentaje de la sustancia (entre el 40 y el 50%) es metabolizado según pasa al hígado (es decir, sólo llega a la circulación entre el 50 y el 60% de la dosis). Son muy liposolubles y pasan la membrana hematoencefálica con gran facilidad. Su vida media oscila entre las diez y las 70 horas según los distintos compuestos. Existen grandes diferencias en el metabolismo de estos fármacos en los distintos pacientes, pues le afectan diversos aspectos como los factores genéticos, la edad o la administración conjunta con otros fármacos. En general, todos los tricíclicos son igualmente eficaces.

Una gran parte de los efectos secundarios que pueden surgir en el tratamiento con antidepresivos tricíclicos son debidos a su acción anticolinérgica, antihistamínica y antiadrenérgica. Entre éstos se encuentran sequedad de boca, visión borrosa, retención urinaria, sedación, alteraciones cognitivas, vértigo, alteraciones sexuales, arritmias y aumento de peso.

La suspensión prematura del tratamiento puede producir recaídas, la disminución debe ser gradual y lenta. A veces, el tratamiento se debe mantener indefinidamente como preventivo. Pueden producir dependencia. La intoxicación aguda por sobredosis es muy grave y puede llegar a ser fatal.

Entre los principales tricíclicos están la clomipramina, la imipramina y la maprotilina.

### Inhibidores selectivos de la recaptación de serotonina

SU RUTA de administración es oral y su absorción suele ser buena. La presencia de alimento en el estómago no interfiere con este proceso, e incluso se recomienda que algunos de estos antidepresivos se ingieran después de las comidas. De la dosis administrada suele pasar a la corriente sanguínea cerca del 90%. Su vida media es variada, habiendo compuestos como la fluoxetina (Prozac®) en los que ésta es de dos a tres días y otros como la paroxetina, en los que es de 20 a 24 horas.

Desde que se aprobaron estas sustancias para su consumo público, han tenido un éxito enorme. Una de las causas es que los efectos secundarios que producían los tricíclicos no se producen con estos otros medicamentos y no son potencialmente letales en casos de sobredosis. Los efectos secundarios que pueden producir los inhibidores selectivos de la recaptación de la serotonina incluyen cierta ansiedad inicial (pero ocasionalmente), cierto malestar gastrointestinal y dolores de cabeza a corto plazo. A largo plazo pueden producir disfunción sexual (cambios en la excitación, alteraciones orgásmicas) o apatía, y aunque estos problemas pueden remitir espontáneamente, por lo general persisten con el tiempo.

Así pues, éstos y otros antidepresivos similares más recientes son los fármacos de elección en el tratamiento de muchos trastornos, por lo que se recomiendan los demás en casos concretos, como por ejemplo, cuando se responde mal a este tipo de sustancias.

### Inhibidores de la monoamina oxidasa

ESTOS MEDICAMENTOS son bien absorbidos por vía oral y por el momento no existe presentación parenteral (para su administración por inyección). Al igual que la sustancia anterior, suele acceder a la sangre aproximadamente el 90% de la dosis, pero en este caso, la presencia de comida en el estómago reduce la absorción. La inhibición máxima de la monoamina oxidasa se produce varios días después de medicación, y sus efectos terapéuticos entre dos y cuatro semanas después.

Se toleran mejor que los antidepresivos tricíclicos pues tienen una acción anticolinérgica reducida y prácticamente carecen de efectos cardiotóxicos. Entre los efectos secundarios que pueden producir se encuentran la hipotensión ortostática (postural), sobre todo en ancianos, el au-

mento de peso, disfunciones sexuales e insomnio. La ingesta de alimentos ricos en tiramina (cerveza, vino tinto, embutidos, quesos, gambas, setas, ahumados, plátanos, chocolate y muchos otros más) junto con el consumo de estos medicamentos pueden producir crisis hipertensivas graves. El problema es que estas sustancias desactivan también las monoaminas oxidasa del hígado y del intestino, que no pueden cumplir su función catabolizadora y desintegrar a las aminas activas de estos alimentos.

Otro problema potencialmente fatal es la interacción de estos fármacos con otras sustancias serotoninérgicas como algunos tricíclicos y algunos inhibidores de la recaptación de la serotonina. Esta combinación de fármacos puede producir lo que se llama el síndrome serotoninérgico e incluye efectos como taquicardia, hipertensión o fiebre en su forma más leve, e hipertermia (subida de temperatura), coma, convulsiones y, ocasionalmente, muerte en los casos más graves.

Las intoxicaciones agudas por sobredosis producen un periodo de entre una a seis horas sin síntomas, para después producir somnolencia o agitación, taquicardia, alteraciones de la tensión, movimientos involuntarios faciales, delirium y fallo cardiaco. No obstante, hoy en día se elaboran antidepresivos inhibidores de la monoamina oxidasa que producen cuadros mucho menos severos.

## INDICACIONES
## DE LOS ANTIDEPRESIVOS

A PESAR de que su nombre indica un uso antidepresivo, estas sustancias se utilizan en una gran variedad de condiciones, desde ciertos trastornos de ansiedad hasta problemas de la alimentación, pasando por el tratamiento del dolor crónico. Desde que se introdujo la fluoxetina (Prozac® es sólo una marca comercial, existen muchos otros nombres para la misma sustancia) y otros compuestos similares, los inhibidores de la recaptación de la serotonina son los más prescritos, pero más que por las ventajas terapéuticas sobre las otras sustancias, que no la tienen, se recetan prácticamente por los menores efectos secundarios que presentan.

## Depresión

VARIOS ESTUDIOS han documentado que aproximadamente el 50% de los pacientes con depresión mayor se recuperan por completo con el tratamiento farmacológico si éste se sigue al pie de la letra (es decir, si se consumen las dosis indicadas por el profesional y en el tiempo estipulado, que nunca suele ser inferior a las seis semanas). Del resto de pacientes, muchos mejorarán notablemente y muy pocos no lo harán. Entre estos últimos probablemente se encuentren personas con otros trastornos añadidos, como los de ansiedad, de personalidad, psicóticos o de abuso de sustancias, que necesiten un tratamiento conjunto con otros medicamentos. Las principales razones de fallo en la eficacia de estos medicamentos suele ser el no mantener la dosis ni el tiempo adecuado. A menudo, muchos pacientes se desesperan al no notar ningún efecto inmediato y dejan su medicación. Las psicoterapias especialmente la cognitiva y la interpersonal pueden ser tan efectivas como los medicamentos, sin embargo, se ha comprobado que la combinación de ambas es

mucho más eficaz que cualquiera de las dos en solitario.

Se utilizan en todo tipo de depresiones. En las que presentan síntomas psicóticos se prescriben junto con antidepresivos típicos de baja potencia y esta combinación suele ser más eficaz que el tratamiento con sólo una de las sustancias. En el caso de depresiones leves, causadas por acontecimientos estresantes, suelen prescribirse si los síntomas son muy persistentes, generalizados o severos. En los episodios depresivos de los trastornos bipolares se debe prestar especial atención, pues, a menudo, la terapia de antidepresivos puede exacerbar un episodio de manía. En este caso se suspenderá el tratamiento. También son eficaces en el tratamiento de la distimia y de las depresiones con causas orgánicas como las producidas por el uso de otras medicaciones, el abuso de drogas, enfermedades como hipertiroidismo o la esclerosis múltiple, tumores cerebrales y otras (*véase* capítulo «Trastornos del estado de ánimo»).

## Riesgo de suicidio

SI ALGÚN paciente presenta un alto riesgo de suicidio y precisa medicación antidepresiva, los fármacos de elección serán los inhibidores selectivos de la recaptación de la serotonina debido al bajo potencial letal que presentan, frente a los tricíclicos o los inhibidores de la monoamina oxidasa, que son mucho más letales en casos de sobredosis.

## Trastorno de pánico

CON O sin agorafobia. Los antidepresivos y los ansiolíticos son eficaces tratando estos desórdenes. Sin embargo, la ansiedad anticipatoria y la evitación fóbica de las situaciones que el paciente relaciona con los ataques de pánico se tratan mejor si el tratamiento se acompaña de psicoterapias como la conductual o la cognitiva. Como la depresión suele aparecer mucho con estos trastornos, el uso de antidepresivos se preferirá al de ansiolíticos en estos casos (*véase* capítulo «Trastornos de ansiedad»).

### Trastorno obsesivo-compulsivo

TODOS LOS antidepresivos que funcionan inhibiendo la recaptación de la serotonina parecen eficaces en el tratamiento de este trastorno. Cuando éste se complica con algún trastorno de ansiedad como un ataque de pánico, una fobia o una ansiedad generalizada severa, los inhibidores de la monoamina oxidasa resultan más eficaces. La psicoterapia suele estar contraindicada en los pacientes que presentan sólo, o en su mayor parte, obsesiones, pues el pedirles que recuerden algo en concreto, o que cambien una manera particular de pensar, etc. suele producirles más obsesión. Hasta que no se reduzcan los síntomas, la terapia de elección será farmacológica. Por otro lado, los pacientes compulsivos se beneficiarán de las terapias de conducta, aunque la combinación de esta con los medicamentos es también muy óptima (*véase* capítulo «Trastorno obsesivo-compulsivo»).

### Bulimia

MÚLTIPLES ESTUDIOS apoyan el uso terapéutico de todos los antidepresivos para tratar este trastorno. Un efecto importante es que reducen la frecuencia de atracones de comida, de inducirse el vómito y otras purgas, y en general, cambian la actitud hacia el comer que tienen estos pacientes. Sin embargo, parece que se necesitan dosis más altas de antidepresivos que las necesarias para tratar la depresión; por esto, el que se suele elegir es el inhibidor selectivo de serotonina. Estos fármacos no suelen ser eficaces en el tratamiento de la anorexia nerviosa (*véase* capítulo «trastornos de la alimentación»).

### Otros trastornos

ESTOS MEDICAMENTOS se utilizan además en el tratamiento del trastorno por déficit de atención con hiperactividad, el trastorno por estrés postraumático, el dismórfico corporal y el tratamiento de dolor.

## FÁRMACOS ANSIOLÍTICOS

TAMBIÉN LLAMADOS **tranquilizantes, sedantes, calmantes** e **hipnóticos** por sus propiedades farmacéuticas, estos medicamentos son utilizados en el tratamiento de una gran variedad de problemas psicológicos. Antes de la aparición de las **benzodiacepinas** (hoy los ansiolíticos de elección), las sustancias más empleadas eran los barbitúricos, que se desecharon pronto, entre otras razones, por el alto potencial letal que presentaban (los barbitúricos han sido una de las drogas más utilizadas para suicidarse).

Las benzodiacepinas son sustancias depresoras del sistema nervioso central, con propiedades ansiolíticas (reducción de la ansiedad) en dosis bajas y con propiedades sedantes e hipnóticas (inductoras del sueño) en dosis más altas. En comparación con otras sustancias de propiedades similares, presentan menos capacidad de producir dependencia y tolerancia, y menos potencial letal, es decir, es bastante raro que sean fatales sólo en casos de sobredosis; no obstante, potencian el efecto de otros sedantes, del alcohol y de las sustancias opiáceas, y en estos casos sí puede haber problemas.

Un problema que plantean es que sí pueden producir dependencia (aunque menos que otros tranquilizantes), y, si se deja la medicación de manera abrupta, los síntomas de abstinencia pueden ser muy severos. No obstante, con una correcta utilización bajo prescripción médica, estos problemas se pueden minimizar. Desgraciadamente son uno de los medicamentos que más se autoadministran y, dada su popularidad, de los que más se usa y abusa.

En general, todas las benzodiacepinas tienen un mecanismo de acción similar, y parecidos efectos secundarios. Su farmacocinética desempeña un papel importante en la elección de un tipo sobre otro, pues unos son más rápidos y otros duran más. También se los elige en función de su potencia.

## FARMACOCINÉTICA

La ABSORCIÓN por vía oral es buena, alcanzando concentraciones máximas en sangre entre una y cuatro horas después de la administración. Los antiácidos interfieren de manera importante con la absorción. Su biodisponibilidad es casi completa, pasando a la sangre entre un 80 y un 100% de la dosis. Pueden administrarse también por vía sublingual. La rapidez en producir los efectos puede ser un factor a considerar a la hora de elegir un ansiolíti-

co sobre otro. Algunos son muy rápidos, lo que los hace idóneos en casos de urgencia; no obstante, algunas personas pueden encontrar desagradable la rapidez en sentir sus efectos psicotrópicos, como la sedación o la ralentización de la actividad. En estos casos se puede elegir uno de acción más lenta.

Asimismo, se pueden administrar por vía intramuscular y por vía intravenosa. Esta última suele preferirse en casos de urgencia psiquiátrica y como preparatorio antes de una operación quirúrgica. Sin embargo, debe ser administrada por un practicante profesional, de manera lenta y con precauciones, ya que tiene un alto riesgo de depresión del sistema nervioso central y puede producir paradas respiratorias si se inyecta mal.

Estos compuestos se distribuyen bien por todos los tejidos y atraviesan con facilidad la barrera hematoencefálica. Su disponibilidad depende de su liposolubilidad, y se considera mayor en mujeres y ancianos. Se metabolizan sobre todo en el hígado, y su media de vida no se corresponde con la duración de sus efectos. La mayor parte de la sustancia se elimina por la orina (entre el 60 y el 80%) y el resto por las heces (aunque esto varía también según el fármaco).

## FARMACODINÁMICA

Las BENZODIACEPINAS ejercen su acción uniéndose a sitios específicos de los receptores de GABA, potenciando sus efectos inhibitorios y originando modificaciones en el resto de sistemas de neurotransmisión. Los neurotransmisores GABA son inhibitorios, es decir, impiden la activación neuronal. Se cree que las propiedades ansiolíticas de las benzodia-cepinas reflejan sus acciones inhibitorias en las neuronas del sistema límbico, y en las neuronas serotoninérgicas noradre-nérgicas del tallo cerebral. En cambio, sus propiedades anticonvulsivas pueden representar su acción en neuronas corti-cales (de la corteza).

Por lo general, estos medicamentos son bien tolerados por los pacientes. Como ejercen muy poca acción en el sistema ner-vioso autónomo, los problemas en la pre-sión sanguínea o en el ritmo cardiaco, más característicos de otros fármacos como los antidepresivos o los antipsicóticos, no se suelen producir con el uso de ansiolíticos. Los efectos secundarios más comunes que se pueden producir con las benzodiacepi-nas son hipersedación, mareos, náuseas, incoordinación, vértigo, sequedad de boca, estreñimiento, disminución del impulso sexual y problemas de memoria.

Algunos de los ansiolíticos más cono-cidos son el bromazepam (Lexatin®), el diazepam (Valium®), el lorazepam (Orfi-dal®) y el lormetazepam (Loramet®, o Noctamid®).

## INDICACIONES SOBRE LOS ANSIOLÍTICOS

A PESAR de que estos medicamentos se en-cuentran en el mercado con distintas indi-caciones de uso, como, por ejemplo el lor-metazepam para tratar el insomnio o el lorazepam para la ansiedad o para la rela-jación muscular, todos los compuestos comparten propiedades terapéuticas, es decir, el que sirve para el insomnio tam-bién puede servir como relajante muscu-lar, sólo varían las dosis y la potencia del compuesto.

## Ansiedad

ES LA indicación clínica más usual. Los ansiolíticos son muy eficaces en la gran mayoría de los casos, prefiriéndose fárma-cos de baja potencia y larga duración. En los casos de ansiedad transitoria o especí-fica a situaciones no habituales (como un examen o volar en avión) se pueden to-mar las dosis necesarias a lo que dure la situación.

Se utilizan en todo tipo de cuadros de ansiedad. En los casos de fobia social se re-comienda además la psicoterapia cognitiva o conductual para reducir la evitación a las situaciones que causan ansiedad junto con los fármacos, en los casos donde la fobia interfiere con la vida normal del paciente. En la ansiedad generalizada, se debe tener precaución con el diagnóstico pues, en mu-chas ocasiones, ésta es secundaria a otro desorden mental (como la depresión o la psicosis), a enfermedad médica (como el hipertiroidismo o el asma), o debida al abu-so de sustancias o de otros medicamentos. En estos casos, el tratamiento será más efectivo si se trata el desorden que la ha ori-ginado. En los trastornos de pánico con o sin agorafobia, los antidepresivos y los an-siolíticos son igualmente eficaces. Al ser la depresión un síntoma muy frecuente, el uso de antidepresivos se preferirá al de ansiolí-ticos en estos casos. La ansiedad anticipa-toria y la evitación fóbica de las situacio-nes, que el paciente relaciona con los ataques de pánico, se solucionan mejor si el tratamiento se acompaña de psicoterapias como la conductual o la cognitiva. En el caso de fobias simples, es más aconsejable la psicoterapia cognitiva o conductual, aun-que estos fármacos se pueden utilizar a la vez (*véase* capítulo «Trastornos de ansie-dad»).

## Insomnio

EL TRATAMIENTO del sueño debe procurarse evitando el uso de estos fármacos, pues muchas veces la causa del insomnio suele ser la mala higiene en el dormir (esto es, el consumo de excitantes antes de acostarse, las preocupaciones o el estrés, etc.). Si deben usarse medicamentos, el mayor beneficio de las benzodiacepinas es que incitan rápidamente el sueño y disminuyen su fragmentación. No obstante, si se dejan de tomar bruscamente suelen producir insomnio y sueño de mala calidad (*véase* capítulo «Trastornos del sueño»).

## Depresión

AUNQUE LOS ansiolíticos no son los fármacos ideales para este trastorno, muchas veces sirven como tratamiento y como preventivo, ya que en muchas ocasiones la presencia de síntomas de ansiedad suelen ser previos a los de depresión, aunque también estos dos síntomas pueden aparecen a la vez.

## Otros usos

SON ANTICONVULSIVOS muy eficaces y por esto se emplean en el tratamiento de las crisis epilépticas; y en otras situaciones de agitación severa como las producidas en la abstinencia del alcohol (claro está que bajo estrecha supervisión médica por la peligrosidad de una recaída a la bebida mientras se están tomando estos fármacos); en el delirium; o por los efectos secundarios de algunos neurolépticos. También se utilizan en el tratamiento de los temblores o los síntomas vegetativos (gastrointestinales) producto de la quimioterapia y en cualquier trastorno mental o enfermedad médica que produzca ansiedad.

# FÁRMACOS ESTABILIZADORES DEL ESTADO DE ÁNIMO

BAJO ESTA definición se encuentran una variedad de sustancias cuyo uso principal es el tratamiento de los trastornos maniaco depresivos, esto es, de los trastornos bipolares. Entre los más empleados están las sales de litio y la carbamacepina, que resultan muy eficaces en los casos de manía y reducen los cambios de humor característicos de estos desórdenes.

## LITIO

EL LITIO es un elemento metálico, cuyo símbolo en la tabla periódica es «Li» y su número atómico es «3». Su descubrimiento como agente terapéutico fue por casualidad. al observarse las propiedades calmantes que éste tenía cuando se administraba en animales. Luego se probó en pacientes maníacos observándose una enorme mejoría.

## Farmacocinética

LAS SALES de litio (carbonato) se administran de forma oral con una absorción buena. No se fija a proteínas, de manera que se distribuye por todo el fluido corporal. Se elimina casi en su totalidad por los riñones, excretándose aproximadamente la mitad de la dosis en las primeras horas después de alcanzar su nivel máximo de concentración en sangre, y el resto, mucho más lentamente, en los días sucesivos.

## Farmacodinámica

ESTA SUSTANCIA realiza muchas acciones que se conocen bastante bien. Sin embargo, las que producen el efecto terapéutico sobre la manía no están aún muy claras. Se cree que el litio bloquea la regeneración y la producción de la sustancia llamada inositol a partir de la glucosa, y, de esta manera, se altera la capacidad de la neurona de generar segundos mensajeros. Un segundo mensajero (se llama así porque se considera que los neurotransmisores son los primeros) es una molécula creada en el citoplasma (dentro de la célula) de la neurona que recibe el impulso nervioso, y que la puede influir de muchas maneras como, por ejemplo, entrando en su núcleo y alterando su expresión genética, o alterando su proceso metabólico, o induciendo un impulso nervioso. Así pues, el litio afecta a la biosíntesis de segundos mensajeros y con ellos a la neurotransmisión.

La administración de litio requiere un estudio completo físico y analítico antes del tratamiento. Durante éste, los niveles de esta sustancia deben monitorizarse cuidadosamente una vez a la semana durante el primer mes de tratamiento y cada 15 días durante los dos meses siguientes. Luego la frecuencia de monitorización será la que el psiquiatra aconseje.

La mayor parte de los pacientes suelen presentar efectos secundarios ligeros, aunque esta sustancia puede producirlos también severos e incluso muy graves. Entre los efectos adversos más comunes están la sed, el aumento de la orina, temblores, ganancia de peso, letargia y mareos. Entre los efectos severos se encuentran las molestias gastrointestinales persistentes, anorexia, convulsiones, hipotensión, convul-

siones e incluso estados de coma. Estos últimos suelen ser consecuencia de una intoxicación por litio, y ésta, a menudo, es consecuencia de una alta concentración en sangre, por efectos de la dosificación. Por esta razón, su administración requiere que sea controlada y monitorizada cuidadosamente por el médico.

El litio no se debe tomar con dietas bajas en sodio (sal), pues cuanto menos sodio más litio y viceversa. El consumo de antiácidos como el bicarbonato o las sales de fruta aumentan su eliminación, así como muchos antiinflamatorios.

## Indicaciones

SU MAYOR efectividad se encuentra en el tratamiento de los trastornos bipolares, tanto en los episodios agudos de manía como para la prevención de éstos. Se estima que es muy beneficioso en aproximadamente el 80% de los pacientes.

### Episodios de manía

EN GENERAL, su efecto terapéutico aparece a los diez o 14 días después de su administración y una mejoría completa puede tardar hasta cuatro semanas. En casos severos se suele utilizar antipsicóticos o antidepresivos hasta que empieza el efecto del litio. Puede predecirse una baja respuesta al litio en el tratamiento de un episodio agudo de manía (esto es, pacientes que necesitarán otra medicación suplementaria), en casos mixtos de depresión y manía, en casos con síntomas disfóricos (tristeza y ansiedad relacionadas con la excitabilidad), en cicladores rápidos (personas que hayan tenido más de cuatro episodios al año), y en personas que tengan además otro trastorno mental o médico. El uso de antidepresivos para tratar los episodios depresivos del trastorno bipolar, puede exacerbar los brotes de manía; así, se ha considerado que cuando se utilicen estos fármacos, deben acompañarse de un estabilizador del estado de ánimo. Una vez conseguida la estabilización, existe un alto riesgo de recaídas, por lo que se recomienda la continuación de litio durante bastante tiempo, como medida preventiva. La retirada de la sustancia debe de hacerse de manera pausada y controlada.

El litio como tratamiento preventivo del trastorno bipolar ha demostrado ser muy efectivo, tanto para los episodios de manía como los depresivos.

*Otros usos*

Esta sustancia puede utilizarse también en el tratamiento de psicosis no esquizofrénicas como el trastorno esquizoafectivo o el esquizofreniforme, sobre todo cuando se asocian a trastornos del estado de ánimo, por ejemplo, cuando existe un historial familiar de estos últimos trastornos, o cuando están presentes de manera importante en el transcurso de las psicosis. Parece que es bastante efectivo también en el tratamiento de bulimia; no obstante, el uso inadecuado que estos pacientes hacen de los laxantes y diuréticos puede producir intoxicaciones de litio, por lo que su uso debe prescribirse en pacientes que no responden bien a las sustancias anticonvulsivas. Algunos investigadores han observado que suele ser un tratamiento eficaz en el control de la violencia y de la agresión en pacientes con trastornos de la personalidad antisocial y en niños con desórdenes de la conducta.

## CARBAMACEPINA

Es un anticonvulsivo que tiene una estructura química similar a la del antidepresivo tricíclico imipramina. Suele ser el fármaco de elección en el tratamiento de la epilepsia y del dolor neuropático (nervioso). Varios estudios observaron una mejoría del estado de ánimo en los pacientes epilépticos tratados con esta sustancia, y a partir de los años 70 se empezó a utilizar en el control de los episodios maníacos de los pacientes bipolares, aunque todavía no se sabe si su efectividad es comparable a la del litio. Por otro lado, se cree que los cicladores rápidos son eficaces con los pacientes disfóricos en casos mixtos con depresión y manía presentes, esto es, en pacientes que no responden bien al tratamiento con litio.

### Farmacocinética

Se administra de forma oral y su absorción suele ser lenta y errática (muy dispersa). Tiene una pobre solubilidad en los jugos gastrointestinales y cerca del 20% de la dosis se elimina a través de las heces sin haber sufrido trasformación alguna. Se metaboliza en el hígado, y algunos de sus metabolitos son eficaces anticonvulsivos.

### Farmacodinámica

Tiene dos mecanismos conocidos que son relevantes para sus efectos antiepilépticos. Uno es su unión a los canales de sodio de las neuronas inhibiendo la activación repetitiva de los impulsos nerviosos (después de varios impulsos, estos canales se desactivan). Otro es la inhibición de la despolarización de los terminales neuronales (en respuesta a los impulsos nerviosos), el resultado es una disminución de la entrada de calcio en la neurona y una reducción en la liberación de neurotransmisores. Su función en el tratamiento de trastornos bipolares es, por el momento, desconocida.

Es una sustancia por lo general bien tolerada por los pacientes. La mayoría de los efectos secundarios que puede producir son gastrointestinales, como náuseas y vómitos, o neurológicos, como somnolencia, vértigo o ataxia (alteración del movimiento, de su coordinación y control). Éstos suelen ser consecuencia de un incremento en la dosis demasiado rápido y se pueden evitar aumentando lentamente la cantidad y usando siempre la mínima efectiva. Existen otros efectos muy adversos, como hepatitis, dermatitis exfoliativa, discrasias sanguíneas (como anemia aplática o agranulocitosis, esto es, tóxicos de la sangre), pero son extremadamente raros.

### Indicaciones

LA CARBAMACEPINA es efectiva en el tratamiento de la manía, tanto de los episodios agudos, como tratamiento preventivo, y para aquellos pacientes que no responden bien a la terapia con litio; no obstante, no está claro si es tan efectiva como este último. Es utilizada también en el tratamiento del dolor neuropático y en la epilepsia.

## FÁRMACOS ESTIMULANTES

SON SUSTANCIAS que estimulan el sistema nervioso central, de estructura muy diversa, y que producen una fuerte activación; aumento del rendimiento; apertura emocional y mejora en el estado de ánimo. En un principio fueron utilizados en el tratamiento de la depresión hasta la aparición de los antidepresivos. Sin embargo, dada su capacidad de originar tolerancia y dependencia psicológica, así como su potencial de abuso, hoy en día su prescripción es limitada. Las sustancias que más se utilizan en la clínica son las anfetaminas.

### Farmacocinética

EN GENERAL, las anfetaminas y sus derivados se administran de forma oral, teniendo una buena absorción. Suelen tener una vida media en sangre corta, y por esto se suelen administrar dos o tres veces al día. Se metabolizan en el hígado y gran parte de la dosis se elimina por la orina, sin sufrir alteración alguna. Traspasan la membrana hematoencefálica con facilidad.

### Farmacodinámica

ESTAS SUSTANCIAS actúan liberando noradrenalina, dopamina y serotonina, en vez de funcionar como agonistas de sus receptores (al contrario de la mayoría de las sustancias que actúan uniéndose a los receptores). Además, actúan bloqueando la recaptación de noradrenalina y de dopamina, e inhiben, de manera ligera, la acción de la monoamina oxidasa, lo que prolonga y aumenta los efectos de los neurotransmisores que liberan.

La liberación de los neurotransmisores en el sistema reticular (en el tronco del encéfalo) es lo que probablemente aumenta el estado de alerta, mientras su acción en el hipotálamo sería la causante de su efecto de reducción del apetito. La liberación de dopamina en el área límbica del cerebro anterior y del estriado se relaciona con los efectos estimulantes de la locomoción y la sensación de euforia, su acción en el sistema nervioso simpático, que rige las funciones vegetativas o autónomas o involuntarias relacionadas con la activación, como el aumento del ritmo cardiaco, reducción de la saliva, dilatación de los bronquios, etc., se debe a la noradrenalina.

Puede producir varios efectos secundarios que incluyen anorexia, insomnio, alteraciones en la activación (bienestar sobreestimulado y ansioso o bienestar letárgico), en el estado de ánimo (muy eufórico o muy sensible), taquicardia, dolores de cabeza y abdominales. Su uso crónico puede causar el desarrollo de una psicosis.

## Indicaciones

### Trastorno por déficit de atención con hiperactividad

UNO DE los usos más importantes que tienen la anfetamina y sus derivados es en el tratamiento de este trastorno, con eficacia probada en alrededor del 70 u 80% de los casos. No obstante, la prescripción de estas sustancias suele ser sólo una parte de un tratamiento múltiple en el que también se incluyen diversos tipos de psicoterapia. Esta medicación es eficaz aumentando la atención y reduciendo la impulsividad y la hiperactividad (debido al efecto paradójico que ejercen). También se utilizan en la edad adulta para tratar los síntomas residuales en las personas que padecieron este desorden en la infancia (*véase* capítulo «Trastornos por déficit de atención con hiperactividad»).

### Narcolepsia

SE TRATA de un desorden del sueño que produce excesiva somnolencia diurna acompañada de ataques de sueño irresistibles de corta duración, que se producen en cualquier momento (haciendo deporte, manteniendo una conversación, comiendo, etc.), cataplejías y parálisis del sueño (*véase* capítulo «Trastornos del sueño»). En general, se prescriben estas sustancias para evitar el sueño diurno con bastante eficacia y antidepresivos inhibidores de la monoamina oxidasa para reducir los ataques. La cataplejía responde mejor a los tricíclicos.

### Otros usos

PARECE QUE los pacientes deprimidos que responden mal al tratamiento sólo con antidepresivos tricíclicos muestran mejoría cuando la terapia se acompaña de estimulantes. En otras ocasiones se han añadido a los inhibidores de la recaptación de serotonina, aumentando la respuesta a éstos y eliminando la fatiga y la apatía que en ocasiones producen. Otras veces se usan para reducir la excesiva sedación de pacientes (entre ellos los terminales), que requieren grandes dosis de narcóticos para apaciguar sus dolores.

# Terapias físicas

Por lo general, casi todos los tratamientos que existen para la psicopatología pertenecen a una corriente o paradigma psicológico que proporciona los supuestos básicos sobre cómo conceptuar, estudiar e interpretar los datos sobre el comportamiento anormal; una base teórica sobre la causa de los mismos; y el desarrollo de un tratamiento acorde con la teoría sobre el origen de sus causas.

Las terapias de las que tratará este capítulo, la **terapia electroconvulsiva** (o electrochoque) y la **psicocirugía,** pueden incluirse dentro del paradigma biológico o modelo médico de la psicopatología, que asume que los desórdenes mentales son causados por procesos biológicos, somáticos o corporales que son disfuncionales o anómalos. Esto implica que la prevención o tratamiento de los mismos debería ser posible alterando o subsanando algunas de estas anomalías.

## TERAPIA ELECTROCONVULSIVA

En la década de los años 20 existía una teoría llamada de la exclusión, que afirmaba que la esquizofrenia y la epilepsia eran dos enfermedades incompatibles entre sí, es decir, que si una de las dos estaba presente en una persona, la otra no podía ocurrir. Estas ideas dominaban la investigación y los tratamientos, hasta el punto de llegar a realizar transfusiones de sangre de personas epilépticas en pacientes esquizofrénicos, en un intento de sanarles.

Ya a finales de los años 30, un psiquiatra norteamericano, el doctor Manfred Sakel, desarrolló el llamado método Sakel, que consistía en inducir ataques similares a los epilépticos en pacientes esquizofrénicos, inyectándoles insulina hasta provocarles un coma hipoglucémico. Después de cada coma se producían los ataques. En 1938, dos médicos italianos, el Dr. Cerletti y el Dr. Bini, fueron los primeros en administrar un *shock* eléctrico a un paciente. Más tarde, a partir de los años 40, esta terapia empezó a ser muy utilizada en EE. UU., hasta la aparición del primer antipsicótico (la clorpromacina en 1952) y del primer antidepresivo (la imipramina en 1957). Hasta ese momento, la terapia electroconvulsiva era el único método eficaz en psiquiatría, aunque, irónicamente, se descubrió que era mucho más eficaz en el tratamiento de la depresión que en la esquizofrenia.

## PROCEDIMIENTO

EL PACIENTE debe estar tumbado cómodamente en una cama, con sus ropas sueltas, descalzo y sin dentadura postiza en caso de tener. Antes de comenzar se le administra una dosis de atropina (alcaloide que se obtiene de la belladona, planta medicinal) o de cualquier otra sustancia similar, a modo de preanestesia, y por sus efectos de secar la boca y las secreciones bronquiales. Después, se le administra un anestésico rápido junto con un relajante muscular. Una vez preparado se le aplica un choque eléctrico de entre 70 a 150 voltios por un periodo de tiempo, por lo general, no superior al segundo.

Hay dos técnicas de aplicación, una **bilateral**, esto es, colocando los electrodos por donde pasa la electricidad en ambas sienes; y otra **unilateral**, con el electrodo en la sien del hemisferio no dominante (el derecho en la mayoría de las personas). Algunos terapeutas creen que para los casos donde la depresión es muy severa, el modo bilateral es más eficaz, pues actúa más rápido y se necesitan menos sesiones para producir una recuperación. Sin embargo, se cree que la aplicación unilateral, pese a ser menos eficaz, produce menos efectos secundarios (*véase* posteriormente).

El tratamiento típico suele constar de entre dos y tres sesiones semanales durante tres o cuatro semanas. No obstante, existen tratamientos de mantenimiento o prevención de recaídas para depresiones graves, que pueden durar entre seis y siete meses, al principio con sesiones semanales, después quincenales, y al final, mensuales.

## TERAPIA POLÉMICA

ESTA TERAPIA, junto con la psicocirugía, es una de las más polémicas que existen. Muchas asociaciones norteamericanas y británicas piden su abolición por razones éticas, entre ellas, alegan que su mecanismo de acción todavía es desconocido, es decir, no se sabe muy bien qué hace en el cerebro, y muchos se plantean siquiera si funciona, o si bien es una especie de castigo que dejaría tranquilo, no sólo a un paciente, sino a cualquiera que se sometiera a ella.

Varios estudios observaron que esta terapia era significativamente más eficaz que un placebo. Placebo es la administración de un tratamiento inocuo a los pacientes sin que ellos lo sepan, y en el que, por lo general, los médicos tampoco saben que lo están administrando. En psicofarmacología (y en medicina), para saber si un medicamento funciona de verdad y no por las expectativas del paciente y del médico en una curación, debe administrase la sustancia o el método placebo a un grupo de pacientes, mientras otro se somete al tratamiento verdadero. Ningún grupo, y a menudo tampoco los médicos que lo administran, saben cuál es el tratamiento placebo y cuál no (sólo los investigadores externos, por supuesto).

Por otro lado, el argumento del desconocimiento sobre su manera de funcionar no constituye una razón para no usarla, pues muchos tratamientos farmacológicos se encuentran en la misma situación y se utilizan por su gran eficacia (por ejemplo, la aspirina para quitar el dolor de cabeza).

También se ha observado que, comparándola con el tratamiento a base de antidepresivos, ambos son de eficacia similar e incluso que el *electroshock* es algo mejor.

## MECANISMO DE ACTUACIÓN

POR EL momento no existen certezas sobre cómo funciona exactamente, aunque parece que produce varios cambios bioquímicos en el cerebro. Entre ellos, parece que alteran los receptores de noradrenalina y los muscarínicos (bloqueándolos) y los de serotonina (estimulándolos). Asimismo, parece que facilitan la neurotransmisión de dopamina y de endorfinas, sustancias opiáceas naturales, de manera más amplia (por más zonas cerebrales) que los antidepresivos, y facilitan la concentración de segundos mensajeros, que son moléculas creadas en el citoplasma (dentro de la célula) de la neurona que reciben el impulso nervioso y que pueden influirla de muchas maneras como, por ejemplo, entrando en su núcleo y alterando su expresión genética, o alterando su proceso metabólico, o induciendo un impulso nervioso (se llama segundo mensajero porque se considera que los neurotransmisores son los primeros).

## INDICACIONES

ESTA TERAPIA resulta muy efectiva en los casos de depresión o manía graves y se utiliza en pacientes que no han respondido a la medicación y cuyos síntomas pueden llegar a ser peligrosos tanto para el pa-ciente como para los que le rodean (ideación suicida, violencia, etc.).

## Depresión

COMO HEMOS visto, esta terapia se reserva para los casos muy graves de depresión, donde se necesite una respuesta rápida, y para aquellos pacientes que no responden bien a ningún tratamiento antidepresivo, ya sea farmacológico o psicoterapéutico. En general, produce una mejor respuesta, y más segura es ésta, cuanto más grave sea el cuadro. Se estima que es eficaz en aproximadamente el 80% de los pacientes. Los casos más indicados para seguir esta terapia son las depresiones psicóticas, las que presentan síntomas de agitación o inhibición extremas, alto riesgo de suicidio y las pseudodemencias; y aquellos otros casos en los que la administración de antidepresivos está contraindicada. Por ejemplo, en mujeres embarazadas con depresión grave, en pacientes con otras enfermedades médicas con intolerancia a los compuestos antidepresivos, o con intolerancia a sus efectos secundarios, etc.

## Manía

EN LOS episodios de manía aguda de los trastornos bipolares, muestra una eficacia similar a la de los antipsicóticos o la del litio. Como ya vimos en el capítulo «Las terapias farmacológicas», estos pacientes tienen una vulnerabilidad especial a desarrollar brotes agudos de manía durante el tratamiento con antidepresivos. Por esto, y como a menudo los pacientes bipolares necesitan tratarse episodios depresivos, esta terapia puede ser una alternativa a los medicamentos. Los síntomas de agitación suelen ser un indicador de buena respuesta terapéutica, mientras que los síntomas paranoides y la irritabilidad se asocian con peores resultados. Al igual que con la depresión, esta terapia se recomienda en los casos urgentes que precisen una intervención rápida, en los pacientes que no han respondido al tratamiento farmacológico o en aquéllos en los que éstos sean contraproducentes.

### Esquizofrenia

PESE A que éste no es el tratamiento más eficaz, a menudo es beneficioso en cuadros esquizofrénicos con síntomas afectivos, como en el trastorno esquizoafectivo o en la esquizofrenia con depresión como síntoma secundario. Suelen predecir buena respuesta al tratamiento los síntomas de agitación, el pensamiento desorganizado y la escasa respuesta previa a la terapia farmacológica. Cuando esta enfermedad es crónica, su eficacia es casi nula. El predominio de síntomas negativos suele indicar una pobre respuesta al tratamiento.

### Otros trastornos

ESTA TERAPIA se puede aplicar en otros casos pero sólo cuando otros tratamientos han fallado. Entre ellos se dan ciertos casos de delirium; estados catatónicos (extrema rigidez, con dificultad en todo tipo de movimientos, incluido el tragar) que se pueden producir tras ciertas intervenciones quirúrgicas como transplantes de órganos, o por algunas enfermedades como las fiebres tifoideas; en casos de discinesia (o disquinesia) tardía, que es un trastorno caracterizado por movimientos involuntarios, estereotipados y rítmicos, en la parte superior del cuerpo, en los dedos, en el cuello, cara, boca y lengua; en casos de retraso mental que se acompaña de autolesiones; en las depresiones debidas a la enfermedad de Parkinson; y en algunas psicosis, entre las que se ha comprobado que es una terapia muy eficaz en las producidas por anfetaminas o por alucinógenos.

## EFECTOS SECUNDARIOS ADVERSOS

LAS DESCARGAS eléctricas en el cerebro también producen descargas en las neuronas similares a las que ocurren en la epilepsia, y al igual que en ésta, se originan convulsiones y pérdida de la conciencia. Una consecuencia de esto es una alteración de la memoria, de duración relativa, que incluye amnesia retrógrada, esto es, pérdida de la memoria para hechos pasados; y amnesia anterógrada, o pérdida de la capacidad de recordar lo nuevo, de aprender. Por lo general, el paciente suele quedarse confuso alrededor de 30 ó 40 minutos después de haber recibido el tratamiento y va recuperando su memoria de manera gradual. No obstante, puede mantener cierta pérdida de memoria durante algunas semanas.

Si la corriente se le ha aplicado de manera bilateral, los problemas cognitivos suelen durar algo más de tiempo y ser algo más severos. El procedimiento unilateral se propuso como alternativa para reducir estos problemas de memoria, aplicando la corriente al hemisferio no dominante para el lenguaje, que en la mayoría de las personas es el derecho.

Otros efectos secundarios que puede producir son convulsiones prolongadas, esto es, contracciones involuntarias de un músculo o grupo de músculos de mucho más de 25 segundos, pues este tiempo es el considerado normal para una convulsión; arritmias; estados de confusión; daños cerebrales permanentes y, en algunas ocasiones, euforia y gran excitación.

## PSICOCIRUGÍA

LA PSICOCIRUGÍA consiste en el tratamiento de algunos desórdenes mentales mediante la destrucción de tejido cerebral en ciertas zonas. Uno de los padres de esta técnica fue Egas Moniz, un neurólogo portugués al que le impresionó sobremanera los efectos tranquilizadores que se producían en los monos a los que se les habían practicado lesiones en los lóbulos frontales. Moniz desarrolló el procedimiento quirúrgico conocido como **lobotomía** (esto es, la ablación de las conexiones entre los lóbulos frontales y el resto del cerebro, también llamada lobectomía y leucotomía), y en 1949 recibió el premio Nobel por esto.

Una variación al método de Moniz fue desarrollada por el norteamericano Walter Freeman, y consistía en un procedimiento transorbital, es decir, se introducía un finísimo bisturí por debajo del párpado superior del ojo, hasta alcanzar la zona deseada del lóbulo frontal. Desde que practicó su primera intervención a un paciente esquizofrénico en 1936, se han practicado más de 50.000 lobotomías sólo en EE. UU.

Sin embargo, uno de los mayores problemas de estas técnicas era el desarrollo del llamado **síndrome del lóbulo frontal**, que se caracteriza por apatía, letargia, falta de iniciativa e incapacidad para llevar a cabo tareas, deterioro intelectual, agresivi-

dad y severos cambios en la personalidad. Esta razón hizo que se estudiara más profundamente esta zona del cerebro, a la que llegaron a llamar la zona muda, pues se pensaba que, en comparación de los lóbulos restantes, no cumplía ninguna función vital (en los seres humanos, es hoy reconocida como una zona fundamental, cuyo desarrollo y las funciones que desempeña son lo que nos distingue de los animales, es decir, somos animales racionales, en gran parte, por las funciones únicas de este lóbulo).

Así, poco a poco, la importancia de los lóbulos frontales en la conducta, en el razonamiento, en la planificación y en otras muchas funciones cognitivas fundamentales, y sus complejas conexiones con otras zonas del cerebro como el hipotálamo que controla la ingesta de alimento y agua, la sexualidad y la temperatura; la corteza temporal que procesa la información auditiva y visual, así como las emociones; el hipocampo básico para el registro de memorias; la amígdala asociada con las emociones y la motivación y los cuerpos mamilares también relacionados con la memoria, quedó mucho más clara. Por tanto, fue necesario el desarrollo de técnicas mucho más selectivas y precisas, para operar en la zona exacta y la cantidad exacta de tejido.

## PROCEDIMIENTO

ENTRE LOS años 60 y 70 se desarrolló la cirugía **estereotáctica**, que consiste en utilizar coordenadas tridimensionales para localizar de manera precisa áreas o núcleos concretos en el cerebro, siguiendo una serie de planos y ejes. Una vez localizado el sitio, se introduce en el interior del cerebro, a través de pequeñas perforaciones en el cráneo, un electrodo para producir la lesión.

Mediante la localización exacta por las puntas de los electrodos, lo que es posible gracias a mapas cerebrales, se pueden desconectar diversas áreas, por ejemplo, a través de la electrocoagulación, o lesiones criogénicas. Las zonas a las que se aplican estos métodos, para tratar los desórdenes mentales, suelen ser las del sistema límbico. En éste se incluye el giro del cíngulo, el hipocampo, la amígdala y el hipotálamo entre otras, y se cree que forman circuitos y conexiones que codifican las emociones y las motivaciones de la conducta.

## INDICACIONES

EN EL tratamiento de las enfermedades mentales, este método sólo ha de utilizarse cuando éstas presentan gravedad extrema, y cuando los pacientes no han respondido a ningún otro método terapéutico, ya sea la terapia farmacológica, las psicoterapias o la terapia electroconvulsiva.

La depresión mayor y el trastorno obsesivo-compulsivo graves son dos de los desórdenes en los que parece que mejor funciona esta técnica. Los trastornos de ansiedad (generalizada, fobias, pánico, etc.) suelen presentar resultados menos favorables. En la esquizofrenia, dada la falta de eficacia demostrable, ya no se utiliza, prefiriéndose siempre otros procedimientos terapéuticos, sobre todo, los farmacológicos. Por otro lado, la técnica parece bastante eficaz en el tratamiento de los trastornos de conducta, especialmente en la agresividad, violencia e inquietud psicomotora. No obstante, su utilización en los pacientes violentos es considerada inaceptable por gran parte de la sociedad, ya que, en esas circunstancias, surge la duda de si se está tratando una enfermedad o si simplemente se está castigando a la persona. También les parece a muchos que, más que la curación de un desorden, es una manera de conseguir un comportamiento dócil para su integración en sociedad y aquí incluyen a muchos pacientes psicóticos.

## TIPOS DE CIRUGÍA

### Capsulotomía

LA CÁPSULA interna es una capa masiva de fibras que separa ciertas estructuras cerebrales, el núcleo caudado y el tálamo de la parte más externa del grupo que forman el globo pálido y el putamen (estructuras pertenecientes a los ganglios basales). Está formada por múltiples haces de fibras que conectan la corteza cerebral con el tronco del encéfalo y la médula espinal. Con la capsulotomía, se producen lesiones bilaterales (a ambos lados) que interrumpen las fibras conectando la corteza frontal (del lóbulo frontal) y el tálamo. Parece que esta técnica es eficaz en el tratamiento del trastorno obsesivo-compulsivo muy grave. Aunque hoy en día se han reducido al máximo los efectos secundarios, cuando se empezó a utilizar se describieron cambios en la personalidad de los pacientes, caracterizados por la desinhibición de la conducta, como sexualidad excesiva, adicciones y robos. En la actualidad, parece que los efectos secundarios son un periodo breve de confusión, pérdida ocasional del control de la micción (de orinar), cansancio y cierta pérdida de la iniciativa de duración variable.

## Cingulotomía

EL GIRO cingulado es una doblez o una convolución cerebral (una de las arrugas típicas del cerebro) que se sitúa en la superficie interna de cada hemisferio y es de considerable longitud (esto es, toca varias áreas). Forma parte del sistema límbico y participa en los circuitos que codifican funciones relacionadas con la emoción y la motivación. La cingulotomía consiste en producir lesiones estereotácticas en ciertas partes del cíngulo. Suele tener pocos efectos secundarios, aparece una ligera confusión y los déficit afectivos suelen ser menos frecuentes y severos que con una capsulotomía. Parece que esta técnica es más eficaz en los pacientes depresivos y en los ansiosos.

## Tractotomía subcaudada

EL NÚCLEO caudado forma parte de los ganglios basales y se conecta con el lóbulo temporal y con otras estructuras cerebrales. Esta técnica consiste en la inserción de varillas radioactivas de ytrio que destruyen las vías frontales (que van y vienen de los lóbulos frontales) que se sitúan debajo y delante del núcleo caudado. Parece que es efectiva en las depresiones mayores crónicas y recurrentes. De la misma manera, parece que presenta pocos efectos secundarios, entre ellos un estado de confusión, y de forma ocasional, epilepsia.

## Amigdalectomía e hipotalamotomía

LA AMÍGDALA está asociada con las emociones y la motivación, y el hipotálamo con el control de la ingesta de alimento y agua, la sexualidad y la temperatura, y, en última instancia, intervienen en la motivación de la conducta. Suelen realizarse lesiones bilaterales en estas estructuras, destruyendo los circuitos neuronales que las conectan. Ambas técnicas parecen efectivas en la agresividad, la inquietud y la violencia, intratables por otros medios. En algunas ocasiones, la respuesta terapéutica puede aparecer al cabo de algunas semanas, después de la intervención.

## Conclusiones

CON EL paso de los años, el empleo de la psicocirugía ha descendido de manera notable, especialmente, tras la aparición y la gran eficacia de los medicamentos alternativos a estas técnicas. Los trabajos realizados hasta ahora no pueden responder enteramente a la efectividad de las técnicas, no hay estudios controlados adecuados, no hay datos experimentales seguros y existe una gran variedad de defectos técnicos y metodológicos a la hora de diseñar su investigación. No obstante, y sólo por su eficacia en algunos casos, el procedimiento quirúrgico ha de aplicarse, como última opción, a los pacientes muy graves con los que cualquier otro método terapéutico ha fallado.

# Terapias psicoanalíticas

El psicoanálisis o el análisis de la psique (mente, alma, etc.) comprende una serie de teorías sobre el comportamiento humano y una serie de técnicas terapéuticas para explorar las motivaciones más profundas de éste. Estas teorías están relacionadas, o han derivado de un modo u otro de los trabajos de Sigmund Freud, que fue el fundador de esta corriente de pensamiento.

En este capítulo hablaremos de la **teoría psicoanalítica clásica** de Freud, y de las distintas perspectivas que surgieron más tarde en base a ésta. Así, veremos el trabajo de Carl Gustav Jung, y el de Sandor Ferenczi considerados **neofreudianos**, el de Melanie Klein, perteneciente a la llamada **tradición psicoanalítica del yo**, y por último, el importante trabajo de Jaques Lacan.

## PSICOANÁLISIS CLÁSICO

LA OBRA y el pensamiento de Freud han originado grandes cambios en las ideas y en los valores de la sociedad occidental, cambios en el individuo y en su concepto de sí mismo y de los demás, en los movimientos sociales, en la concepción del arte y la expresión artística, etc. Freud no pretendía que el psicoanálisis fuera sólo una corriente terapéutica, su objetivo era mucho más amplio; para él:

*«el **psicoanálisis** es el nombre de:*

*1º. Un método para la investigación de procesos psíquicos inaccesibles de otro modo.*
*2º. Un método terapéutico de perturbaciones neuróticas basado en tal investigación, y*
*3ª. Una serie de conocimientos psicológicos así adquiridos, que van constituyendo paulatinamente una nueva disciplina científica»*
(Sigmund Freud- 1922)

## INTRODUCCIÓN HISTÓRICA

EN LOS años 1880 y 1881, el doctor vienés Joseph Breuer (precursor en la aplicación de la hipnosis) atendió a una paciente que había enfermado gravemente de histeria tras haber cuidado a su padre durante una larga y penosa dolencia. La histeria es un trastorno con síntomas psíquicos y corporales que no tienen una causa física comprobable, es decir, tiene un origen psicológico. Entre los síntomas más habituales están las convulsiones, la rigidez de alguna extremidad, desmayos, parálisis, tics, y alteraciones de la visión y del lenguaje. A petición de la muchacha, J. Breuer la sometió a sesiones hipnóticas y comprobó que las parálisis motoras, las inhibiciones y los trastornos de la conciencia desaparecían y ella volvía al estado psíquico normal. Breuer no volvió a utilizar el procedimiento hipnótico hasta que Freud, de vuelta a Viena, en 1886, tras una estancia en París donde había estudiado con Jean M. Charcot, le convenció para volver al tema y colaborar con él.

J. Charcot, que investigaba la relación entre histeria e hipnosis, observó en sus estudios que los síntomas histéricos se podían provocar a través de ésta, y concluyó que estos síntomas se adquirían en estados anímicos excepcionales parecidos a la hipnosis, y sobre todo, a consecuencia de experiencias traumáticas.

Así pues, de las investigaciones conjuntas de Breuer, Charcot y Freud se desprendió que los síntomas histéricos entrañaban (o tenían) un sentido y una significación y eran sustitutivos de actos psíquicos normales. El descubrimiento de los síntomas coincidía con la desaparición de los mismos. Es decir, cuando se hipnotizaba a los pacientes, éstos podían recordar y revivir como si fueran actuales las escenas traumáticas que habían experimentado. Cuando despertaban se observaba que el síntoma desaparecía. A este proceso de liberación de la tensión y de

la ansiedad como resultado de hacer conscientes (revivir) las ideas, los sentimientos, los deseos y las memorias reprimidas del pasado, se le llamo **catarsis** (palabra proveniente del griego que significa «purificación, purga»).

Sin embargo, Freud observó el lado débil del procedimiento catártico. La desaparición de los síntomas iba en paralelo a la catarsis, pero el resultado definitivo se mostraba absolutamente dependiente de la relación del paciente con el médico, como fruto de la sugestión que este último ejercía. Cuando la relación entre ambos se rompía emergían de nuevo todos los síntomas, y por tanto, se podía también concluir que la causa principal de la enfermedad no había sido atacada. De la misma manera, había muchos pacientes a los que era extremadamente difícil hipnotizar.

Freud finalmente decidió prescindir del hipnotismo, si bien extrajo del periodo en que lo utilizó los métodos para sustituirlo. En un principio intentó aplicar una técnica hasta cierto punto relacionada, que consistía en la intensa concentración del paciente en sus vivencias reprimidas del pasado mientras le presionaba la frente con sus manos. Sin embargo, fue el trabajo con dos pacientes femeninas, Berta von Pappenheim (paciente de Breuer) y Fanny Mosser (paciente de Freud) el que le daría la clave. Estas mujeres pidieron que simplemente se las dejara hablar y que se las escuchara, sin hipnosis, ni preguntas que las desviaran del tema que las preocupaba, de este modo, la «cura por la palabra» y la clínica de la «escucha» empezaron a tomar forma.

De estos trabajos, Freud desarrolla el método de la **asociación libre**, que consiste en dejar a los pacientes decir todo cuanto se les ocurre, sin evitar ningún pensamiento, y sin censuras ni opiniones por parte del terapeuta. Lo aparentemente olvidado, lo que creemos que ya no podremos recordar, podía volver a la conciencia si se vencían los obstáculos que el propio paciente ponía (resistencias).

## CONCEPTOS CLAVES DEL PSICOANÁLISIS

### CONCEPTOS TEÓRICOS

#### Estructura de la mente

FREUD OBSERVÓ que existen aspectos de nuestra conducta de los cuales no somos del todo conscientes, y concibió que la vida psíquica, esto es, nuestros pensamientos, ideas, memorias, etc., opera a tres niveles distintos: a nivel inconsciente, a nivel preconsciente y a nivel consciente. Estos niveles se refieren al grado de accesibilidad, o a cómo de accesibles son para el sujeto estos pensamientos, etc.

- *El consciente:* es de lo que nos damos cuenta, lo que percibimos y registramos, en un momento dado. Representa la punta de un iceberg, pues la mayor parte de nuestros pensamientos e ideas, son preconscientes o inconscientes.
- *El preconsciente:* se refiere a los fenómenos mentales que no son accesibles a la conciencia en ese momento a no ser que les prestemos atención.
- *El inconsciente:* son aquellos fenómenos mentales de los que no nos damos cuenta y son completamente inaccesibles a la conciencia excepto en determinadas circunstancias.

Freud no fue el primero en hablar del inconsciente pero sí fue el primero en explorar al detalle sus cualidades y la importancia que tiene en la vida diaria. Sus contenidos se pueden observar en forma de síntomas de enfermedad, de **actos fallidos** (que son la realización errónea de actos que la persona suele ejecutar correctamente, como por ejemplo, olvidarse momentáneamente de cosas que se saben perfectamente, olvidarse de objetos que se dejan en cualquier parte, decir una palabra por otra «lapsos», no acordarse de hacer algo, etc.); a través de los sueños; de la creación artística; y además, son el fundamento del chiste, por que una idea reprimida encuentra su expresión atenuada a través de la risa.

Este inconsciente cuya localización es desconocida, es, entre otros contenidos, la sede de las **pulsiones**, que se pueden entender como las tendencias surgidas a consecuencia de necesidades vitales, y posee una cualidad de vida psíquica en la que nada es imposible, no se contempla ni la lógica, ni el tiempo, ni el espacio. En un principio, Freud lo considera una parte del aparato psíquico, las otras partes serían el preconsciente y la conciencia.

Es importante conocer estas partes del psiquismo porque uno de los objetivos principales de la técnica psicoanalítica sería forzar el paso de ese desconocido inconsciente, a través del preconsciente, hasta la conciencia.

#### Interpretación de los sueños

UN TEMA que suscitó gran interés tanto entre profesionales, como entre simples profanos, fue el de la interpretación de los sueños. Para Freud, estos constituían la «vía regia» hacia el inconsciente. Incluye su desciframiento en la terapia analítica, estableciendo sus contenidos latentes y hallando el núcleo del sueño. Afirma que, en la mayoría de los casos suponen una realización de deseos inconscientes que, mediante el desplazamiento y la condensación, aluden a situaciones vitales del individuo.

El desplazamiento consiste en colocar el escenario del sueño en un lugar diferente del que le correspondería. Es decir, es una censura del sueño, sustituye una imagen que representaría directamente el pensamiento del sueño por una imagen que lo representa indirectamente o lo alude; la condensación consiste en fundir en un solo objeto cualidades de otro u otros, con el fin de distorsionar el propio deseo evitando la censura de ese contenido por parte de la conciencia.

En la actualidad el análisis clínico de los sueños ya no se efectúa de la manera minuciosa y exhaustiva como lo hacía Freud. El desciframiento de los contenidos cedió su lugar al interés por comprender sus elementos en conjunto, identificar el escenario del sueño y los personajes que en él se desenvuelven. Adquiere en la clínica un valor intrínseco como expresión de las experiencias emocionales que determinan la totalidad de la situación vital del individuo.

## Revisión de la estructura de la mente

AÑOS MÁS tarde, desarrolla una segunda teoría del aparato psíquico (estructura de la mente), donde coloca al inconsciente en unos dinamismos diferentes. En esta segunda teoría las partes son nombradas como **yo**, **ello** y **superyó**, que se refieren a los diferentes aspectos del funcionamiento de la psique humana.

### El ello

CONSTITUYE EL polo pulsional de la personalidad. Freud concibe al organismo humano como un complejo sistema de energía. La energía psíquica es el tipo de energía necesaria para que el aparato psíquico funcione, y su fuente es el ello. Éste responde directamente a las necesidades vitales (por ejemplo, biológicas de comida, de calor, de sexo, etc.) del organismo y a las pulsiones que crean tensión y presionan para ser satisfechas. Como está más en contacto con el cuerpo que con el mundo exterior, y como su único objetivo es la liberación inmediata de la energía acumulada y la reducción al mínimo de la tensión, funciona de acuerdo con el **principio del placer**, que es la gratificación de todos los deseos y la evitación del dolor.

Por estas razones, se considera al ello como la parte infantil de nuestra personalidad, no tolera la frustración, no tiene inhibiciones, no le importa la realidad, ni los valores morales, ni los éticos, y busca la satisfacción a través de la acción o imaginando que tiene lo que quiere. Es como un niño malcriado, quiere lo que quiere cuando lo quiere. Sus contenidos son inconscientes, en parte hereditarios e innatos, en parte adquiridos y reprimidos.

Freud considera que, al principio, la fuente de toda la energía del ello es biológica. Sólo más tarde, a medida que el niño se desarrolla, esta energía, que llamó **libido**, se convierte en energía psíquica, toda ella inconsciente.

### El superyó

ES LA parte del aparato psíquico cuya función es comparable a la de un juez o censor con respecto al yo. Contiene los ideales por los cuales luchamos y los castigos que esperamos cuando violamos nuestro código ético. Esta estructura controla nuestra conducta de acuerdo con las normas de la sociedad, esto es, las paternas. Consta de dos componentes: el ideal del yo que proporciona recompensas como el orgullo o el amor a uno mismo, cuando nos «portamos bien» (esto es, de acuerdo a las reglas); y la conciencia, que nos castiga con sentimientos de culpa, de inferioridad, o provocando accidentes, cuando nos «portamos mal». El superyó puede funcionar a un nivel primitivo, siendo relativamente incapaz de escrutar la realidad, es decir, de modificar su acción dependiendo de las circunstancias. En estos casos, la persona no distingue entre el pensamiento y la acción, sintiéndose culpable tanto por uno como por otro. Un superyó muy rígido persigue la perfección. Freud considera la conciencia moral, la autoobservación y la formación de ideales como funciones del superyó. Funciona como ley y como guía. Puede ser cruel, tiránico para el yo, aunque también puede ser flexible y comprensivo.

### El yo

EL YO, que es la tercera parte del aparato psíquico (en esta segunda teoría) se encuentra en la difícil tarea de mediar entre la fuerza de la pulsión, que tiende a su satisfacción (el ello), y la fuerza censuradora o represiva del superyó que busca la perfección en su función de conciencia moral. Así, la función del yo es expresar y satisfacer los deseos del ello de acuerdo con la realidad y con las demandas del superyó. Por tanto adecúa su conducta a, o

se rige de acuerdo con, el **principio de realidad**: la gratificación de los instintos se retrasa hasta el momento en que la mayor parte del placer se puede obtener con el mínimo dolor o las menores consecuencias negativas posibles; o, por otro lado, se reprimen siempre. De esta manera, la energía del ello puede ser bloqueada, reconducida o liberada gradualmente, según sean las demandas de la realidad y la conciencia. El yo puede separar realidad de fantasía, puede tolerar tensión y compromiso. Es una estructura lógica, racional, tolerante, ejecutor de acción, pero, aunque podría creerse que es actor y protagonista de la conducta, su autonomía es relativa.

Freud concibió la conducta humana como el resultado de la compleja interacción de las tres partes del aparato psíquico, cada una luchando por la satisfacción de sus demandas que no siempre son reconciliables. Esta interacción recibe el nombre de **psicodinámica** (las teorías que se basan en el psicoanálisis son a menudo llamadas así).

### Pulsiones de vida y muerte

PULSIÓN ES para Freud un empuje energético que hace tender al organismo hacia un fin, esto es, una tendencia instintiva que empuja a realizar o rehuir ciertos actos. Una pulsión tiene su fuente en un estado de excitación (tensión) corporal (como el hambre, la sed, la gratificación sexual, etc.), que se vive como displacer; su fin es suprimir ese estado de tensión, o sea, obtener placer, y tiende a un **objeto** donde la pulsión puede ser satisfecha. Dicho de otro modo, la pulsión es la fuerza supuesta que existe detrás de las tensiones inherentes a las necesidades del organismo. La pulsión provoca el buscar ciertos fines por medio de ciertos objetos.

**Objeto** es aquella referencia personal o de otro tipo, al que tiende el sujeto para alcanzar el fin de la tensión pulsional. Ejemplos de lo anterior serían: en la sexualidad, la relación con la persona amada; en la pulsión del saber, el conocimiento; y en las pulsiones de auto conservación, el alimento.

En su primera teoría psicoanalítica, Freud consideraba que existían las pulsiones de autoconservación del organismo, y las pulsiones sexuales, que eran las tendencias para la conservación de la especie. Más adelante, en su segunda teoría, redefine los dos grupos fundamentales, que engloban todas las pulsiones de la persona, en:

- Pulsiones de vida (eros), donde se incluyen las pulsiones de autoconservación y las sexuales, que son las fundamentales en el hombre. Su finalidad es el desarrollo y la conservación de la vida tanto en el individuo como en la sociedad. Su energía es la libido.
- Pulsiones de muerte (tánatos), opuestas a las de vida. Su objetivo es la destrucción y la disolución de la vida (la resolución total de todas las pulsiones). Se manifiestan en forma de agresión contra otras personas o contra uno mismo. Es un concepto muy controvertido entre los psicoanalistas actuales, y a menudo se prefiere hablar de la pulsión de agresión.
- Las pulsiones de vida y las de muerte se consideran parte del ello.

De acuerdo con la teoría, las pulsiones buscan la inmediata reducción de la tensión que las origina, buscan ser satisfechas. Es importante no confundir el término no instinto con el de pulsión. Pese a ser conceptos similares, ante un instinto como el hambre, un animal busca su inmediata satisfacción comiendo. En un humano, es una pulsión que orienta al organismo hacia la comida, por ejemplo, entrando en un restaurante, yendo al mercado, en el caso de los niños pidiéndosela a los padres, etc.

A diferencia de los animales, los humanos podemos obtener la gratificación de una pulsión de muchas y variadas maneras, así como también retrasar y modificar su satisfacción. El afecto puede ser una expresión modificada de la pulsión sexual y el sarcasmo de la pulsión agresiva. Las pulsiones pueden también combinarse una con otra, por ejemplo, el fútbol puede satisfacer tanto la pulsión sexual como la agresiva, y la cirugía puede verse como una fusión de la pulsión de muerte y la de vida. De igual manera el objeto puede ser cambiado o desplazado, así, el amor hacia la propia madre puede ser desplazado hacia la esposa, hacia los niños, hacia los amigos, etc.

La mayor parte del comportamiento se puede explicar en virtud de estas dos pulsiones, a la interacción entre la búsqueda de la gratificación de una pulsión (poniendo toda la energía psíquica en un objeto) y la inhibición de esta gratificación. Cada conducta tiene parte de ambas.

### Desarrollo psicosexual

ÉSTA ES una de las partes más significativas de la teoría psicoanalítica. Para Freud el desarrollo de la personalidad está fuertemente ligado al desarrollo de la pulsión sexual (libido), que pasa a través de una serie de fases de maduración que están determinadas biológicamente. En distintos momentos del desarrollo, la fuente más importante de excitación corporal (recordemos, fuente de la pulsión) y de la energía libidinosa, se centra en una determinada zona del cuerpo, llamada **zona erógena**, cuya localización cambia durante los primeros años de desarrollo. La primera zona es la boca, la segunda el ano y la tercera los genitales. El crecimiento mental y emocional del niño depende de las interacciones sociales, de las ansiedades y de las gratificaciones que ocurren en relación con estas zonas.

Éste fue uno de los aspectos más radicales de la teoría y que más escándalo provocó en su época (la victoriana): la noción de sexualidad infantil, de que los bebés y los niños tenían experiencias sexuales y eran capaces de sentir placer sexual. Para él, la sexualidad es el deseo de placer físico y sensual de cualquier tipo, no solamente de estimulación genital, y puede ser satisfecha de formas muy variadas.

La sexualidad se ha marcado especialmente como un *Leitmotiv* en la obra y el pensamiento de Freud, por lo que fue muy criticado en determinados círculos, acusándosele de pansexualismo (sobrevaloración de la sexualidad, de que ésta es el desencadenante de todos los hechos humanos). Se puede pensar que esto responde a que, para él, la libido (energía pulsional) toda es de origen sexual.

Así pues, el desarrollo de la libido pasa por sucesivas etapas: **oral**, **anal**, **fálica** y **genital**, superponiéndose unas a otras hasta alcanzar el estadio de la sexualidad adulta.

### Fase oral

EN ESTA etapa, que dura desde que se nace hasta el primer año de vida, la fuente de placer es la boca (boca, labios, lengua) y la relación primaria del niño con el mundo es a través de la succión del pecho materno. En los primeros meses, el niño está en una fase receptiva, donde es pasivo y completamente dependiente. Las actividades orales más importantes son succionar, tragar y chupar. Algo más tarde, la fase es agresiva, las encías se endurecen y salen los dientes, ahora, las actividades más importantes son morder y masticar. Mordiendo el pecho materno, o los dedos, el niño puede mostrar ambivalencia, es decir, experimenta amor y odio hacia el mismo objeto (la madre) al mismo tiempo.

### Fase anal

DESDE UN año hasta los tres de edad. En esta etapa, la zona más sensible y placentera es el ano. Es el poder y el conflicto de expulsión o retención de las heces. Con la excreción, el niño experimenta su primer encuentro con las restricciones externas a su deseo de defecar cuando y donde le place (enseñanzas de los padres a que use el orinal). Es un momento crucial para que el niño sepa ganarse la aprobación de los demás; el amor de sus padres ya no es incondicional sino que depende de lo que el niño pueda aprender y hacer (si usa el orinal, por ejemplo). Con la retención, el placer puede, perfectamente, derivarse del control deliberado de las heces. En esta fase, el niño reprime pulsiones y empieza a hacerse cargo de la agresividad.

### Fase fálica

COMPRENDE EL periodo que va desde los tres hasta los cinco o seis años. Toda la excitación y la tensión se centran en los genitales. En esta etapa el niño descubre la diferencia anatómicas entre los sexos, lo que le crea una serie de emociones conflictivas que Freud llamó el complejo de Edipo (*véase* posteriormente).

Entre esta fase y la siguiente, la genital, se encuentra el **periodo de latencia**, que dura desde los cinco o seis años hasta la pubertad. En esta etapa, la libido no experimenta ningún cambio cualitativo (al contrario que en las fases anteriores), aunque no significa que el niño sea asexual. Simplemente reprime todas las preocupaciones sexuales anteriores, para permitir el desarrollo social e intelectual. La mayor parte de la energía del niño se canaliza ahora para adquirir nuevas habilidades y conocimiento. Esta parada y retroceso del desarrollo sexual es debida tanto a la influencia cultural como a la determinación biológica. En este periodo hay un mayor equilibrio entre el yo, el ello y el superyó que en cualquier otro momento de la vida del niño. Es la calma antes de la tormenta, el periodo tranquilo antes de la pubertad.

*Fase genital*

DESDE EL principio de la pubertad hasta el estado adulto. En esta etapa surgen de nuevo los impulsos sexuales y los sentimientos edípicos. Todas las demás fuentes de placer mencionadas, sin ser reprimidas se subsumen en una función que transciende la relación dual y la mera genitalidad. En todas las personas perviven fuentes de placer asociadas a etapas anteriores; el placer oral es la comida, el anal es la defecación, etc.

Durante cada una de estas fases, la persona debe resolver conflictos específicos entre lo que el ello demanda y lo que el ambiente provee. Es decir, cada etapa implica una forma particular de obtener gratificación, y la cantidad y el tipo de satisfacción que el niño experimente en cada fase dependerá de cómo es tratado por los demás, en concreto, por sus padres.

Tanto el exceso de gratificación como una frustración extrema (esto es, una deficiencia de gratificación) pueden tener consecuencias permanentes en el individuo, en general, en forma de **fijaciones** en una etapa determinada. La naturaleza de estas consecuencias dependerá de la fase en la que ocurran y la forma que tomen. Por ejemplo, una persona que en la etapa anal experimenta una cantidad excesiva, o mínima, de gratificación durante la enseñanza del uso del orinal, puede quedar fijado en esta fase y tener una regresión (o vuelta) a la misma en algún momento estresante de su vida. La regresión puede ser en su forma extrema como un trastorno obsesivo-compulsivo, o menos extrema, volviéndose extremadamente avaro y limpio.

Así pues, para Freud, las neurosis adultas son, en parte, el resultado de una inadecuada resolución de los problemas experimentados en una, o más, de las fases del desarrollo psicosexual.

## El complejo de Edipo

ES UN concepto nuclear en la teoría psicoanalítica. Se entiende como un conjunto organizado de deseos amorosos y hostiles que el niño experimenta respecto a sus padres, en una edad que ronda los tres o cuatro años aproximadamente (esto es, durante la fase fálica). A esta edad los niños y las niñas hacen de su madre su primer objeto de amor. Sin embargo, a los niños esto les crea un conflicto y una rivalidad con su padre, pues no quieren compartirla con él, y desean verle muerto (que en un niño de tres años significa «fuera de mi camino»). El problema es que el padre es más grande y fuerte, y el niño empieza a temer que éste se vengue de él por pretender a la madre. Como ésta es la fase en la que el niño percibe las diferencias entre los sexos, y sabe que las niñas no tienen pene, empieza a temer que esto le pueda pasar a él, que su padre le quite lo que más quiere, que en este momento es su pene. Así surge el **temor a la castración**.

Para resolver este dilema, el niño reprime el deseo por su madre, es decir, lo hace inconsciente, y se identifica con su padre (empieza a pensar, a actuar y sentir como si fuera su padre). De este modo, puede mantener su pene intacto y tener a su madre de forma vicaria (substituta) puesto que volviéndose como su padre puede tener de manera indirecta lo que éste tiene.

En las niñas este proceso es diferente. Mientras en el niño el complejo de Edipo termina con el miedo a la castración, en la niña empieza con la creencia de que ha sido castrada pues carece de pene y culpa de esto a la madre. Dándose cuenta de que no es realista esperar tener un pene, sustituye este deseo por el de tener un hijo con el padre, que será lo que le restituya este órgano perdido. Para esto, cambia el objeto de su amor, si antes era la madre, ahora lo es el padre, y de esta forma resuelve el conflicto.

Aunque Freud no supo explicar (o no se preocupó por ello) el por qué la niña se identifica con la madre, algunos teóricos opinan que ésta lo hace para ganarse al padre. Parte de la resolución del complejo de Edipo pasa por la identificación del niño con el padre del mismo sexo, y así se gana al padre del sexo opuesto. La identificación se considera un concepto muy importante en la psicología del desarrollo, pues de esta manera, las personas adquieren para sí las cualidades de otros. Identificándose con los padres, los niños asumen muchos de sus valores y normas. En este sentido, el superyó ha sido considerado como el heredero del complejo de Edipo, cuando éste alcanza su resolución.

En su forma positiva, el complejo se presenta como la tragedia *Edipo*, de Sófocles: deseo de muerte del rival, que es el personaje del mismo sexo, y deseo sexual hacia el personaje del sexo opuesto. En su forma negativa se presenta a la inversa: amor hacia el progenitor del mismo sexo y odio y celos hacia el progenitor del sexo opuesto.

Estas dos formas se encuentran, en diferentes grados, las dos corresponden al nombre del complejo de Edipo. Existe una reedición de estas formas en la preadolescencia.

Gracias a la estructura triangular (padre, madre, hijo), el niño no queda fijado a la relación dual (o simbiótica) con la primera figura amorosa. La presencia del tercero le obliga a la renuncia al objeto de amor y a la falsa fantasía de ser –o llegar a ser– completos.

## Narcisismo

COMO EN el complejo de Edipo, Freud toma el nombre del mito de Narciso, relatado por Ovidio: un joven ve su imagen reflejada en el agua y al enamorarse de ella quiere poseerla... cayendo en el abismo. Es otro concepto clave en la teoría psicodinámica.

La noción de narcisismo aparece por primera vez en Freud en 1910, para explicar la elección de objeto en los homosexuales. Éstos se toman a sí mismos como objeto sexual, parten del narcisismo y buscan jóvenes que se les parezcan para poder amarlos como su madre los amó a ellos (ésta es sólo una de las modalidades de elección del objeto, y no la única, para explicar desde el psicoanálisis la elección homosexual).

Partiendo de esa idea, Freud postuló la existencia de una fase de la evolución psicosexual en la cual el sujeto comienza tomándose a sí mismo, a su propio cuerpo, como objeto de amor.

Freud utilizaba el concepto en situaciones muy diferentes, además de las anteriormente descritas, por ejemplo, en las psicosis, en las que el sujeto retira su interés del mundo circundante para centrarse en sí mismo y en su propio pensamiento (delirio); por ejemplo, en el duelo, en el que la libido, que queda disponible al perderse el objeto, invade al yo.

Las situaciones en las que en psicoanálisis se habla de narcisismo son tan diferentes que, se puede hablar de un narcisismo primario (el del bebé que toma su cuerpo como objeto de amor), y de un narcisismo secundario (cuando la libido vuelve al yo al haber perdido su objeto).

No obstante, cabe añadir que estos conceptos freudianos, en la actualidad, están siendo sometidos a revisión.

### Relaciones de objeto

EL TÉRMINO **objeto** es técnico; originalmente se lo empleó en psicoanálisis para denotar el objeto de una pulsión. En esta perspectiva, el objeto tenía muy poco de personal. Era algo sobre lo cual se descargaban impulsos de energía y que interesaba sólo a los fines de búsqueda del placer, de satisfacción y de alivio por parte del sujeto.

En la década de 1930, las relaciones objetales se convirtieron en el centro de atención de la escuela de psicoanálisis que se desarrolló particularmente en Reino Unido. La idea central de la teoría de las relaciones de objeto es que la libido no busca placer sino objetos.

Las relaciones de objeto se refieren a los lazos emocionales entre uno mismo y otra persona. Por lo general, se expresan en el sentido de la capacidad de uno de amar y tener en consideración al otro, de manera equilibrada con el amor y el interés hacia uno mismo. El narcisismo primario se entiende como un estadio normal del niño; sin embargo, si éste persiste en la vida adulta, suele caracterizarse por un amor hacia uno mismo que precede y sobrepasa al amor por los demás (neurosis narcisista). El narcisismo secundario se produce generalmente después de que la persona ha sufrido fracasos amorosos, trastornos de autoestima, o tras la pérdida de objetos externos a los que se aplicó la libido.

La pérdida del objeto supone hacerse cargo de la energía libidinal depositada en él. De ahí la necesidad de hacer un «duelo» que puede ser el normal y necesario hasta recomponer la pérdida, o patológico. Cuando es patológico es excesivamente intenso, o largo en el tiempo, o el sujeto se desvaloriza, se acusa a sí mismo de ser responsable de la pérdida. El duelo explicado por Freud tendría así dos partes:

• La tristeza por la falta.
• La rabia por haber sido abandonado.

También es un duelo el que supone la pérdida por enfado o alejamiento de: novios, amigos, parientes, fortuna, estatus, etc ante los que el paciente tiene que hacer el mismo proceso.

### Ansiedad

FREUD PENSABA que el conflicto en el ser humano es inevitable pues el yo se encuentra en la difícil tarea de mediar entre las demandas de gratificación de los deseos del ello y las amenazas de castigo del superyó, si el yo cede a las exigencias del ello. Es el equilibrio entre estas instancias, y un desarrollo psicosexual adecuado (sin excesivas fijaciones), lo que determina la salud mental. No obstante, esto no es siempre posible, el yo puede debilitarse ante una exigencia pulsional excesiva.

Cuando una personalidad no se ha desarrollado por completo, quizá porque la persona se ha quedado fijada en alguna fase del desarrollo, puede experimentar ansiedad neurótica, que en los primeros desarrollos de su teoría, Freud consideraba que surgía del bloqueo o la represión de las pulsiones inconscientes. Más tarde estimó que, más que de la falta de expresión (o represión) de las pulsiones, la ansiedad surgía del miedo a las desastrosas consecuencias que podría tener para el yo el que a una pulsión del ello, previamente inhibida, se le permitiera expresarse.

### Mecanismos de defensa

UNA DE las maneras que tiene el yo de reducir el malestar producido por la ansiedad es a través de los mecanismos de defensa. Hay que decir que algunos de estos mecanismos fueron propuestos por Freud, o estaban implícitos en su teoría, pero fue su hija Anna Freud, la que los desarrolló de manera más exhaustiva. En general, las defensas son medidas ventajosas a corto plazo, normales e incluso necesarias. Sin embargo, como soluciones a largo plazo para los problemas de la vida no suelen ser sanas ni deseables. Entre las más conocidas están:

- La **represión:** un deseo, o idea, o pensamiento, o recuerdo, etc., (una pulsión del ello) que es peligroso o amenazador, se elimina de la conciencia haciéndolo inconsciente. Es uno de los mecanismos de defensa que más pronto utiliza el niño. No obstante, lo que se ha reprimido tan temprano, se puede corregir con la experiencia del adulto, y por tanto, conserva toda su intensidad original.

- El **desplazamiento:** consiste en redirigir las respuestas emocionales de un objeto peligroso hacia otro sustituto y menos peligroso. Por ejemplo, gritar a la pareja en vez de hacerlo al jefe.

- La **negación:** no reconocer ciertos aspectos de la realidad porque son dolorosos, incómodos o amenazadores. Un ejemplo sería el no ver que una relación se está rompiendo.

- La **proyección:** se trata del desplazamiento inconsciente de impulsos, deseos, faltas, culpas, etc., propios hacia otras personas, situaciones u objetos. Una persona hostil encuentra nocivo el que los demás la consideren así, por tanto proyecta sus sentimientos agresivos en los demás. De esta manera, considera que son los demás los que son hostiles con ella.

- La **introyección:** es el proceso básico de la identificación. Se define como la incorporación al yo de opiniones, motivaciones, ideas, etc., que son ajenas, adoptándolas como propias.

- La **formación reactiva:** es sentir o pensar de manera consciente, lo exactamente opuesto a lo que inconscientemente sentimos o pensamos. Por ejemplo, un odio inicial hacia una persona puede ser reemplazado por un amor excesivo.
- La **identificación con el agresor:** el psicoanalista Sandor Ferenczi (discípulo de Freud) utiliza esta expresión en un sentido muy especial: la agresión a que se hace referencia es el atentado sexual del adulto, que vive en un mundo de pasión y culpabilidad sobre el niño que se supone inocente. El comportamiento descrito como el resultado del miedo es una sumisión total a la voluntad del agresor; el cambio provocado en la personalidad es la introyección del sentimiento de culpabilidad del adulto.
- La **sublimación:** es uno de los mecanismos defensivos que resulta más victorioso y más valorado pues consiste en modificar la finalidad de la pulsión prohibida sustituyéndola por otra finalidad, esta vez autorizada por el superyó. Las pulsiones se convierten en conductas valoradas socialmente, especialmente, en actitudes creativas. Por ejemplo, hacer deporte para redirigir una pulsión agresiva. La sublimación es un proceso normal no patológico a condición de que no anule toda actividad sexual o agresiva propiamente dicha.
- **Racionalización:** a través de este mecanismo de defensa, un sujeto intenta justificar coherentemente una conducta cuyas razones verdaderas le resultarían inaceptables o perturbadoras.

Hemos visto al principio de la sección que la psicopatología resulta de un debilitamiento del yo ante una exigencia pulsional excesiva. Este debilitamiento puede ser relativo, se usan las defensas para controlar las pulsiones y se mantiene el contacto con la realidad. Es más característico de las neurosis. Por otro lado, el debilitamiento puede ser absoluto, donde el yo es incapaz de defenderse y pierde el contacto con la realidad y se deforma. Es más característico que la psicosis.

Cuando las pulsiones amenazan con irrumpir en la conciencia y las defensas no logran retenerlas del todo, se producen los síntomas neuróticos. Es decir, los síntomas indican conflictos no resueltos, profundamente asentados e inconscientes, por lo general de naturaleza sexual o agresiva, que proceden de sentimientos, recuerdos, deseos y experiencias infantiles, que han sido reprimidos y se han usado las defensas en su contra. No obstante, las defensas no son maneras efectivas de luchar contra estos conflictos. También crean ansiedad y malestar. Así, un síntoma es un compromiso entre la pulsión y la defensa, una satisfacción parcial de ambas.

## ÁMBITO DEL PSICOANÁLISIS Y OBJETIVOS

EL PSICOANÁLISIS es, además de una teoría de los procesos psicológicos, una forma de psicoterapia, de tratamiento del enfermar mental. Para Freud, el psicoanálisis era un tratamiento de las neurosis; si bien se podían comprender psicoanalíticamente otras formas patológicas, las posibilidades terapéuticas solo alcanzaban a la neurosis.

En el curso de los años, y con los diferentes desarrollos teóricos y clínicos, las posibilidades de aplicación se han extendido enormemente y la teoría psicoanalítica se aplica al tratamiento de los psicóticos, de los niños, de la pareja, en grupo, etc.

Los objetivos de esta terapia consisten, desde Freud, en restaurar en el paciente su «capacidad para amar y trabajar», o en «sustituir el terrible sufrimiento neurótico por un infortunio corriente». Estas metas generales se consiguen mediante métodos que también han ido variando a lo largo del desarrollo del psicoanálisis.

En la primera teoría de la mente y de la terapia, Freud se propone «hacer consciente lo inconsciente», ampliar el campo de la conciencia de manera que el sujeto aumente su dominio de los impulsos y de los conflictos que éstos le crean.

Después, y sin que signifique una contradicción con lo anterior, Freud pensaba que la curación procedía de aumentar el territorio del yo a expensas del territorio del ello («donde ello estaba, yo debo advenir»), siendo el yo la instancia psíquica más madura, y el ello, continente de los instintos, que debería quedar subordinado.

Cuando la teoría psicoanalítica concedió mayor importancia a la agresión, el objetivo y el método de curación se basaron en el buen manejo de la ambivalencia (los afectos encontrados, amor/odio, que sentimos hacia todo objeto de interés).

Para Heinz Kohut (psiquiatra y psicoanalista norteamericano), basa la curación en la cohesión del sí mismo y en lo que busca el ser humano. El psicoanálisis puede restituir al paciente y es un buen equilibrio entre las necesidades narcisistas (autoestima) y las necesidades objetales (amor o estima de los demás).

En términos generales, el psicoanálisis actual camina desde el acento puesto por Freud en la pulsión (la finalidad del aparato psíquico sería reducir la tensión provocada por los conflictos entre los deseos, las normas y la realidad), hacia el acento puesto en los afectos (el desarrollo del psiquismo tendría como objetivo la regulación de los estados afectivos, es decir, la reducción de los estados displacenteros y el mantenimiento de los placenteros).

Esta última propuesta es la que sostienen los desarrollos más actuales del psicoanálisis, que parten de los años 50 del siglo XX, con la teoría de relaciones objetales de Ronald Fairbain, psicoanalista inglés, («la libido no busca placer, busca objetos»).

El psicoanálisis actual, sin abandonar los descubrimientos freudianos, es decir, la fantasía inconsciente y la realidad psíquica, toma en cuenta también la realidad externa, el ambiente y la importancia de los objetos reales ( y no sólo de los internos).

## CONCEPTOS TÉCNICOS

CUANDO SE emprende el tratamiento, el psicoanalista dispone de una serie de auxiliares poderosos para abordar el proceso de curación. Aquí se exponen los más conocidos.

### Transferencia

ES UN elemento esencial de la terapia, y consiste en que el paciente repite en (o dirige hacia) la persona del psicoanalista las actitudes emocionales que tenía en la infancia respecto de sus padres, o figuras sustitutivas. Se revive especialmente la ambivalencia pulsional (amor y odio) que caracterizaban esas relaciones primeras. Freud utilizaba esta transferencia de actitudes como un medio para explicar a sus pacientes los orígenes infantiles de muchas de sus preocupaciones y miedos, para ayudar a reducir la represión y permitir la confrontación con las pulsiones enterradas.

La transferencia puede, además, favorecer la aparición de las resistencias en el paciente por la dificultad de explicar el deseo reprimido cuando éste se refiere al mismo psicoanalista, cuando por ejemplo se está enamorando de él, o se le odia porque hay que pagarle sus honorarios. Por otro lado, este elemento terapéutico pone en tela de juicio la validez del autoanálisis porque éste suprime la existencia y la intervención de una relación interpersonal, fundamental en el psicoanálisis.

Freud consideraba la transferencia como algo inevitable en la terapia y un punto esencial para la cura. En el psicoanálisis se fomenta su desarrollo, los analistas permanecen como figuras en la sombra, por lo general sentados tras el paciente, para servirle de pantalla en blanco en la que proyectar a las personas importantes de sus conflictos reprimidos. Por esta razón, entre otras, los terapeutas suelen abstenerse de revelar detalles de sus vidas a los pacientes. Su actitud hacia ellos es lo más comprensiva posible, si bien es imprescindible que sepan que deben renunciar a adueñarse del paciente, evitando estructurarle su destino, imponerle los propios ideales, o formarle a su imagen y semejanza.

Así, el analista no debe implicarse de manera activa con el paciente para ayudarle a resolver sus problemas cotidianos. Debe evitar cualquier tipo de intervención, como ofrecerle sugerencias de conducta, o soluciones para algo en concreto, pues un alivio a corto plazo puede desviar los esfuerzos del paciente para destapar sus conflictos reprimidos. Freud razonaba que cuando una persona se encuentra en una situación de dolor y necesidad, el primer impulso es (de manera figurada) abrazarle, consolarle y asegurarle que todo se va a arreglar. El problema es que cuando un paciente acude a una consulta es muy probable que las personas de su alrededor hayan intentado ya ofrecerle consuelo y apoyo. Y si estas actitudes fueran lo que iba a ayudar al paciente, ya lo habrían hecho.

De igual manera, si el terapeuta actuase de manera directiva con el paciente, se producirían interferencias en la transferencia. Las opiniones, los consejos o las actitudes de éste evitarían que fuese una auténtica pantalla en blanco donde el paciente proyectase sus conflictos.

## Contratransferencia

MUY RELACIONADA con la transferencia está la **contratransferencia**, los sentimientos del analista hacia el paciente. El terapeuta no debe permitir que sus propias vulnerabilidades emocionales afecten a la relación con el paciente. Sus miedos, sus necesidades, sus propias motivaciones deben ser reconocidas como suyas y diferentes de las del paciente para poder ver a éste sin distorsiones.

## Interpretación

OTRO ELEMENTO que se halla en el núcleo de la teoría y la técnica freudiana es la **interpretación**. Ésta se caracteriza por procurar la puesta en evidencia del sentido latente de una conducta, un discurso o un sueño.

Su objetivo, del que ya se ha hablado es el de hacer consciente el material inconsciente del paciente, para que de esta forma pueda enfrentarse a él. Se sacan a la luz las características de las defensas utilizadas en los momentos problemáticos, y los significados subyacentes (y reales) de sus sueños, pensamientos, sentimientos y acciones. No obstante, la interpretación ha de ofrecerse en el momento adecuado. Si se hace demasiado pronto, se corre el peligro de que el paciente la rechace por completo o abandone la terapia, pues, por lo general, es difícil aceptar en boca de otro (el analista) los propios contenidos inconscientes que se han reprimido.

Un buen momento para ofrecer una interpretación de las verbalizaciones del paciente es cuando éste está a punto de percibirlas por sí mismo. De esta manera, puede pensar que más que ofrecidas por el analista han surgido de él. Esto facilitará su aceptación y el efecto terapéutico que tengan será mayor.

Es particularmente importante que el analista esté, a su vez, psicoanalizado para evitar que proyecte sobre el paciente sus propios conflictos personales a lo largo de la relación terapéutica. Es también regla fundamental que la interpretación se haga en el marco de una sesión terapéutica (en consulta), ya que fuera de contexto se agrede sin que el paciente pueda defenderse o aprovecharse de ella.

A este respecto Freud señala la importancia de evitar el análisis silvestre en el que el analista interpreta sin mediar contexto clínico, aun cuando el diagnóstico sea correcto y la interpretación adecuada, pero no se tiene en cuenta la situación psí-

quica del paciente que debe alcanzar ese conocimiento cuando haya sido, previamente, preparado de modo que no le dañe lo que la interpretación revela.

## Resistencia

A LO largo del tratamiento, como ya se ha apuntado, el paciente opone **resistencia** a su curación. No desea conocer su inconsciente puesto que se descubre parte del deseo ignorado, lo que para él constituye un peligro. Así, no basta con comunicar al sujeto el sentido de sus síntomas para que desaparezca la represión; en estos casos, el paciente prefiere aferrarse a su dolencia. La resistencia es un mecanismo de defensa propio de la cura. Ejemplos de resistencia son el cambiar de tema de manera repentina, no recordar algo importante, permanecer en silencio, distraerse mirando por la ventana, llegar tarde a la sesión u olvidarse de su cita por completo.

## Libre asociación

UNO DE los mecanismos más antiguos de la cura, que vino a sustituir a la hipnosis y a la sugestión, es el de la libre asociación. Mediante este procedimiento, una idea que se le ocurra al paciente, aparentemente de forma aislada, remite en realidad, consciente o inconscientemente, a otros elementos; esto se debe, según Freud, a una organización compleja de la memoria, en la cual, los pensamientos y recuerdos están encadenados unos con otros. Los más recientes, esto es, los que surgen primero, conducirán a los más antiguos y cruciales. Para evitar o reducir al máximo cualquier influencia por parte del analista, éste suele situarse fuera de la vista del paciente, por lo general, detrás de él.

Así, la libre asociación es un método que se basa en expresar, sin ninguna censura ni discriminación, todos los pensamientos que vengan a la mente, cualquiera que sea su orden o conexión.

Se le pide al paciente que sea absolutamente sincero consigo mismo, y a no excluir de la comunicación, esto es, a no callarse cualquier asociación, aun cuando ésta le sea desagradable comunicarla o la juzgue insensata, nimia o impertinente. Se descubre que aquellas ocurrencias, a cuya expresión se fuerza al paciente son de gran valor para el hallazgo de lo olvidado.

### Atención flotante

FRENTE A la asociación libre del paciente, el analista debe responder con su **atención flotante**. No debe, a priori, conceder ningún privilegio a ningún elemento del discurso de éste, lo que implica que el analista deje funcionar lo más libremente posible su propia actividad inconsciente y suspenda las motivaciones que habitualmente dirigen la atención. Esta regla permite al analista descubrir las conexiones inconscientes en el discurso del paciente y conservar en la memoria multitud de elementos aparentemente insignificantes cuyas correlaciones sólo más tarde se pondrán de manifiesto.

### Encuadre

POR ÚLTIMO cabe hablar del **encuadre**, los elementos fijos en los que se contextualiza el análisis que son de uso corriente: el **diván**, donde el paciente se encuentra en una posición relajada, como la de un niño pequeño, para así facilitar el recuerdo y la verbalización de material doloroso; el psicoanalista cuya **vida privada** se desconoce y que se sitúa fuera de la vista del paciente; los **honorarios** y el cumplimiento a ultranza del **horario**, para establecer un pacto de trabajo, etc.

## NUEVOS DESARROLLOS DEL PSICOANÁLISIS

EN LA historia del movimiento psicoanalítico deben tenerse en cuenta las distintas vicisitudes por las que atravesó. Hacia 1910 empezaron las disidencias con Freud por parte de algunos discípulos y, en ocasiones, de sus íntimos amigos. Éste sería el caso de Ferenczi al que consideraba casi como un hijo. También Jung, uno de sus más importantes e íntimos amigos, rechazó algunos de los puntos clave de la teoría, principalmente el de la sexualidad, ya que no consiguió que Freud modificara sus convicciones en absoluto.

No fueron sólo rupturas aisladas sino que estos autores fundaron escuelas de psicoterapia diferentes entre sí y en disidencia con el freudismo. En otros casos, como el kleinismo (de Melanie Klein) y el lacanismo (de Jaques Lacan), aunque partían de Freud, se constituyeron como verdaderos sistemas de pensamiento modificando la doctrina y, sobre todo, la clínica freudiana.

Como de todas maneras el psicoanálisis, de una forma u otra, triunfó frente a sus más enconados adversarios, lo que supuso y supone una constelación de psicoanalistas y doctrinas. En este texto se hace una selección de los mas significativos por su originalidad o su vinculación a Freud.

# CARL GUSTAV JUNG

PSIQUIATRA SUIZO, 1875-1961. Nacido en Suiza, Jung descendía de una familia de pastores. En 1895 inició en Basilea sus estudios de medicina. Por influencia de su abuelo materno era adepto al espiritismo; sobre este tema realizó su tesis doctoral. Se le considera el fundador de la **psicología analítica**.

En 1907 conoció a Freud, con quien tuvo abundante correspondencia y al que envió su libro sobre diagnósticos de **asociación verbal**. C. Jung no compartía las hipótesis de Freud sobre la sexualidad infantil, el complejo de Edipo y de la libido. En cambio, lo que le atraía eran las ideas fijas subconscientes, las asociaciones verbales y los complejos. Interesado, desde siempre en los espíritus, los locos, los marginales y, en general, los personajes fuera de lo común, se interesó y entusiasmó durante siete años, con el aspecto intelectual de la aventura psicoanalítica.

Para Freud la relación con Jung era de gran importancia porque le abría al psicoanálisis el nuevo continente de la psicosis así como, más tarde, la cuestión de autoerotismo y después, el autismo. Además el apego y el cariño que tuvo por Jung señalan que le reservaba un gran destino, que fuera capaz de reinar sobre la causa analítica, incluso de conducirla a otras conquistas.

Las **asociaciones verbales** eran una técnica experimental utilizada por Jung, a partir de 1906, para detectar los complejos y aislar los síndromes específicos de cada enfermedad mental. Consistían en pronunciar ante el sujeto una serie de palabras cuidadosamente elegidas, a las que éste debía responder con la primera palabra que le viniera a la mente, mientras se medía su tiempo de reacción (esto es, cuanto tardaba en decir una palabra después de haber oído la del terapeuta).

En el siglo XIX se le atribuyó una importancia tan grande al asociacionismo, que el mismo Freud se basó en él para implantar un método nuevo de exploración del inconsciente: el de la asociación libre. Jung, que utilizó esta técnica profusamente, la abandonó por influencia de Freud, pero nunca la repudió. Hoy día se sigue utilizando por los representantes de la escuela de psicología analítica.

Pese a estos planteamientos y pese al interés de ambos por alguno de los aspectos profesionales del otro, la ruptura entre Freud y Jung era inevitable; sus diferencias en cuanto al tema de la libido eran abismales. Jung intentó convencer a Freud de la necesidad de que desexualizara su doctrina, pero no tuvo éxito; la separación se consumó en 1913.

Coincidiendo con la Primera Guerra Mundial, Jung emprendió la elaboración de su obra. Denominó **psicología analítica** a la corriente de pensamiento en la que basaba su método de psicoterapia. Con ese nombre quería indicar que la psique no tenía ningún substrato biológico (el objetivo último de Freud, y que nunca llegó a conseguir del todo, era identificar los correlatos biológicos –estructuras del cerebro, neuronas y sinapsis, etc.– de los conceptos teóricos que definió como el yo, el ello y el superyó, etc.). En cuanto a la clínica, el objetivo era liberar al paciente de sus secretos patógenos, llevarlo a la realidad; el método modernizaba a las antiguas curas del alma.

En 1919, Jung elaboró la noción de **arquetipo**, proveniente de la imago, para definir una forma inconsciente preexistente que determina al psiquismo y provoca una representación simbólica que aparece en los sueños, el arte o la religión. La imago se define como imagen ideal o primordial, cuyo origen está en la primera infancia y continua ejerciendo una fuerte influencia en la vida adulta, en las decisiones y actitudes que se toman. Representa a las personas del ambiente próximo del niño con las que tiene una relación instintiva, las más importantes son las del padre y las de la madre. En los neuróticos, las posiciones extremas de atracción o repulsión hacia las imágenes de los progenitores tienen un papel decisivo en el desarrollo de las alteraciones mentales.

Los tres arquetipos principales son el **ánimus**, imagen de lo masculino, el **ánima**, imagen de lo femenino, y el **sí mismo**, centro de la personalidad.

El concepto de **arquetipo** deriva de la observación repetida de que, por ejemplo, los mitos y los cuentos de la literatura universal contienen siempre, y en todas partes, ciertos motivos. Estos motivos se hallan en las fantasías, sueños, delirios e imaginaciones de los individuos actuales. Estas imágenes y conexiones típicas se designan como representaciones arquetípicas. Tienen, cuanto más claras son, la propiedad de ir acompañadas por vivos matices afectivos.

Los arquetipos son la expresión psíquica de una disposición fisiológica-anatómica determinada, estructuras cerebrales heredadas. Se activan con el contacto con factores externos y se manifiestan en las expresiones artísticas, los cultos religiosos o los espectáculos culturales.

El **ánima** y el **ánimus** son personificaciones de una naturaleza femenina en el inconsciente del hombre y de una naturaleza masculina en el inconsciente de la mujer.

Todo hombre lleva la imagen de la mujer desde siempre en sí; no la imagen de «esta» mujer determinada sino de «una» mujer indeterminada. Esta imagen es un patrimonio inconsciente que proviene de los tiempos primitivos, y grabada en el sistema vivo, constituye un «tipo» de todas las experiencias de la serie de antepasados de naturaleza femenina, un sedimento de todas las impresiones de mujeres, un sistema heredado de adaptación psíquica. Lo mismo vale para la mujer con respecto de la imagen del hombre.

El **sí mismo** es el mas profundo de los arquetipos, constituye la meta del proceso de individuación, esto es, llegar a ser un individuo, entendiendo por tal la autorrealización. No hay que confundirlo con el devenir consciente del yo; comprende mucho mas que un mero yo: la individuación no excluye al mundo sino que lo incluye; se entiende como la síntesis total de los contrarios.

Con la noción de arquetipo, Jung se distancia del universalismo freudiano, pretendía encontrar lo universal en las grandes mitologías religiosas. Por este motivo profundizó en el estudio etnológico de las civilizaciones «arcaicas» y afirmaba que existen diferencias radicales entre las «razas», las culturas y las mentalidades.

Con estos antecedentes, Jung colaboró con las actitudes antisemitas sin llegar a un compromiso militante, pero sus afirmaciones antiigualitarias le llevaron a convertirse en instrumento de la política de nazificación de la psicoterapia alemana. Esto condujo a una gran controversia entre adversarios y seguidores.

## SANDOR FERENCZI

PSICOANALISTA HÚNGARO, 1873-1933. Ferenczi desciende de una familia oriunda de Polonia emigrada a Hungría. Su padre, de origen judío, murió cuando Ferenczi era aún adolescente, por lo que lo idealizó, adquiriendo un intenso «complejo fraternal» y desarrollando una relación ambivalente con su madre. Tal vez a causa de esto, experimentó una gran necesidad de amor a lo largo de toda su vida.

Tras sus estudios, se estableció como médico general y neuropsiquiatra. Al comenzar 1908, escribió a Freud solicitándole un entrevista; este paso supuso una estrechísima relación entre ambos, tanto, que a partir de ese año Ferenczi se consagró enteramente al psicoanálisis y Freud le consideró como un hijo.

No obstante, la relación entre ambos comenzó a agrietarse en la segunda mitad de los años 20, cuando surge una creciente diversidad de criterios que desembocó en una ruptura total en 1932.

Una de sus aportaciones más importantes al psicoanálisis es el dominio de la **contratransferencia**, que adquirió cada vez más importancia en el último periodo de la obra científica de Ferenczi. La contratransferencia es el conjunto de las manifestaciones del inconsciente del analista relacionadas con las manifestaciones de la transferencia del paciente. Ferenczi fue el primero en mencionar la existencia de una reacción del analista a los comentarios de su paciente. Ante esta situación, Freud planteó la necesidad de un autoanálisis por parte del terapeuta, continuamente profundizado, conforme a sus experiencias con el enfermo. Ferenczi, en cambio, planteó la posibilidad de un análisis mutuo, para que la artificialidad de la situación analítica clásica tendiera a desaparecer.

En 1919 con su texto *Dificultades técnicas de un análisis de histeria*, abre un nuevo periodo de investigación que tomó el nombre de **técnica activa:** si el analista controla y domina su contratransferencia puede tratar de influenciar, en determinados casos, la interacción entre la transferencia del paciente y la suya propia, modificándola en un sentido preciso. Esta vía, muy controvertida, fue, a pesar de todo, un planteamiento fecundo por el gran número de observaciones clínicas cuyo valor permanece inalterado.

En 1926 finaliza el periodo de investigaciones dedicado a la técnica activa e inicia la fase ocupada por nuevas investigaciones técnicas. En el terreno práctico pueden ofrecerse cierto número de elaboraciones, por ejemplo:

- La relajación es un principio de análisis y no una manipulación.
- La técnica activa está dirigida a los neuróticos de carácter y no constituye una desviación de las reglas llamadas universales.
- El análisis en estado de ansiedad permite un trabajo en determinados momentos regresivos, fundamental en los análisis difíciles.

En el terreno teórico desarrolla ideas muy modernas, como por ejemplo:

- El niño no deseado, mal acogido por su ambiente, o bien acogido y luego rechazado, proporciona a Ferenczi la ocasión de establecer la noción de neurosis de frustración debida a un aumento de los impulsos de muerte en el niño.
- La ternura y la sensualidad del niño chocan, a menudo, con las actitudes del adulto llenas de movimientos pasionales y de erotismo seductor o perverso. Desarrolló las nociones de iden-

tificación con el agresor y la introyección del sentimiento de culpabilidad del adulto, con lo que el niño, dividido ya, inocente y culpable a la vez, ha perdido la confianza en el testimonio de sus sentidos.

## MELANIE KLEIN

Psicoanalista austriaca, 1882-1960. En la historia del pensamiento psicoanalítico se ha llamado **kleinismo** a la corriente representada por los diversos partidarios de Melanie Klein, clínica freudiana. Creando conceptos nuevos e instaurando una práctica, se ha constituido como sistema de pensamiento a partir de un maestro (en este caso una maestra) que modificó enteramente la doctrina y la cura, de lo que se desprende un tipo de formación didáctica nueva y diferente de la del freudismo clásico.

Melanie Klein y sus sucesores hicieron escuela integrando en el psicoanálisis el tratamiento de la psicosis, elaborando el psicoanálisis de niños y transformando o modificando conceptos como el complejo de Edipo (**Edipo temprano**) y poniendo al día el odio primitivo (**envidia**) propio de la relación de objeto y buscando la estructura psicótica (**posición depresiva/posición esquizo-paranoide**) característica de todo sujeto.

Por otra parte definieron un nuevo marco para la cura basado en reglas precisas y en un manejo de la transferencia como una pura realidad psíquica.

Melanie Klein nació en Viena en 1882 hija de un polaco judío y de una judía eslovaca. Por dificultades económicas a la muerte del padre no pudo estudiar medicina, pero en 1918 conoció a Freud y quedó fuertemente impresionada, por lo que tomó conciencia de su deseo de dedicarse al psicoanálisis. Tras diversas vicisitudes políticas, profesionales y personales, Klein se instaló en Londres en 1916 donde prácticamente desarrolló todas sus teorías sobre el psiquismo de los niños y donde murió en 1960.

Para ampliar el conocimiento de los procesos mencionados anteriormente, cabe decir que para Melanie Klein, posición es un concepto que viene a sustituir al de fase, que tiene un carácter de etapa transitoria como por ejemplo la etapa oral. Así, **posición** implica una configuración específica de relaciones objetales, ansiedades y defensas, persistentes a lo largo de la vida .

La **posición esquizo-paranoide**, propia de los cuatro primeros meses de vida, puede volver a encontrarse durante la infancia o en estados paranoicos y esquizofrénicos. Se caracteriza por los siguientes rasgos:

• Las pulsiones agresivas coexisten desde un principio con las pulsiones libidinales y son singularmente intensas (voracidad, angustia, etc.). Para Klein existe ambivalencia desde la primera fase oral de succión.

• El objeto es parcial (principalmente el pecho materno) y se halla escindido en dos: el objeto «bueno» y el objeto «malo», y no sólo en la medida en que el pecho materno gratifica o frustra, sino sobre todo en la medida en que el niño proyecta sobre él su amor o su odio (esquizoide).

• Los procesos psíquicos que predominan son la introyección y la proyección. El objeto «bueno» es idealizado, es capaz de procurar una gratificación ilimitada, inmediata y sin fin. Su introyección, es decir, la incorporación del objeto dentro de sí, protege al bebé contra la ansiedad persecutoria. El objeto «malo» es un perseguidor terrible (de ahí que se llame paranoide), su introyección hace correr al niño peligros internos de destrucción.

- La angustia intensa es de naturaleza persecutoria (destrucción por el objeto «malo»). El «yo» poco integrado tiene una capacidad limitada de tolerar la angustia, utiliza como modos de defensa la negación (el objeto persecutorio no existe) y el control omnipotente del objeto.

- Estos primeros objetos introyectados constituyen el núcleo del superyó. El niño ya tiene conciencia de lo malo y de lo bueno.

- La superación de esta posición esquizo-paranoide depende especialmente de la fuerza relativa de las pulsiones libidinales con respecto a las agresivas.

La **posición depresiva,** que se desarrolla a partir del cuarto o quinto mes de vida aproximadamente, se supera paulatinamente a lo largo del primer año, aunque puede reactivarse en la infancia y en el adulto en estados de duelo o depresivos.

La primera originalidad de la aportación kleiniana consistió en describir una fase del desarrollo infantil como mostrando una profunda analogía con el cuadro clínico de la depresión. Se caracteriza por los siguientes rasgos:

- El niño es a partir de ese momento, capaz de tomar a la madre como objeto total. Los objetos «malo» y «bueno» ya no se encuentran separados sino que son referidos a mismo objeto, es decir, la madre ya no es buena o mala, sino buena y mala. Se reduce la separación entre el objeto fantasmático interno y el objeto externo, se instaura la ambivalencia, y el amor y el odio se aproximan mucho entre sí.

- La angustia llamada depresiva se refiere al peligro fantaseado de destruir y perder a la madre a consecuencia del sadismo del bebé. Esta angustia es combatida mediante defensas y se supera cuando el objeto amado es introyectado en forma estable y aseguradora.

- Se puede añadir que mientras predomina la posición depresiva, la relación con la madre comienza a no ser ya exclusiva, entrando el niño en lo que Klein llama las fases precoces del Edipo: el niño empieza a desviarse de la madre y se estimulan las relaciones de objeto al tiempo que disminuye la intensidad de los sentimientos depresivos.

- Para que el bebé se desarrolle favorablemente durante la primera posición esquizo-paranoide, es esencial que las experiencias buenas predominen sobre las malas; la privación externa, física o psíquica, impide la gratificación. Aún así, los factores internos pueden alterar la situación.

- Uno de estos factores internos sería la envidia temprana, que actúa desde el nacimiento. Freud habló de la envidia del pene por parte de las mujeres, pero Klein amplió el concepto. La envidia entre hombres por tener más o menos potencia, la envidia del hombre por la posición de la mujer, y la envidia de la mujeres entre sí. Pero hay tendencia a confundir envidia con celos.

- Melanie Klein diferencia ambas emociones. Considera que la envidia es más temprana y es más primitiva y funda-mental. La distingue también de la vora-cidad. Los celos se basan en el amor, y su objetivo es poseer el objeto amado y excluir al rival, hace falta un tercero, y se refiere a una época en la que ya se co-noce el objeto total. La voracidad tiene como objetivo poseer todo lo bueno del objeto sin considerar las consecuencias; esto puede traer la destrucción del obje-to aunque no sea éste el fin perseguido. En la envidia el objetivo es ser uno mismo tan bueno como el objeto, pero cuando esto se siente imposible, el obje-tivo se convierte en arruinar lo bueno que posee el objeto para suprimir la fuente de envidia.

- Si la envidia temprana es muy intensa entorpece el funcionamiento normal de los mecanismos esquizoides; se produce una confusión entre lo bueno y lo malo que interfiere con la esci-sión; quedan gravemente interferidas la introyección del objeto ideal y la identificación con él. Los objetos des-truidos por la envidia son fuente de in-cesante persecución, posteriormente de culpa, y surge un círculo vicioso: la envidia impide una buena introyección y esto, a su vez, incrementa la envidia.

- Pero la envidia se opone a otro térmi-no, la gratitud, que sirve para definir la naturaleza interactiva y dialéctica del dualismo amor/odio. Pero para Klein la gratitud no impone límites a la natu-raleza invasora de la envidia, de ahí su escepticismo en cuanto a la posibilidad de obtener buenos resultados terapéu-ticos con pacientes cuya relación obje-tal primaria fue vivida en una modali-dad muy destructiva.

- Otro de los puntos en los que Melanie Klein se separa de Freud es en el plan-teamiento del complejo de Edipo que, para ella, es muy anterior en el tiempo. Se iniciaría a lo largo de la posición depresiva cuando la madre es percibi-da como objeto total, y la famosa trian-gularidad freudiana es abandonada en beneficio del vínculo madre e hijo, un mundo arcaico y sin límites en el que la ley paterna no interviene.

- Asimismo, para Klein, el superyó se inicia desde el primer momento de la vida.

- Y para finalizar, añadir que Melanie Klein elaboró toda una técnica en la clínica de niños, que por su edad no po-dían realizar la asociación libre, basada en el juego, que ya había iniciado Freud en 1920. Expuso que parte del desarrollo natural del niño consiste en buscar objetos nuevos como sustitutos de los anteriores. Los juguetes y los compañeros de juego son una de las formas de poner en práctica una simbo-lización de esta clase. El vuelco hacia los objetos nuevos es movido también por conflictos con el objeto temprano, de modo que encontrar un objeto nuevo (un símbolo) procura alivio.

## JACQUES LACAN

PSIQUIATRA Y psicoanalista francés, 1901-1981. En el movimiento psicoanalítico, se llama lacanismo a la corriente representa-da por los diversos partidarios de Jacques Lacan, que se desarrolló en Francia entre 1953 y 1963, y que desembocó, más tarde, en la creación de la llamada Escuela Freudiana de París.

Como el kleinismo y otras corrientes, el lacanismo pertenece a la constelación freudiana, dado que Lacan siempre se consideró estudioso y seguidor de la doctrina fundada por Sigmund Freud, y aboga por el psicoanálisis, esto es, la cura por la palabra y por los grandes conceptos fundamentales.

Tiene en común con el kleinismo el haber extendido la clínica de la neurosis a una clínica de la psicosis y de haber llevado mas lejos que el freudismo clásico la relación arcaica con la madre.

Lacan ha incidido en la renovación teórica aportando a la teoría freudiana la experiencia lingüística con la noción de **significante** y con la aplicación al psicoanálisis de la noción de estructura.

Creador de su propia escuela en 1964, Lacan la disolvió en 1980 ante lo heterogéneo de las prácticas que se habían desarrollado en su seno (psicodrama, psicopedagogía, etc.) y que él excluye explícitamente de la práctica del psicoanálisis.

Lacan nació en París en 1901, proveniente de una familia de la burguesía media católica, que él aborrecía. Afectado de trastornos cerebrales y una afasia parcial, Lacan murió en 1981, después de la ablación de un tumor maligno de colon.

Su obra se recoge fundamentalmente en los *Escritos* (1966) y *Seminarios* (1954-1974) impartidos en distintos centros de formación. Lacan vinculó la lingüística y el psicoanálisis desde un enfoque estructuralísta influido por Saussure, Jakobson y el antropólogo Levi-Strauss.

Para el psicoanálisis lacaniano, conocer el propio inconsciente es ir desentrañando los obstáculos en los que el deseo ha quedado atrapado y distorsionado. A estos modos, que son como pistas que apuntan en varias direcciones, Lacan los llamó significantes. La relación analítica ha de cumplir el objetivo de que el pa-

ciente pueda acceder a estos significantes a través del proceso de transferencia simbólica, y, así, ir removiendo obstáculos para liberar su deseo.

Este **deseo** del que se habla, es para Lacan una noción que está en primer plano en la teoría. Lo diferencia de conceptos tales como necesidad y demanda. La necesidad se dirige a un objeto específico (alimento) con el cual se satisface. La demanda es formulada y se dirige a otro: es, en el fondo, demanda de amor. El deseo nace de la separación entre necesidad y demanda, se basa en otro imaginario. Es por tanto, deseo del deseo de otro en cuanto que trata de ser reconocido absolutamente por él, en una pugna inacabable.

Lacan, a partir de la segunda teoría del aparato psíquico de Freud (yo, ello, superyó), describe los tres registros en relación a los cuales se estructura el citado aparato. Son: lo **real**, lo **simbólico** y lo **imaginario:**

- **Lo real,** que no es lo mismo que la realidad, es concebido como lo que es inaccesible al significante, lo que no se puede simbolizar. Escapa al lenguaje y tiene que ver con el desconocimiento, designa la realidad propia de la psicosis (delirio, alucinación, etc.).
- **Lo imaginario** designa una relación dual con el semejante. Es correlativo al estadío del espejo, en el que el niño, entre seis y 18 meses, reconoce su imagen en su semejante, superando la angustia de la fragmentación. El niño construye su propia imagen completa a partir de la imagen completa del otro. Aquí no existe distancia entre sujeto y objeto, y el individuo oscila entre la destrucción y la fusión.
- **Lo simbólico** relaciona la estructura del inconsciente con la del lenguaje y

muestra cómo el sujeto humano se inserta en un orden preestablecido, que es siempre externo.

Lacan reivindica la importancia básica de la palabra en la cura psicoanalítica y la utilidad terapéutica de finalizar las sesiones con cierta independencia de la medida de tiempo fijada por los freudianos (45-50 minutos). El paciente recorre por sí solo el camino hacia su verdad, su ubicación en su propio destino familiar y transgerenacional, rompiendo la dependencia con el analista a quien, de entrada, había revestido de todo el saber sobre su deseo.

# Terapias de conducta

## INTRODUCCIÓN HISTÓRICA

El conductismo es una corriente psicológica que surgió a comienzos del siglo XX como un rechazo a los métodos de estudio de los fenómenos psíquicos que entonces se utilizaban. Un método muy utilizado era la introspección, que consistía en la autoobservación por parte de los pacientes de sus propios procesos mentales, esto es, de los aspectos básicos de sus experiencias, y que luego comunicaban al terapeuta. Como es lógico, este tipo de procedimiento era muy subjetivo y los datos obtenidos siempre eran variables e inconstantes. De igual manera, el objeto de estudio de la psicología era la conciencia en sí misma, es decir, descubrir qué era lo que pasaba en la mente analizando la estructura de ésta, lo cual tampoco decía mucho de la rica complejidad del psiquismo humano.

Una de las figuras más importantes del conductismo fue el psicólogo norteamericano John Broadus Watson, que revolucionó la psicología considerando que ésta debía emplear métodos rigurosamente objetivos, como el uso de experimentos bien diseñados que establecieran resultados estadísticamente válidos. Así pues, para poder conocer al ser humano, el objetivo de la psicología debía ser el estudio de la conducta, porque, de acuerdo con él, era lo único que se podía observar, medir y verificar de manera objetiva y científica. Sólo de esta forma, se podría predecir y controlar el comportamiento.

## TEORÍAS DEL APRENDIZAJE

TANTO LA psicología de la conducta como las diferentes terapias que han derivado de ella, están basadas en los principios descritos por las teorías del aprendizaje, pues la única manera de poder entender (predecir y controlar) el comportamiento es saber cómo se adquiere, cómo se mantiene o cómo se elimina. De acuerdo con estas teorías, la mayor parte de la conducta, incluyendo la anómala o trastornada es aprendida. Siguiendo esta línea de pensamiento, de la misma manera que las conductas se aprenden, se pueden «desaprender» o cambiar.

## CONDICIONAMIENTO CLÁSICO

FUE DESCUBIERTO por Iván Petrovich Pavlov cuando investigaba el funcionamiento del sistema digestivo en los perros. Estos animales salivaban cuando se les daba carne, lo que era lógico y normal, sin embargo, pronto se dio cuenta de que también lo hacían cuando veían a la persona que les daba el alimento, y más tarde, incluso antes, cuando oían los pasos de esta misma persona. Estudiando este fenómeno, Pavlov añadió el sonido de una campana antes de dar de comer a los perros, pasado un tiempo, los animales salivaban con el sonido de la campana antes de recibir la carne. Los descubrimientos sobre el aprendizaje más importantes que surgieron a raíz de estos experimentos fueron:

• **Asociación:** la característica esencial de este tipo de condicionamiento es que un estímulo que antes era neutro (la campana) es capaz de provocar una respuesta (saliva) si ha sido asociado repetidas veces con un estímulo (la carne) que automáticamente produce la misma respuesta. Cuantas más veces sean asociados la campana y la carne, más fácilmente se producirá saliva cuando se presente la campana sola. Este fenómeno tiene su contrario que es la extinción.
• **Extinción:** se refiere a lo que sucede cuando se presenta el estímulo condicionado (la campana) sin presentarse también el estímulo incondicionado (la carne). En este caso, la relación campana/carne irá debilitándose, la producción de saliva ante el sonido de la campana será cada vez menos frecuente, hasta que desaparezca por completo, es decir, hasta que el sonido no produzca saliva.
• **Generalización:** es un fenómeno del aprendizaje por el cual la respuesta (saliva), que ha sido condicionada a un estímulo originalmente neutro (la campana), se asociará con otros estímulos similares (otros sonidos). Es decir, el perro salivará cuando oiga cualquier sonido parecido al de la campana.
• **Discriminación:** si después de un número de veces, el perro nota que solo un sonido específico va seguido de comida, aprenderá a discriminar entre éstos y solo salivara ante el adecuado.

Estos principios básicos del aprendizaje pronto fueron empleados en el estudio de la conducta humana. El propio Watson (el padre del conductismo) utilizó esta técnica para condicionar el miedo. Él y su mujer presentaron una ratita blanca a un niño de un año que no mostraba ningún miedo al animal. Cada vez que el niño intentaba jugar con ella, se producía un ruido fuerte que le asustaba. Después de algún tiempo asociando estos dos estímulos, el niño se asustaba con solo ver la ratita. No solo eso, días más tarde, el niño presentaba miedo ante un conejo blanco e incluso ante una barba de papá Noel. Evidentemente, esta forma de investigar no es nada ética y suscitó mucha polémica. No obstante, se demostró la posible relación entre este tipo de aprendizaje y el desarrollo y mantenimiento de ciertos desórdenes emocionales, como la adquisición de las fobias, los sentimientos depresivos y de ansiedad, adicciones, ludopatía, etc.

## CONDICIONAMIENTO OPERANTE (O INSTRUMENTAL)

UNO DE los precursores del condicionamiento operante, y contemporáneo de Pavlov, fue Edward Thorndike. Este investigador estudiaba el aprendizaje animal metiendo gatos en unas jaulas que tenían un resorte interior para poder ser abiertas. Los gatos, en sus intentos por escapar, presionaban accidentalmente este resorte y se liberaban. Cada vez que se les volvía a meter en las jaulas, tardaban menos y menos tiempo en liberarse, es decir, habían aprendido cómo salir. Thorndike dedujo que se producía una conexión entre el estímulo (el resorte para escapar) y la respuesta (el presionar el resorte), y formuló la llamada **ley del efecto**: todo lo que pasa como resultado de haber realizado una conducta (es decir, sus consecuencias) influirá esa conducta en el futuro, y es más, las respuestas que proporcionen satisfacción o placer tenderán a repetirse, mientras que las que produzcan malestar no. Es decir, la conducta está controlada por sus consecuencias.

Aproximadamente 40 años después, Burrhus Frederic Skinner reformuló la ley del efecto y definió el condicionamiento operante. Para él, la conducta no era provocada por estímulos específicos como resortes o botones para apretar. Los animales operan (de ahí el nombre del condicionamiento) en el ambiente, esto es, lo manipulan, lo transforman, se mueven y actúan en él, y es esta conducta

operante la que sirve de instrumento para obtener ciertas consecuencias, las cuales, determinarán la probabilidad de que esa conducta se repita.

Pavlov y Watson consideraban que la conducta era provocada directamente por los estímulos, es decir, era involuntaria. Skinner proponía que la conducta era emitida por el organismo (animal o humano) y por tanto voluntaria. La probabilidad de que una conducta concreta fuera realizada en un momento dado, estaba en función (o dependería) de las consecuencias que esa conducta hubiera producido en el pasado. Las consecuencias de las conductas operantes pueden ser:

- **Reforzadores positivos:** refuerzan o aumentan la probabilidad de que la conducta se repita porque cuando esta se emite el resultado es un premio o refuerzo positivo. Por ejemplo, un animal que tenga sed tenderá a repetir los comportamientos que tienen como resultado obtener agua. Un niño que reciba un dulce por recoger sus juguetes tenderá a hacerlo en el futuro.
- **Reforzadores negativos:** también refuerzan o aumentan la probabilidad de que la conducta se repita, pero esta vez, en lugar de ser para obtener un refuerzo positivo es para reducir o eliminar un **refuerzo negativo**, esto es, un acontecimiento aversivo (doloroso, desagradable, etc.). Por ejemplo, un animal tenderá a presionar un resorte si esta conducta hace que desaparezca un ruido muy desagradable (refuerzo negativo). Un niño que se cubre entero con las mantas porque le da miedo la oscuridad, y esto le conforta, tenderá a taparse cada vez que vuelva a tener miedo por la noche en su cuarto.

- **Castigo positivo:** los castigos funcionan de manera opuesta a los reforzadores. Un castigo positivo reduce la probabilidad de repetir la conducta que lo produce. Por ejemplo, si un animal recibe un *flash* de luz cada vez que presiona un resorte, dejará de presionarlo. Si a un niño le regañan por haber dicho un insulto, no volverá a decirlo para que no le vuelvan a regañar.
- **Castigo negativo:** en este caso se reduce la probabilidad de emitir conductas que eliminaban un refuerzo negativo. Si antes, el presionar el resorte significaba acabar con el suceso desagradable y ahora ya no lo hace, el animal tenderá a no presionarlo más. Si al niño le siguen regañando aún habiendo recogido los juguetes, le dará igual recogerlos o no.

Hemos de aclarar que a menudo no es fácil decidir qué es un reforzador o qué es un castigo. Si un niño siente que no recibe la atención suficiente de sus padres y observa que portándose muy mal recibe atención, tenderá a portarse mal incluso cuando la reacción de los padres es regañarle o castigarle. El niño puede percibir que las regañinas son mejores que ser ignorado, y así, lo que en principio es un castigo se convierte en un refuerzo positivo.

Skinner describió otros fenómenos muy importantes para el estudio de la conducta humana. Entre ellos el **aprendizaje por aproximación**, que sirve para describir los aprendizajes de conductas complejas. En este caso, no se recompensa solo una respuesta determinada, sino respuestas que se aproximan poco a poco a la deseada. En el caso del animal y el resorte para presionar, se recompensa cuando por casualidad éste se acerca al resorte, cuan-

do pasa más tiempo en la zona donde está ubicado, cuando levanta la pata y finalmente cuando lo presiona. Como veremos posteriormente, este fenómeno será muy útil para el tratamiento conductual de diversos desórdenes mentales.

Al igual que en el condicionamiento clásico, los principios de extinción, generalización y discriminación se aplican también en este tipo de aprendizaje.

La teoría de Skinner básicamente implica que lo importante son los efectos que una conducta produce en el ambiente, y que los reforzadores y castigos automáticamente aumentan o disminuyen la probabilidad de repetir el comportamiento. Skinner denomina a todo esto **conductismo radical**. Como es lógico suponer, sus ideas fueron discutidas por muchos psicólogos, incluidos sus seguidores.

## EL NEOCONDUCTISMO

Mientras Skinner avanzaba en sus trabajos sobre el condicionamiento operante, se desarrollaron otras teorías de aprendizaje que abrían paso a elementos no observables en el ser humano, como la motivación o los impulsos para cubrir las necesidades.

Entre estos teóricos estaba Clark Leonard Hull, cuya hipótesis central era que la conducta se construye sobre conexiones de estímulo/respuesta que acaban formando **hábitos**. Un concepto que introduce es el de **impulso**, que se puede definir como un estímulo lo suficientemente fuerte como para producir una conducta. De acuerdo con Hull, hay dos tipos de impulsos: los **primarios**, que son innatos como el hambre, el dolor, la sed etc, y se asocian con condiciones físicas e internas del cuerpo (daño, sensación de hambre, etc.); y los impulsos **secundarios**, cuyas propiedades motivadoras se adquieren a través de su asociación con la resolución de los primarios. Por ejemplo, el dinero (esto es, las ganas de tenerlo o ganarlo) se convierte en un impulso secundario que motiva o dirige la conducta, pues con él se satisfacen muchos impulsos primarios.

Así pues, según Hull, el propósito de todo comportamiento es la reducción o el alivio de los estados internos de necesidad. Cualquier acontecimiento que sirva para reducirlo, reforzará (o aumentará la probabilidad de) la respuesta. Por ejemplo, si yendo a la nevera y cogiendo algo de comer se alivia el hambre, la conducta de ir a la nevera se reforzará. Como ésta se repetirá más veces, se convertirá en hábito.

Otro autor muy importante es Edward Tolman. Para él los animales que escapaban de jaulas o presionaban resortes no podían aprender sólo la relación entre el movimiento físico de sus patas con el resultado final (comida en la mayoría de los casos). De la misma manera muchos de sus animales aprendían sin ningún refuerzo posterior y sin ningún impulso como el hambre para aprender. De esta forma, concluye que la conducta está dirigida por **propósitos** y **cogniciones**. Los propósitos son los objetivos que guían y mantienen la conducta para alcanzarlos, y son representaciones mentales. Las cogniciones son la pretensión que se hace de los medios para obtener el propósito.

En sus experimentos, una serie de ratas debían aprender a salir de un laberinto. No se les daba comida después, ni tampoco estaban hambrientas. Al cabo de unos días, estos animales competían con otros, (a los que sí se les daba comida), en salir del laberinto. Eran los más lentos. Sin em-

bargo, cuando se les dejaba sin comer y se les ponía comida como refuerzo eran los primeros en escapar. Tolman dedujo que el aprendizaje podía ser latente, esto es, se adquiría pero no necesariamente se mostraba. Así, el papel de los reforzadores puede ser importante para la realización de las conductas pero no son necesarios para su aprendizaje. Lo que se aprende no son relaciones entre estímulos y respuestas sino entre medios y propósitos.

Otro punto de separación con el conductismo radical es que estos procesos no son observables, sin embargo, se deben inferir de la conducta pues es la única manera de poder explicar los aprendizajes que se hacen sin reforzadores o sin estar motivados por los impulsos.

## APRENDIZAJE SOCIAL

A PESAR de seguir siendo conductistas en el sentido de considerar como objeto de estudio lo que es observable y de pensar que toda la conducta es aprendida a través de los mismos mecanismos, los psicólogos del aprendizaje social creen que existen elementos cognitivos importantes en la relación estímulo/respuesta aunque no se puedan observar. Por otro lado, sus investigaciones se basan en el aprendizaje humano, sobre todo en la adquisición de conductas sociales y morales.

Su tipo de aprendizaje más destacado es el **aprendizaje de modelos**, cuyos autores fueron John Dollard y Neal Miller (neoconductistas), y que fue revisado y definido por Albert Bandura y Arnold Lazarus (aprendizaje social). De acuerdo con los autores sociales, los condicionamientos clásico y operante no pueden explicar la aparición de conductas nuevas. El clásico explica cómo una respuesta se produce por un estímulo diferente al original, y el operante explica cómo una respuesta espontánea, a través de refuerzos selectivos y aproximaciones, tiene probabilidades de ser repetida. Sin embargo, si esta fuera la única manera de aprender, las conductas humanas serían muy pocas.

### Aprendizaje de modelos

TAMBIÉN LLAMADO **imitación, aprendizaje vicario, modelado** o **de observación**, consiste en aprender a través de observar el comportamiento de otras personas. Suele ocurrir de manera espontánea, es decir, el modelo a imitar no tiene intención de enseñar, y el que observa no hace un esfuerzo deliberado por aprender. Las conductas que se adquieren de esta manera pueden ser tanto específicas (por ejemplo, morderse las uñas) como generales o emocionales (por ejemplo, tener miedo al dentista). Asimismo, tampoco hay reforzadores de la conducta. Simplemente observando al modelo ya se aprende, sin embargo, el que este aprendizaje se repita depende de las consecuencias, de lo que le pase al modelo cuando realiza la conducta y de lo que le pase al observador cuando la vuelva a hacer. Por ejemplo, si un niño ve como su hermano estropea un libro y que luego le regañan por eso, no es probable que imite la conducta aunque no significa que no la haya aprendido. Este punto es una distinción importante del conductismo radical.

Por otro lado, Bandura considera el papel de los reforzadores de forma distinta a Skinner. Para él, estos ofrecen a la persona que ha aprendido información sobre las posibles consecuencias de ciertas conduc-

tas, que se realizan en circunstancias concretas (por ejemplo, si como un dulce antes de la hora de comer, me regañan, si me lo como después, no pasa nada). Asimismo, los reforzadores motivan porque hacen que se anticipen futuros resultados (por ejemplo, no me como el dulce ahora porque me van a regañar, mejor me lo como después).

A través de la imitación se aprenden muchas conductas, tanto simples como complejas, de manera más fácil que con el aprendizaje directo. Un niño aprende que el fuego quema sin necesidad de tocarlo, porque ha visto a otro que lo tocaba y se quemaba. Lo mismo pasa con el comportamiento anómalo, si los padres tienen fobias, o se comportan de manera agresiva, o abusan de sustancias como el alcohol y el tabaco, el niño puede adquirir estos comportamientos en gran parte, por observación.

### Mediadores de la conducta

UNO DE los conceptos más importantes que introdujo el aprendizaje social o por observación fue el papel de los procesos mediadores de los comportamientos, como la motivación, las expectativas de las consecuencias de ésta, la diferencia entre aprender algo y hacerlo, o no, según sean las circunstancias y los estímulos presentes, etc.

Los mediadores pueden ser cualquier proceso interno que media entre el estímulo y la respuesta, desde el miedo o la ansiedad hasta el mero hecho de pensar. Este concepto surgió al estudiar los reforzadores negativos, es decir, el producir una conducta para terminar algo desagradable, por ejemplo, presionar un botón para hacer que termine una descarga eléctrica.

Sin embargo, en cierto tipo de experimentos, los animales no solo aprendían a hacer que terminara el estímulo desagradable sino que aprendían a evitarlo para que ni siquiera empezara. Es decir, antes de producirse la descarga eléctrica se encendía una luz. Si mientras estuviera la luz encendida se apretaba el botón, no se producía ninguna descarga.

De acuerdo con las teorías del aprendizaje, si una respuesta no va acompañada de un estímulo, ésta se extingue, entonces los animales, ¿por qué seguían apretando el botón si nunca se acompañaba de descarga eléctrica? La solución vino dada por lo que se conoce como la **teoría de los dos factores**, de Orval Mowrer. Según esto, el animal por medio del condicionamiento clásico aprende a asociar el estímulo neutro (la luz) con la respuesta (miedo o ansiedad) que produce la descarga. Luego, por medio del condicionamiento operante, aprende la respuesta (apretar un botón) que elimina el acontecimiento aversivo. En este caso, no se elimina la luz, sino el miedo o la ansiedad que produce. Es decir, no hay extinción porque se reduce el suceso aversivo; que ya no es la descarga sino el miedo, que es lo que media entre ambos sucesos; el estímulo y la respuesta.

Así pues, la ansiedad puede ser considerada como una respuesta interna que se aprende como cualquier otra respuesta observable, y un impulso interno que puede motivar conductas de escape o evitación.

## EVALUACIÓN DEL CONDUCTISMO

Como veremos posteriormente, los principios básicos del aprendizaje han sido muy útiles en el desarrollo de diversas técnicas terapéuticas. No obstante, como cualquier otra corriente de pensamiento tiene sus aciertos y tiene sus fallos.

## CUALIDADES DEL CONDUCTISMO

Las contribuciones más importantes del conductismo a la psicología han sido fundamentalmente tres. El compromiso con la investigación y la experimentación objetiva y rigurosa, el reconocimiento de la importancia de los elementos ambientales y de la situación a la hora de influir en el comportamiento humano, y el desarrollo de diversos tratamientos eficaces en la modificación de la conducta.

## LIMITACIONES

Uno de sus mayores problemas es que en su intento por mantener objetividad y rigor en el estudio, la complejidad de la conducta ha sido simplificada en exceso, y muchos procesos y fenómenos mentales han sido ignorados.

El eslabón entre conducta sana y conducta anómala o patológica se reduce, pues ambas son aprendidas a través de los mismos mecanismos. Por otro lado, las causas de muchos trastornos mentales no han sido explicadas de manera convincente. Por ejemplo, si dos gemelos idénticos desarrollan un trastorno, la explicación será que ambos han estado sometidos a los mismos refuerzos, sin embargo, si sólo uno de los dos gemelos no idénticos lo desarrolla, la explicación será que han estado sometidos a refuerzos distintos. Esto hace que las explicaciones sean circulares y poco satisfactorias.

De la misma manera, el hecho de que un tratamiento basado en los principios del aprendizaje sea efectivo, no nos demuestra que la conducta anómala fuese adquirida de la misma manera. Por ejemplo, si una persona deprimida eleva su estado de ánimo dándole recompensas cada vez que se anima, no demuestra que su depresión estuviera causada por la falta de premios.

## EL CONDUCTISMO EN LA ACTUALIDAD

HEMOS PODIDO ver que el conductismo fue desarrollándose en el tiempo con la aportación de diversos estudios y teorías. En un principio, estos científicos no estaban muy interesados por las posibilidades terapéuticas que tenían sus descubrimientos, sin embargo, después de la Segunda Guerra Mundial, la cantidad de soldados con desórdenes mentales debidos a las terribles experiencias sufridas, hizo que se pusieran en práctica muchos de los conocimientos que se tenían sobre la conducta y su posible modificación (el psicoanálisis era demasiado largo y la ayuda que se necesitaba era urgente). De igual manera, sus programas terapéuticos empezaron a ser empleados en el tratamiento de aquellas personas a las que muchos especialistas daban por irremediables, como eran los esquizofrénicos crónicos, los retrasados, los autistas, algunos casos de adicción, etc. Así pues, se empezó a formar una corriente terapéutica que se estableció definitivamente como tal en la década de los 50 y 60.

El conjunto de métodos terapéuticos basados en el condicionamiento clásico y operante, reciben el nombre de **terapia de la conducta**, sin embargo, los psicólogos que prefieren emplear técnicas basadas en el operante, a menudo utilizan el término de **terapia de modificación de la conducta**.

Estas terapias tienen como objetivo el cambio de comportamientos específicos que sustentan los desequilibrios; potenciar el desarrollo de conductas adaptativas tanto motoras, fisiológicas o mentales; y trabajar con los elementos ambientales en los que se opera, y cuya manipulación y las consecuencias de ésta provocan y mantienen la conducta.

Los principios conductuales en los que se basan estas terapias son:

- El objeto central del tratamiento es la conducta, su cambio y modificación.
- La conducta anómala o problemática se aprende a través de los mismos mecanismos por los que se aprende la conducta normal.
- La conducta patológica no es un síntoma de conflictos subyacentes o de otras causas profundas.
- El problema y su tratamiento se centra en la actualidad, es decir, en lo que determina la conducta en el presente. El pasado sirve para informar de los elementos que influyeron en la conducta de hoy.
- Elementos genéticos, constitucionales o de predisposición, intervienen en los procesos de aprendizaje que finalmente determinan la conducta.
- El estudio del caso, el diseño y aplicación del tratamiento, así como la evaluación de los resultados deben ser realizados con métodos rigurosamente objetivos, estructurados y precisos.
- Los procesos no observables, como la ansiedad o el autoconcepto, deben ser evaluados a través de instrumentos que hagan posible su medición y observación (por ejemplo, la ansiedad se pue-

de medir u observar a través de diversas conductas motoras, de respuestas fisiológicas como sudoración y sequedad de boca, y por autoinformes, esto es, la persona describe lo que siente).

El papel del terapeuta es directivo (esto es, que dirige al paciente) e inductor. Define al paciente la situación de su problema, propone una hipótesis de trabajo y busca la participación activa del paciente.

## TÉCNICAS DE MODIFICACIÓN DE LA CONDUCTA

(DEBEMOS RECORDAR e insistir que nadie debería intentar poner en práctica las técnicas aquí explicadas sin la supervisión o sin el control de un especialista. Una terapia solo la podrá diseñar y ejecutar una persona preparada para este fin, que tendrá en cuenta todos los aspectos de un paciente y su situación, de otros problemas concomitantes, así como de la idoneidad de un método sobre otro).

Los métodos empleados pueden agruparse según se basen en un tipo u otro de aprendizaje o teoría conductual. De esta manera, se formarían cuatro bloques: técnicas de contracondicionamiento, de condicionamiento operante, de aprendizaje de observación y de autocontrol.

## CONTRACONDICIONAMIENTO

LA BASE sobre la que se asientan estas técnicas es el condicionamiento clásico. La conducta anómala (en general la angustia o el miedo) es un proceso que media entre la asociación estímulo/respuesta. El contracondicionamiento es esencialmente reaprender, y se consigue adquiriendo una nueva respuesta ante un estímulo que produce ansiedad, es decir, si por ejemplo nos dan miedo las multitudes, podemos aprender a relajarnos en vez de sentir angustia cuando nos encontremos en una situación pública.

## DESENSIBILIZACIÓN SISTEMÁTICA

ESTA TÉCNICA terapéutica fue desarrollada por Joseph Wolpe, y está basada en el principio de la **inhibición recíproca**. Como él mismo dijo, si una respuesta que inhibe (o impide) la ansiedad se puede producir ante la presencia de estímulos que la provocan, debilitará la conexión entre estos estímulos y la ansiedad. Es decir, dos respuestas emocionales contrarias, como la ansiedad y la relajación, no pueden ocurrir a la vez.

Básicamente la terapia consiste en enfrentarse gradualmente con la imaginación al estímulo temido. Wolpe observó que la mayoría de los miedos de sus pacientes eran abstractos o difíciles de reproducir en una clínica. El miedo a ser criticado, a fracasar, a las multitudes, etc., eran pues, mejor evocados a través de la imaginación. Los resultados de muchos estudios han indicado que la habilidad para tolerar pensamientos estresantes se sigue, por lo general, de una reducción de la ansiedad en situaciones reales de la vida.

### Método

LA SITUACIÓN (u objeto) temida se divide en una jerarquía de estímulos, que van desde el que produce menos miedo hasta el que produce más. Por ejemplo, un paciente con fobia a las arañas explica que lo que menos miedo le da es ver escrita la palabra «araña», después que se hable de ellas, verlas en la televisión, verlas de lejos en la vida real, verlas de cerca, las que son muy peludas y grandes, tocarlas, etc.

Antes que nada, el paciente debe aprender unas técnicas de relajación para poder enfrentarse al estímulo. Así, empezando por la situación menos temida (ver escrita la palabra) y estando relajado, el paciente empieza a imaginársela hasta que logra hacerlo sin sentir nada de ansiedad. Una vez superada por completo esta primera situación, se pasa a la siguiente y así sucesivamente hasta que la última puede ser imaginada sin que produzca ninguna tensión o miedo.

Aunque parece un método fácil, a menudo aplicarlo de manera correcta es complicado. El terapeuta debe establecer y cuantificar la ansiedad, por medio de cuestionarios, observaciones o juegos de roles. El miedo del paciente ha de ser irracional, esto es, el paciente sabe que su temor no es lógico en el sentido de que la situación no entraña un peligro real (por ejemplo, la mayoría de las arañas no son peligrosas, las que lo son difícilmente se encuentran en el ambiente de la persona), y no está basado en creencias atávicas fuertemente asentadas en su grupo social.

La desensibilización suele ser muy eficaz en el tratamiento de los trastornos de ansiedad; del control de los impulsos, por estrés postraumático; y en otros casos en los que la angustia está presente. No obstante, hoy en día es raro que se utilice en exclusiva, por lo general, se suele aplicar junto con otras técnicas.

## Variaciones

EXISTEN MÚLTIPLES variaciones de este método. Entre ellas destacan: la **desensibilización en vivo**, en las ocasiones aunque esto sea posible como en el caso de algunas fobias específicas; **por modelado** o **emotiva**, que son dos formas que se suelen emplear con niños: en la primera el niño observa como un modelo (por ejemplo, el terapeuta) se va exponiendo gradualmente a los estímulos temidos y luego los imita, y en la segunda se incluyen, por ejemplo, personajes populares infantiles en la jerarquía de situaciones temidas, por ejemplo, Superman se acerca a las arañas; **automatizada**, se usa tecnología para representar las situaciones, se utilizan vídeos, casetes e incluso programas de realidad virtual.

## Evaluación de la técnica

A PESAR de su eficacia, estudios posteriores plantearon dudas en cuanto a la función de algunos elementos del método. Según muchos psicólogos, la desensibilización es eficaz no por el efecto de inhibición que sobre la ansiedad tiene la relajación (porque sea incompatible con ésta), sino por el mero hecho de enfrentarse a la situación u objeto temido. En este caso, la relajación puede ser simplemente una manera útil de animar a una persona ansiosa a enfrentarse con lo que de otra manera evitaría.

Exponerse al estímulo es efectivo si permite a la persona comprobar que sus expectativas (o predicciones) de lo que pasaría (si se enfrentase a aquello) que le produce ansiedad, no se cumplen. Y enfrentarse gradualmente a esto, le sirve para ir aumentando la confianza en sí mismo y en poder manejar la situación.

El paciente se acostumbra (o se habitúa) a lo temido, lo percibe de manera distinta, y lo asocia a sus propias experiencias, que ahora son menos angustiosas con el estímulo.

## RELAJACIÓN

SE PUEDE definir como un estado de baja activación en el que también se reduce el nivel emocional, especialmente de las emociones que crean tensión como la ansiedad, el miedo, la ira, etc. Muchos estudios han confirmado su eficacia en el tratamiento de diversos trastornos mentales y físicos.

Uno de los primeros métodos de entrenamiento en relajación fue desarrollado por el psiquiatra alemán Johann Schultz, y se conoce como **entrenamiento autógeno**. Esta técnica tiene como antecedente la hipnosis y las sensaciones que los pacientes experimentaban durante las sesiones. El método consistía en enseñar a éstos a concentrarse en determinadas imágenes mentales como un objeto, un color o un concepto abstracto, y luego a autoinducirse sensaciones de calor y pesadez corporal. De esta manera, lograban desconectar el organismo y entrar en un estado parecido al hipnótico pero menos profundo. Schultz concluyó que las razones de la relajación eran la distensión muscular (sensación de pesadez) y la dilatación vascular (sensación de calor).

Otro de los métodos más utilizados es el conocido como la **técnica de Jacobson** o **relajación progresiva** (es casi el más utilizado con la desensibilización sistemá-

tica). En un principio, Edmund Jacobson estudiaba la relación entre las conductas ansiosas y las respuestas de sobresalto, y pronto descubrió que éstas se relacionaban con el tono muscular, es decir, observó que las personas que estaban tensas se sobresaltaban mucho más que las que no lo estaban. Esto le llevo a desarrollar una serie de ejercicios de distensión muscular con los cuales los pacientes aprendían a contraer los músculos, para notar y distinguir la sensación, y acto seguido a relajarlos. Se empezaba trabajando los brazos, para seguir con las piernas, luego el abdomen, los pulmones, etc., así hasta generalizar el ejercicio a todos los músculos. El objetivo era que el paciente pudiera llegar a la relajación con un recorrido mental de todo el cuerpo.

Existen numerosas formas de relajación que cumplen los mismos objetivos. Algunas de ellas provienen de las filosofías orientales como el yoga, el control de la respiración, la autosugestión, etc. No obstante se ha de tener cuidado, la relajación profunda en algunos pacientes puede provocarles bajadas de tensión o pérdidas temporales del contacto con la realidad.

## EXPOSICIÓN

ESTAS TÉCNICAS se pueden considerar como variantes de la desensibilización sistemática. El objetivo es que la ansiedad desaparezca por extinción, es decir, cuando se presenta de manera continuada el estímulo temido (como las arañas) y se impide que el paciente realice su conducta de escape o de evitación, la ansiedad se irá extinguiendo. Las técnicas se realizan con la imaginación del paciente acompañadas de descripciones verbales muy realistas por parte del terapeuta.

## Implosión

CONSISTE EN exponer al paciente directamente a lo que, en la desensibilización, sería la situación que más miedo produce. No hay exposición gradual ni ejercicios de relajación previos. La eficacia se explica porque la ansiedad del paciente se mantiene a tan alto nivel, que lo único que puede ocurrir es que ésta disminuya (más ansiedad no se puede sentir). De alguna manera, el paciente se sacia o se satura de ansiedad. Como se impide que el paciente evite o escape a la situación, estas respuestas ya no funcionan como señales de seguridad, y así, la ansiedad se extingue. En estos casos es fundamental la asistencia de un profesional, pues el paciente se enfrenta de manera muy brusca a las situaciones que más teme.

## Inundación

ESTA TÉCNICA es igual que la implosión pero en vivo, esto es, el paciente se expone en la realidad al objeto o situación temidas. Comparando la eficacia de la desensibilización con la implosión, diversos estudios no encontraron diferencias (ambas eran igual de eficaces), sin embargo, comparando la implosión con la inundación, se observó que esta última era mucho más eficaz. Hoy en día se considera este método como el más efectivo y de resultados más duraderos, en el tratamiento del miedo. En especial para el tratamiento de la ansiedad, las fobias sociales y específicas, la agorafobia, las obsesiones y las compulsiones.

## Práctica masiva

SERÍA COMO una inundación para las conductas, es decir, la realización continuada y masiva de un hábito involuntario, hasta lograr saciar al paciente. Se utiliza mucho en el tratamiento de los tics.

## TERAPIAS AVERSIVAS

LOS MÉTODOS aversivos son también similares a la desensibilización pero con objetivos distintos. La respuesta que se enseña es la de ansiedad, para sustituir a una respuesta considerada como no adaptativa. La terapia de aversión puede ser considerada como un castigo, que pertenecería al supuesto teórico del condicionamiento operante. La diferencia estaría en que con la técnica clásica se asociaría un estímulo con un acontecimiento aversivo, mientras que con la operante sería una respuesta lo que se asociaría con lo aversivo.

Los desórdenes que más se han tratado con este tipo de terapia son el alcoholismo y otras adicciones como el fumar o el comer compulsivamente. Los estímulos aversivos pueden ser de diversas clases. Entre ellos están las descargas eléctricas (por supuesto, muy leves, suelen ser algo dolorosas pero nunca peligrosas), sabores u olores desagradables, el uso de fármacos que producen sensaciones aversivas, etc.

## Terapia aversiva

CON ESTE método, una respuesta no deseada a un estímulo en concreto es eliminada asociando este estímulo con otro, que es aversivo. Por ejemplo, el alcohol es asociado con un medicamento emético (esto es, que hace vomitar o produce náuseas), de esta manera, las náuseas o el vómito se convierten en una respuesta condicionada al alcohol. En un programa típico, se le da al paciente el fármaco emético, antes de que haga efecto, se le da un vaso de, por ejemplo, ginebra, que tiene que oler, saborear y tragar. Así, después de presentaciones repetidas, acaba asociando el alcohol con el malestar. Entre las sesiones se le puede ofrecer bebidas no alcohólicas para que no generalice las náuseas con la conducta de beber en general.

Varios estudios han comprobado que las nauseas asociadas al sabor del alcohol o a la inhalación de nicotina pueden producir una aversión estable a esos estímulos y conseguir una abstinencia duradera.

### Condicionamiento encubierto

Es UNA variante de la aversión con elementos de la desensibilización sistemática. El término encubierto implica que tanto el comportamiento a eliminar (por ejemplo, beber o fumar) como el estímulo aversivo con el que se va a asociar, son imaginados por el paciente. Este debe visualizar mentalmente los acontecimientos que llevan a la conducta no deseada (por ejemplo, acercarse al bar, poner hielo en un vaso, coger la botella, etc.), y en ese mismo instante imaginar la náusea u otra sensación desagradable. El paciente puede ser instruido también para imaginar una situación alternativa o de alivio, es decir, imaginarse que la decisión de no beber va acompañada de sensaciones muy agradables. En la actualidad se prefiere este método a la terapia aversiva, aunque no se haya demostrado que sea mejor, es decir, ambos métodos parecen igual de efectivos.

Este tipo de técnicas son muy controvertidas por razones éticas y han sido muy criticadas. El infligir dolor, malestar o castigo a las personas, aun cuando lo pidan ellas, es algo contrario al impulso positivo y constructivo de la psicología conductual. Hoy en día existen métodos más positivos para enseñar nuevos comportamientos que sustituyan los que no son deseables. Sin embargo, en algunos casos parecen ser necesarias, por ejemplo en el trastorno infantil de hábitos motores, en un niño con una conducta autolesiva severa y peligrosa (como cortarse o llegar a amputarse partes de su cuerpo), la técnica aversiva es la más rápida y eficaz.

## TÉCNICAS OPERANTES (O MODIFICACIÓN DE LA CONDUCTA)

PODRÍAMOS DECIR que la utilización de premios y castigos a la hora de aprender, mantener, realizar o eliminar una conducta, siempre ha formado parte de la sabiduría popular para la educación de los niños, el adiestramiento de animales, e incluso en nuestra elección de hacer algo en un momento dado en vez de en otro dependiendo de las posibles consecuencias. En general, los reforzadores empleados en la vida cotidiana han sido las palabras de halago, regalos como premio, comida, castigos, etc.

Los programas de modificación de la conducta se centran en una conducta específica, marcan un objetivo concreto de cambio, modificación o eliminación de ésta, diseñan una estrategia adecuada y supervisan los progresos cuidadosamente. Las técnicas operantes se pueden clasificar en aquellas dirigidas a incrementar la conducta, y las centradas en su reducción.

## TÉCNICAS PARA INCREMENTAR LAS CONDUCTAS

- **Principio de Premack:** está basado en la idea de que si dos conductas cualesquiera difieren en su probabilidad momentánea de ocurrir, el realizar la más probable puede servir de refuerzo para realizar la menos probable. Por ejemplo, si una madre sabe que su hijo prefiere ver una película antes que limpiar su cuarto, el permitirle ver la película puede funcionar como reforzador para que ordene su habitación.

- **Moldeamiento:** esta técnica suele utilizarse sobre todo en educación especial (fue ideada para trabajar el desarrollo del lenguaje en los niños autistas con serios problemas de comunicación), y consiste en lograr una conducta deseada a través del refuerzo de conductas que se van aproximando al objetivo. En el caso de los niños autistas, se les halagaba verbalmente y se les ofrecía alguna golosina cada ver que el niño realizaba algún contacto ocular o atendían al terapeuta (lo cual es muy inusual), luego poco a poco, cuando hacían algún sonido o imitaban alguna acción, y así hasta que pronunciaban una palabra o finalmente alguna frase. Sin embargo, no es tarea fácil, a menudo, estos niños necesitaban cientos e incluso miles de reforzadores y mucho tiempo y trabajo antes de que pudieran nombrar algún objeto.

  Este método resulta eficaz también para enseñar a los retrasados mentales profundos (niños y adultos) diversas acciones como vestirse, comer o higiene personal (esto es, ir al baño). Por lo general, el moldeamiento suele ir acompañado de otras técnicas como la imitación de modelos, refuerzo social, instrucciones verbales, etc.

- **Encadenamiento:** es muy similar al moldeamiento. Consiste en lograr una conducta a partir de otras más sencillas que ya posee la persona (es decir, no ha de aprenderlas) y cuya combinación se refuerza. La respuesta inicial, presenta una serie de pistas para iniciar la siguiente conducta, y así hasta que se consigue el objetivo. Por ejemplo, enseñar a hacer una cama, lo primero se estiran las sábanas, y se enseña que cuando están estiradas falta la manta. Se pone la manta y sólo cuando está puesta se pone la almohada, para terminar, la colcha.

- **Economía de fichas:** este método se basa en el concepto de reforzadores secundarios, y consiste en dar fichas (generalmente del tamaño de una moneda grande, de plástico y de colores) a cambio de comportamientos deseados y adecuados. Estas fichas luego se pueden cambiar por ciertos reforzadores primarios que sean del agrado del paciente.

Las primeras investigaciones sobre esta técnica se realizaron en un hospital psiquiátrico, con pacientes esquizofrénicos crónicos a los que se recompensaba con estas fichas por la realización de conductas como hacer la cama, peinarse o lavarse los dientes. Los comportamientos raros o no adecuados que algunos hacían (como meter su cara en la comida o ser agresivo) se ignoraban y no se premiaban. Estas fichas podían ser luego cambiadas por privilegios como ir al cine, escuchar discos, visitas extra a la cafetería, etc.

Esta técnica supuso una revolución terapéutica porque demostró cómo pacientes con diversos trastornos mentales muy severos y debilitantes podían aprender a funcionar por sí mismos en aspectos importantes para su persona como el autocuidado, tareas domésticas básicas, cooperación y las relaciones sociales. De igual manera, hizo notar cómo muchos de los comportamientos psicóticos o anómalos de los pacientes eran mantenidos por los enfermeros y cuidadores, reforzándolos por el simple hecho de prestar atención a estas conductas.

Las reglas de la economía de fichas deben ser establecidas cuidadosamente entre el terapeuta y el paciente o grupo de pacientes. Ha de quedar claro cómo se cambian las fichas por premios, qué tareas son las que se recompensan, cuánto «vale» cada tarea, qué tipo de premios se pueden obtener, etc.

- **Contratos conductuales:** como su nombre indica, es un contrato escrito entre el paciente y el terapeuta, en el que ambos acuerdan las acciones a realizar (por el paciente). La obligación de cumplir el contrato se establece por medio de reforzadores y castigos (esto es, quedan establecidas las consecuencias de su cumplimiento o de su no cumplimiento). A menudo, los contratos implican a todos los miembros de la familia del paciente junto con el terapeuta. La conducta objetivo se logra a través del cumplimiento de contratos a corto plazo que se acuerdan, por ejemplo, de sesión en sesión, a modo de «deberes» para casa.

## TÉCNICAS PARA REDUCIR CONDUCTAS

- **Extinción:** este principio del aprendizaje se basa en que la retirada de un refuerzo que mantiene una conducta hará que la frecuencia de ocurrencia de ésta disminuya e incluso desaparezca. Por ejemplo, cuando el mal comportamiento de un niño es ignorado por completo, en el sentido de que los padres no atienden a él, el niño verá que de esa manera no llama la atención y dejará de hacerlo.

- **Tiempo fuera:** consiste en desplazar a la persona de un ambiente en el cual puede recibir refuerzos positivos por su conducta (por ejemplo, el niño se comporta mal en el salón, que es donde están sus padres y donde probablemente atenderán a su conducta, lo que la reforzará). Más que simplemente ignorar el comportamiento no deseado, que sería extinción, lo que se hace es trasladar a la persona por un tiempo determinado a un ambiente en el cual no puede recibir ningún refuerzo. Por ejemplo, llevar al niño a una parte de la casa aburrida como un rincón donde sólo hay una mesa y una silla, sin nada que distraiga al niño y le pueda reforzar la conducta. Este método suele ser útil cuando no se pueden controlar las fuentes de los reforzadores, y suele aplicarse a niños con problemas de conducta, agresivos e hiperactivos.

- **Sobrecorrección:** es un método de castigo que consiste en reparar en exceso las consecuencias que haya tenido una conducta. Tiene dos variantes, la **restitución**, por la cual la persona ha de restaurar el ambiente que ha dañado y además mejorar su condición original. Por ejemplo, si un niño agresivo tira las sábanas de su cama en vez de hacerla, deberá no solo hacerse su cama de manera correcta sino además hacer otras camas. La otra variante es la **práctica positiva**, que es similar a la práctica masiva, pero, en este caso, se repite muchas veces una conducta que ha sido positiva y adecuada para mantenerla y aumentar la probabilidad de su repetición en el futuro.

- **Saciación:** es un procedimiento muy similar a la práctica masiva. Por un lado, se puede hacer que el paciente repita y repita la conducta inadecuada hasta que se sacie (por ejemplo, un tic, una compulsión), o presentarle el reforzador que mantiene la conducta de forma intensiva para que ésta pierda su valor. Esta última manera se suele utilizar con el hábito de fumar. La persona que desea dejarlo, fuma y fuma, muy rápido y mucho hasta que no puede más, hasta que se empacha y deja de encontrar placentero el sabor de los cigarrillos y el fumar.

- **Refuerzo de conductas alternativas:** se refuerzan las conductas que son incompatibles o alternativas a las conductas no deseadas. Por ejemplo, en el tratamiento de los tics, se le enseña al paciente a bostezar cuando ocurre un tic motor (de movimiento) o a cantar cuando ocurre un tic vocal.

- **Refuerzo de otras conductas:** en este caso se refuerza cualquier conducta que realice el paciente excepto la que se desea eliminar. Suele ser muy eficaz, sin embargo, ha de controlarse bien puesto que con este método se pueden reforzar otras conductas no deseables distintas al objetivo. Si queremos eliminar la conducta de tirar la comida de un niño retrasado, se reforzarán todas las demás excepto esa. Esto es, el coger el cubierto, tocar el plato, comer pan, usar la servilleta..., etc., el problema es que podemos reforzar también el que juegue con la comida, que no use bien el tenedor,

que coma más pan que comida, etc.

- **Coste de la respuesta:** cada vez que se produce la respuesta no deseada, se retira un reforzador positivo. Es muy similar a un castigo.

- **Técnicas aversivas:** se utilizan las mismas que para el contracondicionamiento, pero en este caso se asocia la respuesta (y no el estímulo) con lo aversivo (al igual que en la sección anterior, los estímulos aversivos pueden ser olores y sabores desagradables, sensaciones irritantes e incómodas, pequeñas descargas eléctricas, etc.)

## APRENDIZAJE DE OBSERVACIÓN

COMO VIMOS en la sección de aprendizaje social, este es un método muy sencillo y que todos hemos utilizado de alguna forma u otra. Es sabido que tanto los niños como los adultos pueden perfectamente adquirir respuestas complejas (sobre todo de socialización) de esta manera, se explica cómo eliminamos las inhibiciones emocionales por el simple hecho de observar a otros como se manejan así mismos en las mismas circunstancias.

Varios estudios han comprobado que muchas personas fóbicas pierden el miedo (o al menos éste se reduce) al objeto temido viendo como otros se acercan y lo manipulan sin problemas. Muchos niños autistas y retrasados han aprendido habilidades sociales de esta manera, y muchas personas con problemas sexuales los han superado viendo vídeos especiales donde, de manera pedagógica, otras personas practican diferentes actividades sexuales. Estos métodos son también muy útiles para enseñar habilidades sociales (cómo presentarse y conversar con desconocidos, cómo estar en diversas situaciones, etc.), y en el entrenamiento en autoafirmación.

- La imitación de modelos suele ser más efectiva cuanto más sencilla sea la conducta a imitar, y cuanto más parecido sea el modelo con el paciente (en sexo, edad, actitudes, etc.). Es frecuente que se utilicen, además, reforzadores de esas conductas cuando el paciente las realice.
- Los modelos a imitar pueden ser observados en vivo, esto es, ver en directo en la consulta a personas haciendo las acciones o con diversas actitudes; en vídeo (preferible para las sesiones con grupos de pacientes); en forma verbal, es decir, el modelo dice en voz alta sus pensamientos cuando resuelve un problema, por ejemplo, diciendo: «veamos, si no lo puedo hacer así, voy a probar de esta otra manera». Esta forma verbal de modelado es a menudo más eficaz que simplemente observando al modelo resolver el problema sin hablar. Además, de esta forma se pueden adquirir pautas de pensamiento positivas. Otra forma de imitación es la encubierta, en este caso, el paciente imagina al modelo.

## AUTOCONTROL

EL PROPÓSITO es que la persona aprenda a controlar y regular su propia conducta, tanto la positiva como la negativa. Para esto es preciso que el paciente aprenda a autoobservarse (cuándo, cómo, porqué, con cuánta frecuencia surgen las conductas que desea cambiar, etc.) identificando las conductas que antes le pasaban desa-

percibidas, a auto-evaluarse y a auto-reforzarse por el control o cambio de su propia conducta. El terapeuta debe ayudarle a conseguirlo enseñándole técnicas para hacerlo de manera apropiada (utilizando el contracondicionamiento; aplicando refuerzos y enseñando a que se los autoaplique; usando contratos conductuales, métodos de autoobservación; programando tareas para casa; enseñando a controlar los estímulos ambientales, etc.). Y finalmente supervisando y discutiendo con el paciente sus progresos o dificultades, de esta manera, se reconocen y consolidan los cambios logrados, se descubre la estrategia que más ha ayudado y se emplea siempre que vuelvan a surgir los problemas

## ENTRENAMIENTO EN ASERTIVIDAD

ESTA TERAPIA fue desarrollada por Andrew Salter, pues observó que mucho sufrimiento humano se debía a un exceso de inhibición, por tanto, se trata de fomentar la expresión de los sentimientos, pensamientos y creencias a las personas inhibidas socialmente, siempre respetando los derechos de las otras personas.

También se incita el uso de la expresión facial y corporal; el que aprendan a contradecir cuando se discrepa; a estar de acuerdo, a decir que no; a improvisar o responder en el momento sin pensárselo mucho y sin miedo; a hacer peticiones; la espontaneidad; la libertad de expresión, para lograr una mayor libertad emocional, etc. Dicho de otro modo, la asertividad es la autoafirmación; el hacerse valer; y luchar por los derechos, el tiempo y las energías de uno.

De manera similar al entrenamiento en habilidades sociales (*véase* capítulo «Te-

rapias cognitivas»), las técnicas empleadas para la adquisición de asertividad son
la información sobre conductas apropiadas e inapropiadas con respecto a las relaciones o interacciones sociales, la imitación de modelos, el juego de roles, la
desensibilización sistemática, cuando el
paciente siente ansiedad anticipatoria ante
alguna situación específica, reestructuración cognitiva, etc.

## RETROALIMENTACIÓN (*FEEDBACK*)

SE TRATA de proveer a la persona (paciente) con información inmediata, precisa y
directa, sobre los cambios apropiados y
correctos de su conducta, de manera que
pueda percibirlos y se facilite su control.
De alguna manera, se puede considerar
como un refuerzo en términos conductuales y cognitivos, por ejemplo, un niño con
problemas de atención que realiza una tarea como la resolución de un puzzle, en
menos tiempo que la última vez, se le in-
forma inmediatamente de su mejora y
esto suele motivarle. No obstante, se trata
simplemente de información que ayuda a
la persona a programar la estrategia, a
evaluarse, y sobre todo a dirigir su conducta. En psicología social puede ser
cualquier reacción del ambiente (incluidas las de los demás) que sirva de base
para futuras acciones. Una sonrisa como
respuesta a tu sonrisa, se considera *feedback* social. De la misma manera, el *biofeedback* es información sobre la actividad de las funciones fisiológicas como el
pulso, la temperatura, etc.

Se puede concluir, generalizando, que
el término puede ser usado para designar
cualquier información inmediata, precisa
y directa recibida sobre el funcionamiento
de uno o más componentes de un sistema
(cuerpo, conducta, interacción), y que
conlleva la modificación de su funcionamiento.

# Terapias cognitivas

Bajo el término de cognición se engloban todos los procesos y estructuras que se relacionan con el conocimiento y la conciencia, como percibir, reconocer, concebir, representar y conceptuar, juzgar, razonar, planificar, etc. Es decir, se engloban todo tipo de conductas mentales de naturaleza abstracta que implican el procesamiento de la información, el uso de reglas complejas, las creencias, la intencionalidad, las expectativas, la imaginación, la resolución de problemas, etc.

Como vimos en el capítulo «Teorías y terapias conductuales», el principal interés de estas últimas era la manipulación directa del comportamiento observable y, alguna que otra vez, del no observable. El objetivo era promover un cambio en la conducta, tanto aumentando o facilitando unas como reduciendo o eliminando otras, a través de técnicas de intervención directamente sobre el comportamiento (reforzadores positivos y negativos, castigos, asociaciones estímulo-respuesta, imitación de modelos, etc.).

Sin embargo, se prestaba muy poca atención a la manera de pensar del paciente, a sus motivaciones, a su personalidad...

Según estas teorías se iban desarrollando y perfeccionando, el papel de los procesos cognitivos (como el pensar) empezaba a tener más importancia a la hora de explicar tanto la adquisición de una conducta como su mantenimiento y cambio.

## PUNTOS CLAVE

SE PUEDE decir que la teoría cognitiva es una vuelta a los procesos internos del ser humano, al estudio de la actividad mental y de su papel dirigiendo la conducta. En la actualidad se ve a la persona como un ente activo que usa procesos cognitivos para representar mentalmente eventos, anticipar el futuro, elegir entre posibles maneras de actuar y comunicarse con los demás. Estas cogniciones le dan, asimismo, una idea de sí mismo, de los otros y del mundo, y son fundamentales tanto en el origen y mantenimiento de los trastornos mentales como en su respuesta al tratamiento.

Desde esta perspectiva se rechaza la conceptualización del ser humano como víctima pasiva de impulsos inconscientes o de su propia historia, así como de ser un actor pasivo en el ambiente que le rodea. Las teorías que subrayan la importancia de los factores internos excluyendo la importancia de los factores ambientales (por ejemplo, las psicodinámicas) se desestiman porque no consideran la capacidad de reacción y de respuesta del individuo ante las situaciones variables o distintas. De la misma manera, las teorías que sólo consideran los elementos ambientales (por ejemplo, las del aprendizaje) tampoco se aceptan pues no tienen en cuenta la importancia de los procesos mentales en el funcionamiento humano.

Las terapias cognitivas siguen siendo conductuales en su utilización de tratamientos basados en la actuación de la persona y en su compromiso de búsqueda de cambio. También utilizan el método científico (rigor, objetividad, medidas estadísticamente válidas, control de variables, validez y fiabilidad) para evaluar los procesos y los resultados terapéuticos, para el desarrollo de teorías y diseño de tratamientos, y para el estudio de los procesos internos anómalos (patológicos) tanto en situaciones normales como artificiales (en el laboratorio).

Consideran que la conducta y la cognición se influyen mutuamente de manera continua y recíproca. Nuevas conductas pueden alterar la manera de pensar, y nuevas maneras de pensar pueden facilitar nuevas conductas. Y por añadidura, el ambiente (los elementos ambientales) ejerce su influencia también en el pensamiento y en la conducta, y viceversa, la conducta y el pensamiento influyen en el ambiente.

## UN AUTOEXPERIMENTO

PARA PODER comprobar cómo interpretamos las situaciones dependiendo de nuestras creencias, cómo nuestro pensamiento está influido por la experiencia y los conocimientos pasados y cómo integramos la información nueva en nuestro conocimiento previo leamos la siguiente situación:

«...Emilio es un hombre que se está preparando el desayuno. El café ya ha salido de la cafetera y no hay leche, así que decide tomarlo solo. Hoy no tiene hambre. Mientras lo toma, lee con mucho interés el periódico y podemos ver que su ceño está fruncido. Acto seguido se levanta para servirse una segunda taza de café. Cuando su mujer se sienta con él, discuten la posibilidad de comprar una lavadora nueva. Luego hace unas cuantas llamadas telefónicas, y cuando sale de la casa piensa que el verano está al caer y que probablemente los niños querrán ir a la playa de nuevo. De pronto, el coche no quiere arrancar, sale de él dando un portazo, y se dirige hacia la parada del autobús de muy mal humor. Va a llegar tarde... » (texto basado en *Davidson and Neale,* 97).

Ahora volvamos a releer el texto pero añadiendo la palabra «parado o desempleado» después de la palabra hombre. ¿No ha cambiado algo? Y ahora volvamos a leerlo pero cambiando parado por «agente de bolsa». Por el simple hecho de añadir una etiqueta al personaje, nuestra percepción de lo que pasa en la historia cambia, tendemos a atribuirle sentimientos que el texto no nos indica, e incluso nos es fácil imaginar qué sección del periódico estará leyendo. Es una manera más de hacer predicciones sobre el mundo, utilizando conocimientos previos, creencias y expectativas. Si tuviéramos que analizar al detalle cada situación nueva que nos encontrásemos para integrarla en nuestro conocimiento, no habría tiempo suficiente en la vida, ni estaríamos seguros nunca de cómo actuar. De esta manera, nuestra cognición economiza.

## TERAPIAS COGNITIVAS

Los primeros pasos hacia el desarrollo de las terapias cognitivas se dieron desde la perspectiva conductual cuando se empezó a considerar el aprendizaje del comportamiento como algo mucho más complejo que la formación de asociaciones entre estímulos y respuestas. Las cogniciones, esto es, las atribuciones, las creencias, las expectativas y las memorias sobre uno mismo y sobre los demás, así como de las situaciones, son los elementos que importan a la hora de determinar las emociones y las conductas. Según la manera como interpretemos un hecho, éste nos generará una emoción, la interpretación que hagamos y la emoción que nos produzca determinarán nuestra conducta.

Diferentes personas hacen interpretaciones muy distintas del mismo acontecimiento, por ejemplo, sentir palpitaciones en un momento dado es algo que la mayoría de la gente no suele dar importancia. Sin embargo, hay personas que interpretarán la sensación como alarmante y se preocuparán. Al percibirlo como una amenaza, se producirá una respuesta de ansiedad, que a su vez causará más alarma, y así hasta crear un círculo vicioso que es capaz de mantener la angustia. El acontecimiento no cambia, cambia la interpretación que hacemos de él.

Desde esta perspectiva, los problemas mentales se consideran como los resultados de cogniciones distorsionadas, inco-rrectas y no adaptativas, en lo que respecta a uno mismo, los demás y el mundo. Esta manera errónea de procesar la información produce sentimientos y conductas problemáticas, que a su vez distorsionan más el pensamiento. Las terapias cognitivas implican una colaboración entre el paciente y el terapeuta para determinar qué cogniciones distorsionadas crean el problema, y cambiarlas por otras más realistas y adecuadas.

Podemos distinguir dos corrientes teóricas en las que se basan estas terapias, las de **reestructuración cognitiva**, que tienen como objetivo la modificación de los patrones erróneos del pensamiento y se consideran como las iniciadoras de la terapéutica cognitiva, y los **procedimientos cognitivos-conductuales**, que combinan técnicas de modificación de la conducta con la modificación de las creencias que la persona tiene de los demás y del mundo (no obstante, debemos añadir que las técnicas de reestructuración cognitiva también usan métodos conductuales).

## TERAPIAS DE REESTRUCTURACIÓN COGNITIVA

### TEORÍA DE LOS CONSTRUCTOS PERSONALES

SE TRATA de una teoría sobre la personalidad que fue desarrollada en la década de los 50 por George Kelly, y que se considera uno de los primeros enfoques cognitivos en cuanto a su aplicación clínica y terapéutica.

Kelly considera a la persona en su totalidad y no sólo a algunos aspectos de ésta, como ciertas conductas o ciertos problemas, por lo que el terapeuta debe considerar al paciente desde múltiples perspectivas a la vez. También le interesa cómo cada individuo percibe, interpreta y construye el mundo en función de las experiencias y conocimientos que ya posee, y cómo su comportamiento varía según sean estas interpretaciones.

### Concepto cognitivo

LAS MANERAS por las cuales percibimos, entendemos, predecimos y controlamos el mundo las denomina **constructos**. Dicho de otra forma, son maneras de procesar y utilizar la información, y de organizar la realidad. Se pueden expresar como un par de adjetivos bipolares, por ejemplo, bueno/malo, interesante/aburrido, culpable/inocente, etc. Los hay más simples como varón/mujer; más abstractos, que en este caso se usan pero no tienen forma verbal de expresarse (como las sensaciones); otros son de cantidad; otros de calidad, etc. Según la teoría, se combinan entre sí para catalogar todo tipo de acontecimientos, es decir, no todo es bueno o malo; si añadimos el constructo de cantidad mucho/poco obtendremos una manera de ver algo como más bueno, bueno, menos bueno, malo..., etc. El organizar la realidad según nuestros constructos, nos facilita hacer predicciones sobre ella, y por tanto, actuar en consecuencia.

Cada persona tiene su propio sistema de constructos que está compuesto por éstos y por las relaciones entre ellos. Algunos son **centrales** o fundamentales para el funcionamiento del individuo, y su cambio tiene grandes consecuencias en el sistema de dichos constructos. Otros son **periféricos** o menos importantes para el funcionamiento, y pueden ser cambiados

sin mucho perjuicio para la estructura del sistema. Un ejemplo de lo que sería un constructo central podrían ser nuestros valores éticos, y uno que sería periférico podría ser el concepto de bello/feo.

Kelly también propone que el sistema de constructos debía estar organizado jerárquicamente; unos serían **de orden superior**, esto es, incluyen otros elementos en su contexto, y otros serían **subordinados**, o que pueden incluirse en otros de orden superior. Por ejemplo, los constructos bonito/feo o listo/tonto pueden ser subordinados del de orden superior bueno/malo.

En general, las personas tenemos un sistema flexible pues debemos mejorarlo y adaptarlo con arreglo a la experiencia. Podemos ampliar el contenido de un constructo o aplicarlo a un mayor número de acontecimientos, o por el contrario, podemos reducirlo o aplicarlo a un menor número de situaciones. Por ejemplo, si una chica tiene el constructo de solidaria/egoísta, y considerándose solidaria se ve actuando de manera egoísta, puede aumentar su constructo e incluir «comportamiento egoísta» dentro de «persona solidaria», o, lo que es más probable, puede reducirlo a «solidaria con personas importantes» para ella, más que con todo el mundo en general.

La conducta de una persona se puede interpretar como una expresión de su sistema, y se diferenciará de las demás personas en el contenido de sus constructos, en la organización de éstos (central/periférico, superior/subordinado), en los que más utilizan para interpretar y predecir el mundo (por ejemplo, interpretar un acontecimiento en términos de bueno/malo y no hacerlo de otra manera como «adecuado al momento/no adecuado al momento»), y en su disponibilidad para el cambio.

## Problema cognitivo

DE ESTE modo, la psicopatología se entiende como un desorden en el funcionamiento del sistema (recordemos que éste no es algo ajeno a la persona sino parte de sí misma, es su manera de entenderse a sí mismo, a los demás y al mundo). El mal funcionamiento del sistema implica:

* Problemas en las maneras de aplicar los constructos a los eventos nuevos, es decir, los constructos pueden ser muy permeables y admitir todo tipo de contenidos nuevos en ellos, lo que significaría hacer generalizaciones excesivas o estereotipos de las personas y de los acontecimientos. También pueden ser lo contrario, impermeables, rígidos y cerrados.
* Problemas a la hora de usar los constructos para hacer predicciones y actuar en consecuencia. Pueden ser muy **firmes** o muy **vagos**, en ambos casos se ignoran las circunstancias. Un ejemplo de predicción firme excesiva sería la del obsesivo/compulsivo, que espera de manera rígida que la vida sea la misma a pesar de lo que cambien las circunstancias, y un ejemplo de predicción vaga excesiva sería la del psicótico cuyo sistema de constructos es muy caótico, irrelevante y poco consistente en el tiempo.
* Problemas en la organización del sistema, en su capacidad de adaptación cuando surgen incompatibilidades. Puede haber extrema **constricción** o **dilatación**; un ejemplo del primero se-

ría una persona deprimida que limita sus intereses, estrechando su atención hacia áreas cada vez más pequeñas. En el caso más extremo estaría el suicidio, donde la constricción del sistema es tal que la persona no puede manejar su entorno. Un caso de extrema dilatación sería la del maníaco cuyos constructos son demasiado amplios.

Sin embargo, uno de los problemas de esta teoría es que no queda claro cómo se originan los sistemas de constructos, esto es, cómo la persona desarrolla esta manera de conceptuar el mundo. En un principio se planteó que éstos provenían de observar los acontecimientos y notar sus aspectos constantes o similares cada vez que se presentaban ante el individuo, junto con el aprendizaje en la infancia de las expectativas de su entorno familiar, social y cultural.

## Terapia

KELLY ENTIENDE la psicoterapia como un intento de reconstrucción del sistema de constructos que es inadecuado en el paciente. Esto significa que algunos constructos deben ser sustituidos y otros nuevos añadidos, algunos se deberán hacer más firmes, otros algo más vagos, unos más permeables, otros impermeables, etc. El terapeuta deberá analizar el modelo del mundo del paciente (es decir, ver el mundo con los ojos del paciente), reformulando partes erróneas y ofreciéndole otros constructos alternativos.

La técnica más empleada es el *role-playing*, o el juego de roles, pues se asume que, psicológicamente, las personas son lo que ellas se representan a sí mismas que son, y además, son lo que hacen. Con esta terapia se anima al paciente a representarse a sí mismo de manera nueva, comportarse y construirse de manera nueva y, por tanto, volverse una nueva persona. Se le ofrecen constructos nuevos con los que organizar la realidad, a menudo opuestos a los que posee, dándole por lo general una especie de guión (como si fuera un papel para un actor) y se le pide que lo represente durante un tiempo. Su nueva «vida» es escrita por un grupo de profesionales que tienen en cuenta su perspectiva del mundo, así como los problemas en su sistema. De este modo, tiene la posibilidad de ver el mundo desde otra perspectiva, puede abandonar algunos constructos, modificarlos, adquirir otros nuevos, y así reconstruir de manera más adecuada su personalidad.

## TERAPIA RACIONAL-EMOTIVA

Esta terapia fue elaborada también a mediados de la década de los 50 por Albert Ellis, y se considera, junto con la terapia cognitiva de Aaron Beck, una de las aportaciones teóricas y prácticas más importantes para las terapias cognitivas. Ambos autores tuvieron en sus orígenes una formación psicoanalítica que con el tiempo les desencantó. Se puede considerar que sus terapias surgieron como un intento de mejorar las técnicas del psicoanálisis y de ofrecer una alternativa a éste.

### Concepto y problema cognitivo

Desde esta perspectiva se considera que las perturbaciones emocionales y de conducta son causadas y mantenidas por creencias irracionales que tiene una persona sobre sí misma, los demás y el mundo. Estas creencias representan procesos cognitivos disfuncionales que llevan a las personas a sacar conclusiones falsas, a simplificar o generalizar de manera indebida y excesiva, a ponerse metas inalcanzables y absolutas, o a hacer demandas no realistas a los demás, a uno mismo y al mundo.

Ellis identificó once creencias irracionales básicas, que tienden a derrotar a las personas emocionalmente y que se asocian con problemas psicológicos. Entre las más comunes están la de «debo ser perfecto en todo lo que hago, no puedo cometer errores» y «debo ser querido y aceptado por absolutamente todo el mundo»; si algo pasa que contradiga estas creencias (por ejemplo, un error como suspender un examen, o saber que a alguien no le caemos bien), el pensamiento se convierte en «soy un inútil, un fracaso» y «soy una persona que no merezco la pena». Otras son: pensar que algo debería ser distinto de lo que es y, sobre todo, que debería ser como a uno le gustaría; que la vida debería ser simple y fácil para uno, y conseguir todo lo que se quiere sin esfuerzo; y que las personas le debían tratar a uno con mucha consideración y amabilidad. Cuando esto no se cumple, las situaciones y las personas se consideran horribles e imposibles de aguantar o tolerar.

Más que catalogar las creencias irracionales concretas, Ellis considera muy importante el concepto de exigencias, los «debo» o «tengo que» que las personas se exigen a sí mismas y a los demás. Esta manera de pensar es la que convierte los acontecimientos desagradables o no afortunados (por ejemplo, suspender un examen) en catástrofes (por ejemplo, «soy un fracaso, no valgo nada»).

## Esquema A-B-C de la terapia racional-emotiva

SEGÚN ESTE esquema, los acontecimientos (**A**) se interpretan de acuerdo a las creencias irracionales (**B**) (*beliefs* en inglés), lo que lleva a realizar determinadas conductas (**C**). Por ejemplo, un estudiante después de no aprobar un examen (A) experimenta depresión (C), pero son sus creencias irracionales (B), como, por ejemplo: «yo debo aprobar, quería aprobar, tendría que haberlo hecho, soy un inútil» lo que realmente causa la depresión y no el no haber aprobado, es decir, es el estudiante el que produce sus propias consecuencias a través de su sistema de creencias. Si no fuera de esta manera, todos los estudiantes que suspenden deberían deprimirse.

Por otro lado, las creencias irracionales pueden impedir que la persona consiga lo que quiere, es decir, el esquema puede variar. Por ejemplo, el pensamiento (B): «es horrible suspender, si lo hago seré un fracasado» tiene como consecuencia la depresión (C), lo que a su vez hace que suspenda el examen (A), el esquema en este caso sería B-C-A.

Un problema importante es que las personas suelen achacar la raíz de sus malestares a los acontecimientos y no a las valoraciones que hacen de éstos, pues por lo general, son estos acontecimientos los que refuerzan la conducta. Una persona que tiene miedo a los perros (idea irracional, B) sentirá ansiedad (conducta, C) cada vez que vea uno (acontecimiento, A). Por tanto, pensará que es A lo que produce C, es decir, su línea de pensamiento sería «los perros dan miedo, cada vez que veo uno me asusto, luego, es normal que me asuste pues los perros dan miedo».

No obstante, la teoría no explica bien cómo se originan estas creencias. Por un lado, se propone una predisposición genética para esta manera de pensar, y por otro, se destaca la influencia o aprendizaje temprano de los comportamientos, actitudes e ideas de los padres, de la familia, de la sociedad, y finalmente, del ambiente.

### Terapia

EL OBJETIVO fundamental de la terapia es ayudar al paciente a que desafíe sus creencias irracionales por medio de razonamientos lógicos, diálogo socrático, debates, etc., y sustituirlos por pensamientos más realistas y razonables.

Ellis propone un estilo de terapia totalmente directivo, esto es, un tipo de terapia en la que el terapeuta le dice al paciente qué es lo que debe hacer para lograr el cambio, le anima a que lo haga, es activo verbalmente, discute con él las ideas irracionales y las confronta, o usa el sentido del humor y los chistes para combatir las exageraciones sobre la vida debidas a las creencias irracionales del paciente. En este sentido, la relación es de naturaleza didáctica, donde el terapeuta es como un profesor y el paciente como un alumno, y donde los contenidos de la asignatura son la vida y la conducta del paciente.

Una vez familiarizado el terapeuta con los problemas por los que la persona acude a la consulta, el siguiente paso consiste en exponerle o explicarle los puntos esenciales de la terapia racional-emotiva, en particular el esquema A-B-C, para que tenga un conocimiento del origen y el mantenimiento de las perturbaciones emocionales, entienda el proceso terapéutico y lo acepte.

La terapia se inicia trabajando para detectar las ideas irracionales. Esto suele ser difícil pues es normal que la gente sólo vea las relaciones A-C, es decir, entre los acontecimientos (suspender un examen) y las conductas (deprimirse). Por otro lado, es asimismo frecuente que surjan problemas secundarios, donde C (sentimientos depresivos) se convierte en A (suspender otro examen).

Son estos problemas secundarios (los problemas generados ante la percepción de los síntomas C, esto es, los problemas que le causa al paciente su depresión) los que suelen hacer que las personas acudan a la terapia, y son los primeros en tratarse puesto que son mucho más accesibles al paciente.

Así pues, el primer paso es analizar las situaciones en las que se presentan los problemas, luego tratar de identificar los pensamientos irracionales observando los errores cognitivos que la persona hace cuando valora las situaciones (por ejemplo, generalizar o simplificar en exceso, personalizar lo negativo, sacar conclusiones falsas, etc.) y a través de los imperativos que se marca el paciente a sí mismo, esto es, sus ideas de «debo», «tengo que», «necesito», «es crucial para mí que...». También es importante discutir las consecuencias en la conducta de las creencias irracionales y ayudar al paciente a descubrir maneras más racionales de observar el mundo.

La terapia ahora añade dos letras al esquema, de manera que los puntos a trabajar son:

A. Acontecimientos que activan las ideas irracionales.
B. Creencias irracionales, tanto las conscientes como las inconscientes.
C. Consecuencias en la conducta y en los sentimientos de las creencias.
D. Debate, discusión, descubrimiento, etc., de A, B, C.
E. Efectos que en la vida de la persona tiene la puesta en duda y debate de sus ideas.

Como hemos dicho antes, las creencias se ponen en duda así como las autoexigencias del paciente, se ironiza sobre ellas y en algunos casos se ridiculizan. Con este método lógico-empírico, se intenta que el paciente descubra otras perspectivas y otras maneras de valorar el mundo por sí mismo, que distinga entre lo que quiere y lo que necesita, entre ficción y realidad, y que incorpore el debate y el cuestionamiento en su forma de pensar.

Para este punto **D** de la terapia, y para que el paciente tenga acceso a un mayor número de situaciones que susciten sus ideas irracionales, y de este modo aprender a detectarlas mejor, se pueden aplicar otras muchas técnicas.

### Técnicas conductuales

COMO LA desensibilización y la exposición a las situaciones temidas tanto en vivo como en imaginación, el refuerzo verbal, recompensas por conductas deseadas, la extinción de las no deseadas, autorefuerzos, ensayo de conductas adecuadas y su práctica fuera de la sesión (deberes para casa), etc.

### Técnicas cognitivas

ENTRENAMIENTO EN la detección de las creencias irracionales, en habilidades sociales, en resolución de problemas, en autoinstrucciones, en ofrecer información escrita sobre psicología, filosofía, ética, etc., y en debatir sobre estos temas, en discutir a menudo la terapia así como usarla con otras personas, utilizando los principios de la lógica, y el humor en la discusión. Todas estas técnicas se pueden utilizar individualmente o con un grupo de pacientes. Cuando las sesiones son en grupo, se suelen utilizar además los juegos de roles, la narración de historias y la expresión de los sentimientos hacia los otros miembros del grupo.

De acuerdo con Ellis, el uso de la terapia no es para combatir los síntomas sino para lograr una reestructuración cognitiva. El cambio en la conducta se producirá con el cambio en la cognición.

Esta terapia se ha visto beneficiosa en el tratamiento de los trastornos de ansiedad, de depresión, de problemas sexuales y psicosomáticos. También es eficaz como tratamiento preventivo de personas sin problemas, es decir, para ayudar a la gente a afrontar mejor el estrés y los problemas de la vida cotidiana, así como mejorar el concepto que tienen de sí mismos.

## TERAPIA COGNITIVA DE BECK

AL IGUAL que Ellis, el psicólogo Aaron Beck tuvo una formación psicoanalítica de la que se desencantó pronto porque consideraba también que los procesos cognitivos desempeñan un papel decisivo en la conducta emocional. En su caso, el punto de interés está en cómo las personas distorsionan la experiencia.

Beck desarrolló una de las teorías más influyentes de las causas y mantenimiento de la depresión, y por esto, su terapia es muy conocida como tratamiento de este desorden; no obstante, ambas, teoría y terapia, se han visto muy relevantes para

una gran variedad de trastornos mentales. El argumento central es que las personas deprimidas abstraen selectivamente de un acontecimiento complejo los aspectos de información que mantendrán su perspectiva pesimista y oscura de la vida, por ejemplo, fijándose sólo en las cosas negativas que les han ocurrido en el día en vez de atender también a las positivas. Se sienten deprimidos porque sus pensamientos, o su manera de pensar (cognición), están predispuestos a hacer interpretaciones negativas de la información sobre sí mismos, sobre el mundo y sobre el futuro.

El objetivo de la terapia es la reestructuración cognitiva, intentar persuadir a los pacientes para que cambien sus opiniones sobre sí mismos y los demás, así como la manera en la que interpretan los acontecimientos de la vida.

### Concepto cognitivo

SEGÚN BECK, la conducta y las emociones de una persona están determinadas en gran parte por el modo que tiene ésta de estructurar el mundo. Nuestra forma de organizar todo tipo de información que recibimos, se realiza a través de la creación de **esquemas** mentales que son actitudes o supuestos bastante estables, desarrollados a partir de la experiencia. A través de éstos, percibimos, filtramos, seleccionamos, extraemos significado y clasificamos la información, y accedemos a ella cuando la necesitamos.

### Problema cognitivo

EN LAS personas con alteraciones emocionales se activan esquemas negativos que producen distorsiones o sesgos sistemáticos a la hora de procesar la información; de esta manera, los estímulos se interpretan de manera coherente con el esquema, esto es, de manera negativa. Esta forma negativa de ver las cosas la tiene cualquier persona ante situaciones de pérdida o de amenaza (es decir, ante situaciones que producen ansiedad o depresión); no obstante, la diferencia entre las personas sanas y las que desarrollan un trastorno está en el número de distorsiones cognitivas que cometen y en su constancia a la hora de interpretar información.

Las experiencias personales negativas y la percepción de actitudes negativas, con los demás ocurridas durante la infancia y adolescencia, contribuyen a la creación de esquemas negativos. Éstos contienen exigencias poco realistas y muy rígidas sobre el propio yo y el mundo, que se contradicen con la realidad (por ejemplo, «si no soy perfecto en todo lo que hago, no merezco la pena»), y hacen a la persona vulnerable a la depresión. Los esquemas se activan cuando, en la vida adulta, se encuentran situaciones que se parecen de alguna manera (e incluso remotamente) a las circunstancias en las cuales fueron aprendidos (estresores). Al estar activos, actúan como filtros a la hora de procesar nueva información y la distorsionan.

El resultado son cogniciones distorsionadas, o errores en interpretación, de los depresivos, que dirigen más su atención hacia la información que confirma estos pensamientos en vez de hacia aquella que la desconforma. Los esquemas negativos junto con las cogniciones distorsionadas forman lo que Beck llamó la **tríada negativa**, que consiste en una visión negativa de uno mismo, del mundo y del futuro. La visión del mundo se refiere a la creencia que tiene la persona de que no será capaz de afrontar las exigencias del ambiente (por ejemplo, «es imposible que pueda con todas estas exigencias y responsabilidades»);por ello, es altamente personal, esto es, no se refiere al mundo como tal.

Las cogniciones distorsionadas producen una serie de errores o **pensamientos automáticos**, es decir, por regla general, el paciente no es consciente de ellos. Éstos son:

- *Inferencia arbitraria:* sacar una conclusión falsa cuando no hay evidencia para ello (e incluso cuando ésta es la contraria a la conclusión). Por ejemplo, una persona que entra en un edificio piensa «la recepcionista cree que soy un don nadie» pues estaba ocupada y no le ha saludado.

- *Abstracción selectiva:* se saca una conclusión en base a un detalle concreto ignorando otros más relevantes. Así, una persona cree, por ejemplo, que es un inútil, pues su jefe le ha corregido una parte de su trabajo, pese a haber alabado el resto.

- *Generalización excesiva:* se extrae una conclusión general en base a un hecho aislado. Un ejemplo sería el estudiante que se cree estúpido y pésimo estudiante después de haber fallado en una clase de un día concreto.

- *Magnificación y minimización:* se cometen errores al evaluar un acontecimiento, aumentando o minimizando su significación. Por ejemplo, una persona cree que ha destrozado su coche cuando ve que hay una pequeña abolladura en el parachoques.

- *Personalización:* tendencia a relacionar sucesos externos con uno mismo sin ninguna evidencia para hacerlo. Por ejemplo, un anuncio general en el lugar de trabajo de que será inspeccionada la labor de cada uno, hace pensar a la persona que ha cometido fallos y no se fían de él.

- *Pensamiento polarizado y absolutista:* es la tendencia a clasificar las experiencias en categorías opuestas como bueno/malo, nunca/siempre, etc. En el caso de un estudiante, si sacaba siete puntos en un test pensaba «soy un genio», cuando sacaba algo menos decía «soy un fracasado».

El problema es que estos pensamientos automáticos facilitan los sesgos que se producen al procesar la información y confirman los esquemas negativos sobre la vida, que a su vez producen más distorsión cognitiva y así sucesivamente, produciendo un círculo vicioso.

Los pensamientos automáticos intervienen en el desarrollo y mantenimiento de los diferentes desórdenes mentales, con esquemas negativos activados y distorsiones cognitivas específicas para cada uno. En la ansiedad, por ejemplo, los errores cognitivos se hacen con la información relativa a los estímulos potencialmente peligrosos (una araña en la fobia, una multitud en agorafobia, etc.). La persona se considera vulnerable e incapaz de enfrentarse a ellos.

Los esquemas negativos y los pensamientos automáticos de Beck son conceptualmente similares a las creencias irracionales de Ellis. Ambas terapias son muy parecidas.

## Terapia

COMO HEMOS visto antes, el objetivo de la terapia cognitiva de Beck es la identifica-ción de los procesos cognitivos disfuncionales y su posterior modificación. El terapeuta trata de que el paciente cambie la manera de pensar que tiene de sí mismo y del mundo mostrándole otras perspectivas a su punto de vista, ayudándole a descubrir otras habilidades que posee pero que no considera, discutiendo las razones en las que se basan sus creencias, y, sobre todo, dándole la oportunidad de obtener experiencias positivas que alteren sus esquemas negativos de manera favorable.

Por ejemplo, un paciente que a través de su esquema negativo de ineptitud se lamenta de su estupidez por haber quemado una camisa mientras planchaba, es animado a considerar este acontecimiento como un fallo pero que no implica estupidez, y ni mucho menos, que se pueda generalizar a otras situaciones ni a futuras ocasiones de planchado.

Al igual que la terapia de Ellis, ésta es también muy directiva y activa, y contiene o se aplican técnicas conductuales y cognitivas.

## Técnicas cognitivas

EN LA primera entrevista, el terapeuta le explica al paciente la base teórica de la terapia cognitiva y en qué consiste, recoge toda la información posible sobre los problemas del paciente (más bien su manera de considerar los problemas, no sólo los síntomas que éstos le producen), y se trazan los objetivos y el plan a seguir. Para lograr el cambio, se trabajan tanto las cogniciones como la conducta, y en general se suelen seguir los siguientes pasos:

- *Detección de las distorsiones cognitivas:* a través de ejercicios específicos, el paciente aprende a monitorizar su monólogo interno (esto es, a manejar las conversaciones que tiene consigo mismo) y a identificar y clasificar las pautas de pensamiento negativo y automático. Para esto es muy útil que tome nota de ellos y de las emociones que los acompañan en distintos momentos del día, de manera regular durante algún tiempo y ante determinados acontecimientos (internos y externos).

- *Exploración de las cogniciones:* como lo más probable es que estas anotaciones muestren variedad de emociones en distintos momentos, el terapeuta puede utilizarlas además, para cuestionar las ideas del paciente de que todo es negativo, o sus pensamientos absolutos y rígidos, para demostrarle cómo estos pensamientos conducen a los sentimientos y conductas problemáticas, y para examinar la evidencia a favor y en contra de esos pensamientos.
- *Búsqueda y trabajo con alternativas cognitivas:* cuando el paciente empieza a detectar sus pensamientos automáticos y a percibir las conclusiones que saca de éstos, se plantea que sus valoraciones no son siempre incuestionables, ni las únicas válidas. El terapeuta le ofrece entonces maneras de pensar alternativas, más orientadas a la realidad, flexibles y objetivas, que el paciente ensaya imaginándose distintas situaciones y su manera de afrontarlas.

**Técnicas conductuales**

*Asignación de tareas graduadas*

ADEMÁS DE examinar la lógica, la validez y lo adaptativo de las creencias de un pa-

ciente, la terapia cognitiva sirve para poner a prueba ciertas cogniciones, sobre todo en las personas depresivas. Esto puede incluir la realización de ciertas tareas o actividades, diseñadas para que resulte un éxito y sean placenteras, y que suelen estar en contradicción con sus creencias. Las tareas suelen ser sencillas y estar divididas en pasos, y se le pide al paciente que se centre en un paso cada vez.

Antes de empezar, se examinan las opiniones del paciente en cuanto a cómo de difícil ve la tarea y cómo considera que lo va a hacer, que al finalizar se contrastarán con la dificultad y su eficacia reales. Al ser actividades con altas probabilidades de éxito su noción de competencia y capacidad aumentarán (esto es, pensará mejor de sí mismo).

Por ejemplo, una persona que piensa que debe agradar a todos sus compañeros de trabajo (puesto que «debo ser querido y aceptado por absolutamente todo el mundo» porque, si no, «soy una persona que no merezco la pena») puede tener como tarea declinar una petición no razonable por parte de algún compañero, y comprobar si el mundo se ha acabado por esto.

Otras técnicas que se pueden emplear son la técnica de rol fijo, donde el paciente escribe un boceto de cómo se percibe a sí mismo y su reacción ante diversas situaciones. El terapeuta le sugiere un personaje alternativo para que lo represente y compruebe así los efectos de otra manera de pensar; de igual manera se aplican también técnicas de práctica cognitiva en imaginación, resolución de problemas, entrenamiento en asertividad e inoculación de estrés (*véase* estos conceptos posteriormente).

Beck define su terapia como empirismo en colaboración, esto es, el paciente colabora con el terapeuta en el diseño y evaluación de los experimentos y tareas. Por lo general, el estilo del terapeuta se basa en la realización de preguntas.

Esta terapia se considera eficaz en el tratamiento de los trastornos del estado de ánimo, de los trastornos narcisistas, histriónicos y del límite de la personalidad, tanto en tratamientos individuales como en grupo.

## TERAPIA CENTRADA EN ESQUEMAS

BASÁNDOSE EN la terapia cognitiva de Beck, esta terapia fue desarrollada por Young para tratar a pacientes con trastornos de la personalidad, ya que éstos tienen dificultades en seguir algunos aspectos de los tratamientos como no identificar las cogniciones, no cumplir las tareas programadas o tener creencias demasiado rígidas.

Para Young, los esquemas no adaptativos se desarrollan en la infancia a través de experiencias e interacciones negativas con las personas significativas. Estos esquemas incluyen aspectos cognitivos; conductuales; emocionales y personales, afectan a la visión de sí mismo, de los demás y del mundo; provocan emociones intensas y disfuncionales; actitudes negativas, y son muy rígidos y difíciles de cambiar.

Se han identificado varios esquemas disfuncionales que se agrupan en cinco dimensiones que reflejan entornos problemáticos en la infancia:

1. Los ambientes con carencias en las necesidades básicas (comida, afecto, estabilidad, etc.) propician el desarrollo de esquemas de desconfianza, abandono, rechazo, vergüenza e imperfección.

2. Familias sobreprotectoras, donde se impide al niño que desarrolle su independencia, propician esquemas de fracaso, dependencia, inmadurez e incompetencia.

3. Ambientes donde los límites no están claros, como demasiada permisividad o indulgencia. Estas personas pueden desarrollar esquemas de superioridad, y ser insensibles a las necesidades de los demás, con poco autocontrol y autodisciplina.

4. Las experiencias infantiles de que sus necesidades son secundarias a las de las personas significativas propician el deseo de ganar la aprobación y el reconocimiento de los demás y sumisión.

5. Las familias muy perfeccionistas y rígidas favorecen una visión negativa de la vida, un exceso de autocontrol, rigidez en las reglas, autocrítica excesiva y vulnerabilidad a los errores.

De la misma manera, las personas difieren en sus estilos de afrontamiento. Mientras unos mantienen sus pensamientos y creencias firmemente, otros evitan ciertas conductas o pensamientos que activarían el esquema, y otros lo compensan, esto es, actúan de una manera contraria a la sensación que les produce el esquema, por ejemplo, presumir mucho de sí mismo ante un sentimiento de inferioridad.

### Terapia

AL IGUAL que en las demás terapias cognitivas, se trata de hacer que el paciente identifique sus esquemas disfuncionales y sus estilos de afrontamiento, que sea consciente de las consecuencias que éstos tienen en la conducta y en las emociones, cuestionar la validez de éstos, buscar y trabajar con esquemas alternativos a través de la creación de experiencias nuevas (con tareas programadas, imaginación en diversas situaciones, etc.).

## MODELOS COGNITIVOS-CONDUCTUALES

### INOCULACIÓN DE ESTRÉS

ESTE MÉTODO fue desarrollado por Don Meichenbaum para el tratamiento del estrés, sugiriendo que en éste están también implicadas valoraciones o evaluaciones cognitivas. En general, el estrés surge cuando una persona considera que los acontecimientos o las circunstancias que le rodean exceden sus recursos y ponen en peligro su bienestar. En estos casos, las personas pueden hacer esfuerzos para alterar la situación, o hacer esfuerzos para distanciarse emocionalmente, escapar o evitar estas situaciones. La forma que se elija para afrontarlo, dependerá de la personalidad del individuo y del contexto.

Para Meichenbaum en el estrés están también implicadas las valoraciones cognitivas. Las personas que lo sufren tienen a menudo una variedad de pensamientos derrotistas y negativos que les hacen percibir los acontecimientos y actuar de manera sesgada, confirmando así sus cogniciones.

El entrenamiento en inoculación de estrés implica el enseñar y explicar a los pacientes la naturaleza cognitiva de éste, darles instrucciones para afrontarlo y con esto cambiar los pensamientos sesgados, y aplicarlo en las situaciones reales. El objetivo es que el paciente aprenda a detectar e identificar los pensamientos creado-

res de estrés, los pensamientos automáticos del tipo: «es tan cansado hacer algo», o «no hay nada que yo pueda hacer para que esto cambie», y que sea consciente del efecto que éstos tienen en la conducta y en sus emociones.

Se trata de un entrenamiento en autocontrol. Las técnicas empleadas incluyen la relajación, la reestructuración y resolución de problemas, la enseñanza de autoinstrucciones positivas como «puedo hacerlo», «sigue intentándolo, no esperes perfección o éxito inmediatos», etc., la creación de imágenes para determinar la naturaleza de sus miedos (esto es, imaginarse sus miedos con formas específicas) y desarrollar cursos de acción positivos, ensayo en imaginación y en situaciones reales de la aplicación de estas técnicas, juego de roles, imitación de modelos, etc.

Como el resto de terapias cognitivas, esta es activa y directiva, estructurada y breve.

## ENTRENAMIENTO EN AUTOINSTRUCCIONES

SE TRATA de un procedimiento desarrollado también por Meichenbaum, cuyo principio es que el comportamiento neurótico es debido, en parte, a fallos en el dialogo interno (dialogo con uno mismo) por los cuales el paciente no puede darse las instrucciones correctas, esto es, no se autodirige la conducta y el pensamiento de manera adecuada.

Meichenbaum se basa en un estudio con niños impulsivos e hiperactivos a los que entrenó para que se dieran instrucciones a sí mismos cuando realizaban ciertas actividades en las que solían hacer muchos errores. Estos niños se decían las instrucciones al principio en voz alta, luego callados pero moviendo los labios, y finalmente, sin moverlos (este discurso silencioso, o diálogo con uno mismo, es la esencia del pensamiento verbal).

Se enseña a los pacientes a detectar sus autoinstrucciones negativas o desadaptativas y a crear otras positivas, a desarrollar estrategias de cambio y de afrontamiento a varias situaciones. Se hacen juegos de roles donde se comentan en voz alta las autoinstrucciones, para posteriormente (y en silencio) aplicarlas a la vida real. Por ejemplo, un paciente puede escribir una estrategia para una interacción social (como pedirle a alguien que baile en una discoteca), y trabajar ese rol comentando en voz alta los pasos a seguir, diciéndose frases autoafirmativas (como «puedo hacerlo» si me rechaza, no pasa nada, otro día será», etc.), observando detalles que pueda hacer mal (como ser demasiado imperativo) y una vez hecha la acción, repasando como ha ido.

## DETENCIÓN DEL PENSAMIENTO

CON ESTE procedimiento se entrena al paciente a parar sus pensamientos negativos. Esta técnica fue desarrollada por Joseph Wolpe, que observó que las autoinstrucciones no eran muy útiles en los casos de ansiedad severa, pues ésta es causada por situaciones y objetos que el paciente reconoce como inofensivos. Es decir, no se trata de un fallo en el diálogo interno, sino de una asociación reconocida como irracional entre un objeto (o situación) y el miedo.

La detención o parada del pensamiento es usada sobre todo con pacientes obsesivos-compulsivos. El terapeuta les pide

que piensen en uno de sus pensamientos obsesivos, y en un momento dado, les grita ¡para! El paciente lo repite en voz alta, y poco a poco lo internaliza, esto es, lo hace pensamiento propio, en silencio, logrando parar sus obsesiones en cuanto las detecta o empiezan.

## ENTRENAMIENTO EN HABILIDADES SOCIALES

HAY MUCHAS personas que se comportan de manera inapropiada en determinadas situaciones, sobre todo sociales. En algunos casos, en estas situaciones se produce un contracondicionamiento, es decir, la persona siente mucha angustia para actuar de una determinada manera, por ejemplo, para disentir de alguna opinión o para expresar la suya, y esta ansiedad impide o es incompatible con la realización de la conducta. En otros casos, la persona puede que no haya adquirido nunca la habilidad social de que se trata (esto es, puede que no haya tenido la oportunidad de practicar la discusión de opiniones, acatando siempre lo que decían los demás).

Lo que pretende este entrenamiento es cubrir o reforzar estas habilidades, para que las personas puedan afrontar de una manera más adaptativa y positiva las diversas situaciones con las que se encuentren. Cuando las conductas sociales son habilidosas y efectivas, la persona logra obtener los objetivos para los cuales ha realizado la conducta, mantiene o mejora la relación con la persona con la que interactúa y mantiene su autoestima (por ejemplo, el iniciar conversaciones en las reuniones para tener una tarde agradable y conocer gente, posibles amigos, aprender cosas nuevas, etc.).

El ser habilidoso socialmente implica emitir conductas apropiadas al contexto, expresar sentimientos, actitudes, deseos, opiniones o derechos de manera adecuada, respetando los de los demás. Por lo general, esta habilidad hace que se resuelvan con facilidad los problemas que surjan en la situación y que se reduzca la aparición de posibles problemas similares en el futuro.

Las conductas más trabajadas en las terapias suelen ser el iniciar y mantener conversaciones, manejar los periodos de silencio, escuchar a los demás, hablar en público, expresar opiniones y sentimientos tanto positivos como negativos, pedir favores, discrepar cuando no se está de acuerdo, disculparse o admitir ignorancia, aceptar tanto halagos como críticas y expresarlos, etc.

De la misma manera, se trabaja la expresión facial y corporal que acompaña la conducta, las miradas, distinguir formalidad de informalidad para dar el tratamiento adecuado, contacto físico y distancia con las personas, entonación, volumen, fluidez, contenido y tiempo de habla, etc.

El entrenamiento en habilidades se realiza con técnicas como las instrucciones verbales, la imitación de modelos, y ensayando y reforzando las conductas. Suele acompañarse de técnicas de relajación, reestructuración cognitiva de la forma de pensar sobre determinadas situaciones, y de resolución de problemas. Es decir, el paciente tiene que recibir información sobre las relaciones sociales y distinguir creencias falsas que pueda tener al respecto; detectar cogniciones negativas (si las tiene) como creencias irracionales o pensamientos automáticos sobre uno mismo, los demás y el mundo; aprender a distinguir entre conductas cálidas y frías, tanto propias como ajenas, etc.

## ENTRENAMIENTO EN RESOLUCIÓN DE PROBLEMAS

A menudo, el malestar psicológico puede ser considerado como una reacción que tienen algunas personas ante ciertos problemas para los que creen que no tienen solución. El objetivo no es solucionar problemas específicos sino desarrollar estrategias generales para poder manejar y dominar todo tipo de situaciones problemáticas. El entrenamiento consta de varios pasos.

Lo primero es enseñar al paciente a que considere su malestar como una respuesta a los problemas no resueltos. A ver estos problemas como algo normal y a considerar su solución como un reto positivo. El paciente debe aprender a percibir y valorar el problema, y comprometer tiempo y esfuerzo para solucionarlo.

Una vez identificado, el paciente debe obtener toda la información posible sobre éste, como los hechos que lo produjeron, de qué tipo de problema se trata, qué efectos en su vida tiene, por qué no se puede resolver (o de qué forma se ha intentado resolver), etc. Se trata de definirlo correctamente y de la manera más objetiva posible, por ejemplo, si es un problema abstracto, o si se define de manera muy vaga ponerlo en palabras concretas y reformularlo.

El siguiente paso es generar todas las alternativas posibles de solución, sin evaluar si son factibles o no, o su posible efectividad.

Después del tercer paso, se evalúan los pros y los contra de cada alternativa, esto es, su «costo» o su «beneficio», se evalúan las probables consecuencias de cada una de las posibles respuestas, y se traza un plan para la solución, es decir, se elige la respuesta más adecuada al problema.

Se aplica la solución elegida y se observan los resultados. El paciente se autoevalúa, se autorefuerza la conducta apropiada o hace cambios si éstos son necesarios.

En general, este entrenamiento trabaja las cogniciones que se tienen respecto al problema, como su percepción, la atribución de sus causas, la valoración que se le da, las creencias que tiene la persona respecto a su competencia para resolverlo, etc. De igual modo, se trabajan habilidades específicas que pueden fallar; como programar los pasos para su resolución, o las habilidades básicas; como la anticipación de las consecuencias, el mirarlo desde varias perspectivas o poder generar alternativas.

Se asume que los pacientes entrenados en resolución de problemas aprenderán una actitud general y una serie de habilidades, que podrán aplicar a un amplio número de situaciones futuras, aumentando así su bienestar.

Una crítica que recibe este entrenamiento es que considera la vida como una situación llena de retos constantes que la persona debe superar, o que ésta debe estar en continua lucha para actuar de manera eficaz contra cualquier tipo de frustración. T. J. D'Zurilla propuso un entrenamiento en resolución de problemas que incluyera respuestas enfocadas en la emoción. Si una situación es considerada como incambiable o sin solución, una manera sensata de resolverla puede ser cambiar la reacción emocional que produce y así, adaptarse a ella.

## TERAPIA MULTIMODAL

ESTA TERAPIA fue desarrollada por Arnold Lazarus quien mantenía que las personas se componen básicamente de siete dimensiones que designó con la sigla BASIC ID. Estas letras corresponden a:

**B**. *Behavior* (conducta).
**A**. *Affect* (sentimientos).
**S**. *Sensation* (sensaciones).
**I**. *Imagery* (representación).
**C**. *Cognition* (cognición).
**I**. *Interpersonal relations* (relaciones sociales).
**D**. *Biology* (funciones biológicas).

Con su modelo trata de establecer un procedimiento para seleccionar las intervenciones adecuadas a cada caso, con independencia de la perspectiva del terapeuta. No obstante, se incluye aquí porque A. Lazarus se considera un autor cognitivo.

Una terapia eficaz debe incluir todas estas áreas o subtipos de éstas, ya que muy rara vez está perturbada una sola, y aplicar las técnicas más convenientes en cada área. Si un paciente tiene problemas que parecen debidos a pensamientos disfuncionales, se deberá tratar el área C con métodos como por ejemplo, la reestructuración cognitiva. Sin embargo, la conducta o B, puede estar también afectada o ser problemática debido a los pensamientos disfuncionales, por lo que es otra área que se debe mirar, y así con todos los puntos de la sigla.

# Terapias humanístico-existenciales

La psicología y las terapias humanístico-existenciales fueron denominadas en los años 50 como «la tercera fuerza» o corriente psicológica, siendo las otras dos terapias el psicoanálisis y el conductismo. El objetivo de las terapias es el tema común con el psicoanálisis, que se centra en el *insight* (palabra inglesa que significa la percepción, la comprensión y la perspicacia de uno mismo), asumiendo que los problemas psicológicos se tratan mejor haciendo que la persona sea más consciente o descubra sus motivaciones y necesidades.

Sin embargo, los humanistas se oponen a la visión reduccionista del ser humano que plantean las otras corrientes, que lo consideran como un simple objeto de laboratorio cuya conducta es lo único computable (conductismo), o como una víctima de sus deseos inconscientes cuya naturaleza humana –el ello– necesita contención y freno, y su socialización requiere que –el yo– medie entre el ambiente y los impulsos que nacen de sus necesidades biológicas (psicoanálisis). Para los humanistas el **hombre sano** quiere sentirse, y es, libre de elegir y determinar su propia vida, posee **libre albedrío**. No obstante, esta libertad puede ser un arma de doble filo; no sólo ofrece placer y realización, también puede traer dolor y sufrimiento. Es un don innato a todo ser humano pero que debe ser usado de manera adecuada, y esto no todo el mundo lo logra.

Las raíces de la psicología humanista están en la filosofía existencial (por ejemplo, Kierkegard, Nietzsche y Tillich), en la fenomenología (por ejemplo, Husserl y Scheler), en el humanismo socialista (por ejemplo, Marx) y en el francés (por ejemplo, Sartre y Camus), y en los psicoanalistas neofreudianos (por ejemplo, Addler, Horney y Fromm). Su interés está en lo que nos hace humanos, en nuestras características únicas y distintivas, en particular, la experiencia interna de cada uno, el significado personal de la experiencia, la unicidad, la libertad y la capacidad de elección. Por esto, dentro de esta corriente se incluyen abordajes terapéuticos muy variados cuya relación es su manera de concebir al ser humano.

## DIFERENCIAS ENTRE EL EXISTENCIALISMO Y EL HUMANISMO

AMBOS MOVIMIENTOS se centran en el desarrollo de la persona, el humanismo (corriente más norteamericana) enfatiza la bondad de la naturaleza humana, mientras que el existencialismo (corriente más europea) destaca las limitaciones humanas y la tragedia de la existencia.

## PSICOTERAPIA EXISTENCIAL

ESTA TERAPIA fue desarrollada por el humanista Abraham Maslow que consideraba que el psicoanálisis y el conductismo tenían perspectivas pesimistas en cuanto a su percepción del ser humano. Según este autor, no se puede conocer al hombre estudiando sólo al individuo patológico, como tampoco se conocerán sus posibilidades limitándose al estudio de sus experiencias ordinarias. Cuando las personas experimentan un vacío, buscan rellenarlo, ya sea este vacío tanto una necesidad fisiológica (como el hambre o el deseo sexual) como una necesidad social (deseo de prestigio o seguridad).

No obstante, Maslow considera que las personas se mueven por algo más allá de la satisfacción de sus necesidades. A menudo, nos motivan las cosas por sí mismas, por ejemplo, el placer de resolver un puzzle, la satisfacción de contemplar una obra de arte que nos satisfaga o la alegría de ver una sonrisa son motivadoras y pueden guiar nuestra conducta. Estas experiencias enriquecedoras son las que nos hacen humanos y nos distinguen de los animales. Para entender lo verdaderamente humano, los psicólogos deben considerar los motivos que van más allá de la cobertura de las necesidades básicas.

## JERARQUÍA DE LAS NECESIDADES

MASLOW PROPUSO que las necesidades están organizadas jerárquicamente como en una pirámide. En el escalón más bajo estarían las necesidades fisiológicas como la comida, el agua y el oxígeno; en el siguiente escalón, el de arriba, estarían las necesidades de seguridad como el confort, la sensación de seguridad y el no tener miedo; luego estarían las necesidades de amor y pertenencia como la afiliación, el apego y la aceptación; las necesidades de estimación como el reconocimiento, la capacidad y la aprobación; las cognitivas como el conocimiento, el entendimiento y la novedad; las estéticas como la belleza, el orden y la simetría; la autorrealización; y por último, en el pico de la pirámide, estarían las experiencias cumbre. De acuerdo con estas últimas experiencias, un organismo biológico no puede sobrevivir sin comida ni agua, pero tampoco, uno no puede desarrollarse como organismo psicológico sin la satisfacción de las otras necesidades.

Según esta perspectiva, las personas sólo lucharán por obtener las necesidades superiores cuando las inferiores estén cubiertas o satisfechas. Por ejemplo, la motivación de escribir poesía será mínima si la persona no ha comido desde hace varios días, o si su situación de vida es incómoda e insegura. Sin embargo, hay excepciones. Muchos artistas prefieren morirse de hambre antes que dejar su pintura, y algunas personas luchan por sus ideas a pesar de los riesgos que esto conlleva (por ejemplo, un mártir religioso en una cultura contraria a las ideas que promulga).

De este modo, una vez cubierto lo básico, el ser humano tiende de forma inherente hacia la autorrealización, que se describe como el deseo de desarrollar el potencial de cada uno, de realizarse uno mismo y de ser todo lo que uno puede ser. Así, la conducta humana es considerada como intencional (tiene intención) y se mueve por objetivos materiales (cubrir las necesidades) y por principios humanistas como la libertad, la justicia y la dignidad. La conducta es dirigida hacia metas de búsqueda de sentido de la existencia.

Maslow observó que las personas autorrealizadas (muchos artistas, filósofos o genios) compartían ciertas características como una comprensión más amplia de la realidad, gran aceptación y tolerancia de sí mismos y de los demás, eran espontáneos, autónomos, tenían criterios personales ante la masificación de ideas, concienciación de la humanidad, armonía en las relaciones interpersonales, y relaciones profundas con poca gente más que relaciones superficiales con mucha. No obstante, la característica más importante de una persona autorrealizada es su mayor potencial para acceder a las experiencias cumbre, que son momentos muy sentidos y profundos en la vida de una persona, donde se experimenta un sublime éxtasis y se siente que algo muy valioso ha pasado. Estos momentos pueden ser desde el sentir el amor con la pareja, hasta extasiarse ante una puesta de sol u obra de arte, etc.

Aunque estas cualidades sólo las poseen unos cuantos individuos privilegiados, Maslow considera que todas las personas pueden autorrealizarse con ayuda, y éste es el objetivo de su terapia.

## TERAPIA

A PESAR de que Maslow era humanista, muchos puntos de su terapia estaban basados en el existencialismo, para el cual, de acuerdo con sus doctrinas, las personas somos la suma de las elecciones que hacemos. Así pues, se concede mucha importancia a la percepción subjetiva y única de la realidad de cada individuo, que es la que determinará su conducta. La psicopatología es el resultado de la frustración de lo esencial de la naturaleza humana, de las necesidades no satisfechas, etc.

El terapeuta ayuda al paciente a explorar su comportamiento, sus sentimientos, sus relaciones y su sentido de la vida, para que venza los obstáculos que dificultan su crecimiento hacia la autorrealización y la felicidad. El paciente debe enfrentarse y clarificar sus elecciones y las consecuencias de éstas, pasadas y presentes; debe aprender a relacionarse de manera auténtica con los demás, pues su identidad y existencia se definen en los mismos términos que sus relaciones interpersonales; y debe ser consciente de su potencial de desarrollo, puesto que la existencia es creada en cada momento e instante de la vida. Se debe aceptar la responsabilidad de la propia existencia, con sus limitaciones, y saber que las personas pueden redefinirse, esto es, comportarse y sentir de manera diferente dentro de su propio ambiente social. Esta libertad de elección, junto con la responsabilidad que conlleva, no es fácil. No obstante, es parte fundamental, y una constante, del proceso de autorrealización.

Maslow se basa en la creencia de que las cosas les irán mejor a los pacientes si éstos tienen la libertad de ser y de expresarse. Para la terapia, se precisa la ayuda de un terapeuta que esté autorrealizado, y que conozca las trampas psicológicas que impiden el desarrollo de la persona, como el miedo al conocimiento o la angustia vital. Se suelen utilizar técnicas variadas que incluyen:

- **Grupos de encuentro:** que son grupos de trabajo donde sus miembros se enfrentan de manera objetiva a la realidad de su propia conducta y los efectos de ésta sobre los demás. El objetivo es adquirir el significado y conocimiento profundo de uno mismo, destruyendo creencias y escrúpulos falsos. El terapeuta muestra empatía (es decir, el ponerse en el lugar del otro) de manera auténtica y honesta.
- **Grupos de sensibilidad:** cuyo objetivo es que las personas aumenten la sensibilidad hacia sí mismos a través del contacto físico y la comunicación no verbal. Se trabaja la danza, la expresión corporal, la psicomotricidad, la relajación, el yoga, etc. (Ambos tipos de grupo se explican con más detalle en el capítulo «Terapias de grupo»).
- **La terapia** *gestalt*: explicada posteriormente.

## TERAPIA CENTRADA EN EL CLIENTE

EL PADRE de esta terapia fue Carl Rogers que, como buen humanista, concebía la naturaleza humana de manera optimista y esencialmente positiva, y, al igual que Maslow, defendía que la intención y la motivación de la conducta era hacia la autorrealización.

## CONCEPTO DEL SÍ MISMO

UNO DE los conceptos más importantes de su teoría es el **sí mismo** (*self*), que se trata de una serie de percepciones y creencias organizadas y persistentes que cada uno tiene sobre su persona. Dentro de este concepto se incluye el conocimiento de «qué soy y qué puedo hacer yo», que influye en cómo percibe cada uno el mundo, y en su conducta. Las personas evalúan cada una de sus experiencias según sus conceptos de sí mismos, por lo que la mayor parte de la conducta humana se puede entender como un intento de mantener la consistencia entre nuestra autoimagen y nuestras acciones.

Dicho de otro modo, cada persona percibe el mundo y le da significado de manera única, y estas percepciones son lo que van a definir su realidad. La persona es el centro y lugar de todas las experiencias, y esto constituye su realidad subjetiva, esto es, su marco de referencia. Una parte de la experiencia es simbolizada como conciencia del existir, como experiencia del yo o del sí mismo. Esta idea de «yo» (sí mismo) surge a partir de la realidad personal del individuo y de su interacción con los demás.

Otro concepto relacionado es el **yo ideal** (*ideal self*) que es el autoconcepto, o la idea de sí mismo, que a la persona le gustaría poseer.

## PROCESO DE AUTORREALIZACIÓN (*SELF-ACTUALIZATION*)

AL IGUAL que Maslow, para Rogers las personas tienden de manera natural hacia la autorrealización, que es el elemento de motivación que mueve al individuo (esto es, dirige su conducta). Sus fines principales serían dos: la satisfacción de las necesidades básicas por un lado, y por otro, la tendencia al crecimiento personal, es decir, el pasar de ser una entidad simple a ser una compleja, a mudar la dependencia por la independencia, o la rigidez y la fijación hacia el cambio y la libre expresión; la tendencia de apertura hacia nuevas experiencias y la habilidad de integrarlas en un sentido del sí mismo más expansionado y diferenciado.

Las personas buscan mantener la **consistencia** (o ausencia de conflicto) entre las percepciones que de sí mismos tienen y sus experiencias reales; por esto, la mayoría de las conductas que adopta una persona son aquellas que están de acuerdo, o son consistentes con el concepto que tiene de sí misma, incluso si éstas no son positivas. Por ejemplo, una persona que se considera un mal estudiante se comportará de manera consistente con esta autopercepción, esto es, no pondrá mucho empeño en estudiar o faltará con frecuencia a clase.

Muy parecida a la consistencia del sí mismo es la **congruencia** entre el yo y la experiencia. Es decir, según Rogers, las personas intentarán juntar, o hacer congruente, lo que sienten realmente con la manera como se conciben. Por ejemplo, alguien que se considere buena persona y se comporte de manera amable y comprensiva con los demás representaría congruencia. Una persona que también se considera buena pero siente animadversión hacia otros, se encontraría en un estado de incongruencia (hay una discrepancia entre el sí mismo percibido y la experiencia real). Este estado de incongruencia crea tensión, confusión interna y ansiedad y es la causa de los problemas psicológicos.

No obstante, a menudo se responde de manera defensiva a la amenaza producida por las experiencias que entran en conflicto con el yo, por ejemplo, distorsionando su significado o negando su existencia. La **distorsión** es un fenómeno (o una defensa) muy común, permite entrar a la experiencia que crea ansiedad en la conciencia, pero de una forma que la hace consistente con el concepto de sí mismo. Por ejemplo, una persona que incluye en su concepto de yo la característica de mal estudiante, y saca una nota muy buena en un examen, distorsionará este acontecimiento para hacerlo congruente con su yo dándole un significado como «el profesor está loco» o «sólo ha sido suerte». Por otro lado, la **negación** no permite la expresión consciente de la experiencia incongruente, por ejemplo, una persona que no se considera racista achaca a la diferencia entre las culturas o costumbres el no contratar a alguien de otro país.

## NECESIDAD DE CONSIDERACIÓN POSITIVA

SE CONSIDERA como una motivación subsidiaria (suplementaria) del proceso de autorrealización que tenemos todas las personas, pero que no es innata, sino que se adquiere durante el desarrollo. Al mismo tiempo que el niño va formando su conciencia de sí mismo, se produce la necesidad de recibir amor y afecto por parte de las personas importantes en su vida (padres, familia). Si éstos se ofrecen de manera incondicional, se satisfará su necesidad de consideración positiva y podrá desarrollarse de manera congruente. Si por el contrario el niño piensa que el amor está condicionado, vivirá como amenazadoras las experiencias que no cumplan los requisitos necesarios para ser aceptadas por los padres, no sólo por ser incongruentes con su idea de sí mismo, sino porque puede perder consideración positiva. El niño aprende a estimarse y a valorarse a sí mismo (a crear una autoimagen), en función de cómo lo hagan los demás.

Es decir, el niño observa que algunas de sus experiencias son evaluadas y aceptadas como positivas, mientras que otras son censuradas; así, aprende que el amor y el afecto se ganan aceptando estándares de conducta sociales y paternales. El niño (y más tarde el adulto) aprende a actuar y sentir de maneras concretas para obtener la aprobación de los demás, en vez de hacerlo de manera más «real» consigo mismo, y a suprimir acciones y sentimientos que son inaceptables para las personas importantes.

Por ejemplo, si un niño siente que sólo recibirá amor (consideración positiva) cuando es amoroso y bueno, negará o distorsionará todo tipo de experiencia de odio o enfado para mantener su autoimagen de niño bueno. No obstante, si se crea una incongruencia elevada entre los requisitos, o méritos necesarios, para obtener consideración positiva y su autoimagen, de manera que usa en exceso las defensas, los problemas psicológicos aparecerán.

## PSICOPATOLOGÍA

PARA ROGERS, una persona sana es aquella en la que existe congruencia entre el yo y la experiencia. Por otro lado, los trastornos psicológicos surgen de la incongruencia y de los procesos de defensa utilizados. Estos procesos impiden al yo (sí mismo) crecer y cambiar. A medida que la autoimagen se vuelve más irreal, la persona incongruente se vuelve más confundida, vulnerable e insatisfecha, y, en ocasiones, seriamente desajustada.

Así, los trastornos neuróticos (depresiones, ansiedad, etc.) son conductas defensivas que se producen cuando la persona se oculta su propia incongruencia distorsionando y negando las experiencias. Los trastornos de tipo más psicótico son conductas desorganizadas que surgen cuando la incongruencia es muy elevada, tanto, que el uso de las defensas no puede ocultarla y se hace consciente. Esto produce un estado de ruptura y desorganización en la persona.

Otro aspecto importante para la psicopatología es la discrepancia entre el yo real (sí mismo) y el yo ideal. Cuanto más pequeña sea esta discrepancia, mejor adaptado estará el individuo.

## TERAPIA

COMO HEMOS visto, Rogers considera que las percepciones del individuo, su propia experiencia de los acontecimientos, es lo que determina su realidad; que toda persona tiende hacia la autorrealización; y que la finalidad y motivación de la conducta humana es satisfacer esta necesidad de autorrealizarse en el marco de la realidad que percibe. Por esto, el proceso terapéutico debe ser no directivo, es decir, es el cliente (prefiere esta palabra antes que paciente) el que tiene que dirigir su propia vida, realizar sus elecciones, él es el responsable de su propia vida. El trabajo del terapeuta es facilitar las condiciones para que la persona se sienta segura y amparada, y pueda retomar su naturaleza básica y juzgar por sí mismo el mejor camino a seguir para lograr su propia autorrealización. Se debe asegurar una toma de decisiones independiente, esto es, que el cliente no se preocupe por las evaluaciones, exigencias o preferencias de los demás.

El principio básico de la terapia centrada en el cliente es que la tendencia y capacidad innatas para el crecimiento y desarrollo personal surgirán por sí mismas cuando las condiciones terapéuticas sean cálidas, atentas y receptivas. Para esto, se necesitan tres actitudes básicas en el terapeuta:

- **Autenticidad:** que el terapeuta sea él mismo, que no se oculte tras una fachada profesional sino que sea abierto y transparente, que exprese sus sentimientos y pensamientos, tanto los positivos como los negativos, de manera espontánea. Sólo así el cliente podrá confiar en él. De igual manera, el terapeuta le sirve de modelo de lo que se puede llegar a ser cuando uno está en contacto con sus sentimientos, los expresa y asume la responsabilidad de hacerlo.
- **Consideración positiva incondicional:** el cliente es valorado de manera genuina, sin condiciones, y tal como es. No significa que se deba estar de acuerdo en todo ni aplaudir todas las acciones del cliente, más bien se trata de aceptarlo por sí mismo, con sus defectos y virtudes. Es el respeto hacia lo humano y su diversidad. De esta manera, se crea un ambiente no amenazador donde el cliente puede explorar su yo interno, su sí mismo.
- **Comprensión empática:** implica la habilidad del terapeuta para ver el mundo a través de los ojos del paciente en los diferentes momentos de la sesión terapéutica. Se trata de «estar con» el cliente mientras éste es él mismo. Es el escucharle y comprender sus sentimientos, sus significados personales de manera activa, de la misma manera como el cliente los percibe.

La comprensión empática es uno de los aspectos más importantes de la terapia cuya técnica de intervención es la verbalización de los contenidos emocionales (esto es, poner en palabras todo lo que se siente, las emociones que se producen al percibir y experimentar, aunque al principio de la terapia todavía no se conozcan). En el contexto de una relación cálida, donde se dé una consideración positiva incondicional y una congruencia o autenticidad por parte del terapeuta, éste anima al cliente a hablar de sus más profundas preocupaciones y sentimientos. En cierto modo, el terapeuta devuelve al cliente, con sus mismas palabras, un reflejo de sus sentimientos pero sin hacer juicios de valoración. Éste puede entonces observarlos de manera objetiva (a menudo descubrirlos), reconocerlos, asumirlos y responsabilizarse de ellos. Si la persona percibe de manera adecuada su propia experiencia subjetiva, desarrollará más autonomía, autoaceptación, respeto, flexibilidad y creatividad, para lograr su plena autorrealización. Esta adecuada percepción le devuelve la posibilidad de evaluar su experiencia y modificarla.

## TERAPIA *GESTALT*

*GESTALT* ES una palabra alemana de difícil traducción, pero cuyo significado más próximo es el de forma, figura completa o configuración. En psicología el término se usa cuando implica a «un todo», a «un conjunto con unidad».

La terapia gestáltica, desarrollada por Frederick (Fritz) Perls y su esposa, tiene sus raíces en la psicología alemana de la gestalt, cuyo interés y estudio estaba centrado en la cognición (esto es, en los procesos y estructuras relacionados con el conocimiento y la conciencia; como percibir, reconocer, concebir, representar y conceptuar, juzgar, razonar, planificar, etc.), y, sobretodo, en el campo de la percepción. El punto principal de esta teoría es que una forma no puede ser percibida como la suma de sus partes, y esto se aplica también a la comprensión de los fenómenos psíquicos. Por ejemplo, tres ángulos unidos no necesariamente forman un triángulo (por ejemplo, M: esta figura tiene tres ángulos unidos). Igualmente, una manzana no puede ser percibida como una combinación de componentes tales como su color, contorno, dureza y olor. Sólo contemplando esta fruta como un todo es cuando podemos percibir su esencia real, su «manzanismo».

Perls se basó de manera muy amplia en los conceptos gestálticos de unidad y totalidad, y de manera metafórica en los principios o leyes de la organización perceptiva. Por ejemplo, para esta escuela alemana, no hay diferencias entre la forma y el fondo, el que se vea uno en vez del otro es sólo una cuestión de percepción, de cómo organicemos nuestros sentidos. Ver rayas blancas sobre fondo negro es lo mismo que ver rayas negras sobre fondo blanco, cuál predomine es una cuestión de nuestra percepción. De esta manera, Perls concibe la vida como el fondo donde se destacan las formas, por ejemplo, las situaciones. Éstas también se pueden concebir como un fondo en el que se destacan formas internas como emociones, experiencias, necesidades, y formas externas como percepciones, encuentros, contactos, etc. Nuestra consciencia (percepción) en consonancia con nuestras necesidades, destacará una situación sobre otra, y sin embargo, forma y fondo son partes de la misma totalidad.

## CONCEPTOS BÁSICOS

Un concepto fundamental de la terapia es la concepción del individuo como el único responsable de sí mismo y sobre sí mismo. Por esto, éste debe comprender y aceptar todas sus necesidades, deseos y miedos, percibirse a sí mismo como una totalidad, para poder alcanzar sus objetivos de crecimiento (autorrealización) y satisfacer todas sus necesidades. Sin embargo, esta tendencia natural a completar la existencia puede malograrse, nuestra personalidad posee «agujeros», *gestalts* inacabadas, sentimientos desagradables que resultaron al no satisfacer deseos vitales. A menudo, los asuntos inacabados del pasado afectan la actividad presente, frenan el desarrollo. La persona se compone de polaridades, pero cuando se polariza en un opuesto y evita el otro mediante defensas, negaciones o bloqueos se produce el desajuste, se rompe la *gestalt*.

La terapia ayuda al individuo a integrar las *gestalts*, a darse cuenta o tomar conciencia de todo lo que en uno mismo está pasando pero sin intentar controlarlo. Al fin y al cabo, tanto lo bueno como lo malo y lo neutral, forman parte de una totalidad, que es la persona. Para conseguir ésta, la persona debe reconocer y hacer conscientes sus sentimientos y las partes de su personalidad que han sido negadas o rechazadas. El cambio surge cuando la persona se vuelve lo que es.

En este sentido, la terapia se centra en la experiencia inmediata, en lo actual, tanto de tiempo como de materia y espacio, es el **aquí** y **ahora**. No hay pasado, no hay futuro, estos conceptos son sólo ideas o fantasías. El momento más importante del paciente es ahora; si el pasado perturba, se hace presente. Las causas que se buscan en el pasado son sólo refugios o escapadas de las responsabilidades actuales. Es decir, lo que importa no es el por qué pasan las cosas sino el cómo pasan, y el paciente es el único responsable de su conducta.

## TERAPIA

PARA LOGRAR que el paciente tome conciencia de todo su yo, de sus emociones y del sentir del momento, para tomar contacto con lo real, se le debería confrontar consigo mismo. En esta confrontación, muy brusca a veces para llegar más rápidamente a la esencia del problema, se rechaza el lenguaje o las acciones, se va directo al conflicto y se le muestran sus contradicciones y mecanismos de defensa.

La toma de conciencia de sentimientos indeseados suele ser bloqueada por las defensas (Perls tuvo también formación psicoanalítica); entre estas están la **introyección**, por la cual, la forma de ser de las personas significativas en la vida de cada uno, se adopta, pero sin integrarla en el yo, sin llegar a ser parte de uno mismo. Es lo opuesto a la identidad. En términos psicoanalíticos contendría elementos del superyó, que es un código ético y moral internalizado, responsable de la autoimposición de estándares de conductas. En este caso, la persona hace lo que los demás esperan de ella. La **proyección**, a través de la cual determinadas características o partes de uno mismo no se reconocen como propias, sino que se consideran ajenas. En este caso, la persona hace a los demás lo que les reprocha. No se distingue de manera adecuada entre mundo interior y exterior. La **retroflexión**, esto es, la persona se hace a sí misma lo que le gustaría hacer a los demás. No obstante, al inhibirse las reacciones espontáneas, el resultado son situaciones constantes y físicas como el apretar mucho los dientes o tener los hombros tensos. Si la agresividad es introyectada en forma de prohibición, surgen los sentimientos de culpa y los autorreproches. Y la **confluencia**, por la cual los límites entre el yo y el entorno son muy difusos. La persona no sabe quién hace qué a quien.

Así, en el proceso de crecimiento personal, de toma de conciencia, la terapia debe trascender (o penetrar) cinco capas en las que la persona envuelve su sí mismo auténtico y que dificultan o perturban su crecimiento.

- **Fase de los clichés y estereotipos** que manejamos en las relaciones interpersonales, y que les restan significado. La persona no es capaz de mantener interacciones intensas, su conducta no es autentica, se rige por clichés.
- **Fase de los juegos de roles** psicológicos que representamos ante los demás y ante nosotros mismos. El adoptar estas pautas de rol ayudan a no contactar de manera intensa con uno mismo ni con el entorno.
- *Impasse*, en este momento la protección que dan los estereotipos y clichés de conducta, y los juegos de rol, es ineficaz. Es una fase de bloqueo donde no hay apoyo exterior y surge una sensación de vacío, de desconcierto, de ausencia de salida, en definitiva, de atasco. Para superar esta fase la persona debe entrar en contacto con lo que causa el bloqueo, esto es, con las defensas de las cuales podemos evadirnos.
- **Fase de implosión**, o de explosión hacia dentro. Ésta no siempre ocurre, pero es una de las fases más duras de superar. El paciente vivencia todo

aquello que más desea evitar. La presencia del terapeuta es fundamental, debe acompañarle en todo momento, explorando con él todos los abismos y fantasmas individuales, y demostrarle que se pueden superar.

- **Fase de explosión:** las necesidades y los sentimientos que habían sido bloqueados, evitados o divididos, se expresan ahora de una manera adecuada a la situación y al medio. El paciente los reconoce como suyos, formando parte de él, de su totalidad. La *gestalt* se completa.

Esta toma de conciencia de sentimientos indeseados y la capacidad de tolerarlos son requisitos fundamentales de un tratamiento exitoso. A diferencia del psicoanálisis, en éste las resistencias o defensas no se pretende su eliminación o interpretación, se busca su integración en la totalidad del individuo de manera que éste pueda experimentarlas y si desea, modificarlas. La persona sana se relaciona por completo consigo misma y con la realidad de manera auténtica, sin clichés, sin juegos, ilusiones o hábitos.

## TÉCNICAS

COMO HEMOS visto antes, los terapeutas gestálticos se centran en el aquí y ahora. Los clientes son incitados, persuadidos e incluso a veces exhortados a tomar conciencia de lo que esta pasando en el momento. Esta toma de conciencia es el pensamiento y el sentir inmediatos y directos. Los pacientes deben saber qué es lo que está pasando en ellos, qué piensan o fantasean, qué quieren y sienten. De la misma manera, han de sentir su postura, sus ex-

presiones faciales, sus tensiones musculares, los gestos, las palabras que usan, su tono y el sonido de su voz, etc., pues también es parte de ellos y de su ahora.

Para Perls, la toma de conciencia es curativa. Las personas se deben despojar de las ideas abstractas y generalizadas que sobre sí mismas tienen. Podríamos decir que las «reglas» básicas de la terapia son el «vive ahora y aquí», «deja de representarte cosas, prueba la realidad», «no racionalices todo, experimenta, no evites nada», «asume la responsabilidad de tus acciones y pensamientos, acéptate tal como eres, acepta a los demás como son», «exprésate con libertad, no te expliques, justifiques o juzgues».

Estas reglas son una serie de actitudes que definirían bien la filosofía de la gestalt, su idea sobre la naturaleza humana. Se valora e intenta que el paciente sea creativo y esté abierto a la experiencia, que se encuentre el mundo y con el mundo partiendo de una base no crítica y no reflexiva. Para este fin, hay varias técnicas (muchas de ellas han sido asumidas y adaptadas por terapeutas de otras tendencias psicológicas), entre ellas están:

### Lenguaje de «yo»

PARA AYUDAR a los pacientes a asumir las responsabilidades de su vida presente, el terapeuta les indica cambiar la tercera persona del singular por la primera (esto es, por yo). Por ejemplo, cuando un paciente dice «mis pensamientos son confusos», el terapeuta le pide que si puede asumir la responsabilidad de decir «yo estoy confuso». Este simple cambio en el lenguaje, además de a asumir responsabilidades, también ayuda a integrar en uno todos los aspectos de su ser, es decir, no son los pensamientos los confusos, como si fueran algo ajeno a su persona, sino que son él también.

### Lenguaje no verbal

EL TERAPEUTA atiende a lo que comunica el paciente con su lenguaje no verbal (gestos, posturas, expresiones, etc.), pues a menudo, niegan o contradicen lo que el paciente dice con su voz. De esta manera, se pueden descubrir sentimientos y pensamientos que el paciente no admite y trabajar sobre ellos.

### Representación del opuesto

ESTA TÉCNICA implica que el paciente represente o se comporte de manera opuesta a la que siente. Por ejemplo, pedirle a un paciente tímido que actúe como lo haría una persona muy extravertida. El principio es la polaridad de la persona. Actuando de manera contraria a nuestros sentimientos permite explorar y tomar conciencia de una parte de nosotros, que poseemos pero que permanece oculta. Si puedo representar algo que creo que no soy, es porque tengo esa parte, se halla dentro de mí y sólo tengo que sacarla a la superficie.

### La silla vacía

ES UNA de las técnicas más conocidas de la terapia *gestalt*. En este método hay tres sillas, una para el terapeuta, una para el paciente y otra vacía. El paciente se introduce en una situación conflictiva como por ejemplo, una discusión con su padre. El paciente mantiene esta discusión con la silla vacía (que es donde coloca al padre), a continuación, se sienta en este sitio y, desde el papel de padre, habla con el hijo que ahora es su antigua silla, y así sucesivamente. Se trata de que hablen los distintos personajes que habitan en el interior de uno mismo, que salgan aspectos que proyectamos sobre los demás, nuestras contradicciones, etc.

De la misma manera, esta técnica se puede utilizar con cosas más abstractas. Si un paciente está llorando, el terapeuta le puede pedir que coloque sus lágrimas en la silla vacía y que hable con ellas. Esta táctica suele ayudar a las personas a enfrentarse a sus sentimientos, hablar sobre sus lágrimas le distancia de los sentimientos que interfieren en su bienestar.

### Proyección de sentimientos

SE PIDE a los pacientes que se coloquen por parejas (es más utilizada en las terapias de grupo), que cierren los ojos, que imaginen a una persona hacia la cual sienten un apego emocional fuerte y que se concentren en los sentimientos que tienen por esta persona. Después, se les pide que abran los ojos y miren a la persona que tienen delante. Unos minutos después se les pide que repitan todo el proceso de nuevo pero pensando en algo completamente neutral (por ejemplo, un ejercicio de matemáticas), y se les pregunta si han notado importantes diferencias en su manera de sentir hacia la persona que tenían enfrente, en ambas situaciones. Con este ejercicio se pretende exagerar lo que se cree que es inevitable en todas las interacciones sociales, es decir, la intromisión de nuestros sentimientos en aquello que esté pasando en un momento particular.

**Trabajo con los sueños**

Es OTRO punto muy importante de la terapia, pero, de manera contraria al psicoanálisis, éstos no se consideran como una fuente de símbolos relacionados con procesos inconscientes, sino como un proceso creativo en el que afloran las partes desautorizadas del sí mismo. Reexperimentando y contando el sueño en primera persona, desde la parte protagonista del mismo (ya sea humana, animal, vegetal o mineral), el paciente puede reclamar estas partes alienadas de su ser, aceptarlas y expresarlas de manera más apropiada. Por ejemplo, un paciente sueña que le ha mordido por un perro. Durante la sesión se le pide que vaya identificándose con las distintas partes implicadas, como «hice que me mordiera el perro» y «ahora yo soy el perro». No se busca la interpretación de los sueños, se busca que se exterioricen los sentimientos evitados, identificándose con los distintos puntos de vista de lo soñado. Es importante la emoción, el significado que ese sueño tiene para el cliente en ese momento.

La terapia *gestalt* suele realizarse en grupo, aunque también puede hacerse individualmente. Es una terapia directiva, estructurada y activa donde se enfrenta al paciente con sus contradicciones. Suele funcionar bien en personas con problemas de tipo neurótico como las alteraciones emocionales.

## EL PSICODRAMA

ESTA TÉCNICA psicoterapéutica fue desarrollada por Jakob Levy Moreno en los años 30, quien proponía que el juego de roles permite a la persona expresar emociones problemáticas y encarar conflictos profundos, en un ambiente relativamente protegido, como es el entorno terapéutico. Moreno era una persona muy interesada por el teatro, y sobre todo por las técnicas de improvisación. Durante su juventud organizaba lo que el llamaba el teatro de la improvisación, donde se representaban escenas que habían ocurrido a lo largo del día, sin escenarios y con la participación espontánea del público. Cuando pedía a alguno de sus actores que representase un papel que coincidía con algún problema que éste tuviera, observó que a menudo les ayudaba a resolverlo, de esta manera surgió su idea del teatro terapéutico. Por otro lado, trabajando con niños y observando su manera de jugar, definió lo que serían aspectos clave para su terapia, esto es, la creatividad, la espontaneidad y la no deformación de los sentimientos en el juego.

## CONCEPTOS BÁSICOS

BASÁNDOSE EN la frase del genial Shakespeare, «El mundo entero es una escena en la que nosotros somos los actores», Moreno también concebía al ser humano como un actor activo y pasivo en la escena cotidiana de la vida. Su acción va ligada a la **representación de roles** y así se desarrolla el sí mismo. No obstante, no se adoptan roles (*role-taking*) sino que se representan de manera activa (*role-playing*). Se distinguen dos tipos de roles, el rol como categoría que son las conductas establecidas por la sociedad y que la persona asume, adapta y convierte en suyas, y que son en cierta manera rígidas; y el rol como acción, que es el sí mismo o el yo, representados aquí y ahora, que es más flexible y creativo.

Uno de los elementos más importantes del psicodrama es la **catarsis**, es decir, el revivir lo acontecido, el reexperimentar lo nocivo, los problemas, para de esta forma desdramatizarlos y verlos con perspectiva. Según Moreno, «toda verdadera repetición nos libera del episodio original». La repetición ha de ser verdadera, vivida por completo por el protagonista en toda su intensidad y complejidad.

La **espontaneidad** permitirá al actor representar no sólo las situaciones conflictivas de la vida real, sino también superarlas desarrollando o sacando a la luz para hacerles frente, otras dimensiones de su personalidad que permanecían ocultas. Así, se produce el **encuentro** de la persona con todas las partes de su ser.

## TERAPIA

EL OBJETIVO principal es que la persona exteriorice sus problemas para de esta forma superarlos. Representando los conflictos, éstos se vuelven visibles, se reviven y se modifican. Hay cinco elementos fundamentales en la terapia y éstos son:

- **El escenario:** el lugar de la representación, el marco físico donde el psicodrama se desarrolla. El escenario es simbólico, se crea con la imaginación aunque se pueden utilizar algunos elementos reales.
- **El protagonista:** que de forma espontánea e improvisada representa lo que se le ocurre, utilizando todo tipo de lenguajes como el verbal, los gestos y movimientos, etc. En general se suelen representar escenas del pasado y el futuro, escenas traumáticas, sueños, angustias, relaciones, deseos, fanta-

sías, etc. Debe vivir su realidad y sus emociones de manera intensa, pero también debe probar nuevas conductas y distintas maneras de experimentar las situaciones.
- **El director:** que es el terapeuta, ayuda al protagonista a realzar y dramatizar su papel. Debe observar también aquello que se insinúa en la representación y no ha sido trabajado, para analizarlo y debatirlo (junto con lo que sí se ha representado) con el paciente y los otros miembros del grupo al finalizar el acto.
- **Los yo-auxiliares:** también llamados coactores, asisten al protagonista mientras realiza su papel. Desempeñan papeles de personajes reales, inventados o simbólicos (por ejemplo, el padre, la madre, el jefe, la musa de un sueño) que el protagonista insinúa o que propone el director.
- **El público:** son los otros miembros del grupo que no intervienen en la representación. Ayudan en los preparativos y participan en el análisis posterior a la puesta en escena. Es decir, comentan sus impresiones, lo que experimentaron, o si se sintieron identificados en algún momento.

Las sesiones del psicodrama se componen de tres partes fundamentales. El **precalentamiento**, que es muy parecido al que hacen los actores de verdad, con técnicas de expresión corporal y vocal, imitación de gestos, improvisaciones cortas de temas concretos, etc. En esta fase participan todos los miembros del grupo, incluido el terapeuta, y sirve para lograr la desinhibición y el desbloqueo de problemas, preguntas, relaciones, o conflictos de las personas. En este momento surge el protagonista. Recordemos que éste es espontáneo, nadie se lo indica, pero por una razón u otra se erige en protagonista y los demás lo aceptan.

La siguiente fase es la **dramatización**, de actuación, representación o elaboración del problema. En este momento todo es único e imprevisible. Existen multitud de técnicas psicodramáticas para el trabajo en esta fase; entre ellas están la técnica de la silla vacía (*véase* terapia *gestalt*), el cambio de roles, la técnica del doble (por la cual el director, situado detrás del protagonista, repite todas sus manifestaciones), etc.

La última fase es la de la **verbalización**. Ocurre al final de la representación, cuando el protagonista ha expuesto su problema. Es el momento del análisis, el público expresa lo que ha sentido, cómo se ha identificado (o no) con lo que se ha expuesto, su perspectiva...; los coactores o yo-auxiliares, también expresan sus sentimientos, tanto los sobrevenidos por la representación como los que han sentido interpretando sus papeles; el terapeuta puede indicarle al protagonista los detalles que cree importantes y no han sido representados sino sólo insinuados.

Esta fase sirve además para marcar el límite entre la sesión, donde funciona la espontaneidad y la creatividad, y la vida real, donde se debe controlar el rol que cada uno juega. De la misma manera, al quedar el protagonista vulnerable y débil después de haber sacado a la luz sus conflictos, es el momento donde se reestablece el equilibrio entre él y los demás miembros del grupo. Éstos han compartido sus emociones y han participado de su experiencia, y, así, el protagonista ve que los demás tienen vivencias, dificultades y sentimientos similares, con lo cual no se siente tan solo.

El psicodrama ha influido de manera muy importante en diversas orientaciones psicológicas. Sus aportaciones más significativas han sido la **terapia de grupo**, pues fue Moreno el primero en desarrollarla; la **sociometría**, o el estudio de las formas o tipos de interrelación existentes entre un grupo de personas. También fue Moreno el primero en vislumbrar esta ciencia observando en sus sesiones los individuos que son elegidos protagonistas un mayor número de veces, los que se eligen recíprocamente, los que quedan marginados, etc., y el **juego de roles**.

Sus conceptos han sido asumidos por distintas corrientes terapéuticas; por ejemplo, su concepto de encuentro (con uno mismo) ha sido adoptado por la psicología humanista; la noción de empatía (ponerse en el lugar del otro) es un concepto básico en la terapia centrada en el cliente de Rogers, como lo es el concepto de aquí y ahora, y también para la terapia *gestalt*. Su trabajo con grupos es la base de las terapias sistémicas, y muchas de sus técnicas, como la silla vacía y el juego de roles, se utilizan en múltiples tipos de terapia.

Actualmente existen tres corrientes o escuelas de psicodrama:

- El **psicodrama clásico moreniano,** o de escuela americana, se basa en la representación activa y rápida del protagonista, dirigido por un director (no es preciso que sea el terapeuta), en un escenario, con público y ayudado por los yo-auxiliares. Se trata de crear un clima de grupo propicio.
- El **psicodrama analítico,** proviene de la escuela francesa, y se trata de un psicoanálisis dramático de grupo. Se dirige especialmente a los niños.

- El **psicodrama triádico,** es la síntesis de tres orientaciones: Moreno y el psicodrama, Freud y el psicoanálisis, y Lewin y la dinámica de grupos. Se intenta obtener las ventajas de cada una de las terapias. Se consideran el lenguaje del cuerpo, la intervención individual y la intervención grupal.

Moreno empleó su teatro terapéutico en diversas clínicas y hospitales psiquiátricos, así como en cárceles y otras instituciones, con resultados muy positivos. Hoy en día, su método es muy utilizado en investigación (sociometría), como método de diagnóstico, como terapia, en el campo de la pedagogía y en la creación artística.

## ANÁLISIS TRANSACCIONAL

ESTA ORIENTACIÓN terapéutica fue desarrollada por Eric Berne en las décadas de los 40 y de los 50. Este psiquiatra consideraba que el psicoanálisis era un método demasiado elitista pues era muy largo (unos cinco años de media) y costoso. Además, consideraba que el paciente estaba en desigualdad de condiciones frente al terapeuta, al emplear éste un lenguaje demasiado complicado, que no era comprendido por la mayoría. No obstante, Berne tomó muchos conceptos psicoanalíticos para su análisis transaccional, como el modelo estructural de Sigmund Freud o las pautas de expectativa social de Alfred Adler, así como elementos de otras corrientes como la humanista. De esta última adopta su noción del Hombre como totalidad, como ser singular, y único responsable de su propia vida; y sus metas, la autorrealización y el crecimiento personal. Hoy en día se sigue utilizando mucho en el campo de la peda-

gogía, en la formación de empleados y en muchos hospitales psiquiátricos.

El análisis transaccional es una terapia sencilla cuyos términos son familiares o conocidos por el paciente. Consta de cuatro conceptos básicos que son a la vez teoría y terapia. Éstos son:

## ANÁLISIS ESTRUCTURAL

A TRAVÉS de este análisis se puede discernir o penetrar en la estructura de la personalidad del paciente para diagnosticar. Existen tres elementos también llamados **estados del yo**, que son determinantes para la formación de los procesos internos (como la percepción, el sentimiento, los pensamientos), y las actividades (conductas) dirigidas al exterior. Se pueden considerar como «grabaciones» de experiencias pasadas en la niñez, que se activan y vuelven a «sonar» ante los estímulos apropiados (los que recuerdan o son similares a aquellos que estaban presentes cuando se tuvo la experiencia). Hay tres estados del yo:

- **Yo padre:** (simbolizado con la letra P), es todo lo que en **Mí** apela al padre. Proviene de la interiorización de las normas, valores y actitudes paternales, aprendidas hasta los cinco años aproximadamente, que es cuando el niño empieza a cuestionar lo que ve y lo que oye. Representa las normas sociales, los juicios de valor, las ideologías, las actitudes, etc.
- **Yo niño:** (simbolizado con la letra N), grabaciones de los sentimientos, deseos e instintos espontáneos originados en su primera infancia, desde el embarazo hasta los cinco años. Provie-

ne pues, de huellas arcaicas, es lo espontáneo, lo instintivo.

- **Yo adulto:** (simbolizado con la letra A), es todo lo que en **Mí** apela al adulto. Se orienta de forma autónoma hacia la expresión objetiva de la realidad, comprueba si lo aprendido del yo padre (P) y lo sentido del yo niño (N) tiene justificación. Se manifiesta en comportamientos racionales y acciones correctas.

Toda persona posee los tres estados del yo que coexisten. Dependiendo del momento y de las circunstancias, uno se exteriorizará más que los otros dos. Si predomina P (yo padre), la persona hace poco análisis de la realidad y reprime mucho sus sentimientos. Si predomina N (yo niño), predomina lo instintivo, la norma cuenta poco, y menos, la realidad objetiva. Cuando predomina A (yo adulto) existe un equilibrio entre P y N, entre lo aprendido y lo sentido. Hay armonía en la persona.

Para Berne, el niño nace con unas necesidades psicológicas básicas; que son la necesidad de dedicación (por parte de los cuidadores o padres), de estimulación, etc.; y con unos sentimientos básicos como el amor, la rabia, la alegría, etc. A través del refuerzo  positivo y de la interiorización de los valores y actitudes de los padres, que responden a sus necesidades y a sus sentimientos básicos, se manifiesta la estructura específica de los estados del yo.

Al principio de la vida del niño, su conducta está gobernada por sus necesidades y sentimientos básicos, y el deseo de que se satisfagan. Es el yo niño en el yo niño, y ésta fase dura hasta las ocho semanas de edad. Despúes, de las ocho semanas a los seis meses, se desarrolla el yo adulto en el yo niño, que explora el mundo, recibe y procesa la información y prueba nuevas acciones y conductas. A partir de esta edad y hasta los tres años, se desarrolla el yo padre en el yo niño, incorporando los valores y las normas aprendidas, tomando decisiones propias que cumplan los requisitos para obtener la satisfacción de sus necesidades.

A los tres años, el yo niño funciona plenamente. Ahora se empieza a desarrollar el yo padre (con las mismas fases, es decir, el yo niño en el yo padre, el yo adulto en el yo padre, y el yo padre en el yo padre) que alcanza su funcionamiento pleno hacia los seis años. En esta fase, se asumen maneras de pensar paternales, que pueden ser explícitas (esto es, verbales, se dicen) o implícitas (son más bien actitudes, no se suelen decir). Por ejemplo, actitudes como «la limpieza y el orden es lo más importante de la vida» o «no hay nunca que dejar que los demás sepan lo que piensas realmente», etc. Luego se desarrolla el yo adulto hasta los doce años (ídem con las fases de desarrollo). Ahora lo que se aprendió de los padres, y lo que se sintió de niño se pone a prueba, se cuestiona, se mira de manera objetiva, y si es necesario, se modifica.

Si el desarrollo es sano, los estados del yo se distinguen unos de otros, aunque, al mismo tiempo, interactúan y funcionan como una totalidad. Pero si las fronteras entre los estados son defectuosas, se producirá una personalidad alterada. Si las fronteras son demasiado flojas o permeables, puede haber una mezcla de contenidos. De este tipo de problema surgen las neurosis, no se distingue, por ejemplo, la realidad de lo que son unas normas o valoraciones paternales severas. Si las fronteras son demasiado rígidas o impermeables, los estados del yo están demasiado separados, no se reconocen uno y otro, no interactúan entre sí a la hora de influir la conducta. De este problema, surgen las psicosis.

## ANÁLISIS TRANSACCIONAL

COMO HEMOS visto antes, los diferentes (tres) estados del yo se comunican entre sí en un constante diálogo. De la misma manera, los mensajes enviados por cada uno de los estados del yo se pueden mandar hacia cada uno de los estados del yo de otra persona, desencadenando un mensaje como reacción. Es decir, este análisis estudia la comunicación o intercambio de mensajes desde el estado del ego de una persona a otra (o a más personas) a través de las palabras, los gestos, las entonaciones, etc. Una transacción es la unidad básica de relación social. Se pueden clasificar en tres categorías:

- **Transacciones complementarias:** el mensaje es enviado desde un estado del yo concreto y es recibido por el estado del yo concordante de la otra persona. El dialogo, la comprensión y el entendimiento son posibles. Por ejemplo, una transacción entre dos estados del yo adultos sería: «¿me puede decir la hora?» (estado A del emisor apelando al estado A del receptor), «por supuesto, son las diez» (estado A receptor respondiendo al estado A del emisor). O entre dos estados del yo distintos pero que también concuerdan: «me siento tan solo...» (estado N del emisor apelando al estado P del receptor), «ven conmigo, anímate» (estado P del receptor respondiendo al estado N del emisor).

- **Transacciones cruzadas:** en ellas la respuesta no concuerda con el estímulo, se ha activado otro estado del yo que no es el concordante. Surge el conflicto y la comunicación tiende a romperse. Por ejemplo, una transacción del tipo: «¿me puede decir la hora?» (estado A del emisor apelando al estado A del receptor), con una respuesta, «¿te he pedido yo algo acaso?» (estado P del receptor respondiendo al estado N del emisor).

- **Transacciones ocultas:** se dan a dos niveles simultáneamente, uno verbal y otro no verbal. El que emite el mensaje suele enviar una señal soterrada desde un plano inconsciente mediante los gestos y el tono que acompañan al mensaje verbal. Es decir se envían dos mensajes, uno, el manifiesto, y otro oculto, inconsciente (que pondremos entre corchetes en el ejemplo) a un estado diferente del yo. Por ejemplo, el mensaje manifiesto sería: «¿me puede decir la hora?» (estado A del emisor apelando al estado A del receptor), el mensaje oculto [«¿flirteamos?» (estado N del emisor apelando al estado N del receptor)], y la respuesta sería: «por supuesto, son las diez» (estado A receptor respondiendo al estado A del emisor), pero su respuesta oculta sería: [«¡encantado!» (estado N receptor respondiendo al estado N del emisor)].

En este análisis de transacciones se intenta descubrir las pautas de transacción típicas entre los miembros del grupo (la terapia suele ser de grupo). Estas pautas de transacción que se repiten con frecuencia son la expresión de juegos aprendidos (*véase* la siguiente sección), que a su vez, son manifestaciones de un guión de vida de la persona (*véase* posteriormente).

## ANÁLISIS DE LOS JUEGOS

Se trata del análisis de las secuencias interactivas más largas y complejas. El juego es el desarrollo de una serie de transacciones (recordemos que éstas son las unidades básicas de relación social) complementarias y ocultas que progresan hacia un objetivo bien definido y previsible, consistente en obtener un beneficio propio, por lo general, a expensas de los demás. Es decir, son transacciones ocultas que se utilizan para manipular a los demás y obtener un beneficio.

Estos juegos o comportamientos han sido interiorizados desde la infancia como respuesta a las presiones familiares. Lo que se gana son sentimientos sustitutivos, es decir, el niño, para satisfacer sus necesidades básicas tuvo que adoptar unos roles que aseguraban esta satisfacción. Así, el adulto, ante situaciones similares sigue empleando estos roles (juegos) de manera inconsciente para conseguir lo que desea.

Existe una gran cantidad de juegos y una persona no emplea un juego único ni sólo un rol. Cada persona tiene sus juegos favoritos, y siempre se realizan para ganarlos. No obstante, quien juega, aunque gane, es un perdedor, pues los juegos son la tapadera de nuestras propias limitaciones. Todo juego es deshonesto, y en lo que se basa y su resultado, tienen un carácter dramático.

Berne clasificó mediante frases tópicas gran multitud de estos juegos. Algunos de los más comunes son:

- **«Quiéreme aunque sea una calamidad»:** este juego es la actitud oculta de quien hace las cosas mal y a medias excusando su conducta y disculpándose para poder así provocar la compasión del otro.

- **«Si no fuera por ti (lo lograría)»:** en este caso, la actitud es un continuo reproche hacia otras personas que nos impiden realizar nuestros deseos. Sin embargo, la motivación real es el miedo a enfrentarse a la vida abiertamente.

- **«Vais a pelear tú y él»:** implicamos a dos personas en discusiones e intrigas. Así confirmamos nuestra idea de que los demás son ignorantes y débiles y nosotros no.

- **«¡Mira lo que me has hecho hacer!»:** echamos la culpa a los demás para mantener nuestro convencimiento de que es el otro el que está mal y no reconocer nuestro fallo.

- **«El mío es mejor que el tuyo»:** que en realidad significa «no soy tan bueno como tú». Ocultamos nuestra debilidad y le damos al otro una idea de superioridad.

En una relación, los juegos pueden ser compartidos al principio. Es decir, pedir compasión y obtenerla, por ejemplo con «quiéreme aunque sea una calamidad». Sin embargo, con el tiempo se puede volver patológico, a alguno de los participantes le puede resultar demasiado molesta esa actitud. De la misma manera, Berne diferenciaba entre juegos de primer grado, que son socialmente aceptables, donde la manipulación es admitida en el círculo de personas que rodea al jugador (por ejemplo, en las relaciones de pareja o con los amigos); de segundo grado, manipulaciones que no producen daños serios o irreparables pero que se ocultan al público (por ejemplo, en el lugar de trabajo); y de tercer grado, que son manipulaciones peligrosas que acaban muy mal (por ejemplo, en la cárcel o en el hospital).

## ANÁLISIS DEL GUIÓN

ES LOS estudios de las conductas más arraigadas o de los juegos que más se repiten, y que se relacionan con una programación paterna (inconsciente) de la vida del niño. Es decir, los juegos y las transacciones que contienen son las manifestaciones de un plan de vida, o guión, originado en la infancia y programado por los padres. Esta programación responde a las expectativas que nuestros padres tenían de nosotros, y se compone de actitudes vitales básicas del niño en relación con los demás y consigo mismo (y de la satisfacción de sus necesidades básicas); y de adoctrinamientos, indicaciones de acción y modelos de conducta por parte de los padres.

La programación se realiza por medio de mensajes comunicados una y otra vez en situaciones importantes, como «vas a ser médico como tu padre», «vas a ser un inútil» o «si sigues así vas a acabar mal». No obstante, lo más normal es que el guión se transmita de forma implícita e inconsciente, con diversas actitudes y reglas de vida como «no crezcas», «no muestres nunca tus sentimientos», o «si quieres tenernos contentos, debes trabajar duro y sin parar», etc.

La meta del análisis transaccional es que la persona tome conciencia de los guiones que rigen su vida, que identifique los mensajes que lo formaron, para así poderse liberar de ellos y tomar las riendas de su vida.

## TERAPIA

EL OBJETIVO de la terapia es que el cliente tenga o adquiera autonomía recuperando tres facultades: la toma de conciencia de la existencia del aquí y ahora; la espontaneidad y la libertad de expresar sus propios sentimientos; y la sinceridad consigo mismo.

El análisis transaccional es una terapia sencilla, breve (no dura más de un año), y emplea términos familiares para el cliente. Suele realizarse en grupo, aunque también puede ser individual.

Busca cambios rápidos de conducta más que cambios profundos, actuando más en el comportamiento que en la personalidad. Para restablecer las fronteras del yo, Berne trabajaba sobre todo con el yo adulto, utilizando preguntas provocadoras, confrontaciones, explicaciones de frases dichas por el cliente, ofreciendo dedicación y persuasión, para de este modo restablecer la plena capacidad de percepción y pensamiento del yo adulto.

Otras técnicas utilizadas para poner de manifiesto el guión, los juegos y los sentimientos ligados a ellos son la silla vacía, los juegos de roles o el trabajo con los sueños de la terapia de la *gestalt*; técnicas de la modificación de conducta como la desensibilización sistemática o los contratos conductuales; métodos cognitivos como la reestructuración cognitiva y el psicodrama.

Suele ser muy utilizado para el tratamiento de los problemas de pareja, los problemas familiares y con los trastornos neuróticos como depresiones o trastornos de ansiedad.

# Terapias de familia

Uno de los principales intereses de la psicología es el estudio del ser humano, de su psique y de su conducta, tanto la normal como la patológica. En general, este estudio se realiza ateniéndose a una corriente de pensamiento, o perspectiva psicológica, desde la cual se consideran unos aspectos de la vida del individuo sobre otros, basándose en hipótesis concretas. Por ejemplo, la perspectiva psicoanalítica clásica pone su atención en la represión y otros procesos inconscientes que surgen de diversos conflictos durante la infancia; la perspectiva conductista sugiere que el comportamiento es aprendido basándose en los principios del aprendizaje clásico y operante, y a través de la imitación de modelos; los psicólogos cognitivos, en cambio, proponen la adquisición de ciertos esquemas de pensamiento que afectan al procesamiento de la información.

Las diferentes perspectivas tienen implicaciones muy importantes para la psicopatología. Por un lado, determinan dónde y cómo se deben buscar las respuestas que nos expliquen el por qué se originan los diversos trastornos mentales, y por otro lado, proponen modelos de intervención terapéutica en relación con las hipótesis que explican los comportamientos anómalos.

La mayoría de las psicoterapias tienden a tratar únicamente al individuo que presenta el problema, el problema en sí, y la relación entre ambos (esto es, entre la persona y su problema). No obstante, el individuo nunca está solo, siempre pertenecerá a un grupo ya sea éste la familia, los amigos, su comunidad, su región, su país, etc. Todos estos factores tienen mucha importancia para el resultado final de la conducta. Un enfermo de esquizofrenia variará en sus síntomas dependiendo de cómo le trate, por ejemplo, su familia o su comunidad. Como vimos en el capítulo referente a este trastorno, en las sociedades rurales un enfermo estará mucho más integrado y su pronóstico será mejor, que en las sociedades urbanas, donde existe un ritmo frenético de vida, una alta especialización de los trabajos y unas relaciones frías e individualistas entre las personas. Todo ello son elementos que dificultan la integración del enfermo en la sociedad, ni éste se adapta a la sociedad, ni ésta se adapta a él.

## INTRODUCCIÓN HISTÓRICA

ESTOS ASPECTOS son los que dieron pie al surgimiento de una nueva perspectiva psicológica, la de los modelos sistémicos, cuyo desarrollo va muy unido a la evolución de la terapia familiar. La familia es casi el grupo más importante para el individuo, pues éste siempre proviene de ella. Es el grupo al que pertenecen las primeras personas con las que se relaciona un niño, es donde se aprenden valores, reglas y pautas de comunicación y relación, y, en definitiva, es un grupo de personas afines, por lazos personales y sociales, con una serie de relaciones complejas (se debe precisar que no es necesaria la consanguinidad para determinar el concepto de familia).

## CONCEPTO DE SISTEMA

UN SISTEMA es básicamente un conjunto de cosas que se relacionan entre sí, y que suelen estar orientadas a una finalidad. En concreto, es el conjunto de una serie de elementos y el conjunto de relaciones que se definen entre esos elementos del conjunto. El punto central de esta perspectiva es que un fenómeno se comprende mejor desde el contexto en el que ocurre, por ejemplo, la conducta de un niño se entenderá mejor desde la familia o la escuela que desde una oficina o una institución para adultos.

## ORÍGENES DE LOS MODELOS SISTÉMICOS

LA IMPORTANCIA de la inclusión de la familia en la comprensión de los trastornos mentales se da en casi todos los abordajes terapéuticos, que incluyen aspectos sistémicos aunque de manera velada. Es decir, casi todas las teorías tienen en cuenta aspectos importantes de las interrelaciones del paciente con las personas de su entorno en el desarrollo o mantenimiento de los desórdenes mentales, aunque el foco terapéutico está puesto en la comprensión y tratamiento de los individuos.

Sigmund Freud ya había señalado que la conducta de los familiares contribuía a los problemas de sus pacientes, en particular, la interacción temprana de los padres e hijos. Los psicólogos neofreudianos ponían el énfasis en el origen psicosocial de los desórdenes psíquicos, y a la familia como intermediaria de la interiorización de roles con valor patológico social en sus miembros. Desde esta perspectiva surgieron términos como el de «madre esquizofrenógena» para describir a una madre fría, dominante y generadora de conflicto, que, pensaban, era la que originaba la esquizofrenia en el niño (es decir, la relación entre ambos). En general, se contemplaban las relaciones madre/hijo, la incidencia de trastornos en familias con problemas como desempleo, rupturas o marginalidad, la importancia de los roles sociales, etc., para entender la psicopatología.

En los años 50, surgieron diversos grupos de investigación sobre las causas de la esquizofrenia, que, pese a ser independientes unos de otros, coincidieron en observar que era la familia la que provocaba, con sus pautas de conducta subliminales, el estado esquizofrénico en uno de sus miembros (por lo general, el hijo). Estos teóricos propusieron que si se conocía la estructura familiar, se podría modificar para así producir el cambio en el paciente.

En aquel entonces, muchos psicólogos encontraban muy difícil mantener la mejoría terapéutica de sus pacientes esquizofrénicos a largo plazo. El cambio a corto plazo se producía, las estancias en el hospital eran curativas, aunque muchos pacientes sufrían recaídas poco tiempo después de llegar a casa. Por otro lado, no sólo era difícil mantener el cambio positivo (la mejoría) en un paciente mientras seguía conectado con su familia, sino que tampoco empeoraba.

Esta ampliación de la perspectiva, o del punto de vista terapéutico, es decir, el paso de considerar sólo al paciente a considerar también los sistemas familiares o comunitarios, proporcionó las explicaciones al por qué era tan difícil lograr la mejoría en el individuo sin tener en consideración el sistema familiar al que pertenece. Tanto uno como otros mantenían el desorden, unos etiquetando al paciente como enfermo, y comportándose hacia él como tal, y el otro asumiendo su papel, en relación con la forma de tratarle los demás. Es lo mismo que trabajar con una familia concreta, independientemente de las comunidades vecinas, con las que tiene un contacto psicológico cercano, y está por tanto afectada por estas estructuras mayores. Por ejemplo, si se trabaja con una familia marginada, cualquier cambio positivo que se quiera mantener necesariamente implicará tener en cuenta (o trabajar también si se pudiera) a las familias vecinas, al barrio donde viven, para modificar puntos de vista que mantienen el problema y no lo resuelven.

En la década de los 60, uno de los grupos pioneros y más influyentes en el desarrollo de la terapia familiar sistémica era el de Gregory Bateson y su equipo, en Palo Alto, California. Partiendo de la teoría de la comunicación, este grupo planteó que el discurso del esquizofrénico está en relación directa con el medio en el que vive, la familia. De acuerdo con su hipótesis del doble vínculo (*véase* posteriormente), la esquizofrenia se considera como un intento límite del paciente para adaptarse a un sistema familiar con estilos de comunicación incongruentes o paradójicos.

Con el paso de los años y partiendo de estos trabajos, surgieron nuevas aportaciones teóricas, entre las que destaca el trabajo de Salvador Minuchin, también en EE. UU., y su enfoque estructural-estratégico, que se centra en la estructura de la familia y las alianzas o coaliciones entre sus miembros. En Europa, el grupo más importante es la **escuela de Milán** dirigido por Mara Selvini-Palazzoli, que estudia la estructura familiar como sistema.

## LA FAMILIA COMO SISTEMA

COMO HEMOS visto antes, un sistema se define como un conjunto de elementos y las relaciones que se definen entre ellos. La totalidad de estos elementos genera unas propiedades que, en parte, son distintas de aquellas que poseen éstos por separado. Es decir, es más que la mera unión de sus componentes: «el todo es más que (y distinto de) la suma de sus partes». De igual manera, desde esta perspectiva se postula que un fenómeno se comprende mejor desde el contexto en el que ocurre; para entender el comportamiento de un sistema, se debe tener en cuenta los elementos que lo componen, las propiedades que poseen, y las interrelaciones entre éstos. Así, la conducta y la experiencia de un miembro de una familia no se puede entender separada de la del resto de sus miembros.

## CARACTERÍSTICAS DE LOS SISTEMAS

Un sistema puede ser cualquier conjunto de elementos, un país compuesto de regiones o provincias, una familia con un número de miembros, e incluso un individuo solo, pues éste está formado por el sistema nervioso, los órganos vitales, el esqueleto..., etc.; tanto si se trata de uno como de otro, por lo general, todos cumplen una serie de leyes o características.

Todos los sistemas se organizan jerárquicamente, y cualquier nivel de organización se puede tomar como sistema. Si centramos la atención en el individuo, éste es el **suprasistema**, que es el medio en el que el sistema se desenvuelve. Todas las partes del individuo, sus componentes, serán los **subsistemas**, como ya hemos dicho; éstos pueden ser su cerebro, sus otros órganos vitales, su inconsciente, etc. Con este ejemplo podemos ver claramente cómo un sistema es mucho más que la mera unión de sus componentes, una persona es algo más que la suma de las partes que la componen. Si tomamos a la familia como objetivo, el individuo será un subsistema de ésta, y la extensión de la familia (los primos, tíos, abuelos, etc.), o la comunidad en la que viven, etc., serán los suprasistemas de los que la familia es parte. Éstos a su vez son los subsistemas de la ciudad o región, y así sucesivamente. La teoría se puede concebir como una serie de círculos concéntricos, cada uno conteniendo otros más pequeños, y, a su vez, contenidos en otros más grandes que ellos.

Por otro lado, cada sistema tiene la necesidad de **definir la relación** entre sus componentes para que el grupo pueda tener significado y continuidad en el futuro. Deben estar claras las funciones que tiene

cada subsistema y las relaciones entre ellos, así como las funciones y las relaciones entre cada uno de los componentes que forman los subsistemas. En el caso de la familia, entre padres e hijos, entre el padre y la madre, entre los hermanos, etc.

Esto implica la existencia de una **jerarquía** también dentro de cada sistema. En toda organización siempre habrá miembros con más poder y responsabilidad que otros. En la punta más alta se sitúa el subsistema decisorio (el que decide), que es el que controla todo el sistema, vela por su integridad y diferenciación de otros sistemas, coordina su actividad en función de los requerimientos del exterior y es el que hace que los subsistemas y los componentes de éstos interactúen. Sin él, no hay sistema posible, en el sentido de que éste no puede ser parasitario o simbiótico con otro sistema, y no puede existir si el decisorio es desplazado hacia arriba (al suprasistema), o hacia abajo (a otro subsistema). Por ejemplo, los padres respecto de los hijos, el gobierno respecto a un país, etc. El sistema, una familia, no funciona si el papel decisorio, el de los padres, es tomado por los vecinos (suprasistema), o por los niños (subsistema), o por lo que haga otra familia (parasitario de otro sistema).

Una de las características más importantes es la de **causalidad circular**. Por lo general, la búsqueda de las causas de la conducta siempre se había hecho de forma lineal, es decir, basándose en el supuesto de que para cualquier fenómeno observado X, existe una causa A, que lo precede. Sin embargo, la causalidad circular propone que tanto el fenómeno como su causa se influyen entre sí de acuerdo a una red compleja de relaciones donde median, además, otros elementos (B, C, etc.). Las relaciones entre éstos son recíprocas, circulares, pautadas y repetitivas están en constante interacción. Todo influjo de A sobre otros elementos del sistema, acaba volviendo otra vez a A, con el tiempo.

Este concepto de circularidad implica un proceso de retroalimentación (*feedback*) de la información que se transmite dentro de un sistema, y que sirve además para su regulación. Este *feedback* es tanto negativo como positivo. El **negativo** implica que si hay alguna desviación en un sistema, éste se autorregula para corregirlo. Por ejemplo, si consideramos un sistema de calefacción con termostato, éste se encenderá cuando detecte una bajada de temperatura, y se apagará cuando ésta suba, para mantener el calor deseado. Por el contrario, el **positivo** hace que una desviación en el sistema produzca una mayor. Una forma de verlo puede ser pensar en una empresa que reinvierte en sí misma parte de los beneficios. Cuanto más éxito tenga, más dinero reinvertirá y por tanto más capacidad de producción. No obstante, si las cosas empiezan a ir mal, habrá menos dinero para reinvertir en la empresa, menor producción e incluso, la bancarrota. Así pues, el *feedback* negativo es el que mantiene la estabilidad del sistema, y el positivo (tanto en crecimiento como en deterioro) es el que está en la raíz del cambio.

Si continuamos con la imagen del modelo de sistemas como una serie de círculos concéntricos, podemos considerar cada círculo como la **frontera** del sistema. Este límite es necesario para separar el sistema del suprasistema al que pertenece, y para definir los subsistemas que lo componen. Dentro de una familia, los límites tienen que ver con el grado de experiencia e información que comparten sus miembros en comparación con las personas ajenas, y son los que marcan o definen quién pertenece a ese sistema. Al mismo tiempo, son lugares de intercambio de comunicación, afecto o apoyo entre dos sistemas o subsistemas. Es decir, los lazos emocionales que unen a los elementos son las fronteras. Por ejemplo, el límite de un subsistema familiar como la pareja compuesta por los padres, se reconoce por el grado especial de intimidad, privacidad y profundidad de la información intercambiada por ambos, y por el tipo de compromiso y duración de éste, que es mayor en este sistema (la relación matrimonial) que en otros (sistemas formados por el resto de los miembros de la familia, por ejemplo, el sistema hijos, subsistema de la familia).

Así pues, **límite** (o frontera) denota un punto de transición donde las diferencias en estructura, conducta, función, etc., de los sistemas pueden ser observadas a cada lado de éste. Como ya se ha dicho, un límite es definido por las reglas que indican quién puede participar en ciertos tipos de interacción e intercambio de información, y quién no, esto es, definen quién pertenece al sistema.

En relación con los límites, los sistemas pueden ser **abiertos**, esto es, intercambian información con el medio externo, además de las relaciones entre los elementos de un sistema, existe comunicación con otros elementos ajenos; y pueden ser **cerrados**, esto es, no hay intercambio de información, sólo existen relaciones entre los elementos del propio sistema.

Por último, los sistemas tienden a la **homeostasis**, es decir, a la autorregulación; al mantenimiento o estabilidad de su unidad, identidad y equilibrio frente a las variaciones del medio y frente a los cambios. Sin embargo, más importante para la psicopatología en los sistemas familiares es la **morfogénesis**, la tendencia evolutiva, la manera por la que un sistema cambia y se desarrolla ante los cambios demasiado grandes del ambiente.

Las terapias familiares sistémicas tienen en cuenta ciertos aspectos fundamentales del funcionamiento familiar. No obstante, las diferentes escuelas terapéuticas difieren en la importancia que dan a cada uno de ellos. Éstos son:

- **La estructura:** se refiere a la organización del sistema. Se observa la jerarquía existente y las tareas de cada miembro (quién está a cargo de quién y de qué); el grado de diferenciación o identidad de cada uno respecto del grupo (identidades y roles); los límites establecidos (si éstos son demasiado rígidos o demasiado flexibles, si están claros o son difusos, etc.). Una perturbación de la estructura es la triangulación, que es el intento de resolver un conflicto entre dos personas (por ejemplo, los padres) involucrando a una tercera (por ejemplo, un hijo), convirtiendo así las características de su relación, esto es, sus problemas, en la base sobre la que interactúan los tres.

- **La regulación:** se refiere a la manera típica de interacción o relación entre los miembros de la familia. Estas maneras de relacionarse se consideran, por lo general, fijas, estables y predecibles. Las conductas de cada elemento están influidas de manera circular y recíproca por las de los demás, y éstas se mantienen por la tendencia al equilibrio u homeostasis familiar. Así, uno de sus miembros puede ser catalogado

como raro, enfermo o problemático en un momento dado de conflicto, evitando de esta manera, que la familia modifique otras pautas de relación más disfuncionales. Es decir, es más «fácil» para una familia identificar un problema concreto en una persona concreta, esto es, centrar su disfunción en un miembro (el **paciente identificado**), que considerar otros problemas quizá más sutiles pero más importantes del funcionamiento familiar que se hallan perturbados. Este paciente es la expresión y no la causa de la disfunción familiar.

- **La información:** se refiere a la manera en que se comunican los miembros de la familia. Al igual que sus maneras de relacionarse, la forma en que se comunican suele ser habitual, estable y en cierta manera predecible. Se han descrito varios aspectos disfuncionales en la comunicación familiar que son susceptibles de generar conflicto. Entre éstos destacan el **doble vínculo** (de G. Bateson del grupo de Palo Alto), que consiste en la situación en la que se encuentra una persona que recibe mensajes contradictorios de otra, más poderosa (*véase* posteriormente); la **escalada simétrica**, las personas en una interacción aumentan la frecuencia o la intensidad de la comunicación, para llegar a ser iguales en la relación. Por ejemplo, pautas de enfrentamiento en la pareja culpabilizándose mutuamente, de manera constante; peleas entre hermanos donde «si tú me das, yo te doy», etc.; y la **complementariedad**, donde cada parte en la relación asume roles distintos pero que se complementan, por ejemplo, padre rígido-niño sumiso, o padre negligente/niño desobediente (*véase* posteriormente).

- **La capacidad de adaptación:** es la morfogénesis (*véase* anteriormente) o la capacidad de la familia para adaptarse a los cambios, su manera de afrontar las crisis como una muerte, un divorcio, la boda de un hijo, etc., y lograr un nuevo equilibrio. Las familias con una capacidad pobre de adaptación suelen generar un paciente identificado para mantener su equilibrio. Esto disminuye la singularidad de cada miembro (pues los unifica), e impide la evolución del sistema.

## CONCEPTOS DE COMUNICACIÓN

EL ENFOQUE en la comunicación familiar fue propuesto por el grupo de Palo Alto. Su objetivo era el aspecto pragmático del lenguaje, esto es, la pragmática es la disciplina que estudia el lenguaje en su relación con los usuarios y las circunstancias de la comunicación. No se refiere sólo a las palabras y al mensaje que conllevan, también incluye otros aspectos como el lenguaje no verbal (gestos, posturas, etc.), el tono de la voz, la modulación, las pausas, etc.

Estos autores sugirieron que la esquizofrenia era debida a ciertas perturbaciones en las pautas de comunicación, en particular, del doble vínculo. Esta última hipótesis se desarrolló en relación con ciertos principios observados en la comunicación humana. Entre ellos:

- Toda conducta en una interacción entre dos (o más) personas es comunicación, hasta el silencio comunica.
- Se debe distinguir entre los aspectos del contenido objetivo del mensaje, la información precisa; y los del contexto de

éste, la relación entre los comunicantes. Es decir, las personas que participan en una comunicación deben comprender y aceptar las reglas que intervienen en ésta. Si, por ejemplo, es un debate, las personas que lo discuten deben estar de acuerdo en disentir unas de otras. Si no están claros tanto contenido como contexto, se puede crear confusión y la comunicación se perturba.

- El contexto de la comunicación está condicionado por la percepción que de uno mismo y del otro tienen los participantes. Una interacción se define por las puntuaciones que introduce el participante, ya que no es posible que existan situaciones de no conducta y por tanto de no comunicación; los conflictos en las relaciones suelen originarse por dos errores básicos: la suposición de que la otra persona cuenta con la misma información que uno, y por tanto debería sacar las conclusiones que uno tiene; y la suposición de que sólo hay una realidad posible.

- Se distinguen dos modalidades de comunicación, la **digital**, que es aquélla en la cual el contenido a comunicar se nombra mediante signos discretos, ordenados convencionalmente (esto es, el lenguaje hablado, escrito, etc.). Es decir, se coordinan signos (por ejemplo, p-e-z) y contenidos (por ejemplo, pez). Este tipo posee una compleja sintaxis lógica que hace que la comunicación sea precisa, pero carece de una semántica (o significado) suficiente en el área de las relaciones sociales. Este déficit se compensa con la comunicación **analógica**, donde se dan similitudes entre los contenidos y los signos (por ejemplo, entre la imagen de un pez y el pez). Este tipo corresponde en gran parte a la comunicación no verbal. El aspecto de contenido ideológico de una comunicación se transmite de manera digital, mientras que el aspecto contextual, las relaciones actuales entre los comunicantes, se definen de manera analógica. Por ejemplo, una persona puede decir a otra que la quiere de manera precisa, con palabras, no obstante, para el contexto (la relación) es más claro simplemente abrazarla.

Dado que el hombre es capaz de utilizar uno u otro modo de comunicación, o ambos a la vez, puede emitir mensajes contradictorios simultáneamente, dificultando e incluso impidiendo que el receptor reaccione de manera inequívoca.

• Los procesos de la comunicación son simétricos o complementarios según sea la relación entre los comunicantes. En las relaciones simétricas hay igualdad en la conducta recíproca; y en las relaciones complementarias hay diferencia. Ambas conductas aumentan con estas relaciones, y en ambos casos se ven como una reacción necesaria a la conducta del otro. Como hemos visto antes, un ejemplo simétrico es la pareja culpabilizándose mutuamente de manera constante; una acusación se responde con otra acusación, y así sucesivamente. Un caso complementario, la relación padre/rígido hijo/sumiso, que también aumenta esta conducta recíproca, cuanto más rígido sea uno más sumiso será el otro.

• En la comunicación se producen diversas paradojas que son conclusiones contradictorias obtenidas de mensajes aparentemente claros. Se pueden dar varios tipos como la paradoja pragmática, que ocurre cuando, por ejemplo, se le dice a una persona «¡sé espontánea!». Ésta es una frase imperativa, se exige espontaneidad, pero serlo implica que no haya deliberación ni obligación, por tanto se da la paradoja. De autorreferencia, como decir: «toda mi familia es idiota», implica que el que lo dice también debe serlo pues forma parte del grupo. Lógica semántica, entre las más conocidas está la del mentiroso: «Epiménides, cretense, afirma que todos los cretenses mienten», en este caso, Epiménides miente si dice la verdad, y dice la verdad si miente.

## TEORÍA DEL DOBLE VÍNCULO

BASÁNDOSE EN las paradojas lógicas que se pueden dar en la comunicación, Bateson y su grupo desarrollaron la teoría del doble vínculo. Éste consiste en una comunicación contradictoria que se produce en una relación vital entre las personas que intervienen (generalmente entre madre e hijo). El ejemplo clásico, y el que Bateson pensaba que podía encontrarse en el origen de la esquizofrenia o el autismo, es el del niño que se encuentra ante un padre (o madre) que tiene dificultades con las relaciones afectivas cercanas, pero que no puede admitir tales sentimientos. El padre comunica rechazo y frialdad cuando el niño se le aproxima, pero reacciona ofreciendo amor y acercamiento (forzados) cuando éste se aleja de su frialdad inicial. De esta manera, el niño se encuentra atrapado en un «doble vínculo», nada de lo que el niño haga será satisfactorio y lo que crea que debe hacer no se confirmará, es decir, tanto si se acerca como si se aleja es algo que va a molestar al padre. En estos casos el niño siempre pierde.

## PUNTOS EN COMÚN
## DE LAS TERAPIAS SISTÉMICAS

DEPENDIENDO DEL enfoque de cada una de las escuelas terapéuticas, es decir, del peso e importancia que cada una le da a los distintos aspectos del funcionamiento familiar, los métodos para el tratamiento varían. No obstante, existen ciertos elementos que son comunes a todas ellas.

Un primer paso importante es hacer un diagnóstico de la estructura familiar en la que se encuentra el paciente identificado y determinar la manera en que sus miembros reaccionan ante los cambios de éste, en su tendencia a conservar la homeostasis familiar. Para obtener esta información se usan diferentes estrategias como la entrevista a toda la familia por uno o varios terapeutas; usando espejos unidireccionales en la consulta, esto es, espejos a través de los cuales uno puede ver sin ser visto, para ver cómo interaccionan los parientes; o grabando las sesiones en vídeo para después analizar a cámara lenta los mensajes no verbales que la familia emite.

El objetivo de la terapia no es modificar la conducta problema, sino modificar las interacciones o las relaciones que la producen. El terapeuta se centra en los puntos fuertes y en los recursos de cada miembro para potenciarlos; de esta manera, se fomenta que el cambio surja de ellos, que sean ellos los que aprendan a solucionar los problemas de manera efectiva.

Durante las sesiones terapéuticas no se usan las etiquetas diagnósticas, es decir, no se dice del paciente que es, por ejemplo, anoréxico, o depresivo, ni se le llama paciente. El tratamiento no está dirigido sólo a él, sino a todo el grupo; de esta manera, se intenta evitar que la familia confirme su idea de que es el paciente el que está mal, o que el problema está en él, y que ellos sólo quieren ayudarle.

Los procedimientos más utilizados en las terapias familiares sistémicas son:

- **La alianza terapéutica:** es un punto fundamental de todos los abordajes. Se refiere al compromiso estable de trabajo entre la familia y el terapeuta. Desde el punto de vista sistémico, ya desde la primera sesión se produce un cambio en el sistema familiar, pues a partir de ese momento se ha incluido un elemento nuevo en el grupo, que es el terapeuta. Para formar esta alianza, se deben eliminar o reducir los prejuicios, las vergüenzas o las ansiedades de cada uno de los miembros.

- **La reformulación del problema:** también llamada reencuadre. Se trata de redefinir la manera que tiene la familia de ver los problemas y los síntomas, cómo los definen, sus expectativas al respecto y las interpretaciones que hacen. Adaptándose al lenguaje familiar y a sus creencias, se explica de modo diferente (o desde otro punto de vista) lo que sucede en su manera de relacionarse, para que con esta nueva información, se posibilite el cambio.

- **La intervención paradójica:** también llamado doble vínculo terapéutico, o prescripción del síntoma, es uno de los procedimientos más utilizados y se basa en la observación de la secuencia problema/solución intentada con anterioridad a la terapia. Muy a menudo el problema consiste en el intento de solucionarlo. Por ejemplo, una persona con insomnio se plantea que debe dormir, y hace verdaderos esfuerzos por conseguirlo. No obstante, cuanto más lo intente probablemente menos lo conseguirá. Así, con esta técnica se le prescribe al paciente, de modo controlado, aquello que constituye el problema, se le pide que no cambie para así cambiar. Por ejemplo, en el caso del insomnio, se pide al paciente que se mantenga despierto; en su intento por no dormir probablemente se dormirá. La intervención no va dirigida a vencer el insomnio sino a eliminar el intento de dormir a toda costa, que es lo que constituye el verdadero problema.

- **La definición de los límites:** se investigan las fronteras o límites entre los sistemas o subsistemas familiares, el grado en que éstos están desligados: límites rígidos entre los subsistemas, de manera que se da una excesiva individualidad que dificulta el compartir la vida afectiva; o el grado de aglutinación: los límites son difusos, es difícil mantener la individualidad de cada miembro. El terapeuta deberá, según el caso y lo que requiera el cambio, fortalecer o debilitar ciertos límites, reducir la rigidez o difusión de éstos, etc.

Otros métodos son la prescripción de tareas: pedir a la familia que trabaje determinadas pautas de conducta; el uso de analogías: exponer un caso similar al problema de la familia, en forma de metáfora, para observar sus reacciones, cambiar las perspectivas y abordar posibles resistencias al cambio que la familia puede mostrar (por su tendencia a la homeostasis); el cuestionamiento circular: un estilo de hacer preguntas a través del cual el terapeuta interrelaciona los hechos, por ejemplo, ¿cuándo X hizo esto, como reaccionó Y?, y, ¿cuál fue la reacción de Z ante Y?; la anamnesia, es decir, el reunir todos los datos personales del paciente y de su familia, como las in-

formaciones importantes (enfermedades, muertes, bodas, acontecimientos significativos, etc.), información sobre los amigos, sobre otros parientes, etc. Todos los miembros de la familia participan en esta recolección de datos objetivos. Suele ser un recurso eficaz para que el terapeuta entre en contacto con el grupo, es una manera de reducir prejuicios o vergüenzas, y el paciente deja de ser el centro de atención puesto que participa como cualquier otro miembro en la exposición de la historia familiar.

## ESCUELAS TERAPÉUTICAS SISTÉMICAS

### ENFOQUE ESTRATÉGICO

INCLUYE LAS perspectivas de la escuela americana de Palo Alto, y de la escuela europea de Milán. Su interés se centra en la familia como sistema comunicativo, es decir, en el contenido de la comunicación y en las interacciones entre sus miembros. El objetivo es identificar las pautas relacionales disfuncionales para, al mismo tiempo, poder establecer qué tipo de intervenciones podrán originar el cambio. Sin embargo, ambas escuelas difieren en el tratamiento, mientras el grupo de Palo Alto elige un cambio gradual y progresivo, con un terapeuta más activo y directivo, el grupo de Milán opta por un cambio más dramático y con un terapeuta muy poco directivo para que sea la familia la que, con sus propios recursos, cambie.

### Escuela de Palo Alto

LOS AUTORES más representativos de esta escuela provienen del instituto de investigación mental (conocidos por sus siglas en inglés MRI, o *Mental Research Institute*), y son los sucesores de G. Bateson y su equipo. Para ellos la conducta problema de un paciente es una reacción comunicativa a las relaciones familiares disfuncionales. Todo grupo o estructura familiar funciona organizándose en función de unas reglas; cuando éstas se hacen ambiguas surge la disfunción, donde queda atrapado el paciente. Los intentos que éste realiza por liberarse aumentan la fricción y la ansiedad, y surgen los síntomas. Debido a la tendencia natural homeostática del individuo (y del sistema), se origina cierta resistencia al cambio terapéutico, esto es, tanto para el paciente como para la familia, el síntoma es la causa de la disfunción familiar cuando para el terapeuta es la expresión de ésta.

De acuerdo con esta escuela, la queja del paciente es el problema y no el síntoma de algo más, y de la misma manera, las soluciones que la familia ha desarrollado para manejar la situación, y que no han sido eficaces, contribuyen a mantenerlo. Este intento de solución suele crear un círculo vicioso que aumenta la severidad del problema; por ejemplo, una persona piensa: «me siento mal», y atribuye su malestar a «no me distraigo lo suficiente», e intenta salir más; sin embargo esto no mejora su estado de ánimo, y por tanto siente que ha fracasado y se siente peor, el intento de solución le empeora. El objetivo es interrumpir el proceso de problema/solución. Para ello, el terapeuta debe buscar qué es lo que hace que la conducta persista, y decidir qué es lo que hay que cambiar para que el individuo (o la familia) atrapado en la conducta disruptiva se libere.

Así pues, el punto de atención no está en el origen del conflicto sino en las conductas que lo refuerzan. No se consideran otro tipo de relaciones familiares u otro tipo de acontecimientos que ocurran simultáneamente, excepto cuando se presentan por la familia como parte del problema. El primer paso para la terapia es obtener una definición de éste, así como información sobre las soluciones intentadas, y sobre otras conductas no problemáticas. Este último punto suele servir para determinar posibles soluciones eficaces que han pasado inadvertidas, y no porque se considere necesario hacerse una idea de la conducta «normal» del paciente, de la cual se ha desviado (por ejemplo, en un momento X no hubo conducta problema porque la familia estaba pendiente de otra cosa y no del paciente, y él mismo también estaba pendiente de esto).

Una vez reunida toda la información, se definen los objetivos a lograr y la estrategia a seguir. Por lo general se fijan metas fáciles de conseguir por el paciente (esto es, cambios mínimos), para que de esta manera aumente su confianza en el cambio. Más que la reducción de conductas negativas se pretende conseguir un incremento en conductas positivas. Es necesaria una redefinición del problema y la eliminación de las etiquetas diagnósticas. Por tanto la acción terapéutica suele implicar una reestructuración cognitiva.

De la misma manera, se considera muy importante la intervención paradójica, para atacar sobre todo a los intentos previos de solución (que son la causa de los problemas y del estancamiento en la conducta disruptiva), se reproduce el síntoma para alterarlo. Por ejemplo:

- Para hacer frente a las soluciones que implican el forzar algo que sólo puede ocurrir de manera espontánea, como el intento de dejar de hacer un tic, o esforzarse en dormir, se pide al paciente que no intente solucionarlo, que provoque su síntoma (por ejemplo, hacer el tic, no dormir en caso de insomnio, etc.).

- Cuando se ha buscado una alternativa a un problema que no implique riesgo, y éste es hasta cierto punto inevitable (por ejemplo, aplazar un acontecimiento temido para dominarlo), se expone al paciente a esta situación impidiéndole que acabe la tarea con éxito (por supuesto en una situación controlada).

- Ante el intento de conseguir acuerdos mediante coacción, como un padre amenazando al hijo sin televisión si no estudia, se pide a la persona dominadora que se rebaje al nivel del dominado. Al desaparecer la amenaza, desaparece la actitud rebelde del amenazado.

- Cuando se confirman las sospechas del acusador a través de la autodefensa, es decir, uno acusa y el otro, al defenderse, confirma las sospechas del primero. La intervención se realiza con la confusión de señales. Si una pareja discute porque uno de ellos bebe, se le pide a este último que imite en determinados momentos su actitud cuando ha bebido y a la persona acusadora que intente distinguir si ha bebido o no.

Otras técnicas muy empleadas, aparte de las mencionadas en la sección anterior (técnicas comunes), son el uso de ordalías, esto es, de pactos forzados: el terapeuta indica que puede resolver el problema pero que sólo lo hará si la familia cumple con las tareas prescritas; el empeoramiento del problema, donde el terapeuta le dice a la familia que no sabe la solución, pero

que sí sabe cómo se puede hacer peor, y señala todo lo que la familia ha ido haciendo para solucionarlo. Este procedimiento se emplea cuando no ha habido cambios y la terapia va llegando a su fin; y el uso de la resistencia, por la cual el terapeuta admite la resistencia de las personas que no quieren cambiar, aliándose a ellas en vez de confrontarlas (¿por qué hay que cambiar X?). De esta manera, a la familia no le queda otra alternativa que seguir con lo indicado, o resistirse a ello cambiándolo. En ambos casos es el terapeuta el que lleva el control.

En general, no hay una lista de técnicas concretas que se deban incluir en la terapia, éstas se aplican según sea el caso. Desde esta perspectiva se proponen las intervenciones breves (unas diez sesiones de media), que terminan cuando se resuelve el síntoma. Una aportación importante es que este modelo terapéutico se puede aplicar tanto a familias como a pacientes individuales.

### Escuela de Milán

ESTA ESCUELA se basa también en los trabajos de G. Bateson y su equipo de Palo Alto, considerando a la familia como un sistema comunicativo. Al igual que la escuela americana, para este grupo el origen de las alteraciones no es lo más importante, el centro de atención se sitúa en la estructura familiar, esto es, las reglas que la organizan y las interacciones, en relación con éstas, de los miembros. En definitiva, el punto crucial es el **juego de la familia** que mantiene el equilibrio interno (homeostasis) incluyendo los síntomas. El objetivo terapéutico es percibir lo más pronto posible el funcionamiento de este juego, y desarrollar estrategias para interrumpirlo. Así, para este grupo, el objeto de la intervención no es el paciente identificado ni la familia sino su juego, sus reglas de interacción.

De acuerdo con esta escuela, los síntomas reflejan las interacciones a través de las cuales una familia se regula, que en el caso de las patológicas, suelen ser organizaciones muy rígidas y con pautas de relación repetitiva, otorgando a los miembros funciones y roles que ya no responden al momento evolutivo. Es decir, la pareja formada por los padres proviene a su vez de familias rígidas, o traen consigo ciertas experiencias y hábitos que influirán en la elección de unas reglas sobre otras, para regular su propia familia.

La principal autora de esta escuela, Mara Selvini-Palazzoli, desarrolló este enfoque trabajando con las familias de pacientes anoréxicos y esquizofrénicos, y describió el proceso o la trama emocional, en una serie de estadios, por el cual se desarrollan ambas conductas o síntomas:

- *Impasse* de la pareja conyugal es un conflicto oculto, una lucha sutil por el poder en la relación, que es simétrica. Cuando un cónyuge hace un movimiento, el otro reacciona con un movimiento contrario, ganando pero sin abusar de su victoria. Al ser la relación simétrica el juego se perpetúa, mientras exista se puede ganar, pero la derrota sería insoportable así pues se mantiene en un *impasse*, para que nadie abandone la situación.
- El hijo entra en el juego de los padres y considera al padre con el papel de provocador pasivo en el juego, como víctima, y al padre provocador activo como verdugo.

- El hijo toma partido por uno de los dos (el provocador pasivo), e intenta desequilibrar el juego a favor de éste. Sin embargo, el juego es de los padres y continúa en el tiempo, el hijo ha sido utilizado por parte del padre aliado para sus jugadas (*véase* los juegos psicóticos descritos posteriormente).
- El hijo desarrolla los síntomas como respuesta pues tampoco puede abandonar, ni declararse como derrotado.
- Cuando surge el trastorno, la sintomatología del hijo se puede utilizar como forma de controlar al otro cónyuge, cronificándose la situación.

A lo largo de esta secuencia temporal, se describe el progresivo enredo del hijo en la situación de estancamiento relacional de los padres. M. Selvini-Palazzoli, también describió dos juegos psicóticos fundamentales que ocurren en este proceso:

- **El embrollo:** en este juego uno de los padres expresa una preferencia hacia el hijo superior que la tiene hacia su cónyuge, sin embargo, no es verdad, este padre lo emplea como instrumento para atacar a su pareja, que es el verdadero centro de interés. En este juego se manifiestan afectos opuestos a los realmente existentes. El hijo entonces desarrolla el síntoma como una manera encubierta de revindicar su posición.
- **La instigación:** es una provocación indirecta y disimulada a la que se responde con rabia contenida. La persona que instiga lo hace muy sutilmente para que el otro nunca explote sino que se contenga, y esta actitud propicia nuevas provocaciones. Lo que se pre-

tende es que al instigar a uno se provoque a otro distinto, es decir, es una situación triádica, donde uno instiga a otro para provocar a un tercero (generalmente, un padre al hijo para provocar al otro cónyuge).

El propósito de la intervención es interrumpir el juego familiar y liberar a la familia de sus sistema rígido de creencias (alterar su estructura), pero haciendo que sea ella misma la que obtenga el cambio. El formato de la terapia es muy diferente a los procedimientos habituales. En ella trabaja un equipo de profesionales, unos durante la sesión con la familia y otros fuera de la consulta observando lo que pasa en la sesión a través de un espejo unidireccional. Tanto por iniciativa de «los de dentro» como de «los de fuera», la sesión se puede interrumpir cuantas veces sea necesario para intercambio de información o sugerencias de intervención. El grupo de Milán proponía que de esta forma la familia no podía incluir en su juego a los terapeutas, y se aseguraba la neutralidad de éstos. De manera similar, el intervalo entre las sesiones suele ser muy largo (separadas por varias semanas) para dificultar la dependencia hacia el terapeuta y fomentar la puesta en marcha de los recursos propios de la familia para el cambio.

La función de los terapeutas es generar hipótesis sobre el juego familiar, e intentar demostrar su falsedad (de acuerdo con el método científico por el cual una hipótesis no se puede demostrar verdadera sino sólo confirmar en la medida en que ha superado los intentos de refutarla, esto es, de falsearla). Si esta hipótesis no es válida (es decir si se confirma su falsedad), se genera otra y así sucesivamente, de manera que se ponen a prueba las interacciones familiares, hasta que se encuentran las reglas que regulan el sistema.

Desde el primer contacto de la familia con el equipo terapéutico, se empieza a recoger información para poder elaborar las primeras hipótesis sobre las interacciones y optimizar las preguntas que les harán acerca de informaciones importantes. Actualmente se considera que el manejo de la entrevista es una herramienta que, en sí misma, puede generar el cambio sin necesidad de otras intervenciones. En ella se realiza un cuestionamiento circular, es decir, a cada uno de los miembros se les pregunta por las relaciones entre otros dos. Esto permite investigar las diferencias, las alianzas, las definiciones de la relación que cada uno tiene, etc. Otro tipo de preguntas importantes son las reflexivas, que obligan a la familia a contestar sobre situaciones futuras probables, situaciones hipotéticas, o desde otro punto de vista. A través del cuestionamiento la familia genera nuevas percepciones y conductas que propiciarán el cambio.

Así pues, los principios básicos para dirigir una entrevista son: la generación de hipótesis, en base a la información recogida antes de las sesiones y durante éstas; la circularidad, que exige al terapeuta dirigir el proceso en función de las respuestas de la familia a su propia intervención; y neutralidad del terapeuta respecto a cada uno de los miembros. La meta de la entrevista es proporcionar nueva información o perspectivas diferentes que puedan afectar a la conducta familiar. El cambio será el resultado de su reacción a la nueva información.

A pesar de la importancia de la entrevista, se pueden utilizar otras técnicas en la intervención basándose siempre en la no directividad del terapeuta. Entre las más utilizadas están:

- **La connotación positiva:** para cambiar la autodefinición de la familia. La conducta sintomática del paciente y la de los otros miembros, que hace que esta se mantenga, se describen como positivas. Este procedimiento es similar al de la prescripción del síntoma o intervención paradójica (*véase* sección anterior).
- **Redefinición del síntoma.**
- **Prescripción paradójica:** de la conducta connotada positivamente.
- **Rituales:** se prescriben una serie de conductas que introducen nuevas reglas. Éstas deben realizarse sin explicar los motivos, pueden incluir a toda la familia o sólo a algunos miembros (por ejemplo, pedir a los padres que salgan varias horas por la tarde sin dar explicaciones a los hijos).

## ENFOQUE ESTRUCTURAL

EL AUTOR principal de esta perspectiva es Salvador Minuchin, y el centro de atención está en la estructura del sistema familiar y de sus subsistemas: en la maleabilidad de su organización y de sus fronteras (rigidez o flexibilidad), y en las transacciones entre éstos. La intervención terapéutica se realiza tomando como modelo o como norma el funcionamiento de una familia sana.

Un punto fundamental en toda familia sana es que las fronteras deben ser **claras** ya que separan y definen los elementos que pertenecen al sistema y a los subsistemas, guardando las jerarquías y funciones de cada miembro según su pertenencia. Es decir, con una delimitación clara, los subsistemas pueden cumplir sus funciones sin intromisiones externas, pero al mismo tiempo, relacionándose bien con el exterior. Si las fronteras son demasiado **rígidas** y cerradas, los subsistemas estarían demasiado separados entre ellos y aislados del exterior. Por otro lado, las fronteras pueden ser **difusas**, lo que implica que no hay claridad en la diferenciación de los subsistemas, esto es, en quién pertenece y quién no, y en las funciones específicas de cada uno.

Sin embargo, un individuo puede pertenecer a varios subsistemas (por ejemplo, puede ser padre y esposo), en los que cumple funciones diferentes (de protector de los hijos y de cónyuge respectivamente). Si la pertenencia a un subsistema entra en competencia con su pertenencia a otro, el individuo puede preferir uno a expensas del otro (puede preferir su papel de padre a costa de su papel de esposo). Estas relaciones triádicas pueden surgir de dos formas, como **alianzas**: donde existe una proximidad entre dos (o más) miembros a expensas de un tercero, y son organizaciones claras y abiertas; y como **coaliciones**: donde la alianza es en contra de un tercero, y son mucho más difíciles de detectar.

De acuerdo con esta perspectiva, un sistema saludable es aquel que es flexible, que se adapta y responde de manera clara al desarrollo personal de sus miembros y del sistema en sí. Las estructuras disfuncionales se originan cuando la familia no se adapta a los cambios de manera flexible sino con conductas estereotipadas y rígidas, cuando carece de capacidad de desarrollo, o cuando se perturba su estructura formándose triangulaciones (esto es, la inclusión de un tercero en una relación conflictiva de dos) y coaliciones, cuando los límites entre los subsistemas no son claros, etc. Una familia con fronteras internas (subsistemas) y externas (hacia el exterior)

demasiado rígidas produce una familia de-
sunida. Si sus límites internos son difusos
y los externos muy rígidos, se origina una
familia aglutinada, demasiado ligada, lo
que interfiere con el proceso de individua-
lización y desarrollo autónomo de sus
miembros. Por otro lado, unos límites internos difusos con los externos muy abiertos producen familias abiertas donde los
problemas de uno son los de todos, lo que
también reduce el desarrollo independiente de las personas que la integran.

Al igual que los otros enfoques sistémicos, los primeros pasos de la terapia
consisten en observar la definición que la
familia hace del problema por el cual acuden a la consulta (por lo general, un hijo
sintomático), las soluciones que le han intentado dar y definir las características de
interacción, tanto del sistema como de los
subsistemas, que contribuyen a su mantenimiento. El objetivo es la solución de ese
problema que, de acuerdo con la teoría, se
origina por una estructura familiar desajustada. La estructura influye en el individuo y el individuo en la estructura. Así,
los cambios producidos en una originarán
también cambios en el otro.

Es una terapia muy directiva, se considera al terapeuta como parte fundamental.
Desde el primer momento, éste entra en el
sistema y asume la responsabilidad del
proceso de cambio, es el que desequilibra
la estructura actual para conseguir una
nueva. Para ello, desarrolla una alianza de
trabajo, se une y acomoda a la familia
usando su mismo lenguaje, modos y rit-
mos, potenciando las similitudes entre
ambos, adquiriendo su punto de vista,
mostrando empatía, y manteniendo las reglas del sistema intactas, mientras va ob-
teniendo la mayor cantidad de información para descubrir su estructura básica,

con particular atención a las interacciones
de ésta en torno al portador del síntoma
(el paciente identificado).

Una vez establecida la alianza y definidas las hipótesis sobre la estructura familiar, el terapeuta desafía las definiciones
dadas en la familia respecto del síntoma,
utilizando técnicas como la connotación
positiva, la prescripción del síntoma, el uso
de metáforas, etc., y observando la reacción
de la familia respecto a los cambios. Para
cuestionar la estructura familiar debe poner
de manifiesto sus hipótesis sobre alianzas y
coaliciones, sobre la rigidez o difusión de
sus fronteras, sobre triangulaciones, etc. Se
prescribe a la familia la realización de tareas conjuntas, como intentar que interac-
cionen entre ellos de maneras alternativas a
las habituales, para promover alianzas nuevas; se trabaja con los distintos subsistemas
de manera independiente; el terapeuta entra
en diversas coaliciones, se alía con unos y
no con otros, para conseguir un desequilibrio de la estructura. Ésta es la técnica más
arriesgada y debe hacerse con sumo cuidado. El objetivo es recoger más información
sobre la disfunción de la familia, pero también calibrar los puntos fuertes y la capacidad de cambio y compromiso del sistema y
de los subsistemas, para producir una reestructuración nueva.

Esta reorganización del sistema, el
cambio terapéutico, se consigue reelabo-
rando los límites, cambiando la visión de
la realidad, reforzando, construyendo o re-
organizando las interacciones entre sus
miembros.

## OTRAS TERAPIAS FAMILIARES

INDEPENDIENTEMENTE DE la perspectiva,
todas las terapias familiares se fundamen-

tan en el principio de que los problemas de un paciente identificado son las manifestaciones de perturbaciones dentro del seno familiar. La diferencia está en los orígenes del conflicto. Como hemos visto hasta ahora, los modelos sistémicos centran su atención en las estructuras familiares y en las complejas interacciones entre sus miembros. Sin embargo, desde una perspectiva psicoanalítica, por ejemplo, se contempla cómo los conflictos infantiles con el padre del sexo opuesto al del paciente son trasladados a la pareja conyugal afectando a la relación. El objetivo es pues, ayudar a cada miembro a verse mutuamente como realmente son y no como un padre simbólico.

## ENFOQUES COGNITIVOS Y CONDUCTUALES

### Terapia de parejas

Se basan en la psicología cognitiva y del aprendizaje social. La idea principal es que los conflictos dentro de la pareja son inevitables. Estos surgen por multitud de causas como la toma de decisiones vitales para la familia (reparto de tareas, lugar de residencia, educación de los niños, etc.), y por las historias de aprendizaje previas que cada miembro aporta a la relación. En general, las relaciones humanas están basadas, en gran parte, por la percepción individual de los costes y los beneficios de la interacción con los demás. Es decir, se valora a los demás en función de la percepción de lo que recibimos a cambio de lo que damos. A pesar de que este enfoque no aporta ninguna teoría sobre el funcionamiento de una pareja (pues se asume que las causas del éxito en las relaciones

varía enormemente de pareja a pareja), sí se estima que las personas tenderán, o estarán más dispuestas, a continuar una relación si otras alternativas son menos atractivas, esto es, producen menos beneficios y más costes. Así, los terapeutas intentan aumentar los beneficios que cada uno recibe a través de un intercambio mutuo de igual a igual.

De manera similar a los abordajes sistémicos, un punto importante en la terapia es la mejora de las pautas comunicacionales entre los dos miembros, aunque centrándose en incrementar la habilidad de cada cónyuge en agradar al otro. La idea central es que la proporción de interacciones positivas y negativas determinará la cualidad subjetiva de la relación.

Varios estudios confirman esta hipótesis. Las parejas con problemas suelen quejarse de una mayor frecuencia de interacciones negativas que de positivas, y suelen considerar esta conducta negativa en sus parejas como global (lo contrario de específico a algunas situaciones y momentos) y como estable (continua en el tiempo). De la misma manera, tienden a reaccionar más emocionalmente a los acontecimientos recientes y a devolver con la misma actitud las conductas negativas empezadas por sus cónyuges. Las parejas estables y no problemáticas también expresan sentimientos negativos, pero, al contrario que las otras, tienden más a mantener su satisfacción independientemente de los acontecimientos recientes, son más flexibles y se adaptan mejor a las circunstancias incluso cuando éstas son desagradables. Su reacción emocional es menor que la de las parejas con problemas, son menos vulnerables a las conductas negativas e intercambian con más frecuencia actitudes positivas.

Otro punto fundamental es el estilo cognitivo (la manera de ver las cosas), pues las parejas con dificultades tienden a no percibir las interacciones positivas y estar predispuestas a percibir las negativas. Con mucha frecuencia, las interacciones que se producen entre las parejas que funcionan y las que no, son las mismas, es decir, en ambos casos se intercambian el mismo número de conductas positivas y negativas, aunque difieren en el impacto que éstas producen. En las parejas conflictivas es más probable que una actitud positiva se interprete como negativa. Por ejemplo, una persona le dice a su cónyuge que si quiere que le traiga algo de la tienda. Esta actitud puede tener un impacto negativo si el cónyuge prefiere que la persona no salga y que le ayude a hacer alguna tarea que en ese momento está haciendo. La intención de la persona ha sido positiva pero el impacto en su cónyuge ha sido negativo.

Se han descrito cinco aspectos cognitivos que se deben tener en cuenta en las terapias de pareja:

- *Atención selectiva:* se refiere a aquellos aspectos de la relación a los que los cónyuges prestan más atención, y que afectan a sus sentimientos sobre la misma.
- *Atribuciones:* son las explicaciones que las personas dan al comportamiento de los demás, en la pareja, se refiere a quién deciden que es el responsable o el culpable de alguna situación o acontecimiento.
- *Expectativas:* las que tiene cada cónyuge sobre el futuro de la relación.
- *Suposiciones:* sus creencias sobre el estado actual de la relación.
- *Prototipos:* sus conceptos o ideas sobre cómo debe ser una relación.

Como es de suponer, las parejas en conflicto tendrán un estilo cognitivo más negativo en lo que respecta a todos estos puntos que las parejas no problemáticas.

Considerando todos estos puntos, el objetivo de las terapias cognitivo-conductuales es mejorar la comunicación y la accesibilidad entre los cónyuges, aumentar el intercambio de conductas positivas y reducir el de negativas, hacer que sean conscientes de sus estilos cognitivos, fomentar la aceptación de la pareja siendo cada uno tal y como son, etc.

Para ello se utilizan diversas técnicas como la prescripción de tareas agradables que deben hacerse el uno al otro. En este sentido suele ser muy útil los «días de atenciones»: con este procedimiento se pide a un cónyuge que haga cosas agradables a su pareja durante un día en concreto, sin esperar nada a cambio. Al día siguiente es la pareja la que debe hacer lo mismo. Esta estrategia suele ser muy eficaz para romper el ciclo de negatividad y distancia (pues las parejas que acuden a consulta suelen presentar problemas que se han mantenido durante algún tiempo), y para demostrarse a sí mismos que pueden complacer al otro de manera positiva. También suele ser muy eficaz el entrenamiento en resolución de problemas, esto es, definir el problema, generar alternativas, sopesar las ventajas y los inconvenientes de cada alternativa, y aplicar la solución elegida; y la detección de cogniciones distorsionadas.

La terapia de parejas se considera también una herramienta muy eficaz en el tratamiento de niños sintomáticos. El objetivo es trabajar con los padres para alterar los refuerzos que mantienen la conducta problemática del niño. Como hemos visto con los modelos sistémicos, las dificultades en las relaciones paternas son muy a menudo la causa de los problemas del niño. En este caso, el niño suele tener muy poco contacto con el terapeuta pues se asume que el tratamiento exitoso con los padres tendrá un efecto favorable en la conducta del niño. Así pues, se busca modificar las interacciones padres/hijo fomentando la reciprocidad de las conductas positivas y apropiadas (que ante una acción positiva se responda con otra comparable por parte del otro), y reducir las conductas coercitivas (esto es, de castigo o de refuerzo negativo).

# Terapias de grupo

**P**or grupo se entiende un conjunto de elementos que presentan ciertas características comunes entre sí. No obstante, en el campo de la psicología no es suficiente que se trate de un conjunto de personas. Para poder definir un grupo es necesario que exista una interacción entre ellas. El beneficio terapéutico que la pertenencia a un grupo ha proporcionado al individuo es tan antiguo como la historia de la humanidad. Desde la cooperación entre sus miembros con fines de supervivencia, y el apoyo y solidaridad ofrecidos en circunstancias difíciles, hasta el uso que los líderes religiosos y tribales hacían del grupo social para modificar conductas, cambiar perspectivas, dar sentido de pertenencia y lograr curaciones. El ser humano siempre ha estado influido por sus interacciones grupales.

## INTRODUCCIÓN

EL USO de un grupo con finalidad terapéutica planificada y guiada por un especialista, es decir, lo que conocemos hoy en día como terapia de grupo, surgió a principios del siglo XX en EE. UU., gracias al trabajo de Joseph H. Pratt con pacientes enfermos de tuberculosis. Las razones que le indujeron a iniciar un tratamiento conjunto fueron varias, entre ellas, porque esta enfermedad tenía proporciones epidémicas, porque los pacientes estaban condenados al ostracismo por parte de la sociedad, y porque los programas de rehabilitación eran demasiado largos y costosos y muchos abandonaban. De esta manera se podían tratar varios pacientes a la vez, y también incluir aquellos cuyas circunstancias económicas no les permitían un tratamiento individual, se discutían aspectos de la enfermedad, y se enseñaba higiene y autocuidado. Pratt también observó que el simple hecho de pertenecer al grupo resultaba muy beneficioso. Los pacientes compartían experiencias similares, se podían expresar libremente, y el testimonio de la curación de alguno de sus miembros era alentador e infundía esperanza.

Pasados unos años, este tipo de terapia conjunta empezó a aplicarse a enfermos con otras enfermedades, a pacientes psiquiátricos institucionalizados, y un poco más tarde, a pacientes mucho menos graves. En esa época, los principios a favor del grupo como método terapéutico en los que se basaban los profesionales eran de muy variada índole. Había grupos cuyo objetivo era la educación de los pacientes sobre su enfermedad, el encuentro terapéutico con otras personas con problemas similares, y trabajar una mejor adaptación de los enfermos a su situación y sus reacciones emocionales.

Otros profesionales pronto empezaron a aplicar los principios del psicoanálisis al grupo basándose en el trabajo del propio Sigmund Freud, quien consideraba que el proceso grupal (esto es, las interacciones, la dinámica, las conductas, etc., que surgen en un grupo) es una extensión de la actividad mental del individuo. Para otros autores muchos de los problemas mentales que padecían sus pacientes eran causados en parte por sus conflictos personales en la relación con los otros. Entre ellos destaca el trabajo de Harry S. Sullivan, quién mantenía que la personalidad de un individuo es, casi en su totalidad, un producto de sus interacciones con los demás; de acuerdo con él, la psicopatología se origina cuando estas interacciones, y la percepción que este individuo tiene de ellas, se distorsionan. Así, el tratamiento debía dirigirse hacia la corrección de estas distorsiones interpersonales, y en una terapia de grupo eran más fáciles de observar y modificar que en una terapia individual.

Otros autores, como Alfred Adler, pensaban que el psicoanálisis individual no tenía en cuenta el contexto social de la conducta. Jakob Levy Moreno observó en sus grupos de teatro como la puesta en escena (repetición) de los conflictos personales de sus actores facilitaba su superación, y que con la representación de diversos roles vitales se adquirirían nuevas y diferentes perspectivas sobre la propia vida y sus conflictos. Así, entre las aportaciones de unos y de otros las terapias de grupo se fueron consolidando.

Sin embargo, su auge y popularidad llegaría después de la Segunda Guerra Mundial debido a la escasez de profesionales de la salud mental en comparación con la gran cantidad de casos psiquiátricos que surgieron como consecuencia de ésta. Los resultados indicaban que no sólo era una manera mejor y más eficaz de utilización de los recursos sanitarios sino que, para muchos pacientes, era tan efectiva como una terapia individual.

Durante los años 50, surgen nuevas aportaciones grupales. Muchas de las técnicas empleadas en las terapias individuales se empezaron a usar con grupos, por ejemplo, las terapias de la *gestalt*, la terapia centrada en el cliente, los tratamientos cognitivo-conductuales, etc. En la década de los 60 surgen movimientos más populares como los grupos de encuentro o los grupos maratón cuyo objetivo era alcanzar una mayor expresividad afectiva y un mayor conocimiento de uno mismo, así como aprender a relacionarse con los demás de una manera más abierta y franca.

## GRUPOS

Los grupos se definen como una reunión libre de varias personas, que tienen un objetivo común y, en relación a éste, se desarrolla una dinámica de interacción entre sus miembros. No obstante, existen una gran cantidad de ellos que se basan en orientaciones teóricas distintas, y cuyos objetivos son muy diferentes.

Una forma de clasificarlos suele ser entre grupos terapéuticos y no terapéuticos. Estos últimos pertenecerían a la perspectiva social y se dividen fundamentalmente en **grupos primarios**, que sería el grupo familiar (o el de amigos) donde sus miembros estarían unidos por lazos emocionales y personales, donde se satisfacen las necesidades básicas como la alimentación, la protección, el afecto o el sexo, y que se orientan hacia objetivos comunes. Y en **grupos secundarios**, como por ejemplo, las organizaciones de trabajo, o sociales, o del Estado, etc. En este caso sus miembros están unidos de manera contractual y formal, sus relaciones son impersonales y utilizan el grupo para alcanzar otros fines (por ejemplo, el director de una empresa para la producción, un empleado para obtener un salario, etc.).

En los **grupos terapéuticos** el objetivo común no es otro que tratar alteraciones emocionales o desajustes sociales, adquirir habilidades o mejorarlas. Sus miembros son asimismo muy variados y no necesariamente presentan una patología. Exceptuando su meta común de mejora personal, no necesitan otros puntos de unión para distinguirse como grupo (es decir, forman un **grupo artificial**, que, al contrario de los grupos naturales o sociales, no necesitan elementos comunes como la edad, el sexo, el origen, otros objetivos, etc., para formar un grupo).

Los grupos terapéuticos pueden clasificarse como **psicoanalíticos** y **no psicoanalíticos.** Los primeros se caracterizan, al igual que las terapias individuales, por la búsqueda del *insight,* esto es, de la percepción, la comprensión y la perspicacia de uno mismo, asumiendo que los problemas

psicológicos se tratan mejor haciendo que la persona sea más consciente de sí misma o descubra sus motivaciones y necesidades. Se buscan los significados inconscientes de la conducta, y se interpretan en base a los conceptos psicoanalíticos (como la transferencia, el uso de defensas, etc.). Se distinguen dos tipos básicos: la psicoterapia **psicoanalítica en grupo,** donde los individuos son las «figuras» y el grupo el «fondo», es decir, el objetivo es interpretar a cada paciente dentro del grupo; y el grupoanálisis, descrito como una **psicoterapia de grupo,** donde éste es el paciente y el agente de la actividad terapéutica, es decir, es el grupo en sí mismo y como tal, y el que es tratado, pues se asume que posee una psicodinámica colectiva.

Los grupos terapéuticos **no psicoanalíticos** buscan el cambio por medio de diferentes recursos y técnicas. Entre estos, podemos diferenciar aquéllos que también se centran en el *insight* para lograr un desarrollo personal, explorar los sentimientos, y mejorar la interrelación con los demás, como serían los grupos de encuentro, el psicodrama, la terapia de la *gestalt* o la terapia centrada en el cliente; y los que no se centran en el *insight* como los grupos de autoayuda por ejemplo, alcohólicos anónimos, grupos educativos por ejemplo, grupos de padres y grupos de diabéticos, y los grupos cognitivo-conductuales de entrenamiento, por ejemplo, en habilidades sociales, o para el tratamiento de alguna fobia como el miedo a volar (los distintos tipos de grupos se verán con más detalle al final del capítulo).

## CARACTERÍSTICAS DE LOS GRUPOS

Los GRUPOS poseen una serie de características que variarán dependiendo de su origen (de las razones de su formación) y de su finalidad. Algunas de éstas son inherentes al propio concepto de grupo como, por ejemplo, que sólo se producirán interacciones entre las personas cuando se percibe un interés común, esto es, aunque en lugar determinado, por ejemplo, una cafetería, se reúnan las mismas personas a la misma hora todos los días, no se desarrollarán interacciones como grupo a no ser que las reúna un interés común, por ejemplo, una tertulia. De la misma manera, una serie de personas en continuo contacto (por ejemplo, la tertulia del ejemplo anterior) tienden a desarrollar una organización social que establece la pertenencia, o no, a ese grupo, una diferenciación de roles entre sus componentes (por ejemplo, el simpático, el sensato, etc.) y una sutil jerarquía dentro del mismo (lideres y seguidores).

Según sea su organización, pueden ser o no estructurados. Un ejemplo de los primeros sería un grupo de trabajo con un fin determinado a desarrollar. Estos existen en función del objetivo que los une (por ejemplo, una comunidad vecinal), suelen estar jerarquizados y sus reglas de funcionamiento suelen existir antes de que se forme el grupo (por ejemplo, la ley exige un número determinado de votos de los vecinos para acometer una reforma en la finca). Los grupos terapéuticos son grupos no estructurados, no existen roles definidos ni reglas preexistentes en su funcionamiento. La única diferenciación preestablecida es la existente entre el terapeuta y los pacientes.

Su tamaño es muy variable, aunque la mayoría oscilan entre los tres y los quince miembros (pacientes). Se considera que el tamaño ideal de un grupo terapéutico se sitúa entre las siete y las diez personas,

pues al no ser ni muy pequeño ni excesivamente grande, se garantiza que cada miembro reciba una cantidad aceptable de tiempo y atención; se posibilita la participación activa de todos; y se evita la creación de subgrupos. Existen algunas variantes, por ejemplo, puede haber grupos de un solo paciente pero con varios terapeutas; terapias de pareja, donde participan tres personas, la pareja en sí y el terapeuta; y las terapias de familia, que son grupos cuya cantidad de miembros variará en función de lo numerosa que sea la familia y a los que, aparte del objetivo terapéutico, probablemente les une una historia pasada común y una convivencia. Sus roles y su jerarquía suelen estar definidos de antemano.

Los grupos pueden ser abiertos o cerrados. En los **abiertos**, se permite la incorporación de nuevos miembros en cualquier momento de la terapia (es decir, una vez empezada). Los grupos **cerrados** no admiten nuevas incorporaciones.

En cuanto a su duración, los grupos pueden ser de tiempo **limitado** o **sin límite** específico. La duración total, así como la duración de cada sesión y la frecuencia con la que éstas se den, dependerá de la orientación teórica y del objetivo propuesto. En general, los grupos de tiempo limitado suelen tener objetivos concretos, como resolver un tipo de conflicto específico, la reducción de síntomas, la modificación de conductas desajustadas o la adquisición de ciertas habilidades para la vida. Cuando se busca una reestructuración psíquica, la eliminación de las represiones que han impedido al yo ayudar al individuo a su crecimiento, o cuando se busca el desarrollo de ciertos aspectos psíquicos, nunca se puede calcular de manera exacta cuanto tiempo necesitará cada paciente. Así, estos grupos suelen ser de duración no específica (ilimitada), y a consecuencia de esto, suelen ser grupos abiertos pues los pacientes que van terminando su terapia son reemplazados por otros nuevos.

Respecto a la frecuencia de las sesiones y la duración de éstas, lo habitual es que los grupos se reúnan una o dos veces por semana, aunque los que son de orientación psicoanalítica pueden llegar a hacerlo diariamente. La duración media de las sesiones suele estar entre la hora y las dos horas; no obstante, también hay variaciones como las de los grupos maratón que pueden llegar a durar entre uno y tres días.

Al igual que en los puntos anteriores, la composición de un grupo varía en función de sus objetivos y su orientación teórica. Éstos pueden ser **homogéneos** o **heterogéneos** en cuestiones como la edad, el sexo, o el nivel cultural, aunque la distinción se suele hacer en función de las patologías (o problemas) de los pacientes. En general los grupos que se centran en el *insight* suelen ser heterogéneos (con distintas patologías), ya que la diversidad de pacientes hace que la situación grupal sea más parecida a la realidad. Cuando el objetivo del grupo es el apoyo, la educación o el tratamiento de algún síntoma en particular (por ejemplo, grupos de alcohólicos, de diabéticos, etc.) se prefieren los grupos homogéneos ya que se cohesionan más rápidamente, ofrecen un apoyo más inmediato y son menos conflictivos.

La mayoría de estas características hace referencia a los grupos terapéuticos de personas que llevan vidas relativamente normales (esto es, trabajan, estudian, viven con sus familias, etc.), sin embargo, existen muchos grupos de pacientes hospitalizados o internos en otras instituciones (residencias, cárceles, etc.), que varían en algunos aspectos de los primeros. Por lo general, los pacientes internos son asignados por los profesionales a distintos grupos y éstos se reúnen todos los días. Sus miembros son muy heterogéneos, sus problemas suelen ser más graves que los de los grupos externos, y su respuesta o actitud hacia la terapia, puede ser ambivalente (o contradictoria) dado que el acudir a las reuniones suele ser obligatorio. El objetivo terapéutico suele ser ayudar a los pacientes a recuperar el nivel de funcionamiento personal que tenían antes de ser hospitalizados (o institucionalizados), y prepararlos para cuando les den el alta, además de para que puedan continuar su tratamiento fuera. En este tipo de terapias conjuntas, el terapeuta suele tener un papel muy activo, se discuten los temas y problemas que se originan en el centro, y los pacientes suelen tener mucho contacto al acabar las sesiones ya que viven juntos (cosa que no sucede en los otros grupos).

La función del terapeuta también varía dependiendo del tipo de grupo que sea. En los llamados grupos centrados en el líder, éste puede ser muy activo y directivo, puede fomentar y orientar la discusión de los problemas, implicarse en las interacciones de los demás miembros o atender de manera individual a algún paciente en concreto. Por otro lado, cuando el estilo terapéutico se centra en el grupo, el terapeuta suele mantenerse al margen de las iniciativas que adopten sus miembros (y sus interacciones), como un observador pero participante. Es decir, debe realizar las interpretaciones oportunas sobre los contenidos latentes en el discurso de los pacientes, sus resistencias y sus motivaciones. Su objetivo es ayudarlos a que encuentren por sí mismos el camino hacia el cambio.

En los grupos de autoayuda no es necesaria la presencia de un profesional de la psicoterapia. El líder puede ser alguno de los miembros con experiencia suficiente, un experto en el tema por el que se forma el grupo, un educador, un trabajador social, o simplemente no haber ningún líder en concreto.

## EL PROCESO DE LA TERAPIA

ANTES DE formar un grupo con objetivos terapéuticos se deben tener en cuenta diversos aspectos como la selección de pacientes, el cómo agruparlos, la cantidad de preparación previa que éstos deben tener sobre el proceso grupal, etc. Aunque por lo general los terapeutas comparten la idea de la importancia de estos elementos, los criterios utilizados para ponerlos en práctica varían mucho de terapeuta a terapeuta, y dependen de la orientación teórica que sigan y de las metas que pretenden alcanzar.

## SELECCIÓN DE PACIENTES

MUY A menudo es más fácil identificar y describir las características de los pacientes que son inapropiadas para entrar en un grupo (o para recomendar este tipo de terapia), que definir las apropiadas. Por lo general, el primer aspecto a tener en cuenta suele ser la patología del paciente, es decir, el problema que le motivó a acudir a la consulta, su estado mental, sus síntomas y su personalidad.

En los grupos con metas específicas, como los de autoayuda o los educativos,

no suele haber problemas en la admisión de sus miembros pues suelen acudir personas con el mismo problema (por ejemplo, alcoholismo, diabetes, etc.) o interés educativo, y esto suele ser suficiente para su inclusión (son grupos homogéneos).

Las dificultades surgen a la hora de formar grupos heterogéneos para terapias intensivas y prolongadas, sobre todo de orientación psicoanalítica. En estos casos los terapeutas buscan que el paciente tenga capacidad de *insight*, cierta fortaleza del yo (esto es, que puedan tolerar la intimidad, la tensión interpersonal, los ataques, etc.), motivación y capacidad para participar en este tipo de terapia, que pueda mantener el compromiso terapéutico, que tenga flexibilidad en su funcionamiento vital y un pleno contacto con la realidad. La mayoría de los autores acuerdan que los pacientes ideales para este tipo de terapia son los que padecen alguna alteración neurótica o de la personalidad pero que mantienen suficientemente diferenciados su mundo interno del externo. Entre éstos se incluyen las personas con baja autoestima, con dificultades en las relaciones, con miedos e inhibiciones, con sentimientos depresivos, con fobias, y con tendencia a padecer síntomas psicosomáticos.

Como hemos dicho antes, es más fácil identificar a los pacientes para los que esta terapia no es apropiada que determinar quiénes sí lo son. En términos patológicos se excluye a las personas con psicosis, con depresiones mayores o suicidas, con rasgos paranoides o antisociales severos, con daños cerebrales, a las personas obsesivas compulsivas rígidas, a las que tienen perturbaciones sexuales graves, a los adictos a las sustancias y a las personas en crisis (por divorcio, duelo, crisis vitales, etc.), aunque en algunos casos, este tipo de pacientes pueden encontrar beneficioso acudir a terapias de grupo especializadas, con pacientes homogéneos.

La consideración de un paciente como apropiado (o no) para participar en un grupo en función de su patología, es uno de los primeros aspectos a tener en cuenta. Sin embargo, el mayor problema que se presenta en la selección suele ser el determinar la capacidad, la disposición y la motivación del paciente para funcionar en este tipo de situación. El terapeuta debe asegurarse, además, de que el paciente pueda dar y recibir, y asumir su problema interpersonal. Una vez hecho esto, debe buscar un grupo adecuado, y considerar que su inclusión y participación en éste será benéfica tanto para él como para los demás miembros, que éstos le acepten (si va a ingresar en un grupo ya funcionando), etc. A este respecto suele ser importante examinar tanto el funcionamiento psíquico como el social. Este último puede determinarse teniendo en cuenta las relaciones del paciente con sus personas cercanas, como la familia, los amigos y la pareja; y sus relaciones laborales incluyendo la jerarquía y la igualdad.

En general, los terapeutas suelen buscar un equilibrio entre los pacientes dado que éstos son heterogéneos en cuanto a diagnósticos y personalidades. Se pretende que haya variación pero también cohesión, que los pacientes sean compatibles y que no predomine un rasgo compartido sobre otro. Por ejemplo, una mayoría de tímidos dificultaría y retrasaría la aparición de la dinámica de grupo.

La cohesión es muy importante pues se asume (y afirma) que cuando ésta existe, los miembros se sienten más comprometidos con el grupo, participan más libremente y aceptan mejor las intervenciones terapéuticas. Una buena selección de pacientes contribuye al desarrollo de la cohesión además de aumentar la probabilidad de asistencia y acelerar el establecimiento de las conductas grupales que posibilitan el cambio.

## PREPARACIÓN DE LOS PACIENTES

LA MAYOR parte de los terapeutas realizan entrevistas individuales a los candidatos a participar en un grupo. Aparte de servir para facilitar la selección de pacientes, sirven también para proporcionar a estos la información necesaria sobre el proceso terapéutico, esto es, sobre el funcionamiento del grupo; los objetivos de éste; ciertas reglas básicas como la confidencialidad, la expresión libre de los sentimientos sobre uno mismo y sobre los demás, el ayudar a los otros miembros a expresarse también, la importancia de una asistencia regular, la responsabilidad para con el grupo, etc.; y los detalles en cuanto a la duración de la terapia, la frecuencia de las sesiones y los honorarios. De esta manera, el paciente se familiariza con el procedimiento y con el terapeuta antes de empezar, para reducir la ansiedad de enfrentarse por primera vez ante los demás miembros (que le son desconocidos), para evitar las ideas preconcebidas que pueda haber adquirido y para sentir que conoce a alguien y por tanto no está solo.

No obstante, algunos terapeutas psicoanalíticos consideran que el número de entrevistas debería ser el menor posible, que fueran las justas como para adquirir la información mínima necesaria sobre el paciente, y para preparar a éste antes de empezar la terapia. De otro modo, el terapeuta podría sentirse tentado a realizar interpretaciones individuales que perjudicarían su visión objetiva del paciente y sus interacciones dentro del grupo; y el paciente podría desarrollar una transferencia con el terapeuta que dificultaría el desarrollo de la misma con los demás miembros. Así, suele ser habitual que se realicen tres sesiones individuales antes de empezar la terapia conjunta. La primera para conocer al paciente, la segunda para informarle y prepararle, y una tercera, para resolver cualquier duda antes de empezar y para marcar los objetivos del tratamiento.

Varios estudios han señalado que la preparación previa de los pacientes reduce de manera significativa el número de abandonos de la terapia y de momentos de silencio no provechosos (es decir, de los silencios producidos por no tener nada que decir). De la misma manera, se ha asociado con mejores resultados terapéuticos y algunos autores lo consideran uno de los factores más importantes para el éxito del tratamiento.

## FASES DEL PROCESO GRUPAL

No se considera acertado hablar de distintas fases en el proceso terapéutico, ya que éste dependerá de las personas que integren el grupo (de lo acertada o no que haya sido la selección de los pacientes), del terapeuta, de la orientación teórica, del contexto (por ejemplo, si son pacientes externos o internos), de si se trata de una terapia de tiempo limitado o ilimitado, de grupos abiertos o cerrados, etc. Sin embargo, sí suelen ser comunes en los participantes ciertas sensaciones y actitudes en determinados momentos.

En lo que se podría llamar la fase de formación (o inicial), suele reflejarse la ansiedad de los miembros respecto a las circunstancias en las que se encuentran. Los componentes del grupo son desconocidos ante los que uno debe enfrentar su necesidad de intimidad pero también la de pertenencia, enfrentar su deseo de ser aceptado con el miedo a ser rechazado, percibir que se es uno más y no el centro de atención. En esta situación surgen dudas sobre si permanecer en el grupo o abandonarlo, y suele haber gran confusión sobre la propia actuación (esto es, sobre cómo proceder), se extrema la cautela en las preguntas y respuestas que se formulan, y sólo se suelen revelar aspectos superficiales de la identidad. El terapeuta es, en este momento, el centro de atención. Se busca la orientación, las respuestas y la aprobación del líder. En cierta manera, la relación adopta la forma de la existente entre un médico y su paciente.

Una vez superados los temores o desconfianzas iniciales, cada participante debe luchar por encontrar su lugar en el grupo. Se van sincerando, interesándose por los demás, y sintiéndose más cómodos a la hora de confesar sus propios problemas. No obstante, surgen las comparaciones. En un principio pueden observar a los otros como más problemáticos que ellos mismos, se buscan aliados o se identifica a los competidores. En general, se ponen de manifiesto los roles que los pacientes desempeñan en su vida diaria para evitar la ansiedad y el enfrentamiento a lo desconocido. El terapeuta sigue siendo la figura central, pero como no les indica ninguna pauta de acción, no interviene en sus enfrentamientos o no les resuelve sus conflictos, los participantes empiezan a definir su posición dentro del grupo. Surgen los líderes y se diferencian las funciones. Es frecuente que esta fase de dependencia del terapeuta pase a ser de ataque y lucha contra él (más que contra él, contra la posición de poder que ostenta).

Cuando los componentes del grupo observan que el terapeuta acepta e incluso da la bienvenida a la expresión sincera de los pensamientos y sentimientos, empieza la fase de normalización. El grupo se cohesiona, surge lo reprimido y la dinámica se establece. El terapeuta aporta observaciones, atiende a los detalles importantes que el grupo no ha percibido, y facilita, así, el *insight*.

## FACTORES TERAPÉUTICOS DEL GRUPO

EN LAS terapias de grupo existen una serie de factores que favorecen el cambio terapéutico. Algunos se producen por la mera participación en un grupo y otros son parte del proceso de cambio y aún otros son factores de cambio en sí. Entre éstos encontramos los siguientes:

- **Universalidad:** es la percepción del paciente de que no está solo frente a sus problemas. Unas personas tienen experiencias y preocupaciones similares o iguales a las suyas, y otras, si no las comparten, las entienden. De esta manera, el paciente se siente apoyado y puede aprender y comparar las actitudes o las perspectivas que los demás tienen ante los mismos conflictos.
- **Instilación de esperanza:** que se produce por la fe en el tratamiento, el encuentro con otros que han mejorado, y el apoyo emocional que le proporciona el grupo. Una alta expectativa en la ca-

pacidad curativa de la terapia, la confianza en el terapeuta y el grupo, transmite confianza y esperanza al paciente, lo que facilita la curación.
- **Información y educación:** sobre el propio trastorno y de cómo éste afecta a los demás, ayuda al alivio de muchos conflictos. Esta información puede obtenerse (se ofrece) tanto por parte del terapeuta como por los demás componentes del grupo. Cuando no se es consciente del problema, evidentemente no se hace nada por su resolución y las conductas se mantienen.
- **Altruismo:** los miembros de un grupo se apoyan y auxilian mutuamente, dan y reciben a cambio, no sólo por el acto reciproco en sí, sino por el mero hecho de dar. El placer de poder ayudar a otro, de sentirse fuente de apoyo, aumenta la autoestima y reduce la autodevaluación. Ser importante para los demás hace que la percepción de la propia valía se incremente.
- **Recapitulación correctora sobre el grupo familiar primario:** que puede haber sido problemático para el paciente. En las interacciones grupales pueden surgir las pautas de relación que se tuvieron con la familia, pero lo importante no es repetir el conflicto sino comprenderlo para modificarlo. El pasado explica el presente, y su comprensión facilita una mejor adaptación a la realidad. El paciente puede dirigir sus reacciones de transferencia hacia el terapeuta y hacia el resto del grupo.
- **Desarrollo de técnicas socializadoras:** dentro de un grupo el paciente puede aprender y desarrollar nuevas formas de interacción. La retroalimentación (*feedback*), es decir la re-

acción del ambiente –los otros miembros– ante la propia conducta, es la que proporciona al paciente información y otra perspectiva sobre su comportamiento. Reconociéndolo, se puede alterar y facilitar el cambio.

- **Conducta imitativa:** mediante los procesos de imitación, modelado e identificación con el terapeuta o con los otros miembros del grupo, el paciente puede adquirir nuevos modelos de conducta.

- **Aprendizaje individual:** en el grupo se experimentan también las interacciones entre otros miembros. Se observan y se sienten las maneras ajenas de actuar e interrelacionarse; el significado, diferente del propio, que dan otros al mismo hecho, o sus sentimientos respecto a sus dificultades y angustias. Es una manera de aprender sobre uno mismo a través de los demás (pero no es por imitación o identificación).

- **Cohesión:** es un sentimiento de unidad, cercanía, compromiso y lealtad hacia el grupo, que se desarrolla a partir de la unión de los individuos en torno a un objetivo común.

- **Catarsis:** es la expresión y la liberación de los sentimientos, deseos, recuerdos y pensamientos. Es un alivio emocional transitorio que, aunque puede no producir por sí solo un cambio terapéutico, ayuda a mejorar el sentimiento de intimidad en el grupo.

- **Factores existenciales:** o las actitudes frente a la vida de los miembros del grupo, que pueden influir en el proceso terapéutico. Se incluyen el reconocimiento de las propias limitaciones o las de los demás, la aceptación de la responsabilidad sobre la manera de conducir la propia vida, las concepciones sobre la soledad o la muerte.

- **Comprobación en la realidad:** el paciente comprueba fuera del grupo cómo éste le ha ayudado a mejorar. Las interacciones con otros miembros y el *feedback* recibido le han ayudado a conocerse mejor, y a modificar o corregir su conducta individual y social. Al comprobarlo en otros contextos no terapéuticos, el cambio se refuerza.

- **Refuerzo del grupo:** el grupo fomenta y refuerza los cambios deseados, constituye un ambiente de apoyo donde se estimula, facilita y ayuda a cambiar.

## TIPOS DE TERAPIAS DE GRUPO

## GRUPOS DE ORIENTACIÓN PSICOANALÍTICA

DADO QUE en la época en la que empezaron a desarrollarse y consolidarse los grupos terapéuticos, la orientación teórica predominante era el psicoanálisis clásico, sus conceptos y técnicas fueron muy pronto aplicadas en ese contexto. Sin embargo, la gran mayoría de los psicoanalistas individuales no aceptaron fácilmente este nuevo procedimiento, les parecía que no podía ser efectivo pues, entre otras cosas, un aspecto tan fundamental para el proceso psicoanalítico como la transferencia con el terapeuta no se podría producir en un grupo.

A pesar de las múltiples críticas recibidas por aquel entonces, pronto se observó que el psicoanálisis grupal posee una serie de ventajas sobre el individual, y, en última instancia, las investigaciones efectuadas para comparar ambos tipos de terapia han concluido que tienen una eficacia similar. Entre las ventajas del grupo encontramos que facilita el ajuste social, facilita las proyecciones de los objetos buenos y malos en los distintos miembros, provee a los pacientes de un ambiente protector donde es más fácil expresarse y vencer las resistencias, es más difícil rechazar las interpretaciones del terapeuta cuando otros miembros las confirman, y, debido al fenómeno de la universalización (*véase* sección anterior), el grupo es mejor para disminuir sentimientos de culpabilidad y ansiedades.

Así pues, al igual que el procedimiento individual, estas terapias pretenden la modificación de las estructuras psíquicas distorsionadas, a través de la búsqueda del *insight*, haciendo que la persona sea más consciente de sí misma y que descubra sus motivaciones y necesidades, y por medio de la interpretación de los significados inconscientes de la conducta en el contexto de un grupo. Los conceptos y métodos empleados son los mismos: la transferencia, el inconsciente, la historia pasada, la asociación libre, el análisis de los sueños, de las resistencias, etc.

En general, estos grupos suelen ser abiertos, heterogéneos y sin límite de tiempo. La cohesión surge de universalizar angustias, defensas y deseos, y de la identificación de los miembros entre sí. En la comunicación se buscan los significados latentes de la información, y cómo ésta se transfiere. Se interpretan las resistencias, angustias y conductas conflictivas en relación con las fantasías inconscientes subyacentes, y ésta (la interpretación) puede dirigirse al individuo o al grupo. El terapeuta puede intervenir en las interacciones entre los miembros del grupo, es un observador participante y puede compartir el liderazgo con otros miembros.

En la actualidad existen tres grandes corrientes en la terapia de grupo de orientación psicoanalítica.

## Modelo intrapersonal

Es una réplica de la terapia individual solo que en grupo, al que se considera como un conjunto de personas reunidas en el mismo lugar y momento. El foco de atención es la psicodinámica individual en este contexto, y el objetivo terapéutico, al igual que el de la terapia tradicional, es el cambio en las estructuras psíquicas y el balance interno de la persona. La conducta del individuo dentro del grupo se interpreta como un reflejo de los sentimientos y actitudes derivadas de la primera infancia, en términos de sus resistencias y transferencias. Las manifestaciones dinámicas del grupo como un todo no se interpretan pues se considera que despistan e incluso que son antiterapéuticas. No obstante, los participantes observan las situaciones que se producen e intervienen en ocasiones.

## Modelo transaccional

En este caso se trata de una **terapia de grupo,** donde los miembros son considerados como entidades individuales que se transforman en un grupo al interrelacionarse y mantener sus objetivos en común. No obstante, hay un mayor interés por las características personales que por la dinámica de grupo, y se supone que en éste se refleja el estilo habitual de cada individuo en sus relaciones sociales e interpersonales. Así, el grupo representa el contexto ideal para la modificación de estas relaciones, pues proporciona experiencias emocionales correctoras y oportunidades para la validación de las distorsiones del paciente en sus interacciones. Por ello, la atención se centra en el aquí y ahora en vez de en otros temas que son ajenos al momento actual de la situación terapéutica.

**Modelo integral**

SE CONSIDERA también una **terapia de grupo** donde éste es, en sí mismo y como tal, el objeto de la actividad terapéutica. El grupo refleja aspectos de la conducta de sus miembros pero, como unidad, es algo más que la mera suma de sus componentes. Se origina y se guía por los conflictos y las motivaciones inconscientes comunes, y proporciona experiencias y respuestas cualitativamente diferentes a las que se obtendrían en una terapia individual. El objetivo del análisis es la interacción entre el grupo como un todo y el terapeuta, o entre el grupo y uno de sus miembros.

## GRUPOS DE ORIENTACIÓN NO PSICOANALÍTICA

UNA DE las razones más importantes del desarrollo de estos grupos fue la gran popularidad que alcanzaron en los años 50 y 60. La demanda de profesionales en estas terapias, la gran cantidad de pacientes tanto internos como externos, así como la importancia que iban adquiriendo los programas de prevención hizo que muchos terapeutas individuales y otros profesionales auxiliares (educadores, trabajadores sociales, etc.) empezaran a trabajar con grupos. A consecuencia de esto, se produjo un cambio en los objetivos terapéuticos

tradicionales: se pasó del propósito de modificar las estructuras psíquicas y descubrir los conflictos inconscientes, a intentar mejorar el funcionamiento vital, tanto el personal como el social y la desaparición de síntomas.

Por otro lado, algunos autores empezaban a concebir el grupo como un espacio de reflexión y de experiencia dirigido al autoconocimiento, que permitía a sus miembros afrontar los procesos de cambio.

Como se indicó anteriormente, los grupos no psicoanalíticos se pueden dividir en aquellos cuyo objetivo es el asesoramiento, la autoayuda o el entrenamiento, y en los que se centran en el *insight* para lograr un desarrollo personal, explorar los sentimientos, y mejorar la interrelación con los demás.

Ambos tipos comparten una serie de características, entre ellas, el objetivo. Éste consiste en la adquisición de ciertas habilidades vitales, ya sea para el propio desarrollo personal (como autoconocimiento, seguridad, exploración de las emociones, etc.), o para la autoayuda (autocontrol, habilidades sociales, eliminación del síntoma, etc.). No obstante, aunque estas habilidades se consigan a través de diversos recursos y técnicas dependiendo de la orientación o de la razón de ser del grupo (esto es, una terapia *gestalt versus* un grupo de alcohólicos anónimos), el objetivo final es siempre la mejoría de la persona. Este objetivo es personal e individual y no grupal, el grupo en sí no tiene objetivos, es decir, no se pretende ayudar al grupo a funcionar mejor sino a la persona.

La selección de pacientes y su inclusión en un grupo no suele ser un problema. En general se componen de personas que son capaces de admitir que pueden mejorar en algún aspecto o que comparten un síntoma, tienen cabida tanto enfermos como no enfermos. Pueden estar centrados en un tema (por ejemplo, conflictos entre padres e hijos, divorcio, duelo, crisis vitales, etc,); en un síntoma (por ejemplo, alcoholismo, drogadicción, violencia, etc.); en un interés (por ejemplo, desarrollo personal, autoconocimiento, comprensión y mejora de las relaciones con los demás), etc. En este sentido suelen ser grupos homogéneos.

Los grupos de *insight*, de autoayuda y los educativos suelen ser cerrados (no admiten miembros nuevos una vez iniciada la terapia) y de tiempo limitado. Sin embargo, algunos grupos de autoayuda, como los de alcohólicos anónimos, pueden ser abiertos y sin límite de tiempo. La cohesión, que se considera necesaria para lograr el cambio, se produce por la homogeneización de los componentes y por la universalización de los intereses y metas. La información se considera fundamental y terapéutica en sí misma. El director debe asesorar a cada miembro de manera individual, estando los otros miembros presentes. Este asesoramiento sirve para todos, se aplican e interiorizan conocimientos continuamente y conduce al aprendizaje interpersonal a través de la retroalimentación (*feedback*) que proporcionan los demás.

Los grupos tienen como objeto de terapia las circunstancias actuales del sujeto y la ayuda que se le puede ofrecer. Su eficacia viene determinada por lo que pasa fuera del grupo, es decir, no se pretenden cambios dentro del grupo sino cambios fuera de éste, en su vida. En estos grupos toda conducta se considera neutral, ni buena ni mala. No se evitan las emociones negativas pues se trata de comprenderlas, afrontarlas y aprender a controlarlas.

En los grupos de autoayuda, entrenamiento o educativos, el líder del grupo no tiene por qué ser un profesional de la psicoterapia.

## Grupos de *insight*

### *Psicodrama*

Es UNA técnica que fue desarrollada por Jakob Levy Moreno en la cual el individuo representa ciertos roles o situaciones conflictivas en presencia del terapeuta y de los demás miembros del grupo. Estos últimos pueden participar de la representación asumiendo papeles de personajes importantes para la historia del protagonista (reales, simbólicos o inventados), o bien, ser los observadores de ésta. El procedimiento se basa en la creencia de que la representación de estos roles permite a la persona expresar emociones problemáticas y afrontar conflictos profundos en un ambiente relativamente protector como es el escenario terapéutico. Se utilizan diversas técnicas como el intercambio de papeles, los dobles, la silla vacía, etc., y se fomenta la espontaneidad y la creatividad. Se tratan verbalmente los conflictos del individuo, de la sociedad (sociodrama), vivencias del pasado, fantasías, o expectativas de futuro. Mediante este método, el protagonista y los otros actores alcanzan la experiencia del sí mismo y del tú (esta técnica ha sido explicada con más detalle en el capítulo «Terapias humanistas»).

### *Terapia* gestalt

ESTA TERAPIA fue desarrollada por Fritz Perls, y se basa en las concepciones de la psicología alemana de la *gestalt*. El objetivo del tratamiento es aumentar y ampliar la percepción de sí misma que la persona tiene, usando experiencias pasadas, recuerdos, estados emocionales, sensaciones corporales, etc. El individuo es encaminado hacia la totalidad de su vivencia psíquica y corporal, otorgando una atención especial a la experiencia inmediata, al aquí y ahora. Se utilizan diversas técnicas como la silla vacía, la representación del opuesto, la proyección de sentimientos o el trabajo con los sueños. Estos métodos han sido diseñados para ayudar a los clientes a experimentar sus necesidades actuales y a sentirse bien satisfaciéndolas según van emergiendo. (Esta técnica ha sido explicada con más detalle en el capítulo «Terapias humanistas»).

### Terapia centrada en el cliente

Es UNA forma de psicoterapia que fue desarrollada por Carl Rogers, y en la cual el terapeuta tiene un papel no directivo, es decir, no orienta, ni interpreta, ni dirige la evolución del grupo ni del paciente, excepto para aclarar o fomentar ciertos puntos, facilitar la expresión y la comunicación en un ambiente tolerante y acogedor. Se asume que todas las personas tienden hacia la autorrealización, y que la finalidad y motivación de la conducta humana es satisfacer esta necesidad en el marco de la realidad que percibe. Es el cliente el que tiene que dirigir su propia vida, realizar sus elecciones y ser responsable de sí mismo. La tendencia y capacidad para el crecimiento y desarrollo personal son innatas y surgirán por sí mismas cuando las condiciones terapéuticas sean cálidas, atentas y receptivas. La técnica de intervención es la verbalización de los contenidos emocionales. El terapeuta anima al cliente a hablar de sus más profundas preocupaciones y sentimientos y, con sus mismas palabras, le devuelve al cliente un reflejo de sus sentimientos pero sin hacer juicios de valor. Éste puede entonces observarlos de manera objetiva (a menudo descubrirlos), reconocerlos, asumirlos y responsabilizarse de ellos. (Esta técnica ha sido explicada con más detalle en el capítulo «Terapias humanistas»).

A raíz de las investigaciones sobre los procesos relacionales que se daban en un grupo, varios investigadores observaron que cuando los miembros de un grupo se enfrentan de manera objetiva con la realidad de su propia conducta y los efectos de ésta sobre los demás, y reflexionan sobre esto, aceptándolo, se les lleva a lograr un profundo y significativo conocimiento de sí mismos, de los demás y de la realidad del grupo humano en general. Este nuevo concepto del grupo, como un potente medio de aprendizaje y educación a nivel individual e interpersonal, dio paso a lo que se conoce como «grupos de formación o de experiencia».

Uno de los primeros campos de aplicación de estos grupos fue el mundo laboral. El objetivo era aumentar la eficacia empresarial a través de la instrucción de los directivos en las habilidades básicas de participación e interacción en un grupo (por ejemplo, liderazgo, trabajo en equipo, toma de decisiones), haciéndoles conscientes del impacto de su conducta sobre los otros, de sus propios sentimientos y los de los demás.

Con el paso de los años estos grupos cambiaron su foco de atención, pasando del interés por la dinámica del grupo al del crecimiento personal y desarrollo del potencial humano.

## Grupos T

TAMBIÉN LLAMADOS grupos de (entrenamiento en) sensibilidad, fueron los grupos de formación originales, donde T significa *training*, palabra inglesa que quiere decir entrenamiento. En definitiva se usan como medio de aprendizaje para la formación en la autopercepción y la percepción de los demás, la mejora de la comunicación, la cooperación y la calidad de las relaciones interpersonales. Normalmente se componen de ocho o diez participantes y uno o dos entrenadores que ayudan a interpretar lo que va sucediendo y promueven las interacciones. Las tareas se orientan en torno a la resolución de problemas individuales y de grupo, centrándose en la situación, es decir, en el aquí y ahora. El objetivo es la puesta en funcionamiento de un sistema de retroalimentación que posibilite la autoexperiencia, esto es, en aprender a aprender y a colaborar, mediante el intercambio de experiencias e informaciones, tanto las propias como las ajenas, entre los miembros.

## Grupos de encuentro

SURGEN DEL intento de ampliar las funciones y los objetivos de los grupos T. El centro de atención cambia del aprendizaje de la conducta social al aprendizaje sobre uno mismo, y sus metas son la eliminación de las barreras y defensas psicológicas que impiden relacionarse de manera abierta y honesta con los demás y con uno mismo, el autoconocimiento, el crecimiento personal, y una percepción más enriquecedora de las circunstancias y de las relaciones tanto propias como ajenas. Se fomenta el contacto físico entre los participantes y la expresión libre de las emociones. Se compone de personas que, aunque no tengan problemas y conflictos severos en sus vidas, desean crecer, desarrollarse y cambiar.

## Grupos maratón

SON GRUPOS intensivos y sin interrupción, que pueden durar desde las 18 hasta las 36 horas. El objetivo es explorar las relaciones interpersonales de cada uno de los participantes y la expresión total de las emociones bloqueadas. No se busca comprender las interacciones, sólo reaccionar a ellas. Según avanza la sesión y debido a la fatiga emocional y física, la ansiedad se va tolerando mejor y se debilitan las posturas de defensa y las resistencias. Esto hace que las respuestas sean más espontáneas y auténticas y se posibilite una mayor apertura a las nuevas experiencias. La meta es que la persona exprese y experimente todo cuanto le sucede en el aquí y ahora, sin buscar excusas o aplazamientos, pues ese instante es lo único que existe. Debido a la intensidad (a veces incluso brutal) de las emociones y de las experiencias, se componen de personas equilibradas que puedan tolerar este tipo de terapia.

## Grupos de la terapia de conducta

NO SE definen como grupos centrados en el *insight*. Básicamente se trata de aplicar las técnicas de modificación de la conducta, como la relajación, la desensibilización sistemática o el manejo de la ansiedad y del estrés, pero en grupo, lo que resulta en una mejor utilización del tiempo y los recursos. El énfasis sigue estando en la interacción de cada individuo con el terapeuta, pero usando el potencial del grupo para estimular el cambio conductual. Suele utilizarse en el entrenamiento de habilidades sociales, en asertividad y de resolución de problemas. Los participantes ensayan juntos las habilidades que van aprendiendo y se ayudan mutuamente. Los terapeutas son activos y directivos. (Estas técnicas son explicadas con más detalle en el capítulo «Terapias de conducta»).

### Grupos de autoayuda

ESTE TIPO de grupos forman parte de la intervención psicosocial tanto en el campo de la salud como en el del bienestar social y la educación, y desempeñan un papel importante en la prevención, el tratamiento y la integración de sus usuarios.

- *Grupos de autoayuda:* se componen de personas que comparten algún tipo de problema que afecta a su funcionamiento vital. En general, pueden reunirse bajo la supervisión de un terapeuta o un profesional del tema que les agrupa, aunque esto no siempre es necesario. Su objetivo es adquirir información sobre su problema, sobre los recursos comunitarios, para compartir experiencias, adquirir estrategias o habilidades de afrontamiento, etc. Los participantes pueden ser tanto los directamente afectados (por ejemplo, divorciados, diabéticos, etc.) como los familiares de éstos. También se incluyen los grupos de acción social como las asociaciones vecinales o las asociaciones que exigen algún cambio político o de defensa de algún derecho. Su propósito puede ser la ayuda en situaciones crónicas (enfermedades) o puntuales (crisis vitales).

Entre los grupos de autoayuda más conocidos están los alcohólicos anónimos, que lleva funcionando desde los años 30, y sus equivalentes para otras drogodependencias. Estos grupos suelen ser abiertos, sin límite de tiempo, de composición homogénea y sin la supervisión de un terapeuta o profesional. Suelen ser grupos muy cohesionados donde se estimula la solidaridad y la colaboración para ayudarse a uno mismo y a los demás. El anonimato se conserva y se busca la admisión del problema, la responsabilidad de las propias acciones y la catarsis como método de liberación. Parte de la terapéutica consiste en ayudar a otros alcohólicos a recuperarse del hábito de beber, lo que aumenta la autoestima y la sensación de devolver un bien a la sociedad. Dirigen su dependencia hacia un ente superior que puede ser tanto el propio grupo, como Dios o la Naturaleza.

# El cerebro

La psicología se puede definir como el estudio científico de la conducta humana, desde las conductas visibles del organismo, como comer, agredir, jugar o reír, así como de los procesos internos que se supone que las originan, esto es, la motivación, el aprendizaje, la memoria, la percepción, la emoción, etc.

Una de las ramas de la psicología es la neuropsicología, que se encarga del estudio de las relaciones entre mente y cerebro. Es decir, investiga las relaciones que hay entre los procesos mentales y la conducta con el cerebro (con su anatomía o estructura, su bioquímica y su fisiología o función). Los métodos de investigación en neuropsicología que más útiles han sido incluyen el estudio minucioso de las facultades cognitivas, sensoriales o motoras, en humanos y en animales con daños cerebrales en lugares específicos (debidos a enfermedad o accidentes). De la misma manera, los avances tecnológicos actuales, con máquinas cada vez más especializadas, han permitido que se pueda explorar con mucha precisión el cerebro de todo tipo de personas incluyendo a las personas sanas.

Gracias a estos procedimientos, la manera de entender muchos desórdenes mentales ha cambiado radicalmente, con las consecuencias que esto tiene para su tratamiento. Por ejemplo, las primeras teorías sobre el autismo planteaban que sus causas eran psicológicas, subrayando la importancia de las influencias paternas, sobre todo la actitud fría y distante, en la primera infancia del niño. Sin embargo, su inicio tan temprano así como ciertos signos neurológicos visibles, como la falta de coordinación o la mayor frecuencia de crisis epilépticas en estos niños, hizo que se plantearan otro tipo de hipótesis más bien biológicas. Empleando la resonancia magnética, se observan partes del cerebelo menos desarrolladas, o más inmaduras, en los niños autistas comparándolos con niños normales, y la tomografía por emisión de positrones indica una menor actividad cerebral en las áreas frontales y temporales.

Aparte de las utilidades médicas y científicas que tiene, el estudio del cerebro es por sí mismo fascinante. Toda la complejidad del ser humano, nuestras emociones y razonamientos, nuestra sensación de ser nosotros mismos (la autoconciencia), la actividad intelectual, o nuestras conductas más básicas y animales como beber agua y comer, practicar sexo o el simple hecho de caminar y mantenernos de pie sin caernos, de todo ello es responsable el cerebro.

## SISTEMA NERVIOSO

EL CEREBRO forma parte del sistema nervioso, y éste puede ser considerado como un complejo sistema de comunicación encargado de la entrada, procesamiento, almacenamiento y la salida de todo tipo de información que proviene tanto del interior del organismo como del exterior. En los vertebrados se compone de dos partes:

- **Sistema nervioso central** (SNC): formado por el encéfalo o cerebro y la médula espinal.
- **Sistema nervioso periférico** (SNP): que está constituido por neuronas cuyas fibras se extienden desde el sistema nervioso central hasta los diversos tejidos y órganos del cuerpo. Las fibras pueden ser de dos tipos:
  - sensoriales, que envían señales hacia adentro del organismo (hacia el cerebro), y
  - motoras, que envían señales hacia fuera (del cerebro a los nervios).

El sistema nervioso periférico se puede subdividir en:

*Sistema nervioso somático,* que es el que rige la comunicación con el medio entorno, es decir, interactúa con el exterior. Posee nervios que llevan información sensorial de la periferia externa del cuerpo como la piel, los ojos, los músculos del esqueleto (los que se pueden contraer a voluntad), las articulaciones etc., al sistema nervioso central; y nervios que llevan la información motora del SNC a la periferia.

*Sistema nervioso autónomo,* definido como involuntario, participa en la regulación del ambiente interno. Parte de sus nervios llevan señales sensoriales desde los órganos internos al sistema nervioso central, y otra parte llevan señales motoras del central a los órganos internos. Estos últimos se pueden dividir en simpáticos, que estimulan, organizan y movilizan recursos de energía para las funciones corporales de alerta o en situaciones de estrés. Por ejemplo, se encargan de la dilatación de las pupilas, la inhibición del flujo salivar (sequedad de boca), la aceleración de los latidos del corazón, de la dilatación de los bronquios, etc.; y parasimpáticos, que están implicados en la digestión y en la conservación de la energía para el funcionamiento corporal, esto es, hacen lo contrario de los nervios simpáticos: se encargan de la contracción pupilar, la estimulación del flujo salivar, la ralentización del corazón, etc. La mayoría de los órganos internos están inervados por ambos tipos de nervios y, por lo general, las acciones de ambas divisiones son antagonistas, es decir, no se pueden producir a la vez.

## EL CEREBRO

COMO HEMOS visto antes, el cerebro (también llamado encéfalo) forma parte del sistema nervioso central junto con la médula espinal, que es la que se encarga de conectar el cerebro con el resto del cuerpo.

Es un órgano de aspecto gelatinoso, muy arrugado y con forma de gran nuez que pesa aproximadamente un kilo y medio (entre uno y dos kilos). No hay dos cerebros iguales, y como un órgano que es, está sujeto a los mismos tipos de influencias y disfunciones que cualquier otro, como el hígado o los músculos. Es decir, el cerebro responde al uso que de él se haga, tanto bueno como malo, y al desuso, pudiendo estar en forma y ser muy eficaz, enfermar, o decaer y anquilosarse. Aun así, es un órgano muy robusto y se puede adaptar, para bien o para mal, a casi cualquier elemento de su ambiente.

## Organización

SE COMPONE de alrededor de entre cien y ciento ochenta mil millones de neuronas, aunque no es una estructura homogénea pues se estima que hay aproximadamente diez mil tipos distintos de neuronas y de agrupaciones de neuronas similares, formando lo que se conoce como núcleos. Éstos están compuestos por los cuerpos de las neuronas y ocupan zonas específicas y tienen funciones también específicas. Los núcleos son funcional y anatómicamente distintos unos de otros. Algunos tienen funciones sensoriales y otros intervienen en las respuestas motoras. Pese a ser distintos suelen estar muy integrados y conectados, recibiendo y mandando información. Los núcleos que tienen funciones relacionadas suelen estar yuxtapuestos (muy cerca unos de otros) formando subsistemas que luego se integran en otros subsistemas. Por ejemplo, el tálamo está formado por varios núcleos, así como los

ganglios basales o el cerebelo. Estas estructuras son diferentes e independientes unas de otras, pero todas se comunican e interactúan para modular la conducta motora, dando como resultado movimientos coordinados y precisos.

Las agrupaciones de cuerpos neuronales en el sistema nervioso periférico reciben el nombre de ganglios.

## Divisiones del cerebro

EN SU desarrollo embrionario temprano, esto es, durante las primeras cinco semanas de vida de un feto, el sistema nervioso central resulta de una especie de tubo relleno de fluido llamado tubo neural. En un principio, este tubo tiene tres protuberancias que forman lo que se conoce como el cerebro posterior, el medio y el anterior del adulto.

Posteriormente, a las seis semanas, estas protuberancias cambian y surgen cinco agrandamientos fundamentales que formarán las cinco divisiones básicas del cerebro, cada una conteniendo importantes estructuras. Así:

• El cerebro posterior se compondrá por el mielencéfalo y el metencéfalo.
• El cerebro medio por el mesencéfalo.
• Y el cerebro anterior por el diencéfalo y el telencéfalo.

En los humanos y otros grandes vertebrados, el telencéfalo (los dos hemisferios) es la parte que más crece durante el desarrollo. Las otras cuatro divisiones cerebrales son también conocidas como el tallo cerebral o tronco encefálico, que está asociado con la regulación corporal.

En este punto conviene recordar algunos términos que se utilizan para describir la situación de zonas, estructuras, núcleos etc., en el organismo. Para ello se utiliza como punto de referencia la orientación de la médula espinal, así:

- Anterior: término que refiere a todo lo que está por delante.
- Posterior: término que refiere a todo lo que está por detrás.
- Ventral: término que refiere a lo perteneciente a la parte anterior.
- Dorsal: término que refiere a lo que se localiza en el dorso o parte posterior.
- Medial: término que refiere a lo que se localiza en el centro o próximo a éste.
- Lateral: término que refiere a lo que se sitúa a izquierda o derecha del centro.

### Cerebro posterior

O INFERIOR, sostiene principalmente funciones vitales del cuerpo. Está formado por:

- *Mielencéfalo:* también llamado bulbo raquídeo o médula oblongata, se sitúa en la parte más posterior (más hacia la nuca) del tallo cerebral, y se puede considerar como una gruesa extensión de la médula espinal. Es la parte más antigua del cerebro y se compone fundamentalmente de manojos de axones (llamados tractos, son las prolongaciones de las neuronas) que llevan y traen señales entre el resto del cerebro y el cuerpo. Estos circuitos neuronales son esenciales para el control de funciones corporales básicas como la cardiovascular, la respiratoria, la digestiva, y otras como el control del tragar o el masticar.
- *Metencéfalo:* al igual que el mielencéfalo, se compone de multitud de tractos (fibras neuronales) ascendentes

y descendentes, comunicando el cuerpo y el cerebro. Se compone del puente y el cerebelo.

- El puente es un centro de conexión muy importante entre el cerebro medio y el bulbo raquídeo. Recibe información desde las áreas visuales del cerebro para controlar los movimientos de los ojos y del cuerpo, y la envía al cerebelo. Es una estructura fundamental a la hora de integrar los movimientos de los dos lados del cuerpo.
- El cerebelo: también conocido como el pequeño cerebro, constituye aproximadamente el 10% del volumen total de éste. Está altamente organizado en diez lóbulos diferentes (con corteza) y cada lóbulo interviene en el control motor de un área diferente del cuerpo. Sintetiza todo tipo de información sensorial: de la visión, del oído interno (básico para el equilibrio), de los músculos y articulaciones... Juega un papel muy importante en el control de la coordinación de las secuencias del movimiento y el equilibrio: esto es, controla la actividad motora voluntaria, tanto su planificación e iniciación como la corrección de la misma durante su realización (la adapta a las condiciones cambiantes del medio). Dicho con otras palabras, recibe órdenes de movimiento de las zonas superiores del cerebro y las procesa antes de mandarlas o transmitirlas a los músculos.

Una vez aprendido un movimiento complejo como caminar, coger los cubiertos para comer e incluso tocar un instrumento, podríamos decir que éste se «programa» en el cerebelo para pasar a ser automático, es decir, poder realizarlo sin tener que pensar en lo que estamos haciendo. Las lesiones en este lugar suelen producir temblores, pérdida del equilibrio y lo que se conoce como ataxia, que es la alteración de la coordinación muscular en la ejecución de un movimiento voluntario, por ejemplo, la incapacidad de coger un objeto de encima de la mesa.

Una estructura muy importante que se encuentra en el centro del tronco cerebral, ocupando el centro del cerebro posterior, medio, y algo del diencéfalo, es la llamada formación reticular. Ésta forma una red difusa de núcleos y fibras de interconexión, y es la responsable del control de los ciclos sueño/vigilia, del despertar, del control del sueño REM, del estado de alerta, de la atención, del mantenimiento del tono muscular, y de varios reflejos cardiacos, circulatorios y respiratorios (a menudo se la describe como «el interruptor de la conciencia»). Sus conexiones ascendentes hacia el tálamo y la corteza cerebral actúan como un sistema activador que regula el estado de alerta. Juega un importante papel en la atención selectiva, pues pese a que responde a todo tipo de estímulos, sin discriminar ni seleccionar, ayuda a detectar información sensorial extraña. Esto lo hace habituándose a los estímulos constantes y, por tanto, alertando al organismo de cualquier cambio en los mismos. Por ejemplo, ésta es la estructura que permite a unos padres dormir aunque estén pendientes de su bebé, pues les despertará sólo cuando el niño llore.

### Cerebro medio

- *Mesencéfalo:* situado encima del cerebro posterior (metencéfalo), se compone de dos partes fundamentales: el tectum (del latín: techo) y el tegmento (del latín: cubierta).

- *El tectum:* se sitúa en la región dorsal (hacia la nuca) y, en los mamíferos posee dos pares de protuberancias llamadas colículos compuestas de núcleos: los colículos inferiores (abajo, más cercanos al cerebro posterior) reciben información auditiva del oído y la proyectan hacia las áreas cerebrales apropiadas donde se procesa esta información; y los colículos superiores, cuyas capas superficiales reciben información visual desde la retina para retransmitirla a su vez, y sus capas más profundas reciben información táctil y auditiva. Los colículos modulan la atención hacia los estímulos auditivos y visuales. Los colículos superiores además controlan el movimiento de los ojos.
En muchos animales los colículos son sus principales cerebros visuales y auditivos. Los mamíferos han desarrollado grandes áreas de cerebro anterior dedicadas a estos sentidos, sirviendo los colículos como estructuras de transmisión. No obstante, los tectum mamíferos aún gobiernan movimientos corporales completos en respuesta a la luz y al sonido.

- *El tegmento:* se sitúa en la parte ventral (hacia la garganta) del cerebro medio. Aparte de albergar su parte correspondiente de la formación reticular (recordemos que es una estructura ascendente), posee tres estructuras de colores muy importantes:

  – La sustancia gris periacueductal, se encuentra rodeando el conducto central de la médula espinal, el tubo que conecta el tercer y cuarto ventrículos del cerebro, parece tener un importante papel en la regulación del efecto analgésico de las sustancias opiáceas.

— La sustancia negra (pues sus neuronas contienen melanina, de ahí su color) es una importante estructura que contiene neuronas de naturaleza dopaminérgica, esto es, sintetizan y liberan el neurotransmisor dopamina. Esta estructura es el origen de la llamada vía o sistema dopaminérgico nigroestriatal, que luego viaja hasta los ganglios basales, y es un componente muy importante del sistema sensoriomotor. Está implicado en el control del movimiento automático y una disfunción en él producirá alteraciones en éste. Por ejemplo, las disfunciones en las proyecciones de las neuronas dopaminérgicas en esta estructura, están muy implicadas en la enfermedad de Parkinson. En esta enfermedad, las células que producen dopamina están muertas, luego, todas las estructuras conectadas de este sistema dopaminérgico fallarán.

— Por último está el núcleo rojo, que se considera como parte de la formación reticular y es un importante centro de transmisión de la información sensoriomotora entre la corteza y la médula espinal, especialmente información táctil y propioceptiva.

La propiocepción es la capacidad de percibir la posición de las extremidades en el espacio y la de detectar la fuerza de los movimientos y la resistencia que se opone a éstos.

### Cerebro anterior

LO COMPONEN el diencéfalo y el telencéfalo.

• *Diencéfalo:* está formado por dos estructuras fundamentales, el tálamo, que sería el tope superior o la parte final del tronco cerebral, y cuya forma es como dos bolas deformes unidas por la masa intermedia; y el hipotálamo, que como su nombre indica, se sitúa debajo de la parte delantera del tálamo (otras estructuras serían el núcleo subtalámico y el epitálamo). El diencéfalo está cubierto y rodeado por el cerebro (esto es, por los hemisferios cerebrales, hasta ahora hemos hablado del tronco encefálico) con el que interactúa intensamente.

— El tálamo se compone de muchos pares de núcleos (pues es doble) y se puede considerar como una especie de centro de comunicaciones que recibe información de todos los órganos sensoriales y es donde ésta se «colorea» emocionalmente antes de convertirse en vivencias en el cerebro. En él recala toda la información que asciende a la corteza, y ésta le puede llegar en forma general, difusa o específica, en consecuencia, algunos núcleos proyectan esta información a toda la corteza en general y otros lo hacen a lugares específicos. El tálamo no solo retransmite información a la corteza, también lo hace a otros núcleos de transmisión y otras áreas cerebrales para obtener diversos efectos. Asimismo, desde el tálamo se controla la actividad eléctrica del cerebro, y por tanto, también las funciones de atención y vigilancia.

En este sitio se hacen conscientes los estímulos dolorosos.

- El hipotálamo tiene conexiones con el tálamo así como con estructuras del sistema límbico del que forma parte. Su función es contribuir al mantenimiento de la constancia o equilibrio interno, es decir, de la homeostasis, y de regular las conductas motivadas que son fundamentales para la supervivencia del individuo y de la especie. En el hipotálamo se encuentran una serie de núcleos que responden a señales neuronales y hormonales relacionadas con la ingesta de alimento y agua, la temperatura, el ritmo cardiaco, la presión sanguínea, el nivel de hormonas sexuales en la sangre, y las necesidades de crecimiento y procreación. Asimismo, en él se encuentran los centros del reforzamiento motivacional (sexualidad, hambre, sed, placer, dolor, ira...). Estos núcleos reciben señales de la corteza primaria olfativa, el giro cingulado, la formación reticular, el hipocampo, la amígdala y el neocortex, que forman el sistema límbico.

La amígdala tiene un importante papel, se conecta con los bulbos olfativos, otros núcleos del sistema límbico y el hipotálamo, con la corteza temporal y frontal, los núcleos del tálamo que proyectan a la corteza, etc., de los que recibe y a los que manda señales, es decir, recibe señales de varias áreas sensoriales y las integra y coordina con respuestas autonómicas y endocrinas para darles tono emocional.

Las señales que manda el hipotálamo descienden al cerebro medio, el puente, el bulbo raquídeo y la médula espinal activando, entre otros, los núcleos de los nervios craneales que envían señales a los músculos de la cara y la cabeza para realizar conductas (o movimientos) como comer, morder en defensa (los animales) o expresar emociones, y otros nervios del sistema nervioso autónomo. También envía señales al tálamo y el cerebro anterior, y a la glándula pituitaria (o hipófisis) regulando la producción y liberación de hormonas gonadales, tiroideas y adrenales. Así pues, el hipotálamo es el mecanismo neuronal clave que actúa directamente sobre los órganos internos para mantener el equilibrio interno, controlando las glándulas endocrinas y el sistema nervioso autónomo. A través de su función controladora e integradora de emociones y conducta motivada, actúa indirectamente en el mantenimiento homeostático del organismo, generando estímulos motivadores como el hambre, la sed o la excitación sexual, de manera que los animales y los humanos actúen en un ambiente externo cambiante e impredecible. Esta conducta, tan relacionada con las necesidades vitales, es regulada por lo que se conoce como el sistema motivacional, que suele ser un sinónimo del sistema límbico.

Los cuerpos mamilares también forman parte del hipotálamo y se les atribuye un papel importante en los circuitos de la memoria. Otro núcleo del hipotálamo es el quiasma óptico, que es el punto donde se cruzan los dos nervios ópticos en su trayecto desde la retina hacia el cerebro.

- *Telencéfalo:* compuesto por los dos hemisferios, es la división más grande del cerebro humano e interviene en, o realiza, las funciones más complejas del organismo, desde iniciar movimientos voluntarios e interpretar información sensorial (sentir), a realizar procesos cognitivos como aprender, hablar o resolver problemas. Las partes más importantes del telencéfalo son la corteza cerebral, el sistema límbico y los ganglios basales.

Los hemisferios cerebrales están completamente arrugados. Estas arrugas, llamadas circunvoluciones, tienen un motivo fundamental: permiten que aumente la cantidad de superficie cerebral sin que tenga que aumentar el tamaño del órgano, y son producto de la evolución (el tronco cerebral, que fundamentalmente regula las actividades reflejas críticas para la supervivencia como la respiración, los niveles de glucosa, el ritmo cardiaco..., es la parte que menos ha evolucionado y cambiado de tamaño).

## LA CORTEZA

LA CORTEZA cerebral es donde se realizan las transacciones neuronales que dan lugar a la memoria, la cognición, el habla, la actividad intelectual, el aprendizaje de hábitos nuevos y el olvido de los viejos... etc. Cubre ambos hemisferios y es una densa capa de distintas neuronas y células gliales. Su superficie más reciente (filogenéticamente hablando) es el neocortex que constituye aproximadamente el 90% de la corteza, y tiene una apariencia grisácea pues está formada principalmente por los cuerpos celulares (o somas) e interneuronas sin mielina. Generalmente este tipo de tejido, por su color y composición, se denomina materia gris. Si extendiéramos la corteza de un cerebro en una superficie plana, esta ocuparía un área de entre 2.200 y 2.500 cm².

Por debajo de la corteza el tejido se compone de largas agrupaciones de axones mielínicos (tractos) que le dan un color blanquecino (por tanto se conoce como materia blanca), y sirven fundamentalmente como fibras de proyección, conectando la corteza con estructuras subcorticales como el tálamo o los ganglios basales, con el tronco encefálico y con la médula espinal; fibras de asociación, que interconectan diferentes áreas corticales en el mismo hemisferio; y fibras comisurales, que interconectan áreas similares en el hemisferio contrario. Dentro de la materia blanca también se encuentran masas importantes de materia gris como el sistema límbico y los ganglios basales.

Los grandes surcos que forman las arrugas se llaman cisuras, y los de menor tamaño surcos; las crestas que forman son llamadas circunvoluciones o giros. Los dos hemisferios cerebrales están separados por la cisura longitudinal (la división sería de la frente a la nuca o viceversa), aunque están conectados por una serie de tractos o fibras neuronales llamadas comisuras cerebrales que unen la parte izquierda y derecha. De éstas, la más larga es el cuerpo calloso.

Otras cisuras importantes son la cisura de Rolando o cisura central, que se encuentra en ambos hemisferios, más o menos desde el punto central más alto de la cabeza hacia las sienes, y tiene forma de doble S. Esta cisura delimita los lóbulos frontal y parietal. La cisura de Silvio o cisura lateral, se sitúa más o menos a la altura de las sienes con una dirección horizontal ascendente respecto a la cisura de Rolando. Esta cisura separa el lóbulo temporal de los lóbulos frontal y parietal. Los cuatro lóbulos cerebrales parecen estar divididos por cisuras.

Entre los giros o circunvoluciones más importantes están el precentral, anterior (o delante de) la cisura de Rolando, con corteza motora, y el postcentral, que se ubica posterior a (o detrás de) la cisura de Rolando, con corteza somatosensorial.

Como hemos visto antes, la materia gris de la corteza está compuesta por cuerpos neuronales y neuronas sin mielina (posteriormente veremos con detalle estos términos), y se distribuyen de tal manera que forman seis capas bastante diferenciadas aunque no de forma homogénea. Las zonas más antiguas forman una corteza más fina o, en algunos casos, con menos capas, por ejemplo, el área límbica tiene tres capas. De la misma manera, las capas difieren entre ellas en términos de la densidad, tamaño y tipo de las neuronas que las componen.

Las células más importantes de la corteza son las neuronas piramidales y las estrelladas. Las piramidales son neuronas multipolares con axones (prolongaciones) muy largos que terminan en las capas más profundas o entran en la sustancia blanca como fibras de proyección, asociación o comisurales (*véase* anteriormente). Antes de salir de la materia gris, las ramificaciones de los axones (con los botones terminales) pueden volver a ascender las capas corticales o extenderse horizontalmente para realizar conexiones con otras neuronas.

Bajo el nombre de neuronas estrelladas se encuentran diversos tipos de interneuronas, cuya característica principal es que tienen axones muy cortos, o incluso carecen de ellos, y que poseen múltiples dendritas. Su función básica es conectar neuronas cercanas. Las interneuronas no suelen proyectar fuera de su área local, es decir, no salen de la materia gris ni conectan neuronas muy lejanas, y tampoco reciben información desde la periferia.

Así como la corteza se organiza estructuralmente en seis capas horizontales paralelas a la superficie cortical, las unidades de funcionamiento (de procesamiento y distribución de la información) dentro de la misma se orientan verticalmente en ángulo recto con la superficie, desde ésta hacia la materia blanca. Esta disposición en forma de columnas ocurre en todas las áreas sensoriales y motoras de la corteza, y se refiere al hecho de que las respuestas corticales a los estímulos sensoriales se recogen, no por un grupo lateral de células similares, pero sí por las células que componen una columna. Se estima que hay unos 600 millones de columnas en la corteza. Cada columna recibe información de un estímulo diferente (por ejemplo tacto, movimiento del vello de las manos, presión continua sobre la piel...), y actúan de manera relativamente aislada con respecto a otras columnas. No obstante, también se conectan de manera horizontal y se combinan con otras columnas y otras áreas cerebrales para intercambiarse información.

**Lóbulos cerebrales**

La corteza puede dividirse en cuatro lóbulos. En la parte de más atrás, encima de la nuca, se encuentra el lóbulo occipital; en la parte inferior, encima de los oídos, está el lóbulo temporal; y encima de éste, en la parte superior, está el lóbulo parietal (ambos lóbulos limitan con el lóbulo occipital); delante del lóbulo parietal, en la zona de la frente, está el lóbulo frontal. Cada lóbulo procesa su propia gama de actividades pero los cuatro participan en la integración de toda la información recibida, para su percepción consciente, y en la proyección de señales para que se ejecute la respuesta apropiada a la misma.

Los lóbulos tienen diferentes áreas, unas se dedican a la información sensorial y otras a la motora. Así, tenemos áreas primarias de la corteza, que son las que reciben señales de los distintos sistemas sensoriales enviadas a través del tálamo, y que forman la percepción de esa sensación, por ejemplo área visual primaria, auditiva, etc. Las áreas secundarias, adyacentes a las primarias, procesan la información sensorial integrándola en unidades de significado, hacen un análisis más detallado y le dan sentido. Las áreas motoras se relacionan directamente con las neuronas motoras del tronco encefálico y la médula espinal y se relacionan con el inicio y control del acto motor voluntario. Las áreas de la corteza que no se relacionan directamente con el procesamiento de información primaria (sensorial o motora) se denominan áreas de asociación (por ejemmplo, las secundarias).

- *Lóbulo occipital:* ubicado en la parte posterior del cerebro, encima de la nuca, recibe y procesa información visual. El área visual primaria (sensorial) se encuentra en la parte más posterior del lóbulo, y recibe información de la retina a través del tálamo. Contiene neuronas cuyos campos receptivos responden a diferentes orientaciones de la luz o puntos de luz de diferentes longitudes de onda. La mácula lútea, que es el área central de la retina (área de la visión más perfecta), está representada en la corteza en la parte posterior. Las partes periféricas de la retina están representadas por el área anterior. El área visual secundaria rodea el área primaria y recibe señales de ésta y de otras áreas corticales y del tálamo, y es donde se da sentido a lo que se está viendo, es decir, al reconocimiento de la percepción. Las lesiones en el lóbulo occipital pueden producir ceguera, aún cuando los ojos, el cerebro y sus conexiones estén en perfecto estado.

- *Lóbulo temporal:* se sitúa delante del lóbulo occipital, detrás de cada sien, y su función principal es la percepción auditiva, y la comprensión del lenguaje (sobre todo el lóbulo del hemisferio izquierdo). También procesa algunos aspectos de la memoria (sobre todo la memoria declarativa: esto es, la memoria consciente que expresa acontecimientos pasados con referencias de espacio y tiempo), procesa información visual compleja como el reconocimiento de caras u objetos no comunes, recibe y procesa información olfativa, contribuye al balance y al equilibrio corporal, y regula e integra emociones. El área auditiva primaria se sitúa en la pared inferior de la cisura de Silvio, y su parte anterior se vincula con la recepción de sonidos de baja frecuencia mientras que la posterior con los de alta frecuencia. Una lesión unilateral (esto es, en un solo hemisferio) produce sordera parcial en ambos oídos con mayor pérdida del lado contralateral o contrario al de la lesión. El área secundaria se encarga de la interpretación de los sonidos.

Cerca de la corteza primaria del hemisferio izquierdo se sitúa el área de Wernicke que está relacionada con la capacidad de comprender el lenguaje. Aparte de conectarse con el área de Broca (véase lóbulo frontal), recibe fibras de la corteza visual (occipital) y de la corteza auditiva (temporal superior), lo que permite la compresión tanto del lenguaje hablado como del escrito. Las lesiones en esta zona producirán un habla fluida pero sin coherencia y con incapacidad de comprender el lenguaje. Si la lesión se produce en las vías que conectan esta zona con la corteza visual, la persona no podrá leer o escribir.

- *Lóbulo parietal:* se sitúa en la parte superior de los lóbulos temporal y occipital y ocupa la mitad posterior y superior de cada hemisferio. Se ocupa sobre todo de funciones relacionadas con el movimiento, la orientación, el cálculo, la percepción de la temperatura, ciertos tipos de reconocimiento como el del espacio, el corporal, del tamaño, de la forma, la textura y el peso, es decir, reconoce el tacto en general, y todos los aspectos de la sensación que requieren comparación y juicio.

En la circunvolución postcentral, esto es, posterior a, o detrás de, la cisura de Rolando, se encuentra el área somatosensorial (o somestésica) primaria. Esta se puede subdividir en porciones que representan las partes de la mitad opuesta del cuerpo (es decir, cuando por ejemplo tocamos la cara o la mano, una porción específica de esta área se activará). Toda la superficie del cuerpo está representada por un mapa somatotópico en la corteza somatosensorial primaria, es decir, cada zona está representada en toda esta corteza. Sin embargo, esta representación no tiene las mismas proporciones que el cuerpo real, todo lo contrario, la cantidad de corteza que ocupa una representación del cuerpo es proporcional a la sensibi-

lidad que esta tiene. Por ejemplo, las superficies más grandes son las que representan la mano, la cara, los labios, el índice y el pulgar. Este área primaria recibe información somática como el tacto o la propiocepción.

Las áreas secundarias, o de asociación, así como la corteza posterior del lóbulo, reciben señales de otras áreas sensoriales y su principal función consiste en analizar más detalladamente esta información e integrarla para reconocer y comprender el peso, la textura, la forma y el volumen de los objetos. Por ejemplo reconocer objetos colocados en las manos sin ayuda de la vista.

Las lesiones en estas áreas producirán la incapacidad de reconocer objetos al tacto, o sus texturas, formas, pesos, etc. Si la lesión ocurre en la parte posterior del lóbulo, que es la que integra la información somática (del cuerpo) y la visual, la persona no reconocerá partes de su propio cuerpo.

- *Lóbulo frontal:* se ocupa de las funciones cerebrales más complejas, y en pocas palabras, es el que nos hace humanos. Son los lóbulos más grandes (aquí vale la frase de que cantidad es calidad) pues su corteza constituye alrededor del 30% de toda la corteza del cerebro. Están conectados con casi todas las demás áreas corticales y con la zona límbica. Las áreas más importantes son:
  - Área motora primaria: se encuentra en la circunvolución precentral, esto es, anterior a, o delante de, la cisura de Rolando. Al igual que con el área somatosensorial primaria (del lóbulo parietal), las áreas del cuerpo están

representadas en forma desproporcionada y contralateral. Comen-
zando desde abajo hacia arriba: de-
glución, lengua, maxilares, labios,
laringe, párpado y cejas, dedos, manos, muñeca, codo, hombro y tronco, etc. La función de este área está
relacionada con el inicio y control
del acto motor voluntario, no del diseño de éste, pues ejecuta las órdenes de la corteza prefrontal.

- *Área premotora:* se sitúa en la parte anterior, delante de la corteza
motora primaria, con la que está ín-
timamente conectada. Parece que
su función es almacenar programas
de actividad motora reunidos como
resultado de la experiencia pasada;
es decir programa los movimientos
voluntarios.

- *Área motora de Broca:* se localiza
en el hemisferio izquierdo y se relaciona con la ejecución motora del
habla, es decir, controla el movimiento de los músculos de los labios, lengua, mandíbula inferior y
de las cuerdas vocales. Las lesiones en esta zona producen un habla
lenta y laboriosa e incluso incapacidad casi total de hablar. No obstante, estas personas pueden pensar, leer y oír sin dificultad.

- *Área prefrontal:* se sitúa en la parte más delantera de los hemisferios cerebrales (encima de la frente) y es donde se realizan las
actividades cerebrales más importantes del ser humano: pensar,
razonar, planificar, predecir, seleccionar pensamientos y percepciones, dar significado a una secuencia de hechos, sensaciones o
percepciones, es donde surge el

pensamiento abstracto; la flexibilidad de pensamiento; la conciencia moral (la capacidad de supervisión de las acciones); la
estructuración del pensamiento
(programar, realizar, supervisar),
la autoconciencia, etc. Se puede
subdividir en otras áreas como la
corteza orbitofrontal, que inhibe la
conducta de influencias tanto externas como internas (es decir,
adecua la conducta al momento, a
la situación, etc.), también es llamada el área de la ética moral, y
está especializada en la selección
de objetivos y en los procesos
emotivos; o la corteza dorsolateral, que es el lugar donde reside la
memoria funcional (es decir, es el
sistema que mantiene la información mientras su interpretación se
efectúa; algunos autores defienden
su equivalencia a la memoria a
corto plazo). Este área parece también importante para hacer elecciones; y la corteza ventromedial,
que se relaciona con la experimentación de las emociones y la formación del significado de lo que
se percibe.

Las lesiones en la zona dorsolateral
producen desorganización, pérdida de
la secuenciación de la memoria temporal, dificultades en la resolución de
problemas, en la estructuración del
pensamiento, perseveración, ecopraxia
(esto es, problemas en la inhibición de
conductas), problemas en la fluencia
verbal, mala planificación, falta de iniciativa para iniciar el discurso, pseu-
domutismo, aprosodia, etc.

Las lesiones en la zona ventromedial, que ocupa parte del sistema lím-

bico, producen pérdida de la espontaneidad, apatía, abulia, pasividad, inercia, mutismo, acinesia (o incapacidad para realizar movimientos), alteración de la atención, problemas en la inhibición de conductas, incontinencia, etc.

Las lesiones en la zona orbitofrontal originan trastornos de la personalidad, labilidad (inestabilidad) emocional, impulsividad, falta de responsabilidad, conducta antisocial, moria (o afectividad inapropiada), alteración del juicio, distraimiento, anosmia (incapacidad de oler), etc.

Antiguamente se denominaban los lóbulos frontales como el cerebro mudo, pues al lesionarse no producían problemas evidentes sensoriales ni motores. No obstante, se producía lo que se conoce como el síndrome frontal cuyos síntomas incluyen la alteración de la capacidad de estructurar el pensamiento, de adecuar la conducta al contexto, pérdida del control de los impulsos, extrema labilidad emocional, incapacidad de reconocer las consecuencias de las acciones, varía la personalidad a sus extremos, etc.

## SISTEMA LÍMBICO

COMO HEMOS visto anteriormente, lo que se conoce como sistema límbico es un concepto genérico de delimitaciones anatómicas y funcionales imprecisas. En general, se refiere al conjunto de áreas cerebrales a las que se les supone formando circuitos que codifican el mundo personal de la emoción (placer, rabia, agresividad, etc.) y la motivación (ingesta de agua y alimentos, actividad sexual, etc.) dando como resultado las conductas complejas humanas. Las estructuras que lo componen son, además de los cuerpos mamilares, el hipocampo, la amígdala, el núcleo accumbens, el giro cingulado, el séptum, el fórnix, el hipotálamo y la corteza orbitofrontal.

Este sistema parece estar también implicado en la formación de la memoria, y sirve globalmente para la adaptación a los cambios del medio ambiente. Sus disfunciones llevan a alteraciones de comportamiento emocional (en los animales a trastornos de conducta específica). En algunos casos de epilepsias y psicosis se producen trastornos de este sistema, produciendo claras alteraciones de la conducta como accesos de ira, movimientos de masticación, trastornos de la comprensión, sentimientos de angustia, alteración de la excitabilidad sexual o alucinaciones olfativas.

## GANGLIOS BASALES

ESTARÍAN COMPUESTOS por la amígdala, los núcleos caudado y putamen (ambos reciben el nombre de cuerpo estriado) y el globus pallidus. Los ganglios basales reciben información de grandes áreas de la corteza y del sistema límbico, y poseen una vía que proyecta de la sustancia negra hacia el cuerpo estriado. Su función está relacionada con la planificación del acto motor (voluntario) y la memoria motora (control del movimiento). Su deterioro se relaciona con la enfermedad de Parkinson, la corea de Huntington y otras enfermedades cuyos síntomas principales son alteraciones en el movimiento, pues estudios post mórtem de estos pacientes indican patología en esta estructura. Las consecuencias de su disfunción son temblores y movimientos involuntarios, cambios en el tono muscular y postural, y pobreza y lentitud en el movimiento sin llegar a la parálisis. Los núcleos que forman los ganglios basales no tienen conexiones directas con la médula espinal: la información que recibe llega desde la corteza y la que envía es retransmitida al tálamo que la envía de vuelta a las cortezas prefrontal, premotora y motora.

Al contrario que el cerebelo, que regula la ejecución del movimiento por medio del feedback cenestésico que recibe de la musculatura del esqueleto, los ganglios basales están implicados en los aspectos superiores del control del movimiento: esto es, la planificación, la duración y la ejecución de secuencias complejas de éste que se han originado en la corteza.

## LA NEURONA

EL SISTEMA nervioso está compuesto de millones de células llamadas neuronas y células gliales. Se calcula que hay más de cien mil millones de neuronas y que cada una tiene una capacidad aproximada de realizar 50.000 conexiones con otras neuronas. Se estima que en una porción de corteza cerebral del tamaño de una cabeza de alfiler podría haber unas 30.000 neuronas.

Las neuronas son las unidades elementales básicas del sistema nervioso, y las células gliales se sitúan entre los cuerpos neuronales y sus axones (prolongaciones) y no generan señales eléctricas como las neuronas. Forman un tejido llamado neuroglia que tiene varias funciones como proporcionar soporte al encéfalo y a la médula, bordear los vasos sanguíneos for-

mando una barrera impenetrable a las toxinas, suministrar a las neuronas sustancias químicas vitales, eliminar el tejido muerto y otros detritos, y aislar los axones a través de la mielina. Se estima que se encuentran en un número de 10 a 50 veces superior al de las neuronas.

Aunque existen algunas variaciones, una neurona se compone básicamente de soma o cuerpo de la célula, dendritas que son ramificaciones que parten del soma y que es donde se realizan las sinapsis, un axón, o más, que es una fibra larga que sale del soma, como una cola, y transmite el potencial de acción o impulso nervioso, y los botones sinápticos, que son terminales axónicas donde se acumulan los neurotransmisores en espera de ser liberados, y es el lugar por donde salen cuando la neurona está activa, para influir en la actividad de las neuronas cercanas.

Los tipos de neuronas más importantes son las unipolares, cuyo cuerpo celular tiene una sola prolongación que se divide a corta distancia del soma en dos ramas; las neuronas bipolares, que poseen un cuerpo celular alargado y de cada uno de sus extremos parte una prolongación, es decir, tiene una sola dendrita y un solo axón; y las neuronas multipolares, que tienen varias prolongaciones: las que nacen del cuerpo celular se llaman dendritas y su prolongación más larga es el axón. La mayoría de las neuronas del encéfalo y de la médula espinal son de éste tipo. Las neuronas que no tienen axones o éste es muy corto, se llaman interneuronas. Estas no reciben información desde la periferia ni envían señales motoras, y su función es, por lo general, inhibitoria. Suelen funcionar en su propia área local.

El cuerpo celular es el centro metabólico y de síntesis de la neurona, y es donde se encuentra el núcleo, que contiene el material genético.

Los axones de muchas de estas neuronas pueden llegar a ser extremadamente largos (por ejemplo pueden llegar a medir un metro de longitud), y están recubiertos de una vaina de mielina (producida por un tipo de células gliales) que les da un característico color blanco y sirve para facilitar y acelerar la conducción de los impulsos nerviosos.

Como hemos visto en la sección anterior de la anatomía y función cerebral, las estructuras neurales más importantes que se forman en el sistema nervioso central son las compuestas de cuerpos celulares (núcleos) y las compuestas de axones (tractos). En el sistema nervioso periférico se denominan ganglios y nervios respectivamente.

## SINAPSIS

Cuando una neurona es apropiadamente estimulada en el soma o en las dendritas, un impulso nervioso (que es un cambio en el potencial eléctrico de la célula) viaja por todo el axón hasta los botones sinápticos. Entre estos botones y la neurona más próxima, que es la que va a recibir la señal eléctrica, hay un espacio llamado sinapsis (también se llama así al proceso de comunicación entre las neuronas).

Para que un impulso nervioso pase de una neurona a otra, debe buscar una manera de traspasar este espacio interneuronal, y lo hace a través de los neurotransmisores. El impulso nervioso hace que la neurona activa libere estas sustancias a la sinapsis, donde interactuarán con los receptores de la neurona de al lado, y según sea esta interacción (inhibitoria o excitatoria) se producirá, o no, un impulso nervioso en la nueva neurona, que a su vez liberará sus neurotransmisores a la sinapsis que hay con otra neurona que esté más próxima a ella, y así sucesivamente.

El tipo más frecuente de sinapsis es el que se establece entre los botones terminales del axón de una neurona y las dendritas de otra, no obstante, otras sinapsis ocurren entre el axón y el cuerpo celular, entre dos axones, o entre las dendritas de dos neuronas.

Una vez liberados, los neurotransmisores transmiten el impulso nervioso a la siguiente neurona acoplándose a unos sitios específicos para ellos: los receptores, que son moléculas, por lo general proteínas, que se encuentran en la superficie o en el interior de la célula, y tienen una alta especificidad o afinidad con algunas moléculas particulares. Es decir, tienen la habilidad de reconocer las sustancias que mejor encajan en ellos y, por tanto, sólo un grupo limitado de sustancias puede unirse a un receptor concreto.

Aparte de servir para transmitir el impulso nervioso, la unión de los neurotransmisores con los receptores de la neurona que los recibe, puede producir lo que se llama un segundo mensajero (se supone que los neurotransmisores son los primeros mensajeros). Éstos se forman cuando los neurotransmisores se unen a receptores que tienen asociada, o incorporada, una proteína llamada proteína-G. Cuando esta unión se produce, una unidad de esta proteína se rompe y produce la síntesis de los segundos mensajeros en el interior de la neurona y la puede afectar de varias maneras: puede inducir un impulso nervioso, amplificar el efecto del primer transmisor, o puede entrar en el núcleo de la neurona y unirse al ADN allí contenido y alterar la expresión genética.

Una vez que la neurona se ha activado y ha liberado sus neurotransmisores, retorna a su estado normal o de reposo. Sin embargo, no todos los neurotransmisores encontrarán un receptor al que acoplarse, y si nada interviene, los que sobran se quedarán activos en la sinapsis. No obstante existen dos mecanismos que impiden que esto pase, por un lado, muchos de ellos serán reabsorbidos (o recaptados) a los botones terminales de donde salieron, y por otro lado, los que no se recaptan serán degradados por unas enzimas que se encuentran en el líquido extracelular (fuera de las neuronas).

## NEUROTRANSMISORES

En el citoplasma de los botones terminales se sintetizan los neurotransmisores más estudiados (por el momento) en psicopatología: las monoaminas, que son un grupo de sustancias con un solo grupo amino, es decir, cada monoamina se sintetiza a partir de un único aminoácido. Suelen estar presentes en pequeños grupos de neuronas cuyos somas (o cuerpos) se sitúan, en su mayor parte, en el tallo cerebral. Estas neuronas suelen tener axones muy ramificados que liberan las monoaminas de manera muy extensa, por todo el fluido extracelular.

Las monoaminas se dividen en dos grupos: las catecolaminas, que son la dopamina, la noradrenalina y la adrenalina; y las indolaminas, grupo al que pertenece la serotonina.

Las catecolaminas se sintetizan a partir del aminoácido tirosina, que se convierte en L-DOPA, y que a su vez se convierte en dopamina. Las neuronas que liberan noradrenalina poseen una enzima extra (que no se encuentra presente en las neuronas dopaminérgicas), que convierte la dopamina en noradrenalina. Las neuronas que liberan adrenalina, poseen también la enzima de las neuronas noradrenérgicas, y además, otra que convierte la noradrenalina en adrenalina. La serotonina se sintetiza a partir del aminoácido triptófano.

Otro tipo de neurotransmisores son los aminoácidos (que son los constituyentes básicos de las proteínas). Entre ellos están el glutamato, la glicina, el ácido aspártico y el ácido gamma-aminobutírico (más conocido como GABA). Los tres primeros se encuentran comúnmente en las proteínas que consumimos normalmente, y parece que tienen una función excitatoria (excepto el aminoácido glicina que es inhibitorio). El GABA es sintetizado a partir de una variación estructural del glutamato, y es el neurotransmisor inhibidor de los impulsos nerviosos más predominantes en el sistema nervioso central.

Otros neurotransmisores son la acetilcolina y los péptidos o neuropéptidos. Estos últimos son cadenas largas de aminoácidos (pequeñas proteínas) y suelen ser conocidos como neuromoduladores: esto es, son transmisores químicos pero que no producen señales en las neuronas donde se acoplan, es decir, no alteran la membrana postsináptica, aunque sí potencian la acción de otros neurotransmisores. Son péptidos las endorfinas, las encefalinas y muchos tipos de hormonas.

El nombre de endorfina significa sustancia endógena parecida a la morfina, y reciben este nombre por su acción tan similar. El estudio de la acción de las sustancias opiáceas (opio, morfina, heroína) en el control del dolor demostró que estas se unían a receptores específicos sobre todo en el sistema límbico y en el tronco encefálico. El hallazgo de estos receptores indicaba que tendría que haber en el cerebro sustancias naturales (endógenas) que actuaran de manera similar: éstas son las endorfinas y las encefalinas, que producen mucha euforia además de estar implicadas en los procesos dolorosos (aliviándolos), en la regulación de la temperatura y de la respiración entre otros. Su producción aumenta mucho durante el ejercicio físico o en momentos de mucho estrés, para poder seguir realizando esa actividad.

Las teorías sobre la psicopatología basadas en la bioquímica cerebral, plantean que muchas enfermedades son consecuencia de un exceso o un déficit de este tipo de sustancias, ya sea por un defecto enzimático en la producción o en la degradación de los neurotransmisores, o por un defecto en los receptores donde se acoplan estas sustancias. Los receptores pueden ser o demasiado numerosos o demasiado sensibles, lo que haría que respondieran igual que si se hubiera liberado un exceso de la sustancia.

## Dopamina

ESTA SUSTANCIA regula los niveles de respuesta en muchas partes del cerebro, y está implicada en la motivación física. Se encuentra en varias vías neuroquímicas del cerebro. Una vía se refiere a la ruta formada por neuronas (por el cuerpo neuronal, el trayecto de su axón y los procesos dendríticos y axonales) en el sistema nervioso central, y en las que se conoce el neurotransmisor que sintetiza y libera en sus terminales axónicas). Así, las vías dopaminérgicas más importantes son:

El sistema nigroestriatal, que nace en la sustancia negra y proyecta a los núcleos caudado y putamen. Este sistema es especialmente importante en el control del movimiento (por los núcleos que conecta), y la degeneración del mismo es la causa principal de la enfermedad de Parkinson. En esta enfermedad, el nivel de dopamina en este sistema está muy reducido pues las células que la producen o están defectuosas o están muertas, luego, todas las estructuras conectadas por este sistema fallarán.

El sistema mesolímbico nace en el área ventral del tegmento, en el mesencéfalo y proyecta a varios núcleos del sistema límbico como la amígdala, el hipocampo, el núcleo accumbens o las áreas límbicas que van a la corteza. Varios experimentos lo han relacionado con los sistemas de recompensa cerebrales, es decir, con la regulación de los efectos placenteros de las recompensas naturales (comida, sexo, etc.) y también de las drogas adictivas.

Como el sistema mesolímbico se interconecta con el sistema límbico y con varios sistemas motores, se le atribuye un papel conector de la motivación y la acción, es decir, se considera un mecanismo que regula la conversión de los estados motivacionales en conductas motoras claras (lesión en el accumbens en ratas hambrientas: no demuestran aumento de movimiento, normal en ratas sanas, cuando se les presenta comida). Este mecanismo es fundamental en el aprendizaje.

El sistema mesocortical, que nace también en el área ventral del tegmento (en el mesencéfalo) pero proyecta a la corteza, especialmente, la corteza prefrontal y la cingulada, se relaciona con la esquizofrenia. Esta relación surge por ciertos hallazgos, uno de ellos es que los primeros medicamentos utilizados para tratar el Parkinson (que aumentaban el nivel de dopamina) producían episodios psicóticos en los enfermos, y los primeros antipsicóticos para tratar la esquizofrenia (que reducían el nivel de dopamina) producían temblores y problemas de movimiento. Estudios posteriores y el uso de tecnologías más modernas llegaron a la conclusión de que más que altos niveles de esta sustancia, se trataría más bien de un exceso en el número de receptores de dopamina o del exceso en la sensibilidad de éstos.

## Noradrenalina

LAS NEURONAS noradrenérgicas, que sintetizan y liberan esta sustancia, se encuentran localizadas en el puente y el bulbo raquídeo (esto es, el cerebro posterior, en el metencéfalo y mielencéfalo respectivamente), y especialmente en un área llamada *locus coerelus*. Sus axones proyectan prácticamente a todas las áreas del sistema nervioso central, así, una de sus funciones más importantes es la de conectar ambos sistemas: el central y el periférico.

El ritmo de activación de las neuronas en el locus coerelus varía de manera consistente de acuerdo al ciclo de sueño/vigilia, sugiriendo su implicación en los mecanismos que controlan estos estados. Durante el sueño, la activación de éstas se reduce aproximadamente a la mitad de como están durante el día, y durante el sueño REM (que es el sueño más profundo pero, paradójicamente, presenta una activación cerebral que se asemeja a la actividad de muchas áreas cuando estamos despiertos, por ejemplo aumenta el pulso, se producen alteraciones respiratorias, etc.) se encuentran casi completamente inactivas. De igual manera, el ritmo de activación de estas neuronas cambia en función de la actividad conductual y de las señales sensoriales. Por ejemplo, varios experimentos han demostrado que la activación se reduce en ratas cuando éstas se están acicalando o cuando consumen alimento; y aumenta cuando se presentaban estímulos visuales, auditivos o somatosensoriales nuevos e inesperados.

Estos resultados junto con la activación por medio de fármacos de esta zona, que aumentaba considerablemente el nivel de alerta en ratas anestesiadas, apoyan la idea de que la función del sistema noradrenérgico es regular al nivel de alerta. Sin embargo, al reducirse la activación en conductas relajadas (como en el experimento anterior) se plantea que, más concretamente, lo que regula es el nivel de vigilancia, definida ésta como un nivel alto de atención y de respuesta conductual a los estímulos ambientales; así, la actividad neuronal del locus coerelus se inhibe en situaciones de vigilancia baja y se activa ante estímulos fuertes produciendo un aumento en el estado de alerta que prepara al cuerpo ante lo que pueda llegar.

Lesiones en el locus coerelus o las reducciones de noradrenalina en el cerebro anterior producen deficiencias en el aprendizaje de tareas complejas o cuando en éste se incluyen estímulos irrelevantes a la tarea (nos es más difícil concentrarnos y atender a la tarea central).

## Adrenalina

EN GENERAL, las vías adrenérgicas se consideran una extensión de las noradrenérgicas. Sus fibras ascendentes (hacia el cerebro) llegan o inervan la sustancia gris periacueductal (en el tegmento, en el mesencéfalo o cerebro medio), varios núcleos hipotalámicos y los centros olfatorios. Sus fibras descendentes (hacia el sistema nervioso periférico) terminan en la división simpática. Sus efectos son similares a aquellos que se producen cuando se estimula la división simpática del sistema nervioso periférico: esto es, estimulación cardiaca, vasoconstricción, aumento del estado de alerta, etc. Participa en la coordinación del comer, en actividades viscerales (de los órganos internos), y tienen un papel importante en la regulación de la presión sanguínea.

Ambas sustancias, la noradrenalina y la adrenalina, tienen un gran uso terapéutico: por ejemplo, administradas por vía intramuscular o intravenosa, son especialmente útiles cuando se necesita un fuerte efecto simpático (del sistema simpático), es decir, en casos de *shock* producidos por hipotensión, para fuertes reacciones alérgicas, en paradas cardiacas, en ataques agudos de asma, etc. (no obstante, en estos casos la adrenalina es más potente que la noradrenalina).

**Serotonina**

DESDE SU descubrimiento en los años 50, se la ha implicado en la regulación de casi todas las conductas pues se encuentra muy distribuida en todo el cerebro, la médula espinal, el sistema nervioso periférico y en muchos órganos internos, en la sangre, etc. Se encuentra en los vertebrados, en numerosos invertebrados y en muchas plantas y frutas (especialmente en los plátanos y las piñas). Las alteraciones en los niveles de esta sustancia se relacionan especialmente con los trastornos del estado de ánimo como en la depresión, la ansiedad, en ataques de pánico, con la conducta agresiva, con la tendencia al suicidio, en las obsesiones y compulsiones y en la regulación de la conducta alimentaria (se recomienda al lector ver, en la sección de trastornos mentales, los capítulos correspondientes a estos trastornos para más detalles).

Los núcleos serotoninérgicos más importantes se encuentran en el núcleo del Rafe, perteneciente a la formación reticular.

*Conducta alimentaria*

VARIOS ESTUDIOS han observado que las perturbaciones en las funciones serotoninérgicas alteran la conducta alimentaria. Se ha demostrado que las proyecciones serotoninérgicas que van hacia el hipotálamo se activan en las fases previas a la ingesta de alimento y durante la ingesta. Las manipulaciones farmacológicas de este sistema, que aumentan la actividad de la serotonina (esto es, su síntesis y liberación), tienen un efecto anoréxico en los humanos, y las que reducen su actividad, producen lo contrario: un aumento del apetito. Por ello, muchos antidepresivos que son inhibidores selectivos de la recaptación de serotonina, como por ejemplo la fenfluramina y fluoxetina (Prozac), son usados como reguladores del peso. Sin embargo, al interrumpir el tratamiento el peso se vuelve a ganar, indicando que el aumento de serotonina (más bien del fármaco) aumenta los efectos saciadores de la comida, es decir, la sensación de poco hambre, o de estar lleno, y quizá, como también actúa ralentizando el vaciado del estómago, puede prolongar e intensificar las señales de saciedad que éste manda al hipotálamo.

Aparte de regular la ingesta normal de comida, la serotonina también se relaciona con la obesidad, especialmente con las personas obesas enganchadas a los carbohidratos (azúcares y féculas). Varios estudios muestran que la administración del fármaco flenfuramina en estas personas inhibe el consumo de carbohidratos. Algunos experimentos con ratas hambrientas indicaron que la ingesta de comida baja en proteínas y alta en hidratos de carbono aumentaba el triptófano cerebral (aminoácido a partir del cual se sintetiza la serotonina) y por tanto la síntesis y liberación de serotonina. Estos resultados señalan la posibilidad de una relación circular entre ambas sustancias, es decir, como los altos niveles de carbohidratos aumentan la serotonina, esto disminuye las ganas de consumirlos otra vez en la siguiente comida. La necesidad excesiva o no normal de este tipo de comidas puede implicar una deficiencia en actividad serotoninérgica. No obstante, no hay, por el momento, pruebas consistentes que apoyen estas teorías.

*Conducta agresiva*

UNA DE las razones más importantes que llevaron a buscar una relación entre la agresividad y la serotonina fue el descubrimiento en 1967 de niveles muy bajos de esta sustancia en los estudios post mórtem practicados a personas que se habían suicidado. También se reportó niveles bajos de los metabolitos de la serotonina en pacientes deprimidos que habían intentado suicidarse varias veces (un metabolito es el resultado del catabolismo o destrucción de las sustancias orgánicas. El bajo nivel de metabolitos de serotonina indicaría poca serotonina). No obstante, estudios posteriores presentan resultados no consistentes, y no se ha podido confirmar esta relación. Por otro lado, parece haber una mayor relación entre una hipersensibilidad de unos receptores concretos de serotonina (los 5HT2) en la corteza frontal y los suicidas.

El nivel bajo de metabolitos se ha relacionado principalmente con personas que han atentado contra sus vidas o contra la de otros de manera muy violenta. Considerando agresividad en vez de suicidio, se encuentra una correlación inversa entre niveles de metabolitos y varias medidas de conducta o ánimo agresivo (es decir, menos metabolitos más agresividad). Los metabolitos de otras monoaminas como las catecolaminas, o no se relacionaban o la correlación era positiva (esto es, más metabolitos de catecolaminas y más agresividad). Otros estudios sugieren que estos niveles bajos se relacionan más bien con la impulsividad y con el comportamiento antisocial, con una irritabilidad excesiva, una reactividad exagerada a los estímulos, depresión y elevada ansiedad. Sin embargo, tampoco hay pruebas concluyentes.

Actualmente se ha descubierto una mutación en un gen recesivo del cromosoma X (luego, sólo la presentan los varones) que implica una deficiente actividad (casi nula) de la monoamina oxidasa, que es una enzima que destruye la serotonina. Las personas afectadas presentan un serio retraso mental y una alta incidencia de actos agresivos e impulsivos. El bajo nivel de metabolitos de serotonina debidos a la poca actividad de la monoamina oxidasa puede indicar un exceso de serotonina en estos individuos, y esto es justamente lo contrario de lo que se creía hasta ahora.

# Términos usuales

**Abolición.** Síntoma negativo en la esquizofrenia que consiste en un déficit o disminución del funcionamiento normal.

**Abstracción selectiva.** De acuerdo con la teoría de Aaron Beck sobre las causas y mantenimiento de la depresión, las personas deprimidas se sienten así porque sus pensamientos, o su manera de pensar (cognición), están predispuestos a hacer interpretaciones negativas de la información sobre sí mismos, sobre el mundo y sobre el futuro. La abstracción selectiva es un sesgo cognitivo por el cual, de una situación compleja, sólo se atienden a ciertos aspectos (generalmente los negativos) y se ignoran otros que conducirían a una conclusión distinta.

**Abulia.** Falta de iniciativa y voluntad. En la esquizofrenia, síntoma negativo por el cual el individuo presenta falta de interés, apatía e impulso.

**Abuso de sustancias.** El uso no apropiado de una droga. Connota un uso excesivo, irresponsable y dañino para la salud, que llega hasta el extremo de que la persona a menudo está intoxicada todo el día, lo que produce malestar o deterioro físico y psíquico, pero no crea dependencia fisiológica. *Véase* dependencia fisiológica.

**Abuso sexual a un menor.** Contacto sexual con menores.

**Acetilcolina.** Hormona que actúa como neurotransmisor tanto en el sistema parasimpático y simpático, como en el sistema nervioso central. Tiene efectos estimulantes y actúa como factor desencadenante de impulsos nerviosos.

**Acto fallido.** Realización errónea de actos que la persona suele ejecutar correctamente, por ejemplo, olvidar cosas que se saben perfectamente, objetos, citas, tareas, o decir una palabra por otra (lapsos). Según el psicoanálisis clásico, se originan por la influencia perturbadora de ideas o deseos inconscientes.

**Adicción.** Tendencia compulsiva hacia agentes externos (drogas, alcohol, juego, comida, sexo, etc.) que producen dependencia, llegando incluso a la pérdida total de autonomía.

**Adrenalina.** Hormona segregada por las glándulas suprarrenales que funciona como neurotransmisor. Hoy en día es conocida como epinefrina debido a que su antiguo nombre fue registrado por una compañía farmacéutica.

**Afasia.** Pérdida de la facultad de la expresión hablada provocada por un daño cerebral; puede ser expresiva: dificultad para hablar o escribir; y receptiva: dificultad para entender el lenguaje hablado o escrito.

**Afecto.** Sentimiento emocional a menudo acompañado de expresiones corporales, que pueden ser percibidas por los demás.

**Afecto inapropiado.** Respuestas emocionales que están fuera de contexto, como la risa cuando se oyen malas noticias.

**Afecto plano.** Una desviación de la respuesta emocional en la que no se muestra virtualmente ninguna emoción cualquiera que sea el estímulo. La expresividad emocional está bloqueada y la cara está falta de expresión y de tono muscular.

**Agnosia.** Incapacidad de reconocer y clasificar objetos y personas pese al normal funcionamiento de los órganos de los sentidos.

**Agorafobia.** Sensación de pánico ante los espacios abiertos, despejados o extensos, o a las situaciones en las que la persona cree que no va a recibir ayuda en caso de necesitarla. En casos extremos lleva al individuo a no salir al exterior.

**Agrafía.** Pérdida parcial o completa de la habilidad de escribir pese a poseer plena capacidad de movimiento de las manos y una inteligencia normal.

**Ajuste premórbido.** Se trata del funcionamiento, ajuste o equilibrio físico, social y psicológico de una persona antes de la aparición de una enfermedad. Un buen ajuste premórbido, esto es, una vida relativamente normal, antes de un desorden psicológico suele implicar un mejor pronóstico.

**Alcaloide.** Sustancias de origen orgánico, principalmente vegetal, que contienen principios químicos activos que dan a muchas drogas sus propiedades medicinales.

**Alcoholismo.** Dependencia psicológica a las bebidas alcohólicas. Desorden que, debido al consumo excesivo de estas sustancias, provoca alteraciones en la salud, en las relaciones sociales y en el ámbito laboral de la persona.

**Alogia.** Un síntoma negativo en la esquizofrenia, marcado por la pobreza del lenguaje o falta de contenido del discurso.

**Alucinación.** Error mental en la percepción de los sentidos no fundado en una realidad objetiva.

**Alucinación hipnagógica.** Imágenes similares a las alucinaciones que se pueden producir en momentos de sopor, justo antes de quedarse dormido.

**Alucinación hipnopómpica.** Imágenes similares a las alucinaciones que se pueden producir en estados de semisueño, antes del completo despertar.

**Alucinógeno.** Droga o compuesto químico que causa alucinaciones. Las drogas alucinógenas como el LSD, el psilocybin y la mescalina se llaman a menudo psicodélicas.

**Alzheimer, enfermedad de.** Demencia que implica un deterioro progresivo de la corteza cerebral y sus funciones. Se manifiesta por una pérdida de la memoria, movimientos involuntarios de las extremidades, convulsiones, confusión, delirio y demencia final. De manera más o menos rápida, entre tres y diez años, conduce a la muerte.

**Amina.** Sustancias derivadas del amoniaco y en las que sus átomos de hidrógeno han sido sustituidos por radicales orgánicos.

**Aminoácido.** Uno de una larga lista de componentes orgánicos importante en la construcción de bloques de proteínas.

**Amnesia.** Pérdida total o parcial de la memoria que puede estar ligada a un trastorno disociativo, daño cerebral o hipnosis.

**Amnesia disociativa.** Se llama así a la incapacidad de recordar información personal importante ocurrida en un momento concreto de la vida.

**Amniocentesis.** Técnica de diagnóstico prenatal por la cual se extrae líquido del útero y se analiza para comprobar posibles enfermedades del nacimiento, tales como el síndrome de Down.

**Analgesia.** Insensibilidad al dolor sin pérdida de conciencia, en ocasiones encontrado en los trastornos de conversión.

**Analgésicos.** Medicamentos que reducen o eliminan el dolor.

**Análisis de las defensas.** El estudio psicoanalítico de las maneras por las que un paciente evita temas problemáticos mediante mecanismos de defensa.

**Análisis de los sueños.** Una técnica psicoanalista clave por la que se descubre el significado inconsciente de los sueños.

**Análisis del yo.** Forma de análisis relativamente breve cuyo interés son las funciones integradoras y positivas del yo, más que las funciones reprimidas del ello.

**Análisis transaccional.** Forma de psicoterapia desarrollada por Eric Berne cuyo principal objetivo es que el cliente logre obtener una actitud madura, adaptativa y realista sobre la vida; lograr que, en palabras de Berne, «el yo adulto mantenga la hegemonía sobre el impulsivo yo niño». Se modifican, mediante clarificación, los modelos de transacción y los planes de vida.

**Analista.** *Véase* psicoanalista.

**Anestesia.** Daño o pérdida de la sensibilidad sensorial, generalmente del tacto. En ocasiones se puede dar en otros sentidos y forma parte del trastorno de conversión.

**Anestesia de guante.** Una acentuada falta de sensibilidad en una parte del brazo que preferiblemente debe de ser cubierta con un guante.

**Anfetaminas.** Grupo de drogas estimulantes que producen un aumento de los niveles de energía. En dosis altas produce nerviosismo, somnolencia y delirios paranoides.

**Anhedonia.** Síntoma negativo de la esquizofrenia y algunos otros trastornos, como la depresión, por el cual el individuo es incapaz de sentir placer.

**Anorexia nerviosa.** Trastorno por el cual el individuo, generalmente mujer, se niega a comer, retener alimento alguno, o sufre una severa o prolongada falta de apetito, debido a su obsesión o temor a estar obeso. Su problema es que se ven gordos incluso cuando están demacrados, perdiendo hasta el 25% de su peso original. Tal es el grado de inanición, que puede provocar, en casos muy extremos, la muerte.

**Anoxia.** Falta de oxigeno en el cerebro que puede producir daños cerebrales permanentes.

**Ansiedad.** Estado de tensión, inquietud o angustia como respuesta a un estímulo agudo o crónico de características estresantes. Puede provocar problemas gastrointestinales, pulmonares y otras enfermedades.

**Ansiedad neurótica.** Hoy en día se conoce como trastorno de pánico o trastorno de ansiedad generalizada.

**Ansiolíticos.** Tranquilizantes; fármaco que reduce la ansiedad.

**Antidepresivo.** Droga que alivia la depresión, generalmente dando energías y elevando el estado de ánimo del individuo.

**Antipsicótico.** Fármaco psicoactivo prescrito para trastornos psicóticos. Suelen funcionar bloqueando la trasmisión de dopamina. Estas drogas alivian los síntomas pero no curan; aminoran los estados de confusión, los pensamientos perturbadores y el afecto errático de varias psicosis. Producen quietud, ralentización de respuesta a estímulos externos, aunque disminuyen algo la atención, sin sobrexcitarles o irritarles. También conocidos como neurolépticos.

**Apnea.** Cese de la respiración durante cortos espacios de tiempo, generalmente durante el sueño.

**Apraxia.** Pérdida total o parcial de la capacidad de efectuar movimientos o acciones voluntarias.

**Aprendizaje de la evitación.** Aprender a no hacer algo. Un procedimiento experimental en el cual un estímulo neutral es parejo con uno dañino de forma que el organismo aprenda a evitar previamente el neutral.

**Aprendizaje indirecto**. Aprender al observar las reacciones de otros a los estímulos o escuchando lo que ellos dicen.

**Aprendizaje instrumental**. *Véase* condicionamiento operante.

**Aproximación sucesiva**. Acercamiento continuo a una situación o un proceso. Por ejemplo, para enseñar a hablar a un niño autista, se le van reforzando a base de recompensas las aproximaciones que haga al habla, primero por mirar al educador, luego por atenderle, luego por emitir sonidos, articular alguna sílaba, etc.

**Arquetipo.** De acuerdo con la psicología analítica, los arquetipos son las dominantes del inconsciente colectivo. Son un principio estructurador, ya existente, cuyo contenido viene dado por la configuración arquetípica de una cultura determinada y por la persona individual.

**Asociación libre.** Un procedimiento psicoanalítico clave en el cual se estimula al analizado a dar rienda suelta a sus pensamientos y sentimientos, verbalizando cualquier cosa que se le venga a la mente sin fiscalizar su contenido. Se supone que con el tiempo, los asuntos reprimidos saldrán hacia fuera y podrán ser examinados por el paciente y el psicoanalista.

**Ataxia.** Pérdida de la coordinación de los movimientos voluntarios

**Atribución.** La explicación o causas que una persona da a su comportamiento o al de los demás.

**Autismo.** Pertenece a los trastornos generalizados del desarrollo y se caracteriza por una incapacidad de relacionarse con los demás, serios problemas de comunicación y de lenguaje y encerramiento en sí mismo. Suele ir acompañado de una variedad de respuestas extrañas como fascinación por los objetos inanimados, rechazo por los demás y conductas estereotipadas.

**Autoimagen.** Los conocimientos y sentimientos que el individuo tiene sobre sí mismo.

**Autorrealización.** De acuerdo con la teoría humanista de Abraham Maslow, la autorrealización personal es el último escalón del desarrollo psicológico. Puede conseguirse cuando todas las necesidades básicas y metas de una persona están cubiertas y se busca la satisfacción o realización del potencial humano.

**Barbitúricos.** Una clase de fármacos sintéticos de acción hipnótica y psicotrópica (sedantes), que producen adicción y que en grandes dosis pueden provocar la muerte debido a una casi completa paralización del diafragma.

**Beber controlado.** Un modelo de consumo de alcohol que es moderado y evita extremos de total abstinencia y de embriaguez.

***Belle indifference.*** La actitud indiferente que la gente con trastorno de conversión tiene hacia sus síntomas.

***Biofeedback* o retroalimentación.** Técnica por la cual el individuo recibe inmediata información sobre los cambios físicos, tales como temperatura corporal, presión sanguínea, latido del corazón y otras funciones somáticas, con lo que el paciente tiene un control sobre su cuerpo gracias al conocimiento de sus propios procesos corporales, se consigue cierta mejora en algunos trastornos psicofisiológicos.

**Bloqueo.** Alteración asociada con el trastorno del pensamiento por la cual una línea de discurso es interrumpida por silencio antes de que una idea pueda ser expresada.

**Brote.** Se dice que un proceso evoluciona en brotes cuando no sigue un curso graduado, sino que presenta bruscas e irregulares agravaciones.

**Bulimia nerviosa.** Trastorno alimentario por el cual el individuo, generalmente mujer, debido a una preocupación excesiva por su cuerpo, ingiere grandes cantidades de alimento, y acto seguido recurre a medidas extremas para paliar los efectos del atracón, como el vómito. La diferencia con la anorexia nerviosa es que la persona mantiene su peso normal.

**Cannabis o marihuana.** Droga derivada de las hojas y tallos secos de la hembra del cáñamo o *cannabis sativa*. Se suele consumir fumado aunque en ocasiones se puede comer o beber.

**Caso estudio.** O estudio de un caso. Es la recolección de información histórica o biográfica de un individuo concreto, que a menudo incluye experiencias terapéuticas.

**Castración.** Extirpación de las glándulas genitales, o sea de los testículos en el hombre y los ovarios en la mujer.

**Catarsis.** «Purga» de la mente, eliminación de recuerdos que perturban la conciencia.

**Catecolaminas.** Familia de sustancias químicas derivadas del aminoácido tirosina. Son neurotransmisores catecolaminérgicos la dopamina, noradrenalina y adrenalina.

**Cerebelo.** Parte del cerebro que desempeña una importante labor en el control de la actividad motora voluntaria o movimiento voluntario, tanto la planificación como el desarrollo del mismo, la postura y equilibrio.

**Cerebro.** Parte del sistema nervioso central, situado en la parte superior del cráneo y formado por dos hemisferios. Es el órgano principal de las percepciones sensoriales, del pensamiento y de todos los contenidos de la conciencia, al igual que controla todos los movimientos conscientes o inconscientes.

**Ciclotimia.** Estado mental que se caracteriza por fuertes variaciones de humor, que pasan de periodos de exaltación a otros de depresión. La intensificación de estos cambios puede dar lugar al trastorno bipolar.

**Clasificación categórica.** Una forma de clasificar personas o variables por su pertenencia o no a una categoría concreta, por ejemplo, personas según su sexo. Comparar con «Clasificación dimensional».

**Clasificación dimensional.** Una forma de clasificar personas o entidades situándolas en un continuo o dimensión cuantitativa, por ejemplo, en una escala del uno al diez respecto de una variable como la ansiedad. Contrasta con «Clasificación categórica».

**Cleptomanía.** Trastorno del control de los impulsos que se caracteriza por un reiterado fracaso en el intento de reprimir el impulso de robar objetos.

**Clínico.** Un profesional de la salud autorizado que proporciona servicios a la gente que sufre de una o más patologías.

**Clorpromacina.** Nombre genérico de uno de los antipsicóticos más usados.

**Cocaína.** Un alcaloide reductor de estados dolorosos, estimulante y aditivo que se obtiene de las hojas de la coca, que aumenta los poderes mentales, produce euforia, aumenta el deseo sexual y en grandes dosis causa paranoia y alucinaciones.

**Cociente intelectual (IQ).** En psicología, índice cuantitativo que mide el desarrollo mental alcanzado por un individuo. Se calcula mediante la aplicación de test y expresa la relación entre la edad mental y la edad cronológica.

**Cognición.** Bajo el término de cognición se engloban todos los procesos y estructuras que se relacionan con el conocimiento y la conciencia, como percibir, reconocer, concebir, representar y conceptuar, juzgar, razonar y planificar. Es decir, se engloban todo tipo de conductas mentales de naturaleza abstracta que implican el procesamiento de la información.

**Coito.** Unión sexual, cópula, cohabitación, etc.

**Complejo de Edipo.** Concepto creado por Freud para denominar la atracción erótica que los niños sienten, entre los tres y los cinco años hacia los padres del sexo opuesto (en sentido estricto, del hijo hacia la madre; cuando se produce de la hija hacia el padre se ha denominado complejo de Electra, aunque los psicoanalistas clásicos no utilizan esta última definición). Para el psicoanálisis es una etapa normal en el desarrollo del niño, que se resuelve cuando éste se identifica con el padre del mismo sexo. A causa de esta identificación, el niño introyecta los valores y adquiere para sí las cualidades de otros, y supera la anterior relación dual (de dos personas) en la relación de tres personas, y por primera vez se integra en un grupo.

**Comprensión empática.** En las terapias individuales, cualidad esencial del terapeuta, referida a la habilidad de ver el mundo desde el punto de vista del paciente. Puntos de vista en ocasiones desconocidos por el propio paciente.

**Compulsión.** Impulso irresistible a ejecutar un acto contrario al juicio o voluntad del que lo ejecuta.

**Concusión.** Estado producido por caída o un golpe sobre la cabeza con inconsciencia, pulso débil, palidez y frialdad y a veces relajación de los esfínteres.

**Condicionamiento clásico.** Una forma básica de aprendizaje, a veces referida al descubrimiento de Ivan Pavlov, cuando investigaba el funcionamiento del sistema digestivo en perros. La característica esencial de este tipo de condicionamiento es que un estímulo que antes era neutro (por ejemplo, un sonido concreto) es capaz de provocar una respuesta (por ejemplo, saliva) si ha sido asociado repetidas veces con un estímulo que automáticamente produce la misma respuesta (por ejemplo, carne).

**Condicionamiento encubierto.** Proceso variante de la terapia aversiva con elementos de la desensibilización sistemática. El término encubierto implica que tanto el comportamiento a eliminar (por ejemplo, beber o fumar) como el estímulo aversivo con el que se va a asociar (por ejemplo, una náusea), son imaginados por el paciente.

**Condicionamiento operante.** La adquisición o eliminación de una respuesta como una función de contingencias ambientales de castigo o premio. La conducta operante se identifica por sus consecuencias en el ambiente.

**Conducta anormal.** Pautas de emoción, pensamiento y acción consideradas patológicas por una o más de las siguientes razones: aparición infrecuente, aparición inesperada, desviación de las normas, angustia, interferencia o disfunción en una o varias facetas de la vida.

**Conducta operante.** Cualquier conducta que emite un organismo y puede caracterizarse en términos de sus efectos en el medio. Los animales operan en el medio, lo manipulan, transforman y se mueven y actúan en él. Esta conducta les sirve de instrumento para obtener ciertas consecuencias que, a su vez, determinaran la probabilidad de que la conducta se repita.

**Conductismo.** Escuela psicológica norteamericana fundada por John Watson en 1913, según la cual la psicología debe limitarse al estudio de la conducta observable y mensurable, renunciando por completo a la conciencia.

**Confabulación.** Síntoma de ciertas alteraciones mentales, que consiste en la facilidad de las respuestas y en la recitación de hechos imaginarios y fantásticos no basados en la realidad, pronto olvidados por el mismo que los ha ideado.

**Conflicto.** Choque entre dos o más impulsos o deseos opuestos o entre el puro instinto y las diversas fuerzas psíquicas que tienden a modificarlo.

**Congénito.** Nacido con el individuo; innato, que existe desde el nacimiento o antes del mismo; no adquirido.

**Conmoción cerebral.** Estado de aturdimiento o pérdida del conocimiento, con náuseas y pulso débil, producido por algún golpe violento en la cabeza.

**Constructo.** Concepto de la teoría de la personalidad elaborada por George Kelly. Los constructos se pueden entender como un sinónimo de concepto, son maneras de procesar y utilizar la información, y de organizar la realidad.

**Contingencia**. Que puede suceder o no. Se dice también de aquello cuya existencia depende de otro

**Contracondicionamiento.** Técnica de la modificación de la conducta por la cual una respuesta condicionada se extingue mediante la producción de otra respuesta incompatible con la primera.

**Contratransferencia.** Son los sentimientos inconscientes que el psicoanalista tiene hacia el paciente y que surgen de sus propios conflictos no resueltos o vulnerabilidades emocionales.

**Contusión cerebral.** Un daño recibido en el tejido neural marcado por hinchazón y hemorragia, que puede degenerar en coma; en ocasiones provoca impedimentos en las funciones intelectuales.

**Coprolalia.** Uso excesivo de palabras obscenas o insultantes.

**Copropraxia.** Uso excesivo de movimientos obscenos.

**Corea de Hungtinton.** Enfermedad nerviosa convulsiva con contracciones musculares clónicas involuntarias e irregulares, asociada con irritabilidad y depresión y con trastornos mentales.

**Coreiforme.** Enfermedad del sistema nervioso central, que ataca principalmente y se manifiesta por movimientos desordenados, involuntarios y bruscos que afectan a cabeza y extremidades y en casos muy agudos a todo el cuerpo. También conocida como corea.

**Corteza cerebral.** Fina capa que cubre cada uno de los hemisferios del cerebro; lleno de recovecos y compuesto de células nerviosas o neuronas y que constituye la materia gris del cerebro.

**Coste respuesta.** En la modificación de la conducta es una técnica parecida al castigo, por la cual, cada vez que se produce la respuesta no deseada se retira un reforzador positivo.

**Creencias irracionales.** Suposiciones autodestructivas que los terapeutas emotivo-racionales consideran subyacentes a la angustia emocional y originarias de muchas perturbaciones mentales.

**Cromosoma.** Material genético en forma de bastoncillo, que se encuentra en el núcleo de la célula y en una cantidad fija por especie (23 pares en los seres humanos), formado principalmente por ADN y ciertas proteínas, por lo que contienen la información genética del organismo.

**Crónico.** De larga duración o que reaparece con frecuencia, a menudo, con un empeoramiento progresivo del síntoma o de la enfermedad.

**Cuerpo calloso.** Comisura mayor del cerebro, masa arqueada de la sustancia blanca, situada en el fondo de la cisura longitudinal y formada por las fibras transversas que conexionan ambos hemisferios.

**Déficit psicológico.** El término se usa para indicar que la realización de un proceso psicológico determinado está por debajo de lo esperado en una persona normal.

**Delirio.** Trastorno de las facultades mentales, con alteración de las morales o sin ella, que se manifiesta por el lenguaje incoherente, excitación nerviosa e insomnio. Se presenta en dos formas: no vesánico; sintomático de enfermedades febriles, de ciertas intoxicaciones o de traumatismo; y vesánico, que caracteriza ciertas formas de alienación.

**Delirio celotípico.** La convicción infundada de que la pareja le es infiel. El individuo colecciona una serie de detalles evidentes para justificar sus celos.

**Delirio de grandeza.** Actitud de alguien de creerse superior o soñar con cosas que no están a su alcance.

**Delirio de referencia.** Percepciones alucinatorias que atribuyen un significado especial a observaciones y actividades de otros aparentemente triviales y acontecimientos absolutamente irrelevantes.

**Delirium.** Un estado de gran confusión mental en el cual se ofusca el consciente, no se puede mantener la atención y el flujo de pensamiento y el habla es incoherente. La persona está probablemente desorientada, emocionalmente errática, inquieta o letárgica, y a menudo tiene ilusiones, desilusiones y alucinaciones,

**Delirium tremens.** Delirio con temblor y excitación intensa, acompañado de ansiedad, trastornos mentales, alucina-

ciones terroríficas de animales, principalmente sudor y dolor precordial, que se observa en forma de accesos o en ocasión de una enfermedad aguda o traumatismo en individuos alcohólicos crónicos y algunas veces también en opiómanos y otros toxicómanos.

**Demencia.** Estado de alienación caracterizado por la pérdida o disminución de la mente, de ordinario en correspondencia con lesiones anatómicas de naturaleza destructiva, focales o difusas.

**Demencia de Pick.** Es una enfermedad degenerativa presenil del cerebro, que afecta a la corteza en general. Se produce una atrofia especialmente de los lóbulos frontales y temporales, placas seniles, y dos lesiones características de la enfermedad: cuerpos de Pick y neuronas abalonadas.

**Demencia precoz.** Antiguo término para la esquizofrenia, elegido para describir lo que se creía una enfermedad incurable y degenerativa de las funciones mentales que comenzaba en la adolescencia.

**Demencia senil.** Enfermedad que se da con más frecuencia en personas mayores, en la que se produce un deterioro progresivo de las facultades mentales - memoria, del pensamiento abstracto, del control de los impulsos, de la habilidad intelectual que provoca impedimentos en el funcionamiento vital, laboral y social de la persona, y finalmente cambios de personalidad.

**Dependencia cruzada.** Actúa en los mismos órganos, como la metadona con la heroína. *Véase* sustitutos de la heroína.

**Dependencia de sustancias.** El abuso de una droga a veces acompañado de una dependencia fisiológica de ésta, se hace evidente por los síntomas de tolerancia y retiro; también se llama adicción.

**Dependencia psicológica.** Caracterizada por la necesidad psicológica de consumir para producir placer o evitar el malestar psíquico que conlleva no hacerlo.

**Depresión.** Trastorno caracterizado por disminución del tono afectivo, tristeza o melancolía. El origen de la depresión se halla en alteraciones orgánicas o en sucesos externos desafortunados. También se conoce como depresión mayor o unipolar.

**Depresión mayor (unipolar).** Es un trastorno de personas que tienen experiencia en episodios de depresión pero no de manía.

**Depresión psicótica.** Algunas veces, los pacientes depresivos pueden sufrir alucinaciones o ideas delirantes, que en general suelen ser congruentes con su estado de ánimo.

**Depresión unipolar.** *Véase* depresión mayor.

**Descarrilamiento.** En la esquizofrenia, un aspecto del trastorno de pensamiento por el que el paciente tiene dificultad en centrarse en un tópico. También se llama fuga de ideas.

**Desensibilización sistemática.** Esta técnica terapéutica está basada en el principio de la inhibición recíproca. Si una respuesta que inhibe (o impide) la ansiedad se puede producir ante la presencia de estímulos que la provocan, debilitará la conexión entre estos estímulos y la ansiedad. Es decir, dos respuestas emocionales contrarias, como la ansiedad y la relajación, no pueden ocurrir a la vez. La técnica consiste en exponer al paciente a aproximaciones del estímulo temido en condiciones de relajación hasta que la ansiedad se extingue.

**Desesperanza.** Se refiere a la sensación de no tener control sobre acontecimientos importantes; muchos teóricos piensan que desempeña un papel central en la ansiedad y la depresión. La teoría se refiere a que esta sensación surge cuando se han tenido traumas o experiencias desagradables ante las cuales cualquier esfuerzo de control sobre la situación ha sido inútil.

**Desintoxicación.** Tratamiento o cura destinados a suprimir el hábito a los estupefacientes en las toxicosis. Eliminación de sustancias tóxicas; proceso natural o terapéutico de hacer innocuas las sustancias tóxicas o de impedir su producción en el organismo.

**Desorientación.** Estado de confusión mental en el que el sujeto pierde las nociones de lugar y tiempo.

**Despersonalización.** Pérdida del sentimiento de la personalidad o del de propiedad de las partes del propio cuerpo, frecuente en la esquizofrenia.

**Desplazamiento.** En psicoanálisis, mecanismo de defensa que consiste en redirigir las respuestas emocionales, de un objeto peligroso hacia otro sustituto y menos peligroso. Por ejemplo, gritar a la pareja en vez de hacerlo al jefe.

**Desrealización.** Pérdida de la noción de realidad de nuestro entorno; presente en muchos trastornos psicológicos como el trastorno de pánico, el trastorno de despersonalización y la esquizofrenia.

**Determinantes de situación.** Las condiciones ambientales que preceden y siguen a la emisión de una determinada conducta. Es el foco de atención de la investigación conductual.

**Diagnosis.** Parte de la medicina que tiene por objeto la identificación de una enfermedad fundándose en los síntomas de ésta.

**Disartria.** Trastorno de la pronunciación, incapacidad para utilizar los sonidos del habla de forma correcta y cuyo origen es orgánico.

**Discalculia.** Es uno de los trastornos del aprendizaje que trata de las dificultades que proporcionan los símbolos aritméticos y las operaciones matemáticas.

**Disfasia.** Inhabilidad para el lenguaje, su característica principal es una deficiencia en la comprensión y en el desarrollo del lenguaje expresivo.

**Disfemia.** *Véase* tartamudeo.

**Disfemia clónica.** Tartamudeo en el que se producen repeticiones de determinados sonidos (fonemas o sílabas) debido a pequeños espasmos o contracciones musculares, durante el discurso. Éste sería el tartamudeo típico.

**Disfemia mixta.** Tartamudeo severo, donde aparecen juntas la disfemia tónica y clónica.

**Disfemia tónica.** Tartamudeo en el que se produce un espasmo o bloqueo al empezar a hablar.

**Disfonía.** *Véase* dislalia o disartria.

**Disfunción.** Alteración cualitativa de una función.

**Disfunción sexual.** Disfunciones en las que los cambios apetitivos o psicofisiológicos de la respuesta sexual del ciclo están inhibidos.

**Dislalia.** Trastorno de expresión del lenguaje, dificultad de articular palabras.

**Dislexia.** Fallo en el aprendizaje y en la capacidad de lectura. Los niños que la padecen presentan un rendimiento en la comprensión, precisión o velocidad de la lectura sustancialmente inferior a lo esperado por su edad, nivel de escolarización e inteligencia.

**Disociación.** Mecanismo mental por el que un grupo de ideas se separa de la conciencia normal y funciona independientemente.

**Disomnia.** Son trastornos en la iniciación y mantenimiento del sueño y de la excesiva somnolencia, es decir, los que tienen que ver con la cantidad, calidad y horario del sueño.

**Dispaurenia.** Coito difícil o doloroso. Puede haber dolor antes, durante o después de la actividad sexual, a causa de ausencia de excitación o perturbación de la función. Cuando no se trata de un problema psíquico, la dificultad o el dolor están causados generalmente por alguna infección o herida como la rotura de ligamentos en la región pélvica.

**Distimia.** La persona está crónicamente deprimida pero no presenta todos los síntomas, o de forma tan aguda o tan fuerte, como se exige para diagnosticar un trastorno depresivo mayor.

**Dopamina.** Compuesto químico intermediario en el metabolismo de las tirosinas, precursor de la noradrenalina y la adrenalina, dos sustancias básicas en los procesos del organismo. La carencia o el exceso de esta sustancia se consideran influyentes en el desarrollo de múltiples enfermedades psiquiátricas.

**Drogas psicoactivas.** Son una serie de medicamentos que tienen un efecto psicológico que altera los procesos del comportamiento y del estado de animo. El valium es un ejemplo.

**Drogas tricíclicas.** Un grupo de antidepresivos con estructura molecular caracterizada por tres anillos fundidos. Los tricíclicos impiden la recaptación de norepinefrina y serotonina.

**Duelo.** Es la forma de reaccionar ante una pérdida. Freud distinguió el duelo nor-

mal y el duelo patológico en el que el afectado suele considerarse culpable de la pérdida y por ello amenazado.

**Ecocinesia.** *Véase* ecopraxia.

**Ecolalia.** Repetición automática de sonidos, palabras o incluso frases cortas.

**Economía de fichas.** Este método se basa en el concepto de reforzadores secundarios, y consiste en dar fichas (generalmente del tamaño de una moneda grande, de plástico y de colores) a cambio de comportamientos deseados y adecuados. Estas fichas luego se pueden cambiar por ciertos reforzadores primarios que sean del agrado del paciente como, por ejemplo, tiempo de ocio extra.

**Ecopraxia.** Imitación automática por parte de un paciente, de movimientos y gestos propios o de otras personas. También llamado ecocinesia.

**Efecto placebo.** La acción de una droga o el tratamiento psicológico al que no se le atribuye ninguna acción específica. Por ejemplo, un tranquilizante puede reducir la ansiedad, lo mismo por su acción bioquímica que porque el paciente así lo cree. *Véase* placebo.

**Egodistónico.** Se refiere a la conducta que no es aceptable dentro del concepto de sí misma que tiene la persona, o como algo propio de ella.

**Egosintónico.** Se refiere a la conducta consistente con el propio carácter; que se siente real y aceptable, como que le puede pertenecer a uno.

**Electroencefalograma.** Registro gráfico obtenido en la encefalografía por la aplicación directa al cráneo de electrodos adecuados, empleado en el diagnóstico de la epilepsia, traumatismos, tumores y degeneraciones cerebrales.

*Electroshock. Véase* terapia de electrochoque.

**Ello.** En la teoría psicoanalítica de Freud, parte inconsciente e instintiva de la personalidad humana, regida por el principio de placer.

**Emoción expresada.** En el trastorno esquizofrénico la suma de la hostilidad y críticas vertidas por otras personas al paciente, normalmente dentro de la misma familia.

**Empatía.** Grado de sintonía afectiva con las demás personas y ambiente circundante. Capacidad de situarse en el lugar de otra persona, de compartir sus sentimientos.

**Empatía avanzada.** Una forma de empatía por la cual el terapeuta infiere preocupaciones y sentimientos que están por detrás o subyacen a lo que el paciente cuenta.

**Empirismo.** Teoría filosófica según la cual la experiencia (o la experimentación) es la única fuente de conocimiento.

**Encefalitis.** Inflamación del cerebro causado por diversas causas, las más significativas son las causadas por virus traídos por insectos.

**Encopresis.** Incontinencia de las heces, cuando lo que se espera es continencia.

**Endógeno.** Originado dentro del organismo, independientemente de los factores externos.

**Endorfinas.** Hormonas que, al igual que las encefalinas, actúan en el sistema nervioso central y desarrollan efectos análogos a los de la morfina, especialmente, efectos analgésicos y eufóricos. Regulan también la función endocrina en la hipófisis.

**Enfermedad cerebrovascular.** Una dolencia por la cual el riego sanguíneo al cerebro queda interrumpido, como, por ejemplo, consecuencia de un infarto.

**Enfermedad de Parkinson.** Deficiencia en el funcionamiento de los ganglios basales del cerebro, que causa lentitud de movimientos y dificultades y temblores en los miembros, generalmente con conservación de las funciones intelectuales. Suele afectar a personas mayores de 55 años.

**Enfermedad de Wernicke.** Se caracteriza por lesiones cerebrales que originan desorientación, confusión, falta de atención, disminución de la consciencia, estados de estupor, coma y muerte. Se asocia con la carencia de tiamina (vitamina B) producida por el alcoholismo.

**Enfermedad de Wernicke-Korsakoff.** Síndrome en el que se dan ambas enfermedades a la vez. Es muy raro que aparezcan por separado; por esto, se cree que son fases distintas del mismo trastorno.

**Ensayo de conducta.** Una técnica de la terapia de conducta en la que el cliente practica en la consulta un nuevo comportamiento, a menudo ayudado por el terapeuta en las actuaciones y demostraciones.

**Entrenamiento en asertividad.** Se trata de fomentar la expresión de los sentimientos, pensamientos y creencias a las personas inhibidas socialmente, siempre respetando los derechos de las otras personas.

**Entrenamiento en autoinstrucciones.** Se trata de un procedimiento cuyo principio se basa en que el comportamiento neurótico se debe, en parte, a fallos en el dialogo interno (dialogo con uno mismo) por los cuales el paciente no puede darse las instrucciones correctas, esto es, no se auto-dirige la conducta y el pensamiento de manera adecuada.

**Entrenamiento en habilidades sociales.** Lo que pretende este entrenamiento es cubrir o reforzar ciertas habilidades, para que las personas puedan afrontar de una manera más adaptativa y positiva las diversas situaciones en las que se encuentren. Cuando las conductas sociales son habilidosas y efectivas, la persona logra obtener los objetivos para los cuales ha realizado la conducta, mantiene o mejora la relación con la persona con la que interactúa, y mantiene su autoestima.

**Entrevista clínica.** Conversación mantenida por un clínico y su paciente dirigida a determinar la diagnosis, historia y causa de los problemas y las opciones de posibles tratamientos.

**Enuresis.** Micción (orinar) de manera involuntaria, en la cama o en la ropa por parte de niños que ya tienen madurez suficiente como para contenerse, y para la que no hay una causa física aparente u obvia. Puede aparecer sólo durante la noche (que es la más común), sólo durante el día o ambos.

**Envidia del pene.** Según Freud, vivencias que se presentan en niñas pequeñas que sienten la carencia del miembro viril como un castigo.

**Enzima.** Molécula compuesta principalmente por proteínas y que actúa de biocatalizador, es decir, que favorece y regula la producción de reacciones químicas en los seres vivos.

**Epilepsia.** Enfermedad nerviosa esencialmente crónica, que se presenta por accesos más o menos frecuentes, caracterizados unas veces por pérdida súbita del conocimiento, convulsiones clónicas y tónicas, y coma, y otras veces por sensaciones vertiginosas u otros equivalentes.

**Epinefrina.** Hormona secretada por las glándulas suprarrenales, así llamadas por estar adheridas a la parte superior de los riñones. Es responsable de las reacciones del organismo ante las situaciones de tensión, como el aumento de la presión sanguínea, del ritmo cardiaco o de la cantidad de glucosa en la sangre, la aceleración del metabolismo y la constricción de los vasos sanguíneos pequeños. Antes de que una compañía farmacéutica registrara su nombre, se llamaba adrenalina.

**Eritofobia.** Fobia al color rojo.

**Eros (libido).** En psicoanálisis, conjunto de las pulsiones de vida, en oposición a las pulsiones de muerte. Su finalidad es el desarrollo y la conservación de la vida tanto en el individuo como en la sociedad. Su energía es la libido.

**Escáner PET.** Tomografía de emisión de positrones. Son imágenes generadas por ordenador de la cantidad de actividad metabólica en varios lugares del cerebro.

**Espasmofemia.** *Véase* tartamudeo.

**Esquema.** Designa una forma hipotética de organizar todo tipo de información que recibimos. Los esquemas nos ayudan a percibir esta información, almacenarla, clasificarla y acceder a ella más sencillamente.

**Esquizofrenia.** Enfermedad mental del grupo de la psicosis, de carácter grave, caracterizada por la escisión de la personalidad, trastornos del pensamiento (delirios y alucinaciones) y pérdida de contacto con la realidad.

**Esquizofrenia crónica.** Un paciente psicótico cuyo deterioro ha obligado a hospitalizarle por más de dos años.

**Esquizofrenia del tipo catatónica.** Un tipo de esquizofrenia cuyos síntomas principales alternan entre la inmovilidad total a los movimientos compulsivos mas excitados.

**Esquizofrenia desorganizada.** Esta forma de esquizofrenia también llamada hebefrénica, se caracteriza por un lenguaje y un comportamiento desorganizado. Pueden hablar incoherentemente, inventarse palabras, realizar conductas sin ningún fin aparente. Los síntomas son principalmente de tipo negativo, con pobreza y aplanamiento del afecto e incongruencia.

**Esquizofrenia indiferenciada.** Incluye todos los pacientes que tienen síntomas esquizofrénicos pero que no cumplen los requisitos para clasificarlos de acuerdo con los otros subtipos de esquizofrenia..

**Esquizofrenia paranoide.** Se caracteriza por delirios y alucinaciones auditivas como síntomas más dominantes. Los delirios más habituales son de persecución, de grandeza y de referencia. Las alucinaciones suelen tener relación con el contenido de los delirios.

**Esquizofrenia residual.** Se utiliza cuando los pacientes ya no cumplen todos los criterios para ser diagnosticados de esquizofrenia, pero todavía muestra algunos signos de la enfermedad, especialmente de tipo negativo.

**Estereotipias.** Se refiere a los procesos tanto cognitivos; lingüísticos o de movimiento, que aparecen rígidos; fijados, repetitivos y duraderos.

**Estimulante.** Se dice de las sustancias que estimulan la acción de un órgano o parte del cuerpo, como la cocaína y las anfetaminas.

**Estímulo condicionado.** Todo aquel que a través del condicionamiento evoca una respuesta condicionada.

**Estrés.** Estado de gran tensión nerviosa originado por el exceso de trabajo, las aspiraciones no satisfechas, la ansiedad, etc. Suele manifestarse a través de una serie de reacciones que van desde la fatiga prolongada y el agotamiento, hasta dolores de cabeza, gastritis, úlceras, etc., y puede incluso ocasionar trastornos psicológicos.

**Estresor.** Un acontecimiento que en ocasiones estresa al organismo, como la pérdida del ser querido.

**Estrógeno.** Hormona sexual a cuya acción se debe la aparición de las características sexuales secundarias femeninas durante el crecimiento. Las tres principales hormonas estrógenas son el estradiol, la estrona y el estriol.

**Estructura de la personalidad.** *Véase* rasgo.

**Estudio modelo.** Informe histórico o biográfico de un individuo que incluye experiencias clínicas terapéuticas.

**Exhibicionismo.** Parafilia que consiste en mostrar a otras personas los órganos genitales para obtener placer sexual.

**Exógeno.** Originado en el exterior de un organismo, producido en él por causas externas,

**Exposición (habituación).** En psicología, un proceso por medio del cual la respuesta de un organismo a los mismos

estímulos decrece con la repetición de los mismos.

**Éxtasis.** Un alucinógeno relativamente nuevo que es químicamente similar a la mescalina y a las anfetaminas.

**Extinción.** Procedimiento experimental en el cual un estímulo (acontecimiento) que mantiene un comportamiento, se elimina para reducir esa conducta. El estímulo condicionado pierde la capacidad de desencadenar la respuesta condicionada.

**Eyaculación precoz.** La que se produce antes del coito o apenas iniciado éste.

**Factor RH.** Antígeno contenido en la sangre, capaz de provocar reacciones inmunitarias si se transmite a una persona que carece de él, ya sea mediante transfusión o a través de la placenta durante el embarazo.

**Farfulleo.** Habla precipitada con aceleración en palabras largas, omisiones, contaminaciones, y repeticiones de sílabas y palabras.

**Fase anal.** En la teoría psicoanalítica, el segundo estadio psicosexual del desarrollo de la personalidad, que ocurre alrededor del segundo año de vida cuando el ano es considerado la principal zona erógena.

**Fase fálica.** Comprende el periodo que va desde los tres hasta los cinco o seis años. Toda la excitación y la tensión se centran en los genitales. En esta etapa el niño descubre la diferencia anatómica entre los sexos, lo que le crea una serie de emociones conflictivas que Freud llamó el complejo de Edipo.

**Fase genital.** Desde el principio de la pubertad hasta el estadio adulto. En esta etapa surgen de nuevo los impulsos sexuales y los sentimientos edípicos. Todas las demás fuentes de placer, sin ser reprimidas, se subsumen en una función que transciende la relación dual y la mera genitalidad.

**Fase oral.** En esta etapa, que dura desde que se nace hasta el primer año de vida, la fuente de placer es la boca y la relación primaria del niño con el mundo es a través de la succión del pecho materno.

**Fase psicosexual.** En teoría psicoanalítica, durante cada una de estas fases, la persona debe resolver conflictos específicos entre lo que el ello demanda y lo que el ambiente provee. Es decir, cada etapa implica una forma particular de obtener gratificación, y la cantidad y el tipo de satisfacción que el niño experimente en cada fase, dependerá de cómo es tratado por los demás.

**Fenilalanina.** Aminoácido, sustancia inicial en la biosíntesis de dopamina, noradrenalina y adrenalina.

**Fenilcetonuria.** Enfermedad hereditaria debida a la carencia de fenilalanina hidroxilasa. Provoca una disminución de la maduración cerebral y, por consiguiente, deficiencia mental.

**Fetichismo.** Parafilia sexual que implica utilizar, manipular u observar objetos inanimados para obtener excitación y placer sexual.

**Fijación.** Persistencia indebida y anormal en la vida adulta de un fuerte lazo afectivo, hacia alguien o algo que apareció durante la niñez. Según Freud, hay fijación de la libido cuando, debido a la asociación de ideas libidinosas parciales o impresiones infantiles, queda detenido el desarrollo de la libido en una fase que no corresponde a la edad del individuo. En la regresión, vuelve a una etapa de desarrollo anterior que ya había superado.

*Flash back.* Una impredecible reaparición de experiencias psicodélicas de un viaje por drogas anterior. En algunos trastornos mentales es un fenómeno de reexperimentación donde se vuelven a revivir momentos o situaciones traumáticas.

**Flexibilidad cérea.** Un aspecto de la inmovilidad catatónica en la que los miembros del paciente se mueven en una gran variedad de posiciones y mantienen esta actitud durante inusitados largos periodos de tiempo.

**Fobia.** Un trastorno de ansiedad caracterizado por un temor irracional muy intenso, angustioso y obsesivo a determinadas personas, cosas o situaciones.

**Fobia animal.** Sensación de pánico, con evitación, por los animales (generalmente pequeños).

**Fobia escolar.** Un temor agudo e irracional a ir al colegio, por lo general, acompañado de quejas somáticas. Es la más común de las fobias en la niñez.

**Fobia específica.** Con este desorden la persona está excesivamente ansiosa ante la presencia (o la anticipación de que posiblemente aparezca) de uno o más objetos o situaciones específicas. Muchas veces la respuesta ansiosa puede llegar a ser una crisis de angustia o un ataque de pánico.

**Fobia social.** Una colección de miedos vinculados a la presencia de otras personas.

*Folie a deux.* Locura inducida, contagiada, a consecuencia de una estrecha relación con enfermos psíquicos.

**Formación reactiva.** Mecanismo de defensa (según el psicoanálisis), por el que se trata de sentir o pensar de manera consciente, exactamente lo opuesto a lo que inconscientemente sentimos o pensamos.

**Formación reticular.** Red difusa y extensa de núcleos y fibras que se encuentra en el cerebro medio. Se relaciona con el estado de alerta y el despertar.

*Frotteurismo.* Obtención del placer sexual que se consigue a través del frotamiento de los propios genitales contra el cuerpo de una persona extraña y en contra de su voluntad.

**Fuga de ideas.** Un síntoma de manía que implica un rápido cambio de tema en la conversación, saltando de un asunto a otro con sólo alguna conexión asociativa.

**Fuga disociativa.** Es un trastorno disociativo con una pérdida de memoria más amplia que en la amnesia. No sólo una persona se vuelve completamente amnésica, sino que además se escapa o se fuga repentina e impulsivamente de su casa o lugar de trabajo y en ocasiones asume una nueva identidad.

**Galactosemia.** Se produce por una alteración heredada en el metabolismo de la galactosa derivada del azúcar de la leche. Puede producir retraso mental, insuficiencias hepáticas y renales, cataratas, hipoglucemia, convulsiones y muerte.

**Ganancia secundaria.** Beneficios que obtiene una persona inconscientemente por una incapacidad. Por ejemplo, la evitación de ciertas responsabilidades por estar enfermo.

**Gemelos dicigóticos.** Producto de la fecundación simultánea de dos o más óvulos por dos o más espermatozoides distintos, en cuyo caso los individuos son de rasgos distintos y sexo no necesariamente igual. Poseen distinta dotación genética.

**Gemelos monocigóticos.** Un único espermatozoide fecunda un solo óvulo que se divide en las primeras fases del desarrollo embrionario en cuyo caso los individuos son de igual sexo y rasgos semejantes. Poseen la misma dotación genética.

**Gen.** Factor hereditario, unidad principal en la trasmisión de los caracteres hereditarios, considerado como una partícula ultramicroscópica, que ocupa un locus definido en un cromosoma.

**Gen dominante.** Uno o un par de genes que predominan sobre los otros y que determinan que el rasgo si se cuida predominará en el fenotipo.

**Gen recesivo.** Un gen que debe emparejarse con otro idéntico para determinar un rasgo en el fenotipo.

*Gestalt.* Se usa en psicología con la significación de un todo, de un conjunto con unidad. Para la psicología alemana de la *gestalt,* el punto principal es que una forma no puede ser percibida como la suma de sus partes, y esto se aplica también a la comprensión de los fenómenos psíquicos.

**Glándulas adrenales.** Dos áreas pequeñas de tejido situadas por encima de los riñones. La capa interior de cada glándula, la médula, segrega adrenalina y noradrenalina, mientras la capa exterior segrega cortisona y otras hormonas esteroides.

**Grupos de autoayuda.** Grupos terapéuticos que tratan de resolver sus problemas y conflictos sin la colaboración de terapeutas.

**Grupos maratón.** Grupos terapéuticos, de encuentro, que duran hasta varios días sin interrupción.

**Grupos T (grupos de encuentro).** Grupos terapéuticos de aprendizaje para la formación en el autoconocimiento y el conocimiento de los demás.

**Habla desorganizada (trastorno del pensamiento).** Discurso que aparece en los esquizofrénicos que se caracteriza por problemas en la organización de las ideas y del habla de forma que los otros los puedan entender.

**Hachís.** Sustancia resinosa extraída de las inflorescencias femeninas del cáñamo indio (*Cannabis indica*), que se usa como droga por sus efectos euforizantes y alucinógenos.

**Hemisferio cerebral.** Cualquiera de las dos mitades de las que se compone el cerebro.

**Hemorragia cerebral.** Flujo de sangre en el tejido cerebral que proviene de la ruptura de los vasos sanguíneos.

**Heroína.** Alcaloide derivado de la morfina que se utiliza como estupefaciente y produce adicción e importantes daños al organismo.

**Hiperactividad.** En psicología, alteración de la conducta infantil que se caracteriza por el exceso de movimientos del niño y la incapacidad de permanecer quieto o sentado.

**Hipersomnia.** Somnolencia excesiva que se manifiesta en forma de episodios prolongados de sueño o episodios de sueño durante el día.

**Hiperventilación.** Respiración exagerada, muy profunda y prolongada; puede producir un ataque de tetania o de epilepsia en los predispuestos.

**Hipnosis.** Estado parecido al sueño, provocado en una persona por medios artificiales o psíquicos, cuyo efecto más característico es la receptividad de la voluntad del hipnotizado a la del hipnotizador.

**Hipocondría.** Es un trastorno somatomorfo. Es miedo a tener una o más enfermedades graves o la convicción de que se tienen, pese a la opinión contraria de los médicos. Hay dificultad en distinguirla del trastorno de somatización.

**Hipnótico.** Drogas (naturales y sintéticas) que inducen un estado similar al sueño.

**Hipomanía.** Manía de tipo moderado.

**Histeria.** Trastorno psíquico, encuadrado en el grupo de las neurosis, caracterizado por respuestas emocionales agudas en situaciones de ansiedad. Los síntomas son muy variados: simples tics, vómitos, amnesia, lágrimas y risas incontrolables, parálisis, etc.

**Histeria.** Estado transitorio de excitación nerviosa en el que se presentan trastornos psíquicos y múltiples síntomas corporales sin causa orgánica comprobable.

**Hormona.** Sustancia química de naturaleza orgánica producida por las glándulas endocrinas o de secreción interna que la vierten a la sangre para que ésta la transporte a los diferentes órganos y tejidos, donde activa y regula importantes funciones del organismo. Entre los procesos en que intervienen las hormonas destacan el metabolismo, crecimiento y desarrollo de las características secundarias sexuales. Además, están las que se llaman las neurohormonas, sustancias químicas que se activan en las terminaciones nerviosas por su excitación (adrenalina, serotonina, etc.).

**Idea fija.** Idea que persiste obstinadamente en la conciencia en estados patológicos.

**Ideal del yo.** Modelo e imagen ideal de sí mismo que la persona proyecta partiendo de sus experiencias subjetivas.

**Ideas sobrevaloradas.** Ideas fijas que, a consecuencia de su carga afectiva, se presentan con tal preponderancia que no dan margen a otras valoraciones.

**Identificación.** De acuerdo con Freud, la identificación del yo se produce por medio de la recepción consciente o inconsciente, de personas o motivaciones, por medio de la introyección.

**Idiota-sabio.** Un individuo con un extraña forma de retraso mental, que es extraordinariamente talentoso en una o varias áreas limitadas de logros intelectuales; a veces se les llama autista-sabio.

**Ilusión.** Interpretación falsa de una imagen sensorial.

**Impulso.** Un concepto que explica la motivación del comportamiento o una tensión psicológica interna que impulsa al organismo a actuar.

**Incesto.** Relación carnal entre parientes muy próximos, cuyo matrimonio está prohibido.

**Incoherencia.** En esquizofrenia, discurso incomprensible. Aunque el paciente puede volver al tema central, la mayoría de las frases no tienen nada que ver unas con otras. A veces puede hacer una ensalada de palabras.

**Inconsciente.** Conjunto de procesos mentales de los que el individuo no tiene conciencia, pero que influyen en su conducta. El concepto de inconsciente fue elaborado por Sigmund Freud. Para el creador del psicoanálisis es una zona psíquica formada por recuerdos, deseos y motivaciones que el hombre no puede recuperar voluntariamente, regida por el principio de placer o búsqueda de la satisfacción inmediata.

**Inconsciente colectivo.** Concepto por el que, según Jung, todo ser humano lleva consigo los conocimientos, ideas y controversias de aquellos que han vivido antes. Es decir, el inconsciente integrado por experiencias ancestrales.

**Indefensión aprendida.** Idea central en la teoría de la depresión que sugiere que los comportamientos o actitudes depresivas se adquieren a través de experiencias desagradables o traumáticas que la persona ha tratado de controlar y no ha podido. Cuando la persona se da cuenta de que haga lo que haga no puede cambiar o reducir estas situaciones, surge la sensación de indefensión, las reacciones depresivas, y, posteriormente, la depresión.

**Inhibición.** Impedimento, freno o restricción de las funciones corporales o psíquicas.

**Inmovilidad catatónica.** Fijación en una postura, en ocasiones grotesca, mantenida por largos periodos de tiempo, que lleva pareja rigidez muscular, un estado de conciencia similar al trance y flexibilidad cérea. Suele aparecer en los casos de esquizofrenia del tipo catatónica.

**Insomnio.** Dificultad para iniciar o mantener el sueño, es decir, se reduce la capacidad de dormir, y por otro lado, la persona siente que su sueño no es reparador.

**Instinto.** Pautas de reacción que, en los animales, contribuyen a la conservación de la vida y de la especie.

**Interacción (social).** Influencia recíproca entre individuos. Esta influencia mutua resulta en variaciones en la conducta, la actitud, en el modo de ver las cosas, etc.

**Interpretación.** En psicoanálisis, un procedimiento clave por el cual el psicoanalista señala al analizado dónde existe resistencia y qué revelan ciertos sueños y verbalizaciones acerca de impulsos reprimidos en el inconsciente; más general, cualquier exposición en la que el terapeuta construye el problema del cliente de una forma nueva.

**Intervención paradójica.** Una estrategia terapéutica en la que se pide a los pacientes incrementar u observar la frecuencia o intensidad de un síntoma; por ejemplo, si se tienen pacientes ansiosos hacerlos más ansiosos, o notar cuándo y cómo llegan a estar profundamente ansiosos.

**Introspección.** Observación y análisis que hace una persona de su propia conciencia, pensamientos y sentimientos. Éste fue el principal método de estudio en la psicología de principios de siglo.

**Introyección.** Proceso por el cual es posible la absorción de partes de la personalidad de otro en la propia. Es el proceso básico de la identificación y un mecanismo de defensa. Se define como la incorporación al yo de opiniones, ideas, motivaciones, etc., ajenas, adoptándolas como propias.

**Inundación.** Un procedimiento de la terapia de conducta en la que una persona miedosa está expuesta a lo que le asusta, en la realidad o en la imaginación, por largos periodos de tiempo y sin la oportunidad de escapar.

**Inversión pronominal.** Forma de hablar muy común en los niños autistas. Éstos se refieren a sí mismos como «él» o «tú», aunque es frecuente que empleen su nombre propio así como que llamen a los demás también por su nombre. Está relacionada con la ecolalia.

*In vivo.* En psicología se aplica a lo que tiene lugar en una situación real.

**Isquemia.** Una súbita pérdida del conocimiento y del control seguida de parálisis, causada cuando un coágulo obstruye una arteria o por una hemorragia cerebral producida por la rotura de una arteria.

**Juego de roles.** Una técnica terapéutica donde las personas asumen psicológicamente lo que ellas se representan a sí mismas, y además, son lo que hacen. Con esta terapia se anima al paciente tanto a representarse a sí mismo de manera nueva, cómo comportarse y reconducirse de manera nueva y, por tanto, volverse una nueva persona.

**Juego patológico.** *Véase* ludopatía.

**Ley del efecto.** Formulada por Edward Thorndike. Es un principio del aprendizaje que mantiene que el comportamiento se adquiere por virtud de sus consecuencias.

**Lábil.** Que se mueve de un punto a otro, muda rápidamente de una emoción a otra, se excita con facilidad.

**Libido.** En psicología, término que designa el deseo sexual y, en general la tendencia al placer que se encuentra en la base del comportamiento humano y sus manifestaciones.

**Litio (carbonato de).** Una droga utilizada en el tratamiento de la manía y en el trastorno de depresión bipolar.

**Lobotomía.** Tratamiento que consiste en seccionar los haces nerviosos en el lóbulo frontal, tanto en casos excepcionales como en casos graves de esquizofrenia y estados compulsivos.

**Lóbulo frontal.** Parte anterior del cerebro responsable de las respuestas emocionales.

**Lóbulo occipital.** El área posterior de cada uno de los hemisferios cerebrales, situado detrás del lóbulo parietal y encima de los lóbulos temporales, responsables de la recepción y análisis de la información visual y de parte de la memoria visual.

**Lóbulo parietal.** División central de cada hemisferio cerebral situada detrás de la cisura central y encima de la cisura lateral; es el centro receptor de las sensaciones de la piel o de las posturas del cuerpo.

**Lóbulo temporal.** Una gran área en cada hemisferio cerebral situada debajo de la cisura lateral y enfrente del lóbulo occipital; contiene básicamente la proyección auditiva y las áreas de asociación.

**LSD.** Dietilamida del ácido lisérgico (*lysergic acid diethylamide*), una droga sintetizada en 1938 y descubierta como alucinógeno en 1943.

**Ludopatía.** Clasificada dentro de los trastornos del control de los impulsos, se trata de la incapacidad de resistir el impulso de jugar (juegos de azar, apuestas, loterías, etc.); no obstante, tiene muchos de los componentes de una atención. También llamado juego patológico.

**Madre esquizofrenogénica.** Una madre fría, dominante e inductora de conflictos, antiguamente se la consideraba causa de la esquizofrenia.

**Manejo del estrés (o la ansiedad).** Técnicas de modificación de la conducta diseñadas para enseñar al paciente a afrontar y reducir su estrés y ansiedad.

**Manía.** Trastorno mental caracterizado por una fuerte excitación psíquica, agitación motora y, particularmente, por euforia y alegría desproporcionadas.

**Masoquismo sexual.** Una marcada preferencia por obtener o aumentar la gratificación sexual a través del sometimiento al dolor y la humillación.

**Mediador de la conducta.** Término introducido por la corriente psicológica del aprendizaje social. Los mediadores pueden ser cualquier proceso interno que media entre el estímulo y la respuesta y que determinan la conducta. Por ejemplo, la motivación, las expectativas ante las consecuencias de la conducta, la diferencia entre aprender algo y hacerlo o no según sean las circunstancias y los estímulos presentes, etc.

**Mecanismos de defensa.** En teoría psicoanalítica, estrategias inconscientes que distorsionan la realidad, adoptadas para proteger al ego de la ansiedad.

**Membrana hematoencefálica.** Es una membrana selectivamente permeable entre el cerebro y la circulación sanguínea que funciona impidiendo que algunas sustancias penetren en el cerebro.

**Mescalina.** Alcaloide que se obtiene del peyote; tiene un alto poder alucinógeno.

**Metabolismo.** Conjunto de reacciones químicas que se dan en las células vivas. Comprende dos grandes grupos de reacciones: las de síntesis, que forman sustancias más complicadas a partir de otras más sencillas (anabolismo) y las de análisis, que destruyen las sustancias complejas descomponiéndolas en otras más simples (catabolismo).

**Metadona.** Producto farmacéutico de efectos semejantes a los de la morfina y la heroína, que se utiliza para desintoxicar a los drogadictos. A pesar de que produce dependencia, presenta una abstinencia menos severa que las drogas anteriores.

**Método catártico.** Método de psicoanálisis consistente en procurar que el paciente diga todo lo que se le ocurra sobre sus preocupaciones, y, sobre todo, hable de aquellos acontecimientos traumáticos que ha experimentado. Este procedimiento terapéutico fue introducido por Breuer y desarrollado junto a Freud desde 1880.

**Método de la alarma.** Una técnica de modificación de la conducta, que consiste en un dispositivo electrónico de alarma, que se activa cuando el niño comienza a orinarse, para que se despierte y vaya al baño a terminar de orinar. Se utiliza en el tratamiento de enuresis.

**Mioclonus nocturno.** Movimiento involuntario de las piernas, tanto de una sola como de las dos, durante la noche.

**Modelado.** Aprendizaje por observación e imitación del comportamiento de otros.

**Modelos sistémicos.** Perspectiva teórica y terapéutica basada en la teoría de los sistemas. Un sistema se define como el conjunto de una serie de elementos y el conjunto de relaciones que se definen entre esos elementos del conjunto. El punto central de la teoría es que un fenómeno se comprende mejor desde el contexto en el que ocurre.

**Modificación de la conducta.** *Véase* terapia de conducta.

**Monoamina.** Grupo de sustancias con un solo grupo amino que incluye la dopamina, noradrenalina, adrenalina y serotonina.

**Monoamina oxidasa.** Amina que cataboliza las monoaminas.

**Morfina.** Uno de los alcaloides del opio. Se utiliza en medicina como analgésico. Su consumo incontrolado produce adicción y graves trastornos fisiológicos y psíquicos.

**Mutismo.** Inhibición voluntaria del lenguaje en la psicosis.

**Mutismo selectivo.** Un modelo de rechazo continuo a hablar en todas las situaciones de la vida social, incluyendo el colegio, aunque el niño entiende el lenguaje hablado y es capaz de hablar.

**Narcolepsia.** Se caracteriza por breves ataques de sueño durante el día, completamente irresistibles y en situaciones no adecuadas.

**Narcóticos.** Se aplica a las sustancias que producen sueño, relajación muscular y cierta pérdida de la sensibilidad, por lo que son utilizadas para aliviar el dolor, como es el caso de la morfina derivado del opio.

**Necrofilia.** Placer y excitación que se obtiene con la manipulación o actividad sexual con cadáveres.

**Negación.** Mecanismo de defensa por el cual el individuo rechaza todo tipo de pensamiento, sentimiento o acción.

**Neofreudiano.** Una persona que ha contribuido a la modificación y extensión de las teorías de Freud.

**Neologismo.** Palabra, expresión o sentido tomado de una lengua, de reciente creación en ésta.

**Neurona.** Célula que produce y trasmite el impulso fundamental del sistema nervioso.

**Neuropsiquiatría.** Rama de la medicina que estudia los problemas metodológicos, de diagnóstico y de tratamiento de las enfermedades mentales.

**Neuroticismo.** Rasgo de la personalidad que implica alta emocionalidad o labilidad emocional.

**Neurosis.** Conjunto de trastornos psíquicos cuya causa fisiológica es desconocida, pues carecen de lesión anatómica aparente. Se caracterizan por la existencia de conflictos inconscientes, obsesiones, angustia o ansiedad, que alteran principalmente el estado emocional del paciente. Los tipos más frecuentes son la neurosis de angustia, la fóbico-obsesiva y la histérica.

**Neurosis de ansiedad.** Es el trastorno de pánico que se incluye dentro de los trastornos de ansiedad generalizada.

**Neurosis de transferencia.** Una fase crucial del psicoanálisis durante la cual el paciente reacciona emocionalmente hacia el psicoanalista tratando a éste como un padre y reviviendo sus experiencias de la infancia en su presencia. Esto permite a ambos examinar conflictos reprimidos hasta la fecha a la luz de la realidad del presente día. También llamada transferencia.

**Neurotransmisor.** Sustancia sintetizada por las neuronas del sistema nervioso, que actúa como transmisor químico de la información nerviosa en la dopamina, la adrenalina y la noradrenalina.

**Nicotina.** El principal alcaloide del tabaco. Se utiliza como aditivo.

**Nistagmo.** Movimientos rápidos de los ojos.

**Noradrenalina.** Neurotransmisor de naturaleza catecolaminérgica.

**Norepinefrina.** Ver *noradrenalina*.

**Obsesión.** Idea, deseo o preocupación que alguien no puede quitarse del pensamiento.

**Opiáceos.** Un grupo de sedantes aditivos que en moderadas dosis alivian el dolor e inducen al sueño.

**Opio.** Sustancia que se obtiene secando el jugo de las cabezas de la planta adormidera verde. Se refina y de él se extraen alcaloides narcóticos como la morfina, heroína y codeína. Su consumo puede crear hábito.

**Orgasmo.** Momento de mayor excitación de los órganos sexuales, en el que se experimenta una sensación de placer intenso y a partir del cual dicha excitación decae. En el hombre coincide con la eyaculación.

**Ovillos neurofibrilares.** Son unos ovillos de proteína que se acumulan en el citoplasma de las neuronas e impiden el transporte (dentro de la neurona) de componentes esenciales para la función neuronal en los enfermos de Alzheimer.

**Palilalia.** Repeticiones de los sonidos o palabras propias.

**Paradigma.** Serie de supuestos básicos sobre una materia, que definen cómo conceptuarla, estudiarla e interpretar los datos para su investigación. Cuando el objeto de estudio es la psicopatología, los diferentes paradigmas (como el psicoanalítico, el conductual, el cognitivo, etc.) aplican sus teorías, además de para intentar comprender sus causas, para desarrollar tratamientos acordes.

**Parafrenia.** Un término utilizado a veces cuando se refiere a la esquizofrenia en un adulto más viejo.

**Parafilia.** Son comportamientos sexuales que implican objetos, situaciones o actividades no normales socialmente, para la excitación de una persona.

**Paranoia.** Conjunto de desórdenes psicóticos que originan un estado de delirio sistemático. Ha sido caracterizada por algunos psiquiatras como una variedad de la esquizofrenia. De las sucesivas crisis se deriva un complejo sistema lógico, donde no aparecen alucinaciones pero impulsa al individuo a sentirse víctima de ciertas persecuciones o bien a sobrevalorar excesivamente sus propias capacidades.

**Parasomnia.** Son eventos o comportamientos no normales que ocurren durante el sueño, en alguna de sus fases o en la transición sueño/vigilia. Por ejemplo, pesadillas o sonambulismo.

**Parestesia.** Trastorno de conversión caracterizado por una sensación anormal de cosquilleo, picor o frío en la piel.

**Patología.** Rama de la medicina que estudia las enfermedades, sus características, su diagnóstico y su tratamiento.

**Pederastia.** Atracción sexual de un adulto varón hacia niños del mismo sexo. Tanto la palabra pederastia como pedofilia suelen usarse indistintamente.

**Pedofilia.** Atracción sexual de un adulto hacia niños de igual o distinto sexo. Es una parafilia.

**Pensamiento mágico.** La convicción del individuo de que sus pensamientos, palabras y acciones, pueden de alguna manera causar o prevenir resultados. Predicciones o encantamientos.

**Pensamientos automáticos.** En la teoría cognitiva de Aarón Beck, son los pensamientos negativos para los depresivos y optimistas para los maníacos. Son pensamientos estereotipados que aparecen de forma involuntaria e incontrolada, y que para el individuo son reales y posibles. Se incluyen la inferencia arbitraria, abstracción selectiva, generalización excesiva, magnificación, minimización, pensamiento absolutista y personalización.

**Pérdida simbólica.** En teoría psicoanalítica, la interpretación inconsciente del yo de un acontecimiento como el desaire de la persona amada como un rechazo permanente.

**Perinatal.** Durante el nacimiento.

**Periodo crítico.** Una etapa en los primeros años del desarrollo en las que un organismo es susceptible de recibir ciertas influencias y durante el cual se adquieren de forma irrevocable las pautas de conducta.

**Periodo de latencia.** En teoría psicoanalítica, dura desde los cinco o seis años hasta la pubertad. En esta etapa, la libido no experimenta ningún cambio cualitativo aunque no significa que el niño sea asexual. En este periodo hay un mayor equilibrio entre el yo, el ello y el superyó que en cualquier otro momento de la vida del niño.

**Perseverancia.** La repetición persistente de palabras e ideas, que a menudo se encuentran en la esquizofrenia.

**Personalidad antisocial.** Trastorno de la personalidad marcado por un historial de comportamientos irresponsables y antisociales que comienza en la adolescencia y que continúa durante la edad adulta. Los síntomas tempranos incluyen mentiras, robos, peleas, actos vandálicos, escapadas de casa y crueldad; estos síntomas continúan durante la vida adulta, y se añaden otros como la dificultad para asumir las normas de conducta social y para mantener relaciones estables. Comparar con el *trastorno de conducta antisocial.*

**Peyote.** Planta de la familia cactáceas que contiene numerosos alcaloides y su extracto se utiliza como droga alucinógena.

**Pica.** Trastorno infantil en el que el niño ingiere cosas no comestibles.

**Piromanía.** Tendencia patológica de algunas personas a provocar incendios y contemplarlos.

**Placas amiloides.** Depósitos extracelulares que contienen restos de neuronas degeneradas y una proteína llamada beta amiloide y hacen que la neurona muera. Son característicos de la enfermedad de Alzheimer.

**Placas seniles.** Degeneración en el cerebro de pequeñas zonas de tejido compuestas de materia granular y de filamentos.

**Placebo.** Sustancia sin valor medicinal que puede producir efecto curativo si el enfermo la toma creyendo que es un medicamento eficaz.

**Población.** En estadística, un conjunto de individuos, objetos, acontecimientos o valores medidos que se definen en un aspecto determinado.

**Pobreza de contenido.** Escaso contenido informativo en el discurso, uno de los síntomas negativos de la esquizofrenia.

**Pobreza de discurso.** Escasa cantidad de conversación, uno de los síntomas negativos de la esquizofrenia.

**Politoxicomanía.** El mal uso de más de una droga a la vez, como beber mucho y tomar cocaína.

**Postnatal.** Después del nacimiento.

**Preconsciente.** De acuerdo con Sigmund Freud, es lo que se escapa a la conciencia actual sin ser inconsciente en sentido estricto.

**Predisposición.** Inclinación para responder de cierta manera que puede ser hereditaria o adquirida. En psicopatología, basada en la constitución corporal, disposición a contraer determinadas enfermedades, o vulnerabilidad a ellas en ciertos sistemas orgánicos.

**Prenatal.** Antes del nacimiento.

**Prevención de respuesta.** En la terapia de conducta, técnica en la que se desanima al paciente de mostrar la acostumbrada respuesta, se utiliza primordialmente con rituales compulsivos.

**Principio del placer.** En teoría psicoanalítica, principio que se halla en la base de los actos cuya motivación es la obtención del placer. La forma exigente de cómo opera el ello, queriendo obtener gratificación inmediata a sus necesidades.

**Principio de realidad.** Principio que en la teoría psicoanalítica modifica, de acuerdo con las exigencias eticosociales, los impulsos procedentes del ello orientados a la inmediata satisfacción de las pulsiones. Así, el individuo evita los temibles conflictos con la realidad que resultarían de ceder a las exigencias del ello. El yo y el superyó se rigen por este principio.

**Proyección.** Se trata del desplazamiento inconsciente de impulsos, deseos, faltas, culpas, etc., propios hacia otras personas, situaciones u objetos. Una persona hostil encuentra nocivo el que los demás la consideren así, por tanto proyecta sus sentimientos agresivos en los demás. De esta manera, considera que son los demás los que son hostiles con ella.

**Pseudodemencia.** Estado depresivo que puede ser indistinguible de una demencia, excepto por su origen psíquico, su inicio repentino y claro, la conciencia que tiene el paciente de sus síntomas y su tratamiento efectivo con antidepresivos.

**Psicoanálisis.** Análisis de la psique ideado por Sigmund Freud y basado principalmente en la libre asociación de ideas, el análisis de los sueños y de la transferencia. Análisis de la mente o separación de la psique en sus elementos componentes. Examen del pasado moral y mental de un enfermo de la mente, y del concepto que el sujeto tiene de sí mismo, con objeto de descubrir el mecanismo por medio del cual se ha producido el presente estado morboso y poder fundar los procedimientos psicoterapéuticos adecuados.

**Psicoanalista.** Experto en psicoanálisis.

**Psicodélico.** Estado mental de incremento y alteración de la sensibilidad causados por alucinógenos.

**Psicodinámica.** Bajo este término se engloban aquellos modelos psicológicos que enfatizan los procesos de cambio y desarrollo, o los que enfatizan la motivación y el impulso como conceptos centrales. Los términos psicoanálisis y psicodinámica suelen usarse indistintamente.

**Psicodrama.** Método de psicoterapia creado por Jakob Moreno, y que aúna la representación escénica con la labor analítica de grupo.

**Psicofármacos.** Sustancias que actúan sobre el sistema nervioso central y alteran las vivencias y la conducta.

**Psicofisiología.** La disciplina que concierne a los cambios corporales que acompañan a los acontecimientos psicológicos.

**Psicología.** Ciencia que estudia los procesos y estados conscientes, sus causas y sus efectos. Ciencia de la conducta.

**Psicología analítica.** Una variación del psicoanálisis freudiano introducido por Carl Jung basado no tanto en los mecanismos biológicos como en factores tales como la realización personal, el inconsciente colectivo y el simbolismo religioso.

**Psicología clínica.** Un área especial de la psicología que se refiere al estudio de la psicopatología, su diagnosis, sus posibles causas, su prevención y su tratamiento.

**Psicólogo clínico.** Experto en psicología clínica.

**Psicópata.** *Véase* personalidad antisocial.

**Psicopatía.** *Véase* personalidad antisocial.

**Psicopatología.** Ciencia que estudia las causas y naturaleza de las enfermedades mentales.

**Psicosis.** Nombre genérico que se da a las enfermedades mentales de orden severo, con graves alteraciones de la vida psíquica.

**Psicosis anfetamínica.** Trastornos psíquicos, psicosis, producidas por el abuso de anfetaminas.

**Psicosis cocaínica.** Trastornos psíquicos, psicosis, producidos por el abuso de la cocaína.

**Psicosis maniaco depresiva.** Es un trastorno del estado de ánimo caracterizado por la alternancia entre la euforia o una profunda tristeza o por cualquiera de esos estados de ánimo. Llamado hoy en día trastorno bipolar.

**Psicosis reactiva breve.** Es un trastorno en el cual la persona tiene un repentino ataque con síntomas psicóticos, inmediatamente después de un acontecimiento traumático. Los síntomas duran unas pocas horas pero no más de dos semanas. *Véase* trastorno esquizofreniforme.

**Psicoterapia.** Tratamiento de ciertas enfermedades o alteraciones de conducta por medio de la palabra, con procedimientos y métodos psicológicos, como la sugestión, la hipnosis, el psicoanálisis, el condicionamiento, etc.

**Psilocibina.** Una droga psicodélica. Que se extrae de las setas. *Psylocibe mexicana.*

**Psique.** Término griego que hacía referencia al alma, principio vital incorpóreo, frente al cuerpo material (*soma*). Actualmente en psicología, se refiere al conjunto de actos y funciones mentales en oposición a los aspectos puramente orgánicos. Es decir el ello, el yo y el superyó.

**Psiquiatra.** Médico especializado en psiquiatría.

**Psiquiatría.** Rama de la medicina que estudia las causas, la evolución y el tratamiento de las enfermedades psiquiátricas.

**Pulsión.** De acuerdo con Sigmund Freud, es un empuje energético que hace tender al organismo hacia un fin, una tendencia instintiva que empuja a realizar o rehuir ciertos actos.

**Racionalización.** En psicoanálisis, mecanismo de defensa mediante el cual un sujeto intenta justificar coherentemente una conducta cuyas razones verdaderas le resultarían inaceptables o perturbadoras

**Rasgo.** Una característica somática o una predisposición psicológica relativamente constante y duradera que responde de una manera particular; distingue a una persona de otra. Cualidad del carácter.

**Reacción psicótica breve.** Trastorno por el cual el individuo sufre un repentino ataque de síntomas psicóticos (incoherencia, alucinaciones, etc.) inmediatamente después de un acontecimiento perturbador. Los síntomas no duran más de unas horas pero nunca más de dos semanas.

**Receptor.** En neurofisiología, terminación nerviosa cuya misión es captar una estimulación adecuada, ya sea ésta externa o interna y transformarla en impulso nervioso susceptible de llegar al sistema nervioso central.

**Recompensa.** Un estímulo o acontecimiento satisfactorio que siendo fortuito a una respuesta, aumenta la probabilidad de que esa persona repita de nuevo la respuesta.

**Reduccionismo.** Acción y resultado de simplificar aquello que se estudia a sus elementos más básicos. Disminución, limitación.

**Reestructuración cognitiva.** Cualquier procedimiento en la terapia de conducta que trata de alterar la forma de pensar del cliente acerca de la vida, de forma que cambien su comportamiento y sus emociones.

**Reestructuración sistemática racional.** Una variante de la terapia racional emotiva en la que se observa cómo un modelo se va exponiendo gradualmente a los estímulos temidos y luego los imita.

**Refuerzo.** Acontecimiento, objeto o conducta que actúa reforzando otra (conducta) con el fin de aumentar la probabilidad de que ésta se repita, o no, en el futuro.

**Refuerzo negativo.** Refuerza o aumenta la probabilidad de que una conducta se repita, pero no para obtener un refuerzo positivo sino para reducir o eliminar un acontecimiento aversivo.

**Refuerzo positivo.** Refuerza o aumenta la probabilidad de que una conducta se repita porque cuando ésta se emite el resultado es un premio.

**Regresión.** En psicoanálisis, un mecanismo de defensa del yo, que consiste en el retorno a una fase de desarrollo anterior como consecuencia de una frustración.

**Represión.** En psicoanálisis, el mecanismo de defensa más elemental del yo, y consiste en que un deseo, idea, pensamiento o recuerdo, etc., (una pulsión del ello) que es peligroso o amenazador, se elimina de la conciencia haciéndolo inconsciente

**Resistencia.** Durante el psicoanálisis, la tendencia defensiva de parte del yo inconsciente hacia el material reprimido particularmente amenazador del consciente.

**Resistencia a la extinción.** La tendencia de una respuesta condicionada a persistir en ausencia de ayuda.

**Resonancia magnética.** En medicina, método de exploración electrorradiológico que permite reconstruir imágenes anatómicas basándose en la propiedad de ciertos núcleos atómicos de comportarse como pequeños imanes y como giroscopios.

**Respuesta condicionada.** Cualquier respuesta que es aprendida o alterada a través del condicionamiento.

**Respuesta electrodérmica.** (Respuesta galvánica de la piel). Medida de la actividad eléctrica de las glándulas en la piel, y de los cambios en la conductancia, permitiendo la inferencia de un estado emocional.

**Retraso mental.** Evolución lenta y por debajo del nivel normal de las facultades intelectuales de una persona, debi-

da a un desarrollo defectuoso del sistema nervioso o a la acción de factores sociales.

**Retraso mental leve.** El coeficiente mental está entre 50-55 y 70. A menudo, no presentan diferencias con niños sin retraso antes de empezar el colegio. Pueden adquirir las habilidades básicas para desenvolverse en la vida, aunque suelen necesitar supervisión.

**Retraso mental moderado.** El coeficiente mental está entre 35-40 y 50-55. Son frecuentes los daños cerebrales y otras patologías. Pueden adquirir habilidades muy básicas de comunicación y autonomía.

**Retraso mental profundo.** El coeficiente mental es inferior a 20-25. Requieren total supervisión y, a menudo, cuidados profesionales durante toda su vida. Tienen muy pocas posibilidades de adquirir habilidades de comunicación o cuidado personal y suelen tener severos daños neurológicos.

**Retraso mental severo.** El coeficiente mental está entre 20-25 y 35-40. Estas personas suelen tener problemas físicos congénitos y un control sensoriomotor limitado. Pueden aprender a hablar y algunas habilidades básicas aunque siempre bajo supervisión.

**Retroalimentación.** *Véase biofeedback.*

**Ritual.** En los trastornos obsesivos compulsivos, y, en general, toda conducta estereotipada que puede ser incongruente con la situación y carecer de sentido, pero desempeña una función, por ejemplo, en situaciones de peligro, para superar un estado de tensión.

**Rol.** Modelo ordenado de modos de conducta en relación a una determinada posición del individuo en un contexto interactivo, como una serie de expectativas (de rol) respecto al sujeto de la posición.

**Rol de espectador.** En las relaciones sexuales se llama así a la persona que, durante la actividad sexual, está demasiado pendiente y preocupada por su actuación lo que impide que efectúe respuestas sexuales naturales.

**Rubéola.** Infección vírica, generalmente leve, que produce una erupción semejante a la del sarampión y que suele contraerse durante la infancia. Si la padece una mujer embarazada, puede transmitirse al feto y provocar en él defectos congénitos, como cataratas, sordera, problemas cardiacos, retraso metal y deformaciones físicas.

**Sadismo sexual.** Desviación sexual de quien encuentra placer causando dolor físico o sufrimiento a otra persona.

**Sedante.** Se aplica particularmente a los medicamentos que se utilizan para reducir la actividad del sistema nervioso central. Se utiliza para calmar el dolor y la tensión y para relajarse y poder dormir.

**Serotonina.** Sustancia derivada del triptófano, que se encuentra en las neuronas, donde ejerce funciones de neurotransmisor. Pertenece al grupo de las monoaminas indolaminas

**Sida.** (*Síndrome de inmunodeficiencia adquirida*). Enfermedad transmisible por vía sexual y sanguínea, caracterizada por la pérdida de las defensas inmunitarias del organismo.

**Simulación.** Fingimiento o imitación de una enfermedad con fin determinado o sin él. Es fácilmente reconocible por las circunstancias del individuo. Debe distinguirse del trastorno de conversión en el que la incapacidad se supone estar más allá del control voluntario, así como del trastorno facticio en el que no existe ningún fin para fingir la enfermedad, salvo el de sentirse enfermo.

**Sinapsis.** Punto de enlace para la transmisión de la excitación, o del impulso nervioso o potencial de acción, de una neurona a otra.

**Síndrome.** Conjunto de signos y síntomas que caracterizan una enfermedad.

**Síndrome cerebral crónico.** *Véase* demencia senil.

**Síndrome de abstinencia.** Consiste en una serie de síntomas que causan malestar significativo a una persona dependiente de una sustancia, cuando deja repentinamente de tomarla o reduce su cantidad.

**Síndrome de Down.** Denominación del mongolismo, enfermedad congénita descrita en 1866 por el médico británico John Langdon Haydon Down, debida a una anormalidad cromosómica, en concreto una trisomia en el par 21, que causa retraso mental de diferente gravedad y unos rasgos físicos característicos.

**Síndrome de Gerstmann.** Consiste en una discalculia (trastorno del aprendizaje del cálculo) con pérdida de la orientación derecha-izquierda, y agrafia.

**Síndrome de Klinefelter.** Se produce cuando hay cromosomas X de más, siendo la forma más habitual XXY. Puede producir retraso mental.

**Síndrome de Korsakoff.** Un trastorno crónico del cerebro (demencia severa) caracterizado por la pérdida de memoria reciente y confabulación asociada, y por lesiones adicionales en el tálamo. Se asocia con el alcoholismo crónico. Suele aparecer después de la enfermedad de Wernicke.

**Síndrome de Lesch-Nyhan.** Desorden metabólico heredado que se caracteriza por la acumulación anormal de ácido úrico, cuya consecuencia es un retraso mental grave.

**Síndrome de Tay Sachs.** Es una enfermedad heredada degenerativa del sistema nervioso. Se produce por la carencia de una enzima que interviene en el metabolismo de los lípidos. Produce retraso mental.

**Síndrome de triple X.** Se trata de la posesión de un cromosoma X de más. Produce retraso mental grave.

**Síndrome de Turner.** Se trata de la posesión de un cromosoma menos (45, XO). Son mujeres de pequeña estatura, y puede presentarse, aunque no siempre, retraso mental.

**Síndrome de X frágil.** Malformación (o incluso fractura) del cromosoma X que está asociado con el retraso mental moderado. Los síntomas más claros son orejas grandes y poco desarrolladas; una cara larga y estrecha; una nariz ancha y aplastada; testículos agrandados en los hombres; muchos déficit de falta de atención individualizada e hiperactividad.

**Síndrome prefrontal.** Por alteraciones en el lóbulo frontal, origina trastornos en el estado de ánimo, impulsividad, falta de control e inhibición y otras patologías.

**Síntoma.** Manifestación externa de una enfermedad que permite determinar su naturaleza, ocurre con frecuencia en grupos formados para poder designar un síndrome.

**Síntomas negativos.** Déficit de comportamiento en la esquizofrenia como el afecto plano y la apatía.

**Síntomas positivos.** Se refieren a excesos o distorsiones activas de las funciones normales, como, por ejemplo las alucinaciones, el habla desorganizada o los comportamientos extraños. Comparar con síntomas negativos.

**Sistema adrenérgico.** Sistema de células nerviosas cuyos neurotransmisores son la adrenalina y la noradrenalina.

**Sistema colinérgico.** Todas las neuronas cuyo neurotransmisor principal es la acetilcolina.

**Sistema extrapiramidal.** Estructuras cerebrales corticales y subcorticales que incluyen los ganglios basales, el cerebelo, parte de la formación reticular y las conexiones con las neuronas motoras de la médula espinal y los núcleos de los nervios craneales. Rige los movimientos del cuerpo, tanto los voluntarios como los involuntarios.

**Sistema límbico.** En neurología, conjunto de estructuras cerebrales que se encuentran implicadas en la regulación de las expresiones emocionales y de conducta de los animales y del hombre. Comprende, fundamentalmente, el núcleo talámico anterior, la región del séptum, el hipocampo y el cuerpo amigdalar.

**Sistema nervioso autónomo.** La división del sistema nervioso que regula las funciones involuntarias; inerva piel, músculos lisos, glándulas endocrinas y el corazón. Se divide en sistema simpático y sistema parasimpático.

**Sistema nervioso central.** Parte del sistema nervioso que incluye al encéfalo o cerebro y la médula espinal.

**Sonambulismo.** Estado en el que una persona se levanta y camina mientras está dormida.

**Superyó.** En teoría psicoanalítica, conjunto de valores, actitudes, creencias, e ideales que, extraídos del mundo exterior, son interiorizados por el sujeto, que los convierte en su modelo de conducta. Se denomina también superego.

**Tallo cerebral o tronco encefálico.** Parte del cerebro que conecta la médula espinal.

**Tánatos.** En psicoanálisis, impulso hacia la muerte presente en la psique del individuo, que se contrapone a «eros» o principio de la vida.

**Tartamudeo**. Uno de los trastornos de comunicación de la infancia, caracterizado por una falta de fluidez frecuente y pronunciada, como la repetición de ciertos sonidos.

**TDAH.** (Trastorno por déficit de atención con hiperactividad). Trastorno de la infancia consistente en una conducta perturbadora cuyos síntomas básicos son la falta de atención, la impulsividad y la hiperactividad.

**Técnica de la alarma.** Una técnica mecánica de la terapia de conducta para eliminar la enuresis nocturna; cuando el niño se moja por la noche, se cierra un circuito eléctrico y suena una campana que lo despierta

**Técnica de la silla vacía.** Es una de las técnicas más conocidas de la terapia *gestalt*. En este método hay tres sillas, una para el terapeuta, una para el paciente y otra vacía. El paciente se introduce en una situación conflictiva como, por ejemplo, una discusión con su padre. El paciente mantiene esta discusión con la silla vacía (que es donde coloca al padre); a continuación, se sienta en este sitio y, desde el papel de padre, habla con el hijo que ahora es su antigua silla, y así sucesivamente.

**Teoría.** Conjunto organizado de las reglas y principios generales que constituyen la base de una ciencia, doctrina, arte, etc.

**Teoría de la dopamina.** La opinión de que la esquizofrenia surge de un aumento de los receptores de dopamina.

**Teoría del doble vínculo.** Consiste en una comunicación contradictoria que se produce en una relación vital entre las personas que intervienen (generalmente entre madre e hijo). Antes algunos teóricos pensaban que era causa de esquizofrenia.

**Terapeuta.** Persona especializada en terapéutica.

**Terapia aversiva.** Un procedimiento dentro de las terapias de modificación de la conducta el cual asocia estímulos nocivos, como un *shock*, con situaciones poco apetecibles, lo que las hace menos atractivas.

**Terapia centrada en el cliente.** Terapia humanística-existencial desarrollada por Carl Rogers que enfatiza la importancia de la comprensión del terapeuta hacia las experiencias subjetivas del cliente para tener más conocimiento de su comportamiento y así ganar su confianza y reducir su ansiedad, en un ambiente tolerante y acogedor. La técnica de intervención es la verbalización de los contenidos emocionales.

**Terapia cognitiva.** La terapia cognitiva de Beck, es una de las aportaciones teóricas y prácticas más importantes para el tratamiento de la depresión, y para las terapias de reestructuración cognitiva.

Se considera que las perturbaciones emocionales y de conducta son causadas y mantenidas por creencias irracionales que tiene una persona sobre sí misma, los demás y el mundo.

**Terapia conductual.** Se trata de la aplicación de los principios del aprendizaje con el objeto de modificar conductas no adecuadas, reduciéndolas o eliminándolas, y se promueven o refuerzan las conductas deseables.

**Terapia conjunta.** Parejas o terapia de familia, donde se asiste a los partícipes juntos, y a los hijos con los padres o incluso con una familia numerosa.

**Terapia convulsiva.** *Véase* terapia electroconvulsiva.

**Terapia de conducta.** También conocida como «modificación de la conducta». Terapia con base teórica en el conductismo y las teorías del aprendizaje. Este tipo de psicoterapia busca cambiar las pautas de conducta anómalas o desadaptativas mediante procesos de extinción e inhibición o mediante reforzadores positivos y negativos. Su punto central es el comportamiento en sí mismo más que en el análisis analítico de conflictos subyacentes u otras causas profundas.

**Terapia de electrochoque.** O *electroshock*. Terapia utilizada por primera vez en los años 30 para el tratamiento de trastornos psíquicos como epilepsias, depresiones, esquizofrenia, episodios maníaticos y neurosis, por la cual son colocados electrodos a cada lado de la sien y una corriente eléctrica es aplicada entre los dos hemisferios del cerebro.

**Terapia de grupo.** Es un método para el tratamiento de los trastornos psicológicos en el que varias personas se reúnen para ser tratadas conjuntamente por el mismo psicoterapeuta.

**Terapia de pareja o marital.** Cualquier intervención profesional que trate de las relaciones de pareja.

**Terapia electroconvulsiva.** Es una técnica en la que los electrodos están situados a ambos lados de la frente y pasa una corriente eléctrica entre ellos hacia ambos lados de los hemisferios del cerebro.

**Terapia existencial.** Una terapia lúcida que enfatiza la elección y la responsabilidad para definir el significado de la vida propia. En contraste con la terapia humanística tiene una perspectiva menos alegre o sanguínea, haciendo más hincapié en la ansiedad que es inherente a la confrontación de la extrema soledad en el mundo.

**Terapia familiar.** Una forma de terapia de grupo en la que se ayuda a los miembros de una familia a relacionarse mejor unos con otros.

**Terapia *gestalt*.** Terapia humanística desarrollada por Fritz Perls que tiene sus raíces en la psicología alemana de la *gestalt*, cuyo interés y estudio estaba centrado en la cognición, esto es, en los procesos y estructuras relacionados con el conocimiento y la conciencia y sobre todo en el campo de la percep-

ción. El punto principal de esta teoría es que una forma no puede ser percibida como la suma de sus partes, y esto se aplica también a la comprensión de los fenómenos psíquicos.

**Terapia humanística.** La psicología y las terapias humanístico-existenciales fueron denominadas en los años 50 como la tercera fuerza o corriente psicológica, siendo las otras dos terapias el psicoanálisis y el conductismo.

**Terapia humanístico existencial.** El objetivo de las terapias se centra en el *insight* (palabra inglesa que significa la percepción, la comprensión y la perspicacia de uno mismo), asumiendo que los problemas psicológicos se tratan mejor haciendo que la persona sea más consciente o descubra sus motivaciones y necesidades.

**Terapia multimodal.** Esta terapia fue desarrollada por Arnold Lazarus quien mantenía que las personas se componen básicamente de siete dimensiones que designó con la sigla BASIC ID, y que una buena terapia debería incluir todas estas áreas. Estas letras se corresponden con la terminología inglesa de: conducta, sentimiento, sensaciones, representación, cognición, relaciones sociales y funciones biológicas. Su objetivo era establecer un procedimiento para seleccionar las intervenciones adecuadas a cada caso, con independencia de la perspectiva del terapeuta.

**Terapia racional emotiva.** Esta terapia fue elaborada por Albert Ellis. Desde su perspectiva se considera que las perturbaciones emocionales y de conducta son causadas y mantenidas por creencias irracionales que tiene una persona sobre sí misma, los demás y el mundo. El objetivo fundamental de la terapia es ayudar al paciente a que desafíe sus creencias irracionales.

**Testosterona.** Hormona sexual masculina. Forma parte de los andrógenos. Se produce en las células intersticiales que se hallan entre los tubos seminíferos del testículo, y, su función es el desarrollo de los órganos sexuales y la manifestación de los caracteres sexuales primarios y secundarios masculinos.

**Tiamina.** Uno de los complejos de la vitamina B.

**Tiempo fuera.** Técnica conductual. Consiste en un periodo de tiempo durante el cual se previene la ocurrencia de la conducta inadecuada o bien ésta no se refuerza. En el tratamiento de niños problemáticos se les deja a éstos un tiempo solos en una habitación hasta que se les pase la rabieta.

**Tolerancia.** Capacidad de un organismo para soportar determinados medicamentos o drogas. *Véase* dependencia de sustancias.

**Tomografía axial computerizada.** (CT scan). Es un método de diagnóstico en el que la radiografía seriada por planos paralelos reproduce particularmente una parte del cuerpo; a menudo se usa en el cerebro.

**Tranquilizante.** Particularmente se aplica a los medicamentos o sustancias de efecto relajante o sedante como el Valium®. *Véase* ansiolíticos.

**Transferencia.** En el psicoanálisis, relación afectiva especial que establece el paciente con su psicoanalista y en la que vuelve a actualizar los afectos y emociones particularmente intensos de su infancia.

**Transferencia encubierta.** Reaparición de experiencias infantiles olvidadas o reprimidas no en la forma en que ocurrieron sino en una nueva relación con la persona del analista.

**Trastorno bipolar I.** Término aplicado al trastorno que provoca en los individuos episodios de manía y depresión o manía sólo.

**Trastorno bipolar II.** Trastorno del estado de ánimo en el que el individuo no ha sufrido nunca un episodio de manía pero sí ha padecido uno o más de hipomanía así como uno o más episodios depresivos.

**Trastornos de ansiedad.** Trastornos en los cuales el miedo o la tensión superan al individuo y son el síntoma principal. Se incluyen: las fobias, trastorno de pánico y trastorno de ansiedad generalizada.

**Trastorno de ansiedad generalizada.** Forma generalizada e indefinida de ansiedad. Sentir una preocupación crónica, excesiva e incontrolable por todo tipo de razones, a veces muy insignificantes, que no se limitan a ninguna circunstancia en concreto. Estar constantemente en tensión, por ejemplo, sin poderse relajar o inquieto.

**Trastorno de ansiedad por separación.** Un trastorno en el que el niño siente un gran miedo y congoja cuando se ve lejos de la persona de la que es muy dependiente; se dice que es causa significativa de la fobia escolar.

**Trastorno de aversión sexual.** Prevención hacia casi todos los contactos sexuales con otra gente.

**Trastorno de conducta.** Son trastornos infantiles, y el término engloba una serie de comportamientos perturbadores, generalmente de carácter negativo, destructivo y antisocial, junto con una persistente trasgresión de las normas.

**Trastorno de conducta disocial.** Trastorno infantil caracterizado por la trasgresión a las normas, conductas destructivas de carácter negativo y violaciones de los derechos básicos de los otros. Existe una importante relación de este trastorno con el trastorno antisocial de la personalidad de los adultos.

**Trastorno de conversión.** Trastorno somatomorfo también llamado neurosis histérica, este trastorno presenta uno o más síntomas que afectan a las funciones motoras voluntarias esto es, al movimiento controlado, o sensoriales de los sentidos.

**Trastorno de despersonalización.** Es un trastorno disociativo. La característica principal de este trastorno es una persistente sensación de irrealidad. Una persona que lo sufra suele sentirse distanciada de su cuerpo y de sus procesos mentales, como si fuera un observador de su propia vida o como si estuviera soñando.

**Trastorno de la excitación sexual femenina.** Formalmente llamado frigidez, la incapacidad de una mujer de alcanzar o mantener la lubricación en el acto sexual y disfrutar o excitarse durante esa actividad.

**Trastorno de la excitación masculina.** Se trata de una incapacidad parcial o total en obtener o mantener una erección hasta el final de la actividad sexual por problemas en la excitación. También es conocido como impotencia.

**Trastorno de identidad disociativa.** También llamado «personalidad múltiple» o «doble personalidad». Las personas que lo padecen suelen tener dos o más identidades distintas y cada una de ellas percibe, piensa o se relaciona independientemente de la otra, teniendo sus propios recuerdos, relaciones y actitudes.

**Trastornos de la erección.** Una incapacidad persistente y reiterativa de alcanzar o mantener la erección hasta completar la actividad sexual.

**Trastornos de la escritura.** Dificultades para escribir sin faltas de ortografía, gramática o puntuación.

**Trastornos de la lectura.** *Véase* dislexia.

**Trastornos de la personalidad.** Un grupo heterogéneo de trastornos. Hoy en día, se entienden como un tipo de desórdenes del comportamiento (excluyendo las neurosis y las psicosis) originados por rasgos de personalidad inflexibles y desadaptativos, y que impiden llevar una vida social y laboral normal. Algunos de estos trastornos (no todos) pueden causar malestar emocional.

**Trastornos de la personalidad esquizoide.** Se caracteriza por el distanciamiento general en las relaciones y por la frialdad en la expresión de las emociones. Este tipo de pacientes no sólo no se relaciona sino que tampoco muestra interés en hacerlo.

**Trastorno de la personalidad esquizotípica.** Los pacientes esquizotípicos suelen presentar los problemas sociales e interpersonales de la personalidad esquizoide acompañados de malestar y excesiva ansiedad social (que no disminuye con la familiaridad). También muestran distorsiones en la percepción o cognición junto con comportamientos excéntricos.

**Trastornos de la personalidad límite.** Las personas con personalidad límite son impulsivas e impredecibles con una incierta autoimagen, con intensas e inestables relaciones sociales y cambios de humor muy pronunciados.

**Trastornos de la personalidad múltiple.** *Véase* trastorno de identidad disociativa.

**Trastornos de la personalidad obsesiva compulsiva.** La característica principal de estos pacientes es la excesiva preocupación por el orden, el perfeccionismo y el control, y esto hace que no puedan ser flexibles, espontáneos o eficaces. No se debe confundir con el trastorno obsesivo compulsivo.

**Trastornos de la personalidad por dependencia.** Trastorno caracterizado por una falta de confianza en sí mismo y por pasividad tan extrema que permiten a otros ser responsables de su vida. Tienen una gran inseguridad en sus habilidades y desean y dejan que los demás decidan por ellos.

**Trastorno de la personalidad por evitación.** Trastorno en el cual el individuo, por lo general, posee una muy baja autoestima por lo que estos pacientes son mucho más sensibles al rechazo y prefieren mantenerse distantes a pesar de su deseo de afecto y amistad.

**Trastornos del aprendizaje.** Desarrollo inadecuado de la lectura, la escritura o el cálculo, mostrando un rendimiento significativamente inferior a lo esperado dada su edad, nivel de escolarización y capacidad intelectual. La inteligencia es perfecto y normal, luego hay gran discrepancia entre su capacidad y su rendimiento.

**Trastorno del carácter.** Antigua definición del trastorno de la personalidad.

**Trastorno del desarrollo de la coordinación.** Se caracteriza principalmente por dificultades en llevar a cabo o ejecutar actividades que requieren una coordinación motora; puede manifestarse como un retraso importante en la adquisición de estas habilidades, o como torpeza grave general.

**Trastorno del deseo sexual hipoactivo.** Es la ausencia o deficiencia de instintos y fantasías sexuales.

**Trastornos del estado de ánimo.** Este grupo de trastornos se caracteriza por fuertes alteraciones de la emoción afectiva, llegando al punto de sentir intensa tristeza o extrema euforia. Se incluyen la depresión, la distimia, los trastornos bipolares y la ciclotimia.

**Trastornos del lenguaje.** Dificultades para entender el lenguaje hablado (receptivo) o expresar pensamientos verbalmente (expresivo). También se incluyen los trastornos fonológicos y el tartamudeo.

**Trastornos del lenguaje expresivo.** Dificultades para expresarse uno mismo.

**Trastornos del lenguaje receptivo-expresivo.** Dificultades para entender y expresar el lenguaje hablado.

**Trastorno delirante (paranoide).** Un trastorno en el que el individuo tiene persistentemente delirios sistematizados de persecución, grandezas, litigiosos o querellantes.

**Trastorno de las habilidades motoras.** Se refieren a alteraciones en los movimientos, en su coherencia, orden, organización y ejecución. Se incluyen el trastorno del desarrollo de la coordinación y el trastorno de movimientos estereotipados.

**Trastorno de movimientos estereotipados.** Se caracteriza por movimientos repetitivos, estereotipados y rítmicos, que parecen voluntarios e impulsivos, y que no tienen un propósito aparente. Éstos pueden ser estereotipias o autolesiones.

**Trastorno de pánico.** Es un trastorno de ansiedad que se caracteriza por la aparición frecuente de ataques de pánico. Los ataques son momentos en los cuales aparece de repente un miedo intenso a algo que no se sabe lo que es, y suelen ir acompañados de síntomas fisiológicos como taquicardias, sudoración, temblores, náuseas, vértigo y miedo a morir. En los trastornos de ansiedad generalizada se dice que ocurren con o sin agorafobia.

**Trastorno de pensamiento.** Los síntomas característicos de la esquizofrenia implican disfunciones en las áreas más importantes del funcionamiento vital de la persona, esto es, pensamiento, percepción, atención, lenguaje y comunicación, voluntad, afectividad, movimiento voluntario, etc.

**Trastornos de percepción.** Se trata de delirios que reflejan alteraciones en el contenido del pensamiento, y se consideran producto de una distorsión en la percepción interna del mismo (percepción delirante). Se incluyen los delirios de inserción, difusión, robo y control del pensamiento, y todo tipo de alucinaciones.

**Trastorno de rumiación.** Trastorno de la alimentación, cuya característica principal es que los niños (bebés) regurgitan a la boca los alimentos que han sido ingeridos previamente y los vuelven a masticar.

**Trastornos dismórfico corporal.** Trastorno somatomorfo también conocido como dismorfobia, por el cual el individuo siente una gran preocupación por un defecto imaginado de su apariencia física; si este defecto fuese real, por ejemplo, arrugas en la cara o una verruga, la preocupación sería excesiva.

**Trastornos disociativos.** Disociar quiere decir separar una cosa de otra a la que estaba unida, y cuando esto ocurre en la mente humana los resultados son completamente sorprendentes. Esto es lo que ocurre en los trastornos disociativos, que la memoria, la identidad, la percepción, las ideas, o los sentimientos se perciben como separados de la consciencia.

**Trastorno esquizoafectivo.** Diagnosticar este trastorno con precisión ha sido y es muy controvertido, ya que presenta síntomas característicos de la esquizofrenia y síntomas característicos de un trastorno del estado de ánimo, tanto depresivo como bipolar, a lo largo de un mismo periodo de tiempo y sin interrupciones.

**Trastorno esquizofreniforme.** Este trastorno se caracteriza por la presencia de síntomas iguales a los de la esquizofrenia, excepto que dura más de dos semanas pero menos de seis meses, es decir, es mucho más corto que ésta. *Véase* psicosis reactiva breve.

**Trastorno facticio.** Presencia de síntomas físicos o psicológicos que son fingidos o producidos intencionadamente. Este trastorno puede involucrar a un padre que le causa el trastorno al hijo y entonces se llama trastorno facticio por poderes.

**Trastorno fonológico.** Es un trastorno del aprendizaje, cuya dificultad caracterís-

tica está en la pronunciación de palabras sin encontrarse ninguna anomalía física que lo pudiera causar.

**Trastorno generalizado del desarrollo.** Se caracterizan por una seria alteración en el desarrollo de varias áreas del funcionamiento. Se incluyen el autismo, el síndrome de Asperger, el trastorno de Rett y el desintegrativo infantil. Todos comparten problemas en las relaciones sociales y en la comunicación. Se originan antes de los cinco años.

**Trastorno histriónico de la personalidad.** Esta persona es excesivamente dramática y dada a excesos emocionales, impaciente con la menor de las contrariedades, inmadura, dependiente de otros y, a menudo, sexualmente seductora sin tener en cuenta la responsabilidad de sus coqueteos; llamada antiguamente personalidad histérica.

**Trastorno narcisista de la personalidad.** Este trastorno toma su nombre de la mitología griega. El joven Narciso vio un día su imagen reflejada en el agua y se enamoró de sí mismo, pero su pasión le consumió. De manera parecida, los pacientes narcisistas tienen una visión grandiosa de sus habilidades y de sí mismos (se lo creen y actúan en consecuencia), necesitan exageradamente la admiración de los demás y no sienten empatía, esto es, no participan emocionalmente de la realidad ajena.

**Trastorno negativista desafiante.** En general, se considera al rasgo principal de este trastorno como un comportamiento negativista, desafiante y hostil hacia las figuras de autoridad, que se presenta de manera persistente. Es menos grave que un trastorno de conducta.

**Trastornos obsesivo-compulsivo.** Este desorden mental está considerado como perteneciente a los trastornos de ansiedad. La característica principal es que la mente de una persona se ve inundada de pensamientos intrusos, persistentes e incontrolables o se ve obligado a repetir y repetir ciertos comportamientos sin sentido.

**Trastorno orgásmico femenino.** Un retraso o ausencia de orgasmo en una mujer reiterativo y persistente durante la actividad sexual. Otras veces puede experimentar gran excitación sexual.

**Trastorno orgásmico masculino.** El hombre presenta dos trastornos orgásmicos, anorgasmia (no orgasmo) y eyaculación precoz. La anorgasmia se caracteriza por la ausencia de orgasmo después de un periodo de excitación sexual normal, y la eyaculación precoz por una eyaculación no deseada durante el coito que ocurre demasiado rápido como para satisfacer a la pareja

**Trastorno paranoide.** *Véase* trastorno delirante.

**Trastorno paranoide de la personalidad.** Las personas con este trastorno suelen mostrar desconfianza y sospecha hacia los demás. Cualquier actitud, motivo, acción, en principio neutral, que tengan los otros es vista como malintencionada, hostil o despectiva.

**Trastorno por dolor.** Es un trastorno somatomorfo, en el que la única queja es el dolor y éste es lo suficientemente grave como para justificar la atención médica. Puede afectar a una o más partes del cuerpo, aunque las más frecuentes son cuello, cabeza y espalda.

**Trastorno por estrés agudo.** Reacción ansiosa de corta duración causado por un acontecimiento traumático; si dura más de un mes se considera un trastorno de estrés postraumático.

**Trastorno por estrés postraumático.** Nuevo trastorno de ansiedad generalizada. Es una reacción de ansiedad de corta duración ante un acontecimiento traumático; si dura más de un mes se le da esta denominación.

**Trastorno por somatización.** También conocido como síndrome de Briquet. Sus síntomas aparecen a partir de los 30 años, y consisten en un patrón de quejas somáticas múltiples y recurrentes como dolor, problemas gastrointestinales, sexuales, etc., sin explicación alguna desde el punto de vista médico.

**Trastorno reactivo de la vinculación.** Es un trastorno infantil que se caracteriza por una marcada y persistente alteración en las relaciones sociales que establece el niño, y que aparece en la mayoría de las situaciones.

**Trastornos relacionados con las drogas.** Cuando el consumo habitual de sustancias afecta o altera el estado de ánimo y la conducta, produciendo malestar o deterioro físico, social, familiar, laboral o en cualquier otra área de la vida importante para el consumidor, y padece síntomas característicos del uso de drogas como dependencia, tolerancia y síndrome de abstinencia, estaremos hablando de un trastorno por uso de sustancias.

**Trastornos sexuales.** Comprenden las parafilias y las disfunciones sexuales. Se consideran trastornos a las fantasías, deseos, conductas o a la falta de todas ellas, cuando afectan mucho a la vida personal o a la de otros, de una forma que no se desea o que resulta dañina.

**Trastornos somatomorfos.** En este grupo de trastornos mentales se producen una serie de síntomas físicos que parecen debidos a enfermedades del cuerpo. Esto lleva a realizar todo tipo de exámenes médicos en los que no se encuentra nada que pueda explicar estas alteraciones, ni su gravedad o duración. Ejemplos: trastorno de somatización, trastorno de conversión, trastorno por dolor, la hipocondría y el trastorno dismórfico corporal.

**Tratamiento.** Procedimiento para llevar a una persona a la realización de una acción o a un objetivo. Éste puede ser un cambio en la conducta, o su curación por distintos medios.

**Trauma.** Choque emocional que marca la personalidad del sujeto y le deja una impresión duradera en el subconsciente. También lesión de los tejidos orgánicos causada por agentes mecánicos, generalmente externos.

**Travestismo.** Tendencia sexual que se manifiesta generalmente en los hombres y que consiste en adoptar vestidos, actitudes y costumbres del sexo opuesto para obtener una satisfacción erótica.

**Tríada negativa.** Beck ha desarrollado una de las teorías más influyentes de las causas y mantenimiento de la depresión. El argumento central es que las personas deprimidas se sienten así porque sus pensamientos, o su manera de pensar (cognición), están predispuestas a hacer interpretaciones negativas de la información sobre sí mismos, sobre el mundo y sobre el futuro.

**Tricotilomanía.** Trastorno del control de los impulsos que consiste en el reiterado fracaso en el intento de reprimir el impulso de arrancarse el pelo, y tiene como consecuencia una notoria pérdida de éste (con áreas de calvicie). Las personas que lo padecen sienten una creciente tensión antes, y un alivio o placer después de arrancárselo.

**Trisomia.** Alteración del número total de cromosomas por la cual se presentan tres en lugar de dos en algunos de los 23 pares cromosómicos que constituyen el cariotipo humano. Sus manifestaciones clínicas son muy variadas, aunque pueden resumirse en retraso mental más o menos profundo y malformaciones.

**Trombosis cerebral.** Formación de un coágulo sanguíneo en la arteria cerebral que bloquea la circulación de la sangre en el tejido cerebral causando parálisis, pérdida de funciones sensoriales y frecuentemente la muerte.

**Tumor.** Masa de tejido nuevo, sin función fisiológica, que se forma en un órgano del cuerpo debido a una proliferación anormal de sus células.

**Tumor (neoplasia).** Formación de tejido nuevo que constituye un tumor, y que cuando se localiza en el cerebro; si es maligno destruye directamente el tejido cerebral, si es benigno interrumpe las funciones al incrementarse la presión intracraneal.

**Ventrículos.** Cavidades del interior del cerebro rellenas de líquido cefalorraquídeo.

**Voyeurismo.** Satisfacción sexual mediante la contemplación a escondidas de otras personas en situaciones eróticas.

**Vulnerabilidad.** En psicopatología se aplica a un cuadro en el que se presupone que la persona está predispuesta a un trastorno mental peculiar alterado por el estrés y que manifiesta un comportamiento anormal.

**Yo.** De acuerdo con la teoría psicoanalítica de Freud, el yo sería la tercera parte del aparato psíquico, y se encuentra en la difícil tarea de mediar entre la fuerza de la pulsión, que tiende a su satisfacción (el ello), y la fuerza censuradora o represiva del superyó que busca la perfección en su función de conciencia moral. Así, la función del yo es expresar y satisfacer los deseos del ello de acuerdo con la realidad y con las demandas del superyó. Se rige de acuerdo con el principio de realidad.

**Zoofilia.** Amor hacia los animales, pero se emplea el término como actividad sexual practicada con animales.

# Bibliografía

Abercrombie, N.; Hill, S.; y Turner, B. S. (1984). *Dictionary of sociology.* (3ª ed. 1994). Londres. Ed. Penguin.

Ainslie, G. (1992). *Picoeconomics, the strategic interaction of successive motivational states within the person.* Ed. Cambridge University Press.

Ajuriaguerra, J. (1980). *Manual de psiquiatría infantil.* (4ª ed.). Barcelona. Ed. Masson.

Ajuriaguerra, J. y Marcelli, D. (1987). *Manual de psicopatología del niño.* (2ª ed.). Barcelona. Ed. Masson.

Altman, J. (1996). «The biological, social and clinical bases of drug addiction: commentary and debate». *Psychopharmacology,* **125,** 285-345.

American psychiatric asociation (APA). (1994). *Diagnostic and statistical manual of mental disorders* (9ª ed.) (DSM-IV). Washintong, DC. Ed. APA. Edición española. Barcelona. Ed. Masson.

Aragón, C. M. G. y Miquel, M. (1995). «Alcoholismo». Belloch, A., Sandín, B. y Ramos, F. *Manual de psicopato-logía,* vol. 1. Madrid. Ed. McGraw-Hill.

Arana, G. W. y Rosenbaum, J. F. (2000). *Handbook of psychiatric drug therapy.* (4ª ed.). Philadelphia. Ed. Lippincott Williams and Wilkins.

Baker, L. y Cantwell, D. (1989). «Trastornos específicos del lenguaje y del aprendizaje». Ollendick, T. H. y Hersen, M. (1989). *Handbook of child psychopathology.* Nueva York. Plenum Press. Edición española (1993). *Psicopatología Infantil.* Barcelona. Ediciones Martínez Roca.

Baños, R.; Belloch, A. y Ruipérez, M. A. (1995). «Trastornos disociativos». Belloch, A.; Sandín, B. y Ramos, F. *Manual de psicopatología,* vol. 2. Madrid. Ed. McGraw-Hill.

Barlow, D. H. (1988). *Anxiety and its disorders. The nature and treatment of anxiety and panic.* Nueva York. Guildford Press.

Baum, C. G. (1989). «Trastornos de conducta». Ollendick, T. H. y Hersen, M. (1989). *Handbook of child psychopathology.* Nueva York. Plenum Press. Edición española (1993). Psicopatología Infantil. Barcelona. Ediciones Martínez Roca.

Beck, A. T. (1987). «Cognitive models of depression». *Journal of Cognitive Psychotherapy: An International Quartely,* **1,** 5-37.

Beck, A. T. (1995). *Terapia cognitiva de los trastornos de personalidad.* Barcelona. Ed. Piados.

Becoña, E. (1995). «Drogodependencias». Belloch, A.; Sandín, B. y Ramos, F. *Manual de psicopatología,* vol. 1. Madrid. Ed. McGraw-Hill.

Belloch, A.; Sandín, B. y Ramos, F. (1995). *Manual de psicopatología,* vol. 1. Madrid. Ed. McGraw-Hill.

Belloch, A.; Sandín, B. y Ramos, F. (1995). *Manual de psicopatología,* vol. 2. Madrid. Ed. McGraw-Hill.

Benjumea, P. y Mojarro, M. D. (2000). «Trastornos de conducta. Los comportamientos disociales. Clínica. Diagnóstico. Tratamiento». Rodríguez Sacristán, J. (director), *Psicopatología infantil básica.* Madrid. Ed. Pirámide.

Benjumea, P. y Mojarro, M. D. (2000). «Trastorno Hipercinético. Clínica. Comorbilidad. Diagnóstico. Tratamiento». Rodríguez Sacristán, J. (director), *Psicopatología infantil básica.* Madrid. Ed. Pirámide.

Bergeret, J. (1990). *Manual de psicología patológica.* Barcelona. Ed. Masson.

Bermejo, V. (editor). (1998). *Desarrollo cognitivo.* Madrid. Ed. Síntesis.

Birmingham, W. G. y Sheehy, M. S. (1984). «A model of psychological dependence in adolescent substance abusers». *Journal of Adolescence,* **7,** 17-27.

Blanco, A. y Borda, M. (1995). «Trastornos psicomotores». Belloch, A.; San-

dín, B. y Ramos, F. *Manual de psicopatología,* vol. 1. Madrid. Ed. McGraw-Hill.

Botella, C. y Robert, C. (1995). «El trastorno obsesivo-compulsivo». Belloch, A.; Sandín, B. y Ramos, F. *Manual de psicopatología,* vol. 2. Madrid. Ed. McGraw-Hill.

Bradley (1995). «Implicit and explicit memory for emotion-congruent information in clinical depression and anxiety». *Behaviour Research and Therapy,* **33,** 755-776.

Bradshaw, J. L. (1989). *Hemispheric specialization and psychological function.* Nueva York. Ed. John Wiley.

Brook, J. y Brook, D. (1996). «Risk and protective factors for drug use». McCoy, C. B.; Metsch, L. R. e Inciardi, J. A. *Intervening with drug involved youth.* Londres. Ed. Sage.

Brown, R. I. F. (1986). «Arousal sensation-seeking components in the general explanation of gambling and gambling addictions». *International Journal of the Addictions,* **21,** 1001-1016.

Brown, R. I. F. (1987). «Gambling addictions, arousal and an affective/decision-making explanation of behavioural reversions or relapses». *International Journal of the Addictions,* **22,** 1053-1067.

Buela-Casal, G. y Sierra, J. C. (1995). «Trastornos del sueño». Belloch, A.; Sandín, B. y Ramos, F. *Manual de psicopatología,* vol. 1. Madrid. Ed. McGraw-Hill.

Buendía, J. y Riquelme, A. (1995). «Trastornos asociados a la vejez». Belloch, A.; Sandín, B. y Ramos, F. *Manual de psicopatología,* vol. 2. Madrid. Ed. McGraw-Hill.

Caballero, R. (2000). «Trastornos generalizados del desarrollo. El autismo infantil y otros problemas psicóticos». Rodríguez Sacristán, J. (director). *Psicopatología infantil básica*. Madrid. Ed. Pirámide.

Caballero, R.; Mojarro, M. D. y Rodríguez, J. (2000). «Trastornos del lenguaje». Rodríguez Sacristán, J. (director). *Psicopatología infantil básica*. Madrid. Ed. Pirámide.

Caballero, R. y Rodríguez, J. (2000). «Trastornos psicomotores en la infancia: los tics». Rodríguez Sacristán, J. (director). *Psicopatología infantil básica*. Madrid. Ed. Pirámide.

Carretero, M.; Palacios, J. y Marchesi, A. (1985). *Psicología evolutiva, III, adolescencia, madurez y senectud*. (6ª ed.) 1998). Madrid. Ed. Alianza Editorial.

Champion, L. (1990). «Relationship between social vulnerability and the occurrence of severely threatening life events». *Psychological Medicine, 20,* 157-161.

Chapman, J. (1966). «The early symptoms of schizophrenia». *British Journal of Psychiatry,* 112, 225-251.

Chorot, P. y Martínez-Narváez, P. (1995). «Trastornos somatoformes». Belloch, A.; Sandín, B. y Ramos, F. *Manual de psicopatología,* vol. 2. Madrid. Ed. McGraw-Hill.

Clark, D. M. (1986). «A cognitive approach to panic». *Behaviour Research and Therapy,* 24, nº 4, 461-470.

Crespo, M.; Labrador, F. J. y de la Puente, M. L. (1995). «Trastornos sexuales». Belloch, A.; Sandín, B. y Ramos, F. *Manual de psicopatología,* vol. 1. Madrid. Ed. McGraw-Hill.

David, A. y Cutting, J. (1994). *The neuropsychology of schizophrenia*. Londres. Ed. LEA.

Davidson, G. C. y Neale, J. M. (1998). *Abnormal psychology*. (7ª ed.). Nueva York. Ed. Wiley.

Deitz, D. y Repp, A. (1989). «Retraso mental». Ollendick, T. H. y Hersen, M. *Handbook of child psychopathology*. Nueva York. Plenum Press. Edición española (1993). *Psicopatología Infantil*. Barcelona. Ediciones Martínez Roca.

Díaz Portillo, I. (2000). *Bases de la terapia de grupo*. México. Ed. Pax México.

Dickerson, M. G. (1989). «Gambling: a dependence without a drug». *International Review of Psychiatry,* 1, 157-172.

Doleys, D. M. (1989). «Enuresis y encopresis». Ollendick, T. H. y Hersen, M. (1989). *Handbook of child psychopathology*. Nueva York. Plenum Press. Edición española (1993). *Psicopatología Infantil*. Barcelona. Ediciones Martínez Roca.

Dorsch, F. (1982). *Diccionario de psicología*. (7ª ed. 1994). Berna. Ed. Verlag Hans Huber. Edición española (1985). Barcelona. Ed. Herder.

Echeburúa, E. y de Corral, P. (1995). «Trastorno de estrés postraumático». Belloch, A.; Sandín, B. y Ramos, F. *Manual de psicopatología,* vol. 2. Madrid. Ed. McGraw-Hill.

Escohotado, A. (1989). *Historia general de las drogas*. (2ª ed. 1999). Madrid. Ed. Espasa.

Eysenck, M. (1996). *Cognitive psychology*. (3ª ed.). Sussex. Ed. Psychology Press.

Eysenck, M. (1997). *Anxiety and cognition: A unified theory*. Londres. Ed. LEA.

Fariburn, C. y Cooper, P. (1984). «The clinical features of bulimia nervosa».

*British Journal of psychiatry,* **144,** 238-246.

Farell, B. A. (1983). «The place of psychodinamics in psychiatry». *British Journal of Psychiatry,* **143,** 1-7.

Feldman, R. S. Meyer, J. S. y Quenzer, L. F. (1997). *Principles of neuropsychopharmacology.* Massachussets. Ed. Sinauer.

Ferenczi, S. (1981). *Psicoanálisis.* Madrid. Ed. Espasa-Calpe S.A.

Fernández, J. L. (1990). *¿Qué es la psicología? Una versión actual de sus puntos de vista teóricos y de sus aplicaciones.* (2ª ed.). Madrid. Ed. Gráficas Maravillas, S.L.

Ferrater Mora, J. (1976). *Diccionario de filosofía abreviado.* (5ª ed. 1988). Barcelona. Ed. Edhasa, pocket-edhasa.

Freud, S. (1981). *Obras completas.* (4ª ed.). Madrid. Ed. Biblioteca Nueva.

Gelder, M.; Gath, D.; Mayou, R. y Cowen, P. (1996). *Oxford textbook of psychiatry.* (3ª ed.) Londres. Ed. O. U. P. (Open University Press).

Gil, F. y Alcover, C. M. (1999). *Introducción a la psicología de los grupos.* Madrid. Ed. Pirámide.

Gilbert, P. (1992). *Depression. The evolution of powerlessness.* Londres. Ed. LEA.

Gleitman, H. (1995). *Psychology.* (4ª ed.). Nueva York. Ed. Norton.

Goldman, M. J. (1991). «Kleptomania: making sense of the non-sensical». *American Journal of Psychiatry,* **148,** 986-996.

Goldstein, A. J. y Chambless, D. L. (1978). «A reanalysis of agoraphobia». *Behaviour Therapy,* **9,** 47-59.

González, H. y Ramos, F. (1995). «Las demencias seniles». Belloch, A.; Sandín, B. y Ramos, F. *Manual de psicopatología,* vol. 2. Madrid. Ed. McGraw-Hill.

González de Rivera, J. L. y Monterrey, A. L. (1995). «Psicobiología de la depresión». Belloch, A.; Sandín, B. y Ramos, F. *Manual de psicopatología,* vol. 2. Madrid. Ed. McGraw-Hill.

Gross, R. (1996). *Psychology, the science of mind and behaviour.* (3ª ed.). Londres. Ed. Hodder and Stoughton.

Haaga. D. (1991). «Empirical status of cognitive theory of depression». *Psychological Bulletin,* **110,** 219-236.

Harley, T. A. (1995). *The psychology of language. From data to theory.* (3ª ed. 1997). *Sussex.* Psychology Press.

Hemsley, D. R. (1995). «La esquizofrenia: modelos explicativos». Belloch, A.; Sandín, B. y Ramos, F. *Manual de psicopatología,* vol. 2. Madrid. Ed. McGraw-Hill.

Hinshelwood, R. D. (1989). *Diccionario del pensamiento kleiniano.* Buenos Aires. Ed. Amorrortu.

Jiménez, M. P. y Ramos, F. y Sanchís, M. C. (1995). «Las esquizofrenias: aspectos clínicos». Belloch, A.; Sandín, B. y Ramos, F. *Manual de psicopatología,* vol. 2. Madrid. Ed. McGraw-Hill.

Jiménez, M. P. y Ramos, F. (1995). «Las esquizofrenias: hipótesis psicobiológicas». Belloch, A.; Sandín, B. y Ramos, F. *Manual de psicopatología,* vol. 2. Madrid. Ed. McGraw-Hill.

Julien, M. D. y Robert, M. (1995). *A premier of drug actino.* (7ª ed.). Nueva York. Ed. WH Freeman & Co.

Jung, C. G. (1986). *Recuerdos, sueños, pensamientos.* Barcelona. Ed. Seix Barral. Biblioteca Breve.

Jung, C. G. (1995). *El hombre y sus símbolos.* Barcelona. Ed. Paidós.

Kaplan, H. I. y Sadock, B. J. (1989). *Tratado de psiquiatría.* (2ª ed.). Barcelona. Ed. Salvat.

Kriz, J. (1990). *Corrientes fundamentales en psicoterapia.* Buenos Aires. Ed. Amorrortu.

Langer, L. M. (1996). «Modelling adolescent behaviour: the preadult health decision-making model». McCoy, C. B.; Metsch, L. R. e Inciardi, J. *A. Intervening with drug involved youth.* Londres. Ed. Sage.

Laplanche, J. y Pontalis, J. B. (1996). *Diccionario de psicoanálisis.* Barcelona. Ed. Paidós.

Last, C. G. y Hersen, M. (1988). *Handbook of anxiety disorders.* Oxford. Ed. Pergamon Press.

Lázaro, L. A. (1983). *Guía de las nuevas terapias.* Madrid. Ed. Barath.

Leiberman de Bleichmar, C. y otros. (2001). *Las perspectivas del psicoanálisis.* Barcelona. Ed. Paidós. Psicología Profunda.

Lozano, J. F.; Rodríguez, J. (2000). «Trastornos de la conducta alimentaria. Anorexia. Bulimia. Pica. Rumiación». Rodríguez Sacristán, J. (director), *Psicopatología infantil básica.* Madrid. Ed. Pirámide.

Lozano, J. F. y Rodríguez, J. (2000). «Trastornos del sueño en la infancia». Rodríguez Sacristán, J. (director). *Psicopatología infantil básica.* Madrid. Ed. Pirámide.

Lozano, J. F.; Rodríguez, J. y Caballero, R. (2000). «Trastornos del control esfinteriano: enuresis y encopresis». Rodríguez Sacristán, J. (director). *Psicopatología infantil básica.* Madrid. Ed. Pirámide.

Luengo, M. A. y Carrillo de la Peña, M. T. (1995). «Las psicopatías». Belloch, A.;

Sandín, B. y Ramos, F. *Manual de psicopatología,* vol. 2. Madrid. Ed. McGraw-Hill.

Manga, D.; Fournier, C. y Navarredonda, A. B., (1995). «Trastornos por déficit de atención en la infancia». Belloch, A.; Sandín, B. y Ramos, F. *Manual de psicopatología,* vol. 2. Madrid. Ed. McGraw-Hill.

Margo (1986). «Anorexia in males: a comparison with female patients.» *British Journal of Psychiatry,* **151,** 80-83.

Matson, J. L. (1989). «Autolesiones y estereotipias». Ollendick, T. H. y Hersen, M. (1989). *Handbook of child psychopathology.* Nueva York. Plenum Press. Edición española (1993). *Psicopatología Infantil.* Barcelona. Ediciones Martínez Roca.

Matthrew, A. (1996). «Evidence for attention to threatening stimuli in depression». *Behaviour Research and Therapy,* **34,** 695-705.

McCartney, J. (1997). «Between knowledge and desire. Perceptions of decision-making and addiction». *Substance Use and Misuse,* **32 (14),** 2061-2093.

McCartney, J. (1995). «Addictive behaviours: relationship factors and their perceived influence on change». *Genetic, Social and General Psychology Monographs,* **121,** 39-64.

McLeod, C.; Mathews, A. y Tata, P. (1986). «Attentional biases in emotional disorders». *Journal of Abnormal Psychology,* **76,** 165-178.

McNally, R. J. (1990). «Psychological approaches to panic disorder: a review». *Psychological Bulletin,* **108 (3),** 403-419.

Moos, R. A.; Finney, J. W. y Cronkite, R. C. (1990). *Alcoholism treatment. Con-*

*text, process and outcome.* Ed. Oxford University Press.

Mora, F. y Sanguinetti, A. M. (1994). *Diccionario de neurociencias.* Madrid. Ed. Alianza Editorial.

Norton, G. R.; Dorward, J. y Cox, B. J. (1986). «Factors associated with panic attacks in non-clinical subjects». *Behaviour Research and Therapy,* **17,** 239-252.

Olin, S. y Mednick, S. (1996).« Risk factors of psychosis: identifying vulnerable populations». *Schizophrenia Bulletin,* **22,** 223-240.

Ollendick, D. G. (1989). «Tics y trastorno de Tourette». Ollendick, T. H. y Hersen, M. (1989). *Handbook of child psychopathology.* Nueva York. Plenum Press. Edición española (1993). *Psicopatología Infantil.* Barcelona. Ediciones Martínez Roca.

Ollendick, T. H. y Hersen, M. (1989). *Handbook of child psychopathology.* Nueva York. Plenum Press. Edición española (1993). *Psicopatología Infantil.* Barcelona. Ediciones Martínez Roca.

Orford, J. (1995). *Excessive appetites: a psychological view of addictions.* Chichester. Ed. John Wiley.

Organización mundial de la salud (OMS) (1992). *Décima revisión de la clasificación internacional de las enfermedades.* Madrid. OMS.

Pelechano, V.; de Miguel, A. y Hernández, M. (1995). «Trastornos de personalidad». Belloch, A.; Sandín, B. y Ramos, F. *Manual de psicopatología,* vol. 2. Madrid. Ed. McGraw-Hill.

Pelechano, V. (1995). «El retraso mental». Belloch, A.; Sandín, B. y Ramos, F. *Manual de psicopatología,* vol. 2. Madrid. Ed. McGraw-Hill.

Pérez, M. y Ramos, F. (1995). «El autismo infantil». Belloch, A.; Sandín, B. y Ramos, F. *Manual de psicopatología,* vol. 2. Madrid. Ed. McGraw-Hill.

Perpiñá, C. (1995). «Trastornos alimentarios». Belloch, A.; Sandín, B. y Ramos, F. *Manual de psicopatología,* vol. 1. Madrid. Ed. McGraw-Hill.

Pervin, L. A. y John, O. P., (1997). *Personality, theory and research.* (7ª ed.). Nueva York. Ed. John Wiley.

Pines, M. (1989). «Borderline personality disorders and its treatment». *Current Opinion in Psychiatry,* **2,** 362-367.

Portellano, J. A. (2000). «Desarrollo del lenguaje y daño cerebral infantil». *Mapfre Medicina,* **11 (supl. 1),** 8-17.

Portellano, J. A. (2002). «Reflexiones sobre el presente y el futuro de la neuropsicología infantil». Seminario:Dificultades neuropsicológicas del aprendizaje. Madrid. Fundación ICSE.

Portellano, J. A. (2002). «La importancia de la plasticidad cerebral en neuropsicología infantil». Seminario: Dificultades neuropsicológicas del aprendizaje. Madrid. Fundación ICSE.

Portellano, J. A. (2002). «Buscando la huella de la dislexia. Cien años de la historia del problema». Seminario: Dificultades neuropsicológicas del aprendizaje. Madrid. Fundación ICSE.

Portellano, J. A. (2002). «La discalculia: un síndrome neuropsicológico». Seminario: Dificultades neuropsicológicas del aprendizaje. Madrid. Fundación ICSE.

Portellano, J. A. (2002). «Las dificultades del aprendizaje treinta años después». Seminario: Dificultades neuropsicológicas del aprendizaje. Madrid. Fundación ICSE.

Ramos, F.; Manga, D. y Perez, M. (1995). «Trastornos del aprendizaje». Belloch, A.; Sandín, B. y Ramos, F. *Manual de psicopatología,* vol. 2. Madrid. Ed. McGraw-Hill.

Reber, A. S. (1995). *Dictionary of psychology.* (2ª ed.). Londres. Ed. Penguin.

Robert, C., y Botella, C. (1995). «Trastornos del control de los impulsos: el juego patológico». En: Belloch, A.; Sandín, B. y Ramos, F. *Manual de psicopatología,* vol. 1. Madrid. Ed. McGraw-Hill.

Robinson, T. E. y Borridge, K. C. (1993). «The neural basis of drug craving: an incentive sensitisation theory of addiction». *Brain Research Reviews,* **18,** 247-291.

Rodin, J. (1984). «Woman and weight: a normative discontent». *Nebraska Symposium on Motivation,* 267-307.

Rodríguez, J. (director), (2000). *Psicopatología infantil básica.* Madrid. Ed. Pirámide.

Rodríguez, J. (2000). «La ansiedad y sus trastornos en la infancia». Rodríguez Sacristán, J. (director). *Psicopatología infantil básica.* Madrid. Ed. Pirámide.

Rodríguez, J. (2000). «Las depresiones infantiles». Rodríguez Sacristán, J. (director), *Psicopatología infantil básica.* Madrid. Ed. Pirámide.

Rodríguez, J. (2000). «Deficiencia mental. Formas clínicas. Aspectos psicopatológicos». Rodríguez Sacristán, J. (director), *Psicopatología infantil básica.* Madrid. Ed. Pirámide.

Roudinesco, E. y Plon, M. (1998). *Diccionario de psicoanálisis.* Barcelona. Ed. Paidós.

Salkovskis, P. M. (1989). «Cognitive-behavioural factors and the persistence of intrusive thoughts in obsessional problems». *Behaviour Research and Therapy,* **27,** 677-682.

Salkovskis, P. M.; Clark, D. M. y Gelder, M. G. (1996). «Cognition-behaviour links in the persistence of panic». *Behaviour Research and Therapy,* **34,** nº 5-6, 453-458.

Sandín, B. (1995). «Teorías sobre los trastornos de ansiedad». Belloch, A.; Sandín, B. y Ramos, F. *Manual de psicopatología,* vol. 2. Madrid. Ed. McGraw-Hill.

Sandín, B. y Chorot, P. (1995). «Concepto y categorización de los trastornos de ansiedad». Belloch, A.; Sandín, B. y Ramos, F. *Manual de psicopatología,* vol. 2. Madrid. Ed. McGraw-Hill.

Sandín, B. y Chorot, P. (1995). «Síndromes clínicos de la ansiedad». Belloch, A.; Sandín, B. y Ramos, F. *Manual de psicopatología,* vol. 2. Madrid. Ed. McGraw-Hill.

Sanz, J. y Vázquez, C. (1995). «Trastornos del estado de ánimo: teorías psicológicas». Belloch, A.; Sandín, B. y Ramos, F. *Manual de psicopatología,* vol. 2. Madrid. Ed. McGraw-Hill.

Schreibman, L. y Charlop, M. H. (1989). «Autismo infantil». Ollendick, T. H. y Hersen, M. (1989). *Handbook of child psychopathology.* Nueva York. Plenum Press. Edición española (1993). *Psicopatología Infantil.* Barcelona. Ediciones Martínez Roca.

Schwartzs, S. (Ed) (1992). *Case studies in abnormal psychology.* Chichester. Ed. John Wiley.

Segal, H. (1993). *Introducción a la obra de Melanie Klein.* Barcelona. Ed. Paidós, Psicología Profunda.

Seligman, M. (1971). «Phobias and preparedness». *Behaviour Therapy,* **2,** 307-320.

Skynner, R. (1987). *Explorations with families.* Londres. Ed. Rouletdge.

Snyder, S. H. (1986). *Drugs and the brain.* Nueva York. Ed. WH Freeman & Co.

Storr, A. (1989). Freud. (2ª ed. 1996). Oxford. Ed. Oxford University Press.

Sue, D. y Sue, S. (1997). *Understanding abnormal behaviour.* (5ª ed.). Boston. Ed. Hougton Mifflin.

Tarnopolski, A.; Berelowitz, M. (1987). «Borderline personality. A review of recent research. British Journal of Psychiatry». **151,** 724-734.

Tienari, (1994). «The finish adoptive family study of schizophrenia: implications for family research». *British Journal of Psychiatry,* **23 (sup.),** 20-26.

Toro, J. y Vilardell, E. (1987). *Anorexia nerviosa.* Barcelona. Ed. Martínez Roca.

Vasta, R.; Haith, M. M. y Miller, S. A. (1992). *Child psychology: the modern science.* Nueva York. Ed. John Wiley. Edición española (1996). *Psicología infantil.* Barcelona. Ed. Ariel.

Vazquez, C. y Sanz, J. (1995). «Trastornos del estado de ánimo: aspectos clínicos». Belloch, A.; Sandín, B. y Ramos, F. *Manual de psicopatología,* vol. 2. Madrid. Ed. McGraw-Hill.

Wakefield, J. C. (1992). «Disorder as harmful dysfunction: a conceptual critique of DSM-III-R's definition of mental disorder». *Psychological Review,* **99,** 232-247.

Whalen, C. K. (1989). «Trastorno por déficit de atención con hiperactividad». Ollendick, T. H. y Hersen, M. (1989). *Handbook of child psychopathology.* Nueva York. Plenum Press. Edición española (1993). *Psicopatología Infantil.* Barcelona. Ediciones Martínez Roca.

Williams, J. M. G. (1997). *Cry of pain. Understanding suicide and self-harm.* Londres. Ed. Penguin.

Wolfe, D. A. y St. Pierre, J. (1989). «Abuso y abandono en la infancia». Ollendick, T. H. y Hersen, M. (1989). *Handbook of child psychopathology.* Nueva York. Plenum Press. Edición española (1993). *Psicopatología Infantil.* Barcelona: Ediciones Martínez Roca.